ヨーロッパ私法の原則・定義・モデル準則
共通参照枠草案（DCFR）

クリスティアン・フォン・バール
Christian von Bar

エリック・クライブ
Eric Clive

ハンス・シュルテーネルケ
Hans Schulte-Nölke

ヒュー・ビール
Hugh Beale

ジョニー・ヘレ
Johnny Herre

ジェローム・ユエ
Jérôme Huet

マティアス・シュトルメ
Matthias Storme

シュテファン・スワン
Stephen Swann

ポール・バルール
Paul Varul

アンナ・ヴェネツィアーノ
Anna Veneziano

フリデリィク・ツォル
Fryderyk Zoll

編

窪田充見
Atsumi Kubota

潮見佳男
Yoshio Shiomi

中田邦博
Kunihiro Nakata

松岡久和
Hisakazu Matsuoka

山本敬三
Keizo Yamamoto

吉永一行
Kazuyuki Yoshinaga

監訳

法律文化社

日本語版への序文

　日本語版にDCFRの編者の名前で序文を寄せることを許されるのは大変光栄である。この翻訳チームが卓越した仕事を成し遂げられたことを心から喜びたい。この種の翻訳を遂行するには，すぐれた言語能力を有するだけでなく，ヨーロッパ的な思考方法，法形態，叙述様式を——これらは，それぞれが密接に絡み合うことからさらに複雑になるのであるが——深く理解していることが前提となる。このような要求に応える翻訳は，原文の質を問う過程ともなる。その過程では，原文が十分に明確なものとなっているか，用語法において一貫しているかが常に問われることになり，明確でないところには，翻訳者が最初に気づくことになるからである。

　私は，この翻訳が完成したことを非常に喜ばしく思っている。本書は，DCFRのモデル準則のすべてを残らず翻訳した最初のものである。少し前に刊行された韓国語の翻訳は，改正作業の対象が現在のところ契約法に限定されていることから，最初の4編だけである。また，ヨーロッパ委員会からの委託を受けた五つの主要なヨーロッパ言語（ドイツ語，フランス語，イタリア語，ポーランド語，スペイン語）への翻訳作業は，なお，最終段階にありまだ完成していない。中国，ロシア，ウクライナでも翻訳作業が進行中である。モデル準則の注釈や比較法に関する注記については，今後も，六巻本で6600頁を超える大著である英語の完全版（Full Edition）を参照していただきたい。しかしながら，モデル準則は，それ自体として意味をもつものであり，またそうなり得るものである。

　この翻訳は，特に私たちの私法秩序を刷新することに関する世界的な議論をもたらすことになるだろう。古くなってきた法典は少なくない。多くの法典が法形成を行う力を失ってきている。私たちは，現在，世界中で，ある法典の改革が次々に他の法典の改革をもたらしているのをまさに目にしているのであり，それは何ら不思議なことではない。EU自らもそうした改革作業に関与している。ヨーロッパ共通売買法規則提案は，DCFRから直接的に生みだされた立法的な果実の最初のものであるが，この提案は個々の点ではDCFRとは異なるところがある。それは，DCFRがむしろ純粋に学問的な文書であり，時代の流れの中での政治的正統化を必要としないことによる。同様に，当然のことではあるが，DCFRを一字一句そのまま受け入れる立法者は存在しないであろう。この間，DCFRは，非常に喜ばしいことに，

問題を考えるときの参照資料という意味での役割をうまく果たしてきた。いくつかの上級裁判所の判決においても，また多くの大学での学術的な講義でも，DCFRはそうした役割を果たしている。

　この場を借りて，この翻訳作業を成し遂げられた監訳者および翻訳作業チームに心から感謝し，その完成を祝福したい。本書は，大陸を越えた深い友情に支えられた数年にわたる共同作業の成果である。オーレ・ランドーによって始められ，その後，私たちによって継続された作業は，次の世代では，アジアとヨーロッパにおける私法に責任を負う法律家たちのグループに引き継がれることになるのかもしれない。

オスナブリュック，2013年6月

　　　　　　　　　　　　　　　　　　　　　　クリスティアン・フォン・バール
　　　　　　　　　　　　　　　　　　　　　　Christian von Bar

監訳者序文

 I 本書『ヨーロッパ私法の原則・定義・モデル準則――共通参照枠草案 (DCFR)』は，Christian von Bar, Eric Clive, Hans Schulte-Nölke, Hugh Beale, Johnny Herre, Jérôme Huet, Matthias Storme, Stephen Swann, Paul Varul, Anna Veneziano and Fryderyk Zoll edited, Principles, Definitions and Model Rules of European Private Law: Draft Common Frame of Reference (DCFR), Outline Edition, sellier, 2009 を翻訳したものである（なお，PECLの条文との対照表など一部は翻訳の対象から除外されている）。
 ところで，本書の書名の中にも掲げられている「共通参照枠草案 (DCFR)」とは何を意味するのであろうか。英語の Draft Common Frame of Reference を私たちはこう訳しているが，耳慣れない言葉である。"Common Frame of Reference" とは，ヨーロッパ域内市場の発展のために共通化される枠組みのことを指し，法の世界だけの話ではない。DCFRの訳語としては，その他にも適切な訳語はあり得るだろう。私たちは採らなかったが，DCFRをヨーロッパ民法典草案あるいはヨーロッパ私法典草案と意訳することもできるであろう（また，実際そのように訳しておられる方もいる。本書の書名でも「ヨーロッパ私法」が使われている。なおDCFRは公式の法令ではなく，本書の翻訳も公的機関によるものではない。引用に際しては慣行に従った出典の明示をお願いしたい）。むしろ，そうした訳語の方がDCFRの意味を直感的に認識するには適切だったのかもしれない。つまり，本書は，彼の地においてヨーロッパ共通民法典の制定という構想の下に遂行された膨大な研究作業の一部の翻訳なのである（こうした動向については，川角由和・中田邦博・潮見佳男・松岡久和編『ヨーロッパ私法の現在と日本法の課題』(2011年，日本評論社)に所収されている諸論稿を参照されたい）。このことをまず確認しておこう。
 また，DCFRは，ヨーロッパ民法典のスタディ・グループ (Study Group on a European Civil Code) と，いわゆるアキ・グループ (Acquis Group) と呼ばれる現行EC/EU私法の見直し作業を行うグループ (Research Group on EC Private Law) がそれぞれ行った研究成果を合体させたものでもある。
 翻訳の基礎としては，概要版 (Outline Edition) を利用したが，その前提としてヨーロッパ各国法についての膨大な比較法的な検討作業が行われており，すでに全六巻からなる完全版 (Full Edition) と呼ばれる膨大な著作として刊行されている (Christian

von Bar and Eric Clive edited, Principles, Definitions and Model Rules of European Private Law, Draft Common Frame of Reference (DCFR), Full Edition, 6 volume, sellier, 2010)。この完全版には，モデル準則についての注釈や比較法に関する検討が付されており，私たちの翻訳に際しても大いに参照した。

　DCFRには，政治的な利用の可能性への警戒やその完成度について様々な議論があるものの，その学術的意義は疑いのないものとみることができよう（ちなみに，批判的な立場を取るものとして，Horst Eidenmüller/Florian Faust/Hans Christoph Grigoleit/Nils Jansen/Gerhard Wagner/Reinhard Zimmermann, Der Gemeinsame Referenzrahmen für das Europäische Privatrecht - Wertungsfragen und Kodifikationsprobleme -, JZ 2008, S. 529-550がある）。すなわち，DCFRは，今後の学術的な議論において常に参照されるべき業績であり，またこれが今後の私法の発展の礎となることは確実であろう。私たちがこのモデル準則の翻訳に取り組もうとした直接のきっかけは，あくまでDCFRの学術的な価値そのものにある。

　それにとどまらず，DCFRは次のような実践的な意義をも有している。わが国の民法の改正の方向性を考えるとき，世界的な民法典の再構築や改正の動きを知ることは不可欠である。DCFRは，そうした方向性を検討するための基礎的な資料として利用することができるものとなろう。事実，現在進行中の日本民法典の改正作業における参考資料では，比較法的な知見として，ドイツ民法，フランス民法などの外国法が参照され，また，ヨーロッパ契約法原則（PECLと略する），国際商事契約法原則などのモデル法も引用され，またときにはDCFRの条文も引用されることがある。PECLには，注釈を含めた翻訳（後掲『ヨーロッパ契約法原則』）があり，条文の内容を理解するために参照することができるが，DCFRについては，個別的・部分的な翻訳が行われているにすぎず，その全体像を把握することは必ずしも容易ではない。とくに契約法についていえば，DCFRにおいては，PECLにはみられなかったEU法上の消費者契約に関係する規定群が置かれており，関心をひくところである。近時のヨーロッパにおける契約法・消費者契約法の発展を正しく考察するには，こうした消費者法の規律のモデルも十分に考慮しておく必要がある。ヨーロッパでの発展の過程を正しく理解することは，わが国の契約法の将来像を構想するための前提作業となるものであろう。

　私たちが，DCFRのモデル準則の全体（なお，DCFRの契約法関係の相当部分はPECLに依拠しており，PECLの継続的な作業としても位置づけられる）の翻訳を現時点で速やかに日本の読者に提供することが必要ではないかと考えたのはこうした理由にもよる。

しかしながら，ヨーロッパ的な背景をもち，また各国ごとに異なる法文化や法制度を比較対照し，それに裏打ちされた研究成果を読み解く作業は，それ自体として困難を極めるものである。ある外国の法律の一つを正確に翻訳することすら容易な作業とはいえない。ましてやヨーロッパレベルでの私法の共通法となれば，その理解の困難さのレベルはさらに上がるものとなることは想像に難くない。こうした苦労を，監訳者の潮見，中田，松岡は，ハイン・ケッツ『ヨーロッパ契約法Ⅰ』（法律文化社，1999年）の翻訳，オーレ・ランドー／ヒュー・ビール編『ヨーロッパ契約法原則Ⅰ・Ⅱ』（法律文化社，2006年）及びオーレ・ランドー／エリック・クライフ／アンドレ・プリュム／ラインハルト・ツィンマーマン編『ヨーロッパ契約法原則Ⅲ』（法律文化社，2008年）の監訳作業で，また窪田はクリスティアン・フォン・バール『ヨーロッパ不法行為法1・2』（弘文堂，1998年）の翻訳作業で経験したところである。吉永も上記『ヨーロッパ契約法原則』の翻訳作業に参加しており，山本も同様の翻訳作業を行ったことがある。私たち監訳者のいずれもが，こうした作業の難しさを身にしみて味わっており，DCFRの翻訳作業には膨大な時間と労力が必要となることを思い，かなり躊躇したことを正直に告白しておこう。にもかかわらず，今回，こうした困難を伴う作業の遂行をあえて決断したのは，自らの経験として，日本語への翻訳があることによって，全体像の理解が飛躍的に高まり，その後の検討や研究が相対的に容易となることを実感しているからである。私たちは，自らの目で，DCFRの学術的価値を検証する必要があろう。そのためにはまずDCFRそれ自体を理解することから始めなければならない。本書は，そうした理解に資することを第一の目標としている。

　Ⅱ　DCFRに関係する限りで，ヨーロッパ民法典の構想について，最近の動向を踏まえて少し述べておきたい。EUの域内領域でのヨーロッパ民法典が成立する可能性があるのかと問われれば，それはなお夢物語といわざるをえない。だが，そうした方向に向けての動きは確かに存在している（これについては，松岡久和「ヨーロッパ民法典構想の現在」前掲・『ヨーロッパ私法の現在と日本法の課題』325頁以下を参照）。DCFRもそのような試みの一つであるが，近時，EU委員会から，消費者売買契約の領域をカバーし，事業者間の売買契約にも及ぶものとして，ヨーロッパ共通売買法規則提案（以下，CESLと略記する。Proposal for a Regulation of the European Parliament and of the Council on a Common European Sales Law, COM (2011) 635 final of 11 October 2011. 邦訳として内田貴監訳『共通欧州売買法（草案）』（別冊NBL No.140, 2012年）がある）が

示されている。もしこれが採択されれば，当該分野の規律として参照される価値は大きなものとなるであろう（ドイツでの最初の反応として，例えばHorst Eidenmüller/Nils Jansen/Eva-Maria Kieninger/Gerhard Wagner/Reinhard Zimmermann, Der Vorschlag für eine Verordnung über ein Gemeinsames Europäisches Kaufrecht, JZ 2012, 269-289がある。さらに，この規則提案をめぐってシンポジウムが開催されその報告集が刊行されている。例えば，Oliver Remien/Sebastian Herrler/Peter Limmer (hrsg.), Gemeinsames Europäisches Kaufrecht für die EU?, C.H. Beck, 2012; Christine Wendehorst/Brigitta Zöchling-Jud (hrsg.), Am Vorabend eines Gemeinsamen Europäisches Kaufrechts, Manz, 2012; Hans Schulte-Nölke/Fryderyk Zoll/Nils Jansen/Reiner Schulze (hrsg.), Der Entwurf für ein optionales europäisches Kaufrecht, sellier, 2012などがある)。現時点の情報では，国境を越えた電子商取引にその適用範囲を絞って，EU規則としてではあるが，なお当事者によって選択可能な法として提案されるとの観測がみられるところでもあり，かなり高い実現の可能性をもっていると聞いている。このCESLは，クリスティアン・フォン・バール教授による本書の「日本語版への序文」においても触れられているように，DCFRとのつながりを有している。DCFRの学術的な価値は，ヨーロッパでの新たな立法提案においても発揮されているのである。また，DCFRは，ヨーロッパだけでなく，世界中で，また日本も含めてアジア各国の立法においても参照される可能性を秘めている。DCFRは完全なものである必要はない。それは学術的な著作である以上，常に克服されるべき検討対象に過ぎないのである。

　Ⅲ　具体的な翻訳作業の経緯と経過については，「監訳者あとがき」の「Ⅱ 本書刊行にいたるまでの経過」で記しているので，ここでは，その始まりについて少し述べておきたい。ある日，研究会が終わった後，山本と中田とでDCFRの翻訳作業の可能性について意見を交換したのが，DCFRの翻訳作業を構想する最初の直接的なきっかけであった。そこでは，以前に『ヨーロッパ契約法原則』の翻訳作業を担当したヨーロッパ契約法研究会を母体とした形でDCFRの翻訳作業を遂行することが話題となった。しかし，これまでいくつかの蓄積のある契約法や不法行為法の領域だけでなく，物権法の領域を含むほぼ民法全体を，さらに信託をカバーするモデル法について一定のレベルを保った翻訳が可能かどうかについては，なお確信をもてなかった。その後，松岡，潮見にも中田から相談し，その討議の中でこの作業を行うことを決定し，これに窪田が加わり，また事務局を吉永と中田が共同で引き受けることとして，監訳者グループが形成された。その後，ヨーロッパ契約法研

究会を中心としつつも、その枠を越えて総勢40名が参加する大規模な共同作業体制が構築されたのである。監訳者グループによる翻訳の検討作業においては、この多忙なメンバーでそれが本当に可能なのかと思うほど、時間をかけて慎重な検討を行ったことを記しておくことにする。こうした監訳者による作業のプロセスは、吉永の類い稀な才能による働き（同僚に対する温かい激励と思いやりの心、卓越した事務能力）によって支えられ、進行した。彼のこの献身がなければ、本書がこの時期にこのような形で世に出ることはなかったであろう。

また、中田は、2011年3月、ドイツ・オスナブリュックにフォン・バール教授を訪ね、翻訳作業の進行と留意事項について相談し、その際、完全版ではなく、概要版を基礎にして翻訳作業をすること、また、一部ではあるが日本語に翻訳しない部分（本書では、紙幅の都合から、概要版に含まれるAcademic contributors and funders, Table of Destinations, Table of Derivationsに該当する部分（pp.47-56, pp.101-130）を翻訳の対象から除いている）があることについても同意していただいた。その際、同時に私たちの作業への全面的な支援を約束され、日本語版への序文も寄稿していただいた。同教授のご厚情に心から感謝する次第である（東日本大震災が起こったあの日に、中田はドイツ出張中で、ハンブルク大学のゲストハウスに滞在していた。フォン・バール教授は直ちに電話を下さり、「ニュースを見て日本の友人たちを大変心配している。できることがあったら何でも申し出て下さい」との優しい言葉をかけて下さった。仙台空港が津波にのまれる映像をテレビで見て途方に暮れていたところに、彼の地での支えを得て非常に感激し心強く感じたことを思い出す）。

IV　翻訳担当者の方々には、本書の翻訳および編集方針に沿った形で訳文を作成していただいた。再考していただいたところも少なくない。また、共同作業ということで、監訳者との意見交換に手間を取らせてしまったかもしれない。だが、監訳者としては、そのような作業を経たことによって本書の翻訳の精度が高まっていると信じたい。監訳作業における調整や検討の段階で、訳語や訳文について当該の翻訳を担当した方からのみならず、他の方々からも有益な指摘を頂戴し、それによって誤訳を防ぐことができた箇所も少なからずあった。あわせて、本書全体の整合性・統一性などといった理由から、監訳者の会議において、担当者の意には必ずしも沿わないと思われる訳語や訳文を選択したところもある。その場合には、最大限の注意を払ったが、今後の研究の進展の中で適切でないものと批判される可能性もある。読者におかれては、本翻訳がこうした共同作業という制約の中での結果であ

ることをご理解いただきたい。他方で，本書の翻訳は，各翻訳担当者の努力の賜物であって，監訳者のものではないことも強調しておきたい。この場をお借りして翻訳担当者の方々の労をねぎらい，また共同作業への協力に謝意を示すことにしたい。

なお，第Ⅶ編の訳については，既に不当利得法研究会による暫定仮訳（民商法雑誌140巻4＝5号（2009年）546頁以下）が公表されているが，用語や形式を今回の作業方針と一致させるために，松岡の責任で暫定仮訳の担当者各位の承諾を得て改変し，さらにそれを基礎に検討を加えたことを付言しておきたい。

監訳作業に先立つチェック作業や，校正の後に行われた索引作成作業には，多くの方々にご協力をお願いした。若い研究者の方々が中心となって大変な作業をご負担いただき，かつそれを見事にやり遂げていただいたことに心からのお礼を申し上げたい（この作業経過についても「監訳者あとがき」を参照されたい）。なお，日本語索引は，原著の翻訳を越えた作業であることも述べておきたい。

さらに，法律文化社及び同社の野田三納子氏には，本書の作成について周到に準備していただき，遅れがちな作業進行を支えていただいたこと，感謝する次第である。

本書に関わる研究作業の一部について，龍谷大学社会科学研究所指定研究「ヨーロッパ私法の展望と日本民法典の現代化」（代表＝川角由和教授・龍谷大学）の支援を得たこと，また，科学研究費補助金基盤研究(A)「財産権の現代化と財産法制の再編」（代表＝潮見佳男）の下で実施するプロジェクトの一つとして遂行したことを記しておく。

本書が，私法・民法学の発展の中に位置づけられることを願って，監訳者序文を締めくくることにしたい。

　　　ハンブルクにて，2013年6月25日

　　　　　　　　　　　　　　　　　　　　　　　監訳者を代表して
　　　　　　　　　　　　　　　　　　　　　　　　　中　田　邦　博

　　　　　　　　　　　　　　　　　　　　　監訳者
　　　　　　　　　　　　　　　　　　　　　　　窪　田　充　見
　　　　　　　　　　　　　　　　　　　　　　　潮　見　佳　男
　　　　　　　　　　　　　　　　　　　　　　　松　岡　久　和
　　　　　　　　　　　　　　　　　　　　　　　山　本　敬　三
　　　　　　　　　　　　　　　　　　　　　　　吉　永　一　行

目　次

日本語版への序文
監訳者序文

序　　論 …………………………………………………………………… 1
概　　説 ………………………………………………………………… 1
　1　DCFR と CFR との区別
　2　暫定概要版の改訂
　3　DCFR 最終版のペーパーバック版とハードカバー版
　4　学術的であり，政治的に公認されたものではない文書
　5　この概要版について
DCFR の目的 …………………………………………………………… 4
　6　政治的な CFR のための可能なモデル
　7　法律学，研究，教育
　8　創造的な発想の源となり得ること
DCFR の内容 …………………………………………………………… 6
　9　原理，定義及びモデル準則
　10　「原理」の意味
　11　基本的原理
　12　基本的原理について暫定概要版が採ったアプローチ
　13　『指導的原則』によって採られたアプローチ
　14　『指導的原則』から得られた示唆
　15　基底的原理
　16　最優先の原則
　17　人権保護
　18　連帯と社会的責任の促進
　19　文化的及び言語的多様性の保存
　20　厚生の保護及び促進
　21　域内市場の促進
　22　自由，安全，正義及び効率性
　23　定　　義
　24　モデル準則
　25　コメントとノート
暫定概要版の見直し ………………………………………………… 15
　26　概　　観
　27　第 I 編

28　第Ⅱ編
　　29　第Ⅲ編
　　30　第Ⅳ編
　　31　第Ⅴ編から第Ⅶ編まで
　　32　第Ⅷ編から第Ⅹ編まで
　　33　定　　義

DCFRの適用領域 …………………………………………………………… 19
　　34　PECLより広い射程
　　35　各種の契約
　　36　契約外の債務
　　37　動産財産権法の問題
　　38　扱わない問題
　　39　こうしたアプローチが採用された理由
　　40　私法の一部としての契約法

DCFRのモデル準則の構造と言語 ……………………………………… 21
　　41　モデル準則の構造
　　42　モデル準則の条番号の形式
　　43　10個の編
　　44　第Ⅱ編及び第Ⅲ編
　　45　契約と債務
　　46　契約から生じる債務と契約外の債務
　　47　言　　語
　　48　利用可能性及びわかりやすさ

PECL, SGECCによるPELシリーズ，アキ・コミュノテール及び生命保険契約グループによる成果とDCFRとの関係 ……………………………… 26
　　49　部分的にPECLを基礎としていること
　　50　PECLとの違い
　　51　例
　　52　関係者からの意見
　　53　PECL出版以降の発展
　　54　PELシリーズ
　　55　PELシリーズとの違い
　　56　改　　良
　　57　アキ原則（ACQP）
　　58　ヨーロッパ保険契約法原則

DCFRはCFRの準備作業としてどのように使うことができるか ……… 31
　　59　ヨーロッパ委員会の発表
　　60　CFRの目的
　　61　消費者アキの見直しに関するグリーン・ペーパー
　　62　消費者の契約法上の権利に関する指令の提案に向けた草案
　　63　現行及び将来のアキ・コミュノテールの改善：モデル準則

64　アキ・コミュノテールの改善：整合性のある用語法の開発
　　65　準則がなければ実用的な用語一覧を作成することはできない
　　66　CFR の射程
　　67　消費者法と電子商取引
　　68　アキ・コミュノテールの改正及びさらなる法の調和のための方策
　　69　指令の中で用いられている用語や概念
　　70　疑わしい項目は含めるべきである
　　71　不可欠な背景情報
　　72　一例としての信義誠実
　　73　前提とされている国内法の準則
　　74　DCFR は「すべてを採用するか，すべてを採用しないか」という二者択一を基礎にして組み立ててはいない

この版以降の展開 ………………………………………………………………… 40
　　75　DCFR の完全版
　　76　消費者信用契約が対象外となっていること
　　77　DCFR の評価
　　78　Ｃ Ｆ Ｒ
　　79　角括弧［　］で挟んだ文言
　　80　任意に選択することができる法律文書の基礎としての CFR

原　　　則 ………………………………………………………………………… 43

自由，安全，正義及び効率性という基底的原理 ……………………………… 43
　　1　四つの原理

自　　　由 ………………………………………………………………………… 44
　　2　概　　　説

契約自由 …………………………………………………………………………… 45
　　3　出発点としての契約の自由
　　4　第三者との関係における制限
　　5　第三者又は社会一般にとって有害な契約
　　6　同意に瑕疵がある場合における介入
　　7　契約当事者を選択する自由に対する制限
　　8　契約締結前の段階で情報を提供しない自由の制限
　　9　契約条項に関する情報
　　10　交渉力の不均衡の修正
　　11　最小限の介入

契約外の債務発生原因 …………………………………………………………… 51
　　12　自由よりも義務を重視すること
　　13　法の目的と矛盾しない限りにおける自由の尊重

財　　　産 ………………………………………………………………………… 53
　　14　当事者自治の射程の制限

        15　いくつかの点における自由の承認及び強化
    安　　全 ………………………………………………………………… 54
        16　概　　説
    契約の安全 ……………………………………………………………… 54
        17　主たる構成要素
        18　第三者による尊重及び信頼
        19　合理的な信頼及び期待の保護
        20　契約は拘束するという原則
        21　事情の異常なまでの変更
        22　確実性か柔軟性か
        23　信義誠実及び取引の公正
        24　協　　力
        25　矛盾する行為
        26　履行の強制
        27　他の救済手段
        28　契約関係の維持
        29　安全を促進する他の規定
    契約外の債務発生原因 ………………………………………………… 62
        30　契約外の債務発生原因に関する法における中核的な目的であり価値としての安全
        31　現状の保護・他人に生じた損害に基づく契約外責任
        32　人の保護
        33　人権の保護
        34　他の権利及び利益の保護
        35　不当利得に関する法による安全の保護
    財　　産 ………………………………………………………………… 64
        36　中核をなす目的としての安全
        37　合理的な信頼及び期待の保護
        38　有効な救済手段に関する規定
        39　現状の保護
    正　　義 ………………………………………………………………… 66
        40　概　　説
    契　　約 ………………………………………………………………… 67
        41　同じものを同じに扱うこと
        42　自らの違法な行為，不誠実な行為，又は不合理な行為に依拠することを許さないこと
        43　不当なつけ込みは許されないこと
        44　過大な請求は許されないこと
        45　結果に対する責任
        46　弱い立場の者の保護
    契約外の債務発生原因に関する原理 ………………………………… 71
        47　概　　要
        48　自らの違法な行為，不誠実な行為，又は不合理な行為に依拠することを許さないこと

49　不当なつけ込みは許されないこと
　　50　過大な請求は許されないこと
　　51　結果に対する責任
　　52　弱い立場の者の保護
財　　産 ……………………………………………………………… 74
　　53　確実性の重要性

効　率　性 …………………………………………………………… 75
　　54　概　　説
当事者のための効率性 ……………………………………………… 76
　　55　最小限の方式及び手続的制限
　　56　実体法上の制限を最小限にすること
　　57　効率的な任意規定の準備
より広く公的な目的のための効率性 ……………………………… 78
　　58　概　　要
　　59　情報提供義務
　　60　不履行に対する救済手段
　　61　その他の規定

結　　語 ……………………………………………………………… 80
　　62　安定性

モデル準則

第Ⅰ編　総　　則　　　　　　　　　　　　　　　　　　　　85

Ⅰ.–1：101条　適用範囲
Ⅰ.–1：102条　解釈と継続形成
Ⅰ.–1：103条　信義誠実及び取引の公正
Ⅰ.–1：104条　合理性
Ⅰ.–1：105条　「消費者」及び「事業者」
Ⅰ.–1：106条　「書面による」及びそれに類似する表現
Ⅰ.–1：107条　「署名」及びそれに類似する表現
Ⅰ.–1：108条　付録の定義
Ⅰ.–1：109条　通　　知
Ⅰ.–1：110条　期間の計算

第Ⅱ編　契約及びその他の法律行為　　　　　　　　　　　　89

第1章　総　　則 ……………………… 89

Ⅱ.–1：101条　「契約」及び「法律行為」の意義
Ⅱ.–1：102条　当事者の自治
Ⅱ.–1：103条　拘束力
Ⅱ.–1：104条　慣習及び慣行
Ⅱ.–1：105条　認識等の帰責
Ⅱ.–1：106条　方　　式
Ⅱ.–1：107条　混合契約
Ⅱ.–1：108条　一部無効

- II.-1:109条　約　款
- II.-1:110条　「個別に交渉されなかった」条項

第2章　差別の禁止 …………………… 91

- II.-2:101条　差別的取扱いを受けない権利
- II.-2:102条　差別の意義
- II.-2:103条　適用除外
- II.-2:104条　救済手段
- II.-2:105条　証明責任

第3章　宣伝・勧誘及び契約締結前の義務 …………………… 92

第1節　情報提供義務 …………………… 92

- II.-3:101条　物品その他の財産及び役務に関する情報開示義務
- II.-3:102条　消費者に向けた宣伝・勧誘をする事業者に課される特別な義務
- II.-3:103条　著しく不利な状況にある消費者と契約を締結する際の情報提供義務
- II.-3:104条　隔地者間のリアルタイム通信を用いる際の情報提供義務
- II.-3:105条　電子的手段による契約の成立
- II.-3:106条　情報の明確性及び方式
- II.-3:107条　対価及び追加料金に関する情報
- II.-3:108条　事業者の住所及び識別情報に関する情報
- II.-3:109条　情報提供義務違反に対する救済手段

第2節　誤入力を防止する義務及び受領を通知する義務 …………………… 96

- II.-3:201条　誤入力の訂正
- II.-3:202条　受領の通知

第3節　交渉及び秘密保持義務 ……… 96

- II.-3:301条　信義誠実及び取引の公正に反する交渉
- II.-3:302条　秘密保持の違反

第4節　注文していない物品又は役務 … 97

- II.-3:401条　応答しないことから債務は生じない

第5節　この章の規定による義務の違反に対する損害賠償 …………………… 97

- II.-3:501条　損害賠償責任

第4章　成　立 …………………… 98

第1節　総　則 …………………… 98

- II.-4:101条　契約の締結のための要件
- II.-4:102条　意思を確定する方法
- II.-4:103条　十分な合意
- II.-4:104条　完結条項
- II.-4:105条　一定の方式による変更への限定

第2節　申込み及び承諾 …………………… 99

- II.-4:201条　申込み
- II.-4:202条　申込みの撤回
- II.-4:203条　申込みの拒絶
- II.-4:204条　承　諾
- II.-4:205条　契約の成立時期
- II.-4:206条　承諾期間
- II.-4:207条　遅延した承諾
- II.-4:208条　変更を加えた承諾
- II.-4:209条　抵触する約款条項
- II.-4:210条　事業者間契約の方式による確認
- II.-4:211条　申込みと承諾によって締結されるのではない契約

第3節　その他の法律行為 …………… 101

- II.-4:301条　単独行為の要件
- II.-4:302条　意思を確定する方法
- II.-4:303条　権利又は利益の拒絶

第5章　撤回権 …………………… 102

第1節　行使及び効果 …………………… 102

- II.-5:101条　適用範囲及び強行法規的性格
- II.-5:102条　撤回権の行使
- II.-5:103条　撤回期間
- II.-5:104条　撤回権に関する適切な情報提供
- II.-5:105条　撤回の効果
- II.-5:106条　結合契約

第2節　特別な撤回権 …………………… 103

- II.-5:201条　営業所以外の場所で交渉された契約
- II.-5:202条　タイムシェアリング契約

第6章　代　理 …………………… 105

- II.-6:101条　適用範囲
- II.-6:102条　定　義

Ⅱ.-6:103条　権限の授与
Ⅱ.-6:104条　権限の範囲
Ⅱ.-6:105条　代理人の行為が本人に対して法的効力を生じさせる場合
Ⅱ.-6:106条　代理人が自己の名で行為をした場合
Ⅱ.-6:107条　代理人と称して行為をした者が権限を有していなかった場合
Ⅱ.-6:108条　本人が誰であるかが示されない場合
Ⅱ.-6:109条　利益相反
Ⅱ.-6:110条　複数の代理人
Ⅱ.-6:111条　追　　認
Ⅱ.-6:112条　権限の授与の終了又は制限の効果

第7章　無効の原因 …………… 108

第1節　総　　則 ………… 108
Ⅱ.-7:101条　適用範囲
Ⅱ.-7:102条　原始的不能及び財産処分の権利又は権限の不存在

第2節　瑕疵のある同意又は意思 …… 108
Ⅱ.-7:201条　錯　　誤
Ⅱ.-7:202条　表示・伝達における誤りと錯誤の等置
Ⅱ.-7:203条　錯誤の場合における契約の改訂
Ⅱ.-7:204条　不正確な情報を信頼したことにより生じた損害についての責任
Ⅱ.-7:205条　詐　　欺
Ⅱ.-7:206条　強制又は強迫
Ⅱ.-7:207条　不公正なつけ込み
Ⅱ.-7:208条　第　三　者
Ⅱ.-7:209条　取消しの通知
Ⅱ.-7:210条　期間制限
Ⅱ.-7:211条　追　　認
Ⅱ.-7:212条　取消しの効果
Ⅱ.-7:213条　一部取消し
Ⅱ.-7:214条　損害賠償
Ⅱ.-7:215条　救済手段の排除又は制限
Ⅱ.-7:216条　救済手段の競合

第3節　基本原則違反及び強行法規違反 …………… 112
Ⅱ.-7:301条　基本原則に違反する契約
Ⅱ.-7:302条　強行法規に違反する契約
Ⅱ.-7:303条　無効又は取消しの効果
Ⅱ.-7:304条　損害賠償

第8章　解　　釈 …………… 113

第1節　契約の解釈 …………… 113
Ⅱ.-8:101条　一般規定
Ⅱ.-8:102条　考慮するべき事情
Ⅱ.-8:103条　条項提供者及び支配的当事者に不利な解釈
Ⅱ.-8:104条　交渉された条項の優先
Ⅱ.-8:105条　契約全体の参照
Ⅱ.-8:106条　条項を有効とする解釈の優先
Ⅱ.-8:107条　言語間の齟齬

第2節　その他の法律行為の解釈 …… 115
Ⅱ.-8:201条　一般規定
Ⅱ.-8:202条　他の規定の準用

第9章　契約の内容及び効果 …… 115

第1節　内　　容 …………… 115
Ⅱ.-9:101条　契約条項
Ⅱ.-9:102条　契約条項とみなされる契約締結前の表示
Ⅱ.-9:103条　個別に交渉されなかった条項
Ⅱ.-9:104条　対価の決定
Ⅱ.-9:105条　当事者の一方による決定
Ⅱ.-9:106条　第三者による決定
Ⅱ.-9:107条　存在しない指標等を参照した場合
Ⅱ.-9:108条　品　　質
Ⅱ.-9:109条　言　　語

第2節　仮装行為 …………… 118
Ⅱ.-9:201条　仮装行為の効果

第3節　第三者のためにする合意の効果 …………… 118
Ⅱ.-9:301条　基本原則
Ⅱ.-9:302条　権利，救済手段及び抗弁
Ⅱ.-9:303条　利益の拒絶又は撤回

第4節　不公正条項 …………… 119
Ⅱ.-9:401条　以下の規定の強行法規性
Ⅱ.-9:402条　個別に交渉されなかった条項の透明性確保義務
Ⅱ.-9:403条　事業者と消費者との間の契約における「不公正」の意味

II.-9：404条　非事業者間契約における「不公正」の意味	II.-9：407条　不公正さを判断する際に考慮するべき要素
II.-9：405条　事業者間契約における「不公正」の意味	II.-9：408条　不公正条項の効力
	II.-9：409条　専属管轄条項
II.-9：406条　不公正審査の排除	II.-9：410条　事業者と消費者との間の契約において不公正と推定される条項

第Ⅲ編　債務及びこれに対応する権利　　123

第1章　総　則 ………………… 123

- III.-1：101条　この編の適用範囲
- III.-1：102条　定　義
- III.-1：103条　信義誠実及び取引の公正
- III.-1：104条　協　力
- III.-1：105条　差別の禁止
- III.-1：106条　条件付きの権利義務
- III.-1：107条　期限付きの権利義務
- III.-1：108条　合意による変更又は解消
- III.-1：109条　通知による変更又は解消
- III.-1：110条　事情変更を理由とする裁判所による変更又は解消
- III.-1：111条　黙示の延長

第2章　履　行 ………………… 126

- III.-2：101条　履行場所
- III.-2：102条　履　行　期
- III.-2：103条　期限前の履行
- III.-2：104条　履行の順序
- III.-2：105条　選択的な債務又は選択的な履行方法
- III.-2：106条　他人への履行の委託
- III.-2：107条　第三者による履行
- III.-2：108条　支払の方法
- III.-2：109条　支払通貨
- III.-2：110条　弁済の充当
- III.-2：111条　財産が受領されない場合
- III.-2：112条　金銭が受領されない場合
- III.-2：113条　履行費用及び履行の方式
- III.-2：114条　履行による債務の消滅

第3章　不履行に対する救済手段 … 130

第1節　総　則 ………………… 130

- III.-3：101条　利用可能な救済手段
- III.-3：102条　救済手段の重畳
- III.-3：103条　履行のための付加期間を定める通知
- III.-3：104条　障害による免責
- III.-3：105条　救済手段を排除し，又は制限する条項
- III.-3：106条　不履行に関する通知
- III.-3：107条　不適合の通知の懈怠
- III.-3：108条　隔地者間取引において事業者が消費者の注文に応じることができない場合

第2節　債務者による不適合履行の追完 ………………… 132

- III.-3：201条　適用範囲
- III.-3：202条　債務者による追完に関する一般規定
- III.-3：203条　債権者が債務者に追完の機会を与える必要がない場合
- III.-3：204条　債務者に追完の機会が与えられた場合の効果
- III.-3：205条　最初に引き渡された物の返還

第3節　履行を強制する権利 ………… 133

- III.-3：301条　金銭債務の履行の強制
- III.-3：302条　非金銭債務の履行の強制
- III.-3：303条　損害賠償請求権の維持

第4節　履行の停止 ……………… 133

- III.-3：401条　牽連関係にある債務の履行を停止する権利

第5節　契約の解消 ……………… 134

- III.-3：501条　適用範囲及び定義
  - 第1款　解消の原因
- III.-3：502条　重大な不履行に基づく解消

- III.–3:503条　履行のための付加期間を定める通知をした後の解消
- III.–3:504条　履行期前の不履行に基づく解消
- III.–3:505条　履行に対する相当の担保が提供されないことを理由とする解消

　第2款　解消権の範囲，行使方法及び喪失
- III.–3:506条　解消権の範囲
- III.–3:507条　解消の通知
- III.–3:508条　解消権の喪失

　第3款　解消の効果
- III.–3:509条　契約上の債務に対する効果

　第4款　原状回復
- III.–3:510条　履行によって受けた利益の返還
- III.–3:511条　原状回復を要しない場合
- III.–3:512条　利益の価値の支払
- III.–3:513条　使用及び改良
- III.–3:514条　返還するべき時より後に生じる責任

第6節　代金の減額 …………… 138
- III.–3:601条　代金減額権

第7節　損害賠償及び利息 ………… 138
- III.–3:701条　損害賠償請求権
- III.–3:702条　損害賠償の一般的算定基準
- III.–3:703条　予見可能性
- III.–3:704条　債権者に帰すべき損害
- III.–3:705条　損害の軽減
- III.–3:706条　代替取引
- III.–3:707条　時　　価
- III.–3:708条　支払の遅延に対する利息
- III.–3:709条　利息が元本に組み入れられる場合
- III.–3:710条　商事契約における利息
- III.–3:711条　利息に関する不公正条項
- III.–3:712条　不履行に対する賠償額の予定
- III.–3:713条　損害賠償の算定通貨

第4章　複数の債務者及び複数の債権者 …………… 141

第1節　複数の債務者 …………… 141
- III.–4:101条　適用範囲
- III.–4:102条　連帯債務，分割債務及び共同債務
- III.–4:103条　各類型の債務が生じる場合
- III.–4:104条　分割債務に基づく責任
- III.–4:105条　共同債務の不履行に対して金銭の支払が請求される場合の特則
- III.–4:106条　連帯債務者間の内部負担割合
- III.–4:107条　連帯債務者間の求償
- III.–4:108条　連帯債務における履行，相殺及び混同
- III.–4:109条　連帯債務における免除又は和解
- III.–4:110条　連帯債務における判決の影響
- III.–4:111条　連帯債務における消滅時効
- III.–4:112条　連帯債務におけるその他の抗弁の対抗

第2節　複数の債権者 …………… 143
- III.–4:201条　適用範囲
- III.–4:202条　連帯債権，分割債権及び共同債権
- III.–4:203条　各類型の債権が生じる場合
- III.–4:204条　分割債権の持分割合
- III.–4:205条　共同債権における履行の困難
- III.–4:206条　連帯債権の持分割合
- III.–4:207条　連帯債権に関するその他の規律

第5章　当事者の変更 …………… 144

第1節　債権の譲渡 …………… 144

　第1款　総　則
- III.–5:101条　適用範囲
- III.–5:102条　定　　義
- III.–5:103条　物的担保及び信託に関する規定の優先

　第2款　債権の譲渡の要件
- III.–5:104条　基本的な要件
- III.–5:105条　譲渡性に関する一般規定
- III.–5:106条　将来の債権及び不特定の債権
- III.–5:107条　一部の譲渡の可能性
- III.–5:108条　債権の譲渡性と契約による譲渡禁止の効果
- III.–5:109条　債権者の一身専属権
- III.–5:110条　譲渡行為の方式及び有効性
- III.–5:111条　債権譲渡の権利又は権限

　第3款　譲渡人による保証
- III.–5:112条　譲渡人による保証

　第4款　債権の譲渡の効果
- III.–5:113条　新たな債権者
- III.–5:114条　債権の譲渡の効力発生時期
- III.–5:115条　譲受人に移転する権利
- III.–5:116条　抗弁及び相殺権に対する効果
- III.–5:117条　履行場所に対する効果
- III.–5:118条　無効，取消し，撤回，解消及び贈与の撤回の効果

第5款　債務者の保護
Ⅲ.-5：119条　債権者でない者に対する履行
Ⅲ.-5：120条　債権の譲渡の適切な証明
　　第6款　優先関係
Ⅲ.-5：121条　複数の譲受人の競合
Ⅲ.-5：122条　譲受人と利益を受領した譲渡人の競合

　第2節　債務者の交替及び追加 ……… 150
Ⅲ.-5：201条　適用範囲
Ⅲ.-5：202条　交替又は追加の種類
Ⅲ.-5：203条　債権者の承諾
Ⅲ.-5：204条　完全な交替
Ⅲ.-5：205条　完全な交替の場合における抗弁，相殺及び担保権に関する効果
Ⅲ.-5：206条　不完全な交替
Ⅲ.-5：207条　不完全な交替の効果
Ⅲ.-5：208条　新債務者の追加
Ⅲ.-5：209条　新債務者の追加の効果

　第3節　契約上の地位の移転 ………… 151
Ⅲ.-5：301条　適用範囲
Ⅲ.-5：302条　契約上の地位の移転

　第4節　受任者が倒産した場合における債権及び債務の移転 …………… 152
Ⅲ.-5：401条　受任者が倒産した場合における債権を承継するという本人の選択権
Ⅲ.-5：402条　相手方の選択権

第6章　相殺及び混同 ……………… 152

　第1節　相　　殺 …………………… 152
Ⅲ.-6：101条　定義及び適用範囲
Ⅲ.-6：102条　相殺の要件
Ⅲ.-6：103条　確定していない債権
Ⅲ.-6：104条　外国の通貨による相殺
Ⅲ.-6：105条　通知による相殺
Ⅲ.-6：106条　複数の債権及び債務
Ⅲ.-6：107条　相殺の効果
Ⅲ.-6：108条　相殺権の排除

　第2節　債務の混同 ………………… 153
Ⅲ.-6：201条　混同による債務の消滅

第7章　消滅時効 …………………… 153

　第1節　総　　則 …………………… 153
Ⅲ.-7：101条　消滅時効にかかる権利

　第2節　消滅時効期間及び起算点 …… 153
Ⅲ.-7：201条　一般の消滅時効期間
Ⅲ.-7：202条　法的手続によって確定した権利の消滅時効期間
Ⅲ.-7：203条　起算点

　第3節　消滅時効期間の伸長 ………… 154
Ⅲ.-7：301条　不知の場合における進行の停止
Ⅲ.-7：302条　裁判手続その他の手続による進行の停止
Ⅲ.-7：303条　債権者の支配を超えた障害の場合における進行の停止
Ⅲ.-7：304条　交渉による消滅時効期間の満了の延期
Ⅲ.-7：305条　無能力の場合における消滅時効期間の満了の延期
Ⅲ.-7：306条　相続財産に関する消滅時効期間の満了の延期
Ⅲ.-7：307条　消滅時効期間の上限

　第4節　消滅時効期間の更新 ………… 155
Ⅲ.-7：401条　承認による更新
Ⅲ.-7：402条　強制執行の申立てが行われた場合の更新

　第5節　消滅時効の効果 …………… 156
Ⅲ.-7：501条　一般的効果
Ⅲ.-7：502条　従たる権利に対する効果
Ⅲ.-7：503条　相殺に対する効果

　第6節　合意による修正 …………… 156
Ⅲ.-7：601条　消滅時効に関する合意

第Ⅳ編　各種の契約及びそれに基づく権利義務

A部　売買　　　　　　　　　　　　157

第1章　適用範囲及び定義　………… 157

第1節　適用範囲　……………………… 157
Ⅳ.A.-1:101条　適用対象となる契約
Ⅳ.A.-1:102条　製造又は生産が行われる物品

第2節　定　義　………………………… 157
Ⅳ.A.-1:201条　物　品
Ⅳ.A.-1:202条　売買契約
Ⅳ.A.-1:203条　交換契約
Ⅳ.A.-1:204条　消費者売買契約

第2章　売主の債務 ………………… 158

第1節　概　観 …………………………… 158
Ⅳ.A.-2:101条　売主の債務の概観

第2節　物品の引渡し …………………… 158
Ⅳ.A.-2:201条　引　渡　し
Ⅳ.A.-2:202条　引渡しの場所及び時期
Ⅳ.A.-2:203条　期限前の引渡しの場合における追完
Ⅳ.A.-2:204条　物品の運送

第3節　物品の適合性 …………………… 159
Ⅳ.A.-2:301条　契約適合性
Ⅳ.A.-2:302条　目的適合性，品質，包装
Ⅳ.A.-2:303条　第三者による表示
Ⅳ.A.-2:304条　消費者売買契約における不適切な取付け
Ⅳ.A.-2:305条　第三者の権利又は請求一般
Ⅳ.A.-2:306条　工業所有権その他の知的財産権に基づく第三者の権利又は請求
Ⅳ.A.-2:307条　買主の知っていた不適合
Ⅳ.A.-2:308条　適合性を確定するための基準時
Ⅳ.A.-2:309条　消費者売買契約における適合性に係る権利に関する異なる定めの規制

第3章　買主の債務 ………………… 161
Ⅳ.A.-3:101条　買主の主たる債務

Ⅳ.A.-3:102条　形状，寸法その他の特徴の指定
Ⅳ.A.-3:103条　重量によって定められる代金
Ⅳ.A.-3:104条　引渡しの受領
Ⅳ.A.-3:105条　期限前の引渡し及び数量超過の引渡し

第4章　救済手段 …………………… 162

第1節　強行法規 ………………………… 162
Ⅳ.A.-4:101条　消費者売買契約における不適合に対する救済手段に関する強行法規

第2節　不適合に対する買主の救済手段の修正 ………………………………… 163
Ⅳ.A.-4:201条　不適合を理由とする消費者による契約の解消
Ⅳ.A.-4:202条　事業者でない売主の損害賠償責任の制限

第3節　検査及び通知の必要性 ………… 163
Ⅳ.A.-4:301条　物品の検査
Ⅳ.A.-4:302条　不適合の通知
Ⅳ.A.-4:303条　一部の引渡しの通知
Ⅳ.A.-4:304条　売主が不適合を知っていた場合

第5章　危険の移転 ………………… 164

第1節　総　則 …………………………… 164
Ⅳ.A.-5:101条　危険移転の効果
Ⅳ.A.-5:102条　危険が移転する時期
Ⅳ.A.-5:103条　消費者売買契約における危険の移転

第2節　特　則 …………………………… 165
Ⅳ.A.-5:201条　買主の処分に委ねられた物品
Ⅳ.A.-5:202条　物品の運送
Ⅳ.A.-5:203条　運送中に売却された物品

第6章　消費者物品保証 …………… 165
Ⅳ.A.-6:101条　消費者物品保証の定義
Ⅳ.A.-6:102条　保証の拘束力

IV.A.-6：103条	保証書
IV.A.-6：104条	保証の範囲
IV.A.-6：105条	特定の部分に限定された保証
IV.A.-6：106条	保証者の責任の排除又は制限
IV.A.-6：107条	証明責任
IV.A.-6：108条	保証の期間の延長

第Ⅳ編　各種の契約及びそれに基づく権利義務
B部　物品の賃貸借　　169

第1章　適用範囲及び一般規定 … 169

- IV.B.-1：101条　物品の賃貸借
- IV.B.-1：102条　物品の消費者賃貸借契約
- IV.B.-1：103条　消費者賃貸借契約における適合性に係る権利に関する異なる定めの規制
- IV.B.-1：104条　消費者賃貸借契約における救済手段に関する準則と異なる定めの規制

第2章　賃貸借期間 …………… 170

- IV.B.-2：101条　賃貸借期間の開始
- IV.B.-2：102条　賃貸借期間の終了
- IV.B.-2：103条　黙示の延長

第3章　賃貸人の債務 ………… 171

- IV.B.-3：101条　物品の使用適合性
- IV.B.-3：102条　賃貸借期間の開始時における適合性
- IV.B.-3：103条　目的適合性，品質，包装等
- IV.B.-3：104条　賃貸借期間中の物品の適合性
- IV.B.-3：105条　物品の消費者賃貸借契約における不適切な取付け
- IV.B.-3：106条　物品の返還に関する賃貸人の義務

第4章　賃借人の救済手段に関する一般規定の修正 …………… 172

- IV.B.-4：101条　不適合を追完させる賃借人の権利
- IV.B.-4：102条　賃料の減額
- IV.B.-4：103条　不適合の通知
- IV.B.-4：104条　物品の供給者に対する救済手段

第5章　賃借人の債務 ………… 174

- IV.B.-5：101条　賃料を支払う債務
- IV.B.-5：102条　賃料の支払時期
- IV.B.-5：103条　物品の受領
- IV.B.-5：104条　契約に従った物品の取扱い
- IV.B.-5：105条　物品への危険又は損害を回避するための介入
- IV.B.-5：106条　保存及び改良を理由とする補償
- IV.B.-5：107条　通知義務
- IV.B.-5：108条　賃貸人による修理及び検査
- IV.B.-5：109条　物品の返還義務

第6章　賃借人の救済手段に関する一般規定の修正 …………… 176

- IV.B.-6：101条　将来の賃料の支払を強制する権利の制限
- IV.B.-6：102条　物品の消費者賃貸借契約における責任の軽減

第7章　当事者の変更及び転貸借 … 176

- IV.B.-7：101条　所有者の変更と賃貸人の交替
- IV.B.-7：102条　賃借人の履行請求権の譲渡
- IV.B.-7：103条　転貸借

第IV編　各種の契約及びそれに基づく権利義務
C部　役務提供契約

178

第1章　総　則 …………… 178

- IV.C.-1：101条　適用範囲
- IV.C.-1：102条　適用除外
- IV.C.-1：103条　規定の適用に関する優先関係

第2章　役務提供契約一般に適用される規定 …………… 178

- IV.C.-2：101条　報　酬
- IV.C.-2：102条　契約締結前の警告義務
- IV.C.-2：103条　協力義務
- IV.C.-2：104条　下請人，道具及び材料
- IV.C.-2：105条　技能及び注意に関する義務
- IV.C.-2：106条　結果を達成するべき義務
- IV.C.-2：107条　依頼者の指図
- IV.C.-2：108条　役務提供者の契約上の警告義務
- IV.C.-2：109条　役務提供契約の一方的変更
- IV.C.-2：110条　予期される不適合についての依頼者の通知義務
- IV.C.-2：111条　依頼者の契約解消権

第3章　建築契約 …………… 184

- IV.C.-3：101条　適用範囲
- IV.C.-3：102条　依頼者の協力義務
- IV.C.-3：103条　建造物に対する損害の防止義務
- IV.C.-3：104条　適　合　性
- IV.C.-3：105条　検査，監督及び承認
- IV.C.-3：106条　建造物の引渡し
- IV.C.-3：107条　報酬の支払
- IV.C.-3：108条　危　険

第4章　保守管理契約 …………… 187

- IV.C.-4：101条　適用範囲
- IV.C.-4：102条　依頼者の協力義務
- IV.C.-4：103条　保守管理の目的物に対する損害の防止義務
- IV.C.-4：104条　検査及び監督
- IV.C.-4：105条　保守管理の目的物の返還
- IV.C.-4：106条　報酬の支払
- IV.C.-4：107条　危　険
- IV.C.-4：108条　責任制限

第5章　保管契約 …………… 190

- IV.C.-5：101条　適用範囲
- IV.C.-5：102条　保管場所及び下請人
- IV.C.-5：103条　保管物の保護及び使用
- IV.C.-5：104条　保管物の返還
- IV.C.-5：105条　適　合　性
- IV.C.-5：106条　報酬の支払
- IV.C.-5：107条　保管終了後の情報提供義務
- IV.C.-5：108条　危　険
- IV.C.-5：109条　責任制限
- IV.C.-5：110条　宿泊事業者の責任

第6章　設計契約 …………… 193

- IV.C.-6：101条　適用範囲
- IV.C.-6：102条　契約締結前の警告義務
- IV.C.-6：103条　技能及び注意に関する義務
- IV.C.-6：104条　適　合　性
- IV.C.-6：105条　設計の引渡し
- IV.C.-6：106条　記　録
- IV.C.-6：107条　責任制限

第7章　情報提供契約及び助言契約 …………… 195

- IV.C.-7：101条　適用範囲
- IV.C.-7：102条　予備データを収集する義務
- IV.C.-7：103条　専門的知識を入手し，利用する義務
- IV.C.-7：104条　技能及び注意に関する義務
- IV.C.-7：105条　適　合　性
- IV.C.-7：106条　記　録
- IV.C.-7：107条　利益相反
- IV.C.-7：108条　依頼者の能力の影響
- IV.C.-7：109条　因果関係

第8章　医療契約 …………… 197

- IV.C.-8：101条　適用範囲

- IV.C.-8：102条　予　診
- IV.C.-8：103条　医療機器，医薬品，試料，医療設備及び医療施設に関する義務
- IV.C.-8：104条　技能及び注意に関する義務
- IV.C.-8：105条　情報提供義務
- IV.C.-8：106条　不必要な治療又は実験的治療の場合における情報提供義務
- IV.C.-8：107条　情報提供義務の例外
- IV.C.-8：108条　同意なしに治療しない義務
- IV.C.-8：109条　記　録
- IV.C.-8：110条　不履行に対する救済手段
- IV.C.-8：111条　治療を行う機関の義務

第Ⅳ編　各種の契約及びそれに基づく権利義務

D部　委任契約　　201

第1章　総　則 …………… 201

- IV.D.-1：101条　適用範囲
- IV.D.-1：102条　定　義
- IV.D.-1：103条　委任契約の存続期間
- IV.D.-1：104条　委任の撤回
- IV.D.-1：105条　撤回することができない委任

第2章　本人の主たる義務 ………… 204

- IV.D.-2：101条　協力義務
- IV.D.-2：102条　報　酬
- IV.D.-2：103条　受任者の負担した費用

第3章　受任者による履行 ………… 205

第1節　受任者の主たる義務 ………… 205

- IV.D.-3：101条　委任に従って行為をする義務
- IV.D.-3：102条　本人の利益において行為をする義務
- IV.D.-3：103条　技能及び注意に関する義務

第2節　委任の範囲外の行為の効果 … 205

- IV.D.-3：201条　委任の範囲外の行為
- IV.D.-3：202条　追認の効果

第3節　委任における排他性の原則的否定 ………… 206

- IV.D.-3：301条　排他性推定の否定
- IV.D.-3：302条　復委任

第4節　本人への情報提供義務 ……… 206

- IV.D.-3：401条　履行の進捗に関する情報提供
- IV.D.-3：402条　本人に対する通知
- IV.D.-3：403条　第三者の識別情報に関する通知

第4章　指図及び変更 ………… 207

第1節　指　図 ………… 207

- IV.D.-4：101条　本人の与えた指図
- IV.D.-4：102条　指図の要求
- IV.D.-4：103条　指図を与えないことの効果
- IV.D.-4：104条　指図を要求し，又はこれを待つ時間がない場合

第2節　委任契約の変更 ………… 208

- IV.D.-4：201条　委任契約の変更

第5章　利益の相反 ………… 209

- IV.D.-5：101条　自己契約
- IV.D.-5：102条　双方委任

第6章　不履行を理由としない解消の通知 ………… 210

- IV.D.-6：101条　通知による解消一般
- IV.D.-6：102条　委任関係が不特定期間継続する場合又は委任が特定の事務を目的とする場合における本人からの解消
- IV.D.-6：103条　特別かつ重大な理由による本人からの解消
- IV.D.-6：104条　委任関係が不特定期間継続する場合又は無償である場合における受任者からの解消
- IV.D.-6：105条　特別かつ重大な理由による受任者からの解消

第7章 その他の解消原因 ………… 212
　IV.D.-7：101条　本人又は別の受任者による委任目的契約の締結
　IV.D.-7：102条　本人の死亡
　IV.D.-7：103条　受任者の死亡

第IV編　各種の契約及びそれに基づく権利義務

E部　代理商，フランチャイズ及びディストリビューター　213

第1章　総　　則 ……………… 213

第1節　適用範囲 ……………… 213
　IV.E.-1：101条　適用対象となる契約

第2節　その他の通則 ………… 213
　IV.E.-1：201条　規定の適用に関する優先関係

第2章　この部の規定の適用範囲に含まれるすべての契約に適用する規定 ……………… 213

第1節　契約締結前の義務 ………… 213
　IV.E.-2：101条　契約締結前の情報提供義務

第2節　当事者の債務 ………… 213
　IV.E.-2：201条　協力義務
　IV.E.-2：202条　契約関係が継続している間の情報提供義務
　IV.E.-2：203条　秘密保持義務

第3節　契約関係の解消 ………… 214
　IV.E.-2：301条　期間の定めのある契約
　IV.E.-2：302条　期間の定めのない契約
　IV.E.-2：303条　不適切な通知による解消に対する損害賠償
　IV.E.-2：304条　不履行による契約の解消
　IV.E.-2：305条　のれんの補償
　IV.E.-2：306条　在庫，取替部品及び材料

第4節　その他の通則 ………… 216
　IV.E.-2：401条　留置権
　IV.E.-2：402条　署名文書の交付請求権

第3章　代理商 ……………… 216

第1節　総　　則 ……………… 216
　IV.E.-3：101条　適用範囲

第2節　代理商の債務 ………… 216
　IV.E.-3：201条　契約の交渉及び締結
　IV.E.-3：202条　指　　図
　IV.E.-3：203条　契約関係が継続している間の代理商の情報提供義務
　IV.E.-3：204条　会　　計

第3節　事業主の債務 ………… 217
　IV.E.-3：301条　代理商である期間中に締結した契約についての代理報酬
　IV.E.-3：302条　代理商関係が終了した後に締結した契約についての代理報酬
　IV.E.-3：303条　連続する代理商の権利の競合
　IV.E.-3：304条　代理報酬の支払期限
　IV.E.-3：305条　代理報酬請求権の消滅
　IV.E.-3：306条　報　　酬
　IV.E.-3：307条　契約関係が継続している間の事業主の情報提供義務
　IV.E.-3：308条　契約の締結，拒絶及び不履行に関する情報提供義務
　IV.E.-3：309条　契約量の減少に関する警告義務
　IV.E.-3：310条　代理報酬に関する情報提供義務
　IV.E.-3：311条　会　　計
　IV.E.-3：312条　補償の額
　IV.E.-3：313条　代金支払保証条項

第4章　フランチャイズ ………… 220

第1節　総　　則 ……………… 220
　IV.E.-4：101条　適用範囲

IV.E.-4：102条　契約締結前の情報提供義務
IV.E.-4：103条　協力義務

第2節　フランチャイザーの債務 …… 221
IV.E.-4：201条　知的財産権
IV.E.-4：202条　ノウハウ
IV.E.-4：203条　経営支援
IV.E.-4：204条　供　　給
IV.E.-4：205条　契約関係が継続している間のフランチャイザーの情報提供義務
IV.E.-4：206条　供給能力の低下に関する警告義務
IV.E.-4：207条　ネットワークの評判と広告

第3節　フランチャイジーの債務 …… 222
IV.E.-4：301条　フィー，ロイヤルティその他の定期的な支払
IV.E.-4：302条　契約関係が継続している間のフランチャイジーの情報提供義務
IV.E.-4：303条　事業方法及び指図
IV.E.-4：304条　調　　査

第5章　ディストリビューター ……… 223
第1節　総　　則 ……………………… 223
IV.E.-5：101条　適用範囲及び定義

第2節　サプライヤーの債務 ………… 224
IV.E.-5：201条　供給する債務
IV.E.-5：202条　契約関係が継続している間のサプライヤーの情報提供義務
IV.E.-5：203条　供給能力の低下に関するサプライヤーの警告義務
IV.E.-5：204条　広告資材
IV.E.-5：205条　商品の評判

第3節　ディストリビューターの債務 … 224
IV.E.-5：301条　販売のための努力をする義務
IV.E.-5：302条　契約関係が継続している間のディストリビューターの情報提供義務
IV.E.-5：303条　需要の低下に関するディストリビューターの警告義務
IV.E.-5：304条　指　　図
IV.E.-5：305条　調　　査
IV.E.-5：306条　商品の評判

第Ⅳ編　各種の契約及びそれに基づく権利義務
F部　貸付契約　226

IV.F.-1：101条　適用範囲
IV.F.-1：102条　貸主の主たる債務
IV.F.-1：103条　借主の貸付受領義務
IV.F.-1：104条　利　　息
IV.F.-1：105条　信用供与の目的
IV.F.-1：106条　返済及び解消

第Ⅳ編　各種の契約及びそれに基づく権利義務
G部　人的担保　228

第1章　通　　則 ……………………… 228
IV.G.-1：101条　定　　義
IV.G.-1：102条　適用範囲
IV.G.-1：103条　債権者の承諾
IV.G.-1：104条　担保のための共同債務
IV.G.-1：105条　債権者に対する複数の担保提供者の連帯責任
IV.G.-1：106条　複数の担保提供者の内部求償
IV.G.-1：107条　複数の担保提供者の主たる債務者に対する求償
IV.G.-1：108条　連帯債務の規定の補充的適用

第2章　付従的人的担保 …………… 231

- Ⅳ.G.-2：101条　付従的人的担保の推定
- Ⅳ.G.-2：102条　担保提供者の債務の付従性
- Ⅳ.G.-2：103条　担保提供者が主張することのできる主たる債務者の抗弁
- Ⅳ.G.-2：104条　担保の範囲
- Ⅳ.G.-2：105条　担保提供者の連帯責任
- Ⅳ.G.-2：106条　担保提供者の補充的責任
- Ⅳ.G.-2：107条　債権者による通知の必要性
- Ⅳ.G.-2：108条　担保権の行使期間の制限
- Ⅳ.G.-2：109条　期間制限のない保証の制限
- Ⅳ.G.-2：110条　債権者の権利の縮減
- Ⅳ.G.-2：111条　担保提供者に対する主たる債務者による救済
- Ⅳ.G.-2：112条　担保提供者による履行前の通知と要求
- Ⅳ.G.-2：113条　履行をした担保提供者の権利

第3章　独立的人的担保 …………… 235

- Ⅳ.G.-3：101条　範　囲
- Ⅳ.G.-3：102条　担保提供者による主たる債務者への通知
- Ⅳ.G.-3：103条　担保提供者による履行
- Ⅳ.G.-3：104条　請求即払の独立的人的担保
- Ⅳ.G.-3：105条　明らかに濫用的又は詐欺的な請求
- Ⅳ.G.-3：106条　担保提供者の返還請求権
- Ⅳ.G.-3：107条　期間制限のある担保又は期間制限のない担保
- Ⅳ.G.-3：108条　担保権の移転
- Ⅳ.G.-3：109条　履行をした担保提供者の権利

第4章　消費者による人的担保の特則 …………… 237

- Ⅳ.G.-4：101条　適用範囲
- Ⅳ.G.-4：102条　適用される規定
- Ⅳ.G.-4：103条　契約締結前の債権者の義務
- Ⅳ.G.-4：104条　方　式
- Ⅳ.G.-4：105条　担保提供者の責任の性質
- Ⅳ.G.-4：106条　債権者の毎年の情報提供義務
- Ⅳ.G.-4：107条　期間制限のある限定根保証

第Ⅳ編　各種の契約及びそれに基づく権利義務

H部　贈　与　240

第1章　適用範囲及び一般規定 … 240

第1節　適用範囲及び定義 …………… 240

- Ⅳ.H.-1：101条　適用対象となる契約
- Ⅳ.H.-1：102条　将来の物品及び製造又は生産が行われる物品
- Ⅳ.H.-1：103条　その他の財産への適用
- Ⅳ.H.-1：104条　一方的約束及び現実贈与への適用
- Ⅳ.H.-1：105条　死亡を履行期又は条件とする贈与

第2節　無償性及び利益を与える意図 … 241

- Ⅳ.H.-1：201条　無　償　性
- Ⅳ.H.-1：202条　完全には無償でない行為
- Ⅳ.H.-1：203条　利益を与える意図

第2章　成立及び有効性 …………… 242

- Ⅳ.H.-2：101条　方式要件
- Ⅳ.H.-2：102条　方式要件の例外
- Ⅳ.H.-2：103条　錯　誤
- Ⅳ.H.-2：104条　不公正なつけ込み

第3章　債務及び救済手段 ………… 242

第1節　贈与者の債務 …………… 242

- Ⅳ.H.-3：101条　債務一般
- Ⅳ.H.-3：102条　物品の適合性
- Ⅳ.H.-3：103条　第三者の権利又は請求

第2節　受贈者の救済手段 …………… 243

- Ⅳ.H.-3：201条　一般規定の適用
- Ⅳ.H.-3：202条　履行を強制する権利の制限
- Ⅳ.H.-3：203条　契約解消の場合の原状回復

IV.H.-3：204条　障害による場合の損害賠償請求権の排除
IV.H.-3：205条　損害賠償額の算定
IV.H.-3：206条　金銭の支払の遅延

第3節　受贈者の義務 …………………… 244
IV.H.-3：301条　引渡しを受領する義務及び移転を受ける義務

第4節　贈与者の救済手段 ……………… 244
IV.H.-3：401条　一般規定の適用

第4章　贈与者による撤回 ………… 244

第1節　撤回一般 ………………………… 244
IV.H.-4：101条　撤回不可の原則及びその例外
IV.H.-4：102条　撤回権の行使及び範囲
IV.H.-4：103条　撤回の効果
IV.H.-4：104条　期間制限

第2節　贈与者の撤回権 ………………… 245
IV.H.-4：201条　受贈者の忘恩行為
IV.H.-4：202条　贈与者の貧窮
IV.H.-4：203条　その他の撤回権

第V編　事務管理　247

第1章　適用範囲 ………………… 247
V.-1：101条　他人のためにする事務管理
V.-1：102条　他人の義務を履行するための事務管理
V.-1：103条　適用除外

第2章　管理者の義務 …………… 248
V.-2：101条　事務管理が継続している間の義務
V.-2：102条　義務違反によって生じた損害の賠償
V.-2：103条　事務管理が終了した後の義務

第3章　管理者の権利及び権限 … 248
V.-3：101条　免償又は償還を求める権利
V.-3：102条　報酬を請求する権利
V.-3：103条　賠償を請求する権利
V.-3：104条　管理者の権利の制限又は排除
V.-3：105条　本人に対して免責を得させ，又は償還をするべき第三者の義務
V.-3：106条　本人の代理人として行為をする管理者の権限

第VI編　他人に生じた損害に基づく契約外責任　251

第1章　総　則 …………………… 251
VI.-1：101条　基本準則
VI.-1：102条　差止め
VI.-1：103条　適用範囲

第2章　法的に重要な損害 ……… 251

第1節　総　則 …………………………… 251
VI.-2：101条　法的に重要な損害の意義

第2節　法的に重要な損害についての各則 …………………………………… 252
VI.-2：201条　人身侵害及びそれにより生じた損失
VI.-2：202条　人身侵害又は死亡により第三者に生じた損失
VI.-2：203条　尊厳，自由及びプライバシーの侵害
VI.-2：204条　他人に関する真実でない情報の伝達による損失
VI.-2：205条　秘匿される情報の伝達による損失
VI.-2：206条　財産又は適法な占有の侵害による損失
VI.-2：207条　誤った助言又は情報を信頼したことによる損失

- VI.-2：208条　事業の違法な妨害による損失
- VI.-2：209条　環境侵害について国家に生じた負担
- VI.-2：210条　詐欺的不実表示による損失
- VI.-2：211条　債務不履行の誘発による損失

第3章　帰　責 …………………… 254

第1節　故意及び過失 …………… 254
- VI.-3：101条　故　　意
- VI.-3：102条　過　　失
- VI.-3：103条　18歳未満の者
- VI.-3：104条　子ども又は被監督者が生じさせた損害についての責任

第2節　故意又は過失を伴わない責任 … 255
- VI.-3：201条　被用者又は代表者が生じさせた損害についての責任
- VI.-3：202条　不動産の安全性の欠如によって生じた損害についての責任
- VI.-3：203条　動物によって生じた損害についての責任
- VI.-3：204条　製造物の欠陥によって生じた損害についての責任
- VI.-3：205条　自動車によって生じた損害についての責任
- VI.-3：206条　危険な物質又は放出によって生じた損害についての責任
- VI.-3：207条　法的に重要な損害の発生についてのその他の責任
- VI.-3：208条　放　　棄

第4章　因果関係 ……………… 258
- VI.-4：101条　総　　則
- VI.-4：102条　複数人の関与
- VI.-4：103条　択一的原因

第5章　抗　弁 ………………… 259

第1節　被害者の同意又は行為 ……… 259
- VI.-5：101条　同意及び自己の危険に基づく行為
- VI.-5：102条　被害者の過失と責任
- VI.-5：103条　犯罪者が共犯者に対して加えた損害

第2節　帰責される者又は第三者の利益 ………………………… 260
- VI.-5：201条　法律上の権限
- VI.-5：202条　正当防衛，事務管理及び緊急避難
- VI.-5：203条　公共の利益の保護

第3節　制御の不可能 …………… 260
- VI.-5：301条　精神的な能力の欠如
- VI.-5：302条　制御の不可能な事象

第4節　契約による責任の免除及び制限 ………………………… 260
- VI.-5：401条　契約による責任の免除及び制限

第5節　VI.-2：202条（人身侵害又は死亡により第三者に生じた損失）に定める損失 ……………………… 261
- VI.-5：501条　被害者に対する抗弁の第三者への対抗

第6章　救済手段 ……………… 261

第1節　損害賠償総則 …………… 261
- VI.-6：101条　損害賠償の目的と方式
- VI.-6：102条　些事原則
- VI.-6：103条　損益相殺
- VI.-6：104条　複数の被害者
- VI.-6：105条　連帯責任
- VI.-6：106条　損害賠償請求権の譲渡

第2節　金銭賠償 ………………… 262
- VI.-6：201条　選　択　権
- VI.-6：202条　責任の軽減
- VI.-6：203条　支払及び算定
- VI.-6：204条　侵害それ自体についての金銭賠償

第3節　差止め ………………… 262
- VI.-6：301条　差止請求権
- VI.-6：302条　損害を回避するために生じた損失についての責任

第7章　附　則 ………………… 263
- VI.-7：101条　各国の憲法
- VI.-7：102条　法律上の規定
- VI.-7：103条　公法上の職務と裁判手続

Ⅵ.-7：104条　被用者，使用者，労働組合及び使用者団体の責任

Ⅵ.-7：105条　塡補を受ける権利を有する者に対する責任の軽減又は排除

第Ⅶ編　不当利得　　　265

第1章　総　　則 …………… 265

Ⅶ.-1：101条　基本準則

第2章　利得の不当性 …………… 265

Ⅶ.-2：101条　利得が不当とされる場合
Ⅶ.-2：102条　第三者に対する債務の履行
Ⅶ.-2：103条　任意の同意又は履行

第3章　利得及び損失 …………… 266

Ⅶ.-3：101条　利　　得
Ⅶ.-3：102条　損　　失

第4章　帰　　因 …………… 266

Ⅶ.-4：101条　帰因の例
Ⅶ.-4：102条　仲　介　者
Ⅶ.-4：103条　債権者でない者に対して行われた債務者の弁済において，利得返還義務者が利得を善意でさらに移転した場合
Ⅶ.-4：104条　債権者でない者に対して行われた債務者の弁済の追認

Ⅶ.-4：105条　介在者の行為に由来する帰因
Ⅶ.-4：106条　介在者の行為の追認
Ⅶ.-4：107条　種類又は価値が同一でない場合

第5章　利得の返還 …………… 268

Ⅶ.-5：101条　原物で返還することができる利得
Ⅶ.-5：102条　原物で返還することができない利得
Ⅶ.-5：103条　利得の金銭的価値と出費の節約
Ⅶ.-5：104条　利得から生じた果実及び使用

第6章　抗　　弁 …………… 269

Ⅶ.-6：101条　利得の消滅
Ⅶ.-6：102条　第三者との間で善意でした法律行為
Ⅶ.-6：103条　不　法　性

第7章　他の法規定との関係 …… 270

Ⅶ.-7：101条　不当利得以外の私法上の返還請求権
Ⅶ.-7：102条　請求権の競合
Ⅶ.-7：103条　公法上の権利

第Ⅷ編　物品所有権の得喪　　　271

第1章　総　　則 …………… 271

第1節　適用範囲及び他の規定との関係 …………… 271

Ⅷ.-1：101条　適用範囲
Ⅷ.-1：102条　物品の登記
Ⅷ.-1：103条　他の規定の優先
Ⅷ.-1：104条　第Ⅰ編から第Ⅲ編までの規定の適用

第2節　定　　義 …………… 272

Ⅷ.-1：201条　物　　品
Ⅷ.-1：202条　所　有　権
Ⅷ.-1：203条　共　　有
Ⅷ.-1：204条　制限物権
Ⅷ.-1：205条　占　　有
Ⅷ.-1：206条　自主占有者による占有
Ⅷ.-1：207条　他主占有者による占有
Ⅷ.-1：208条　占有機関を通じた占有

第 3 節　その他の一般規定………… 273
VIII.-1：301条　譲渡性

第 2 章　譲渡人の権利又は権限に基づく所有権の移転………… 274

第 1 節　この章における移転の要件… 274
VIII.-2：101条　所有権移転の一般的要件
VIII.-2：102条　譲渡人の権利又は権限
VIII.-2：103条　所有権を移転させる時期に関する合意
VIII.-2：104条　引渡し
VIII.-2：105条　引渡しに相当する事実

第 2 節　効　　果………………… 275
VIII.-2：201条　所有権の移転の効果
VIII.-2：202条　無効，取消し，撤回，解消及び贈与の撤回の効果
VIII.-2：203条　条件付の移転

第 3 節　特殊な場合……………… 276
VIII.-2：301条　多重譲渡
VIII.-2：302条　間接代理
VIII.-2：303条　取引が連鎖する場合において引渡しが直接行われた場合の所有権の移転
VIII.-2：304条　注文していない物品の所有権の移転
VIII.-2：305条　集合物の一部分である物品の譲渡
VIII.-2：306条　集合物からの引渡し
VIII.-2：307条　所有権が留保されているときの譲受人の未確定な権利

第 3 章　所有権の善意取得………… 278
VIII.-3：101条　所有権を移転する権利又は権限を有しない者からの善意取得
VIII.-3：102条　制限物権の負担のない所有権の善意取得

第 4 章　占有の継続による所有権の取得………………… 279

第 1 節　占有の継続による所有権の取得の要件………………… 279
VIII.-4：101条　基本準則
VIII.-4：102条　文　化　財
VIII.-4：103条　占有の継続

第 2 節　所有権の取得のために必要とされる期間に関する補則………… 280
VIII.-4：201条　所有者が無能力である場合の期間の伸長
VIII.-4：202条　所有者の支配を超える障害が生じた場合の期間の伸長
VIII.-4：203条　裁判その他の手続における期間の伸長と更新
VIII.-4：204条　交渉による期間の満了の延期
VIII.-4：205条　承認による期間の終了
VIII.-4：206条　前占有者の期間の算入

第 3 節　占有の継続による所有権の取得の効果………………… 282
VIII.-4：301条　所有権の取得
VIII.-4：302条　不当利得及び契約外の損害賠償責任に関する規定による権利の消滅

第 5 章　加工，付合及び混和…… 282

第 1 節　総　　則………………… 282
VIII.-5：101条　当事者の自治及び他の規定との関係

第 2 節　合意がない場合に適用される規定及び補充的規定………… 283
VIII.-5：201条　加　　工
VIII.-5：202条　混　　和
VIII.-5：203条　付　　合
VIII.-5：204条　担保物権に関する補則

第 6 章　所有権の保護及び占有の保護………………… 284

第 1 節　所有権の保護…………… 284
VIII.-6：101条　所有権の保護
VIII.-6：102条　無効な，又は取り消された契約その他の法律行為に基づき譲渡された物品の回復

第 2 節　占有それ自体の保護……… 285
VIII.-6：201条　不法な侵奪及び妨害の定義
VIII.-6：202条　占有者の自力救済
VIII.-6：203条　占有それ自体の保護としての回復請求権

VIII.-6：204条　占有それ自体を保護するための保護命令請求権

第3節　優越する占有の保護 ………… 286
VIII.-6：301条　優越する占有の場合の回復請求権
VIII.-6：302条　優越する占有の場合における保護命令請求権

第4節　その他の救済手段 ……………… 287
VIII.-6：401条　契約外の責任

第7章　物品の原状回復に伴う問題
　　　　……………………………………… 287
VIII.-7：101条　適用範囲
VIII.-7：102条　占有期間中の物品の喪失又は損害
VIII.-7：103条　占有中の物品から生じた果実, 物品の使用及び物品から得たその他の利益
VIII.-7：104条　占有中の物品について生じた費用又は物品に付加した物

第IX編　動産担保

289

第1章　総　則 ……………………… 289

第1節　適用範囲 ……………………… 289
IX.-1：101条　一般規定
IX.-1：102条　動産担保権
IX.-1：103条　所有権留保の適用範囲
IX.-1：104条　所有権留保に適用される規定
IX.-1：105条　適用除外

第2節　定　義 ……………………… 291
IX.-1：201条　定　義

第2章　担保権の設定とその範囲 … 292

第1節　担保権の設定 ……………………… 292
第1款　総　則
IX.-2：101条　担保権の設定方法
IX.-2：102条　担保権の設定に関する一般的要件
IX.-2：103条　占有担保権及び非占有担保権
IX.-2：104条　譲渡性, 発生及び特定性に関する特有の問題
第2款　担保権の供与
IX.-2：105条　担保権を供与するための要件
IX.-2：106条　供与により担保権が設定される時期
IX.-2：107条　消費者による担保権の供与
IX.-2：108条　担保権の善意取得
IX.-2：109条　担保の目的となっている有体財産上の担保権の善意取得
IX.-2：110条　遅延した設定

IX.-2：111条　現金, 流通性のある証券及び証書を目的とする担保権
IX.-2：112条　物権法に関する一般規定の準用
第3款　担保権の留保
IX.-2：113条　担保権の留保のための要件
第4款　留置権
IX.-2：114条　留置権

第2節　所有権留保の設定 ……………… 295
IX.-2：201条　所有権留保

第3節　特定の種類の財産に対する担保権の設定 ……………………… 296
IX.-2：301条　金銭債権に設定される担保
IX.-2：302条　会社の株式を目的とする担保権
IX.-2：303条　社債を目的とする担保権
IX.-2：304条　流通性のある権原証券及び有価証券
IX.-2：305条　付属物を目的とする担保権
IX.-2：306条　担保目的である財産の価値変形物
IX.-2：307条　担保目的財産が加工又は付合に用いられた場合
IX.-2：308条　加工又は付合目的での所有権留保の負担のついた物品の利用
IX.-2：309条　物的担保に服する財産の混和

第4節　担保される範囲 ……………… 298
IX.-2：401条　被担保債権

第3章　担保権の第三者に対する効力
······················· 299

第1節　総　　則 ············· 299
IX.-3：101条　第三者に対する効力
IX.-3：102条　第三者に対する効力を取得する方法
IX.-3：103条　複数の方法により第三者に対する効力を有する担保権
IX.-3：104条　方法の変更
IX.-3：105条　不動産の付属物を目的とする担保権
IX.-3：106条　混和した財産上の担保権
IX.-3：107条　購入資金信用担保の登記
IX.-3：108条　担保目的財産の輸入

第2節　債権者による占有又は管理 … 300
IX.-3：201条　占　　有
IX.-3：202条　流通性のある権原証券及び有価証券
IX.-3：203条　株券及び債券
IX.-3：204条　金融資産に対する管理

第3節　登　　記 ············· 301
第1款　物的担保の登記簿の運用
IX.-3：301条　ヨーロッパ物的担保登記簿その他の登記又は記録の制度
IX.-3：302条　登記簿の構造及び運用
IX.-3：303条　所有権留保及び担保権
IX.-3：304条　登記簿への申請の要件としての本人認証
第2款　登記簿への登記
IX.-3：305条　担保権者が行う登記及び先行的な登記
IX.-3：306条　登記簿に登記される最小限の内容
IX.-3：307条　登記される付加的内容
IX.-3：308条　登記簿上に現れる情報
IX.-3：309条　担保提供者の同意要件
IX.-3：310条　担保提供者の同一性，担保目的財産の記述及び登記の第三者に対する効力
IX.-3：311条　登記の変更
IX.-3：312条　国内法における他の登記制度又は記録制度における登記に関する経過規定
IX.-3：313条　債権者及び担保提供者に対する登記事項証明書の自動発行
IX.-3：314条　債権者の代理人として行為する第三者
第3款　担保提供者の保護
IX.-3：315条　登記の抹消又は変更を求める担保提供者の権利
IX.-3：316条　異議を申し立てられた登記の登記所による審査
第4款　登記簿の閲覧及び検索
IX.-3：317条　検索を目的とする登記簿の閲覧
IX.-3：318条　登記簿の検索
第5款　情報提供の要求に対する登記済担保権者の回答義務
IX.-3：319条　情報提供義務
IX.-3：320条　情報提供の内容
IX.-3：321条　担保権者が正確な情報を提供した場合の効果
IX.-3：322条　担保権者が事実に反する情報を提供した場合の効果
IX.-3：323条　情報提供をしそこなった場合の効果
IX.-3：324条　情報提供の要求及び回答の方式
第6款　登記の存続期間，更新及び抹消
IX.-3：325条　存続期間
IX.-3：326条　更　　新
IX.-3：327条　抹　　消
第7款　担保権又は担保目的財産の移転
IX.-3：328条　担保権の移転に関する一般規定
IX.-3：329条　担保権の移転及び移転の申請
IX.-3：330条　担保目的財産の移転に関する一般規定
IX.-3：331条　担保目的財産の移転の申請
第8款　費　　用
IX.-3：332条　費用の配分
第9款　ヨーロッパ物的担保登記簿の開設前に設定された担保権
IX.-3：333条　ヨーロッパ物的担保登記簿の開設前に設定された担保権

第4章　優先順位 ················· 311
IX.-4：101条　優先順位に関する一般規定
IX.-4：102条　最優先順位
IX.-4：103条　優先順位の継続
IX.-4：104条　果実及び価値変形物に関する一般規定
IX.-4：105条　果実及び価値変形物の例外
IX.-4：106条　担保目的財産の輸入

IX.-4:107条　執行債権者の優先順位
IX.-4:108条　順位の変更

第5章　債務不履行前の準則 …… 313

第1節　総　　則 …………………… 313
IX.-5:101条　総　　則

第2節　担保目的財産 ……………… 313
IX.-5:201条　担保目的財産の維持と付保
　第1款　担保提供者の権利義務
IX.-5:202条　一般的権利
IX.-5:203条　担保が設定された工業材料の使用
IX.-5:204条　販売者及び製造者による担保目的財産の処分
IX.-5:205条　無権限の使用又は処分
　第2款　担保権者の権利義務
IX.-5:206条　使用権限の限定
IX.-5:207条　銀行の金融資産処分権
IX.-5:208条　法定果実の弁済への充当

第3節　当事者の変更 ……………… 314
IX.-5:301条　被担保債権の譲渡
IX.-5:302条　被担保債権の一部譲渡
IX.-5:303条　担保目的財産の譲渡

第4節　被担保債権に関する担保権者の情報提供義務 ………………… 315
IX.-5:401条　被担保債権に関する担保権者の情報提供債務

第6章　消　　滅 …………………… 315

IX.-6:101条　担保権の消滅原因
IX.-6:102条　所有権の善意取得による物的担保の喪失
IX.-6:103条　被担保債権の時効消滅
IX.-6:104条　消滅の効果
IX.-6:105条　担保権者の価値変形物についての清算義務
IX.-6:106条　第三者である担保提供者の求償権

第7章　不履行と担保権の実行 … 317

第1節　総　　則 …………………… 317
IX.-7:101条　不履行後の担保権者の権利
IX.-7:102条　強行法規

IX.-7:103条　裁判外及び裁判上の実行
IX.-7:104条　裁判所の支援及び損害賠償を求める権利
IX.-7:105条　担保目的財産の充当に関する不履行前の合意
IX.-7:106条　担保提供者の受戻権
IX.-7:107条　消費者に対する実行通知
IX.-7:108条　複数の担保提供者の連帯責任
IX.-7:109条　第三者である担保提供者の求償権

第2節　担保権の実行 ……………… 320
　第1款　裁判外の実行における換価の準備に関する準則
IX.-7:201条　有体財産の占有についての債権者の権利
IX.-7:202条　担保目的財産の占有移転禁止及び保存に関する債権者の権利
IX.-7:203条　裁判所その他の公的機関の介入
IX.-7:204条　金銭債権を目的とする担保
IX.-7:205条　流通性のある証券
IX.-7:206条　流通性のある権原証券
　第2款　裁判外の実行による担保目的財産の換価
IX.-7:207条　換価に関する一般規定
IX.-7:208条　裁判外の処分の通知
IX.-7:209条　通知の名宛人
IX.-7:210条　通知の時期及び内容
IX.-7:211条　公競売若しくは私競売又は私的売却による売却
IX.-7:212条　商取引上の合理的な価格
IX.-7:213条　売却による換価後の財産に対する買主の権利
IX.-7:214条　金銭債権又は流通性のある証券上の担保の換価
IX.-7:215条　換価金の配当
IX.-7:216条　担保権者による担保目的財産の弁済への充当
　第3款　裁判上の実行
IX.-7:217条　適用される規定

第3節　所有権留保に関する規定 …… 325
IX.-7:301条　所有権留保が付されている場合における不履行の結果
IX.-7:302条　占有，占有移転禁止及び保存

第X編 信託

第1章 総則 …………… 327

第1節 適用範囲及び他の規定との関係 …………………………… 327

X.-1:101条 この編の規定が適用される信託
X.-1:102条 物的担保法の優先

第2節 定義，特別の法律効果及び当事者 …………………………… 327

X.-1:201条 信託の定義
X.-1:202条 信託の特別の法律効果
X.-1:203条 信託の当事者
X.-1:204条 複数の受託者
X.-1:205条 受託者の債務の履行を強制する権利を有する者
X.-1:206条 受益権及び受益資格

第3節 総則の修正及び補充 ………… 329

X.-1:301条 無償の意義の拡張
X.-1:302条 通知
X.-1:303条 規定の強行法規性

第2章 信託の成立 ……………… 329

第1節 法律行為による成立に関する基本準則 ……………………… 329

X.-2:101条 成立の要件
X.-2:102条 譲渡による成立
X.-2:103条 譲渡によらない成立

第2節 意思表示 ………………… 330

X.-2:201条 意思表示の要件
X.-2:202条 意思表示の態様
X.-2:203条 意思表示の方式要件
X.-2:204条 意思表示の撤回又は変更
X.-2:205条 意思表示が要件を満たさない場合の効果

第3節 信託の拒絶及び受益権の拒絶 … 331

X.-2:301条 信託を拒絶する受託者の権利
X.-2:302条 受益権又は受益資格の拒絶

第4節 特定の場合に関する補則 …… 332

X.-2:401条 贈与と信託の区別
X.-2:402条 相続法の規定の優先適用
X.-2:403条 遺産が譲渡されるまでの間の遺産に対する権利の信託

第3章 信託財産 ……………… 333

第1節 当初信託財産の要件 ………… 333

X.-3:101条 信託財産
X.-3:102条 信託財産に属する財産となることができるもの
X.-3:103条 信託財産の特定可能性及び分別

第2節 信託財産の変更 …………… 334

X.-3:201条 信託財産の追加
X.-3:202条 信託財産からの逸出
X.-3:203条 信託財産と他の財産との混合
X.-3:204条 信託財産の喪失又は費消

第4章 信託行為の定め及びその無効 …………………………… 335

第1節 信託行為の定め …………… 335

X.-4:101条 解釈
X.-4:102条 信託財産が処分し尽くされなかった場合
X.-4:103条 受益者の確定可能性
X.-4:104条 受益権又は受益資格の確定可能性
X.-4:105条 債権者に支払をするための信託

第2節 無効 ……………………… 336

X.-4:201条 委託者による取消し
X.-4:202条 取消し後の受託者及び第三者の保護
X.-4:203条 強制することができない信託目的

第5章 受託者による決定と受託者の権限 …………………… 338

第1節 受託者による決定 ………… 338

X.-5:101条 受託者の裁量権
X.-5:102条 複数の受託者による決定

目次 33

X.-5:103条　権限又は裁量権の行使における利益相反

第2節　受託者の権限 …………………… 338
第1款　総　則
X.-5:201条　権限に関する総則
X.-5:202条　受託者の最少人数が定められている場合の制限
第2款　受託者の権限に関する各則
X.-5:203条　代理人を選任する権限
X.-5:204条　受託者となることを引き受けた者に権原を譲渡する権限
X.-5:205条　物理的支配を保管者に移転する権限
X.-5:206条　委託する権限
X.-5:207条　投資に関する選択を行う権限
X.-5:208条　監査のために信託帳簿を提出する権限

第6章　受託者及び信託補助人の義務及び権利 …………………… 340

第1節　受託者の義務 …………………… 340
第1款　総　則
X.-6:101条　受託者の一般的義務
X.-6:102条　必要な注意及び技能
第2款　受託者の義務に関する各則
X.-6:103条　分別，保護及び付保義務
X.-6:104条　通知及び報告義務
X.-6:105条　帳簿作成義務
X.-6:106条　信託書類の閲覧及び謄写を認める義務
X.-6:107条　投資義務
X.-6:108条　信託財産に属する財産又は信託債権者の権利を取得しない義務
X.-6:109条　容認されない利得を取得しない義務
X.-6:110条　共同受託者に関する義務

第2節　受託者の権利 …………………… 344
X.-6:201条　信託財産から費用の償還及び免責を求める権利
X.-6:202条　信託財産から報酬を受ける権利
X.-6:203条　容認されない取得をした場合に関する権利
X.-6:204条　受益者に対する権利
X.-6:205条　受託者個人の責任に対して信託財産の費用で保険を付す権利

第3節　信託補助人の義務 …………… 345
X.-6:301条　信託補助人の義務

第7章　不履行に対する救済手段 … 345

第1節　履行の強制，裁判所による審査その他の救済手段 …………… 345
X.-7:101条　履行の強制
X.-7:102条　裁判所による審査
X.-7:103条　その他の救済手段

第2節　信託財産の復旧及び容認されない利得の吐き出し …………… 346
X.-7:201条　信託財産を復旧する受託者の責任
X.-7:202条　受益者の損害を賠償する受託者の責任
X.-7:203条　容認されない利得の吐き出し

第3節　抗　弁 …………………………… 347
X.-7:301条　受託者の不履行に対する受益者の同意
X.-7:302条　消滅時効
X.-7:303条　受託者の保護

第4節　連帯責任及び受益権の喪失 … 348
X.-7:401条　連帯責任
X.-7:402条　不履行に協力した受益者の受益権の喪失

第8章　受託者又は信託補助人の変更 …………………… 349

第1節　受託者の変更に関する総則 … 349
X.-8:101条　受託者を変更する権限に関する通則
X.-8:102条　受託者を変更する受託者の権限

第2節　受託者の選任 …………………… 349
X.-8:201条　選任に関する一般的制限
X.-8:202条　信託補助人又は受託者による選任
X.-8:203条　裁判所の命令による選任

第3節　受託者の辞任 …………………… 350
X.-8:301条　信託補助人又は共同受託者の同意による辞任
X.-8:302条　裁判所の承認による辞任

第 4 節　受託者の解任 …………………… 351
X.-8:401条　信託補助人又は共同受託者による解任
X.-8:402条　裁判所の命令による解任

第 5 節　受託者変更の効果 …………………… 351
X.-8:501条　受託者の権利及び義務に及ぶ効果
X.-8:502条　信託財産に属する財産に対する権原の取得と喪失
X.-8:503条　信託に関する書類の引渡し
X.-8:504条　受託者の死亡又は解散の効果

第 6 節　信託補助人の死亡又は解散 … 352
X.-8:601条　信託補助人の死亡又は解散の効果

第 9 章　信託の終了及び変更並びに受益権の譲渡 ……………… 352

第 1 節　信託の終了 ……………………… 352
　第 1 款　信託の終了に関する総則
X.-9:101条　終了の方法
X.-9:102条　信託の終了が受託者の責任に及ぼす効果
　第 2 款　委託者又は受益者による終了
X.-9:103条　無償で設定された信託を終了させる委託者の権利
X.-9:104条　信託を終了させる受益者の権利
X.-9:105条　「排他的利益」の意味
X.-9:106条　信託終了の通知及びその効果
X.-9:107条　受託者の留置権
　第 3 款　他の方法による終了
X.-9:108条　受託者による終了
X.-9:109条　権利と義務の混同

第 2 節　変　　更 ……………………… 355
X.-9:201条　委託者又は受益者による変更

X.-9:202条　裁判所の命令による信託財産の管理に関する定めの変更
X.-9:203条　裁判所の命令による受益者のための信託の変更
X.-9:204条　裁判所の命令による公益目的のための信託の変更

第 3 節　受益権の譲渡 …………………… 356
X.-9:301条　法律行為による受益権の譲渡

第 10 章　第三者に対する関係 …… 356

第 1 節　債権者に関する総則 ………… 356
X.-10:101条　債権者に関する基本準則
X.-10:102条　信託債務の定義

第 2 節　信託債権者 …………………… 357
X.-10:201条　受託者に対する信託債権者の権利
X.-10:202条　信託財産に関する信託債権者の権利
X.-10:203条　委託者及び受益者の保護

第 3 節　信託債務者 …………………… 358
X.-10:301条　信託債務者の債務の履行を強制する権利
X.-10:302条　相　　殺
X.-10:303条　信託債務者の免責

第 4 節　信託財産に属する財産を取得した者及び信託財産上に制限物権を取得した者 ……………………………… 358
X.-10:401条　受贈者及び悪意の取得者の責任

第 5 節　第三者の責任と保護に関するその他の規定 ……………………… 359
X.-10:501　信託財産の不当な管理又は処分の誘発又は幇助に関する責任
X.-10:502条　受託者と取引を行う第三者の保護

付録　**定　義** ……………………………………… 361

監訳者あとがき　379
翻訳担当一覧　383
巻末訳注　384
索　引　日本語索引　389
　　　　原語索引　444

序　　論

概　　説

1　DCFRとCFRとの区別

　本書は，ヨーロッパ民法典スタディ・グループ（「スタディ・グループ」）と現行ヨーロッパ私法研究グループ（「アキ・グループ」）による，改訂された最終的な，学術的な共通参照枠草案（DCFR）を提示するものである。本書は概要版（Outline Edition）であり，ヨーロッパ私法の諸原理，定義及びモデル準則を含む。本書の完成は，種々の目標の中でも特に，2005年に引き受けたヨーロッパ委員会に対する義務を果たすものである。ヨーロッパ委員会の研究総局がこの作業の一部に資金を提供した。本書の目的のひとつは，2003年2月にヨーロッパ委員会が「より整合性のあるヨーロッパ契約法に関する行動計画」によって初めて目標として掲げた「政治的な」共通参照枠（CFR）を作成するための草案として役立てることにある。以下でより詳細に説明するとおり，DCFRとCFRは明確に区別されなければならない。DCFRは，他にもいくつもの重要な目的を果たしているのである。

2　暫定概要版の改訂

　DCFRは，1年前に，まずは暫定概要版（Interim Outline Edition）として出版された。本書は，主に3つの点で，それを改訂している。第一に，概要版第Ⅳ編の貸付契約〔F部〕及び贈与契約〔H部〕に関するモデル準則，そして第Ⅷ編から第Ⅹ編までの物品所有権の得喪，動産担保権及び信託についてのモデル準則が，暫定概要版には置かれていなかった。本書では，それらが補われている。第二に，暫定概要版が公刊された理由のひとつに，利害関係者に，草案に対する意見の表明や，その改

---

1) COM (2003) final, OJ C 63/1 (以下，「Action Plan」で引用する)。
2) von Bar/Clive/Schulte-Nölke and Beale/Herre/Huet/Schlechtriem/Storme/Swann/Varul/Veneziano/Zoll, Principles, Definitions and Model Rules of European Private Law. Draft Common Frame of Reference, Munich 2008 (以下，「IOE」で引用する)。

善のための提案をする機会を提供するということがあった。暫定概要版についての公の議論によって，両研究グループは，既に公刊されていた文書の様々な箇所を改訂するきっかけを得た。両研究グループは，公刊物や研究会，あるいは個別のやりとりを通じてそうした批判的な検証に参加し，文書の改善に貢献したすべての方々に対して感謝の意を表したい。もちろん，受け取った提案のすべてを取り入れたわけではない。例えば，提案された解決のうち，スタディ・グループ又はアキ・グループで十分な議論の上で既に退けていたものは，採用しなかった。しかし，改善のための提案の多くは，積極的に取り入れた。また，我々自身のさらなる検討や議論，〔ヨーロッパ私法に関するジョイント・〕ネットワークの評価チームによる調査結果，そしてはじめの三つの編をフランス語に訳す過程[3]を通じて得られた結論からも，さらなる改善が行われた。このことは，主に第Ⅰ編から第Ⅲ編までについていえることであるが，これらの編に限られない（詳細については，後述の26から33を参照）。第三に，この改訂版には独立した一つの節が追加されており，そこには，DCFRの土台となる四つの基底的原理が記述されている。これは，独立した研究プロジェクトの研究対象であり，2008年に公刊された『ヨーロッパ契約法の指導的原則 (Principes directeurs du droit Européen du contrat)』（以下『指導的原則』という。）にならったものである。[4]さらに経済的影響評価グループは，経済的な観点からDCFRの特定の規定を分析したが，我々はその結論も参照した。

3　DCFR最終版のペーパーバック版とハードカバー版

この改訂版も，2008年の暫定概要版と同様に，コメント〔条文解説〕やノート〔比較法的資料〕のない概要版である。2008年12月に，本書において公刊されている内容に，モデル準則各規定の解説と設例を加えたものがヨーロッパ委員会に提出された。また，ヨーロッパ委員会は，数年にわたって収集・整理されてきた広範囲にわ

---

3) 翻訳は，Jacques Ghestin教授（パリ大学）によるものであり，http://www.fondation-droitcontinental.ogr/Documents/Traduc-vBar-livre%20I-II-III-%2008-2008.docに公表されている。

4) Fauvarque-Cosson/Mazeaud and Wicker/Racine/Sautonie-Laguionie/Bujoli (eds.), Principes contractuels communs. Projet de cadre commun de référence (Paris 2008) ; Fauvarque-Cosson/Mazeaud and Tenenbaum, Terminologie contractuelle commune. Projet de cadre commun de référence (Paris 2008). これらの研究は，英語でも公刊されている。英語版としては，European Contract Law. Materials for a Common Frame of Reference: Terminology, Guiding Principles, Model Rules. Produced by Association Henri Capitant des Amis de la Culture Juridique Française and Société de Législation Comparée. Edited by Fauvarque-Cosson and Denis Mazeaud. Prepared by Racine, Sautonie-Laguionie, Tenenbaum and Wicker (Munich 2008) を参照。

たる比較法資料も受け取った。成果の全体は，今年〔2009年〕中に，書籍の形で公刊される予定である。しかし，我々は同時に，コンパクトで安価な〔暫定概要版に続く〕第二のペーパーバック版を公刊することで，これらの文書がより広い範囲で読まれ，それについての議論が促進されるだろうと考えた。完全版は，膨大な量のものとなる。それは確かに，自宅やオフィスの机で研究する際に役に立つだろうが，鞄に入れて会議や研究会に持ち込むのにはかさばり過ぎるであろう。これが，主に条文のみを含む形で，第二概要版を公刊したもう一つの理由である。

4 学術的であり，政治的に公認されたものではない文書

ここで強調しておかなければならないのは，今日ではDCFRと呼ばれているこの文書が，ヨーロッパの法学者たちの主導により始まったということである。本書は，私法・比較法・ヨーロッパ共同体法の専門知識をもつ学者たちが数十年にわたり自立的に重ねてきた研究と協力を，規定の形へと凝縮したものである。二つの研究グループとすべての寄与者の独立性は，作業のあらゆる段階において維持され，終始完全に尊重されてきた。このことゆえに，ヨーロッパ大陸全体の利害関係者その他の専門家との数多くの会議の中で受け取った示唆の多くを採用することができたのである。しかし，本書の内容に責任をもつのは，二つの研究グループのみである。とりわけ，本書は，ヨーロッパレベルあるいは各国レベルで政治的な権威をもった何らかの団体によって承認されたり要求されたりしたような準則や定義や原則を一切含んでいない（もちろん，既存のEU立法や各国立法と一致する場合は別である）。DCFRが後々の時期に少なくとも部分的にCFRに取り込まれることはあり得るが，それは我々とは別の者が決断すべき問題である。この序論は，単に，この先あり得るそうした取り込みの過程での検討に役立つかもしれない若干の考察を述べるに過ぎない。

5 この概要版について

この最終的な概要版は，序論，学術上の協力者の氏名，資金提供者及び寄付者に対する感謝の辞，モデル準則の基底をなす指導的原理の概観，一連の定義（これらは，I.-1:108条（付録の定義）において言及され，後掲のモデル準則の付表に列挙されている），〔PECLとDCFRの〕規定の対照表，そしてモデル準則から成っている。序論は，DCFRの準備の際に追求した目的を説明し，その内容，適用範囲及び構造を解説する。2008年の暫定概要版に対して加えられた修正について述べた上で，既に発表

され，又は準備作業の過程で発表されることになる公刊物とDCFRとの関係をも明らかにする。最後に，DCFRがどのようにしてCFRの展開に流れ込むことになり得るかの概要を述べる。

DCFRの目的

6 政治的なCFRのための可能なモデル

既に示したとおり，このDCFRは，（とりわけ）実際に制定される共通参照枠（CFR），すなわち「政治的な」CFRのモデルとなり得るものである。CFRに関する事柄について決断することになる者のために，DCFRは，具体的な細部に至るまで議論を重ねたテキストを提示する。「政治的な」CFRは，もちろん，必ずしもこのDCFRと同じ適用範囲や内容をもつものにはならないであろう。DCFRが，CFRの展開の過程でどのような機能を果たし得るかについては，この序論の59から74までにおいて考察する。

7 法律学，研究，教育

しかし，DCFRは，「政治的な」CFRの礎石とみなされるだけであってはならない。CFRとの関連でどのような展開があっても，DCFRは，独自に存在し，その重要性を保ち続けることになるであろう。DCFRは学術的な文書である。大規模なヨーロッパ研究プロジェクトの成果を公表し，そうした視角からの評価を求めるものである。完成版が公刊されれば，その学術的な試みの全幅が明らかになるであろう。CFRのたどる運命とは関係なく，DCFRがヨーロッパ連合の法域において私法についての知識を増進することが望まれる。DCFRは，とりわけ，各国の私法が互いにいかに似ているか，発展のためにいかに刺激を与え合ってきたか，また，国内法が，いかに多くの点でヨーロッパ全体に共通する遺産の地域的な表れとみることができるかを示すのに役立つ。このように，DCFRの機能は，ヨーロッパ私法が存在するという認識を形作り，また（完成版に付される比較法ノートを通じて），共通の問題に対して，異なる法体系から実質的に異なる答えが出てくる場合は比較的少ないということを示すことにあるという点で，CFRの機能とは区別される。DCFRは，ヨーロッパ私法の観念に新しい基礎を与える可能性をもつものであり，その基礎によって相互理解が増し，ヨーロッパ私法についての共通の議論が促進されるこ

とになるのである。

8 創造的な発想の源となり得ること

DCFRの起草者が抱いている希望は，DCFRが，学界以外でも，私法の諸問題を適切に解決するための発想の源となる文書とみられるようになることである。DCFRが（その第Ⅱ編及び第Ⅲ編において）部分的に修正して取り入れている（後述49から53までを参照）ヨーロッパ契約法原則（PECL）は[5]，その出版直後から，ヨーロッパの多くの上級裁判所や，契約に関連する各国法の現代化を準備する役割を担う非常に多くの公的機関から注目を集めた。このような展開は，DCFRに関しても続くことだろう。DCFRは，EU内での改革プロジェクトに対しては，国内法レベルであると共同体法レベルであるとを問わず影響を与え，さらにEUを越えたレベルでも影響を与えるであろう。DCFRは，その内容に説得力があれば，私法領域における調和のとれた非公式のヨーロッパ化に寄与することができる。

---

[5] Ole Lando and Hugh Beale (eds.), Principles of European Contract Law Parts I and II. Prepared by the Commission on European Contract Law (The Hague 1999); Ole Lando, Eric Clive, André Prüm and Reinhard Zimmermann (eds.), Principles of European Contract Law Part III (The Hague, London and Boston 2003). 翻訳としては，フランス語版（Principes du droit européen du contrat. Version française préparée par Georges Rouhette, avec le concours de Isabelle de Lamberterie, Denis Tallon et Claude Witz, Droit privé comparé et européen, vol. 2, Paris 2003）；ドイツ語版（Grundregeln des Europäischen Vertragsrechts, Teile I und II, Kommission für Europäisches Vertragsrecht. Deutsche Ausgabe von Christian von Bar und Reinhard Zimmermann, München 2002; Grundregeln des Europäischen Vertragsrecht Teil III, Kommission für Europäisches Vertragsrecht. Deutsche Ausgabe von Christian von Bar und Reinhard Zimmermann, München 2005）；イタリア語版（Commissione per il Diritto Europeo dei Contratti. Principi di Diritto Europeo dei Contratti, Parte I & II, Editione italiana a cura di Carlo Castronovo, Milano, 2001; Commissione per il Diritto Europeo dei Contratti. Principi di Diritto Europeo dei Contratti, Parte III. Edizione italiana a cura di Carlo Castronovo, Milano 2005）及びスペイン語版（Principios de Derecho Contractual Europeo, Partes I y II. Edición española a cargo de Pilar Barres Bennloch, José Miguel Embid Irujo, Fernando Martínes Sanz, Madrid 2003）がある。また，Matthias Stormeは第Ⅰ編から第Ⅲ編までの条文をオランダ語に（Tijdschrift voor privaatrecht 2005, 1181-1241)，M.-A. Zachariasiewicz 及びJ. Bełdowskiが PECL の第Ⅰ編及び第Ⅱ編の条文を（Kwartalnik Prawa Prywatnego 3/2004, 814-881)，そしてJ. Bełdowski及びA. Koziołは第Ⅲ編の条文を（Kwartalnik Prawa Prywatnego 3/2006, 847-859）ポーランド語に，Christian Takoffは第Ⅰ編から第Ⅲ編までを（Targovsko pravo 1/2005, 15-85）ブルガリア語に訳した。

DCFRの内容

9 原理，定義及びモデル準則

　DCFRは，「原理，定義及びモデル準則」を含んでいる。したがって，本書の表題は，ヨーロッパ委員会の諸通達（これについては後述59で触れる）及びヨーロッパ委員会と我々の間の契約で示された枠組みに従うものである。「定義」の概念は，かなり明確である。しかし，「原理」と「モデル準則」の概念は，相互に重なるように見え，少々説明が必要である。

10 「原理」の意味

　CFRに関するヨーロッパ委員会の諸通達は，「原理・原則（Principles）」の概念については詳しく述べていない。この言葉は，多義的に解釈することができる。現代の使用例では，強制力をもたない法準則と同義に使われることがある。この言葉がそのように使われていると思われる例としては，「ヨーロッパ契約法原則（PECL）」があり，その1：101条(1)は次のように述べている。「本原則は，EUにおける契約法の一般準則として適用されることを目的とする」（強調は〔英語原文で〕付加されたもの）。この言葉は，ユニドロワ（国際法統一協会）の国際商事契約原則でも同じ意味で使われているようである。[6] この意味では，DCFRは，諸原則と定義から成ると言ってもよい。DCFRは，本質的に，「原則」という言葉をなじみあるものとしたこうした他の法律文書と同じ性質をもつ。他方で，「原則」という言葉は，契約の自由や信義誠実のようなより一般的な性質をもつ準則という意味にも使われる。DCFRのモデル準則は，この意味の原則を含むものであるといえる。しかし，次項以降では，第三の意味を検討したい。

11 基本的原理

　「原理」という言葉は，上述のヨーロッパ委員会の諸通達で時折目にするが，「基本的」という修飾語が付いている。それが示唆するところによると，本質的に抽象的な基本的価値を示そうとしているようである。モデル準則は当然に，明示的に述

---

6) Unidroit Principles of International Commercial Contracts 2004 (Rome 2004) 前文（本原則の目的）第1段は，「本原則は，国際商事契約のための一般的準則を定めるものである。」とする。

べられているかどうかは別として，いずれにしても，そのような基本的原理の上に建てられている。その重要性については疑いの余地がない。私法は，深く根を張った原理を土台とし，かつ，これによって導かれており，あるいは少なくともそうでなければならない法領域のひとつである。ある程度までは，そのような基本的原理は，解釈や議論の問題である。DCFRが，私法，とりわけ契約法を，単に対等な自然人や法人の間の私法関係を調整するものとみなしているわけではないことは明白である。しかし，DCFRが市場の失敗の修正をどこまで提案しているか，あるいは「社会的正義」とか弱い当事者の保護とかいった要素をどこまで含んでいるかについては，読者によって異なる解釈や見解があり得よう。

12 基本的原理について暫定概要版が採ったアプローチ

暫定概要版の序論では，我々は読者に，モデル準則の基底をなす基本的な原理及び価値観の表明を含む独立した部分を置くことが有益か否かについて検討するように求めた。我々は，その部分は概要説明のような形で，すなわち，後続する文書の本質部分についての理由を紹介するようなリスト，あるいはまた，体系性を求めない散文的な紹介文の形をとることを提案した。主として契約法に関して，基底的原理の表明がどのようなものになり得るのかについて理解してもらえるよう，考えられるいくつかの基本的原理を概説した。[7] 暫定概要版における原理の表明は，15項目から成るものであった。それらは，正義，自由，人権の保護，経済的厚生，連帯及び社会的責任，自由・安全・正義領域の確立，域内市場の促進，消費者その他の保護を要する者の保護，文化的及び言語的多様性の保存，合理性，法的安定性，予見可能性，効率性，合理的期待の保護及びリスク発生による責任の適切な割り当て，であった。[8] これらは，何らかの優先順位に従って列挙されたわけではなかった。原理は，不可避的に，互いに衝突するものであり，適切な均衡を見出すことがモデル準則の役割であることが強調されていた。[9] これに対するフィードバックには様々なものがあった。人権，連帯や社会的責任のような，非商業的な価値観に明示的に言及していることを歓迎する者もいた。そのように，広範囲で多様な，優先順位のないリストの実用的価値を疑う者もいた。CFRプロジェクトの作業を行う「ヨー

---

7) IOE Introduction at paragraphs 23-36 を参照。
8) IOE Introduction at paragraphs 22 and 35 を参照。
9) IOE Introduction at paragraphs 23 を参照。

ロッパ契約法共通原則研究者ネットワーク（CoPECL Network of Excellence）[10]」に加わっているアンリ・カピタン協会及びフランス比較法学会（Société de legislation comparée）が『指導的原則[11]』について行った作業を十分に考慮するよう，強く求める声があった。以下，これについて述べていく。

13 『指導的原則』によって採られたアプローチ

アンリ・カピタン協会及びフランス比較法学会は，2008年の初めに『ヨーロッパ契約法の指導的原則』を公刊した[12]。後で論じる諸原理と区別するため，これを『指導的原則』と呼ぶこととする。このプロジェクトを委託された評価グループは，PECLの基底を成す主要な原則を抽出し，数多くの国内法体系や，国際的な法律文書及びヨーロッパの法律文書においてそれに相当する原則と比較をすることによってその任務に取り組んだ[13]。評価グループは，契約の自由，契約の安全及び契約上の「誠実」（"loyauté" contractuelle）という三つの主要な原理と，それぞれに伴う下位原則の存在を確認した。「誠実」という用語をかっこ内に置いたのは，この文脈において，フランス語の"loyauté"という言葉を完全に表現できているわけではないからである。重要な要素となるのは，信義誠実，公正性及び契約関係における協力である。loyautéに含まれるのは，契約の交渉から契約のすべての定めが効力を有するに至るまでの間において信義誠実及び取引の公正の要請に適合した形で行為をする義務，契約上の権利及び条件をこれらが当該契約に取り込まれた目的を遵守しない方法で利用することの禁止，及び契約上の義務の履行に必要となる限りこれに協力する義務である。また，自らの従前の表示又は行為を相手方が適法に信頼した場合には，それに矛盾する行為をとらないことを要請するものでもある[14]。これらの原理及び下位原則は，モデル準則の冒頭にまとめて挿入するのに適した形となる

---

10) Joint Network on European Private Law (CoPECL: Common Principles of European Contract Law), Network of Excellence under the 6th EU Framework Programme for Research and Technological Development, Priority 7-FP6-2002-CITIZENS-3, Contract N° 513351 (co-ordinator: Professor *Hans Schulte-Nölke*, Osnabrück).

11) 前掲注4)を参照。

12) 『ヨーロッパ契約法の指導的原則』は，前掲注4)所掲文献の一部を成している。

13) 使用された国内法は主にオランダ法，イギリス法，フランス法，ドイツ法，イタリア法及びスペイン法であった。また，使用された国際的な法律文書は主に国際物品売買契約に関する国際連合条約（CISG），国際商事契約原則（ユニドロワ原則，2004年）及びパヴィアに拠点を置くヨーロッパ私法アカデミーによって起草されたヨーロッパ契約法典草案であった。

14) 前掲注4)所掲書198頁を参照。

ように11箇条の条文案として示された。評価グループのアプローチは非常に魅力的なものである。原理・原則は，洗練された，共感することができる，焦点を絞ったやり方で表現されている。そして，説得力のある分析及び議論に裏付けられている。しかし我々は，このアプローチは，そしてある程度までは内容も，DCFRの目的にやや合わないと考えている。このことには，二つの理由がある。第一に，『指導的原則』は，契約法のみに関連するものである。DCFRの目的のためには，基底的原理の表明は，契約外の義務及び財産権法のいくつかの側面をも含むことができるよう十分に広範囲のものでなければならない。第二に，『指導的原則』を，DCFRの冒頭に，実際のモデル準則の中の一まとまりとして入れることは適切とは思われない。『指導的原則』は〔モデル準則とは〕異なるレベルで機能するものである。これらは，モデル準則から抽出されたものであり，より記述的な機能を有する。時には重複し，互いに衝突することもある。確かに，下位原則についてはほぼすべて，直接対応する条文がDCFRに置かれているが，これらの条文は，特定の状況に即して現れ，その状況に適応したものであるため，制限や適用除外を受ける場合がある。そのような諸原理を抽出し，冒頭に，一まとまりにして置くのは，DCFRをぐらつかせることになる。これらの諸原理を繰り返すことは明らかに望ましくないのである。また，こうした条文だけが，基底的原理を反映し，その例を示す唯一のものというわけではない。この種の原理を初めに述べるには，散文的なアプローチとした方がより適切であると思われる。2008年4月及び6月にこの点について議論したスタディ・グループの編集・修正チームと運営委員会は，明白に，この選択肢を支持した。

14 『指導的原則』から得られた示唆

上記にかかわらず，『指導的原則』からは示唆を得ることができる。最も重要な示唆は，暫定概要版の序論に列挙されていた複数の基本的原理をより効率的な方法で組織し，紹介することができるというものである。基本的原理の中でも数少ない一部（『指導的原則』において指摘されているものにある程度対応する）は，これを抽出し，より詳細に議論することが可能である。こうした原理は，DCFR全体に浸透している。モデル準則を読み込むことによって見出すことができる。DCFRの基底をなす原理なのである。特定の準則の価値に関する議論のための論拠を提供した。暫定概要版の序論において言及されている残りの原則は，一般的に，政治的性質の比較的強いものである。このような原則は，基底を成しているというよりも，最優先され

るものといってもよい。確かに，そのうちのいくつかはDCFRの各所に強く反映されているが，それは概して，主にDCFRに外在的な評価に関連するものである。これら2種類の原理・原則について簡潔に述べる前に，『指導的原則』から得られるもう一つの示唆について記したい。それは，DCFRのような文書における基本的原理については，異なる複数の扱い方があるということである。正式なCFRにおいて基本的原理を扱うか否か，また，扱うとしたらどのように扱うのかについては，我々以外の者が判断することになる。容易に考えられる一つの手法は，詳しい説明を使うというものである。しかし，そのような説明の形式及び内容は，文書そのものの形式及び内容に依拠することになる。ここでその手法を採用することは，時期尚早であろう。

15　基底的原理

　我々は，DCFRのより広い目的のためには，基底的原理は，(『指導的原則』が採用している契約の自由，契約の安全，契約の誠実ではなく) 自由，安全，正義及び効率性の項目の下に分類することを提案する。このことは，契約における「誠実」の原則が失われることを意味するものではない。誠実の原則は，その大部分においては，より広範な正義の原理によってカバーされている。そして，DCFRの規定の多くは，正義の原理なくして十分に説明することができない。信義誠実の原則は，ある程度まで，相手方の観点からみた契約の安全の一つの側面に過ぎない[15]。当事者の一方が信義誠実及び取引の公正の要請に従った協力と行為をすることが期待されることによって，相手方の契約の安全が強化されるのである。契約の相手方がそのように行為をしないことほど，契約の安全にとって有害なものはない。欺罔的で信頼のおけない契約相手方，あるいは非協力的な相手方というのでさえ，まったく相手方がいないことよりも有害といえるだろう。効率性という項目を追加したのは，確かに効率性は自由の一つの側面（不要な障壁及び費用からの自由）であることが多いのであるが，残りの項目のいずれかの下に分類することが常に可能となるわけではないからである。これら自由，安全，正義及び効率性という四つの原理については，モデル準則に先行して置かれた，基底的原理の節において詳しい説明・例証がされている。

---

[15]　このような重なり合いの存在は，『指導的原則』自体でも認められている。このことについては，0：201条(2)を参照。

16　最優先の原則

政治的性質の強い「最優先の原則」のカテゴリーには，人権保護，連帯と社会的責任の促進，文化的及び言語的多様性の保護，厚生の保護及び促進，そして域内市場の推進を含めることができる。自由，安全，正義及び効率性にも，最優先の原則として果たす役割があり，これらは二重の役割を果たすことになる。こうして，この二つの分類は重複しているのである。そのため，これら四つの原理については，後述で幅広く論じるが，ここでも短く述べておく。

17　人権保護

この原則が最優先の性質をもつことは，DCFR自体が認めるところである。モデル準則の最初に並ぶ条文の中で，モデル準則は，人権及び基本的自由の保障に関して適用されるすべての文書に照らして解釈される旨が定められている。[16]しかし，人権保護は，モデル準則の内容，とりわけ第Ⅱ編及び第Ⅲ編の差別禁止に関する規定，[17]あるいは他人に生じた損害に基づく契約外の責任に関する第Ⅵ編の規定の多くに比較的強く反映されている最優先の原則である。[18]もちろん，これらの規定は，正義を押し進め，安全を維持・促進する規定の例としてみることもできる。諸原則は，衝突するだけでなく，重なり合いもするのである。

18　連帯と社会的責任の促進

連帯と社会的責任の促進は，一般的に，私法よりも，（例えば刑法，税法及び社会福祉法を通じた）公法の機能であるものとされている。しかし，連帯及び社会的責任の促進は，DCFRの私法規定に含まれていないわけではない。契約においては，「連帯」の用語は，しばしば，誠実又は安全を意味するものとして使われている。DCFRにとっては重要性の大きいものである。連帯及び社会的責任の原則は，例えば，事務管理についての規定にも強く反映されている。事務管理についての規定は，隣人同士の連帯感を基に行為をすることへの障壁を最小限に抑えようと試みるものである。[19]また，この原則は，贈与についての規定にも反映されている。贈与につ

---

16)　Ⅰ.-1：102条(2)。
17)　Ⅱ.-2：101条からⅡ.-2：105条，及びⅢ.-1：105条を参照。
18)　とりわけⅥ.-2：201条（人身侵害及びそれにより生じた損失），Ⅵ.-2：203条（尊厳，自由及びプライバシーの侵害）及びⅥ.-2：206条（財産又は適法な占有の侵害による損失）を参照。
19)　第Ⅴ編。

いての規定は，慈善の寄付（連帯と社会的責任の表現としてかつては最も重要だったのであり，今も非常に重要であり続けている）への障壁を最小限に抑えようと試みるものである[20]。さらに，他人に生じた損害に基づく契約外責任に関する第Ⅵ編の規定のいくつかは，社会全体にとって有害な行為類型から保護するものである[21]。これらの規定の多くは，安全を促進する規定の例としてみることもできよう。

19　文化的及び言語的多様性の保存

　この項目と，上記の一つ及び下記の二つの項目が並べられていることは，基本的原則が互いに衝突することを最も適切に示すものである。ヨーロッパのような多様性のある社会では，文化的及び言語的多様性の保存が最も重要な原則であり，EUの存続自体にとって決定的なものでもあることは明白である。しかし，人の生活の特定の側面が，文化的な内容のみならず，機能的な内容をも強くもつ場合には，この原則は，連帯，厚生の保護及び促進，あるいは域内市場の促進といった原則と衝突することがある。私法がその最たる例である。DCFR自体の規定の中に，文化的及び言語的多様性の尊重の原則を反映するものがある[22]。しかし，DCFRが現在の形で，現在のような目的をもつにいたる原動力となったのは，一方では文化的及び言語的多様性の認識であり，他方では契約法体系の過度の多様性が域内市場（そして，その結果としてヨーロッパ市民及び企業の厚生）に対してもたらす悪影響への懸念であった。CFRプロジェクトは，ヨーロッパ全体の単一の法を創設する試みではない。むしろ，立法者への指針又は道具箱としてのCFRの目的は，ヨーロッパの立法の意味が，異なる法的背景をもった人々にとって明確となることを可能にすることである。さらに，DCFRの準備においてヨーロッパのすべての法文化から法律家を平等な資格で参加させたことや，可能な限りすべてのEU加盟国の法体系をノートに反映させるよう真摯に試みることを通じて，既存の文化的多様性への敬意が示された。その結果，ソフト・ローのレベルで，多様性の中から統一性を得ることができた。言語的多様性の尊重は，DCFRが可能な限り多くのヨーロッパ言語に訳される

---

20)　第Ⅳ編H部。
21)　Ⅵ.-2：209条。Ⅵ.-3：202条，Ⅵ.-3：206条及びⅥ.-5：103条も参照。
22)　例えば，Ⅱ.-1：104条(2)（地域的な慣習の適用可能性），Ⅱ.-3：102条(2)(c)及び(3)（事業者が消費者に向けた宣伝・勧誘をする際に使用する言語），Ⅱ.-9：109条（契約に関する伝達に用いるべき言語），Ⅳ.A.-6：103条(1)(e)（消費者物品保証書の言語），Ⅸ.-3：310条(1)(d)（提案されているヨーロッパ担保権登記所における記載の言語），Ⅸ.-3：319条(2)（担保権者に対する登記に関する情報提供の要求の言語）及びⅨ.-7：210条(3)（担保権者による通知の言語）を参照。

ことを確保することにより示されることとなる。

20　厚生の保護及び促進

暫定概要版は「経済的厚生」としているが，この原則を，厚生の一つの側面のみに限定する理由はない。この原則は，残りの原則のすべて，あるいはほぼすべてを包含するものである。DCFRの目的全般，ないし存在理由のすべてがこの原則から導かれているといってもよいかもしれない。もしDCFRが，ヨーロッパの市民及び企業の厚生を——たとえ間接的でも，たとえゆっくりとでも，たとえわずかであっても——促進するということに貢献できないのなら，それは失敗したことになるのである。すべてを包含するにもかかわらず，この原則は，単独で使うにはあまりにも一般的なものである。

21　域内市場の促進

この原則は，実際は，上記原則の下位原則である。DCFRによってヨーロッパの市民及び企業の厚生を促進する最も明らかな方法は，域内市場の円滑な機能を促進することである。それが，まさに〔DCFRの方法のように〕現在及び将来のEU立法の質を改善し，もって法の利用可能性や有用性を改善することによって行われるのか，あるいは一つ又は複数の任意に選択することができる法律文書を開発することによって行われるのかは，政治的な判断によることとなる。

22　自由，安全，正義及び効率性

これらについては，DCFR内の基底をなす原理として，後に検討し，詳細に述べることとする。これらは，外部からの評価のための最優先の原則としての役割も果たす。全体としてのDCFRの評価の非常に大きな部分は，DCFRがこれらの原則をいかに適切に組み込み，その均衡を保っているのかを基準として決まることとなる。最優先の政治的原則のレベルでは，EU固有の目的のうち，自由，安全及び正義の領域を確立するという目的も，加盟国間の物，人，役務及び資本の自由な移動の促進という目的も関連してくるかもしれない。もしもそのようにする政治的な意志があったとすれば，DCFRは，これらの目的の達成のために貢献することもできたであろう。

23 定　　義

「定義」は，ヨーロッパの統一的な法律用語の発展のための提案としての機能を果たす。この目的の下，特に重要ないくつかの概念は，第Ⅰ編の冒頭において定義されている。定義されている他の用語については，DCFRのⅠ.-1：108条は，「付録の定義は，状況からそれを適用しないことが必要とされるものでない限り，このモデル準則において全面的に適用する。」と規定している。これは，明確に，付録の法律用語一覧を，DCFRの一部とするものである。中心となる条文の付録として定義を置く立法技術が用いられたのは，第1章を短くするとともに，法律用語一覧を編集上の苦労なくいつでも拡張することができるようにするためであった。その内容の中にはアキ・コミュノテールから抽出したものもあるが，大部分はDCFRのモデル準則に由来する。定義がモデル準則にとって不可欠なものであるとすれば，モデル準則も定義にとって不可欠なものである。内部的に辻褄の合わない定義にはあまり価値がないであろう。定義は，何らかの規定を策定する際に利用することができる構成要素とみることができるが，相互に矛盾して調和しないような構成要素をもつことには意味がない。異なる情報源から集められた用語辞書とは対照的に，付録の定義は，モデル準則の中で試され，モデル準則が発展するにつれて修正され洗練されてきた。究極的には，モデル準則なくして役に立つ定義をすることはできないし，定義がなければ有用なモデル準則はなかなか起草することができない。

24　モデル準則

DCFRの最も大きな部分を占めるのは「モデル準則」である。「モデル」という言葉が示すのは，各規定が何らかの規範的効力をもつものとして提案されているのではなく，ヨーロッパ契約法原則やこれに類する業績と同様のソフト・ロー準則だということである。特定の規定が，例えばアキ・コミュノテールの内的な整合性を改善するために，立法のモデルとして使われるかどうかということは，我々が決めることではない。

25　コメントとノート

完成版では，コメント〔条文解説〕とノート〔比較法的資料〕がモデル準則を補足する。コメントは，各規定を解説し，多くの場合には設例を用いてその適用例を説明し，関係する決定的な政策的考慮の要点を述べることになる。ノートは，個別の国

内法体系における法的見解と，関連する限りで，現行のEU法を示す。国際物品売買契約に関する国際連合条約（CISG）や2004年のユニドロワ国際商事契約原則等のような国際的な法律文書についても，適宜言及している。ノートをどのように取りまとめたのかは，学術上の協力者と資金提供者の箇所で述べる。

暫定概要版の見直し

26　概　観

このDCFR最終版は，いくつもの点において2008年の暫定概要版と異なる。新たな編を追加したこと，そしてこの序論とモデル準則の間に一節を設けて，そこでモデル準則の基底をなす原理を表明していることについては既に言及した。ここでは，暫定概要版で公刊した条文のいくつかについて，変更点をもう少し立ち入って述べる。全般的な変更として挙げられるのは，余分な条文をいくつか削除したことである。他の全般的な変更としては，アキ・コミュノテールに基づくいくつかの条文について，財一般を含むものとするために，DCFRでは有体動産に限られる「物品（goods）」の語ではなく，「物品及び役務」という表現を広く用いることにしたことが挙げられる。最後に，定義の一覧に改訂・追加を行い，一覧に入るべきでなかったものについては削除したり，モデル準則の内容へと格上げしたりした。この点については，暫定概要版に関する公の議論で指摘された点を採用することが多かった。暫定概要版の公刊以降に行った起草・編集上のすべての変更について詳細に語れば，それは行き過ぎとなろうから，より重要な変更をいくつか取り上げて述べることとする。

27　第Ⅰ編

第Ⅰ編における主な変更は，暫定概要版の他の箇所からいくつかの条文を移し入れたことである。特に記したいのが，Ⅰ.-1：103条（信義誠実及び取引の公正）である。同条(1)は，以前は付録の定義集にしか記されていなかった定義をより発展させたものであり，その重要性のゆえにここに挿入された。同条(2)は，矛盾する行為に関するものであるが，アンリ・カピタン協会とフランス比較法学会によって構成された評価グループの提案により挿入されたものである。従来の付録2（期間の計算）は，第Ⅰ編のⅠ.-1：110条に挿入された。

28　第Ⅱ編

Ⅱ.-1：101条(1)における「契約」の定義は，短くされた。現行の同規定によると，契約とは，「法的に拘束される関係の発生又はその他の法律効果の発生を意図した合意をいう」とされている。この定義は，以前は，主観的な意図がなくても当事者の言動に基づいて合意が形成される場合に対応するために，さらに文言が追加されていた。しかし，この点については，現行のⅡ.-4：102条によって十分に規定されており，Ⅱ.-1：101条(1)においてこれを繰り返す必要はない。Ⅱ.-1：101条(2)の「法律行為」の定義にも同様の変更が加えられた。以前の定義は，意思の要素を必要としていなかったため，広範囲に過ぎるとして批判的な意見を受けていた。意思が客観的に確定される必要があるというこの点についても，現行のⅡ.-4：302条によって十分にカバーされている。Ⅱ.-1：102条（当事者の自治）において信義誠実及び取引の公正の要請に言及がなされていたことにより混乱が生じていたため，これらは削除された。従来のⅡ.-1：103条（拘束力）に含まれていた「約束又は引受け（promise or undertaking）」という言葉は，不要な重複であるとの批判を受けた。Ⅱ.-1：106条（方式）に，(3)が新たに追加された〔同条に(3)はなく，「同条の(2)は，旧Ⅱ.-1：107条(2)をより詳細なものに改めたものである。」という意味であると思われる〕。これは，元々は贈与の節に置かれていたルールを一般化するものである。第3節には，とりわけ情報提供義務との関係でいくつもの変更が加えられた。これらは，アキ・グループによるさらなる作業を反映し，寄せられた多くの意見に対応するものでもある。ここで特に記したいのが，消費者に向けた宣伝・勧誘をする事業者に課される特別な義務についての規定である（Ⅱ.-3：102条）。同条(1)は，その基礎を成すアキ・コミュノテールをより綿密に反映するように修正された。情報提供義務違反に対する制裁についての規定は洗練され，第3章によって課される義務に違反した場合の損害賠償義務についての新たな条文（Ⅱ.-3：501条）が追加された。Ⅱ.-8：103条が定める条項提供者に不利な解釈の準則は，アンリ・カピタン協会及びフランス比較法学会によって構成された評価グループの提案に従い，修正かつ拡大された。

29　第Ⅲ編

同じく，アンリ・カピタン協会とフランス比較法学会によって構成された評価グループの提案に従い，黙示の延長についての一般化された新たな規定（Ⅲ.-1：111条）が挿入された。Ⅲ.-2：102条（履行期）に，アキ・グループの提案に基づき(3)が

新たに挿入されたほか，提供者が欠陥のある物の代替品を引き渡した場合には，最初に引き渡した物を引き取る権利を有し義務を負うことを明らかにするために新たな条文（Ⅲ.-3：205条）が挿入された。契約上の債務の不履行による解消の効果についての規定にも，いくつかの細かい修正が加えられた（第3章第5節第3款）。アキ・グループの提案に従い，商事契約における利息についての新たな規定を挿入した（Ⅲ.-3：710条及びⅢ.-3：711条）。第5章では，債権譲渡の要件についての規定（Ⅲ.-5：104条）を，動産所有権の譲渡についての第Ⅷ編中の対応する規定と合わせるために修正した。また，同じ理由により，無効，取消し，撤回，解消及び贈与の撤回が債権譲渡に及ぼす効果についての新たな条文（Ⅲ.-5：118条）が追加された。契約による債権譲渡の禁止に関する規定（Ⅲ.-5：108条）は最終的な形に落ち着き，その一部は同条から取り除かれて，譲受人と利益を受領した譲渡人の競合についての新たな規定（Ⅲ.-5：122条）において一般化された。第5章は，旧債務者が免責されない形での新たな債務者への交替及び新たな債務者の追加についての条文を加えたことで，条文の数が増えた（第5章第2節）。受任者が倒産した場合に，受任者の第三者に対する債権を本人が承継することを可能とするための新たな条文（Ⅲ.-5：401条）が追加され，そのような場合に，第三者は，契約に基づいて受任者が負う債務について，本人に責任を負わせるという選択権をもつこととされた（Ⅲ.-5：402条）。これらの規定が特にかかわってくるのは，受任者が自らの名において契約を締結する場合，いわゆる間接代理の場合である。これらの変更のいくつかの結果として，第5章は「当事者の変更」と見出しが変更された。相殺の要件についての条文（Ⅲ.-6：102条）は，PECLの英語版及びフランス語版の間に実質的な相違があることが判明したため書き直され，相殺の対象となる債権はいずれも相殺に適しているものでなければならず，例えば差押債権者の申立てにより支払を差し止められたものであってはならないことを明確にするために拡充された。最後に，時効に関する二つの条文（Ⅲ.-7：302条及びⅢ.-7：303条）の一部を，調停に関連する展開を考慮に入れて，若干拡張した。

30　第Ⅳ編

　第Ⅳ編における変更は，主として，不要な，又は重複する規定を削除したことである。そうしたものには，第Ⅱ編・第Ⅲ編に既にある規定と同じ内容を繰り返しているものが含まれる。不要なものであるこれらの規定の存在については，暫定概要版に対する意見の中で，正当にも批判が加えられていた。これらの規定のほとんど

は，編・部ごとに独立の書籍として公刊された〔後述54で詳しく説明をする〕PEL (Principles of European Law) シリーズにおいては，全体像を完成させるために必要な役割を果たしていたが，DCFRでは不要であった。第Ⅰ編から第Ⅲ編までに新たな規定を置いたり，そこでの規定を改訂したりする（例えば黙示の期間延長や支配的当事者に不利な解釈）ことによって，それまでは必要であった第Ⅳ編の規定を削除することができるようになったという場合も，わずかながらある。Ⅳ.A.-2：305条（第三者の権利又は請求一般）の内容には，意見の中で示された〔加盟各国で〕一致した政策に同条を合わせるために，微修正が加えられた。委任契約の部にはいくつもの変更が加えられた。こうした変更の理由の一部は，同部が本人のために契約を締結するという契約だけに適用されるのではなく，例えば，本人が締結しようとしている契約について交渉その他の補助をするために，種々の不動産業者やブローカーと締結される契約にも適用されることをより明らかにするためである。あるいはこの観点からは，その射程も考慮に入れて，一部，より正確な用語法とするための変更もある。例えば，不動産業者が，本人のために交渉をする権限はもつものの，契約を締結する権限はもっていないということがあるが，このときには，暫定概要版で使われていた用語である「代理人（representative）」よりも，「受任者（agent）」とした方がより正確である。

31　第Ⅴ編から第Ⅶ編まで

　これらの編については，起草上の細かい変更が加えられたのみである。

32　第Ⅷ編から第Ⅹ編まで

　第Ⅷ編，第Ⅸ編及び第Ⅹ編は，DCFRの他の編と同様，作業チーム，諮問委員会及び全体会議における議論を基に準備された。しかし，主に時間的な理由により，編集・修正チームは，他の編と同じほどに綿密な見直しを行うことができなかった。

33　定　　義

　付録の定義集についていくつか有益な意見を受け取った。その結果，特定の用語又は概念の意味を明らかにするというよりは，主として起草上の助けになるから挿入されていたいくつかの定義が削除された。これにより，いくつかの条文においては，それまでよりも多くの言葉を用いることがあった。いくつかの定義は，より明確に，あるいはより正確にするために変更された。暫定概要版では付録の中に定義

が置かれていただけの用語のうちいくつかは，その重要性のゆえに，モデル準則の中に移された。定義集に残るのは，モデル準則中の規定で定義されているもの，あるいはその規定から導かれるもののほか，一般的な性質をもつためにどこかに特定の規定を置くことになじまないものである。このため定義集は，性格の違うものが混ざったものとなるが，その目的とされているのは，単純に，読者の便宜である。モデル準則中の規定で定義されているもの，あるいはその規定から定義が導かれているものについては，当該条文への参照が追加されている。これもまた，寄せられた有益な提案に応じたものである。

DCFRの適用領域

34　PECLより広い射程

PECLの射程も既に十分に広かった。PECLの規定は，契約（その他の法律行為に準用される）の成立・有効性・解釈・内容に関する規定のみならず，契約等から生じる債務の履行やそうした債務の不履行に対する救済をも含んでいた。実際，後半の章は，例えば多数当事者，債権譲渡，相殺，消滅時効など，私法上の債権債務関係一般に適用される規定を多数含んでいる。こうした限りでは，PECLの範囲は，契約それ自体についての法というものを超えていた。DCFRでも，こうした射程は引き継がれているが，さらにこれよりも広い。

35　各種の契約

DCFRは，その第Ⅳ編に，いわゆる「各種の契約」及びそれに基づく権利義務についての一連のモデル準則を置いている。後者に関する規定は，その射程においては，（第Ⅰ編から第Ⅲ編までの）一般規定を展開させ，より特定されたものにし，状況に応じて一般規定と異なる定めを置き，あるいは一般規定が対象としていない問題を扱っている。

36　契約外の債務

DCFRはさらに，このほかの私法上の権利義務を，契約から生じるものでないものも含めて，その射程におさめている。例えばDCFRは，不当利得，他人に生じた損害又は事務管理の結果として生じる権利義務を扱っている。また，DCFRは，

物的担保の目的となる財産を占有していること，あるいは受託者であることにより負うこととなる義務も扱っている。このようにDCFRは，PECLよりもはるかに広く契約外の義務を扱っている。後述するように（44から46），第Ⅲ編には，契約上のものであると否とを問わず，DCFRが規定する範囲内にあるあらゆる債務に適用される一般規定がある。このようなアプローチの利点は，第Ⅲ編の規定を，その後に並ぶ契約外の事項に関する編において，そのまま，あるいは必要に応じて若干修正して，使うことができるということである。

37 動産財産権法の問題

DCFRは，所有権の得喪，担保物権及び信託法などの動産財産権法の問題も扱う。これらは第Ⅷ編，第Ⅸ編及び第Ⅹ編を構成しており，本書で初めて公表されるものである。

38 扱わない問題

Ⅰ.-1：101条(2)に列挙されているのはいずれも，DCFRの予定する適用領域に含まれないものである。具体的には，自然人の地位及び法的能力，遺言及び相続，家族関係，流通証券，雇用関係，不動産法，会社法，そして民事手続や請求権の執行に関する法である。

39 こうしたアプローチが採用された理由

このようにDCFRの射程は，ヨーロッパ委員会がCFRの規定範囲（後述の59を参照）として思い描いたと思われるものを大きく超えている。「学術的」参照枠は，「政治的」参照枠の制約に服しないのである。DCFRはCFRにつながるものである一方で，独立した文書であると考えられている。研究チームは，〔PECLを編集した〕ヨーロッパ契約法委員会の伝統から出発したものの，その射程を拡張するとの目的をもっていた。この作業が開始した時には，契約法であれその他の法領域であれ，いかなる種類のCFRの創設についても政治的な議論は始まっていなかった。我々が第六次ヨーロッパ参照枠研究プログラムの下で資金援助を受けるために研究総局との間で交わした契約は，これを反映している。すなわち上述したようなすべての問題を取り上げる義務を我々に課している。DCFRの射程を比較的広く取っていることは，政治的な観点からも利点を有するとみることができる。広範囲にわたるDCFRをもつことでしか，政治的なCFRの規定範囲について議論をするための具

体的な基礎を提供することはできないし，またそれゆえに，所管する政治機関が十分な情報に基づく決定をすることもできないのである。

40　私法の一部としての契約法

DCFRで一般契約法の規定しか扱わないこととはしなかったことには，十分な理由がある。こうした契約総則は，調整，修正及び改訂の必要の有無や，どのような点でそれが行われるかということをみるための検証が，最重要とされる契約類型の枠の中で行われなければならない。また，DCFRは，消費者契約に関する規定だけを扱うというわけにもいかない。〔スタディ・グループとアキ・グループの〕二つのグループは，消費者法が私法の独立した分野ではないという点で一致している。消費者法は，私法の一般原則からの何らかの偏差により構成されているが，これらの一般原則を基に築かれており，これらなしに展開することができない。そして，この目的における「私法」は，契約及び契約上の権利義務に限定されるものではない。少なくとも（広義の）契約法とそれ以外の法分野との間に正確な境界線を引くことは難しい。[23] それゆえ，DCFRは，債務法全体を一体の構造をもつものとして扱うアプローチを採る。動産に関する財産権法の一部が含まれるが，それは多かれ少なかれ上記と同じ理由に基づくものであり，それに加えて，財産権法が，域内市場の円滑な機能に大きく関連するという側面をもつからでもある。

DCFRのモデル準則の構造と言語

41　モデル準則の構造

モデル準則の構造については，スタディ・グループと合同の編集・修正チームによって議論をする機会が設けられた。早い段階から，全体が編に分けられること，各編が章，節，（必要に応じて）款，そして条に分けられることが了解されていた。これに加えて，各種の契約及びそれに基づく権利義務についての編は，その分量ゆえに，各契約類型ごとに部（例えば第Ⅳ編A部は売買）に分けられることになった。こうしたことについてはいずれも，異論は比較的少なかった。

---

23) より詳細には，von Bar and Drobnig (eds.), The Interaction of Contract Law and Tort and Property Law in Europe (Munich 2004) を参照。この研究は，ヨーロッパ委員会のために行われたものである。

42　モデル準則の条番号の形式

　モデル準則の条番号の形式は，その基本的な考え方において，近時のヨーロッパにおける法典編纂の多くで用いられている方法に対応する。この形式が選ばれたのは，後に変更が必要となったときに，最小限の編集上の労力でそれができるようにするためでもある。編は，第Ⅰ編（総則），第Ⅱ編（契約及びその他の法律行為）というように，ローマ数字の大文字で番号が付けられている。第Ⅳ編（各種の契約及びそれに基づく権利義務）のみが，Ａ部（売買），Ｂ部（物品の賃貸借）などのように部に分けられている。章及び節（さらに款）は，アラビア数字を用いて，例えば第5章第2節第4款などと番号が振られている。次いで，条は，アラビア数字を用い，各編又は部内で連続する番号が振られている。コロンの前に来る最初のアラビア数字は，当該章の番号である。コロンの直後の数字は，その章の該当する節の番号である。残りの数字は，その節内の条文の番号を示す。款は番号には影響しない。例えば，Ⅲ.－3：509条（契約上の債務に対する効果）は，第Ⅲ編（債務及びこれに対応する権利）の第3章（不履行に対する救済手段）の第5節（契約の解消）の9番目の条文である。しかしながら，条文が含まれる款を示しながら実用性を害するほど複雑になることのないような番号の振り方を考案することはできなかった。Ⅲ.－3：509条という数字を見ても，これが第3款（解消の効果）の最初の条文であることはわからない。

43　10個の編

　各編への主題の割り当て方についても，大体において異論はなかった。第Ⅰ編が，――例えば，予定された適用範囲，解釈・継続形成の方法，重要な用語の定義の置かれている場所など――この文書全体をどう使うべきかについて，読者のための短い総論的な案内となるようにすることは，すぐに合意された。第Ⅳ編以降の後半の編も，構造の問題に関する限りでは，ほとんど難しい問題を生じなかった。何が最も良い順序かということについては議論があったが，結局，次のようにするのが良いということで落ち着いた。各種の契約及びそれに基づく権利義務（第Ⅳ編），事務管理（第Ⅴ編），他人に生じた損害に基づく契約外責任（第Ⅵ編），不当利得（第Ⅶ編），物品所有権の得喪（第Ⅷ編），動産担保（第Ⅸ編），そして信託（第Ⅹ編）である。各種の契約とその債権的効果に関する規定を編として分けるのではなく，一つの編の下で部に分けた大きな理由は，将来，これより後の編の番号や内容に影響することなく，他の契約類型を扱う新しい部を加えることが，より容易になることである。

44 第Ⅱ編及び第Ⅲ編

難しかったのは，第Ⅱ編及び第Ⅲ編に関する判断であった。これらの編が既にあるPECL（上述の8及び後述の49から53を参照）の内容——契約その他の法律行為の総則，さらに契約や（大部分の場合には）その他の原因から発生する債務についての総則——を扱うべきことには，まったく疑いはなかったが，こうした内容をどのように両編に分け，どう呼ぶべきかを決めることは相当困難であった。進むべき道が明確になったのは，鍵となる「契約」と「債務」の用語をモデル準則の中でどのように使うことになるのかについて調整チームが決め，かつ，特別の構造検討チームが組まれた後になってからであった。第Ⅱ編は，契約その他の法律行為（その成立，解釈，無効，内容確定等）を扱う一方，第Ⅲ編は，契約上の債務も契約外の債務も併せて，DCFRの適用範囲内にある債務とこれに対応する債権を扱うことになった。

45 契約と債務

このように内容を分けることの特徴は，合意の一類型——法律行為の一類型——としての契約と，そこから生じ，通常は牽連関係に立つ債権債務を伴う法律関係とを明確に区別することである。第Ⅱ編は，法律行為としての契約を扱い，第Ⅲ編は，法律行為としての契約から生じる債権債務，さらに契約外の債権債務を扱う。この限りで，PECLでは黙示的でしかなかった構造上の分類が，DCFRでは明示的になっている。暫定概要版に対する意見には，PECLの構造のようにより単純なものを求めるものもあった。その構造をとれば，少なくとも契約及び契約上の債務との関係では，自然な「時系列にそった」順番になっただろう。しかし，ここで特記しなければならないのは，DCFRが，実際はそのような順番になっているということである。DCFRは，契約締結前の段階から始まり，その後，契約の成立，撤回権，代理権（すなわち，どのようにして，本人のために代理人が契約を締結することができるのか），無効事由，解釈，内容及び効果，履行，不履行の場合の救済手段，複数債務者及び複数債権者，当事者の交替，相殺及び混同，そして消滅時効へと続く。これは，本質的には，PECLが採用している順番と同じである。唯一の違いは，DCFRでは，合意としての契約（成立，解釈，無効，内容及び効果等）に関する規定が終わり，契約から発生する債権債務に関する規律が始まるところで，一呼吸おかれているということである。つまり，その箇所で新たな編が始まり，債務及びこれに対応する債権の総則に当たる新たな章が挿入されているのである。これは大きな変更ではな

い。モデル準則の順番又は内容に，ほとんど影響を与えない。この順番が正当化されるのは，契約とそれから生じる債権債務との間に実際に相違があり，このことを認めることが思考の明確性をもたらすからだけではない。第Ⅲ編の始めの章を，条件又は期限付きの債権債務のように，他のところには置きにくい条文を置く場所として使うことが便利だからでもある。第Ⅱ編と第Ⅲ編とを分けないとしたならば，正当化し難い後退を意味し，後に悔いを残すこととなっただろう。

46 契約から生じる債務と契約外の債務

さらに問題となったのは，第Ⅲ編で，契約から生じる債務と契約外の債務をどうすれば最もうまく扱えるかであった。試みた方法の一つは，最初に契約から生じる債務を扱い，次いで契約外の債務について別の部を設けるというものであった。しかし，このやり方はわずらわしく，満足のいくものにならないことがわかった。無用に条文を繰り返すか，前に出た条文を準用しつくす規定を大量に設けるかすることが必要となったのである。いずれにしても条文は美しくなく，読者には使いづらいものであった。結局わかったのは，最善の方法は，第Ⅲ編の条文をできるだけ一般的な用語で起草し，契約から生じる債務と契約外の債務の両方に適用することができるようにすることであった。特定の条文が契約から生じる債務にのみ適用される場合には，そのことを明示した（これついては，Ⅲ.-1:101条「この編の規定は，別段の定めがある場合を除き，契約上のものであるか否かを問わず，このモデル準則の適用範囲に含まれるすべての債務……について適用する。」を参照。）。例えば，解消についての規定は，契約上の債務にのみ適用される（Ⅲ.-3:501条（適用範囲及び定義）(1)を参照）。同様に，Ⅲ.-3:601条（代金減額権。この場合における適用範囲の制限は，「代金」という用語によるものである）及びⅢ.-3:203条（債権者が債務者に追完の機会を与える必要がない場合）(a)についても，その適用範囲は，その文言により，契約上の債務に限定されている。仮にCFRが契約及び契約上の債務に限定されることになったとしても，それに合わせて第Ⅲ編のモデル準則を使うのが非常に簡単だということは，言うまでもない。ほとんどの規定は，何ら変更する必要もないだろう。

47 言　語

DCFRは，まずは英語で公刊されている。英語は，モデル準則作成にあたったすべてのグループが作業に使用してきた言語である。しかし，大部分の編（第Ⅳ編については部）について，既に多くの言語への翻訳が作成されている。これらは，最初

はPELシリーズ（後述54から56を参照）の中で，後にはDCFRのために別個に，順次出版される予定である。これらの翻訳の過程において，しばしば，モデル準則の英語版自体が見直された。2008年の秋には，大陸法財団（Fondation pour le droit continental，パリ）が，DCFR（暫定概要版）の初めの三つの編の翻訳を公刊した[24]。その少し後に，暫定概要版のチェコ語訳が公刊された[25]。研究チームは，可能な限り早くそして可能な限り多くの言語でDCFRのモデル準則を公刊することに専念している。もっともそれでも，参加グループの担当団体及び編集・修正チームによって議論され，採用された唯一のDCFRの版は，英語版である。

48　利用可能性及びわかりやすさ

　DCFRの準備においては，構造が明確で首尾一貫するということだけでなく，文言が明確でわかりやすくなることを目指したあらゆる努力が行われた。モデル準則及び定義は，より良い立法活動のための道具とみるにしても，任意に選択することができる法律文書の基礎となる可能性がある文書とみるにしても，その目的に適合したものであることが重要となる。用語は，正確であり，一貫して使われなければならない。例えば「契約」という用語は，一つの意味で使われるべきであり，三つや四つの意味で使われることがあってはならない。用語法は，数多くの言語に翻訳するのにできる限り適合したものであるべきである。そのためには，個別の法体系から受け継がれた独特の言い回しや専門用語を避けるようにしなければならない。不要な負担を伴わずに，容易に翻訳することのできるような意味をよく伝える文言を，可能な限り見出すように試みられた。"rescission（取消し）"，"tort（不法行為）"及び"delict（不法行為）"というような用語を避けたのは，そのためである。使用される概念は，モデル準則の内容がどのようなものであっても，それに整合するものでなければならない。文書は十分に整理された，入手しやすく，読みやすいものでなければならない。21世紀のヨーロッパのために企画された以上は，性差に対して中立的な用語で表現される必要がある。意図した意味を正確に伝えることが必要であると同時に，簡潔でなければならない。不合理な規定，不要な規定，あるいは相互に矛盾する規定を含むことがあってはならない。DCFRがこれらの目的を達成できているか否かは，他の者が判断するものである。もちろん，これらの目的を達成す

---

24)　Jacques Ghestin教授によるものである。前掲注3）を参照。
25)　Přemysl Raban教授の率いるチームによるものであり，Karlovarská Právní Revuei 2/2008, 1-222にて公表された。

るために，相当な努力がされた。

PECL, SGECCによるPELシリーズ，アキ・コミュノテール及び生命保険契約グループによる成果とDCFRとの関係

49　部分的にPECLを基礎としていること

DCFRは，第Ⅱ編及び第Ⅲ編の中に，PECL（ヨーロッパ契約法原則）に由来する規定を多く含んでいる。こうした規定は，〔PECLを編集した〕ヨーロッパ契約法委員会（これを承継したのがスタディ・グループである）の明示の同意を得て採用されたものである。相互対照表〔この訳書では省略した〕により，読者は，DCFRの中にあるPECLの条文を探し出すことができる。しかし，PECLを単にそのままの形で取り込むということはできなかった。変更が不可避であった理由は，DCFRの目的，構造や適用範囲の違いによる部分もあれば，消費者保護の問題を取り込むためにPECLの適用範囲を拡げる必要があったことによる部分もある。

50　PECLとの違い

DCFRの第一の目的は，明確で，かつ，首尾一貫した概念と用語法を開発しようとすることである。この目的を遂行するために，スタディ・グループは，「契約」及び「債務」のような用語を用いるという最適な方法に十分配慮した。その際に考慮に入れたのは，各国の法体系だけではなく，ヨーロッパの，あるいは国際的な，私法上の問題に関する法律文書で広く行われている用語法である。草案作成の際にPECLから変更をした理由の多くは，（合意ないし法律行為の一種としての）契約と，（通常は相互的な債権債務からなる）契約から生じる法律関係とを，（上述したように）より明確に区別することにある。このことは，DCFR全体を通じて数多くの成果をもたらしている。

51　例

例えば，DCFRの下では，履行されるのは契約ではない。契約は締結されるものであり，履行されるのは債務である。同様に，契約が解消されるのではない。解消されるのは，契約上の関係か，とりわけ契約から生じる債権債務である。第Ⅲ編において債権債務に新たに焦点を合わせたことにより，PECLで普通に使われている「被害者」や「他方当事者」というような用語ではなく，「債権者」と「債務者」を一

貫して使うことができるようになった。履行を求める権利の対となる用語として一貫して「債務」を使うという決断も，いくつか起草上の変化を生じさせるという意味をもつ。PECLは，この意味で「義務」を使うこともあれば，「債務」を使うこともある。概念と用語法を明確にする必要性ゆえに，契約よりも法律行為に言及する頻度が，PECLにおけるよりも増えた。法律行為は，Ⅱ.-1：101条において，法律効果の発生それ自体を意図した表示又は合意として定義されている。いかなる法体系においても，契約以外の種々の法律行為を扱うことになるが，すべての法体系がそのような用語を使ったり，一般的な規定を設けたりしているわけではない。そのような法律行為の例として挙げることができるのは，申込み，承諾，契約解消の通知，代理権の授与，保証，譲渡行為，そして一方的約束などである。PECLは1：107条でこれらを扱い，PECLの規定が「適切な修正を加えて」適用されると規定している。しかしながら，この方法は便法に過ぎないのであり，用いるならば非常に慎重に，そして，適切とされる修正が小さなものであり，かつ，十分に明らかである場合に限るべきである。この場合には，どのような修正が適切なのかは必ずしも明らかではなかった。それゆえ，2004年に，他の法律行為については別個に扱うこととした。暫定概要版に対する意見では，控えめなものである機能上のこの判断に，草案作成者が想定していなかった重要性を見出したものもあった。

52 関係者からの意見

PECLの条文のこれ以外の変更は，テーマを選んでヨーロッパ委員会が開催したワークショップにおいて，関係者から出された意見の結果である。例えば，代理権に関する規定は，それに基づいていくつもの重要な点で変わった。契約の一部を構成する契約締結前の表示に関する規定，事情変更に基づく契約上の債権債務の裁判所による変更に関する規定，さらに，契約のいわゆる「黙示的条項」に関する規定なども同様である。関係者による会合は最終的には開催されなかったが，その準備過程ですら，後の採用にいたるようなPECLの変更提案につながることがあった。その例としては，多数当事者の章があり，そこでは特定の一，二の点への学術的な批判も役割を果たした。

53 PECL出版以降の発展

最後に，最近の発展やさらなる作業・検討に照らして改訂に値すると思われた特定の条文や条文群が存在した。例えば，PECLの第三者のためにする契約の規定は，

当時としては相当の成果ではあったが，各国の法体系と国際的な仕組みの近時の発展を考慮すると，若干の拡張が必要であると思われた。第Ⅳ編の各種の契約及びそれに基づく権利義務について詳細に作業を進める中で，第Ⅱ編及び第Ⅲ編に置かれた一般的規定への追加や修正が必要であると示唆されることがあった。例えば，「混合契約」に関する一般的規定を第Ⅱ編に，不適合の通知に関する一般的規定を第Ⅲ編に置くことが有益であるとわかった。また，売主による「追完」に関する規定は，第Ⅳ編の売買の部で展開されてきたものであるが，一般化して第Ⅲ編に置くのが有益であるとわかった。その他の後の編についてなされた検討も，第Ⅱ編と第Ⅲ編にフィードバックされることがあった。例えば，不当利得についての検討により，解消された契約関係の原状回復的効果には，より発展した規定が必要となることがわかった。一方，物品所有権の得喪（及び動産上の担保物権）に関する検討は，第Ⅲ編における債権譲渡の扱いにフィードバックされた。原則となるアプローチとしては，できる限りPECLに従うこととされたが，当然，起草上の微修正により明確性や整合性が高まる場合も存在した。例えば，PECLでは，"claim（請求）"という用語が，時には権利の主張に基づく要求の意味で，時には履行を求める権利の意味で使用されている。DCFRは，"claim"という用語を前者の意味のみで使用しており，"right to performance（履行を求める権利）"という用語は，まさにその意味のときにのみ使われている。また，PECLは，〔契約条項を表すときに〕あるときは契約の"terms"といい，あるときは"clauses"と言っていた。DCFRでは，書面による契約と書面によらない契約のいずれにも等しく用いることができるという利点をもつ"terms"という用語が選択されている。

54　PELシリーズ

スタディ・グループは，1998年に作業を始めた。当初から，その成果がしかるべき時期に統合された完全版として公表されるだろうと構想されていたが，その構造が形をなしたのはゆっくりした足取りでしかなかった（前述41から46を参照）。最初の一歩となる作業は，このプロジェクトの構成部分ごとにとりまとめられ，議論されなければならなかった。その成果は別のシリーズである『ヨーロッパ法原則』(PEL)で刊行されている。現在，6巻が刊行されている。これらは，売買契約[26]，物

---

26) Principles of European Law. Study Group on a European Civil Code. Sales (PEL S). Prepared by Ewoud Hondius, Viola Heutger, Christoph Jeloschek, Hanna Sivesand, Aneta Wiewiorowska (Sellier, Bruylant, Staempfli, Oxford University Press 2008).

品の賃貸借契約[27]，役務提供契約[28]，代理商・フランチャイズ契約・ディストリビューター契約[29]，人的担保契約[30]，そして事務管理を対象とするものである。さらに今後（2009年及び2010年），他人に生じた損害に基づく契約外の責任に関する法，不当利得法，委任契約，そして物権法総則に関する巻が刊行される予定である。PELシリーズで出版される巻には，DCFRの完全版には載録されない追加資料，すなわち各編・部・章についての比較法的序論及びPELシリーズにおいて公刊されるモデル準則の翻訳がおさめられている。PELシリーズという継続があることで，比較法的資料の収集・編集における不足を埋めることが間に合うかどうかという問題に巻き込まれずに，DCFRの完全版を出版することが可能となる。

55　PELシリーズとの違い

しかし，読者がこのDCFRで目にするモデル準則は，PELシリーズで出版されたものと異なることがある。このような変更には，いくつかの理由がある。第一に，特定のテーマ（例えば役務提供契約）について独立したモデル準則を起草するに際しては，既にPECLの一部となっている規定を非常にたくさん繰り返すことが必要だとわかったことである。そうした繰り返しは，こうした規定をより一般的なレベルで（すなわち第Ⅱ編や第Ⅲ編で）置いている統合版DCFRにおいては，不要となるものである。このためDCFRは，PELシリーズのモデル準則がすべてそのまま取り入れられた場合よりも，相当に短いものとなる。

---

27) Principles of European Law. Study Group on a European Civil Code. Lease of Goods (PEL LG). Prepared by Kåre Lilleholt, Anders Victorin†, Andreas Fötschl, Berte-Elen R. Konow, Andreas Meidell, Amund Bjøranger Tørum (Sellier, Bruylant, Staempfli, Oxford University Press 2007).

28) Principles of European Law. Study Group on a European Civil Code. Service Contracts (PEL SC). Prepared by Maurits Barendrecht, Chris Jansen, Marco Loos, Andrea Pinna, Rui Cascão, Stéphanie van Gulijk (Sellier, Bruylant, Staempfli, Oxford University Press 2006).

29) Principles of European Law. Study Group on a European Civil Code. Commercial Agency, Franchise and Distribution Contracts (PEL CAFDC). Prepared by Martijn W. Hesselink, Jacobien W. Rutgers, Odavia Bueno Díaz, Manola Scotton, Muriel Veldmann (Sellier, Bruylant, Staempfli, Oxford University Press 2006).

30) Principles of European Law. Study Group on a European Civil Code. Personal Security (PEL Pers.Sec.). Prepared by Ulrich Drobnig (Sellier, Bruylant, Staempfli, Oxford University Press 2007).

31) Principles of European Law. Study Group on a European Civil Code. Benevolent Intervention in Another's Affairs (PEL Ben.Int.). Prepared by Christian von Bar (Sellier, Bruylant, Staempfli, Oxford University Press 2006).

56 改　　良

　既に刊行されているPELのモデル準則のいくつかを変更した第二の理由は，編集・修正チームが，DCFRの目的に沿った改訂と編集を行う段階で，改善の余地があると判断したことである。編集・修正チームは，PELシリーズの該当する巻の著者と相談した後，起草し直した規定を，スタディ・グループの運営委員会に提出し，承認，修正，拒絶のいずれかの回答をするように求めた。その結果として生じた変更は，一部では，単なる起草技術的なものに限定されているが，実質に及ぶものもある。そうした変更は，モデル準則の体系的な見直しを2006年に開始し，（関係者を含む）他者からの提案を採用し，初期の版では一貫しない点がいくつかみられた用語について一覧を作成したことの結果である。DCFRの完全版は，暫定概要版と比べて，さらなる精錬を反映したものとなっている。

57　アキ原則（ACQP）

　アキ・グループと通称される現行ヨーロッパ私法研究グループも，別のシリーズで研究成果を出版している[32]。このアキ原則（ACQP）は，大量でどちらかというと整合性を欠くパッチワークのようなEC私法を紹介し構造化する試みであり，EC私法発展の現状を明確にし，関連する立法や判例を発見しやすくしようとするものである。これにより，アキ・コミュノテールに共通する特質，あるいはそこにある矛盾や不十分な点を特定することも可能になる。このようにACQPは，独自の機能，すなわち，EC法の起草・国内法化・解釈の源としての機能を有していると言ってもよい。アキ・グループとその成果は，DCFRを練り上げる過程において，現行EC法が適切に反映されることを保証するという課題に貢献している。それゆえに，ACQPは，編集・修正チームが参照した文献の一つとなっている。

58　ヨーロッパ保険契約法原則

　第六次ヨーロッパ参照枠研究プログラムの下に設けられたCoPECL研究者ネットワーク（後述「学術上の寄与者と関係者」を参照〔本書では訳出していない〕）には，「ヨー

---

32) Principles of the Existing EC Contract Law (Acquis Principles). Contract I - Pre-Contractual Obligations, Conclusion of Contract, Unfair Terms. Prepared by the Research Group on the Existing EC Private Law (Acquis Group) (Munich 2007)；印刷中のContract II (Munich 2009) には，総則規定，物品の引渡し，パック旅行及び支払サービスが含まれている。各種の契約及び契約外の事項に関する後続の巻も準備中である。

ロッパ保険契約法リステイトメント・プロジェクト・グループ（保険グループ）」も含まれる。このグループは，我々がDCFRを提出するのと同時期に，ヨーロッパ委員会に「ヨーロッパ保険契約法原則」を提出することが予定されている。

DCFRはCFRの準備作業としてどのように使うことができるか

59　ヨーロッパ委員会の発表

2003年2月のヨーロッパ委員会の「より整合性のあるヨーロッパ契約法に関する行動計画」は，提案された三つの方策についての意見を求めた。この三つの方策とは，アキ・コミュノテールの整合性を高めること，EU全体で利用される標準約款の作成を進めること，そして「任意に選択することができる法律文書」のような特定の領域に限られない方策が必要か否かについて一層の検討をすすめることである。その中心となる改善提案は，現行のアキ・コミュノテールを評価し直して，新しい立法案を起草する際にヨーロッパ委員会が利用することのできるような共通参照枠（CFR）を発展させることであった。ヨーロッパ委員会はさらに，2004年10月に「ヨーロッパ契約法とアキ・コミュノテールの見直し：進むべき道」と題する報告書を公刊した。この報告書が提案するのは，CFRの内容は，「基本的な諸原理，定義及びモデル準則」とし，それは，現行のアキ・コミュノテールの改善に役立ち，任意に選択できる法律文書を作成すると決められたときには，その基礎を構成し得るようなものとするべきであるというものであった。CFRの大きな部分は，モデル準則によって構成され，その主たる目的は，立法者へのある種の指針，ないし「道具箱」として機能することになるとされていた。このDCFRは，ヨーロッパ委員会のこうした発表に対応し，これらの発表において言及されている諸原理，定義及びモデル準則についての提案を含む。

---

33)　前掲注1)を参照。
34)　計画のこの側面は進められていない。Commission of the European Communities. First Progress Report on The Common Frame of Reference, COM (2005), 456 final, p. 10.
35)　Action Plan para. 72.
36)　Communication from the Commission to the European Parliament and the Council, COM (2004) 651 final, 11 October 2004 (以下「Way Forward」で引用する)。
37)　Way Forward para. 3.1.3, p. 11.

60 CFRの目的

CFRがいかなる目的を果たすように求められることになるのかは，現段階ではまだはっきりしたことが言えない。「原理，定義及びモデル準則」という表現自体から，何らかの示唆が得られるかもしれない。この問題に関するヨーロッパ委員会の文書からも別の示唆を得ることができる。以下では，これらの文書と，これらの文書がDCFRの適用範囲に関して示唆する内容について検討する。

61 消費者アキの見直しに関するグリーン・ペーパー

報告書「進むべき道」では，DCFRの準備と並行して，8つの消費者関連指令の見直しを行うことが公言されていた。この見直しの作業には，アキ・グループのメンバーが参加した。ヨーロッパ委員会は2007年に，消費者アキの見直しについてのグリーン・ペーパーを公表した。これは，様々なレベルの多数の質問を投げかけるものであった。例えば，完全な調和が望ましいか，水平的な手段が設けられるべきか（この手段については，下記62を参照），多様な付随的問題が消費者売買指令で処理されるべきかなどである。例えば金融サービスの購入者に対する情報提供に関する指令などの，他の指令も見直される可能性がある。また，より長期的には，例えば役務提供契約や人的担保のように，消費者保護の必要性がなお存在する分野や，例えば保険や動産担保のように，国内法間の相違が域内市場に対する障壁を生じさせているように思われる領域では，さらなる調和のための方策が提案される可能性もある。

62 消費者の契約法上の権利に関する指令の提案に向けた草案

消費者アキの見直しに関するグリーン・ペーパーに続いて，「水平的な」指令に向けた提案の草案が公表された。もっとも，この草案は，現在のところ時期的な

---

38) 指令85/577, 90/314, 93/13, 94/47, 97/7, 98/6; 98/27, 99/44。Way Forward para. 2.1.1を参照。
39) Schulte-Nölke/Twigg-Flesner/Ebers (eds.), EC Consumer Law Compendium. The Consumer Acquis and its transposition in the Member States (Munich 2008) を参照。
40) Green Paper on the Review of the Consumer Acquis, COM (2006) 744 final of 8 February 2007 (http://ec.europa.eu/consumers/cons_int/safe_shop/acquis/green-paper_cons_acquis_en.pdf).
41) Question A3, p. 15.
42) Question A2, p. 14.
43) Directive 1999/44/EC. Questions H1-M3, pp. 24-32を参照。
44) Proposal for a Directive of the European Parliament and of the Council on consumer rights,

理由からか，DCFRを明示的に用いることはしていない。用語法と起草の形はやや異なるが，それでも内容面については類似した特徴がみられる。例えば，DCFRも水平的指令提案の草案も，契約締結前の情報提供義務又は撤回権についての一般的規定を置いており，これらは，細部については互いに異なるが，同じ基本構想に従うものである。そのような基本構想のひとつとして，一般的に，撤回権及びこれに関連する情報提供義務は，明確に定義され，容易に認識することのできる例外的状況の場合を除き，店舗の外で交渉されたあらゆる契約類型（水平的指令の草案では「隔地者間契約及び店舗外での契約」と呼ばれている）に適用されるべきだというものがある。この指令の起草が進んだ段階においては，DCFR，あるいは取りまとめられるかもしれない政治的なCFRがどのように用いられるのかについて，見守っていくことになるだろう。

63　現行及び将来のアキ・コミュノテールの改善：モデル準則

　DCFRが意図するのは，現行のアキを改善する過程や私法領域におけるEUの将来の立法に役立つことである。アキ・コミュノテールの基礎にある諸原理を探り出して明確に叙述することによりDCFRが示し得るのは，どのようにすれば現行の諸指令をより整合性の高いものとすることができるか，どのようにすれば，区々に分かれた多様な規定の適用範囲を広げ，現行法に存する間隙や重複を除去することができるか——グリーン・ペーパーで言及されている「水平的アプローチ」——である。例えば，DCFRは，水平的指令草案の対象にもなっている契約締結前の情報提供義務及び撤回権について，モデルとなる一般的規定を置いているが，指令草案は，DCFRとは異なり，情報提供義務違反の効果については，主に国内法の定めるところによるものとしている。DCFRは，EU立法者及び国内立法者のいずれに対しても，情報提供義務違反に対する一連の制裁についてのモデルを提供している。また，DCFRは，検討の対象となり得る実質的な改善点を明らかにしようとするものでもある。DCFRを準備する研究は，「各国の国内法（判例法や確立した慣習を含む），EUのアキ・コミュノテール及び関連する国際的な法律文書，とりわけ，1980年の国際物品売買契約に関する国際連合条約（CISG）を考慮し，最良の解決を見出すことを目指すものである」[45]。それゆえDCFRは，立法者が，現行の基本的前提の上に立つ広い枠組みの中でEUの立法に修正・追加を行おうと決意したならば，何を考

COM (2008) 614.
45) Way Forward para. 3.1.3.

慮すべきかということにつき，広範な比較法的研究と慎重な分析に基づいて提言を行うものである。DCFRは，──国内法に関する提案がいかに共通しようともそうならないのと同様に──，アキ・コミュノテールのこれらの基本的前提（例えば，情報提供義務の効力や，必要な保護を提供するための基礎としての「消費者」の概念）を変更しようと挑むものではない。このような性格の作業において，学者である弁護士たちから成るグループがそのようなことに挑めば，適切ではないことになるだろう。なぜなら，このような問題は，基本的な問題，かつ，政治的に繊細な問題であり，本来的に法的な性質をもつわけではないからである。DCFRは単に，現在の政治上の前提の上に，関連する規定をどのようにしてより良い方向へ改正し，首尾一貫したものにすることができるのかということについての提案をするものである。ごく少数のケースで提案したのは，いくつかの加盟国でなされているように，消費者に適用される特定のアキ準則を，より一般的に適用することである。もちろん，そのような提案についても，我々は，さらに議論することなしにそのまま採用されるべきものであると主張しているわけではない。そうした規定は，立法者やその他の利害関係者が発想を得ることができるモデル的なものに過ぎない。

64 アキ・コミュノテールの改善：整合性のある用語法の開発

指令は，しばしば，定義されていない法律用語や概念を使っている[46]。その古典的な例は，ヨーロッパ委員会の報告書でも参照されているとおり，Simone Leitner 事件[47]であるが，その他にも多数の例がある。CFRがこうした法律用語や概念の定義を提示し，とりわけヨーロッパの諸機関で，例えば立法草案の手引きとして[48]用いられた場合には，この種の解釈上の問題に役立つことになろう。指令が別段の定

---

[46] 消費者アキのCFRワークショップでは，EUアキにおいて使用され，又は前提とされている定義や概念を示す文書は，「直接的に関係がある」資料として言及されている。Second Progress Report on the Common Frame of Reference, COM (2007) 447 final, p. 2を参照。

[47] Case C-168/00 Simone Leitner v TUI Deutschland [2002] ECR I -2631. ヨーロッパ司法裁判所は，パック旅行指令の規定の下で消費者が請求することのできる損害賠償が，休暇旅行が約束された通りのものではなかった場合に被った非経済的損失の賠償を含むべきか否かについて判断する必要があった。この種の損害賠償は多くの国内法によって認められているものであるが，オーストリア法では認められていなかった。ヨーロッパ司法裁判所は，指令における「損害」の概念は，独立した，「ヨーロッパ的な」法的意味を有するものとされるべきであり，その文脈においては，「損害」の概念は，非経済的損失を含むものとして解釈されるべきであるとした。

[48] 正式な協定がなくても，立法者は，前文において，当該措置がCFRに即して解釈されなければならない旨を述べることによって，おおむね同様の結果を達成することができるだろう。

めを置いていなければ，指令に含まれる言葉や概念は，CFRで用いられる意味で使われていると推定されることになろう[49]。指令を国内法化しようとする各国の立法者や国内法化された法令の解釈に直面する各国の裁判所がどういう意味であるのかを理解するために，CFRを参照することができるようになるだろう。さらに，DCFRの完全版のように，各条について比較法ノートが含まれれば，これらのノートを通じて，各国の国内法が関連問題をどのように処理しているかについての有用な背景事情が伝えられることも多いだろう。

65 準則がなければ実用的な用語一覧を作成することはできない

前述したように，一連のモデル準則がなければ，実用的な用語一覧を作ることは不可能であるし，その逆も同じである。このことから，CFRについて，その射程を比較的広範にとって検討することが有益である。例えば，「行為（conduct）」，「債権者（creditor）」，「損害（damage）」，「免責を得させる（indemnify）」，「損失（loss）」，「過失（negligence）」，「財産（property）」などといった，契約及び契約による債務に関する重要な概念の一覧を作成することは，これらの概念の多くが契約外債務の領域においても役割を果たしている事実を十分認識していないと，非常に難しいものとなろう。

66 CFRの射程

DCFRが果たすべき目的は，その射程と直接に関係する。前述の34から39において説明したとおり，DCFRの射程は，委員会が諸通達で予定しているCFRの射程よりもはるかに広い。他方，ヨーロッパ議会の決議には，CFRについてこのDCFRとあまり変わらない適用範囲を想定しているものがいくつかある[50]。今日，CFRの適用範囲はなお未確定であると思われる。CFRが立法者への指針又は「道具箱」として効果的なものとなるためには，その適用範囲はどこまで及ぶべきであ

---

49) 消費者権利指令草案（前掲注44））は，現在の内容によれば，既存の指令の用語を，それらがあまり明白でないことが知られている場合においても，採用することがしばしばある。同指令が採択される前に，その文言がDCFRに照らしてチェックされ，異なる結果が意図されている場合を除き，DCFRと歩調を合わせることを願う。

50) European Parliament, Resolution of 15 November 2001, OJ C 140E of 13 June 2002, p. 538; Resolution of 23 March 2006, OJ C 292E of 1 December 2006, p. 109; Resolution of 7 September 2007, OJ C 305E of 14 December 2006, p. 247; Resolution of 12 December 2007, OJ C 323E of 18 December 2008, p. 364, Resolution of 3 September 2008, Texts adopted, P6_TA (2008) 0397.

ろうか。また，仮にCFRの適用範囲がDCFRの適用範囲より狭い（あるいははるかに狭い）ものとなると決定された場合に，このDCFRがどのように使われ得るのかも問題となる。関連する政策決定を行う際には，以下の諸側面が考慮されるべきものと思われる。

67 消費者法と電子商取引

現行の諸指令のうち，現に見直されているもの，又は近い将来に見直される可能性のあるものについては，その適用領域がCFRの射程に含まれなければならないことは，明らかだろう。したがって，消費者法及び電子商取引法の問題はすべて含まれるべきであり，おそらく，私法問題を扱う現行指令の適用対象となる契約及び契約関係も，見直される可能性があるのだから，すべて含まれるべきであろう。

68 アキ・コミュノテールの改正及びさらなる法の調和のための方策

第二に，CFRは，アキ・コミュノテールの見直しが検討されている分野，あるいはさらなる法の調和のための方策が検討されている分野をすべて含むべきである。そこには，現在見直されている二つの分野（すなわち売買と，消費者アキの見直しに関するグリーン・ペーパーで論じられている賃貸借[51]）が含まれ，また，新たな立法の提案が直ちにはされないとしても，法の調和が検討されている分野も含まれる。例えば，役務提供契約は含まれるべきだし，法の相違が深刻な問題を生じさせている動産担保権も含まれるべきである。

69 指令の中で用いられている用語や概念

第三に，必要とされる定義を示すためには，CFRは，指令が定義のないままに用いている多くの用語や概念を収めなければならない。実際上，ここには，契約及び契約上の債務に関する一般法のほぼすべてが含まれる。アキ・コミュノテールのどこにも言及がなく，あるいはアキ・コミュノテールが前提とすらしていない事柄などほとんど存在しないので，除外することのできる数少ないものとしてどのようなものがあるのかを決めるより，一般法のすべてを取り込む方が簡単である。しかしながら，言及されているのは厳密な意味での契約法の用語だけではなく，ましてや，EUの法律文書において前提とされている契約法だけというわけでもない。例えば消費者関連指令は，しばしば不当利得法の準則を前提としている。また，契約

---

51) 前掲注40)を参照。

締結前の情報提供を扱う諸指令は，多くの法体系で契約外の損害賠償責任，すなわち不法行為法に分類される準則に言及し，あるいはそれを前提としている。したがって，これらの分野においても用語の定義とモデル準則を用意するのは有用である――しかしその理由は，これらが近い将来ヨーロッパの立法による規制や平準化に服することになりそうだからというのではなく，現存のヨーロッパの立法が既に，国内法が関連する準則をもつとともに，適切な救済を提供しているとの仮定の上にできあがっているからである。国内法がそれをするに当たって，既存の，あるいは提案されているヨーロッパの立法と十分適合する形で行っているか否かは，別の問題である。何が必要とされ得るか，あるいは，何が有用であり得るかを決めるのは，ヨーロッパの諸機関である。明らかなのは，決して必要となることがない項目をあらかじめ特定することは容易ではないということである。

70　疑わしい項目は含めるべきである

疑わしい場合には，その項目は含まれるべきであるという見解には十分な理由がある。あまりに多くの項目を除外することは，CFRをバラバラのパッチワークにしてしまい，現在のEU立法の大きな欠点をより大きな規模で繰り返すだけの結果となるであろう。また，CFRの射程を広くすることには何らの不都合もありえない。CFRは立法ではないし，立法提案ですらない。CFRは，目的を狭く絞り込まれた立法（それがEU私法の特徴であり，おそらくこれからもそうであり続けるだろう）において，必要な場合に役立つ文言と定義を提供するに過ぎない。

71　不可欠な背景情報

CFRが立法者の指針として役立つとすればもう一つの方法がある。CFRは実際に，それが目的となり得ることを考慮して準備されてきた。EUの立法が，加盟国の法と調和的に適合するべきであり，とりわけ，意図せざる間隙を残したり，必要以上の介入をしたりするべきではないのであれば，立法者は，多くの加盟国の異なる国内法について正確な情報を得る必要がある。DCFRの完全版に含まれる予定の国別のノートは，この点で非常に役立ち得るであろう。もちろん，この目的が継続的に目指されることになるのであれば，ノートは頻繁にアップデートされなければならないであろう。

72　一例としての信義誠実

　信義誠実の原則は，上記の事柄の一例となり得る。多くの法においてこの原則は基本的なものとして認められているが，すべての国内法で同じ評価を得ているわけではない。直接に適用される一般準則として認めていない法体系もある。そのような法体系も，当事者が信義誠実に沿わない行動をとらないようにするという目的をもつという意味で，信義誠実の原則と同じ働きをする個別の準則を多くもっていることは確かではあるが，一般準則は存在しないのである。それゆえ，ヨーロッパの立法者は，消費者を保護するために消費者契約にどのような要件を課すにせよ，それが，両当事者は信義誠実に沿って行動しなければならないとの一般的要件により常に補完されるであろうということを当然視することができないのである。もし立法者が，ある一般的要件が特定の状況においてあらゆる法体系において適用されることを望むのであれば，指令の中に明示的な言葉でその要件を組み入れなければならない。当然，消費者契約における不公正条項に関する指令で，立法者はそうしたのである[52]。あるいは，ある法圏では信義誠実の原則の適用により到達することができると思われる結果を達成しようとすれば，指令に特定の条項を挿入する必要があるだろう。他の例を挙げよう。契約締結前の情報提供を扱う指令を起草したり改正したりするに当たって立法者が知りたいと思うことは，取り扱う必要があるのは何で，すべての加盟国の法によって既に適切に，かつ，合理的な調和をもって規律されていることは何かということである。そのため，錯誤，詐欺及び不正確な情報の提供に関する一般原則は，契約締結前の情報提供に関する消費者アキにとって本質的に重要な背景となるのである。この意味で，「立法者への指針」においてさえ，異なる法に見られる共通の原則を述べ，法体系の相違についての比較法的ノートが必要となる。そうした指針には，現行法に何が定められているのか，そして，すべての加盟国に何らかの形で既に定められていることを理由としてアキ・コミュノテールから取り除くことのできるものは何かという問題に関する情報が必要となるのである。

73　前提とされている国内法の準則

　さらに，指令は，通常，国内法に一定の準則が存在していることを前提としているものである。例えば，消費者が契約の撤回権を行使した場合，原状回復責任の問

---

52)　Council Directive 93/13/EEC, art. 3(1).

題は，主に，国内法に委ねられている。前提とされている法に関する情報は，「本質的に重要な背景」以上のものだと論じることもできよう。ヨーロッパ委員会の第二次進捗状況報告書は，これを「直接的に関係がある」ものとして述べている。[53] 正確な分類はともかく，この情報は明らかに重要である。手短に言えば，ヨーロッパの立法者たちは，何が国内法上の問題であり，何がそうでないのかを知る必要がある。DCFRが広い射程をもち，DCFRの完全版がモデル準則と多様な国内法とを比較する大量のノートを含むのは，こうしたことも理由となっている。

74 DCFRは「すべてを採用するか，すべてを採用しないか」という二者択一を基礎にして組み立ててはいない

　もし政治組織がDCFRの提案のいくつかを基礎として公式の共通参照枠を進めたいと望むならば，DCFRの一部を切り出して，立法審議という次の段階なり，学者の一般的な議論なりに委ねることができる。DCFRは，できる限り，そのように組み立てられている。言い換えれば，DCFRは，「すべてを採用するか，すべてを採用しないか」という二者択一を基礎にした構造を入念に避けているのである。おそらく，どのような小さな部分を選び出してもそのままで使えるということはできないだろうが，しかし少なくとも，より大きなまとまりであれば，全体を受け容れなくても採用することができる。例えば読者は，第Ⅲ編の規定が契約上の権利義務にそのまま適用することができることに容易に気付くであろう。というのもこれらの規定は，単純に，契約外の権利義務にも適用されるだけだからである。ヨーロッパ委員会が，CFRでは前者のみを扱うと決定するならば，DCFRを契約上の権利義務にのみ適用するように修正するのは，すぐにできる簡単な仕事となろう。しかしながら，我々は，前述した理由から，これを推奨しない。そのようなことをすれば，加盟国の法に実際には存在していないにもかかわらず，契約上の債務とそれ以外の債務との間の断絶があるかのように見えてしまうし，首尾一貫した構造を危機に陥れてしまうであろう。しかし，要請されれば，そのようにすることは可能である。[54]

---

53) 前掲注46)の報告書2頁を参照。
54) そのようなことがされるのであれば，ほとんどの法体系で契約外の債務にも準則が適用されていることを説明するべく，コメントが書き直されることを強く促したい。

この版以降の展開

75　DCFRの完全版

DCFRの完全版は，2008年12月末にヨーロッパ委員会に提出された。近いうちに，より広く刊行するものとして，書籍の形でこれを再版する予定である。概要版と完全版との違いは，後者にはコメント及び比較法に関するノートが含まれ，索引と文献欄が補われているということである。

76　消費者信用契約が対象外となっていること

DCFRには，消費者信用法についてのモデル準則が置かれていない。消費者信用法は，DCFRの作業が完結する段階においてようやく採択された指令で扱われた問題である。[55] DCFRは，これを考慮に入れて見直すことが間に合わなかったのである。

77　DCFRの評価

第六次ヨーロッパ参照枠研究プログラムの下でその力を合わせた研究チームは，DCFRの公刊によってその作業を終えることとなる。研究ネットワークは，2009年4月末までしか継続しない。しかし，DCFRと，そこから展開する可能性のあるCFRについての議論は，なお続く。研究者たちは，そのような展開の一部を担い，様々な法律の専門家グループの新たな形の協力関係を実現する意向を示しているが，そのようなことを可能とするためには，新たな資金提供源の確保が必要であることを指摘したい。

78　CFR

CFRの作成は，ヨーロッパの諸機関の問題である。諸機関は，その過程で生じる法政策的問題については，利害関係を有する種々の団体と協議した後で決定するべきであろう。研究者たちは，望まれるならば，これに参加する意向を有している。

---

55) Directive 2008/48/EC of the European Parliament and of the Council of 23 April 2008 on Consumer Credit Contracts and abrogating Directive 87/102/EEC, OJ L 133/66 of 22 May 2008.

79　角括弧［　］で挟んだ文言

　暫定概要版のⅡ.-9：404条（事業者と消費者との間の契約における「不公正」の意味）（現在ではⅡ.-9：403条）で用いた〔「個別に交渉されなかった」という文言を挟む〕角括弧は，そのまま残されている。ここで問題となるのは，事業者と消費者との間の契約における不公正条項の規制が，(a)個別に交渉されていない条項のみに適用されるべきか，それとも(b)事業者が提示するあらゆる条項に適用されるべきかである。「個別に交渉されなかった」という文言を維持するのか，それとも取り除くのかということによる実務上の影響は，（事業者が提示する条項のほとんどはいずれにしろ個別に交渉されていないことを考えると）この文脈ではおそらくあまり大きなものとはならないであろう。しかし，この問題は，細心の注意を要するものであり，政治的な判断に委ねた方が良い。暫定概要版のⅢ.-5：108条（債権の譲渡性と契約による譲渡禁止の効果）における角括弧の内容は，従来の同条(5)が採用していたものよりも複雑でない解決を得ることができることが判明したために削除された。

80　任意に選択することができる法律文書の基礎としてのCFR

　CFRの目的として言われてきたのは，立法者の指針あるいは道具箱としてのCFRの機能に関するものである。CFRの全部又は一部が，後の段階で，任意に選択することができる法律文書の基礎として使われるようになるのか否か，すなわち，契約の両当事者が互いの権利義務を規律するために選択することができる付加的な一連の法準則の基礎として使われるようになるか否かは，なお明確ではない。（スタディ・グループとアキ・グループの）二つのグループの見解では，そのような任意に選択することができる法律文書は，とりわけ消費者取引について魅力的な展望を開くだろう。しかしながら，この問題をさらに詳しく議論することは，現段階では時期尚早である。ここでは，DCFRは，政治的意思さえあればそのような当事者の任意の選択によって適用される規定の制定に向けた一歩を踏み出せるようにとの意識で起草されていると述べておけば足りる。

　　2009年1月

　　　　　　　　　　　　　　　　　　　　　　クリスティアン・フォン・バール
　　　　　　　　　　　　　　　　　　　　　　ヒュー・ビール
　　　　　　　　　　　　　　　　　　　　　　エリック・クライブ
　　　　　　　　　　　　　　　　　　　　　　ハンス・シュルテ-ネルケ

原　　則

自由，安全，正義及び効率性という基底的原理

1　四つの原理

　自由，安全，正義及び効率性という四つの原理は，共通参照枠草案（DCFR）の全体を支える基底を形成している。いずれの原理も，それぞれ独自の様相を呈している。いうまでもなく，自由は，相対的に見れば，契約や一方的約束，あるいはそこから生じる債務にかかわる領域で，より重要なものとなるが，他の領域でまったく機能しないものとなるわけではない。安全，正義及び効率性は，あらゆる領域で同じように重要である。四つの原理が認められるとはいっても，これらがすべて同じ価値を有するというわけではない。効率性は，他の原理に比べると，より実利的なものであり，基礎的なものではない。この原理は，他の原理と同じレベルに位置するものではないにせよ，重要であって，考慮されなければならない。法は実用科学なのである。効率性という考え方はモデル準則の多くの規定の基底を形成しており，これらの規定については，効率性をもち出すことなしには十分に説明することができない。

　ある面では，自由，安全及び正義という原理は，それ自体が目的である。人々は，それらを求めて戦い，命を落とした。効率性は，そこまで劇的なものではない。しかしながら，私法の文脈においては，これらの価値は，それ自体が目的ではなく，他の目的——福祉の向上や，人々が自らの正当な目的を追及し，自己を発展させることを可能にすること——を達成する手段とされる。

　DCFRにおいてこれらの基底的原理がどのような役割を果たすかを説明する最初の項を用意する際に，我々は，『ヨーロッパ契約法の指導的原則』[1]（以下『指導的原則』という。）を大いに参考にした。読者には，同原則の編纂に当たって行われた分析的・比較法的研究を参照してほしい。もっとも，我々は，伝統的な契約法の範囲に制限されないDCFRの有する目的からして，やや異なったアプローチを採用しなけれ

---

1)　序論脚注4)（2頁）を参照。

ばならなかった。

　ここで取り上げる原理の特徴は，それらが互いに衝突するということである。例えば，時効に関する規定にみられるように，正義は，個別の場面においては，法的安全や効率性に道を譲らなければならないことがある。他方で，公平の見地から責任の軽減を認める第Ⅴ編及び第Ⅵ編の規定にみられるように，安全を促進することを目的とした規定が，正義の考慮によって調整されなければならない場合もある。自由，とりわけ契約の自由は，ある種の正義の実現のために，例えば，一定の形態の差別や優越的地位の濫用を防止するために，制限されることがある。これらの原理は，状況をみる立場によっては，その原理自体と衝突することさえある。例えば，差別からの自由は，異なる扱いをするという他者の自由を制限することになる。正義の一つの側面（例えば平等な取扱い）も，他の側面（例えば弱者の保護）と衝突することがあり得る。したがって，これらの原理が純粋かつ厳格な形で適用されることにはならないのである。

　これらの原理は重なり合うこともある。以下にみるように，一つの原理ではなく，複数の原理で説明することができる多くの規定がある。とりわけ，契約自由を真に保障しようとする規定の多くは，契約正義によっても説明することができる。

自　　由

2　概　説

　私法の基底的原理としての自由には，二つの側面がある。第一の側面は，自由の保護は，強行法規その他の規制を置かないことによって，あるいは人々の法的取引に対して不必要な形式上又は手続上の制約を課さないことによって行うことができることである。第二の側面は，自由の促進は，人々が物事をする可能性を高めることによって行うことができることである。これらのいずれの側面もDCFR全体を通じて現れている。第一の側面の例としては，当事者自治に対する一般的な態度があげられ，とりわけ，これに限るものではないが，契約及び契約上の債務に関する規定に現れている。当事者自治は，それに介入するための十分な理由がない限り尊重されると考えられている。もちろん，当事者自治に介入するための十分な理由が認められることもしばしばある。例えば，契約自由が本当には存在しない状況で契約が締結された場合に，当事者がその契約から逃れることができるようにするため

である。さらに，形式上又は手続上の障害は最小限にとどめられるべきであると考えられている。第二の，可能性を高めるという側面もまた，DCFRの全体にわたって現れている。人々は，（多様な各種の契約についてのものを含めた）任意法規が提供されることで，より容易に，より低いコストで，適切に規律された法律関係に入ることができる。人々は，権利や物品を譲渡するために，債務の履行を求める権利を担保するために，さらに，自らの財産を管理するために，効率的で柔軟な方法を手に入れるのである。自由を促進することは，効率性の促進と重なりあうものであり，これらの例のいくつかについては，後述の効率性の原理について扱うところでより詳しく論じる。

自由：契約自由

3　出発点としての契約の自由

　原則として，自然人及び法人は，契約を締結するか否か，また，誰と締結するかを決定する自由を有する。さらに，その契約の条項について合意する自由も有する。この基本的な考え方は，DCFRの中で認められており[2]，さらに，『指導的原則』の冒頭規定でも表明されている[3]。いずれの自由も，それに適用される強行法規の制約を受けている。当事者はまた，いつでも，契約の条項を変更する合意，あるいは契約関係を終了させる合意を自由に行うことができる。これらの考え方は，DCFRと『指導的原則』[4]のいずれにも現れている[5]。通常の場合であれば，契約自由と契約正義との間に衝突が生じることはない。実際に，いくつかの場面で，契約自

---

2) Ⅱ.-1：102条(1)「当事者は，自由に契約その他の法律行為を行い，その内容を決定することができる。ただし，強行法規が適用されるときは，それによる。」。契約が特定の方式によるものでない限り拘束力をもたないとの合意を当事者ができることは，契約成立に関する総則から導かれる（Ⅱ.-4：101条を参照）。物的担保に関する編においても，当事者自治の原則は，債務不履行前の段階における相互の関係を定める当事者の自由ということの中で，完全に認められている（Ⅸ.-5：101条）。
3) 『指導的原則』0：101条「各当事者は，契約をする自由，及び誰を相手方とするかを選択する自由を有する。当事者双方は，契約の内容及びそれに適用される方式に関する規定を定める自由を有する。契約の自由は，強行法規に適合することを条件として，認められる。」。
4) Ⅱ.-1：103条(3)。Ⅲ.-1：108条(1)「権利義務又は契約関係は，いつでも合意によって変更し，又は解消することができる。」も参照。
5) 0：103条。同条(2)は，期限の定めのない契約の場合においてのみ，一方的撤回が有効であると付け加えている。同様の考え方は，Ⅲ.-1：109条(2)とともに読まれるDCFR Ⅱ.-1：103条(1)に示されているが，役務提供契約（委任契約を含む）については特別の規定がある。

由は，それだけで，契約正義を導くものとなると主張されてきた。例えば，契約当事者が，契約を締結する際に，十分な情報を与えられ，交渉における地位が対等である場合には，その合意の内容は，それぞれの利益に適い，両者の間において公正なものと推定することができる，とされ，「契約によるということは正しいということである（Qui dit contractuel, dit juste[6]）」といわれる。通常の場合であれば，契約自由と効率性との間にも衝突は生じない。一般的にいえば，当事者双方が十分な情報と対等な交渉力をもって合意をしたのであれば，両当事者がいずれも利益を得るという意味において，利益を最大化するものといえる（利益が正しく分けられるかというのは分配にかかわる問題であり，経済分析においてはほとんど関心がもたれない）。そこで唯一注意されるべきことは，その合意が第三者（外部者）に負担を課してはならないことである。これが，たいていの法体系において，第三者を害する効果を有するおそれのある一定の契約が，公序の問題として，無効とされていることの理由である。

4　第三者との関係における制限

『指導的原則』の契約自由に関する節の中に，DCFRが明示的に定めていない一つの原則がある。その原則は，「当事者は，別段の定めのある場合を除いて，自らのためにのみ契約をすることができる。契約は，第三者の権利を侵害し，又はそれに不当な変更を加えることのない限りにおいてのみ，効力を生じる[7]。」と規定する。DCFRには，契約の第三者に対する関係について，このように一般的なレベルで明示した規定はない。DCFRは，別段の定めのない限り，当事者は自らのためにしか契約をすることができないこと，及び，契約が，原則として，それを締結した当事者間の権利義務のみを規律するものであることを自明のこととし，その例外を定めるだけである。例外の主なものは，代理に関する規定と第三者のためにする合意[8]に関する規定[9]である。第三者の権利を侵害する試みに関して，DCFRは，そうした試みを契約によって達成することは，他の諸規定の内容からしてたいていは，

---

6) Alfred Fouillée, La science sociale contemporaine. Paris (Hachette) 1880, p. 410.
7) 0：102条（第三者の自由及び権利の尊重）。
8) 第Ⅱ編第6章。この規定のもとで，ある者（代理人）は他の者（本人）のために契約することができる。
9) Ⅱ.-9：301条からⅡ.-9：303条までを参照。当事者の変更（債権の譲渡及び債務者の交替）に関する第Ⅲ編第5章及び間接代理に関するⅢ.-5：401条の規定（「代理人が倒産した場合，本人及び相手方はお互いに対する権利を取得することができる。」）もまた，契約が，契約当事者のためにしか効力を生じないという規定に対する例外とみることができる。

まったく不可能であろうとの見方をしている。例えば，契約の当事者が，他人からその財産を奪う結果となるような契約を締結しても，それだけでそのような効果を生じさせることはできないのである。こうした結論を導くために，特別な規定を設ける必要はない。そうした侵害が予想される事例は，一部は違法な契約に関する規定[10]によって，一部は他人に生じた損害についての契約外責任に関する第Ⅵ編の規定によって扱われている。後者の例の一つとなるのは，契約当事者の契約違反を誘発することである。DCFRは，そのような行為を第Ⅵ編で契約外責任の原因となるとみている[11]。いくぶん異なる事例は，財産を債権者の手の届かないものとするなど，債権者に損害を与えることが契約の目的である場合である。ローマ法に基づく伝統的な法体系では，いわゆるパウリアーナ訴権，すなわち損害を被った債権者が問題となっている財産を取得した契約当事者に対する訴権をもつとすることによって，このような契約に対処しようとしていた。DCFRは，この問題について，明示的な規定を有していない。その理由は，——詐害行為取消訴権は倒産処理手続の開始前に行使することができるとはいえ——この問題は密接に倒産処理法と関連しているが，倒産処理法はDCFRの対象に入らないからである。もっとも，債権者に損害を与える目的をもった詐害的譲渡に対して，第Ⅵ編の規定で対処することはできる[12]。

5　第三者又は社会一般にとって有害な契約

契約が，二人の対等な当事者の間で任意に合意されたにもかかわらず無効とされる原因は，その契約（というよりも，その契約から生じる債務を履行すること）が第三者又は社会に対して大きな害をもたらすからである。こうした意味で違法とされ，又は公序に反する契約は，無効となる（EUの枠内で共通の例は，条約中の競争に関する条文に反する契約である）。DCFRは，どのようなときに契約がこの意味の公序に反するかについて具体的に定めていない。なぜなら，それは，DCFRが対象としていない法の問題，すなわち，履行地が属する加盟国の競争法又は刑事法の問題だからである。もっとも，ある契約が特定の第三者又は広く社会に害を与える可能性があるならば，その事実は，明らかに，立法者がそのような契約を無効なものと考える根

---

10)　Ⅱ.-7：301条からⅡ.-7：304条まで。他人を害するための契約や他人から盗むための契約は，無効とされる。この問題については，次の項で詳しく述べる。
11)　Ⅵ.-2：211条。
12)　とりわけ，Ⅵ.-2：101条(3)を参照。

拠となる。

6 同意に瑕疵がある場合における介入

契約に同意する際に自由な状態になく，あるいは誤った情報を与えられていたというのが主な理由であるが，古典的な契約法ですら，契約当事者の一方が弱い立場にあった場合に，契約の履行をこの者に強制することは公平でないと認めている。被害当事者は，例えば，錯誤又は詐欺の結果として締結された契約，あるいは，強迫又は不公正なつけ込みの結果として締結された契約を無効とすることができる。これらの無効原因は，正義によって説明されることが多いが，同じく，契約自由が真の自由であったことを保障するために設けられているということもできる。そして，DCFRでは，加盟各国法と同様に，それらは契約の無効原因になる。さらに，少なくとも，そうした契約の締結に至る原因が，専ら当事者の一方が故意に相手方の自由を侵害する行為，あるいは故意に相手方を欺く行為をしたことにある場合には，この契約を無効にする権利を奪うことは許されないのであって，それは強行規定となる。DCFRが詐欺及び強迫の場合に付与した救済手段は，排除したり制限したりすることができない。[13] これに対して，錯誤や，故意の違法行為を含まない類似の場合について規定された救済手段は，排除したり制限したりすることができる。[14]

7 契約当事者を選択する自由に対する制限

一般的には，人は誰かと契約することも，契約しないことも自由であるが，この自由が，例えば性別，人種又は民族的出身による差別のように，容認することができない差別となる場合には，制限をすることが必要である。こうした事由による差別は，特に反社会的な形で，相手方の契約自由，それどころか人間の尊厳を否定するものである。それゆえ，EU法及びDCFRは，こうした形の差別を禁止し，適切な救済手段を用意している。[15] DCFRは，他の差別事由，例えばいくつかの加盟国において——一般契約法で——定められているものや，将来EC法に定められることとなるかもしれないものを追加することが容易となるように起草されている。

---

13) Ⅱ.-7:215条(1)。
14) Ⅱ.-7:215条(2)。もっとも，錯誤に関する救済手段を排除し，又は制限しようとする試みはすべて，それ自体として，交渉されなかった不公正条項規制の対象となる（Ⅱ.-9:401条以下を参照）。
15) DCFRについては，Ⅱ.-2:101条からⅡ.-2:105条まで，及びⅢ.-1:105条を参照。

8　契約締結前の段階で情報を提供しない自由の制限

　同様に，自らが選択するとおりに契約するという当事者の自由に対する制限は，錯誤，詐欺や強迫，あるいは当事者の事情につけ込んで過度の利益を取得する場合といった意思形成過程における不公正さに関する古典的な事例以外の場面でも，正当化することができる。ここでの関心は，当事者に十分に情報を提供することを保障することである。古典的な無効原因である錯誤は，DCFRの上述した規定にもみられるが，かなり限定されていた。例えば，多くの法において，錯誤は売られた物の本質に関するものでなければならなかった。この考え方は，供給されるべき物品や役務が，たいてい今日よりも相当に単純であった時代に発展した。今日では，当事者が十分に情報を提供されたというには，さらに情報が必要とされることもしばしばある。したがって，法は，供給されるべき物品や役務の基本的特性についての情報の偏在事例のみならず，それ以外の重要な事情をも扱わなければならない。また，法は，いくつかの加盟国の一般契約法を超えて，情報をもたない当事者に情報提供する積極的な義務を課すことを必要とするであろう。DCFRでは，錯誤という古典的な防御方法を補完するために，適切な情報に基づく決定に不可欠な情報を相手方に提供する義務が加えられている。これらの規定は，特に消費者契約に適用されるが，事業者間の契約においても，この問題は生じ得る。通常，事業者には契約を締結する前に十分な調査を行うことが期待されている。しかし，健全な商慣行によって，当事者の一方が一定の情報を提供することが求められる場合には，その相手方は当該情報が提供されたものと考えるだろう。ここで実際には十分な情報が提供されておらず，その結果として，当該当事者が，締結しなかったはずの契約を締結し，あるいは，著しく内容の異なる条項でなければ締結しなかったはずの契約を締結した場合には，その当事者は救済手段を利用することができる。

9　契約条項に関する情報

　近代法は，契約条項についての情報が十分でないことにも対処しなければならない。古典的な防御方法が発展したのは，契約といえばほとんどが単純で，当事者が容易に理解することができるようなものであった時代である。このような防御方法もまた，特に長期間にわたる（したがってより複雑な）契約の発展と，約款の使用とともに変化した。約款は非常に有用であるが，当事者がその内容を認識せず，又はそれを十分には理解していないという危険がある。現行のEC法はこの問題に取り組

んでおり，問題となる条項が消費者契約において用いられ，かつ，個別に交渉されていなかった場合に，消費者を保護している[16]。しかしながら，多くの加盟国の法が認めるように，この問題は，事業者間の契約においても生じるであろう。特に，当事者の一方が専門性をもたない小規模事業者である場合や，関連する条項が，それを援用しようとする当事者の作成した約款中にある場合には，相手方は，当該条項の存在や射程を認識していないことがある。DCFRは，事業者間の契約における同様の問題について規制を置いているが，その規制は消費者契約に対するものと比べるとより限定的である。

10　交渉力の不均衡の修正

古典的な取消原因が対象とするのは，交渉力が十分でないという単純な事案であり，例えば当事者の一方が，相手方が急を要し，選択の余地のないことにつけ込んで，物品や役務について不公正に高額の対価を得る場合である[17]。しかし，現在，とりわけ約款の使用により，新たな形の不均衡の問題に取り組む必要が生じている。約款を提示された当事者は，その内容を知り，その意味を理解した上で，提案された条項に不満を抱いたとしても，相手方又はその他の交渉当事者に，より好ましい条項を提示させることはできないと気付くだろう。そのような当事者は，「のむかやめるか」を迫られるのである。このような問題があることは，消費者が事業者と取引をしている場合にはよく知られているが，事業者間の契約でも生じることがある。特に，当事者の一方が十分な交渉力をもたない小規模事業者である場合はそうである。このように，不公正な条項に関する規定も，契約の自由を保護するという考え方に依拠するが，それは——ちょうど現行のEC法のように——古典的な法よりも拡大した意味においてである。加盟国の法には，こうした規定を，事業者と消費者との間の契約のみならず，あらゆる類型の契約に適用しているものもある。DCFRは，ここでもバランスのとれた見方をしており，現行のアキ・コミュノテール（現行EC法）を慎重にではあるが拡大することを提案している。

11　最小限の介入

前述の原因のいずれかに該当して，一定の介入が正当化される場合でも，介入の形式について検討しなければならない。当事者の一方に，相手方に対する契約締結

---

[16] 消費者契約における不公正条項に関する1993年4月5日の閣僚理事会指令（1993/13/EEC）。
[17] 〔完全版（Full Edition）における〕Ⅱ.-7：207条コメント中の設例（Illustration）を参照。

前の情報提供を義務づけ，あるいはさらに，もしも情報が提供されなかった場合には，相手方に契約から離脱する権利を認めるという方法で，はたしてこの問題は適切に解決することができるのだろうか。一般的にいえば，既に説明したとおり，契約を締結するときには，当事者には適切な情報提供がされていることを保障したいのである。このことが示すのは，当該の情報が提供されていれば，合意した契約に拘束されるということである。しかし，（例えば）消費者が「情報提供された」としても，その情報を有効に利用することのできる見込みがない場合には，問題がなお残ることがある。このような事例では，消費者に，いくつかの最低限の権利（例えば，タイムシェアリング契約といった，十分な熟慮なしに締結されることが通例となるような契約を撤回する権利）を与える強行法規が正当化されることになる。一般的にいえば，契約自由への介入は，問題を解決するために最低限のものであり，同時に，相手方（例えば事業者である売主）にその問題に効率的に対応するのに十分な指針を与えるものでなければならない。契約条項〔に対する規制〕に関しても，同様である。この場合，特定の条項を用いることを強制する必要があるのか，それとも「公正性」といった柔軟な基準で弱い立場の当事者が十分に保護されるのかを問う必要がある。公正性の基準によれば，一定の条項を使用するためには，消費者やその他の当事者が，契約締結前に，その条項をはっきりと認識していることが条件となる。このように，公正性という基準は，特定の条項を強制することに比べて，当事者の契約自由への介入の程度が小さい。ある条項が特定の状況において不公正となる場合には，通常であれば，被害者は，それに拘束されないとすることで足りるだろう。したがって，当事者が十分な情報をもち，互いに独立して取引をするのであれば（このとき当該条項は通常公正となる：上述〔3〕参照），自らの問題に対して自らが望むように対応してよい。もっとも，時には，事例毎の状況に応じて変化する規準よりも，単純な規定を設ける方が容易であることもあり得る。

自由：契約外の債務発生原因

12 自由よりも義務を重視すること

　事務管理，他人に生じた損害についての契約外責任，及び，不当利得に関する法の目的は，自由を促進することではなく，むしろ，義務を負担させることによって自由を制限することにある。ここでは，自由という原理が，これと競合する安全及

び正義の原理によって減殺されていることがわかる。

13 法の目的と矛盾しない限りにおける自由の尊重

それでもなお，自由という基底的原理は，モデル準則がこれらの契約に基づかない義務を課しているのはそうすることが明確に正当化される場合に限られる点において承認されている。例えば，事務管理者は行為をすることについて合理的な理由があった場合にのみ管理者としての権利をもつ。そして，管理者が本人の意思を知る合理的機会を有していたのにそうしなかった場合や，その介入が本人の意思に反することを管理者が知り，又は知ることを期待され得る場合には，その行為をすることについての合理的な理由はないだろう。[18] 本人の行為の自由及び本人によるコントロールは，最大限尊重されている。他人に生じた損害についての契約外責任に関する規定では，賠償義務が課される場合は，慎重に，そうすることが正当なものとされる事例に限られている。これを定める第Ⅵ編が，人は自らが生じさせた損害について責任を負うという趣旨のおおざっぱな表現を単純に採用していないのも，こうした問題関心から説明することができる。（損害を生じさせている者の視点からみた安全及び正義はいうまでもなく）自由の尊重は，責任を課す根拠となる規定を慎重に，かつ詳細に定式化することを必要とする。さらに，不当利得法でも，人は自身が有するものを保持する自由を有するということが基底的原理となる。利得を返還する義務が課されるのは，慎重に規定された状況においてのみである。とりわけ，ある者が損失について任意に，かつ，錯誤なく同意していたときに，この者が相手方に対して，この損失による利得の返還を求めることはできないことが明確に規定されている。[19] このような利得を返還させることは，容認することができない自由の侵害とされることになるだろう。さらに（望まない役務を受領した場合のように）原物で返還することができない利益を同意しないままに受け取ることによって利得した者は，その対価の支払という形で利得の返還を強いられないことを保障する規定がある。なぜなら，こうした返還を認めてしまうと，実質的に，利得の受領者に，自らの意思で締結したわけではない取引の履行を求めることになるからである。それゆえ，仮にこうした受領者が責任を負うとしても，その責任は，いかなる事例においても，知らずに又は望まずに受領した当該利益を享受しようとするときにこの

---

18) Ⅴ.-1：101条(2)。
19) Ⅶ.-2：101条(1)(b)。

者が費やすと想定される金額を超えてはならない。[20]

自由：財産

14　当事者自治の射程の制限

　当事者自治の原則は，財産法においては，相当に修正されなければならない。物権は第三者一般に影響を与えるため，取引をする当事者は，自分たちに独自の基本ルールを好き勝手に作ることはできない。例えば，当事者は，「占有」といった基本的概念を自ら定義することはできない。当事者はまた，所有権の取得，移転，喪失の方法に関する基本的な規定を変更することはできない。DCFRのもとでは，当事者は，契約によって物品の譲渡を有効に禁止するという合意をすることもできない。[21] 物品の自由譲渡性は，利害関係人のみならず，広く社会にとっても重要である。ある種の自由が，他の自由――及び効率性――を促進するために，制限されているのである。

15　いくつかの点における自由の承認及び強化

　前述したような重要な制限を受けながらも，当事者自治の原則は，第Ⅷ編の中に現れている。これをみることができるのは，物品の譲渡の当事者は，原則として，所有権移転時期を合意によって定めることができるとの規定や[22]，他人が所有する物品の加工，あるいは異なる者に属する物品の付合若しくは混和の効果は，当事者の合意によって規律することができるとの規定である。[23] 第Ⅸ編の物的担保に関する規定は，伝統的には多くの法体系において不可能であった非占有担保の設定に大きく道を開くことによって，自由（及び効率性）を強化するものとみることができる。同様に，第Ⅹ編の信託に関する規定は，柔軟な方法によって，特定の目的（商業，家族，又は慈善目的）のために財産を取り分けておく道を開くことによって，自由を強化することができるだろう。この信託という制度は，いくつかの法体系で非常に長期にわたって多用され，また評価されて，他の法体系へと次第に広がりつつある

---

20)　Ⅶ.-5：102条(2)。
21)　Ⅷ.-1：301条。
22)　Ⅷ.-2：103条。
23)　Ⅷ.-5：101条(1)。

ものである。

安　全

16　概　説

　私法において安全の原理がどれほど重要であるかは，自然人や法人の安全が，その通常の生活や業務を行う中でどのような形で脅かされるかを思い浮かべれば理解することができるだろう。最も明白なのは，権利や利益が違法に侵害されたり，現在の状態が望んでもいないのに妨害されたりするという形である。また安全は，特に将来に向けた計画を立てるに当たっては，結果の不確実性によっても脅かされる。こうした不確実性は，法を利用することができない場合，法が難解である場合，あるいは立法がうまく行われていない場合などにも生じる。さらには，相手方について予測が立たないことによって生じることもある。すなわち，債務を履行してくれるだろうか，適切に履行してくれるだろうか，十分な価値をもたらしてくれるだろうか，それとも間に合わせの最低限度ですませようとするだろうか。非協力的で一緒に仕事をするのが難しくならないだろうか。支払能力はあるだろうか。うまくいかないときには，効果的な救済手段はあるだろうか。

安全：契約の安全

17　主たる構成要素

　『指導的原則』は，次のようなものを契約の安全の主たる構成要素としている。
(1)　契約の拘束力（もっとも，予見することができない事情の変更によって当事者の一方にとっての契約の有用性が大きく害される場合には，否定される余地がある）
(2)　各当事者が契約上の誠実から生じる義務（すなわち，信義誠実の要請に適うようふるまう義務，債務の履行に必要である場合には協力する義務，相手方が信頼した先行する表示又は行為と矛盾する行為をしない義務）を負うこと
(3)　契約の条項に従って契約上の債務を履行するよう強制する権利
(4)　第三者は，契約によって作られた状況を尊重しなければならず，また，その状況を信頼してよいとされること

(5) 「契約の尊重」(faveur pour le contrat) のアプローチ (これにより，解釈，効力又は履行に関する問題において，契約に効力を与えないアプローチが当事者の一方の正当な利益を害する場合には，それよりも契約に効力を与えるアプローチが優先される[24])

契約の安全に関するこうした構成要素は，ほぼすべて，DCFRの中で，はっきりと認められ，規定されている。さらに契約の安全の構成要素として非常に重要なのは，契約上の債務が履行されなかった場合に（履行の強制に加えて）十分な救済手段を利用することができることである。これもDCFRによって扱われており，履行の強制の項に続いて，27で検討する。契約の安全のもう一つの構成要素は，契約上の信義則の射程外で，合理的な信頼や期待を保護することである。

18　第三者による尊重及び信頼

契約の安全に関して，『指導的原則』には掲げられながら，DCFRに明示的に現れない唯一の側面は，その四つ目のものである。すなわち，第三者が契約によって作られた状況を尊重しなければならず，また，その状況を信頼してよいとされるという側面である。この側面について規定する必要がないと考えられたのは，DCFRにおけるどの規定もそれを排除しておらず，また合理的に考えれば，DCFRにおける他の規定や，本質的な前提からそれを十分に導くことができるからである。実務上重要な事例としては，契約当事者でもなく，契約において意図された受益者でもない者が，それでも，契約上の債務が適切に履行されると信頼していた場合がある（例えば，契約上家主が修繕義務を負っていた手すりが壊れていたために，賃借人を訪問した者が階段から落ちたという場合に，この者が家主に対して，賃借人であれば契約に基づいてできた損害賠償請求をしたという場合）。DCFRにおいては，このような事例は，第Ⅵ編の契約外責任に関する規定に服することとなる。

19　合理的な信頼及び期待の保護

安全の原理の種々の側面の中でも，合理的な信頼及び期待の保護は，DCFRの様々な部分に現れている。まず契約の締結においてみられる。相手方からみると，当事者の一方の行為が債務を引き受けようとするものに見えるのに，当該当事者はそのような意思を有していなかった場合である。典型的な事例は，錯誤によって外見上申込みがされたような場合である。ほとんどの法体系では，当該当事者が外観どおりに債務を引き受けようとしていると相手方が合理的に信じた場合について，

---

24) 0:201条から0:204条までを参照。

こうした相手方の信頼が保護されている。そうした保護は，他人に生じた損害についての契約外責任に関する法を適用することによっても，あるいはより簡単に，錯誤者は自らが述べたその外観に拘束されるとすることによっても実現することができる。合理的な信頼及び期待の保護は，ヨーロッパ契約法原則（PECL）におけると同様に，DCFRの中核を形成する目的である。その保護は，相手方から合理的に見て引き受けられたと考えられる債務に錯誤者を拘束することで実現されるのが通常である。その例としては，解釈について客観的解釈のルールをとること[25]，相手方が錯誤に寄与していたり，錯誤の存在を認識していたり，あるいは共通錯誤に陥っていたりしたときにしか錯誤に基づく取消しができないとすること[26]，そして，契約締結前の情報提供義務を果たさなかった事業者に対して，情報が存在せず又は不正確であったことの結果として相手方が合理的に期待したとおりに契約上の債務を課す規定[27]を置くことをあげることができる。

20　契約は拘束するという原則

当事者が任意に，かつ，十分な情報をもって契約を締結した場合には，その契約は，通常，当事者が（ここでも任意に）改訂ないし解消に同意するか，あるいは，当該契約に期限の定めがない場合に当事者の一方が他方に対して関係を終わらせる意思を通知するといったことがない限り，当事者を拘束するとみなされる[28]。こうした規定は，DCFRの中で明確に定められている[29]。DCFRはさらに，契約関係の解消に関する規定をより詳細に定めている。その例としては――不履行による解消の規定のほかに――，契約条項によってそれが定められていた場合における通知による解消の権利と，存続期間の定めのない契約の場合における解消の権利がある。後者の場合には，契約を解消しようとする当事者は，合理的期間を定めた通知をしなければならない[30]。契約は拘束するという原則は，約束は守られるべし（*pacta sunt servanda*）というラテン法諺によって表現されることが今でもよくある。伝統的に

---

25) Ⅱ.-8：101条を参照。
26) Ⅱ.-7：201条を参照。
27) Ⅱ.-3：109条(2)を参照。
28) 『指導的原則』は，0：201条（拘束力の原則）(1)において，「適法に締結された契約は，当事者間において拘束力を有する。」と定める。0：103条（当事者が契約を変更し，又は解消する自由）は，「当事者は，相互の合意によりいつでも，契約を解消し，又は変更する自由を有する。一方的な撤回は，期限の定めのない契約についてのみ有効である。」と規定している。
29) Ⅲ.-1：108条及びⅢ.-1：109条とともに読まれるⅡ.-1：103条。
30) Ⅲ.-1：109条を参照。

は，予見できなかった原因によって，当事者の過失によらず契約上の債務の履行が不能となった場合にしか，この原則は制限を受けなかった。近時の発展の一例として，一定の状況において消費者に認められる撤回権があげられる。この例外が認められる事由にはいろいろなものがあるが，いずれもそのような撤回権が与えられる特定の状況にその根拠がある。その一例が，（例えば訪問販売や通信販売など）営業所外で交渉された契約を撤回する権利である。このような状況においては，消費者は，不意を突かれたり，あるいは店舗におけるよりも注意を払わなくなったりすることがある。さらなる例としては，一定の複雑な契約（例えばタイムシェアリング契約）がある。そこでは，消費者は，熟慮するための期間を必要とするだろう。撤回権は，このような状況で契約を締結した消費者に対して，さらに情報を集め，契約の継続を望むか否かについてさらに考えるための「クーリング・オフ期間」を与える。簡明化及び法的確実性のために，撤回権は，消費者が個別に保護を必要としているか否かを問題とすることなく認められている。それは，そのような状況においては，相当数の消費者が類型的に保護を必要としていると考えられたからである。

21 事情の異常なまでの変更

元の契約条項に文言通りに従った履行がなお可能であったとしても，債務が引き受けられた当時の状況が，履行を強制される際の状況とはまったく異なっていた場合において，その相違が極端なときには，その債務の履行を強制することは不当なものとなることを，多くの近代法が認めるにいたっている。この制約は，既に述べたとおり，『指導的原則』では，一般的な形で規定されている。DCFRにおいても，こうした制約は認められているが，当事者は，双方が望めば，全員の同意なしには改訂されないものとする余地がある。

22 確実性か柔軟性か

より一般的な問題は，契約の安全がよりよく促進されるのは，厳格な規定によってなのか，それとも「合理的な」といった開かれた文言を使うなどして柔軟に対応する余地を残した規定によってなのかということである。その答えは，おそらく契

---

31) Ⅱ.-5:201条を参照。
32) Ⅱ.-5:202条を参照。
33) 0:201条(3)「履行の過程において，予見することができない事情の変更が当事者の一方にとっての契約の有用性を大きく害する場合には，拘束力に異議を唱えることができる。」。
34) Ⅱ.-1:102条。Ⅲ.-1:110条(3)(c)も参照。

約の性質によることになろう。ある種の商品や無体財産の購入において，価格がめまぐるしく変動する上，取引が行われるとそれを信頼してすぐさま別の取引が短期間に次々と行われるような場合には，確実性が最も重要となる。あいまいな基準に依拠することで一連の取引が断ち切られることを望む者はいない。確実性は安全を意味することになる。これに対し，（建築という役務を含む）多様な役務を長期間提供する契約において，契約関係が何年にもわたり，その間に背景事情が劇的に変化する可能性がある場合には，確実性とは反対のことが当てはまる。ここでの真の安全は，事情の変更を扱うのに適切な公正な仕組みがあるという認識から生み出される。そのため，DCFRの役務提供契約に関する部分における任意規定には，事情の変更が差し迫っていることを当事者の一方が知ったときの警告に関する規定，協力に関する規定，依頼者からの指図に関する規定，及び契約の変更に関する規定といった特別の規定が含まれている。[35] 第Ⅲ編における契約上の債務その他の義務に関する一般規定は，あらゆる契約類型に対応しなければならない。したがって，そこに定められた事情変更に関する規定は，かなり厳格なものとなる。もっとも，柔軟性のための相当な手段を講じることが害どころかむしろ益となるということは，一般規定のレベルでさえ言えることである。なぜなら，開かれた基準は，確実性が殊に重要となる商業活動の分野については，内容を高度に特定した約款を工夫することでその適用が回避されるだろうし，適切でない場合には，自ずからその基準は適用されないからである。「合理的な」又は「取引の公正」といった文言の効果は，専ら状況次第である。厳格な規定を置いてしまうと（例えば，「合理的な期間に」とする代わりに「五日以内に」とすると），まったく予期していなかったり，適切でなかったりする状況に適用されることで不安定さが増してしまうことになりかねない。

23　信義誠実及び取引の公正

『指導的原則』が認めるように，当事者の一方の契約の安全は，相手方が信義誠実の要請に従って行為をする義務を負うことによって強化される。しかしながら，他方で，信義誠実及び取引の公正というのは開かれた概念であり，これに従って行為をすることが要請される者にとっては，一定の不確実性と不安定さが生じることになる。さらに，DCFRにおける信義誠実及び取引の公正の役割は，契約の安全に関する規定にとどまるものではない。それゆえ，これらの概念は，後に，正義に関

---

[35] 例えば，Ⅳ.C.-2：102条，Ⅳ.C.-2：103条，Ⅳ.C.-2：107条，Ⅳ.C.-2：108条，Ⅳ.C.-2：109条，Ⅳ.C.-2：110条を参照。

する項において，扱うことにする。

24 協　力

　契約の安全は，協力義務を課すことよっても強化される。『指導的原則』はこれを次のように表現している。「当事者は，契約の履行に必要である場合には，相互に協力が必要である。[36]」。DCFRの規定は，協力が必要である場合というところから少し進めて，債務者及び債権者は，債務者の債務の履行のために合理的に期待される範囲内で，相互に協力する義務を負う，としている。[37]

25 矛盾する行為

　合理的な信頼及び期待の保護の一側面として，当事者の一方が相手方の行為を信頼して合理的な行為をした場合に，後者が矛盾する態度をとり，それによって前者の信頼を損なうことを防ぐことがあげられる。この原則は，しばしば，ラテン法諺で「自らの行為に反する態度をとることはできない（*venire contra factum proprium*）」と表現されている。『指導的原則』は，これを次のように表現している。「当事者は，自らが以前にした表示又は行為を相手方が正当に信頼した場合には，その表示又は行為に矛盾する行為をしてはならない。[38]」。DCFRの暫定概要版は，この種の規定を明示していなかった。信義誠実及び取引の公正という一般的原則を適用することによって，規律の目的を達することができると考えたのである。DCFRの現在の版は，『指導的原則』から示唆を得て，矛盾する行為は，信義誠実及び取引の公正に反する行為になるとの明示の規定を取り入れている。[39]

26 履行の強制

　当事者の一方が契約上の債務を履行しなかった場合，相手方には有効な救済手段が与えられる。DCFRにおける主たる救済手段の一つは，現実の履行を強制する権利である。これは，履行されなかった債務が金銭を支払う債務であると，それ以外の債務，すなわち為す債務や金銭以外の物を与える債務であるとを問わない。この基本的な観念は，『指導的原則』の中でも明示されている。[40] DCFRは，この原則を

---

36)　0：303条（協力義務）。
37)　Ⅲ.-1：104条。
38)　0：304条（一貫性の義務）。
39)　Ⅰ.-1：103条(2)を参照。
40)　0：202条「各当事者は，相手方に対して，契約で定められたとおりに，その債務を履行するよ

安全：契約の安全　59

わずかに修正し，また補足して，履行を強制する権利は，実際の履行が不可能であるとき，又は実際に履行することが不適当となる様々な事例には適用しないとする例外を置いている[41]。しかしながら，PECLとは異なり，DCFRにおいては，履行を強制する権利は「二次的」救済手段ではない[42]。これは，反対の十分な理由がない限り，債務は履行されなければならないとの基底的原理を反映してのことである。

27　他の救済手段

　履行強制の権利に加えて，DCFRは，契約上の債務の債権者を保護するために，他にも一連の救済手段を定めている。履行の停止，契約の解消，代金の減額，そして損害賠償がそれである。債権者が不履行にあい，この不履行が免責されないものであるときは，通常，これらの救済手段のいずれであっても行使することができ，その際，行使する救済手段が相互に矛盾しなければ，複数の救済手段を用いることもできる[43]。不履行が不能を理由として免責される場合には，債権者は，債務の履行を強制することも，損害賠償を請求することもできないが，他の救済手段を利用することはできる[44]。DCFRが規定する契約の解消は，債務者による重大な不履行を受けた債権者の契約の安全に，強力な救済手段を加えるものとなる。債権者は，予定どおりに反対履行が行われなければ，契約関係から離脱し，他所から欲するものを入手することができる。もっとも，この救済手段は，強力な性質をもつので，債務者にとっての契約の安全を脅かすものでもあり，少なくとも潜在的には，可能な限り契約関係を維持しようとする考え方に反している。契約解消は，しばしば債務者に損失（例えば，履行の準備として負担したが無駄になった費用や，市場における変化によって生じた損失）をもたらす。債務者による軽微な不履行や，債務者が直ちに追完することのできる不履行を，債権者が契約解消を正当化するために持ち出すことを認めるべきではない。したがって，契約解消を規律する規定は，不履行によって債権者の利益が大きく損なわれる場合にしか契約を解消することができないとの制限を設けている。もっとも，その一方で，当事者はこれ以外の場合にも契約を解消することができる旨を自由に合意することができる。

　　う請求することができる。」。
41)　Ⅲ.-3：301条及びⅢ.-3：302条を参照。
42)　PECL9：102条，特に(2)(d)と比較せよ。
43)　Ⅲ.-3：102条。
44)　Ⅲ.-3：101条。

28　契約関係の維持

　この目的は,『指導的原則』においては契約の尊重の見出しの下で認められているものであるが[45],　DCFRにおいても様々な規定の中で認められている。例えば,解釈に関する規定[46]や,無効原因がある契約を改訂する裁判所の権限に関する規定[47]である。また,契約に適合しない履行を追完する債務者の権利も,契約関係を維持することに向けられたものとみることができる。この権利によって,(契約解消を含む)救済手段の行使が回避されるからである[48]。当事者が見落としたと考えられるときに合意を補充する規定も同じ目的を有している。ある意味において,契約法の多くの規定——例えば,不履行の場合に用いることのできる救済手段——は,当事者の合意に生じた隙間を埋めることで,当事者の関係がうまく機能し続けることを支援する「デフォルト・ルール」である。もっとも,いくつかの法体系では,不完全なものでも合意には拘束されるという当事者の意思が明確である場合でも,裁判所によって,債務の成立が否定された。〔DCFRの〕いくつかの規定は,この事項を特別に扱うものである。これに当たるのは,代金その他の契約条件の決定に関する規定である[49]。DCFRはさらに,合意を補充するためのより一般的な仕組みを定め,これによって,当事者が予見せず,取り決めることもなかった事項について定める必要が出てきたときにも,合意が機能するようにして,「契約を尊重」し,契約の安全を増進させている[50]。

29　安全を促進する他の規定

　第Ⅳ編G部の人的担保に関する規定は,債務者が履行しない場合に債権者が代わりの者に履行の請求を可能にすることで,明らかに,契約の安全を促進する。消滅時効に関する規定は,長く放置された請求権によって現状が乱されないようにすることで,安全を,また別の方法で促進しているとみることができる。この例は,

---

[45]　O:204条「契約が解釈に服する場合,又はその有効性若しくは履行が脅かされている場合において,当該契約を破棄することが当事者の一方の正当な信頼を害するときは,契約を有効にするものが優先されなければならない。」。
[46]　Ⅱ.-8:106条「契約条項を適法又は有効とする解釈は,そうでない解釈に優先する。」を参照。
[47]　Ⅱ.-7:203条を参照。
[48]　Ⅲ.-3:202条からⅢ.-3:204条まで。
[49]　Ⅱ.-9:104条以下を参照。
[50]　Ⅱ.-9:101条。PECLの関連規定は,わずかながら,より制限的ではないものであった。それらは,公聴会での意見表明を考慮して変更された。

PECLが対象とした領域においてさえ，安全という基底的原理が，債権者のための契約の安全に限られているわけではないことを示すものである。安全は，債務者にとってもまた重要なのである。

安全：契約外の債務発生原因

30 契約外の債務発生原因に関する法における中核的な目的であり価値としての安全

安全の保護及び促進は，契約外の債務発生原因に関する法において中核的な目的であり価値である。この法分野は，契約法を補完するものとなる。契約法のもとでは，当事者の活動の典型となるものは，財産の獲得である。獲得された財産を保護したり，生得の人格権を侵害から保護したりすることは，契約法によって与えられるものではない。これは損害についての契約外責任に関する法（第Ⅵ編）の役割である。また，例えば履行の原因となった契約が無効であったなどの理由で，法的原因なしにある物を手放すことになった者は，その取り戻しができなければならない。このことは，不当利得法（第Ⅶ編）において規定されている。例えば当事者の一方が救助されたが，事情が切迫していたとか，緊急であったなどの理由で当該当事者の同意を得ていたわけではなかった場合のように，当事者がとられた措置に〔実際には同意していないが〕同意していただろうと推測される場合には，契約を締結したのと似た状況が生じている。しかし，必要となる役務について通常は契約を締結することによって両当事者に与えられることになる安全については，ここでは，事務管理に関する規定（第Ⅴ編）によって定められることになる。

31 現状の保護・他人に生じた損害に基づく契約外責任

契約の概念は，意思によらずに受けた損失は補償されるとの考え方に支えられていなければ，意味のないものとなるだろう。契約は，意思に基づいて関係を変動させることを目的とする。しかしそれは，意思によらない変動から現状を保護するための制度があることを前提とする。したがって，他人に生じた損害についての契約外責任に関する法は，そのような損害を被った者を，損害が生じなければ置かれていたであろう状態に回復することに向けられている[51]。それは，誰かを罰しようと

---
51) Ⅵ.-6：101条(1)。

しているものでもなく，被害者を利得させようとしているものでもない。それはまた，富の社会的な再分配を目的とするものでも，社会連帯の原則に基づいて個人を共同体へと統合することを目的とするものでもない。そうではなくて，それは〔現状の〕保護を目的とするものである。

32 人の保護

契約外責任に関する法の重大な関心事は，人の保護である。個人は法制度の中心に位置している。人の身体的幸福（健康，身体の完全性，自由）への権利は，本質的な重要性をもつ。他の人格的権利も同様であり，例えば尊厳への権利や，差別及びプライバシーの侵害からの保護などがそこに含まれる。人身侵害は，経済的損失のほかに非経済的損失を引き起こすものであり，後者もまた賠償の対象となる。

33 人権の保護

DCFRにおける契約外責任に関する法は，第一に（それだけに限られないが），人権の「水平的」保護を与える機能を有する。つまり，国家との関係における保護ではなく，同じく市民である者や私法に服するその他の者との関係における保護である。この保護は，第一義的には，被った損害の賠償を請求することによっても与えられるが，それに限定されない。損害の予防の方が，損害の回復よりも優れている。それゆえ，第Ⅵ編は，損害を受けるおそれのある者に，差し迫った損害の差止めを求める権利を認めている。[52]

34 他の権利及び利益の保護

第Ⅵ編は，責任を生じさせ得る種々の法的に重要な損害（財産や適法な占有に対する侵害による損失を含む）に関する特別の規定を置いている。もっとも，安全の確保は，このように列挙された事例に限定されるわけではない。その他の法律上認められた権利の侵害や，法的保護に値する利益の侵害に起因して，損失又は侵害が生じたときは，この損失又は侵害は，一定の規定に服するものの，第Ⅵ編においてはなお法的に重要な損害となることがある。[53]

---

52) Ⅵ.-1：102条。
53) Ⅵ.-2：101条。

35 不当利得に関する法による安全の保護

不当利得に関する規定は，契約の拘束力を尊重している。そこでは，当事者間の有効な契約が，当該契約の条項の範囲内で当事者の一方が相手方に与えた利得を正当化する根拠となるからである[54]。不当利得に関する規定は，違法な行為をする者が他人の権利を利用することから利益を得ることは許されないという原則によって，私法上の権利の保護を強化している。他人の財産を悪意で使用すれば，原則として，その使用の価値を支払う債務が生じる[55]。これは，他人の財産の不適法な使用をさせないようにすることに役立っている。合理的な信頼及び期待を一つの価値ないし目的として保護することは，不当利得に関する規定においては，請求原因としても，抗弁事由としても，重要である。ある者が他人に利得を得させるに当たって，相手方からその対価にあたる利益を受けられると期待したり，物事が想像していたようには進まなかったときには当該利得の返還を受けられると期待していたりすることが合理的であるような状況があった場合において，例えば（有効であると）信頼された合意が無効であったことが後から判明したとか，当事者双方が予期していた結果が生じなかったということがあれば，利得を与えた側の当事者は，当該利得の返還を受ける権利を与えられるという形での保護を受ける[56]。しかしまた，受益者が，受けた利得に対して自分が権原をもつと信頼していたようなときには，その利益も保護される。こうした保護は，受けた利得について，受益者が自己に処分権があると信じて処分をしたときの利得消滅の抗弁[57]，あるいは，利得を得るに当たって受益者が第三者に対して善意で対価を支払った場合における市場への信頼を保護するために認められる抗弁を通じて与えられる[58]。

安全：財産

36 中核をなす目的としての安全

安全は，財産法に関しては最も重要な価値であり，第Ⅷ編の全体を通じて現れて

---

54) Ⅶ.-2：101条(1)(a)。
55) とりわけⅦ.-4：101条(c)及びⅦ.-5：102条(1)を参照。
56) Ⅶ.-2：101条(4)を参照。
57) Ⅶ.-6：101条。
58) Ⅶ.-6：102条。

いる。それが特にはっきりと現れる例が，所有権及び占有の保護に関する第6章の規定である。実際のところ，動産所有権の得喪に関しては，規定内容が実際にどうなっているかということよりも，結果の安定性及び予測可能性の方がより重要となることがときおりある。異なるアプローチ，それも根本的に異なるアプローチからでさえ，いずれにしろ受け入れることのできる結論を導くことはできる。しかしながら，ここでもまた，種々の価値基準が相互に調整される必要がある。例えば，安全を高めるための方法には，譲渡の容易性を下げてしまうものがある。さらに，加工，付合及び混和に関する第Ⅷ編の規定に非常に明確にみられるように，安全性[59]は公正さと調整されることになる。安全が，物的担保に関する編においてもまた中核をなす目的であることは，言うまでもないことである。当事者が債務の適切な履行についての安全すなわち担保を提供し，また取得することができるようにすることが，目的のすべてである。その規定は包括的なものであり，動産上に設定される（所有権留保を含む）あらゆる類型の物的担保をカバーしている。その規定は，最大限の確実性を目指し，物的担保が第三者との関係でも効力をもつための登記制度を設けるよう推奨している[60]。第Ⅸ編の大部分は，この制度を詳細に規律するものである。同編の規定は，担保を実行しようとする債権者に有効な救済手段を与えている[61]。

37　合理的な信頼及び期待の保護

この価値は，第Ⅷ編に強く現れている。それが最も明確にみてとれるのは，所有権を移転する権利も権限も有しない者からの善意取得に関する規定[62]及び占有の継続による所有権の取得に関する規定[63]である。物的担保に関する編では，優先する担保権の負担がないと信じて，財産や担保権を取得した場合の保護についての規定において，この価値が最も明確に現れている[64]。

38　有効な救済手段に関する規定

これは，契約法におけると同様に重要であるが，その手段は異なっている。救済

---

59)　Ⅷ.-5：101条からⅧ.-5：204条まで。
60)　第Ⅸ編第3章。
61)　第Ⅸ編第7章。
62)　Ⅷ.-3：101条及びⅧ.-3：102条。
63)　Ⅷ.-4：101条からⅧ.-4：302条まで。
64)　Ⅸ.-2：108条，Ⅸ.-2：109条及びⅨ.-6：102条。

手段は，所有権及び占有が保護されるように設計されている。[65] 例えば所有者には，物品を物理的に支配している者から，当該物品の占有を取得し，又は回復する権利が付与されている。[66] 物品の占有者も，占有を違法に妨げる者に対して救済手段を行使することが認められている。[67]

39　現状の保護

この価値は，第Ⅷ編の中の占有を保護するための諸規定，とりわけ「優越する占有」を保護するための規定の背後にある。[68]

正　義

40　概　説

正義は，DCFRの全体を通じて現れる原理である。それは，効率性のような他の原理と衝突することがあるが，しかし簡単に取って代わられるべきものではない。正義は，定義が難しく，射程を測ることは不可能であり，限界事例では主観的ともなる。しかしながら，明らかに正義に反する事例は，どこでも広く認められ，嫌われている。

ここまで述べてきた他の原理の場合と同様に，現在の社会では，正義にはいくつかの側面がある。DCFRにおいては，正義の促進に関連するものとして，次のものをあげることができる。同じものを同じに扱うことを保障すること。人々が自らの違法な行為，不誠実な行為，あるいは不合理な行為に依拠することを認めないこと。他人の弱さ，不運又は親切心に不当につけ込むことを認めないこと。過大な要求をしないこと。自身の行為やリスクの創出から生じた結果について責任を負わせることなどである。正義はまた，保護的正義にも関係する。そこでは，弱い立場にある者に対する保護が，時に一般予防的なものとして与えられる。

---

65) 第Ⅷ編第6章を参照。
66) Ⅷ.-6 : 101条。
67) Ⅷ.-6 : 201条からⅧ.-6 : 204条まで。
68) Ⅷ.-6 : 301条及びⅧ.-6 : 302条。

正義：契約

41 同じものを同じに扱うこと

　DCFRにおいて，正義のこの側面が最も明らかに現れているのは，差別禁止に関する規定である[69]。しかし，契約及び契約上の債務に関する規定のほとんどにおいて，当事者は，十分な反対の理由のない限り，法によって平等に扱われるべきであるということは暗黙の前提となっている。平等取扱いの原則の大きな例外となるのは，事業者と消費者とが等しく扱われない状況が存在していることである。このことは，既に指摘したところであり，さらに後述する。正義の「平等」という側面はまた，これまでとはかなり異なった形で，当事者の双方が，一つの契約のもとでそれぞれに債務を負う場合には，当事者の一方にあてはまることが相手方にもあてはまるという考え方としても現れる。この考え方──契約関係における牽連性の原則と呼ばれることがある──は，例えば，牽連関係にある債務の履行の順序に関する規定，すなわち，反対のことが定められるか黙示に合意されない限り，当事者は相手方より先に履行する必要はないという規定にみられる[70]。同じ考え方はまた，相手方の履行まで履行を停止することができるとする規定や[71]，相手方による重大な不履行がある場合に契約関係を解消することを認める規定にもみられる[72]。もっとも，これらの規定の本来の趣旨は，契約の安全を高めるために有効な救済手段を用意することが必要とされたことにある。正義の「平等」という側面のさらなる例は，複数の債務者又は複数の債権者に関する規定にみることができる。そこでは，連帯債務者や連帯債権者は，内部関係においては，平等の割合で責任を負い又は権利を有することがデフォルト・ルールとなる[73]。

42 自らの違法な行為，不誠実な行為，又は不合理な行為に依拠することを許さないこと

　DCFRの契約法に関する規定には，正義のこうした側面に関する例がいくつか存

---

69) Ⅱ.-2：101条からⅡ.-2：105条まで，及びⅢ.-1：105条。
70) Ⅲ.-2：104条。
71) Ⅲ.-3：401条。
72) Ⅲ.-3：502条。
73) Ⅲ.-4：106条及びⅢ.-4：204条。

在する。当事者は信義誠実及び取引の公正に従って行為することが期待されているというのは，繰り返し登場する重要な考え方である。例えば，交渉に入った当事者は，信義誠実及び取引の公正に従って交渉する義務を負い，その義務に違反することによって生じた損害について責任を負う[74]。契約関係に入った後の段階においては，次のように規定されている。

　　当事者は，債務の履行，履行請求権の行使，不履行に対する救済手段の行使若しくはこの救済手段に対する防御手段の行使又は債務若しくは契約関係を解消する権利の行使に際して，信義誠実及び取引の公正に従う義務を負う[75]。

　この義務の違反は，それ自体で損害賠償責任を生じさせはしないが，当事者が権利，救済手段又は防御方法を行使したり，それに依拠したりするのを妨げることがある。『指導的原則』は，「各当事者は，契約の交渉からすべての契約規定が効果を生じるまで，信義誠実及び取引の公正の要請に従って行為することを義務付けられる[76]。」としている。『指導的原則』は，履行に関して，さらに次のような規定を加えている。「すべての契約は，信義誠実に従って履行されなければならない。当事者双方は，契約上の権利又は条項を，契約に取り入れたことを正当化する目的に従ってのみ利用することができる[77]。」。両規定を合わせると，DCFRの規定よりわずかに広いとはいえるが，実際の効果に大きな相違があるとまでいえるかは疑問である。

　DCFRには，自らの違法な行為，不誠実な行為，又は不合理な行為に依拠することは許されないという考えを具体化したものとみることのできる特別規定が多く存在する。その一例は，債権者が被った損害について，債権者が合理的な措置を講じていれば軽減することができた限度で，債務者は責任を負わないとする規定[78]である。このほか，相手方の利益を害することになり得る一定の措置をとる前に，合理的な通知をすることが要求される例が何度も現れる。さらに，外形上のものに過ぎない状況を信頼することができるのは，信義誠実に従っている場合に限られるとする規定もいくつかある[79]。取り消すことのできる契約に関する規定は，真の契約自

74）　Ⅱ.-3：301条(2)及び(3)。
75）　Ⅲ.-1：103条。
76）　0：301条（信義誠実及び取引の公正の一般的義務）。
77）　0：302条（信義誠実に従った履行）。
78）　Ⅲ.-3：705条。
79）　例えば，代理人への表見的な権限の授与に関するⅡ.-6：103条(3)や，Ⅱ.-9：201条（仮装行為の効果）(2)を参照。

由が存在しない中で締結された契約からの離脱を当事者に保障する点に，その本来の目的があるが，相手方が詐欺，強制又は強迫のような行為から利益を得ることを妨げるという付随的な効果を有することもよくみられる。

43 不当なつけ込みは許されないこと

この側面は，最後のものと重なり合うところがある。契約法において，正義のこの側面が最も明確に認められるのは，当事者の一方が相手方に従属し，若しくは相手方と信頼関係にあった場合，経済的に困窮し，若しくは急迫の必要があった場合，又は，思慮，知識，経験若しくは交渉能力を欠いていた場合において，状況を慎重に特定した上で，不公正なつけ込みを理由として当事者が契約を取り消すことを認める規定である。さらに相手方がこうした弱さを知り，又は知っていたことを合理的に期待されたこと，及びその当事者の状況につけ込んで過大な利益又は著しく不公正に有利な地位を取得したことが必要である。ここでもまた，この規定が，真の契約自由が存在しない中で締結された契約からの離脱をつけ込みの被害者に保障する機能をも有することは明らかである。

44 過大な請求は許されないこと

正義のこの側面は，契約の拘束力を修正する多くの規定に反映されている。例えば，債務の不履行が，債務者の支配を超えた障害によるものであって，かつ，債務者が当該障害又はその結果を回避し，又は克服することを合理的に期待されないときは，免責される（したがって履行を強制することはできず，損害賠償を受けることもできない）とする規定の中に正義のこうした一側面が認められる。あるいは，契約上の債務が，事情の異常なまでの変更の結果，「債務者を当該債務に拘束することが明らかに不当」であるほど負担の大きなものとなったときには，裁判所が，契約上の債務を変更し，あるいは消滅させることができるとする規定の背後にも，正義のこうした一側面がある。その側面は，債務の履行が，不合理な負担又は費用をもたらす場合には，履行を強制することができないとする規定の基礎にもみられる。

---

80) Ⅱ.-7：205条。
81) Ⅱ.-7：206条。
82) Ⅱ.-7：207条。
83) Ⅲ.-3：104条。
84) Ⅲ.-1：110条。
85) Ⅲ.-3：302条。

さらに，不履行に対する賠償額の予定が当該事情のもとで「過大」である場合には，合理的な額まで減額することができるという規定にもみられる。もっとも，正義のこの側面が厳格な制約の内に置かれねばならないのは明らかなことである。強調されるべき点は「過大」という文言である。原理は相互に衝突するものであり，調整される必要があるというしばしば繰り返される警句が，ここではとりわけあてはまることになる。うまい取引によって利益を得ることや，まずい取引によって損失を被ることを妨げるものは何もないのである。DCFRは，莫大損害を理由として契約の効力を争うことができるという考え方を一般的な形でとってはいない。このことを明確に示す例は，DCFRの不公正な契約条項を扱うところで，不公正であるとの審査基準から対価の相当性を除外する旨の規定が置かれていることである。

45　結果に対する責任

この側面は，他人に生じた損害に基づく契約外責任に関する第Ⅵ編に最もよくみられるが，第Ⅲ編にも現れている。例えば，自らが不履行を生じさせた範囲では，債務の不履行に対する救済手段を利用することはできない。

46　弱い立場の者の保護

契約自由に対する先述の修正のほとんどは，弱者保護を目的とする規定としても説明することができる。ここでは，その他の例をいくつか検討する。DCFRにおける正義のこの側面を示す主な例は，消費者に対する特別の保護の付与である。それが特徴的にみられるのは，宣伝・勧誘及び契約締結前の義務に関する規定（第Ⅱ編第3章），撤回権に関する規定（第Ⅱ編第5章），そして不公正な契約条項に関する規定（第Ⅱ編第9章第4節）である。またそれは，売買，物品の賃貸借及び人的担保について定める第Ⅳ編の各部にも現れている。多くの場合，このような保護は，事業者・消費者の間の契約において，当事者は特定の規定について消費者の不利にそ

---

86) Ⅲ.-3：712条。
87) Ⅱ.-9：406条(2)。その排除は，その条項が平明かつ分かりやすい言葉で作成されている場合にのみ適用される。
88) Ⅲ.-3：101条(3)。
89) 例えば，（売買について）Ⅳ.A.-2：304条，Ⅳ.A.-2：309条，Ⅳ.A.-4：101条，Ⅳ.A.-5：103条，Ⅳ.A.-6：101条からⅣ.A.-6：106条まで，（物品の賃貸借について）Ⅳ.B.-1：102条からⅣ.B.-1：104条まで，Ⅳ.B.-3：105条，Ⅳ.B.-6：102条，及び（人的担保について）Ⅳ.G.-4：101条からⅣ.G.-4：107条までを参照。

れと異なる定めを置くことができないとすることで具体化されている。DCFRにおける消費者保護規定のほとんどは，アキ・コミュノテールに由来する。こうした規定は，実際の文言は異なるが，実質的には，EU法及び加盟国法の一部であり，そうであり続けるであろうと思われる。「消費者」は，「主として，自己の商取引，事業又は職業と関係しない目的のために行為をする自然人」と定義される[90]。消費者の概念は，必ずしも特別の保護を必要とする者を特定するための一番よい方法といえないのではないかという問題は，既に提起されてきたし，再び提起されることになるのは疑いない。小規模事業者や「反復取引をしない者」と呼ばれるものも同じく保護を必要としているとの意見もみられる。この問題が将来どのような形で答えられるとしても，弱い立場にある者の保護がDCFRにおける正義という基底的原理の一側面であることは変わらない。DCFRの中での他の例としては，医療契約に関して，患者に特別の保護を与える規定があることが挙げられる[91]。また，履行請求権が譲渡された場合に債務者に与えられる保護[92]，及び，人的担保を提供する非事業者に与えられる保護[93]もその例である。こうした者はいずれも，もともと危険にさらされた立場にある。相手方が準備した約款を提示された者もまた，消費者であるか否かにかかわらず，実際の社会の中では弱い立場にあり，DCFRには，こうした者を保護する規定[94]が存在する。これとかなり類似した性質をもつものとして，個別に交渉されなかった条項があいまいであり，疑いが生じる場合には，それを提供した者の不利に解釈されるとの規定[95]がある。

正義：契約外の債務発生原因に関する原理

47　概　要

第Ⅲ編に定められた債務及びこれに対応する権利に関する規定のほとんどは，契約上の債務のみならず契約以外の原因により発生する債務にも適用される。それゆ

---

90)　Ⅰ.-1：105条(1)。
91)　Ⅳ.C.-8：103条，Ⅳ.C.-8：104条，Ⅳ.C.-8：106条，Ⅳ.C.-8：108条，Ⅳ.C.-8：109条(5)，Ⅳ.C.-8：111条。
92)　Ⅲ.-5：119条及びⅢ.-5：120条。
93)　とりわけⅣ.G.-4：101条からⅣ.G.-4：107条までを参照。
94)　Ⅱ.-9：103条，Ⅱ.-9：404条及びⅡ.-9：405条。
95)　Ⅱ.-8：103条。

え，契約上の債務に関連して前述した事柄の多くは，契約以外の原因により発生する債務にも同様にあてはまる。それどころか，先述の正義の側面のほとんどは，第Ⅴ編から第Ⅶ編における規定を大きく特徴づけている。

48 自らの違法な行為，不誠実な行為，又は不合理な行為に依拠することを許さないこと

正義のこの側面が第Ⅵ編の中で現れている例は，刑法上の罪を共同で犯した者の一人が，その過程において他の共犯者に対して故意によらずに損害を生じさせた場合について，その賠償を認めない（これを認めると公序に反することになる）とする規定である[96]。不当利得に関する法が，違法な行為をする者が他人の権利を利用することから利益を得ることは許されないという原則を承認していることは，既に指摘した。他人の財産の悪意の使用は，原則として，当該使用の価値を支払うべき債務を生じさせる[97]。不当利得に関する編には，善意であった場合にのみ，恩恵を受けることのできる規定もいくつかある[98]。

49 不当なつけ込みは許されないこと

事務管理に関する規定は，非常事態において他の人の親切によって助けられた者がこの親切につけ込むことを認めるのは公正ではない，という考え方を反映している。それゆえ，助けを受けた者は，少なくとも，かかった必要費を支払わなければならない。こうした考え方は，不当利得に関する法の根底にもある。不当利得に関する規定は，第一次的には，他人の費用において不公正に利益を得ることは許されないという深く根付いた正義の原理を実現するものである。ある者が，他人に対して，真の事情を知っていれば与えることがなかった利益を，錯誤，詐欺その他これに類する理由によって与え，受領者の側でも，偶然にそれを受領したという以外に，その利益を保持することについて根拠となる事情がないときには，受領者が当該利益を保持し，その利益を与えることで損失を受けている者を害するということは許されない[99]。

---

96) Ⅵ.-5：103条。
97) とりわけⅦ.-4：101条(c)及びⅦ.-5：102条(1)を参照。
98) 例えば，Ⅶ.-4：103条，Ⅶ.-5：101条(4)，Ⅶ.-5：102条(2)，Ⅶ.-5：104条(2)，Ⅶ.-6：101条(2)及びⅦ.-6：102条を参照。
99) Ⅶ.-1：101条。

50 過大な請求は許されないこと

　正義のこの側面も，第Ⅴ編から第Ⅶ編の中に現れている。例えば，事務管理者が通常もつ権利が，一定の場合には，公正を理由として制限されるという規定の根底にこうした側面がみられる。第Ⅵ編においても，衡平の観点からの賠償額の減額を認める同じような規定[101]が存在する。これらの規定は，非難可能性の程度と生じた損害の程度との間に大きな不均衡が生じることがある，すなわち，非常に軽い過失によって莫大な損害が生じることがあるという事実を反映している。過大な請求は許されないとする正義のこうした側面は，不当利得に関する規定においても，責任に関する通常の規定に対する裏面からの考慮として現れる。それが最も関連するのは利得消滅の抗弁であり，善意で利益を処分した者は保護されることとなる。[102]こうした事情のもとで，受けた利益をもはや手もとに残していない善意の受領者に，原告が錯誤により被った損失を負担させるならば，不公正となってしまうだろう。

51 結果に対する責任

　正義のこの側面は，他人に生じた損害に基づく契約外責任に関する第Ⅵ編の規定の大きな特徴となっており，この法分野のまさに基礎となる。生じた損害についての責任は，契約上の約束に基づいているのではない。そうではなくて，故意又は過失，あるいは損害発生源についての特別の責任に基づいている。何人も，隣人が法を遵守し，当該事案の事情の下で合理的な注意深さを備えた者に期待される行動をとるだろうと信頼してよい。被用者が職務の過程で生じさせた損害について使用者が責任を負うことは，公正の要請するところである。同様の理由から，自動車の保有者，不動産の所有者及び物品の製造者は，物から生じた人身侵害及び財産の損傷について責任を負う。逆に被害者が，損害を被るかもしれないことに同意していたり，あるいはその危険を知りつつ受け入れていたりするときには，賠償を得ることができないことがある。[103]同様に，被害者の側に過失がある場合には，損害賠償責任は縮減されることがある。[104]

---

100) Ⅴ.-3：104条。同条(2)は「本人の責任が過大なものとなるか否か」を考慮することを認める。
101) Ⅵ.-6：202条。
102) Ⅶ.-6：101条。
103) Ⅵ.-5：101条。
104) Ⅵ.-5：102条。

52　弱い立場の者の保護

　契約外責任に関する法は保護を目的としているが，それは損害の類型に基づいて組み立てられており，特定の属性に当てはまる人に対する保護の必要性に基づいているものではない。しかしながら，正義の原理の中のこうした弱い立場の者の保護という側面は，いくつかの場面で承認されている。その一つは，間接的なものである。すなわち，過失の判断において，被害者の保護を目的とする法規定（その法律が，被害者を含む弱い立場にある人の類型を保護していることを前提として）により定められた注意の水準を満たさなかったことが考慮に入れられている。このほか，より直接的であるが，反対の方向から作用するものもある。問題となる類型に当てはまる者につき，生じた損害全部の責任を負わせてしまうと公正とはいえないときに，こうした者を全額賠償する責任から保護するというやり方である。7歳未満の子ども，18歳未満の若年者及び精神的な能力が不十分な者はすべて，こうした形で何らかの保護を与えられている。

正義：財産

53　確実性の重要性

　財産法において確実性は重要なものであることから，正義にはっきりと依拠する規定は，先述の他の法分野におけるよりも少ない。もっとも，同じものを同じに扱うという考え方（とりわけ，譲渡人の全債権者を同様に扱うこと）は，所有権が，原則として，その原因となる契約（例えば物品の売買契約）の締結によって移転するのか，当該物品の引渡しによってのみ移転するのか，あるいは他の制度に従って移転するのかという問題に関する議論においては，重要な役割を演じた。さらに，善意の概念は，物品の所有権の取得について扱う第Ⅷ編の規定において，決定的に重要な役割を果たしている。その第3章は，所有者でない者からの善意取得を扱う。これらの規定の主たる目的は，現状を優先することによって安全を促進することにある。しかし，その目的は正義の概念によって大きく修正されている。譲受人は，善意の

---

105) Ⅵ.-3：102条。
106) Ⅵ.-3：103条及びⅥ.-5：301条。
107) その結果については Ⅷ.-2：101条を参照。

場合にしか，所有権を取得しない[108]。同じ立場は，占有の継続による所有権の取得に関する規定においても[109]，採用されている。正義はまた，加工，付合，あるいは混和の効果に関する規定においても，重要な要素である。結果として生じた物品を誰が所有するかという問題に答えを出すだけでは十分ではない。その結果が公正であることも必要なのである。例えば，ある者が他人の所有する材料を加工することである物の所有権を取得する場合には，所有権を失う者に，加工した当時の材料の価値に相応する金額の支払を受ける権利を与え，この権利を新たに生じた物品上の担保物権で担保することによって，公正な結果が達成される[110]。このことで，他人の費用によって不当な利益を得ることが防止される。第Ⅷ編における消費者保護の唯一の例は，事業者から消費者に送付された注文していない物品の所有権に関する規定である[111]。物的担保に関する第Ⅸ編の規定の多くに，特に優先順位[112]及び実行[113]に関する規定の背後には，正義の原理がみられる。この文脈で，正義とは，担保提供者と担保権者との間の公正のみならず，様々な担保権者や，担保の負担を伴う財産に対して物的権利を有する他の者の間の公正を意味している。強調されるのは正義の保護的側面であり，保護を要求するのは，多くの場合担保提供者である。消費者である担保提供者に特別の保護を与えるための規定も存在する[114]。正義のその他の側面は，財産や財産上の担保権を，優先する担保権の負担の伴わないものとして善意取得することができるものとする規定に現れている[115]。

効 率 性

54 概 説

DCFRの起草過程においてされた多くの議論や判断の背後には，効率性の原理がみられる。そこには，二つの側面があるが，部分的に重なり合うものでもある。す

---

108) Ⅷ.-3：101条。制限物権の負担のない所有権の取得に関するⅧ.-3：102条。
109) Ⅷ.-4：101条。
110) Ⅷ.-5：201条。
111) Ⅷ.-2：304条。
112) 第Ⅸ編第4章。
113) 第Ⅸ編第7章。
114) Ⅸ.-2：107条，Ⅸ.-7：103条(2)，Ⅸ.-7：105条(3)，Ⅸ.-7：107条，Ⅸ.-7：201条(2)，Ⅸ.-7：204条，Ⅸ.-7：207条(2)。
115) Ⅸ.-2：108条，Ⅸ.-2：109条及びⅨ.-6：102条。

なわち，規定を使うことがあり得る当事者のための効率性と，より広く公的な目的のための効率性である。

効率性：当事者のための効率性

55 最小限の方式及び手続的制限

　DCFRは，方式要件を最小限にとどめようとしている。例えば，契約その他の法律行為について，書面やその他の方式要件を，一般的に要求することはしていない[116]。特別に保護が必要であるように思われるわずかな事例において例外が存在するほか[117]，DCFRの適用範囲を超える領域（例えば土地の譲渡や遺言）において国内法が書面その他の方式要件を要求することは認められる。しかし，方式要件を要求しないことが原則的なアプローチなのである。取引の当事者が自身のために書面その他の方式要件を欲するのであれば，そのように取り決めればよい。効率性の原理のこの側面について，もう一つのよくある例となるのは，不要な手続が最小限にとどめられていることである。取り消すことができる契約は，単なる通知によって取り消すことができ，裁判手続は何ら必要ではない[118]。また，相手方の債務に重大な不履行があった場合には，同様の方法で契約関係を解消することができる[119]。債権の譲渡も，債務者に対する通知を必要としない[120]。物品所有権の移転は，引渡しを必要としない[121]。占有を伴わない物的担保は，容易に設定することができる。第三者に対して効力を有するためには，登記が必要であることが多いが，ここでもまた，効率性のために，方式要件は最小限にとどめられている[122]。相殺に関する規定は，効率性の原理に基礎づけられているとみることができる。相互の支払を簡単にお互いに相殺することができるのであれば，XがYに対して支払い，その後にYがXに対して支払うものとする理由はない。ここでも，DCFRにおいては，相殺は裁判

---

116) Ⅱ.-1 : 106条。
117) 例えば消費者によって提供される人的担保（Ⅳ.G.-4 : 104条）及び贈与（Ⅳ.H.-2 : 101条）。
118) Ⅱ.-7 : 209条。
119) Ⅲ.-3 : 507条。
120) Ⅲ.-5 : 104条(4)。
121) Ⅷ.-2 : 101条。
122) 第Ⅸ編全体を参照。
123) Ⅲ.-6 : 102条。

手続に限定されておらず,単なる通知によって効力を生じるとされている。[124]

56 実体法上の制限を最小限にすること

有効な契約を締結するために,約因その他の原因をなんら必要としなかったこと[125],一方的約束が拘束力をもつことを認めること[126],そして契約によって第三者に権利を与えることを認めること[127]は,いずれも,法的構成を工夫したり,さらにはゆがめたりする必要もなく,当事者が望む方法によりその望む法的結果を達成することを容易にすることによって,効率性（及び自由！）を促進している。

57 効率的な任意規定の準備

一般的に見られる契約類型や一般的に見られる契約上の問題類型については,広範囲に任意規定を定めておくことが,効率性の一助となる。それは,大規模事業者と同様の法的資源をもつわけではない個人や小規模事業者にとって,特に有益である。問題が生じやすいことが経験上知られている事柄について,事前に,公正かつ合理的なやり方で規律することができるものであれば,そのようにする方が,後日その事柄に関して訴訟となるよりも,非常に効率的である。任意規定の内容も,効率性を促進するものであることが望ましい。任意規定が不合理な内容であれば当事者は交渉し,自身のためによく考えるようになるという（ときおり耳にするが,ほとんど支持されておらず,一度も採用されたことのない）見解をDCFRでは採用していない。DCFRでは,取引の当事者のみにかかわる事柄については,仮に合意に至るためにコストがかからないのであればおそらく当事者が合意をしたであろう内容に基づいて,任意規定を組み立てている。当事者が望んでいたのはおそらくこうしたことであるので,こうした規定は,効率的な結果をもたらすであろう。

---

124) Ⅲ.-6：105条。
125) Ⅱ.-4：101条。
126) Ⅱ.-1：103条(2)。
127) Ⅱ.-9：301条からⅡ.-9：303条まで。

効率性:より広く公的な目的のための効率性

58 概　要

　DCFRにおける規定は，概していえば，経済的厚生を促進することを意図している。あらゆる立法的介入がこの基準に照らして検証されるべきである。市場の効率性が促進されることは，共通参照枠（CFR）計画を全体としてみれば，その有益な成果となり得るが，ここでの関心事はそうした側面ではない。ここでの問題は，市場の効率性が，DCFRのモデル準則にどの程度反映され，それによってどの程度促進されているかである。残念なことに，DCFRの準備及び評価の日程が過密であったために，ヨーロッパ私法に関するジョイント・ネットワーク（CoPECL）のプロジェクトの一つである経済的影響調査グループ（Economic Impact Group）による評価的研究を，モデル準則の策定の初期の段階から考慮することはできなかった。しかしながら，この評価的研究は，DCFRという太陽をコロナのように取り巻く評価作業の重要な部分を形成するであろうし，プロジェクトを推進する者にとって使えるものとなるであろう。以下は，DCFRの中における効率性のこうした側面の例となるいくつかの領域についてのごく簡潔な覚書である。

59 情報提供義務

　第Ⅱ編における情報提供義務に関する規定は，[128]（少なくともより伝統的なアプローチと比べた場合に）市場の効率性を促進するといえるものである。あらゆることについて十分な情報に基づいて決定が行われるということには，公的な価値が存する。契約自由への介入が生じたとしても，（情報の不均衡によって生じるような）市場の失敗により合意が十分に効率的なものとなっていないのであれば，経済的厚生を増大させるのにこの種の規定が役立ち得るとの根拠で，そうした介入を正当化することができるであろう。例えば，消費者保護の規定は，類型的に弱い立場の当事者の利益を

---

[128] Ⅱ.-3：101条からⅡ.-3：107条まで。De Geest and Kovac, "The Formation of Contracts in the DCFR-A Law and Economics Perspective"（publication forthcoming in Chirico/Larouche (eds.), Economic analysis of the DCFR-The work of the Economic Impact Group within the CoPECL network of excellence (Munich 2009)）は，同意の瑕疵に基づいて契約を無効とする権利の継続的価値，及び，錯誤等を理由とする無効に関する規定のDCFRにおける定式化の仕方に，疑問を投げかけている。

保護するものというだけでなく，全体の厚生にとっても好適なものとみることができる。こうした規定によって，より多くの競争が導かれ，それにより市場がよりよく機能するようになるからである。このことは，とりわけ，情報提供義務について当てはまる。この領域では，売買目的物の特性や提示された契約条項について消費者が情報をもっていないために，市場の失敗が生じる。特定の類型の契約を締結し，又は特定の状況において契約を締結しようとする関係においては，その契約の性質，条項及び効果について，契約締結の意思決定にとって十分に提供されることが必要な情報で，当事者の一方から提供されなければ相手方にとって容易には入手することができないものがある。当事者の一方（典型的には事業者）に，相手方（典型的には消費者）に対してそのような情報の提供を命じる規定は，その市場において効率性を促進するものとして正当化することができる。実際，立法者は，提案された介入がこうした考え方から正当化されるのか，それとも，単純に消費者は問題となる権利をもつべきだという保護的な考え方に基づいているのかを考えなければならない。この問いに対する答えは，介入の程度及び形式の選択に影響を与えるであろう。

60　不履行に対する救済手段

不履行に対する賠償額の予定に関する条文を置くのは，違約罰条項をまったく強制できないものとする規定を置くよりも，市場の効率性にとって望ましいものといえるだろう[129]。合意された金額が不履行によって生じた損害に比して過大である場合に合理的な金額に減額することを認める同条(2)が問題となるが[130]，ここでは，正義の原理とのバランスが考慮されている[131]。純粋経済損失については，いくつかの法体系でその賠償が否定されているが，むしろこれを認める方が効率性の観点からみて望ましい[132]。純粋経済損失を，財産の損傷や人身侵害により生じる損失と区別する根拠を見出すことは困難である。損害賠償に関する他の規定が全体的な効率性という観点からみて最適なものであるかという問題は，議論されるべき事柄である

---

129)　Ⅲ.-3：712条。
130)　Schweizer, "Obligations and Remedies for non-Performance: Book Ⅲ of the DCFR from an Economist's Perspective" http://www.wipol.uni-bonn.de/fileadmin/Fachbereich_Wirtschaft/Einrichtungen/Wirtschaftspolitik/Mitarbeiter/Prof._Dr._Urs_Schweizer/DCFRSchweizerRev.pdf, 及び, Ogus, "Measure of Damages, Expectation, Reliance and Opportunity Cost" (publication forthcoming in the work cited in fn. 128)を参照。
131)　Ibid.
132)　Schweizer, 前掲注130) 9頁。

ように思われる。[133]

61 その他の規定

第Ⅲ編第7章の時効に関する規定は，証拠が古くなり，提出のコストが高くなる前に，迅速に請求を行うことを奨励するとともに，こうした制度がなければ年月を経た請求を受ける可能性に備えなければならないであろう財産を解放することによって，効率性を促進するように設計されている。履行期前の不履行の場合における履行の停止及び契約関係の解消に関する規定[134]，実際に不履行が生じるのを債権者が待つ必要はないとすることによって，効率性を促進するよう設計されている。望まれていない履行を提供しないように仕向けることによって，効率性を促進する規定も存在する。[135]財産の譲渡を契約によって禁止することの効力を否定する規定[136]もまた，物品その他の財産の自由な流通を支えることによって全体的な効率性を促進するように設計されている。善意取得や占有の継続による取得に関する規定[137]についても，同じことが当てはまる。動産上の物的担保に関する第Ⅸ編の規定の中核となる目的は，物的担保の設定についての望ましい条項に基づいて信用を受けることを可能とすることによって，経済活動を促し，経済的厚生を増大させることにある。

効率性：結語

62 安定性

効率性と安全には，独立して取り上げるべきもう一つの側面がある。というのもその側面は，意識するか否かにかかわらず，モデル準則をめぐる多くの議論の背後に横たわっており，DCFRの現在の形と内容の大部分を説明するものだからである。その側面というのは，安定性である。人は，経験と検証を経てきた，なじみのある伝統的解決に対してより大きな安全を感じる。他の条件がほぼ等しければ，そのような解決もまた，効率性を促進する。新しい規定を理解し，そこから生じ得る

---

[133] 例えば，前掲のSchweizerとOgusの見解の相違を参照。
[134] Ⅲ.-3：401条及びⅢ.-3：504条。
[135] Ⅲ.-3：301条(2)，Ⅳ.C.-2：111条及びⅣ.D.-6：101条を参照。
[136] Ⅲ.-5：108条及びⅧ.-1：301条を参照。
[137] Ⅷ.-3：101条及びⅧ.-4：101条を参照。

影響について検討する必要がないからである。知識及び経験の蓄積という価値が無駄になることはない。安全及び効率性のこうした側面は，法学という領域において，とりわけ高い評価を受けているように思われる。古い時代の著名な裁判官の話がある。その裁判官は，多数の身分の高い聴衆に向かって，丸一時間にわたって講演した後，最後に，ごく真剣に，「何も新しいことを言っていなければよいのですが」と言った。我々は，そうまでは言えないだろう。しかし，我々は，DCFRの中の多くのものが，どの地域であれヨーロッパ出身の私法の法律家にとって実際になじみ深いものとなることを願っているし，またそうなると信じている。そして，DCFRは異なる文化から生まれたものだとみる法律家がヨーロッパのどの地域にも現れず，むしろあらゆる法律家が，DCFRは共有された伝統や法文化から継続発展してきたものだとみてくれることを願っている。多くの国々で幾多の世紀にわたって現れた多くの法学者による研究の所産であるそうした法文化が，自由，安全，正義，そして効率性といった原理によって色濃く染めあげられていることは，我々にとって大いなる幸運である。

クリスティアン・フォン・バール
ヒュー・ビール
エリック・クライブ
ハンス・シュルテ-ネルケ

モデル準則

第 I 編　総　則

I.-1：101条　適用範囲
(1) このモデル準則は，主として，契約その他の法律行為，契約上及び契約外の権利義務並びにそれらに関連する財産上の事項に適用する。
(2) このモデル準則は，公法上の性質をもつ権利義務について，及び，別段の定めがある場合を除き，次に掲げる事項については適用せず，又は修正若しくは補充を行うことなしには適用しない。
　(a) 自然人の地位及び法的能力
　(b) 遺言及び相続
　(c) 婚姻及び婚姻類似の関係を含む家族関係
　(d) 為替手形，小切手，約束手形その他の流通証券
　(e) 雇用
　(f) 不動産の所有権又は不動産上の担保権
　(g) 会社その他の法人格を有する団体又は有しない団体の設立，能力，内部組織，規制又は解散
　(h) 主として，手続又は執行に関する事項
(3) 適用範囲のその他の制限は，次編以下に定める。

I.-1：102条　解釈と継続形成
(1) このモデル準則は，自律的に，かつ，その目的及びその基底をなす原理に従って解釈し，及び継続形成させるものとする。
(2) このモデル準則は，人権及び基本的自由の保障に関して適用されるすべての条約その他の国際文書並びに適用されるすべての憲法に照らして，解釈するものとする。
(3) このモデル準則の解釈及び継続形成に当たっては，次に掲げる事項を促進する必要性を考慮するものとする。
　(a) 適用の統一性
　(b) 信義誠実及び取引の公正
　(c) 法的確実性
(4) このモデル準則の適用範囲に含まれる問題であって，明示的に解決されていないものについては，可能な限り，このモデル準則の基礎にある原則に従って解決する。
(5) 一般規定の適用範囲に含まれる特定の状況に対し，一般規定と特別規定が適用される場合において，両者が抵触するときは，特別規定が優先する。

I.-1：103条　信義誠実及び取引の公正
(1) 「信義誠実及び取引の公正」とは，誠実，率直及び当該取引又は当該関係の相手方の利益に対する配慮によって特徴づけられる行為基準をいう。

(2) 当事者の一方がその先行する表示又は行為と矛盾する行為をすることは，相手方がその表示又は行為を信頼することが合理的であり，かつ，これにより相手方に損害を生じるときは，信義誠実及び取引の公正に反する。

I.-1：104条　合理性
合理性は，行為の性質及び目的，当該事案の事情並びに慣習及び慣行を考慮して，客観的に判断する。

I.-1：105条　「消費者」及び「事業者」
(1) 「消費者」とは，自然人であって，主として，自己の商取引，事業又は職業と関係しない目的のために行為をするものをいう。
(2) 「事業者」とは，その者が自ら営む商取引，仕事又は職業に関係する目的で行為をする自然人又は法人をいう。法人については，公法人であるか私法人であるかを問わない。これらの者は，当該行為を通じて収益を得ることを目的としない場合であっても，事業者に当たる。
(3) (1)及び(2)のいずれにも該当する者は，この者が消費者である場合に保護を与える規定に関しては，(1)のみに該当するものとみなし，それ以外の規定に関しては，(2)にのみ該当するものとみなす。

I.-1：106条　「書面による」及びそれに類似する表現
(1) このモデル準則の適用に当たり，「書面による」表示とは，文書形式であって，紙その他の持続性のある有形の媒体から直接判読することができる文字で表記されたものをいう。
(2) 「文書形式」とは，アルファベットその他意味を伝えることができる文字で表記された文書であり，かつ，その文書に含まれる情報の判読，保存及び有形の再現を可能とする何らかの補助手段を用いて判読が可能となるものをいう。
(3) 「持続性のある媒体」とは，そこに記録された情報を，その情報の目的に適した期間にわたり将来においても参照することができ，かつ，その情報を改変なしに再現することができるものをいう。

I.-1：107条　「署名」及びそれに類似する表現
(1) 署名には，自署，電子署名又は高度電子署名を含む。署名されたものについてもまた，同様に解釈するものとする。
(2) 「自署」とは，人の名又は人を表す記号であって，真正性の証明のために自らの手によって書かれたものをいう。
(3) 「電子署名」とは，他の電子データに添付され，又は論理的に付加される電子データであって，真正性の証明の方法として用いられるものをいう。
(4) 「高度電子署名」とは，次の各号のすべてに該当する電子署名をいう。
　(a) 署名者にのみ結びつけられたものであること
　(b) 署名者を特定することができること
　(c) 署名者の制御の下でのみ管理することができる手段を用いて作成されていること
　(d) 署名に係るデータが事後に改変された場合に当該改変を検出することの

できる方法で結びつけられていること
(5) この条において、「電子的」とは、電気、デジタル信号、磁気、無線、光、電磁気又はそれらに類似する方法が用いられた技術に関するものをいう。

I.-1:108条　付録の定義

(1) 付録の定義は、状況からそれを適用しないことが必要とされるものでない限り、このモデル準則において全面的に適用する。
(2) ある用語が定義されている場合には、当該用語が文法的に異なる形で用いられているときも、当該定義に従った意味を有する。

I.-1:109条　通　知

(1) この条は、このモデル準則に基づいて行われるすべての通知について適用する。「通知」は、情報及び法律行為の伝達を含む。
(2) 通知は、その状況に適した方法ですることができる。
(3) 通知は、名宛人に到達した時に効力を生じる。ただし、それより後に効力が生じることを定めた場合には、この限りでない。
(4) 通知は、次に掲げるいずれかの時に、名宛人に到達したものとする。
  (a) 名宛人に配達された時
  (b) 名宛人の営業所に配達された時、又は、営業所が存在せず、若しくは通知が事業と関係のない場合には、名宛人の常居所に配達された時
  (c) 通知が電子的方法を介して行われる場合には、名宛人が当該通知にアクセスすることができるようになった時
  (d) その他の場合においては、名宛人が、不当に遅延することなく通知に接することを合理的に期待される場所及び方法で、通知を利用することができる状態になった時
(5) 通知は、到達前又は到達と同時に当該通知を撤回する通知が到達したときは、効力を生じない。
(6) このモデル準則において、ある者により、又はある者に対して行われる通知は、通知を行い、又は受領する権限を有する者の代理人により、又は代理人に対して行われる通知を含む。
(7) 事業者と消費者との間において、当事者は、消費者の不利に、(4)(c)の規定の適用を排除し、又はその効果を制限し、若しくは変更することができない。

I.-1:110条　期間の計算

(1) この条は、このモデル準則における期間の計算について適用する。
(2) この条の(3)以下の規定が適用される場合を除き、次の各号の定めるところによる。
  (a) 時間によって示された期間は、最初の時間の開始時に始まり、その期間の最後の時間の終了時に満了する。
  (b) 日によって示された期間は、最初の日の最初の時間の開始時に始まり、期間の末日の最後の時間の終了時に満了する。

(c) 週，月又は年によって示された期間は，期間の最初の日の最初の時間の開始時に始まり，最後の週，月又は年の，起算日に応当する曜日又は日の最後の時間の終了時に満了する。ただし，期間が月又は年によって示された場合において，期間が満了すべき日が最後の月に存在しないときは，期間は，その月の末日の最後の時間の終了時に満了する。
(d) 期間が月の割合的部分を含む場合には，その月は，割合的部分の長さの計算に当たっては，30日とみなす。
(3) 期間が特定の事件又は行為を始点として計算される場合には，次の各号の定めるところによる。
 (a) 当該期間が時間によって示されるときは，当該事件が生じ，又は当該行為が行われている時間は，当該期間に算入しない。
 (b) 当該期間が日，週，月又は年によって示されるときは，当該事件が生じ，又は当該行為が行われている日は，当該期間に算入しない。
(4) 期間が特定の時点を始点に計算される場合には，次の各号の定めるところによる。
 (a) 当該期間が時間によって示されるときは，期間の最初の時間は，当該特定の時点から起算する。
 (b) 当該期間が日，週，月又は年によって示されるときは，当該特定の時点が到来する日は，当該期間に算入しない。
(5) 期間には，土曜日，日曜日及び公休日を含む。ただし，これらの日が明示的に除外されるか，又は期間が営業日によって示されるときは，この限りでない。
(6) 時間以外の方法によって示された期間の最終日が，定められた行為を行うべき地の土曜日，日曜日又は公休日である場合には，当該期間は，次の営業日の最後の時間の終了時に満了する。この規定は，特定の日又は事件から遡って計算される期間については，適用しない。
(7) 2日以上の期間は，少なくとも2日の営業日を含むものとみなす。
(8) ある者が他の者に送付した文書の中で，名宛人が返答その他の行為を行うべき期間が定められているが，当該期間の始点が示されていないときは，当該期間は，それと異なる事情がない限り，文書の日付として示された日から，又は，日付が示されていないときは，文書が名宛人に到達した時から起算される。
(9) この条において，次の各号に掲げる用語は，それぞれ当該各号の定めるところによる。
 (a) EUの加盟国又は加盟国内の地域の「公休日」とは，当該加盟国又は加盟国内の地域が，官報で公布したリストにおいて公休日として指定した日をいう。
 (b) 「営業日」とは，土曜日，日曜日及び公休日以外のすべての日をいう。

第II編 契約及びその他の法律行為

第1章 総則

II.-1:101条 「契約」及び「法律行為」の意義
(1) 契約とは，法的に拘束される関係の発生その他の法律効果の発生を意図した合意をいう。契約は，双方向又は多方向の法律行為である。
(2) 法律行為とは，法律効果の発生それ自体を意図した表示又は合意のことをいい，それが明示的なものであるか，行為による黙示的なものであるかを問わない。法律行為は，一方向，双方向又は多方向のものとなる。

II.-1:102条 当事者の自治
(1) 当事者は，自由に契約その他の法律行為を行い，その内容を決定することができる。ただし，強行法規が適用されるときは，それによる。
(2) 当事者は，契約その他の法律行為又はそれらに基づいて生じる債務に関する以下の規定について，それらの適用を排除し，又はその効果を制限し，若しくは変更することができる。ただし，別段の定めがあるときは，この限りでない。
(3) 当事者がある規定の適用を排除し，又はその効果を制限し，若しくは変更することができない旨の規定があるときも，当事者は，既に生じている権利であって，認識しているものを放棄することを妨げない。

II.-1:103条 拘束力
(1) 有効な契約は，当事者に対して拘束力を有する。
(2) 有効な一方的約束は，承諾なしに法的拘束力を有することが意図されているときは，その約束をした当事者に対して拘束力を有する。
(3) この条は，債務者と債権者の合意により，又は法律の定めるところに従い，発生した権利義務を修正し，又は消滅させることを妨げない。

II.-1:104条 慣習及び慣行
(1) 契約の当事者は，合意した慣習及び当事者間で確立した慣行に拘束される。
(2) 契約の当事者は，当事者と同じ状況にある者ならば一般に適用されると考えるであろう慣習に拘束される。ただし，その慣習を適用することが不合理であるときは，この限りでない。
(3) この条は，契約以外の法律行為について，必要な補正を加えた上で，適用する。

II.-1：105条　認識等の帰責

当事者の一方の同意を得て、契約その他の法律行為をすることに関与し、又は権利の行使若しくは債務の履行に関与した者が、次の各号のいずれかに該当する場合には、その者の認識、予見又は心理状態は、同意をした当事者のものとみなす。

(a) ある事実を知っていたか、若しくは予見していた場合、又はある事実を知っていたか、若しくは予見していたものと扱われる場合

(b) 故意その他の所定の心理状態で行為をした場合

II.-1：106条　方式

(1) 契約その他の法律行為は、書面で行われることも、書面で証明されることも要せず、その他のいかなる方式要件にも服さない。

(2) 契約その他の法律行為が、方式に関する特別な要件を満たさないことのみを理由として無効となる場合において、当事者の一方が次に掲げる要件をいずれも満たすときは、その当事者は、相手方が、当該契約その他の法律行為が有効であると合理的に信じてした行為により受けた損害について責任を負う。

(a) 無効であることを知っていたこと

(b) 相手方が、有効であると信じて、自己にとって不利な行為をしていることを知り、又は知っていたと合理的に期待されること

(c) 信義誠実及び取引の公正の原則に反して、相手方が(b)に規定する行為を続けることを容認したこと

II.-1：107条　混合契約

(1) この条の適用に当たり、混合契約とは、次の各号のいずれかに該当する契約をいう。

(a) このモデル準則に定められた契約類型のうちの二つ以上について、それぞれに該当する部分を含む契約

(b) このモデル準則に定められた契約類型のうちの一つに該当する部分と、契約の総則規定のみが適用される契約類型に該当する部分とを含む契約

(2) 混合契約においては、当該契約の性質及び目的に反しない限り、ある契約類型に当たる部分並びにその部分から生じる権利義務については、適切な補正を加えた上で、当該契約類型に関する規定を適用する。

(3) (2)の規定は、次の各号のいずれかに該当するときは、適用しない。

(a) ある混合契約を一つの契約類型に該当するものと推定する規定があるとき

(b) (a)の規定に該当しない場合において、混合契約の一部が実際に主要なものであり、その契約を一つの契約類型に該当するものと推定しなければ不合理であるとき

(4) (3)に規定する場合において、混合契約及びそれから生じる権利義務については、その混合契約が該当するものと推定される契約類型（推定契約類型）に関する規定を適用する。ただし、別の契約類型に該当する契約の要素に適用される規定は、当該要素を規律するために必要であり、かつ、推定契約類型に関する規定

と抵触しない限り，適切な補正を加えた上で，適用する。
(5) この条は，強行法規の適用を妨げない。

II.-1：108条　一部無効

契約その他の法律行為の一部が無効である場合において，当該無効である部分を除いた残部を維持することが合理的と認められるときは，当該残部は効力を失わない。

II.-1：109条　約　款

「約款」とは，異なる当事者を相手方にして数回以上の取引をするためにあらかじめ作成された条項であって，当事者間で個別に交渉されなかったものをいう。

II.-1：110条　「個別に交渉されなかった」条項

(1) 当事者の一方が提示した条項は，その条項が，約款の一部としてであるかどうかにかかわりなく，あらかじめ作成されたものであることなどから，相手方がその内容に影響を及ぼすことができなかったときは，個別に交渉されなかったものとする。
(2) 当事者の一方が相手方に対し条項について複数の選択肢を提示した場合において，相手方がその中から選択したことのみを理由としては，その条項は個別に交渉されたものとならない。
(3) 当事者の一方が約款の一部として提示した条項について，それが後に個別に交渉されたかどうかにつき争いが生じたときは，その当事者が，個別に交渉されたことを証明する責任を負う。
(4) 事業者と消費者との間の契約においては，事業者が，みずから提示した条項が個別に交渉されたことを証明する責任を負う。
(5) 事業者と消費者との間の契約において，第三者が作成した条項は，その事業者が提示したものとみなす。ただし，その消費者が当該条項を契約に取り込んだときは，この限りでない。

第2章　差別の禁止

II.-2：101条　差別的取扱いを受けない権利

何人も，公衆にとって利用可能な物品その他の財産若しくは役務へのアクセスの提供又はそれらの供給を目的とする契約その他の法律行為に関して，性別又は民族的若しくは人種的出身を理由とする差別的取扱いを受けない権利を有する。

II.-2：102条　差別の意義

(1) 「差別」とは，前条に掲げる理由に基づく，次の各号のいずれかに該当する行為又は状況をいう。
　(a) 他の者が同様の状況の下で現に受けているか，かつて受けていたか，又は将来受けるであろう取扱いと比較して，ある者が不利に扱われる行為又は状況

(b) 中立的に見える条件，基準又は慣行が，他の人的集団と比較して，ある人的集団を特に不利な地位に置く行為又は状況

(2) 差別は，前条に掲げる理由に基づくハラスメントを含む。「ハラスメント」とは，特に，畏怖を抱かせ，敵意を抱かせ，品位を下げ，屈辱を与え，若しくは不快に感じさせる状況を生じさせて人の尊厳を害する，又はそれを意図して行われる，望まれない行為（性的な言動を含む。）をいう。

(3) 差別を教唆することも，差別となる。

II.-2：103条　適用除外

不平等な取扱いをすることが正当な目的によって正当化され，その目的を達成するための手段が適切かつ必要なものであるときは，差別とならない。

II.-2：104条　救済手段

(1) II.-2：101条（差別的取扱いを受けない権利）に反して差別的取扱いを受けた者は，第Ⅲ編第3章の規定による債務不履行に対する救済手段（経済的損害及び非経済的損害の賠償を含む。）を利用することができる。この規定は，第Ⅵ編（他人に生じた損害に基づく契約外責任）の規定による救済手段を利用することを妨げない。

(2) 救済手段が与えられるときは，被害又は予想される被害に対して相応なものでなければならない。その判断に当たっては，救済手段が有する抑止的な効果を考慮することができる。

II.-2：105条　証明責任

(1) II.-2：101条（差別的取扱いを受けない権利）に掲げる理由のいずれかに基づいて差別的取扱いを受けたと主張する者が，裁判所その他の管轄を有する機関において，そのような差別があったことを推定させる事実を証明したときは，相手方がそのような差別がなかったことを証明する責任を負う。

(2) (1)の規定は，事実関係を調査する権限が裁判所その他の管轄を有する機関に属する手続については，適用しない。

第3章　宣伝・勧誘及び契約締結前の義務

第1節　情報提供義務

II.-3：101条　物品その他の財産及び役務に関する情報開示義務

(1) 事業者は，相手方に対し，物品その他の財産又は役務を供給する旨の契約を締結する前に，供給する物品その他の財産又は役務につき，当該事情の下における標準的な品質及び履行を考慮して，相手方が合理的に期待することができる情報を開示する義務を負う。

(2) 相手方がいかなる情報の開示を合理的に期待することができるかを判断するに当たっては，相手方も事業者である場合

には，その情報を提供しないことが健全な商慣行に反するか否かが基準となる。

II.-3：102条　消費者に向けた宣伝・勧誘をする事業者に課される特別な義務

(1) 事業者は，消費者に対し，物品その他の財産又は役務の購入について宣伝・勧誘する場合には，誤認を生じさせる情報を提供してはならない。契約を締結するか否かについて十分な情報に基づいて決定するために標準的な消費者に与えられるべき重要な事実に関し，誤った情報又はそれを欠いた情報が提供されたときは，その情報は誤認を生じさせるものとなる。標準的な消費者にどのような情報が提供されるべきかを判断する場合には，一切の事情及び利用される通信手段の制約が考慮される。

(2) 事業者が，商業目的での情報伝達手段を利用する場合において，契約の締結をするか否かの決定をするために必要となる重要な情報のすべてがその情報伝達手段に含まれるとの印象を消費者に与えるときは，事業者は，重要な情報のすべてが実際にその情報伝達手段に含まれているようにする義務を負う。商業目的での情報伝達手段の文脈から既に明らかであるときを除き，次に掲げる情報を提供しなければならない。

　(a) 物品その他の財産又は役務の主要な性質，必要に応じて事業者の識別情報及び住所，価格並びに行使可能な撤回権

　(b) 支払，引渡し，履行及び苦情処理に特殊性があり，それが職業上の注意の求めるところと異なるときは，その特殊性

　(c) 契約締結後に当事者間で情報伝達のために使用される言語が商業目的での情報伝達手段で使用される言語と異なる場合には，その言語

(3) 提供されるべき情報のすべてが同一の言語で伝達されない限り，この条の規定する情報提供義務は尽くされたことにならない。

II.-3：103条　著しく不利な状況にある消費者と契約を締結する際の情報提供義務

(1) 契約締結の際に使用される技術的媒体，事業者と消費者との間の物理的な距離又は取引の性質により，消費者が情報に関して著しく不利な状況に置かれる取引をするときは，事業者は，事情に応じて，供給する物品その他の財産若しくは役務，価格，消費者と取引をする事業者の住所及び識別情報，契約条項，契約当事者双方の権利義務，撤回権の行使可能性又は返還の手続について，明確な情報を提供する義務を負う。この情報は，契約締結前の合理的な時期に提供されなければならない。撤回権に関する情報もまた，事情に応じて，II.-5：104条（撤回権に関する適切な情報提供）の意味において適切なものでなければならない。

(2) 特別な状況において，さらに特別な情報提供義務が課されるときは，この義務は，(1)の規定による一般的な情報提供義務に優先する。

(3) 事業者は，この条により要求される情報を提供したことを証明する責任を負う。

II.-3：104条　隔地者間のリアルタイム通信を用いる際の情報提供義務

(1) 事業者は，消費者との間で，隔地者間のリアルタイム通信を開始するときは，最初に，事業者の名称及び契約の商業目的について明確な情報を提供する義務を負う。

(2) 隔地者間のリアルタイム通信とは，隔地者間における直接かつ即時の通信であって，当事者の一方が当該通信の過程で相手方を遮ることができるものをいい，電話並びにインターネットプロトコルによる音声通話及びインターネット上のチャット等の電子的手段を含み，電子メールによる通信を含まない。

(3) 事業者は，消費者が(1)の規定により必要とされる情報を受け取ったことについて証明責任を負う。

(4) 事業者が(1)の規定による義務に違反し，かつ，当該通信の結果として契約が締結されたときは，相手方は，Ⅱ.-5：103条（撤回期間）に規定する期間内に事業者に通知することにより，契約を撤回する権利を有する。

(5) 事業者は，消費者に対し，(1)の規定による義務の違反により生じた損害について責任を負う。

II.-3：105条　電子的手段による契約の成立

(1) 電子的手段を用いて，かつ，個別の通信手段によることなく契約を締結するに際し，事業者は，相手方が申込みをし，又は申込みを承諾する前に，次に掲げる事項について，情報を提供しなければならない。

(a) 契約を締結するために講じられるべき技術的手順
(b) 契約書が事業者により保管されることになるか否か及び当該契約書を入手することが可能となるか否か
(c) 相手方が申込みをする又は承諾をする前に，入力の誤りを確認し，訂正するための技術的方法
(d) 契約締結について使用される言語
(e) 使用されるすべての契約条項

(2) 事業者は，(1)(e)に掲げる契約条項を文書形式で利用することができるようにする義務を負う。

(3) 事業者が(1)の定めによる義務に違反し，(1)に定める事情の下で契約が締結されたときは，相手方は，Ⅱ.-5：103条（撤回期間）に定める期間内に通知をすることにより契約を撤回する権利を有する。

(4) 事業者は，消費者〔相手方〕に対し，(1)に定める義務の違反により生じた損害について責任を負う。

II.-3：106条　情報の明確性及び方式

(1) この章の規定により事業者に課される情報提供義務は，この条に定める要件を満たさない限り，履行されたことにならない。

(2) 情報は明確かつ正確でなければならず，また，平明で分かりやすい言葉で表示しなければならない。

(3) 各種の契約に関する規定により，持続性のある媒体その他の特別の方式で情報を提供することが必要とされるときは，その方法により情報を提供しなければならない。

(4) 事業者と消費者との間の隔地者間契約においては，供給される物品その他の財産又は役務の主たる性質，対価，消費者が取引する事業者の識別情報及び住所，契約条件，契約当事者の権利義務並びに返還手続の利用可能性に関する情報が，個別の事情に応じて，契約の締結時に持続性のある媒体による文書形式で確認されなければならない。撤回権に関する情報は，II.-5：104条（撤回権に関する適切な情報提供）の定めにより適切なものでもなければならない。

II.-3：107条　対価及び追加料金に関する情報

事業者は，この章の規定により対価についての情報を提供する義務を負うときは，次の各号に掲げる場合において，それぞれ当該各号の定める情報を提供しない限り，当該義務を履行したことにならない。
  (a) 保証金の支払，配送料並びに付加される税及び義務に関する情報を区別して表示することができる場合には，当該情報
  (b) 対価それ自体を表示することができない場合には，消費者が対価を確認することができるような計算の基礎に関する情報
  (c) 対価が一括で支払われない場合には，支払の予定に関する情報

II.-3：108条　事業者の住所及び識別情報に関する情報

(1) 事業者は，この章の規定により自己の住所及び識別についての情報を提供する義務を負うときは，当該情報に次に掲げる事項のすべてが含まれていない限り，当該義務を履行したことにならない。
  (a) 事業者の名称
  (b) 当該契約に関連するすべての商号
  (c) 公的登録簿における登録番号及びその登録簿の名称
  (d) 事業者の住所
  (e) 連絡先
  (f) 事業者が消費者の居所地に代表者を置いている場合には，当該代表者の住所及び識別情報
  (g) 事業者の活動に許可が必要な場合には，所轄監督機関の情報
  (h) 事業者が付加価値税の課税対象となる活動を行う場合には，その付加価値税の識別番号
(2) II.-3：103条（著しく不利な状況にある消費者と契約を締結する際の情報提供義務）の定めの適用に当たっては，事業者の住所及び識別情報は，(1)(a), (c), (d)及び(e)に掲げた情報のみを含むものとする。

II.-3：109条　情報提供義務違反に対する救済手段

(1) 事業者がII.-3：103条（著しく不利な状況にある消費者と契約を締結する際の情報提供義務）の定めにより消費者に対して契約締結前に情報提供義務を負う場合において，消費者が当該契約の撤回権を有するときは，撤回期間は，当該情報がすべて提供されるまで開始しない。ただし，撤回権は，契約の締結時から1年を経過した後に，消滅する。
(2) 事業者がこの節の前条までの規定により課される義務に違反し，かつ，契約が

締結されたときは，事業者は，当該の情報がなかったこと又は不正確であったことの結果として相手方が合理的に期待することになった契約上の債務を負う。第Ⅲ編第3章に規定する救済手段は，これらの債務の不履行について適用する。
(3) 契約が締結されたか否かにかかわらず，事業者は，この節の前条までの規定により課される義務に違反したときは，当該義務違反により取引の相手方に生じた損害について責任を負う。この項の規定は，(2)の規定により契約上の債務の不履行に対する救済手段を利用することができるときは，適用しない。
(4) この条に規定する救済手段は，Ⅱ.-7：201条（錯誤）により利用可能な救済手段によることを妨げない。
(5) 事業者と消費者との間の関係において，当事者は，消費者の不利に，この条の適用を排除し，又はその効果を制限し，若しくは変更することができない。

第2節 誤入力を防止する義務及び受領を通知する義務

Ⅱ.-3：201条 誤入力の訂正
(1) 事業者は，契約締結のために個別にやりとりをすることなく，電子的手段を利用させることで契約を締結しようとするときは，相手方が申込みをする前に，又は申込みを承諾する前に，誤入力を確認し訂正するために適切かつ効果的で，利用しやすい技術的方法を提供する義務を負う。
(2) 事業者が(1)の規定による義務に違反したために，相手方が錯誤により契約を締結したときは，その事業者は，当該義務の違反により相手方に生じた損害について責任を負う。ただし，Ⅱ.-7：201条（錯誤）により利用可能な救済手段によることを妨げない。
(3) 事業者と消費者との間の関係において，当事者は，消費者の不利に，この条の適用を排除し，又はその効果を制限し，若しくは変更することができない。

Ⅱ.-3：202条 受領の通知
(1) 事業者は，個別の通信によらずに電子的手段により契約を締結する方法を提供するときは，相手方がした申込み又は承諾の受領を電子的手段により通知する義務を負う。
(2) 相手方は，不当に遅延することなく(1)に規定する通知を受領しないときは，申込み又は契約を撤回することができる。
(3) 事業者は，(1)の規定による義務の違反により相手方に生じた損害について責任を負う。
(4) 事業者と消費者との間の関係において，当事者は，消費者の不利に，この条の適用を排除し，又はその効果を制限し，若しくは変更することができない。

第3節 交渉及び秘密保持義務

Ⅱ.-3：301条 信義誠実及び取引の公正に反する交渉
(1) 何人も，交渉の自由を有し，合意に達しないことについて責任を負わない。
(2) 交渉に入った者は，信義誠実及び取引の公正に従って交渉し，信義誠実及び取引の公正に反して交渉を破棄しない義務

を負う。この義務は，契約により排除し，又は制限することができない。
(3) (2)の規定による義務に違反した者は，当該義務違反によって相手方に生じた損害について責任を負う。
(4) 相手方と合意する意図をまったくもたずに交渉に入り，又は交渉を継続することは，信義誠実及び取引の公正に反する。

Ⅱ.-3：302条　秘密保持の違反
(1) 交渉の過程で当事者の一方から秘密の情報が提供されたときは，相手方は，後に契約が締結されたか否かにかかわらず，自分自身のために当該情報を開示し，又は利用しない義務を負う。
(2) この条において，「秘密の情報」とは，その性質又はそれを取得した際の事情から，相手方にとって秘密性を有することを，情報を受領する当事者が知り，又は知ることを合理的に期待される情報をいう。
(3) 当事者は，(1)の定めによる義務の違反を合理的に予見するときは，それを禁ずる裁判所の命令を得ることができる。
(4) (1)の規定による義務に違反した当事者は，当該義務違反によって相手方に生じた損害について責任を負う。この場合において，裁判所は，当該義務の違反により得た利益を相手方に返還することを命じることができる。

第4節　注文していない物品又は役務

Ⅱ.-3：401条　応答しないことから債務は生じない
(1) 事業者が消費者に対して注文していない物品を引き渡し，又は注文していない役務を履行したときは，次の各号の定めるところによる。
(a) 契約は，当該物品及び役務について消費者が応答しないこと，又は消費者によるその他の作為若しくは不作為によっては成立しない。
(b) 消費者が物品を入手し，保持し，廃棄し，若しくは使用すること，又は役務から利益を享受することにより，契約外の債務が発生することはない。
(2) (1)(b)の規定は，次の各号のいずれかに該当する場合には，適用しない。
(a) 物品又は役務が事務管理により供給されたとき
(b) 物品又は役務が錯誤その他の不当利得返還請求権が認められる事情の下で供給されたとき
(3) この条の定めは，物品の売買契約に基づく数量超過の引渡しに関する規定に従う。
(4) (1)の定めの適用に当たっては，引渡しは，消費者が当該物品の物理的支配を取得する時に行われるものとする。

第5節　この章の規定による義務の違反に対する損害賠償

Ⅱ.-3：501条　損害賠償責任
(1) この章の規定により，当事者の一方が義務の違反により相手方に生じさせた損害について責任を負うときは，その相手方は，当該損害の賠償を求める権利を有する。
(2) (1)の場合において，Ⅲ.-3：704条（債

権者に帰すべき損害）及びⅢ.-3：705条（損害の軽減）の定めは，債務の不履行とあるのを義務の違反と読み替えた上で，適用する。

第4章 成　　立

第1節　総　　則

Ⅱ.-4：101条　契約の締結のための要件
　契約は，次に掲げる要件のすべてを満たす場合には，その他の要件を必要とせず，締結されるものとする。
　(a) 当事者双方が，拘束力のある法律関係に入る意思又はその他の法律効果を生じさせる意思を有すること
　(b) 当事者双方が，十分な合意に達すること

Ⅱ.-4：102条　意思を確定する方法
　当事者の，拘束力のある法律関係に入る意思又はその他の法律効果を生じさせる意思は，相手方がその当事者の表示又は行為を合理的に理解するところに従って確定しなければならない。

Ⅱ.-4：103条　十分な合意
(1) 合意は，次の各号のいずれかに該当する場合には，十分なものであるとする。
　(a) 契約条項が，当事者双方により，契約に効果を与えるのに十分なものとして確定されているとき
　(b) 契約条項又はその契約における当事者の権利義務が，その他の方法により，契約に効果を与えるのに十分なものとして確定できるとき

(2) 当事者の一方が，当事者双方が特定の事項につき合意に達しない限り契約を締結することを拒絶しているときは，契約は，当該事項につき合意に達しない限り成立しない。

Ⅱ.-4：104条　完結条項
(1) 契約書に，すべての契約条項が当該契約書に示されていると定める条項（完結条項）があり，それが個別に交渉されたときは，先行する表示，約束又は合意であって，当該契約書に示されていないものは，契約の一部とならない。
(2) 完結条項が個別に交渉されなかったときは，当該完結条項により，当事者がその契約に先行して行った表示，約束又は合意が契約の一部とならないことを当事者双方が意図していたことが推定されるにとどまる。この規定は，排除し，又は制限することができない。
(3) 当事者が契約に先行して行った表示は，当該契約を解釈するために用いることができる。この規定は，個別に交渉された条項による場合を除き，排除し，又は制限することができない。
(4) 当事者の一方は，その者が表示又は行為をしたときは，相手方がその表示又は行為を合理的に信じた限りで，完結条項を援用することができない。

II.-4：105条　一定の方式による変更への限定
(1) 契約の条項を変更する合意又は契約から生じる関係を解消する合意が一定の方式に従うことを要する旨の条項があるときは，そのような合意は当該方式に従わない限り法的拘束力を生じないことが意図されていると推定されるにとどまる。
(2) 当事者の一方は，その者が表示又は行為をしたときは，相手方がその表示又は行為を合理的に信じた限りで，(1)に規定する条項を援用することができない。

第2節　申込み及び承諾

II.-4：201条　申　込　み
(1) 申入れは，次に掲げる要件のすべてを満たす場合には，申込みとする。
    (a) 相手方がその申入れを承諾するならば契約となることが意図されていること
    (b) その申入れが，契約を成立させるのに十分に確定した条項を含むこと
(2) 申込みは，一人若しくは複数の特定の者又は公衆に対してすることができる。
(3) 事業者が，所定の価格又は報酬で在庫物品の供給又は役務の提供をする旨を，広告若しくはカタログ又は物品の陳列によって申し入れるときは，別段の事情がある場合を除き，物品の在庫が尽き，又は役務を提供する事業者の供給能力が尽きるまで，その価格又は報酬で物品を売却し，又は役務を供給する旨の申込みとする。

II.-4：202条　申込みの撤回
(1) 申込みは，相手方が承諾の通知を発する前に，又は行為により承諾がされる場合には契約が締結される前に，撤回の通知が相手方に到達したときは，撤回されたものとする。
(2) 公衆に対する申込みは，当該申込みをするために用いられたものと同じ方法によって撤回することができる。
(3) (1)及び(2)の規定にかかわらず，次の各号のいずれかに該当する場合には，申込みの撤回は，効力を有しない。
    (a) 申込みが，撤回することのできないものであることを示している場合
    (b) 申込みが一定の承諾期間を定めている場合
    (c) 相手方が申込みを撤回することができないものであると信頼したことが合理的であり，かつ，相手方が当該申込みを信頼して行為をした場合
(4) 第Ⅱ編から第Ⅳ編までの規定により，申込者が，承諾により成立した契約を撤回する権利を有するときは，(3)の規定は，当該申込みについては，適用しない。当事者は，申込者の不利に，この規定の適用を排除し，又はその効果を制限し，若しくは変更することができない。

II.-4：203条　申込みの拒絶
申込みは，拒絶の通知が申込者に到達した時にその効力を失う。

II.-4：204条　承　　諾
(1) 申込みの相手方の表示又は行為は，その形式にかかわりなく，申込みに対する同意を示すときは，承諾となる。
(2) 沈黙又は不作為は，それのみでは，承

諾とならない。

II.-4：205条　契約の成立時期
(1) 承諾の通知が相手方により発せられたときは，それが申込者に到達した時に，契約が成立する。
(2) 行為により承諾がされるときは，その行為の通知が申込者に到達した時に，契約が成立する。
(3) 申込みに基づき，又は当事者間で確立した慣行若しくは慣習により，相手方が申込者に通知することなく，ある行為をすることにより申込みを承諾することができるときは，契約は，相手方が当該行為を開始した時に成立する。

II.-4：206条　承諾期間
(1) 申込みに対する承諾は，申込者が定めた期間内に申込者に到達したときに限り，その効力を生じる。
(2) 申込者が承諾期間を定めていない場合には，承諾は，合理的な期間内に申込者に到達したときに限り，その効力を生じる。
(3) 申込者への通知を必要とせずに，ある行為をすることによって申込みを承諾することができる場合には，承諾は，申込者が定めた承諾期間内に，又は，承諾期間の定めがないときは，合理的な期間内に，当該行為がされたときに限り，その効力を生じる。

II.-4：207条　遅延した承諾
(1) 遅延した承諾は，それが有効な承諾として扱われることを申込者が不当に遅延することなく相手方に対して伝えたときは，承諾としての効力を有する。
(2) 遅延した承諾を記載した書簡その他の伝達手段が，通信状態が通常であれば適時に申込者に到達したであろう状況の下で発せられたことを示している場合には，その遅延した承諾は，承諾としての効力を有する。ただし，当該申込者が自己の申込みを失効していたものとすることを不当に遅延することなく相手方に対して知らせたときは，この限りでない。

II.-4：208条　変更を加えた承諾
(1) 相手方が，申込みを実質的に変更する追加的条項又は異なる条項を明示又は黙示に含む応答をしたときは，それは申込みの拒絶であるとともに新たな申込みとなる。
(2) 申込みに対して確定的な同意を与える応答は，追加的条項又は異なる条項を明示又は黙示に含む場合であっても，当該条項が申込みの内容を実質的に変更しないときは，承諾となる。この場合において，これらの追加的条項又は異なる条項は，契約の一部となる。
(3) (2)に定める応答は，次の各号のいずれかに該当する場合には，申込みの拒絶となる。
　(a) 申込みが，承諾を，申込みの条項の範囲に明示的に制限している場合
　(b) 申込者が，追加的条項又は異なる条項について不当に遅延することなく異議を述べた場合
　(c) 相手方が，追加的条項又は異なる条項に対する申込者の同意をその承諾の条件とした場合において，その同意が合理的な期間内に相手方に到達

しなかったとき

II.-4:209条　抵触する約款条項

(1) 申込みと承諾が相互に抵触する約款条項を指示している場合であっても，これ以外の点で当事者双方が合意に達していたときは，契約は成立する。それらの約款条項は，内容的に一致する限りで，契約の一部となる。
(2) (1)の定めにかかわらず，次の各号のいずれかに該当する場合には，契約は成立しない。
   (a) 当事者の一方が，(1)の定めに基づいて契約に拘束されないという意思を，約款条項によることなく，あらかじめ明示していたとき
   (b) 当事者の一方が，そのような意思を不当に遅延することなく相手方に知らせたとき

II.-4:210条　事業者間契約の方式による確認

事業者間で契約を締結したが，それを最終的な契約書にしていない場合において，当事者の一方が相手方に対しその契約を確認するために持続性のある媒体に記録された文書による通知を不当に遅延することなく送付したときは，当該通知に追加的な又は異なる条項が含まれていても，それらの条項は契約の一部となる。ただし，次の各号のいずれかに該当する場合には，この限りでない。
   (a) それらの条項が，契約の内容を実質的に変更するものである場合
   (b) その名宛人が，それらの条項に対して不当に遅延することなく異議を述べた場合

II.-4:211条　申込みと承諾によって締結されるのではない契約

この節の規定は，契約を締結する過程が申込みと承諾とに分けることができない場合にも，適切な補正を加えた上で，適用する。

第3節　その他の法律行為

II.-4:301条　単独行為の要件

単独行為は，次に掲げる要件のすべてを満たさなければならない。
   (a) 単独行為をする当事者が，法的に拘束される意思を有していること又は所定の法律効果を生じさせる意思を有していること
   (b) 単独行為が十分に確定的であること
   (c) 単独行為の通知が名宛人に到達すること，又はその行為の名宛人が公衆であるときは，その行為が広告，公告その他の手段により公示されること

II.-4:302条　意思を確定する方法

法的に拘束され，又は所定の法律効果を生じさせる旨の当事者の意思は，当事者の表示又は行為から，当該行為の名宛人によって合理的に理解されるように確定しなければならない。

II.-4:303条　権利又は利益の拒絶

単独行為がその名宛人に権利又は利益を付与するときは，その名宛人は，当該行為

をした者に対して通知をすることにより，これを拒絶することができる。ただし，当該通知が，不当に遅延することなく，かつ，権利又は利益についての明示又は黙示の承認がされる前に行われた場合に限る。権利又は利益が拒絶されたときは，それらは発生しなかったものとみなす。

第5章　撤回権

第1節　行使及び効果

II.-5：101条　適用範囲及び強行法規的性格
(1) この節の規定は，第Ⅱ編から第Ⅳ編までの規定により当事者の一方が一定の期間内に契約を撤回する権利を有する場合について適用する。
(2) 当事者は，撤回権者の不利に，この章の規定の適用を排除し，又はその効果を制限し，若しくは変更することができない。

II.-5：102条　撤回権の行使
(1) 撤回権は，相手方に通知することによって行使する。その理由を示すことを要しない。
(2) 別段の事情がある場合を除き，契約の目的物を返還したときは，撤回を通知したものとみなす。

II.-5：103条　撤回期間
(1) 撤回権は，契約を締結した時から撤回期間が終了するまでいつでも行使することができる。
(2) 撤回期間は，次に掲げる時のうち最も遅い時から14日を経過した時に終了する。

　(a) 契約を締結した時
　(b) 相手方が撤回権に関する適切な情報を撤回権者に提供した時
　(c) 物品の引渡しを目的とする契約の場合には，物品を受領した時
(3) 撤回期間は，遅くとも契約を締結した時から1年を経過した時に終了する。
(4) 撤回の通知は，撤回期間が終了する前に発信されたときは，適時にされたものとする。

II.-5：104条　撤回権に関する適切な情報提供
撤回権に関する適切な情報提供は，撤回権者に撤回権につき適切に注意を促し，かつ，持続性のある媒体による文書の形式で明確で分かりやすい言葉によって，撤回権の行使方法，撤回期間並びに当該通知の名宛人の名称及び住所に関する情報を提供するものでなければならない。

II.-5：105条　撤回の効果
(1) 契約関係及び契約に基づく当事者双方の債務は，撤回により解消される。
(2) (1)に定める解消の原状回復の効果は，この条によって修正された第Ⅲ編第3章第5節第4款（原状回復）の規定を適用

する。ただし，撤回権者に有利な別段の定めが契約にあるときは，この限りでない。
(3) 撤回した当事者が契約に基づいて支払をしていたときは，事業者は，不当に遅延することなく，かつ，いかなる場合でも撤回の効果が生じてから30日以内に，受領したものを返還する義務を負う。
(4) 撤回した当事者は，次に掲げるものについて支払の義務を負わない。
  (a) 契約に基づいて受け取ったものの検査及び試験により生じた価値の減少
  (b) 撤回した当事者が，契約に基づいて受け取ったものの滅失又は損傷が生じないように合理的な注意を払った場合におけるその滅失又は損傷
(5) 撤回した当事者は，通常の使用によって生じる価値の減少について責任を負う。ただし，その当事者が撤回権に関する適切な通知を受け取っていなかったときは，この限りでない。
(6) この条に定める場合を除き，撤回した当事者は，撤回権の行使によって責任を負わない。
(7) 注文されたものを入手することができない場合に品質及び価格において等しいものを提供する契約上の権利を事業者が行使した場合において，その後消費者が契約の撤回権を行使したときは，事業者は，契約に基づいて消費者が受け取ったものの返還に要する費用を負担しなければならない。

II.-5：106条　結合契約

(1) 事業者が物品その他の財産又は役務を提供する契約について，消費者が撤回権を行使したときは，撤回の効果は，結合契約に及ぶ。
(2) 契約の一部又は全部について与信契約により融資を受けるときは，これらの契約は結合契約である。次の各号のいずれかに該当する場合には，これに当たる。
  (a) 物品その他の財産又は役務を提供する事業者の融資によって，消費者がその債務を履行するとき
  (b) 第三者の融資によって消費者が債務を履行する場合において，その第三者が与信契約を準備し，又は締結するために事業者の役務を利用するとき
  (c) 与信契約が，その融資の対象となる特定の物品その他の財産又は役務に関係する場合であって，かつ，両契約が物品その他の財産若しくは役務の提供者又は当該信用の供与者の指示によって結合されているとき
  (d) その他類似の経済的結合があるとき
(3) 結合契約については，II.-5：105条（撤回の効果）を準用する。
(4) (1)の定めは，次条(2)(f)に掲げる契約について融資をする与信契約には，適用しない。

第2節　特別な撤回権

II.-5：201条　営業所以外の場所で交渉された契約

(1) 事業者が消費者に物品その他の財産若しくは金融サービスを含む役務を提供する契約又は事業者に消費者が人的担保を提供する契約について，消費者が営業所

以外の場所で申込み又は承諾をしたときは，消費者は，当該契約を撤回することができる。
(2) (1)の定めは，次に掲げるものについては，適用しない。
(a) 自動販売機又は自動化された営業施設によって締結された契約
(b) 公共の通話サービスを通じて，通信事業者との間で締結された契約
(c) 不動産の建築請負又は販売に関する契約その他の不動産の権利に関する契約。ただし，賃借権に関する契約を除く。
(d) 日常消費するための食料品，飲料品その他の物品を供給する契約であって，配達人が消費者の住居，居所又は職場に配達することを目的とするもの
(e) 通信手段によって締結された契約であって，供給者により運営される組織的な通信販売システム又は役務提供システムによらないもの
(f) 物品その他の財産の供給又は役務の提供を目的とする契約であって，その価格が，供給者が制御することのできない金融市場における撤回期間中の相場変動によって定まるもの
(g) 競売において締結した契約
(h) 旅行保険証書，手荷物保険証書その他の1か月を超えない短期間の保険証書
(3) (1)の定めは，事業者が専ら通信手段によって契約を締結した場合において，次の各号のいずれかに該当するときも，適用しない。

(a) 当該契約が，宿泊，運送，給食又は余暇の役務提供に係るものであって，事業者が契約の締結時に特定の期日又は特定の期間内に役務を提供することを約束するものであるとき
(b) 当該契約が金融サービスを除く役務の提供に係るものである場合において，II.-5：103条（撤回期間）(1)に定められた撤回期間が終了する前に，消費者が説明を受けた上で明示的に請求したのに応じて，履行が開始されたとき
(c) 当該契約が，消費者の指図に従って，若しくは明らかにその消費者に合わせて製作された物品，又はその性質上返還することができない物品，すぐに劣化する物品若しくは期限が切れる物品の提供に係るものであるとき
(d) 当該契約が，録音，録画又はコンピュータソフトウェアの提供に係るものであって，次のいずれかに該当するとき
　(i) 消費者が開封したとき
　(ii) 電子的手段によって提供された場合において，永続的に使用するためにダウンロードし，又は複製することができるとき
(e) 当該契約が，新聞，定期刊行物及び雑誌の提供に係るものであるとき
(f) 当該契約が，賭博及び富くじに係るものであるとき
(4) 金融サービスについては，(1)の定めは，消費者が撤回権を行使する前に，消費者の明示の請求に応じて，当事者双方

が契約を完全に履行したときも，適用しない。

II.-5:202条　タイムシェアリング契約

(1) 事業者との間のタイムシェアリング契約に基づいて不動産を使用する権利を得た消費者は，当該契約を撤回する権利を有する。

(2) 消費者が(1)に定められた撤回権を行使したときは，事業者は，当該契約の定めに従い，その消費者に対し，次に掲げる要件のすべてを満たす費用の償還を請求することができる。
 (a) 契約の締結及び撤回の結果として支出したものであること
 (b) II.-5:103条（撤回期間）(1)に定める期間が満了するまでに完了しなければならない法的手続に係るものであること
 (c) 合理的かつ適切なものであること
 (d) 契約において明示されたものであること
 (e) 費用に適用される規定に合致するものであること

消費者は，II.-3:109条（情報提供義務違反に対する救済手段）(1)に定める場合において，撤回権を行使したときは，一切の費用償還義務を負わない。

(3) 事業者は，消費者が撤回権を行使することができる期間中は，前払を要求し，又は受領してはならない。事業者は，これに反して受領した金銭を返還する義務を負う。

第6章　代　理

II.-6:101条　適用範囲

(1) この章の規定は，代理行為によって設定された外部関係，すなわち，次に掲げる者の間の関係について適用する。
 (a) 本人及び第三者
 (b) 代理人及び第三者

(2) この章の規定は，ある者が代理人ではないのに代理人であると称している場合についても，適用する。

(3) この章の規定は，代理人と本人との間の内部関係については，適用しない。

II.-6:102条　定　義

(1) 「代理人」とは，他人（本人）のために行為をすることによって，第三者との関係で，本人に対して直接に法的効力を生じさせる権限を有する者をいう。

(2) 代理人の「権限」とは，本人に対して法的効力を生じさせる権限をいう。

(3) 代理人への「権限の授与」とは，権限を付与し，又は保有させることをいう。

(4) 「権限なしにした行為」は，付与された権限の範囲を越えて行為をすることを含む。

(5) この章において，「第三者」は，代理

人が本人のために行為をする際に，自己のために取引の相手方としても行為をする場合における当該代理人を含む。

II.-6：103条　権限の授与
(1) 代理権は，本人又は法律によって付与される。
(2) 本人による権限の授与は，明示又は黙示にすることができる。
(3) 代理人に一定の行為をする権限を授与したと第三者に信じさせた者は，それを信じることが第三者にとって合理的であり，かつ，信義誠実に適うときは，その表見代理人に対しそのような権限を授与した本人とみなす。

II.-6：104条　権限の範囲
(1) 代理人の権限の範囲は，権限の付与によって定められる。
(2) 代理人は，権限が付与された目的を達成するために必要となる付随的なすべての行為をする権限を有する。
(3) 代理人は，自ら行為をすることを合理的に期待されない行為について，本人のためにその行為をする権限を他人（以下「復代理人」という。）に委ねることができる。この章の規定は，復代理人の行為について適用する。

II.-6：105条　代理人の行為が本人に対して法的効力を生じさせる場合
代理人の行為は，次に掲げる要件のすべてを満たす場合には，第三者との関係において，本人に対し，本人によってされたのと同じ法的効力を生じる。この行為のみでは，代理人と第三者との間にはいかなる法律関係も生じない。
 (a) 代理人が，本人の名で，その他本人に対して法的効力を生じさせる意思があることを第三者に示す方法により行為をしたこと
 (b) 当該行為が代理人の権限の範囲に含まれること

II.-6：106条　代理人が自己の名で行為をした場合
代理人が，代理権を有するにもかかわらず，代理人自身の名で，その他本人に対して法的効力を生じさせる意思があることを第三者に示さない方法で行為をしたときは，当該行為は，第三者との関係において，代理人に対して，代理人が自己のためにしたのと同じ法的効力を生じる。この行為のみでは，法規定に別段の定めがある場合を除き，第三者との関係において，本人に対して法的効力を生じない。

II.-6：107条　代理人と称して行為をした者が権限を有していなかった場合
(1) 本人の名で，その他本人に対して法的効力を生じさせる意思があることを第三者に示す方法により行為をした者が，権限なしに行為をした場合には，当該行為により，本人とされた者に対して法的効力を生じることはなく，また，(2)に定める場合を除き，権限の授与を受けなかった者と第三者との間にも法律関係は生じない。
(2) 本人とされた者の追認がないときは，(1)に定める行為をした者は，第三者に対

し，損害賠償により，権限に基づいてその行為をしていたならばその第三者が置かれたであろう状態にする責任を負う。
(3) (2)の定めは，第三者が権限のないことを知り，又は知っていたことを合理的に期待されるときは，適用しない。

II.-6：108条　本人が誰であるかが示されない場合

代理人が，後に本人が誰であるかを明らかにするとして本人のために行為をした場合において，第三者が請求した後，合理的な期間内に本人が誰であるかを明らかにしないときは，代理人は自己のために行為をしたものとみなす。

II.-6：109条　利益相反

(1) 代理人の行為が当該代理人にとって利益相反となる場合において，そのことを第三者が知り，又は知っていたことを合理的に期待されるときは，本人は，II.-7：209条（取消しの通知）からII.-7：213条（一部取消し）までの定めに従って，当該行為を取り消すことができる。
(2) 次の各号のいずれかに該当する場合には，利益相反が存在するものと推定する。
  (a) 代理人が第三者の代理人としても行為をしたとき
  (b) 取引が代理人自身との間で行われたとき
(3) (1)及び(2)の定めにかかわらず，次の各号のいずれかに該当する場合には，本人は，その行為を取り消すことができない。
  (a) 代理人が本人の事前の同意に基づいて行為をしたとき

  (b) 代理人が本人に対して利益が相反することを開示した場合において，本人が合理的な期間内に異議を述べなかったとき
  (c) (b)に定める場合のほか，代理人が利益相反行為をしていることを本人が知り，又は知っていたことを合理的に期待される場合において，本人が合理的な期間内に異議を述べなかったとき
  (d) その他の理由により，IV.D.-5：101条（自己契約）又はIV.D.-5：102条（双方委任）に従って，本人との関係において，代理人が当該行為をする権限が認められるとき

II.-6：110条　複数の代理人

複数の代理人が同一の本人のために行為をする権限を有するときは，これらの者は，それぞれ独立に行為をすることができる。

II.-6：111条　追　　認

(1) 代理人と称する者が権限なしに行為をしたときは，本人とされた者は，当該行為を追認することができる。
(2) 追認がされたときは，当該行為は権限に基づいてされたものとみなす。ただし，他人の権利を害することはできない。
(3) 当該行為が権限なしにされたことを知っている第三者は，本人とされた者に通知することにより，追認のための合理的な期間を定めることができる。この場合において，当該行為がその期間内に追認されないときは，それ以後は追認をす

ることができない。

II.-6：112条　権限の授与の終了又は制限の効果

(1) 代理人の権限は，代理人への権限の授与が終了し，又は制限された場合でも，当該権限を知っていた第三者との関係では，当該第三者がその終了又は制限を知り，又は知ることを合理的に期待される時まで存続する。

(2) 本人が，第三者に対して，代理人の権限の授与を終了させない義務又は制限しない義務を負う場合には，その権限の授与が終了し，又は制限されたときでも，代理人の権限は存続する。第三者がその終了又は制限を知った場合も，同様とする。

(3) 権限の授与が終了し，又は制限されたことが，代理権の付与を当初に伝達し，又は公表したのと同じ方法で伝達され，又は公表されたときは，第三者は，それを知ることを合理的に期待されるものとする。

(4) 権限の授与が終了した場合でも，代理人は，合理的な期間において，本人又はその相続人の利益を保護するために必要な行為をする権限をなお有する。

第7章　無効の原因

第1節　総　則

II.-7：101条　適用範囲

(1) この章の規定は，次に掲げる事項の効果について定める。
　(a) 錯誤，詐欺，強迫又は不公正なつけ込み
　(b) 基本原則又は強行法規の違反

(2) この章の規定は，無能力については定めない。

(3) この章の規定は，契約について適用するほか，その他の法律行為について，必要な補正を加えた上で，適用する。

II.-7：102条　原始的不能及び財産処分の権利又は権限の不存在

契約の締結時において，引き受けられた債務の履行が不可能であること，又は当事者の一方が契約に係る財産を処分する権利若しくは権限を有しないことのみを理由としては，その契約の全部又は一部が無効となることはない。

第2節　瑕疵のある同意又は意思

II.-7：201条　錯　誤

(1) 当事者は，次に掲げる要件のすべてを満たす場合には，契約の締結時に事実又は法律に関する錯誤が存在したことを理由として，契約を取り消すことができる。
　(a) その当事者が，当該錯誤がなかったならば，当該契約を締結せず，又は本質的に異なる条件でなければ締結しなかったはずであり，かつ，そのことを相手方が知り，又は知ってい

たことを合理的に期待されること
(b) 相手方が，次のいずれかに該当すること
 (i) 当該錯誤を生じさせたこと
 (ii) 錯誤者を錯誤に陥った状態のままにしておくことによって，錯誤による当該契約の締結をもたらしたこと。ただし，相手方が当該錯誤を知り，又は知っていたことを合理的に期待される場合において，信義誠実及び取引の公正に反するときに限る。
 (iii) 契約締結前の情報提供義務又は入力の誤りを訂正する手段を利用できるようにする義務に違反することによって，錯誤による当該契約の締結をもたらしたこと
 (iv) 同じ錯誤に陥っていたこと
(2) (1)の規定にかかわらず，次の各号のいずれかに該当する場合には，当事者は，錯誤を理由に契約を取り消すことができない。
(a) 当該錯誤が宥恕されない事情があったとき
(b) その当事者が当該錯誤のリスクを引き受けていたか，又はその当事者が当該事情の下で当該錯誤のリスクを負担するべきであったとき

II.-7：202条 表示・伝達における誤りと錯誤の等置

表示における誤り又は表示の伝達における誤りは，その表示を行い，又は発した者の錯誤とみなす。

II.-7：203条 錯誤の場合における契約の改訂

(1) 当事者の一方が錯誤に基づく契約の取消権を有する場合であっても，相手方が，取消権を有する当事者によって当該契約が理解されていた通りにその債務を履行し，又は履行する意思を示したときは，契約は，取消権を有する当事者の理解に従って締結されたものとする。ただし，相手方が，取消権を有する当事者が当該契約をどのように理解していたかを知らされた後不当に遅延することなく，かつ，当該当事者が取消しの通知をしたことを信頼して行為をする前に，履行し，又は履行する意思を示した場合に限る。
(2) 相手方が(1)に定める履行をし，又はその意思を示したときは，それにより取消権は失われ，それ以前にされた取消しの通知は，効力を有しない。
(3) 当事者双方が同じ錯誤に陥っていたときは，裁判所は，当事者の一方の請求により，当該契約を，合理的にみて錯誤がなかったならば合意されたであろう内容に改訂することができる。

II.-7：204条 不正確な情報を信頼したことにより生じた損害についての責任

(1) 交渉の過程において相手方から与えられた不正確な情報を合理的に信頼して契約を締結した当事者は，次に掲げる要件のすべてを満たす場合には，それにより受けた損害の賠償を求める権利を有する。
(a) 当該情報の提供者が，当該情報が不正確であると信じていたか，又は正確であると信じる合理的な根拠を有

していなかったこと
  (b) 当該情報の提供者が，情報の受領者が合意された条件で契約を締結するか否かを決定するに当たって当該情報を信頼するであろうことを知り，又は知っていたことを合理的に期待されること
(2) この条は，契約の取消権がない場合にも，適用する。

II.-7：205条　詐　欺

(1) 言葉によるものか行為によるものかにかかわりなく，相手方の詐欺的な不実表示によって，又は信義誠実及び取引の公正若しくは契約締結前の情報提供義務により相手方が開示しなければならない情報の詐欺的な不開示によって，契約を締結させられた当事者は，当該契約を取り消すことができる。
(2) 詐欺的な不実表示とは，当該表示が虚偽であることを知り，又はそのように信じ，かつ，表示の受領者を錯誤に陥らせることを意図して行われるものをいう。詐欺的な情報の不開示とは，当該情報を提供しないことにより相手方を錯誤に陥らせることを意図して行われるものをいう。
(3) 信義誠実及び取引の公正により当事者が特定の情報を開示しなければならないかどうかを判断するに当たっては，次に掲げる事情を含む一切の事情を考慮しなければならない。
  (a) その当事者が特別の専門的知識を有していたかどうか
  (b) その当事者が当該情報を得るために要する費用
  (c) 相手方が当該情報を他の手段によって得ることが合理的に見て可能であったかどうか
  (d) 外部から明らかな，相手方にとっての当該情報の重要性

II.-7：206条　強制又は強迫

(1) 相手方の強制によって，又は急迫かつ重大な危害であって，その危害を加えることが違法であるもの若しくは契約を締結させるための手段としてその危害を用いることが違法であるものによる強迫によって契約を締結させられた当事者は，当該契約を取り消すことができる。
(2) 強迫は，当該事情の下で，強迫を受けた当事者が他に合理的な選択の余地を有していたときは，それによって契約を締結させたものとはならない。

II.-7：207条　不公正なつけ込み

(1) 当事者は，契約の締結時において次に掲げる要件のすべてを満たす場合には，当該契約を取り消すことができる。
  (a) その当事者が，相手方に従属し，若しくは相手方と信頼関係にあったこと，経済的に困窮し，若しくは急迫の必要があったこと，又は思慮，知識，経験若しくは交渉能力を欠いていたこと
  (b) 相手方が，このことを知り，又は知っていたことを合理的に期待され，かつ，当該契約の事情及び目的に照らして，その当事者の状況につけ込んで過大な利益又は著しく不公

正に有利な地位を取得したこと
(2) 裁判所は，適当と認められるときは，取消権を有する当事者の請求により，当該契約を，信義誠実及び取引の公正の要請に従っていたならば合意されたであろう内容に改訂することができる。
(3) 裁判所は，不公正なつけ込みを理由とする取消しの通知を受けた当事者の請求により，(2)の規定におけるのと同様に，契約を改訂することができる。ただし，その当事者が，取消しの通知を受けた後不当に遅延することなく，かつ，取消しの通知をした当事者が当該通知をしたことを信頼して行為をする前に，取消しの通知をした当事者に対して，契約の改訂を裁判所に請求したことを知らせた場合に限る。

II.-7：208条　第　三　者
(1) 当事者の一方がその行為につき責任を負う第三者，又は当事者の一方の同意を得て契約の締結に関与した第三者が，次の各号のいずれかに該当する場合には，当該第三者の行為又は認識を当事者本人のものとみなした上で，この節の定める救済手段によることができる。
　(a) 錯誤を引き起こし，又は錯誤を知り，若しくは知ることを合理的に期待されるとき
　(b) 詐欺，強制，強迫又は不公正なつけ込みを行ったとき
(2) 当事者の一方がその行為につき責任を負わない第三者，又は当事者の一方から契約の締結に関与する同意を得ていない第三者が，詐欺，強制，強迫又は不公正なつけ込みを行った場合において，その当事者が当該事実を知り，若しくは知っていたことを合理的に期待されるとき，又は取消しの時に当該契約を信頼して行為をしていなかったときは，この節の定める救済手段によることができる。

II.-7：209条　取消しの通知
この節の規定による取消しは，相手方に対する通知によってその効力を生じる。

II.-7：210条　期間制限
この節の規定による取消しの通知は，取消しをする当事者が取消原因に当たる事実を知り，若しくは知っていたことを合理的に期待されるようになった後又は自由に行為することができるようになった後，当該事情を適切に考慮して合理的と認められる期間内に行われなかったときは，その効力を生じない。

II.-7：211条　追　　認
この節の規定により契約の取消権を有する当事者が，取消しの通知をするための期間が開始した後に，当該契約を明示又は黙示に追認したときは，取消しは認められない。

II.-7：212条　取消しの効果
(1) この節の規定により取り消すことのできる契約は，取り消されるまでは有効であり，取り消されたときは，初めにさかのぼって無効とする。
(2) 各当事者が，この節の規定により取り消された契約に基づいて移転され，若し

くは提供されたものの返還又はその価値に相当する金銭の返還を受ける権利を有するか否かは，不当利得に関する規定の定めるところによる。

(3) この節の規定により取り消された契約に基づいて移転された財産の所有権に対する取消しの効果については，財産の移転に関する規定の定めるところによる。

II.-7：213条　一部取消し

この節の規定による取消しの原因が特定の契約条項にのみ存するときは，取消しの効果は，当該条項に限定される。ただし，当該事案のすべての事情を適切に考慮して，契約の残余の部分を維持することが合理的でないと認められるときは，この限りでない。

II.-7：214条　損害賠償

(1) この節の規定により取消権を有する当事者（又は期間制限若しくは追認の効果により取消権が消滅する前に取消権を有していた当事者）は，契約を取り消したか否かにかかわらず，相手方に対し，錯誤，詐欺，強制，強迫又は不公正なつけ込みにより受けた損害の賠償を求めることができる。ただし，相手方が取消しの原因を知り，又は知っていたことを合理的に期待されるときに限る。

(2) 損害賠償は，当該契約が締結されていなかったならば被害当事者が置かれていたであろう状態に可能な限り近づけることを内容とする。ただし，被害当事者が契約を取り消さないときは，賠償されるべき損害は，錯誤，詐欺，強制，強迫又は不公正なつけ込みによって生じた損害を超えないものとする。

(3) その他の点については，契約上の債務の不履行に対する損害賠償に関する規定を，適切な補正を加えた上で，適用する。

II.-7：215条　救済手段の排除又は制限

(1) 詐欺，強制，強迫及び不公正なつけ込みに対する救済手段は，これを排除し，又は制限することができない。

(2) 錯誤に対する救済手段は，その排除又は制限が信義誠実及び取引の公正に反する場合を除き，これを排除し，又は制限することができる。

II.-7：216条　救済手段の競合

この節の規定による救済手段を有する当事者が，不履行に対する救済手段も有するときは，その当事者は，いずれかの救済手段を選択することができる。

第3節　基本原則違反及び強行法規違反

II.-7：301条　基本原則に違反する契約

契約は，次に掲げる要件のすべてを満たす場合には，無効とする。

(a) 当該契約がEUの加盟国の法において基本的であると認められている原則に違反すること

(b) それを無効とすることが当該原則を実現するために必要であること

II.-7：302条　強行法規に違反する契約

(1) 前条により無効とならない契約が強行法規に違反する場合には，当該違反の契

約の有効性に対する効果は，当該強行法規が明示的に定める効果があるときは，その定めるところによる。
(2) 強行法規が，その違反について当該契約の有効性に及ぼす効果を明示的に定めていないときは，裁判所は，次に掲げるいずれかのことをすることができる。
  (a) 契約を有効とすること
  (b) 契約の全部又は一部をさかのぼって無効とすること
  (c) 契約又はその効果を修正すること
(3) (2)の定めにより行われる判断は，次に掲げる事情を含む，問題となる一切の事情を考慮して，当該違反に対して適切かつ相応したものでなければならない。
  (a) 違反された規定の目的
  (b) その規定により保護される者の範囲
  (c) 違反された規定により科すことのできる制裁
  (d) 違反の重大さ
  (e) 違反が故意によるものか否か
  (f) 違反と契約との関係の密接さ

II.-7：303条　無効又は取消しの効果

(1) 各当事者が，この節の規定により無効とされ，若しくは取り消された契約若しくはその一部に基づいて移転され，若しくは提供されたものの返還又はその価値に相当する金銭の返還を受ける権利を有するか否かは，不当利得に関する規定の定めるところによる。
(2) この節の規定により無効とされ，又は取り消された契約又はその一部に基づいて移転された財産の所有権に対する無効又は取消しの効果は，財産の移転に関する規定の定めるところによる。
(3) この条にかかわらず，裁判所は，契約又はその効果を改訂する権限を有する。

II.-7：304条　損害賠償

(1) この節の規定により契約の全部若しくは一部が無効とされ，又は取り消されたときは，当事者は，相手方に対し，それにより受けた損害の賠償を求めることができる。ただし，その当事者が当該違反を知らず，かつ，知っていたことを合理的に期待されない場合において，その相手方が当該違反を知り，又は知っていたことを合理的に期待されるときに限る。
(2) 損害賠償は，契約が締結されていなかったならば，又は違反条項が含まれていなかったならば被害当事者が置かれていたであろう状態に可能な限り近づけることを内容とする。

第8章　解　釈

第1節　契約の解釈

II.-8：101条　一般規定

(1) 契約は，文言の字義と異なるときであっても，当事者双方の共通の意思に従って解釈しなければならない。
(2) 当事者の一方が契約又は契約で用いられた条項若しくは表現に特別の意味を与

える意思を有していた場合において，相手方が契約の締結時にその意思を知り，又は知っていたことを合理的に期待されるときは，契約は，その当事者の意思に従って解釈しなければならない。
(3) (1)及び(2)の定めにかかわらず，契約は，次の各号のいずれかに該当するときは，合理的な者であればそれに与えたであろう意味に従って解釈しなければならない。
  (a) (1)又は(2)の定めに係る意思を証明することができないとき
  (b) 契約当事者に該当せず，契約当事者以上の権利を有しないと法律上されている者にも該当しないものが，その契約の外見上の意味を，合理的かつ信義誠実に従って信頼した場合において，その者との間で問題が生じたとき

II.-8：102条　考慮するべき事情

(1) 契約を解釈するに当たっては，特に次に掲げる事情を考慮することができる。
  (a) 契約が締結されたときの事情。契約準備段階における交渉を含む。
  (b) 当事者の行為。契約締結後の行為を含む。
  (c) 当事者双方がその契約で用いたものと同一又は類似の条項又は表現に対して既に与えていた解釈及び当事者間で確立した慣行
  (d) 当該活動分野においてそのような条項又は表現に対して一般に与えられている意味及びそのような条項又は表現について既に行われていた解釈
  (e) 契約の性質及び目的
  (f) 慣　習
  (g) 信義誠実及び取引の公正
(2) 契約当事者に該当せず，債権譲受人など契約当事者以上の権利を有しないと法律上されている者にも該当しないものが，その契約の外見上の意味を合理的かつ信義誠実に従って信頼した場合には，その者との関係においては，(1)(a)から(c)までに規定する事情は，それらの事情をその者が知り，又は知っていたことを合理的に期待される限度でのみ考慮することができる。

II.-8：103条　条項提供者及び支配的当事者に不利な解釈

(1) 個別に交渉されなかった条項の意味について疑義があるときは，その条項を提供した当事者に不利な解釈を優先しなければならない。
(2) その他の条項の意味について疑義がある場合において，その条項が一方の当事者の支配的影響の下で作成されたときは，その当事者に不利な解釈を優先しなければならない。

II.-8：104条　交渉された条項の優先

個別に交渉された条項は，個別に交渉されていない条項に優先する。

II.-8：105条　契約全体の参照

条項及び表現は，それが含まれている契約全体に照らして解釈しなければならない。

II.-8:106条　条項を有効とする解釈の優先
　契約条項を適法又は有効とする解釈は、そうでない解釈に優先しなければならない。

II.-8:107条　言語間の齟齬
　契約書に異なった言語で作成された複数の版があり、それらのいずれについても正文である旨が表示されていない場合において、それらの版の間に齟齬があるときは、当該契約を最初に作成した際の版に従った解釈が優先する。

第2節　その他の法律行為の解釈

II.-8:201条　一般規定
(1) 単独行為は、その相手方によって理解されることを合理的に期待することのできる意味に従って解釈しなければならない。
(2) 法律行為を行う者が、当該行為又はこで用いられた文言若しくは表現に特別の意味を与える意思を有していた場合において、当該行為の相手方が当該行為時に行為者の意思を知り、又は知っていたことを合理的に期待されるときは、当該行為は、行為者の意思に従って解釈しなければならない。
(3) 法律行為は、次の各号のいずれかに該当するときは、合理的な者であればそれに与えたであろう意味に従って解釈しなければならない。
　(a) (1)及び(2)の規定がいずれも適用されないとき
　(b) その行為の相手方に該当せず、その相手方以上の権利を有しないと法律上されている者にも該当しないものが、その行為の外見上の意味を、合理的かつ信義誠実に従って信頼した場合において、その者との間で問題が生じたとき

II.-8:202条　他の規定の準用
　第1節の規定は、その最初の規定を除き、契約以外の法律行為の解釈について、適切な補正を加えた上で、適用する。

第9章　契約の内容及び効果

第1節　内　容

II.-9:101条　契約条項
(1) 契約条項は、当事者の明示若しくは黙示の合意、法規定、当事者間で確立した慣行又は慣習から導くことができる。
(2) 当事者が想定せず、又は定めなかった事項について定めなければならないときは、裁判所は、次に掲げる事由等を考慮して、黙示的条項を付加することができる。
　(a) 契約の性質及び目的
　(b) 契約が締結された際の事情
　(c) 信義誠実及び取引の公正の要請
(3) (2)の規定による黙示的条項は、当事者が当該事項について定めていたならば合意したであろうことを確定することができるときは、それによらなければならない。

(4) (2)の規定は，当事者がある事項について知りながら定めを置かず，かつ，定めを置かないことによる結果を受け入れていたときは，適用しない。

II.-9：102条　契約条項とみなされる契約締結前の表示

(1) 契約締結前に当事者の一方がした表示は，契約が締結されれば契約条項の一部になると相手方が理解するのが合理的であるときは，契約条項とみなす。相手方が当該表示をそのように理解することが合理的であったか否かを判断するに当たっては，次に掲げる事情を考慮することができる。
  (a) 外部から明らかな，相手方にとっての当該表示の重要性
  (b) 当事者が取引の過程で当該表示をしたか否か
  (c) 当事者間の専門的知識の相違

(2) 契約当事者の一方が事業者であり，かつ，その者が，当該契約に基づいて給付するべきものが特定の性質を有することについて契約の締結前に相手方又は公衆に対して表示したときは，当該表示は契約条項とみなす。ただし，次の各号のいずれかに該当する場合には，この限りでない。
  (a) 表示が正しくないこと，その他当該内容の条項として信頼することができないことを相手方が契約の締結時に知り，又は知っていたことを合理的に期待されるとき
  (b) 当該契約を締結するという相手方の判断が，当該表示によって影響されなかったとき

(3) (2)の規定の適用に当たっては，広告又は宣伝・勧誘に従事する者によって事業者のためにされた表示は，事業者によってされたものとみなす。

(4) 相手方が消費者であるときは，(2)の定めの適用に当たっては，生産者によって，若しくは生産者のためにされる公衆への表示，又は生産者と消費者との間の製造・流通過程において事業者よりも前の段階に位置する者によって，若しくはその者のためにされる公衆への表示は，当該事業者によってされたものとみなす。ただし，当該事業者が，契約の締結時にその表示を知らず，かつ，知っていたことを合理的に期待されないときは，この限りでない。

(5) (4)の定めにおいて，事業者が契約の締結時に表示が正しくないことを知らず，かつ，知っていたことを合理的に期待されないときは，当該事業者は，当該表示をした者に対して，(4)の定めの適用により生じる責任について損害の填補を求める権利を有する。

(6) 事業者と消費者との関係では，当事者は，消費者の不利に，この条の適用を排除し，又はその効果を制限し，若しくは変更することができない。

II.-9：103条　個別に交渉されなかった条項

(1) 当事者の一方が提示した条項であって，個別に交渉されなかったものは，相手方が当該条項を知っていたか，又は当該条項を提示した当事者が契約の締結前若しくは締結時に当該条項につき相手方

に注意を促すための合理的な措置を講じたときに限り，その当事者は，相手方に対して当該条項を援用することができる。
(2) 電子的手段を用いて契約が締結された場合において，当事者の一方が提示した条項であって，個別に交渉されなかったものは，その当事者は，相手方が当該条項を文書の形式で利用することができるようにしたときに限り，相手方に対して当該条項を援用することができる。
(3) この条の適用に当たっては，次の各号の定めるところによる。
 (a) 「個別に交渉されなかった」とは，Ⅱ.-1：110条（「個別に交渉されなかった」条項）の定めるところと同じ意味を有する。
 (b) ある条項によることを契約書の中で指示したのみでは，相手方がその契約書に署名したときであっても，当該条項について相手方に十分な注意を促したことにならない。

Ⅱ.-9：104条　対価の決定

契約において支払われるべき対価が，当事者により合意された条項，その他適用される法規定又は慣習若しくは慣行によって決定することができない場合は，支払われるべき対価は，契約の締結時と同様の事情の下で通常請求される対価とし，これにより対価を定めることができないときは，合理的な対価とする。

Ⅱ.-9：105条　当事者の一方による決定

対価その他の契約条件であって，当事者の一方により決定されるものについて，その者のした決定が著しく不合理なものである場合には，契約の定めにかかわらず，合理的な対価その他の条件をもってこれに代える。

Ⅱ.-9：106条　第三者による決定

(1) 対価その他の契約条件であって，第三者が決定するとされているものについて，その者が決定することができず，又は決定しようとしない場合には，裁判所は，契約条項と抵触するときを除き，その決定のために他の者を選任することができる。
(2) 第三者によって決定された対価その他の契約条件が著しく不合理であるときは，合理的な対価その他の条件をもってこれに代える。

Ⅱ.-9：107条　存在しない指標等を参照した場合

対価その他の契約条件が，ある指標等を参照して決定するものとされている場合において，当該指標等が存在せず，若しくは存在しなくなったとき，又は利用できなくなったときは，それに最も近い同等の指標等をもってこれに代える。ただし，同等の指標等をもってこれに代えることが当該事情の下において合理的でない場合には，この限りでない。この場合においては，合理的な対価その他の条件をもってこれに代える。

Ⅱ.-9：108条　品　　質

契約に基づいて給付されるべきものの品質が，当事者により合意された条項，その

他適用される法規定又は慣習若しくは慣行によって決定することがない場合は、そのものが備えるべき品質は、それを受領する者が当該事情の下で合理的に期待することができる品質とする。

II.-9：109条　言　語

契約又は契約から生じる権利義務に関する伝達に用いるべき言語が、当事者により合意された条項、その他適用される法規定又は慣習若しくは慣行によって決定できない場合は、用いるべき言語は、契約の締結のために用いた言語とする。

第2節　仮装行為

II.-9：201条　仮装行為の効果

(1) 契約又は外形上の契約を締結した当事者が、それを当事者が与えようとしたのとは異なる外形上の効果を有するものとして故意に行ったときは、当事者の真の意思が優先する。

(2) (1)の定めにかかわらず、契約又は外形上の契約の当事者でない者であって、法律により当事者と同様の権利を有するとされる者でないものとの関係が問題となる場合において、その者が当該契約の外部に現れた意味を合理的かつ信義誠実に従って信頼したときは、この者との関係では、その外形上の効果が優先する。

第3節　第三者のためにする合意の効果

II.-9：301条　基本原則

(1) 契約当事者は、契約により、権利その他の利益を第三者に与えることができる。この場合において、第三者は、契約の締結時において存在し、又は特定されていることを要しない。

(2) 第三者の権利又は利益の性質及び内容は、契約によって定められ、当該契約上の条件その他の制限に従う。

(3) 契約当事者の一方に対する第三者の責任の排除又は制限も、第三者に与えられる利益となる。

II.-9：302条　権利、救済手段及び抗弁

契約を締結する当事者の一方がその契約に基づいて第三者に履行する義務を負うときは、契約に別段の定めがない限り、次の各号の定めるところによる。

(a) 第三者は、自己のためにされた拘束力のある一方的約束に基づいてその契約当事者の一方が履行する義務を負う場合と同様の履行請求権及び不履行に対する救済手段を有する。

(b) その契約当事者の一方は、契約の相手方に対抗することのできたすべての抗弁を、第三者に対抗することができる。

II.-9：303条　利益の拒絶又は撤回

(1) 第三者は、権利又は利益について通知を受けた後不当に遅延することなく、かつ、明示又は黙示にそれを承諾するまでは、契約当事者のいずれかへの通知により、当該権利又は利益を拒絶することができる。その拒絶により、第三者は当該権利又は利益を取得しなかったものとみなす。

(2) 契約を締結した当事者は、そのいずれ

かが第三者に権利又は利益を与えたことを通知するまでは，当該権利又は利益を与える旨の契約条項を削除し，又は変更することができる。通知の時より後における権利又は利益の撤回又は変更の可否，その権限を有する者及びその要件については，当該契約の定めるところによる。

(3) 与えられた権利又は利益が契約に基づいて撤回し，又は変更することができるものとされている場合でも，当事者の双方又は撤回権若しくは変更権を有する当事者が，第三者に，当該権利又は利益が撤回又は変更することのできないものと信じさせ，かつ，第三者がそれを信頼して行為をすることが合理的であったときは，その撤回権又は変更権は消滅する。

第4節　不公正条項

II.-9：401条　以下の規定の強行法規性

当事者は，この節の規定の適用を排除し，又はその効果を制限し，若しくは変更することができない。

II.-9：402条　個別に交渉されなかった条項の透明性確保義務

(1) 個別に交渉されなかった条項を提示した者は，条項が平明で分かりやすい言葉で作成され，かつ，伝達されることを確保する義務を負う。

(2) 事業者と消費者との間の契約において事業者が(1)の定めにより課される透明性確保義務に反して提示した条項は，それのみを理由として，不公正とすることができる。

II.-9：403条　事業者と消費者との間の契約における「不公正」の意味

この節の規定の適用に当たっては，事業者と消費者との間の契約における［個別に交渉されなかった］条項であって，事業者により提示されたものが，信義誠実及び取引の公正に反して消費者に重大な不利益を生じさせるときは，当該条項は不公正である。

II.-9：404条　非事業者間契約における「不公正」の意味

この節の規定の適用に当たっては，事業者でない者の間の契約における条項は，当事者の一方により提示された約款の一部となる条項であって，かつ，信義誠実及び取引の公正に反して相手方に重大な不利益を生じさせるときに限り，不公正である。

II.-9：405条　事業者間契約における「不公正」の意味

この節の規定の適用に当たっては，事業者間の契約における条項は，当事者の一方により提示された約款の一部となる条項であって，かつ，それを用いることが，信義誠実及び取引の公正に反して，健全な商慣行から著しく逸脱しているときに限り，不公正である。

II.-9：406条　不公正審査の排除

(1) 契約条項は，次に掲げるいずれかに基づくものであるときは，この節の規定による不公正審査に服さない。
  (a) 適用される法の規定
  (b) EUの加盟国又はEUが加盟する国

際条約

(c) このモデル準則

(2) 契約条項が平明で分かりやすい言葉で作成された場合には，不公正審査は，契約の主たる内容の確定及び支払われるべき対価の相当性に及ばない。

II.-9：407条　不公正さを判断する際に考慮するべき要素

(1) この節の規定の適用に当たり，契約条項が不公正であるかどうかを判断するときは，II.-9：402条（個別に交渉されなかった条項の透明性確保義務）による透明性確保義務，契約において定められるべき事項の性質，契約の締結過程における事情，他の契約条項及び当該契約の基礎とされた他の契約の条項を考慮しなければならない。

(2) II.-9：403条（事業者と消費者との間の契約における「不公正」の意味）の適用に当たっては，(1)の規定に定める契約の締結過程における事情は，消費者が契約の締結前に当該条項を知るための現実の機会をどの程度与えられていたかを含む。

II.-9：408条　不公正条項の効力

(1) この節の規定により不公正とされる条項は，当該条項を提示しなかった当事者を拘束しない。

(2) 不公正条項を除いた形で契約を存続させることが合理的であるときは，他の条項は，当事者双方を拘束する。

II.-9：409条　専属管轄条項

(1) この節の規定の適用に当たっては，事業者と消費者との間の契約における条項であって，事業者により提示されたもののうち，当該契約から生じるすべての紛争について当該事業者の所在する地の裁判所が専属管轄を有する旨を定めるものは，不公正である。

(2) (1)の規定は，選択された裁判所が消費者の居住する地の裁判所でもある場合には，適用しない。

II.-9：410条　事業者と消費者との間の契約において不公正と推定される条項

(1) この節の規定の適用に当たっては，事業者と消費者との間の契約における条項であって，事業者により提示されたものが，次の各号のいずれかに該当するときは，不公正であると推定する。

(a) 事業者の作為又は不作為によって生じる消費者の死亡又は負傷について事業者の責任を排除し，又は制限する条項

(b) 事業者が契約上の債務を履行しなかった場合において，消費者が当該事業者又は第三者に対して有する救済手段（相殺権を含む。）を不当に排除し，又は制限する条項

(c) 消費者に対して，その成就が事業者の意思のみに係る条件を付した債務を負わせる条項

(d) 消費者が契約の締結又は契約上の債務の履行をしないという決定をした場合に事業者は消費者が支払った金銭を保持できるものとしながら，事業者が同様の決定をした場合において消費者が既に支払った金銭に相当

する額の賠償を事業者から受けることができることを定めていない条項
(e) 債務を履行しなかった消費者に対して，不相当に高額の損害賠償の支払を求める条項
(f) 契約関係を任意に撤回し，若しくは解消する権限を事業者に与え，消費者に同じ権利を与えない条項，又は事業者が契約関係を撤回し，若しくは解消した場合において，提供されていない役務に対して支払われた金銭を保持する権限を事業者に与える条項
(g) 重大な理由がある場合を除き，事業者が合理的な通知をすることなく期間の定めのない契約関係を解消することができる旨を定める条項。この規定は，金融サービス契約の条項については，正当な理由があるときは，適用しない。この場合において，金融サービスの提供者は，契約の相手方に対して直ちにそれを知らせなければならない。
(h) 消費者が別段の意思を表示しない限り，期間の定めのある契約が自動的に延長されるものとする条項であって，消費者の別段の意思表示につき不合理に短い期限を定めるもの
(i) 事業者が，契約に定められた正当な理由によることなく，一方的に契約条項を変更することができるとする条項。ただし，この規定は，消費者により若しくは消費者に対して支払われる利息の利率，又は金融サービスに対するその他の手数料の額につき，正当な理由があるときに金融サービスの提供者が通知をすることなく変更する権利を留保する条項については，適用しない。この場合において，金融サービスの提供者は，消費者に対して速やかにそれを知らせなければならない，消費者は，契約関係を即時に解消する自由を有する。この規定は，期間の定めのない契約の条件を一方的に変更する権利を事業者に留保する条項についても，適用しない。この場合において，事業者は，消費者に対して合理的な通知によりそれを知らせなければならず，消費者は，契約関係を解消する自由を有する。
(j) 事業者が供給するべき物品その他の財産又は役務の性質を正当な理由なく一方的に変更することを認める条項
(k) 物品その他の財産の価格が引渡し若しくは供給の時に決定されるべき旨を定める条項。事業者に価格の増額を認める条項であって，増額された価格が契約の締結時に合意された価格に比して高過ぎる場合に，消費者に撤回権を与えないものも同様とする。ただし，価格の変動方法が明確に定められた適法な価格変動条項については，この限りでない。
(l) 供給される物品その他の財産若しくは役務が契約に適合しているか否かを判定する権利又は契約条項の排他的な解釈権を事業者に与える条項
(m) 事業者の代理人がした約束を遵守す

る事業者の義務を制限し，又はその約束が特別の方式に従うことを要求する条項
(n) 事業者が自らの負う債務を履行しなかった場合においても，消費者に自己のすべての債務の履行を義務づける条項
(o) 事業者が消費者の同意を得ることなくその契約上の権利義務を移転することを認める条項。ただし，これにより消費者の利用することができる保証が減じるおそれのあるときに限る。
(p) 消費者の法的措置を講じる権利その他の救済手段を行使する権利を排除し，又は制限する条項。法規定の適用に服さない仲裁手続を消費者に指示する条項，消費者が用いることができる証拠を不当に制限する条項，又は消費者に証明責任を負わせる条項等がこれに当たる。
(q) 注文されたものを入手することができない場合にそれと同等のものを供給することを事業者に認める条項であって，そのような可能性があることを消費者に明示せず，かつ，消費者が撤回権を行使した場合に当該契約に基づき消費者が受領したものを返還する費用を事業者が負担しなければならないことを消費者に明示していないもの

(2) (1)(g)，(i)及び(k)の定めは，次に掲げるものについては，適用しない。
 (a) 有価証券，金融商品，その他事業者が制御することができない株式取引相場，株式取引指数又は金融市場のレートの変動と連動する商品又はサービスに係る取引
 (b) 外国通貨，旅行小切手又は外国通貨を単位とする国際為替の購入又は販売に関する契約

第Ⅲ編 債務及びこれに対応する権利

第1章 総則

Ⅲ.-1:101条 この編の適用範囲

この編の規定は，別段の定めがある場合を除き，契約上のものであるか否かを問わず，このモデル準則の適用範囲に含まれるすべての債務及び当該債務に対応する権利について適用する。

Ⅲ.-1:102条 定義

(1) 債務とは，法律関係の当事者の一方（債務者）が相手方（債権者）に対して負う履行義務をいう。

(2) 債務の履行とは，債務者が，当該債務の下で行うべきことを行うこと又は行ってはならないことを行わないことをいう。

(3) 債務の不履行とは，免責されるか否かを問わず，債務が履行されないことをいう。債務の不履行には，遅延した履行のほか，債務の内容に適合しないその他の履行のすべてを含む。

(4) 債務は，次の各号のいずれかに該当する場合には，他の債務と牽連関係にある。

　(a) 一方の債務が，他方の債務の履行と引換えに履行するべきものとされている場合

　(b) 一方の債務が，他方の債務の履行を補助する義務又は他方の債務の履行を受領する義務である場合

　(c) 一方の債務が，他方の債務の履行に依存しているとみることが合理的であるといえるほど明白に，他方の債務又はその対象と関連づけられている場合

(5) 債務の内容は，契約その他の法律行為，法令若しくは法的拘束力を有する慣習若しくは慣行又は裁判所の命令から明らかにすることができる。債務に対応する権利の内容についても，同様とする。

Ⅲ.-1:103条 信義誠実及び取引の公正

(1) 当事者は，債務の履行，履行請求権の行使，不履行に対する救済手段の行使若しくは救済手段に対する防御手段の行使又は債務若しくは契約関係を解消する権利の行使に際して，信義誠実及び取引の公正に従う義務を負う。

(2) (1)の規定による義務は，契約その他の法律行為によって排除し，又は制限することができない。

(3) (1)の規定による義務の違反は，債務の不履行に対する救済手段を直ちに生じさせるものではない。ただし，この義務に違反した当事者は，義務違反がなければ

有していたであろう権利，救済手段又は防御手段の行使について制限を受ける。

III.-1：104条　協　　力
債務者及び債権者は，債務者の債務の履行のために合理的に期待される範囲内で，相互に協力する義務を負う。

III.-1：105条　差別の禁止
第Ⅱ編第2章（差別の禁止）の規定は，次に掲げるものについて，適切な補正を加えた上で，適用する。
- (a) 公衆にとって利用可能な物品その他の財産若しくは役務へのアクセスを提供し，又はそれらを供給する債務の履行
- (b) (a)に規定する債務の履行を請求する権利の行使，当該債務の不履行に対する救済手段の行使又は当該救済手段に対する防御手段の行使
- (c) (a)に規定する債務を消滅させる権利の行使

III.-1：106条　条件付きの権利義務
(1) 権利義務又は契約関係に関して，それらを将来の不確実な事象に依存させ，当該事象が発生したときにのみそれらが効力を生じ（停止条件），又は当該事象が発生したときにそれらが消滅する（解除条件）ことを定めることができる。
(2) 停止条件が付された権利義務又は契約関係は，当該停止条件が成就した時にその効力を生じる。
(3) 解除条件が付された権利義務又は契約関係は，当該解除条件が成就した時に消滅する。
(4) 当事者の一方が，信義誠実及び取引の公正に従う義務又は協力義務に違反して，自己に有利に条件が成就するように介入したときは，相手方は，当該条件が成就しなかったものとみなすことができ，自己に有利に条件が成就しないように介入したときは，相手方は，当該条件が成就したものとみなすことができる。
(5) 解除条件の成就により契約上の債務又は契約関係が消滅した場合の原状回復の効果については，第3章第5節第4款（原状回復）の規定を，適切な補正を加えた上で，適用する。

III.-1：107条　期限付きの権利義務
(1) 権利義務又は契約関係に関して，それらが特定の期限の到来，一定の期間の満了又は発生することが確実な事象が発生した時にその効力が生じ，又は消滅することを定めることができる。
(2) 期限が付された権利義務又は契約関係は，別段の行為を要することなく，(1)に定める時にその効力が生じ，又は消滅する。
(3) この条により契約上の債務又は契約関係が消滅した場合の原状回復の効果については，第3章第5節第4款（原状回復）の規定を，適切な補正を加えた上で，適用する。

III.-1：108条　合意による変更又は解消
(1) 権利義務又は契約関係は，いつでも合意によって変更し，又は解消することができる。

(2) 当事者が解消の効果を定めていないときは，次の各号の定めるところによる。
　(a) 解消は，将来に向かってのみ効力を有する。この場合において，解消前に履行期が到来した債務の不履行を理由とする損害賠償請求権又は予定賠償金の支払請求権に影響を及ぼさない。
　(b) 解消は，紛争解決に関する定めその他の解消後に適用されるいかなる定めにも影響を及ぼさない。
　(c) 契約上の債務又は契約関係が解消された場合の原状回復の効果については，第3章第5節第4款（原状回復）の規定を，適切な補正を加えた上で，適用する。

Ⅲ.-1：109条　通知による変更又は解消
(1) 権利義務又は契約関係は，その旨の定めがあるときは，当事者の一方からの通知によって変更し，又は解消することができる。
(2) 契約上の債務の履行が継続的又は定期的なものである場合において，契約関係の終了時期が契約に定められていないとき又は契約関係が終了しない旨の定めがあるときは，当事者は，合理的な期間を定めた通知をすることにより，契約関係を解消することができる。通知期間が合理的であるか否かを判断するに際しては，履行又は反対履行の間隔を考慮することができる。
(3) 当事者が解消の効果を定めていないときは，次の各号の定めるところによる。
　(a) 解消は，将来に向かってのみ効力を有する。この場合において，解消前に履行期が到来した債務の不履行を理由とする損害賠償請求権又は予定賠償金の支払請求権に影響を及ぼさない。
　(b) 解消は，紛争解決に関する定めその他の解消後に適用されるいかなる定めにも影響を及ぼさない。
　(c) 契約上の債務又は契約関係が解消された場合の原状回復の効果については，第3章第5節第4款（原状回復）の規定を，適切な補正を加えた上で，適用する。

Ⅲ.-1：110条　事情変更を理由とする裁判所による変更又は解消
(1) 債務は，履行の費用が増加し，又は対価として受け取るべきものの価値が減少したことにより，履行がより負担の大きなものとなった場合であっても，履行しなければならない。
(2) (1)の規定にかかわらず，契約上の債務又は単独行為に基づいて生じる債務の履行が，事情の異常なまでの変更により，債務者を当該債務に拘束することが明らかに不当であるほど負担の大きなものとなったときは，裁判所は，次に掲げることをすることができる。
　(a) 当該債務を，新たな事情の下で合理的かつ公平になるように変更すること
　(b) 当該債務を，裁判所が決定する期限又は条件で消滅させること
(3) (2)の規定は，次に掲げる要件のすべてを満たす場合に限り，適用する。

(a) 事情の変更が，当該債務が発生した時より後に生じたこと
  (b) 債務者が，当該債務の発生当時に，当該事情変更の可能性又は程度を考慮しておらず，かつ，考慮することを合理的に期待されなかったこと
  (c) 債務者が，事情変更の危険を想定せず，かつ，合理的にみて想定することができなかったこと
  (d) 債務者が，再交渉により当該債務内容の合理的かつ公平な調整を達成することを，合理的かつ誠実に試みたこと

III.-1：111条　黙示の延長
　契約が一定の期間にわたる債務の継続的又は定期的な履行を定めている場合において，当事者双方がその期間の経過後も当該債務の履行を継続するときは，その契約は，期間の定めのない契約となる。ただし，延長に関する当事者間の黙示の合意を認めることと抵触する事情があるときは，この限りでない。

第2章　履　　行

III.-2：101条　履行場所
(1) 債務の内容から当該債務の履行場所を確定することができないときは，履行場所は，次の各号の定めるところによる。
  (a) 金銭支払債務においては，債権者の営業所
  (b) 金銭支払以外の債務においては，債務者の営業所
(2) (1)の規定の適用に当たっては，次の各号の定めるところによる。
  (a) 当事者が複数の営業所を有するときは，当該債務に最も密接に関連する営業所を履行場所とする。
  (b) 当事者の一方が営業所を有しないとき又は当該債務が営業と関連しないときは，営業所に代えて，常居所を履行場所とする。
(3) (1)の場合において，債務の発生後に当事者の一方が営業所又は常居所を変更したことにより履行の費用が増加したときは，当該当事者が増加費用を負担しなければならない。

III.-2：102条　履　行　期
(1) 債務の内容から当該債務を履行するべき時期又は期限を確定することができないときは，当該債務が発生してから合理的な期間内に履行しなければならない。
(2) 債務の内容から当該債務を履行するべき期間を確定することができるときは，当該期間内において債務者が選択した任意の時期に履行することができる。ただし，当該事案において債権者が履行期を選択することのできる事情があるときは，この限りでない。
(3) 事業者は，消費者への物品その他の財産の供給又は役務の提供のために，隔地者間取引により当該消費者と締結した契約に基づく債務については，当事者間に別段の合意がある場合を除き，契約の締

結から30日以内に履行しなければならない。
(4) 事業者は，物品その他の財産の供給又は役務の提供の対価として消費者から受領した金銭を返還する債務を負うときは，可能な限り速やかに，かつ，いかなる場合においても当該債務の発生から30日以内に返還しなければならない。

III.-2：103条　期限前の履行
(1) 債権者は，期限前に履行する旨の申し出を拒絶することができる。ただし，期限前の履行が債権者に不合理な損害を生じさせるものでないときは，この限りでない。
(2) 債権者が期限前の履行を受領したときでも，これと牽連関係にある債務について定めた履行期に影響を及ぼさない。

III.-2：104条　履行の順序
牽連関係にある債務について，債務の内容から履行の順序を確定することができないときは，当事者双方は，これらの債務を同時に履行することが可能な限りで，同時に履行しなければならない。ただし，別段の事情があるときは，この限りでない。

III.-2：105条　選択的な債務又は選択的な履行方法
(1) 債務者が複数の債務のうちの一つを履行する義務を負うとき又は複数の履行方法のうちの一つの方法で履行する義務を負うときは，その選択権は，債務者に属する。ただし，債務の内容について別段の定めがあるときは，この限りでない。
(2) 選択権を有する当事者が，履行期までに選択をしない場合には，次の各号の定めるところによる。
  (a) 選択の遅延が重大な不履行に該当するときは，選択権は相手方に移転する。
  (b) 選択の遅延が重大な不履行に該当しないときは，相手方は，合理的な付加期間を定めた通知により，その期間内に選択するべき旨を催告することができる。選択権を有する当事者がその期間内に選択をしないときは，選択権は相手方に移転する。

III.-2：106条　他人への履行の委託
債務者は，債務の履行を他人に委託した場合であっても，履行の責任を免れない。

III.-2：107条　第三者による履行
(1) 債務の内容によれば履行をするのが債務者自身である必要がない場合において，次の各号のいずれかに該当するときは，債権者は，第三者による履行を拒むことができない。
  (a) 第三者が債務者の同意を得て行為をしているとき
  (b) 第三者が履行について正当な利益を有し，かつ，債務者が履行をしていないか，又は履行期に履行をしないであろうことが明らかであるとき
(2) (1)の規定に従って第三者による履行がされた場合には，債務者はその債務を免れる。ただし，当該第三者が譲渡又は代位により債権者の権利を承継する範囲においては，この限りでない。

(3) 履行をするのが債務者自身である必要がなく，かつ，(1)の規定に該当しない状況において債権者が第三者による履行を受領したときは，債務者はその債務を免れる。この場合において，債権者は，第三者による履行を受領したことにより債務者に生じた損害を賠償する責任を負う。

III.-2：108条　支払の方法
(1) 履行期にある金銭の支払は，通常の取引において用いられるいかなる方法によっても行うことができる。
(2) 債権者が，小切手その他の支払指図又は支払約束を受領したときは，それらが現実に支払われることを条件に受領したものとみなす。債権者は，当該支払指図又は当該支払約束が現実に支払われない場合を除き，元の債務の支払を強制することができない。

III.-2：109条　支払通貨
(1) 債権者及び債務者は，特定の通貨のみによって支払うべき旨を合意することができる。
(2) (1)に規定する合意がない場合において，支払地の通貨と異なる通貨で金額が表示されているときは，支払地において履行期に通用している為替相場に従い，支払地の通貨で支払うことができる。
(3) (2)に規定する場合において，債務者が履行期に支払わなかったときは，債権者は，支払地において履行期又は現実の支払時に通用している為替相場に従い，支払地の通貨で支払うことを求めることができる。

(4) 金銭債務が特定の通貨で表示されていないときは，支払地の通貨で支払わなければならない。

III.-2：110条　弁済の充当
(1) 債務者が同種の性質を有する数個の債務を弁済するべき場合において，債務者がした弁済がすべての債務を消滅させるのに足りないときは，(5)の規定に従うことを条件として，債務者は，弁済の時に，当該弁済を充当するべき債務を債権者に通知することができる。
(2) 債務者が(1)に規定する通知をしないときは，債権者は，合理的な期間内に，債務者に通知することにより，当該弁済を債務の一つに充当することができる。
(3) (2)の規定による充当が弁済期の到来していない債務若しくは違法な債務に対して行われ，又はこれに対する異議が述べられたときは，その充当は無効である。
(4) いずれの当事者によっても有効な充当がされないときは，(5)の規定に従うことを条件として，その弁済は，次の各号の定める基準を満たす債務に順次充当する。
　(a) 既に履行期にある債務又は履行期が先に到来する債務
　(b) 債権者の有する担保が最も少ない債務
　(c) 債務者にとって負担が最も大きい債務
　(d) 先に発生した債務
　　これらのいずれの基準にも該当しないときは，その弁済は，各債務額に応じてすべての債務に充当する。
(5) 金銭債務の場合には，債務者の弁済

は，費用，利息及び元本の順で充当する。ただし，債権者がこれと異なる充当をするときは，この限りでない。

III.-2：111条　財産が受領されない場合
(1) 金銭以外の有体財産を引き渡し，又は返還する債務を負う者が，債権者が当該財産を受領しないために当該財産の占有を継続するときは，当該財産の保護及び保存のための合理的な措置を講じる付随的義務を負う。
(2) 債務者は，次に掲げるいずれかの方法により，引渡債務又は返還債務及び(1)に規定する付随的義務を免れることができる。
　(a) 債権者のために当該財産を合理的な条件で第三者に預託して，その旨を債権者に通知する方法
　(b) 債権者に通知した後に，当該財産を合理的な条件で売却し，処分費用を控除した売却代金を債権者に支払う方法
(3) (2)の規定にかかわらず，当該財産が急速に劣化しやすいとき又はその保存に不合理なほどに多額の費用を要するときは，債務者は，当該財産の処分のために合理的な措置を講じる義務を負う。この場合において，債務者は，処分費用を控除した売却代金を債権者に支払うことにより，引渡債務又は返還債務を免れることができる。
(4) 占有を継続する債務者は，合理的に生じた費用の償還を受け，又は売却代金から当該費用を控除する権利を有する。

III.-2：112条　金銭が受領されない場合
(1) 債務者から適切に提供された金銭を債権者が受領しないときは，債務者は，債権者に通知をした後に，支払地法に従って債権者のために金銭を預託することにより，支払債務を免れることができる。
(2) (1)の規定は，第三者から適切に提供された金銭の受領を拒絶する権利を債権者が有しない場合には，適切な補正を加えた上で，適用する。

III.-2：113条　履行費用及び履行の方式
(1) 債務の履行費用は，債務者が負担する。
(2) 金銭債務において，債務者は，支払をするために必要な措置を講じ，かつ，支払をするために必要な方式に従って支払をしなければならない。

III.-2：114条　履行による債務の消滅
　全部の履行があった場合において，次の各号のいずれかに該当するときは，債務は消滅する。
　(a) 当該履行が債務の内容に適合しているとき
　(b) その種の履行が債務者を免責することを法が定めるとき

第3章　不履行に対する救済手段

第1節　総　則

III.-3:101条　利用可能な救済手段

(1) 債務者が債務を履行せず，かつ，当該不履行が免責されないときは，債権者は，この章に定めるいずれの救済手段も利用することができる。

(2) 債務者の不履行が免責されるときは，債権者は，履行を強制する権利及び損害賠償請求権を除き，いずれの救済手段も利用することができる。

(3) 債権者は，自らが債務者の不履行を引き起こした範囲において，いずれの救済手段も利用することができない。

III.-3:102条　救済手段の重畳

相互に矛盾しない救済手段は，重畳的に利用することができる。債権者は，他の救済手段を利用することにより，損害賠償請求権を奪われることはない。

III.-3:103条　履行のための付加期間を定める通知

(1) いかなる債務不履行の場合にも，債権者は，債務者に通知することにより，履行のための付加期間を与えることができる。

(2) 債権者は，(1)に定める付加期間内は，牽連関係に立つ自己の債務の履行を停止し，損害賠償を請求することができるが，その他の救済手段を利用することはできない。

(3) 債権者は，(1)に定める付加期間内に履行をする意思がない旨の通知を債務者から受けたとき又は付加期間が経過しても本旨に従った履行がされないときは，利用可能なすべての救済手段を利用することができる。

III.-3:104条　障害による免責

(1) 債務者の債務の不履行は，それが債務者の支配を超えた障害によるものであり，かつ，債務者が当該障害又はその結果を回避し，又は克服することを合理的に期待されないときは，免責される。

(2) 債務が契約その他の法律行為から生じたものではない場合において，その債務の発生時において債務者が障害を考慮することを合理的に期待されるときは，その債務の不履行は，免責されない。

(3) 免責を生じさせる障害が一時的なものにとどまるときは，その障害が存続する期間について，免責の効果が生じる。ただし，履行の遅延が重大な不履行に該当するときは，債権者は，その遅延を重大な不履行として扱うことができる。

(4) 免責を生じさせる障害が永続的なものであるときは，債務は消滅する。この場合においては，その債務と牽連関係にある債務も消滅する。契約に基づく債務が消滅する場合の原状回復の効果については，第3章第5節第4款（原状回復）の規定を，適切な補正を加えた上で，適用する。

(5) 債務者は，障害の事実及びその障害が自らの履行の可能性に及ぼす影響に関して，自らがその事情を知り，又は知ることを合理的に期待される時から合理的な期間内に債権者に到達するように，通知しなければならない。債権者は，この通知が到達しなかったことによって生じた損害の賠償を請求することができる。

III.-3：105条　救済手段を排除し，又は制限する条項

(1) 故意又は重大な過失によって生じた人身侵害（生命侵害を含む。）に対する損害賠償責任を排除し，又は制限する契約その他の法律行為の条項は，無効である。
(2) 債務の不履行に対する救済手段を排除し，又は制限する条項は，それが有効であり，かつ，第Ⅱ編第9章第4節に定める不公正条項に関する規定等に照らして効力を有する場合でも，信義誠実及び取引の公正に反するときは，当事者はこれを援用することができない。

III.-3：106条　不履行に関する通知

(1) 債権者が，債務者に対して，債務の不履行が生じたこと又はその不履行が予期されることを理由とする通知をする場合において，この通知が適切に発信されたときは，当該通知は，到達の遅延，不全又は不到達によってその効力を妨げられない。
(2) (1)に定める通知は，通常の状況であれば到達したであろう時にその効力を生じる。

III.-3：107条　不適合の通知の懈怠

(1) 物品その他の財産の供給又は役務の提供をする債務において，債務者が供給した物品その他の財産又は役務が当該債務の内容に適合していないときは，債権者は，合理的な期間内に債務者に対して不適合がどのようなものであるかを特定した通知をしなければ，当該不適合を援用することができない。
(2) (1)に定める合理的な期間は，物品その他の財産が供給された時又は役務が終了した時から起算する。ただし，債権者が不適合を発見し，又は発見していたことを合理的に期待される時がそれよりも遅いときは，その時から起算する。
(3) 通知されなかった事実が，債務者が知り，又は知っていたことを合理的に期待される事実であって，債務者が債権者に対して明らかにしなかったものである場合には，債務者は，(1)の規定を援用することができない。
(4) この条は，債権者が消費者である場合には適用しない。

III.-3：108条　隔地者間取引において事業者が消費者の注文に応じることができない場合

(1) 事業者が消費者との間で隔地者間取引により締結された契約に基づく債務を履行することができないときは，その事業者は，直ちにその旨を消費者に通知する義務を負い，不当に遅延することなく，いかなる場合においても30日以内に，消費者が支払ったすべての金銭を返還する義務を負う。消費者が有する不履行に

対する救済手段は，これにより影響を受けない。
(2) 当事者は，消費者の不利に，この条の適用を排除し，又はその効果を制限し，若しくは変更することができない。

第2節　債務者による不適合履行の追完

III.-3：201条　適用範囲
この節の規定は，債務者の履行が債務の内容に適合しない場合について適用する。

III.-3：202条　債務者による追完に関する一般規定
(1) 債務者は，履行のために付与された期間内に可能なときは，適合した新たな履行の提供をすることができる。
(2) 債務者が，履行のために付与された期間内に新たに適合した履行を提供することができない場合において，不適合の通知を受けた後直ちに，合理的な期間内に債務者の費用でその不適合を追完することを申し出たときは，債権者は，その不適合を追完するための合理的な期間が経過するまでは，自らの債務の履行を停止することを除き，不履行に対するいかなる救済手段も利用することができない。
(3) (2)の規定は，次条の規定に従う。

III.-3：203条　債権者が債務者に追完の機会を与える必要がない場合
債権者は，次の各号のいずれかに該当する場合には，前条(2)の定めにより債務者に追完のための期間を付与することを要しない。

(a) 履行のために付与された期間内に契約上の債務を履行しないことが，重大な不履行に当たる場合
(b) 債権者において，債務者の履行が不適合を知りながら行われたものであり，信義誠実及び取引の公正に反するものであると信じる理由がある場合
(c) 債権者において，債務者が債権者に重大な不便を与えることなく，その他債権者の正当な利益を害することなく，合理的な期間内に追完することができないと信じる理由がある場合
(d) 追完が不適当となる事情がある場合

III.-3：204条　債務者に追完の機会が与えられた場合の効果
(1) 債権者は，追完のために付与した期間内は，牽連関係にある自己の債務の履行を停止することができるが，その他の救済手段を利用することはできない。
(2) 付与された期間内に債務者が追完をしないときは，債権者は，利用可能なすべての救済手段を利用することができる。
(3) 債務者が付与された期間内に追完をしたときでも，債権者は，債務者の当初の不履行若しくはその後の不履行によって生じた損害又は追完の過程で生じた損害の賠償を請求することができる。

III.-3：205条　最初に引き渡された物の返還
(1) 債務者が任意に，又はIII.-3：302条（非金銭債務の履行の強制）の定めにより，代替品を引き渡すことによって不適合な

履行を追完した場合には、債務者は、自らの費用で、最初に引き渡した物を引き取る権利を有し、義務を負う。
(2) 債権者は、代替品の引渡しがされるまでの間、最初に引渡しを受けた物を使用したことに対して、金銭を支払う責任を負わない。

第3節　履行を強制する権利

III.-3：301条　金銭債務の履行の強制

(1) 債権者は、履行期の到来した金銭の支払を強制する権利を有する。
(2) 債権者が金銭債務と牽連関係にある自己の債務を未だ履行していないために当該金銭債務の履行期が到来していない場合において、金銭債務の債務者に履行を受領する意思がないことが明らかであるときでも、債権者は、自らの債務の履行を提供して、金銭の支払を強制することができる。ただし、次の各号のいずれかに該当する場合には、この限りでない。
  (a) 債権者が過分の努力又は費用を要することなく、合理的な代替取引をすることができたであろう場合
  (b) 債権者が自らの債務を履行することが不合理となる事情が存在する場合

III.-3：302条　非金銭債務の履行の強制

(1) 債権者は、金銭債務以外の債務の履行を強制する権利を有する。
(2) 履行を強制することには、債務の内容に適合しない履行を無償で追完することを求めることが含まれる。
(3) (1)及び(2)の定めにかかわらず、次の各号のいずれかに該当する場合には、履行を強制することができない。
  (a) 履行が違法又は不可能である場合
  (b) 履行が債務者に不合理な負担又は不合理なほどに多額の費用を要する場合
  (c) 履行が一身専属的な性質を有しているため、強制することが不合理である場合
(4) 債権者は、不履行を知り、又は知ることを合理的に期待された時から合理的な期間内に履行を請求しないときは、履行を強制する権利を失う。
(5) 債権者が、過分の努力又は費用を要することなく合理的な代替取引をすることができた状況において、履行を強制する権利を不合理に行使したことにより、損害額又は予定賠償金の支払額が増加したときは、債権者は、当該増加額の限度で、損害賠償又は予定賠償金の支払を請求することができない。

III.-3：303条　損害賠償請求権の維持

前条により履行を強制する権利が排除されるときでも、損害賠償請求権は排除されない。

第4節　履行の停止

III.-3：401条　牽連関係にある債務の履行を停止する権利

(1) 債務者が履行するのと同時に、又は債務者が履行した後に、その債務と牽連関係にある債務を履行する義務を負う債権者は、債務者が履行を提供し、又は履行するまで、牽連関係にある債務の履行を停止することができる。

(2) 債務者が履行する前にその債務と牽連関係にある債務を履行する義務を負う債権者は，債務者がその債務の履行期の到来時に履行しないと信じることが合理的であるときは，その合理的な信頼が存続する限り，牽連関係にある債務の履行を停止することができる。ただし，債務者が，本旨に従った履行をすることに対して相当の担保を提供したときは，履行を停止する権利を失う。

(3) (2)に定める状況において履行を停止した債権者は，合理的にみて実現可能な限り速やかに，その旨を債務者に通知する義務を負う。債権者は，この義務に違反したことにより債務者に生じた損害を賠償する責任を負う。

(4) この条により履行を停止することができるのは，当該事情の下で合理的と考えられる履行の全部又は一部である。

第5節　契約の解消

第1款　解消の原因

III.-3：501条　適用範囲及び定義

(1) この節の規定は，契約上の債務及び契約関係についてのみ適用する。

(2) この節において，「解消」とは，契約関係の全部又は一部の解消のことをいい，「解消する」も，同様のことを意味する。

III.-3：502条　重大な不履行に基づく解消

(1) 債権者は，債務者の契約上の債務の不履行が重大であるときは，契約関係を解消することができる。

(2) 契約上の債務の不履行は，次の各号のいずれかに該当する場合には，重大である。

(a) 履行の全部又はある部分に関して，債権者が当該契約に基づいて正当に期待することができたものが，不履行によって実質的に奪われる場合。ただし，契約の締結時において債務者がそのような結果を予見せず，かつ，予見したことを合理的に期待されない場合を除く。

(b) 不履行が故意又は無謀な行為によるものであり，そのために，債権者において債務者の将来の履行を期待することができないと信じる理由がある場合

III.-3：503条　履行のための付加期間を定める通知をした後の解消

(1) 契約上の債務の履行の遅延が重大でない場合において，債権者が履行のための合理的な付加期間を定めた通知をし，債務者がこの期間内に履行をしないときは，債権者は，契約関係を解消することができる。

(2) 債権者は，不合理なほど短い付加期間を定めたときは，通知の時から合理的な期間が経過した後でなければ，契約関係を解消することができない。

III.-3：504条　履行期前の不履行に基づく解消

契約上の債務を履行しないことを債務者が明確に示した場合その他契約上の債務が不履行になることが明白な場合であって，かつ，その不履行が重大なものとなるであろう場合には，債権者は，その債務の履行

期が到来する前に，契約関係を解消することができる。

III.-3:505条　履行に対する相当の担保が提供されないことを理由とする解消

債権者が，債務者による契約上の債務の重大な不履行が生じると信じることが合理的である場合において，本旨に従った履行に対する相当の担保を求めたにもかかわらず，合理的な期間内に相当の担保が提供されないときは，契約関係を解消することができる。

第2款　解消権の範囲，行使方法及び喪失

III.-3:506条　解消権の範囲

(1) 債務者の契約上の債務が不可分であるときは，債権者は，契約関係全体を解消することができるにとどまる。
(2) 債務者の契約上の債務が分割して履行されるべきものであるときその他可分であるときは，次の各号の定めるところによる。
　(a) この節の規定によって契約関係を解消することのできる原因が債務の一部にあり，その部分に対応した反対履行を確定することができるときは，債権者は，その部分についてのみ契約関係を解消することができる。
　(b) 債権者がその他の部分の履行を受けることを合理的に期待されないとき又は契約関係全体に関して解消の原因が存するときに限り，債権者は，契約関係全体を解消することができる。

III.-3:507条　解消の通知

(1) この節の規定により契約関係を解消する権利は，債務者への通知により行使する。
(2) III.-3:503条（履行のための付加期間を定める通知をした後の解消）による通知において，当該通知で定められた期間内に債務者が履行しないときは自動的に解消される旨が定められている場合には，当該通知で定められた期間又は当該通知から合理的な期間（いずれか長い方）が経過することにより，新たな通知を要することなく解消の効力が生じる。

III.-3:508条　解消権の喪失

(1) 履行が遅延して提供された場合又は提供された履行が契約に適合していない場合には，債権者は，合理的な期間内に解消の通知をしなければ，この節の規定による解消権を失う。
(2) 債権者がIII.-3:202条（債務者による追完に関する一般規定）により不履行を追完するための期間を債務者に付与した場合には，(1)に定める合理的な期間は，当該期間を経過した時から進行を始める。その他の場合には，履行が提供されたこと又は提供された履行が契約に適合していないことを債権者が知り，又は知っていたことを合理的に期待される時から進行を始める。
(3) III.-3:503条（履行のための付加期間を定める通知をした後の解消），III.-3:504条（履行期前の不履行に基づく解消）又はIII.-3:505条（履行に対する相当の担保が提供されないことを理由とする解消）によ

る解消権についても，債権者は，当該権利の発生から合理的な期間内に解消の通知をしなければ，その権利を失う。

第3款　解消の効果
III.-3：509条　契約上の債務に対する効果
(1)　この節の規定により契約関係が解消されたときは，契約に基づく当事者双方の未履行債務の全部又は関係する部分が消滅する。

(2)　(1)の定めにかかわらず，契約関係の解消は，紛争解決に関する契約上の定めその他解消後に適用されるべき契約上のいかなる定めにも，影響を及ぼさない。

(3)　この節の規定により契約関係を解消した債権者は，既に発生していた不履行に基づく損害賠償請求権又は予定賠償金の支払請求権を失わない。これに加えて，債権者は，消滅した債務者の債務が不履行とされたならば有したであろうものと同じ損害賠償請求権又は予定賠償金の支払請求権を有する。この消滅した債務に関して，債権者は，解消権を行使したことのみをもって，損害を発生させ，又は損害の発生に寄与したものとはみなされない。

第4款　原状回復
III.-3：510条　履行によって受けた利益の返還
(1)　この節の規定により契約関係が解消された場合に，解消された契約関係に基づき，又は契約関係のうち解消された部分に基づき相手方が債務を履行したことによって利益を受けた当事者（受益者）は，その利益を返還する義務を負う。当事者双方が返還義務を負うときは，双方の返還義務は牽連関係に立つ。

(2)　履行が金銭の支払であるときは，受領した金額を返還しなければならない。

(3)　（金銭以外の）利益は，原物返還が可能な場合には，当該利益を移転することにより返還しなければならない。ただし，利益の移転に不合理な努力又は不合理なほどに多額の費用を要するときは，その価値を支払うことにより，利益を返還することができる。

(4)　原物返還が不可能な場合には，III.-3：512条（利益の価値の支払）の定めに従い，その価値を支払うことにより，利益を返還しなければならない。

(5)　利益を返還する義務は，当該利益から生じた天然果実及び法定果実の返還にも及ぶ。

III.-3：511条　原状回復を要しない場合
(1)　当事者の一方により契約に適合した履行がされたのに対して，相手方により契約に適合した履行がされている場合には，その限りにおいて，この款の規定による原状回復義務は生じない。

(2)　契約関係を解消した当事者は，受領したものが相手方の不履行により自らにとって価値のないものとなり，又は著しく減少した価値しか有しなくなったときは，相手方の履行を，契約に適合しない履行とみなすことができる。

(3)　無償契約の場合には，この款の規定による原状回復を要しない。

III.-3：512条　利益の価値の支払

(1) 受益者は，次に掲げる義務を負う。
   (a) 原物返還が不可能な利益又は返還するべき時までに原物返還が不可能となった利益の（履行期における）価値を支払う義務
   (b) 受領の時から返還するべき時までの間に利益の状態が変化した結果，返還することのできる利益の価値が減少したことに対して，償金を支払う義務
(2) 合意した対価が存在するときは，利益の価値は，約定された履行の価値と実際の履行の価値の割合に応じた，当該対価に対する割合である。合意した対価が存在しないときは，利益の価値は，能力を有する給付者と受益者が契約不適合を知ったならば適法に合意したであろう金額である。
(3) 相手方が受益者に対して債務を履行しなかった結果として，次の各号のいずれかに該当するときは，利益の価値を支払うべき受益者の責任は，その限度において縮減される。
   (a) 受益者が，利益を受けた時と本質的に同じ状態で当該利益を返還することができないとき
   (b) 受益者が，補償を受けることなく，利益を処分し，又は利益を保存するために損失を被らざるをえなくなるとき
(4) 受益者が，契約不適合は存在しないという合理的であるが誤った認識に基づいて行為をした結果として，利益を受けた時と同じ状態で返還することができないときも，利益の価値を支払うべき受益者の責任は，その限度において縮減される。

III.-3：513条　使用及び改良

(1) 受益者は，使用に関してIII.-3：512条（利益の価値の支払）(1)の定めによる責任を負う場合を除き，利益の使用に対して，合理的な金額を支払う義務を負う。
(2) 受益者がこの節の規定により返還義務を負う利益の価値を改良によって高めた場合において，相手方が当該利益を用いることによりその高められた価値を容易に取得することができるときは，当該受益者は，増価額の支払を求める権利を有する。ただし，次の各号のいずれかに該当するときは，この限りでない。
   (a) 改良が，受益者が相手方に対して負う債務の不履行に当たるとき
   (b) 受益者が，当該利益を返還しなければならないことを知り，又は知ることを合理的に期待されるにもかかわらず，改良を行ったとき

III.-3：514条　返還するべき時より後に生じる責任

(1) 受益者は，次に掲げる義務を負う。
   (a) 返還するべき時より後に原物返還が不可能になった利益の（履行期における）価値を支払う義務
   (b) 返還するべき時より後に利益の状態が変化した結果，返還することのできる利益の価値が減少したことに対して，償金を支払う義務
(2) 返還するべき時より後に利益を処分した場合において，処分の代価が当該利益

よりも大きいときは，当該代価を返還しなければならない。
(3) 利益を返還するべき義務の不履行によって生じるその他の責任は，影響を受けない。

第6節　代金の減額

III.-3：601条　代金減額権

(1) 債務の内容に適合しない履行を受領した債権者は，代金を減額することができる。この減額は，実際に行われた履行により受領した物がその履行の時に有していた価値と，債務の内容に適合する履行により受領したであろう物の価値との差に比例したものでなければならない。

(2) (1)の定めにより代金を減額する権利を有する債権者が，減額された代金を超える額を既に支払っていたときは，債務者に対して，超過額の返還を請求することができる。

(3) 債権者が代金を減額するときは，それによって塡補される損害の賠償を重ねて請求することができない。ただし，その他の損害の賠償を請求する権利を失わない。

(4) この条は，代金支払義務以外の牽連関係にある債権者の義務について，適切な補正を加えた上で，適用する。

第7節　損害賠償及び利息

III.-3：701条　損害賠償請求権

(1) 債権者は，債務者の債務の不履行によって生じた損害について，その賠償を請求する権利を有する。ただし，その不履行が免責されるときは，この限りでない。

(2) 賠償を請求することができる損害は，合理的にみて発生が見込まれる将来の損害を含む。

(3) 「損害」は，財産的損害と非財産的損害を含む。「財産的損害」は，収入又は利益の喪失，負担の発生及び財産価値の減少を含む。「非財産的損害」は，肉体的及び精神的苦痛並びに生活の質の低下を含む。

III.-3：702条　損害賠償の一般的算定基準

債務の不履行によって生じた損害賠償の一般的算定基準となるのは，債務が適正に履行されていたならば債権者が置かれていたであろう状態に，債権者をできる限り近づけることとなる額である。この損害賠償は，債権者が被った損害及び奪われた利益を含む。

III.-3：703条　予見可能性

契約その他の法律行為から生じる債務の債務者は，債務が発生した時に，不履行から生じ得る結果として自らが予見し，又は予見していたことを合理的に期待される損害についてのみ，責任を負う。ただし，その不履行が故意，無謀な行為又は重大な過失によるものであるときは，この限りでない。

III.-3：704条　債権者に帰すべき損害

債務者は，債権者が被った損害につき，債権者が不履行又はその結果に寄与した限度において，責任を負わない。

III.-3：705条　損害の軽減

(1) 債務者は，債権者が被った損害につき，債権者が合理的な措置を講じていればその損害を軽減することができた限度において，責任を負わない。
(2) 債権者は，損害を軽減するために要した合理的な費用の賠償を請求する権利を有する。

III.-3：706条　代替取引

債権者が第5節の規定により契約関係の全部又は一部を解消し，かつ，合理的な期間内に合理的な方法で代替取引をした場合には，債権者は，損害賠償を請求する権利を有する限りにおいて，解消された契約関係において支払ったであろう価額と代替取引において支払う価額の差について，損害賠償を請求することができる。その他の損害があるときは，その賠償も請求することができる。

III.-3：707条　時　　価

債権者が第5節の規定により契約関係の全部又は一部を解消し，かつ，代替取引をしなかった場合において，履行について時価が存在するときは，債権者は，損害賠償を請求する権利を有する限りにおいて，契約価格と契約関係を解消した時における時価の差について，損害賠償を請求することができる。その他の損害があるときは，その賠償も請求することができる。

III.-3：708条　支払の遅延に対する利息

(1) 金銭の支払が遅延したときは，不履行が免責されるか否かにかかわらず，債権者は，その額に対する弁済期から弁済までの利息を請求する権利を有する。この場合の利率は，支払地において支払通貨に適用される普通銀行の短期貸出最優遇金利の平均利率とする。
(2) 債権者は，その他の損害があるときは，(1)に定める利息に加えて，その賠償を請求することができる。

III.-3：709条　利息が元本に組み入れられる場合

(1) 前条の定めに従って支払われる利息は，12か月を経過するごとに，元本に組み入れられる。
(2) (1)の規定は，支払が遅延した場合の利息について当事者が合意している場合には，適用しない。

III.-3：710条　商事契約における利息

(1) 事業者が物品その他の財産の供給又は役務の提供を目的とする契約に基づき支払うべき対価の支払を遅延した場合において，III.-3：104条（障害による免責）により免責されないときは，利息は，(4)に定める利率による。ただし，それよりも高い利率が適用されるときは，この限りでない。
(2) (4)に定める利率による利息は，契約で定められた支払日又は支払期限満了の日の翌日から発生する。契約に支払日又は支払期限の定めがない場合には，次に掲げるいずれかの日から発生する。
　(a) 債務者が送り状又はそれに相当する請求書を受領した日から30日を経過した日

(b) (a)に定める日が物品又は役務を受領した日よりも前に到来するとき又はその日を確定することができないときは，物品又は役務を受領した日から30日を経過した日。債務者が送り状又はそれに相当する請求書を受領したか否かを確定することができないときも，同様とする。
(3) 物品又は役務の契約適合性が受領又は検査を経て確認されなければならないときは，(2)(b)の定めによる30日の期間は，受領又は検査の日から進行を開始する。
(4) 支払の遅延に対する利率は，ヨーロッパ中央銀行によって当該半期の初日より前に実行された直近の主要リファイナンシング・オペレーションに適用された金利（「参照金利」）に，7パーセントを加えた利率とする。経済通貨統合の第三段階に参加していない加盟国の通貨については，参照金利は，その国の中央銀行によって設定された金利であって，これに相当するものとする。
(5) 債権者は，その他の損害があるときは，(1)から(4)までに定める利息に加えて，その賠償を請求することができる。

III.-3：711条　利息に関する不公正条項
(1) 前条(2)(a)及び(b)並びに(3)に定める時よりも遅い日から事業者が利息を支払う旨の条項は，不公正であると認められる限度において，拘束力を有しない。前条(4)に定める利率よりも低い利率で事業者が利息を支払う旨の条項も，同様とする。
(2) 前条(2)(a)及び(b)並びに(3)の定めにより利息が発生する時よりも後に，物品その他の財産又は役務についての対価を支払うことを債務者に認める条項が定められていても，当該条項が不公正であると認められる限度において，債権者は利息を請求する権利を奪われない。
(3) 信義誠実及び取引の公正に反して，健全な商慣行から著しく逸脱するものは，この条を適用するに当たり不公正なものとする。

III.-3：712条　不履行に対する賠償額の予定
(1) 不履行をした債務者がその不履行について所定の金額を債権者に支払うべき旨が債務の内容として定められているときは，債権者は，損害の存否及びその額にかかわらず，当該金額を請求する権利を有する。
(2) (1)の定めにかかわらず，契約その他の法律行為において定められた金額が，不履行によって生じた損害その他の事情に照らして過大なものである場合には，反対の定めがあるときでも，当該金額を合理的な額にまで減額することができる。

III.-3：713条　損害賠償の算定通貨
損害賠償額は，債権者の損害を最も適切に表す通貨によって算定される。

第4章　複数の債務者及び複数の債権者

第1節　複数の債務者

III.-4：101条　適用範囲
この節の規定は，複数の債務者が一つの債務を履行する義務を負う場合に適用する。

III.-4：102条　連帯債務，分割債務及び共同債務
(1)　各債務者が債務の全部を履行する義務を負い，かつ，債権者が全部の履行があるまで債務者のいずれに対しても履行を求めることができるときは，その債務は連帯債務である。
(2)　各債務者が債務の一部を履行する義務を負うにとどまり，かつ，債権者が各債務者に対してその債務者が義務を負う部分についてのみ履行を求めることができるときは，その債務は分割債務である。
(3)　複数の債務者が債務を全員で履行する義務を負い，かつ，債権者が債務者の全員による履行のみを求めることができるときは，その債務は共同債務である。

III.-4：103条　各類型の債務が生じる場合
(1)　債務が連帯債務，分割債務又は共同債務のいずれであるかは，その債務の内容によって決まる。
(2)　債務の内容から連帯債務，分割債務又は共同債務のいずれであるかを決定することができないときは，同一の債務を履行する複数の債務者の責任は，連帯債務とする。特に，複数の者が同一の損害について責任を負うときは，その責任は連帯債務とする。
(3)　複数の債務者が負う責任の内容又は原因が同一でないことは，その債務が連帯債務であることを妨げない。

III.-4：104条　分割債務に基づく責任
分割債務の債務者は，平等の割合において責任を負う。

III.-4：105条　共同債務の不履行に対して金銭の支払が請求される場合の特則
共同債務の不履行に対して金銭の支払が請求されるときは，III.-4：102条（連帯債務，分割債務及び共同債務）(3)の定めにかかわらず，債務者は，債権者に対する金銭の支払につき，連帯して責任を負う。

III.-4：106条　連帯債務者間の内部負担割合
(1)　連帯債務者は，内部関係においては，平等の割合において責任を負う。
(2)　複数の債務者が同一の損害について連帯責任を負うときは，内部関係における負担割合は平等とする。ただし，当該事案のすべての事情，特に，債務者の一人が責任を負うべき危険源が損害の発生若しくは拡大に寄与した程度又は過失を考慮すれば，異なる負担割合によることが適切であるときは，この限りでない。

III.-4：107条　連帯債務者間の求償
(1)　連帯債務者の一人が自らの負担部分を

超えて履行したときは，他の連帯債務者のいずれに対しても，これらの債務者各自の未履行の負担部分を限度として，自らの負担部分を超える部分の塡補を求める権利を有する。合理的に支出した費用の分担についても同様とする。
(2) (1)の定めが適用される連帯債務者は，債権者の優先する権利を害さないことを条件として，他の連帯債務者のいずれに対しても，これらの債務者各自の未履行の負担部分を限度として，自らの負担部分を超えて履行した部分を塡補するために，従属的な担保権を含む債権者の権利を行使し，又は救済手段を利用することができる。
(3) 自らの負担部分を超えて履行した連帯債務者が，合理的な努力を尽くしたにもかかわらず，他の債務者から自らの負担部分を超えて履行した部分の塡補を受けることができないときは，履行した債務者を含む他の債務者の負担部分がその割合に応じて増加する。

Ⅲ.-4：108条　連帯債務における履行，相殺及び混同

(1) 連帯債務者の一人が履行若しくは相殺をしたとき又は債権者が連帯債務者の一人に対して相殺をしたときは，その他の連帯債務者は，その履行又は相殺の限度で，債権者との関係において責任を免れる。
(2) 連帯債務者の一人と債権者との間で債務の混同が生じたときは，その他の連帯債務者は，混同の当事者である債務者の負担部分についてのみ責任を免れる。

Ⅲ.-4：109条　連帯債務における免除又は和解

(1) 債権者が連帯債務者の一人に対して免除をし，又は連帯債務者の一人と和解をしたときは，その他の債務者は，免除又は和解の当事者である債務者の負担部分について責任を免れる。
(2) 連帯債務者間の関係では，自らの負担部分について責任を免れた債務者は，免責の時における負担部分の限度で免責されるにとどまり，Ⅲ.-4：107条（連帯債務者間の求償）(3)の定めにより事後的に責任を負う追加的負担部分については免責されない。
(3) 複数の債務者が同一の損害について連帯責任を負う場合には，債権者が完全な賠償を超えて賠償を受けることがないようにするために必要な限度でのみ，(1)の定めによる免責が認められる。この場合において，免除又は和解の当事者でない連帯債務者は，免除又は和解の当事者である債務者が負担部分を履行していない限度で，その債務者に対する求償権を失わない。

Ⅲ.-4：110条　連帯債務における判決の影響

連帯債務者の一人が債権者に対して負う責任に関する裁判所の判決は，次に掲げる事項には影響を及ぼさない。
　(a) その他の連帯債務者が債権者に対して負う責任
　(b) Ⅲ.-4：107条（連帯債務者間の求償）の定めによる連帯債務者間の求償権

III.-4：111条　連帯債務における消滅時効
　連帯債務者の一人に対して履行を求める権利について生じた消滅時効は，次に掲げる事項には影響を及ぼさない。
　(a)　その他の連帯債務者が債権者に対して負う責任
　(b)　Ⅲ.-4：107条（連帯債務者間の求償）の定めによる連帯債務者間の求償権

III.-4：112条　連帯債務におけるその他の抗弁の対抗
(1)　連帯債務者の一人は，固有の人的抗弁を除き，他の連帯債務者が主張することのできるすべての抗弁を，債権者に対して主張することができる。連帯債務者の一人による抗弁の主張は，その他の連帯債務者には影響を及ぼさない。
(2)　求償を受けた連帯債務者は，自らが債権者に対して主張することのできた人的抗弁を，求償をする債務者に対して主張することができる。

第2節　複数の債権者

III.-4：201条　適用範囲
　この節の規定は，複数の債権者が一つの債務に基づく履行を求める権利を有する場合に適用する。

III.-4：202条　連帯債権，分割債権及び共同債権
(1)　複数の債権者のいずれもが債務者に対して全部の履行を求めることができ，かつ，債務者が債権者のいずれに対しても履行することができるときは，その履行を求める権利は，連帯債権である。
(2)　各債権者が自らの持分の限度でのみ履行を求めることができ，かつ，債務者が各債権者に対して負う履行義務もその債権者の持分に限られるときは，その履行を求める権利は，分割債権である。
(3)　各債権者が債権者全員のためにするのでなければ履行を求めることができず，かつ，債務者が債権者全員に対して履行しなければならないときは，その履行を求める権利は，共同債権である。

III.-4：203条　各類型の債権が生じる場合
(1)　履行を求める権利が連帯債権，分割債権又は共同債権のいずれであるかは，その権利の内容によって決まる。
(2)　権利の内容から連帯債権，分割債権又は共同債権のいずれであるかを決定することができないときは，複数債権者の権利は分割債権とする。

III.-4：204条　分割債権の持分割合
　分割債権の債権者は，平等の割合において権利を有する。

III.-4：205条　共同債権における履行の困難
　共同債権の債権者の一人が履行の受領を拒絶し，又は履行を受領することができないときは，債務者は，Ⅲ.-2：111条（財産が受領されない場合）又はⅢ.-2：112条（金銭が受領されない場合）の定めに従って財産又は金銭を第三者に預託することにより，債務を免れることができる。

III.-4：206条　連帯債権の持分割合
(1)　連帯債権の債権者は，平等の割合にお

いて権利を有する。
(2) 自らの持分を超える履行を受領した連帯債権者は，その超過分を，他の連帯債権者に対し，各人の持分を限度として移転する義務を負う。

III.-4：207条　連帯債権に関するその他の規律
(1) 連帯債権者の一人が債務者に対してした免除は，他の連帯債権者には影響を及ぼさない。
(2) III.-4：108条（連帯債務における履行，相殺及び混同），III.-4：110条（連帯債務における判決の影響），III.-4：111条（連帯債務における消滅時効）及びIII.-4：112条（連帯債務におけるその他の抗弁の対抗）(1)の規定は，連帯債権について，適切な補正を加えた上で，適用する。

第5章　当事者の変更

第1節　債権の譲渡

第1款　総　　則

III.-5：101条　適用範囲
(1) この節の規定は，債権を契約その他の法律行為によって譲渡する場合に適用する。
(2) この節の規定は，金融商品又は投資証券の移転であって，その移転を発行者により，若しくは発行者のために管理される登記簿に登記することによって行わなければならない場合又は移転のためのその他の要件若しくは移転に対するその他の制限が存在する場合には，適用しない。

III.-5：102条　定　　義
(1) 「債権の譲渡」とは，ある者（「譲渡人」）から他の者（「譲受人」）への債権の移転をいう。
(2) 「債権の譲渡行為」とは，債権の移転を生じさせることを意図した契約その他の法律行為をいう。

(3) 債権の一部が譲渡された場合には，この節において債権とあるのは，当該債権の譲渡された部分とする。

III.-5：103条　物的担保及び信託に関する規定の優先
(1) 担保の目的でされる譲渡に関しては，第IX編の規定を，この章の規定に優先して適用する。
(2) 信託の目的でされる譲渡，信託財産に対する譲渡又は信託財産からの譲渡に関しては，第X編の規定を，この章の規定に優先して適用する。

第2款　債権の譲渡の要件

III.-5：104条　基本的な要件
(1) 債権の譲渡は，次に掲げる要件のすべてを満たさなければならない。
  (a) その債権が存在すること
  (b) その債権が譲渡可能なものであること
  (c) その債権を譲渡しようとする者が，

その債権を移転する権利又は権限を有すること
- (d) 譲受人が，譲渡人に対して，契約その他の法律行為，裁判所の命令又は法規定に基づき債権の移転を求める権利を有すること
- (e) 債権の有効な譲渡行為が存在すること
(2) (1)(d)に定める債権の移転を求める権利は，譲渡行為よりも前に存在することを要しない。
(3) 債権の移転を求める権利の授与と債権の譲渡行為は，同一の契約その他の法律行為によってすることができる。
(4) 債務者に対する通知及び債務者の承諾は，債権の譲渡の要件ではない。

III.-5：105条　譲渡性に関する一般規定
(1) 債権は，法律に別段の定めがある場合を除き，譲渡することができる。
(2) 債権が法律により他の権利に従属しているときは，当該債権は，その権利から分離して譲渡することができない。

III.-5：106条　将来の債権及び不特定の債権
(1) 将来の債権は，譲渡行為の対象とすることができるが，その債権が発生し，かつ，譲渡行為の対象となる債権として識別することができるまでは，移転しない。
(2) 多数の債権は，譲渡の効果が発生するべき時に譲渡行為の対象となる債権として識別することができるときは，個別に特定することなく譲渡することができる。

III.-5：107条　一部の譲渡の可能性
(1) 金銭債権は，その一部を譲渡することができる。
(2) 非金銭債権は，次の各号のいずれかに該当する場合に限り，その一部を譲渡することができる。
- (a) 債務者が譲渡を承諾している場合
- (b) その債権を分割することができ，かつ，譲渡によって当該債務が著しく負担の重いものとならない場合

(3) 債権の一部を譲渡したことによって債務者の費用が増加したときは，譲渡人はこの増加費用について債務者に対し責任を負う。

III.-5：108条　債権の譲渡性と契約による譲渡禁止の効果
(1) 契約による譲渡の禁止又は制限は，債権の譲渡性に影響を及ぼさない。
(2) 契約による禁止又は制限に反して債権が譲渡されたときは，次の各号の定めるところによる。
- (a) 債務者は，譲渡人に対して履行することができ，これにより債務を免れることができる。
- (b) 債務者は，その債権が譲渡されなかったときと同様に，譲渡人に対する相殺権を有する。

(3) (2)の定めは，次の各号のいずれかに該当する場合には，適用しない。
- (a) 債務者が譲渡を承諾した場合
- (b) 債務者が，契約による禁止又は制限が存在しないとの合理的な理由による信頼を譲受人に生じさせた場合
- (c) 譲渡された債権が，物品又は役務の

提供に対する支払を目的とする債権
である場合
(4) 契約による禁止又は制限が存在する場合でも債権が譲渡性を失うことはないが，譲渡人は，当該禁止又は制限に対する違反について債務者に対する責任を免れない。

Ⅲ.-5：109条　債権者の一身専属権
(1) 債権は，履行の性質又は債務者と債権者の関係により，合理的にみて，当該債権者以外の者に対して履行することを債務者に要求することができない場合には，譲渡性を有しない。
(2) (1)の規定は，債務者が譲渡を承諾したときは，適用しない。

Ⅲ.-5：110条　譲渡行為の方式及び有効性
(1) (2)及び(3)の規定が適用される場合を除き，契約その他の法律行為の方式及び有効性に関する第Ⅱ編の規定は，譲渡行為について適用する。
(2) 贈与契約の方式及び有効性に関する第Ⅳ編H部の規定は，無償の譲渡行為について適用する。
(3) 担保契約の方式及び有効性に関する第Ⅸ編の規定は，担保の目的でされる譲渡行為について適用する。

Ⅲ.-5：111条　債権譲渡の権利又は権限
Ⅲ.-5：104条（基本的な要件）(1)(c)の規定における債権を移転する権利又は権限の要件は，譲渡行為の時に満たすことを要しないが，譲渡の効果が発生する時には，これを満たしてなければならない。

第3款　譲渡人による保証
Ⅲ.-5：112条　譲渡人による保証
(1) 譲渡行為は，(2)から(6)までに規定する保証を含む。ただし，譲渡行為又は諸事情から，それと異なることが示されるときは，この限りでない。
(2) 譲渡人は，次に掲げる内容のすべてを保証する。
　(a) 譲渡された債権が存在し，又は譲渡の効果が発生する将来の時点で存在すること
　(b) 譲渡人が，現在又は譲渡の効果が発生するべき時に，その債権を譲渡する権利を有すること
　(c) 債務者がその債権の主張に対する抗弁を有しないこと
　(d) その債権が，譲渡人と債務者との間で用いることができる相殺権によって影響を受けないこと
　(e) その債権が，他の譲受人に対する優先的な債権譲渡の対象となっておらず，かつ，第三者のための担保権その他の負担に服するものではないこと
(3) 譲渡人は，その債権の内容として契約その他の法律行為の条項を譲受人に開示したときは，譲受人に不利な意味又は効果を有する開示されていない合意によってその条項が変更されておらず，かつ，そのような合意の影響を受けないことを保証する。
(4) 譲渡人は，その債権を生じさせる契約その他の法律行為の条項が，譲受人の同意なしに変更されないことを保証する。ただし，その変更が譲渡行為において定

められている場合又は信義誠実に従って行われた変更であって，譲受人が異議を唱えることが合理的でない性質のものである場合には，この限りでない。
(5) 譲渡人は，同一の債権について，当該債権の譲渡後に，譲受人に対する優先権を第三者に取得させることとなる債権譲渡契約の締結又は担保の設定を行わないことを保証する。
(6) 譲渡人は，履行を担保することを目的とした移転可能な権利であって，債権の譲渡によって移転していないすべてのものを譲受人に移転すること，又はそれらの権利の移転を完了するために必要な措置を講じることを保証するとともに，履行を担保することを目的とした移転不可能な権利から生じる利益を移転することを保証する。
(7) 譲渡人は，債務者が現在又は将来において支払能力を有することを表明するものではない。

第4款 債権の譲渡の効果

III.-5：113条　新たな債権者

債権の譲渡の効力が生じた時に，譲渡された債権につき，譲渡人は債権者ではなくなり，譲受人が債権者となる。

III.-5：114条　債権の譲渡の効力発生時期

(1) 債権の譲渡は，III.-5：104条（基本的な要件）に定める要件を満たす時又は譲渡行為で定められたその後の時に，その効力を生じる。
(2) (1)の定めにかかわらず，譲渡された債権が譲渡行為の当時に将来の債権であった場合には，債権の存在を前提とする要件を除くすべての要件が満たされた時に，その譲渡は効力を生じたものとみなす。
(3) 時期を前後して複数の譲渡行為がされ，それらについてIII.-5：104条（基本的な要件）に定める要件が同時に満たされる場合には，最も早くにされた譲渡行為が効力を生じる。ただし，当該譲渡行為に別段の定めがあるときは，この限りでない。

III.-5：115条　譲受人に移転する権利

(1) 債権の譲渡によって，主たる債権のほか，すべての従属的な権利及びすべての移転可能で従属的な担保権も，譲受人に移転する。
(2) 契約上の債権の譲渡がされるとともに，同一の契約に基づき譲渡人が負う債務について譲受人が譲渡人に代わって債務者となるときは，III.-5：302条（契約上の地位の移転）に従うことを条件として，この条を適用する。

III.-5：116条　抗弁及び相殺権に対する効果

(1) 債務者は，譲渡された債権に基づく請求に対する実体上又は手続上の抗弁であって，譲渡人に対し主張することができたすべてのものを，譲受人に対して主張することができる。
(2) (1)の定めにかかわらず，次の各号のいずれかに該当する場合には，債務者は，譲受人に対して抗弁を主張することができない。
(a) 債務者が，譲受人に対して，その抗

弁が存在しないと信頼させた場合
　(b) その抗弁が，債権譲渡の禁止又は制限に対する譲渡人の違反を理由とするものである場合
(3) 債務者は，次に掲げる譲渡人に対する債権について譲渡人に対して行使することができた相殺権を，譲受人に対して主張することができる。
　(a) 譲渡された債権について譲渡人に対して履行したのでは責任を免れることができなくなる時に存在していた債権
　(b) 譲渡された債権と密接に関係する債権

III.-5：117条　履行場所に対する効果

(1) 譲渡された債権が特定の場所における金銭の支払債務に関するものである場合には，譲受人は，同一国内のいずれの場所でも支払を求めることができる。その国がEUの加盟国であるときは，譲受人は，EU内のいずれの場所でも支払を求めることができる。ただし，譲渡人は，履行場所の変更により債務者に生じる増加費用について，債務者に対し責任を負う。
(2) 譲渡された債権が特定の場所において履行されるべき非金銭債務に関するものである場合には，譲受人は，他の場所で履行を求めることはできない。

III.-5：118条　無効，取消し，撤回，解消及び贈与の撤回の効果

(1) この条は，III.-5：104条（基本的な要件）(1)(e)に定める債権の譲渡行為が別に行われるか否かにかかわらず，同条(1)(d)に定める譲受人の権利が契約その他の法律行為（以下この条において「基礎となる契約その他の法律行為」という。）から生じる場合に適用する。
(2) 基礎となる契約その他の法律行為が初めから無効であるときは，債権の譲渡は効力を生じない。
(3) 債権の譲渡の効力が生じた後に，基礎となる契約その他の法律行為が第II編第7章の規定により取り消されたときは，債権は初めから譲受人に移転しなかったものとみなす（以下この条において「債権の譲渡に対する遡及効」という。）。
(4) 債権の譲渡の効力が生じた後に，基礎となる契約その他の法律行為が第II編第5章の意味において撤回されたとき，第III編の規定により契約関係が解消されたとき又は第IV編H部第4章の意味において贈与が撤回されたときは，債権の譲渡に対する遡及効は生じない。
(5) この条は，このモデル準則のその他の規定に基づく原状回復請求権に影響を及ぼさない。

第5款　債務者の保護

III.-5：119条　債権者でない者に対する履行

(1) 債務者は，譲渡人又は譲受人から債権の譲渡の通知を受け取っておらず，かつ，譲渡人がもはや履行を受領する権利を有しないことを知らない限りにおいて，譲渡人に対して履行することにより，その債務を免れる。
(2) 譲渡人から受け取った債権の譲渡の通知において譲受人とされる者が債権者で

ない場合でも，債務者は，その者に対して善意で，かつ，過失なく履行することにより，その債務を免れる。
(3) 譲受人であると主張する者から受け取った債権の譲渡の通知において譲受人とされる者が債権者でない場合でも，債権者が，譲受人とされる者に債権が譲渡されたとの信頼を債務者に生じさせ，その信頼が合理的であり，かつ，債務者に過失がないときは，債務者は，その者に対して履行することにより，その債務を免れる。

III.-5：120条　債権の譲渡の適切な証明
(1) 債権が譲渡されたと信じる合理的な理由がある債務者が，債権の譲渡の通知を受け取っていないときは，債務者は，債権の譲渡人であると信じる者に対して，債権の譲渡の通知を求め，又は債権が譲渡されていないこと若しくは譲渡人が依然として支払を受領する権利を有することの確認を求めることができる。
(2) 債務者が債権の譲渡の通知を受け取った場合において，当該通知が持続性のある媒体上の文書形式によらないとき又は譲渡された債権若しくは譲受人の名称及び住所に関する適切な情報を与えないときは，債務者は，当該通知をした者に対して，これらの要件を満たす新たな通知を求めることができる。
(3) 債務者は，譲渡人ではなく譲受人から債権の譲渡の通知を受け取った場合には，譲受人に対して，債権の譲渡についての信頼できる証拠を提示するように求めることができる。信頼できる証拠とは，持続性のある媒体上に文書形式で示された当該債権が譲渡された旨の記載を含むが，これに限られるものではない。
(4) 債務者は，この条による要求をした場合には，その要求が満たされるまで履行を停止することができる。

第6款　優先関係
III.-5：121条　複数の譲受人の競合
(1) 同一の債権が同一の者によって重複して譲渡されたときは，債権の譲渡の通知が債務者に対して最初にされた譲受人が，先に行われた譲渡の譲受人に優先する。ただし，後に行われた譲渡の譲受人が，当該譲受けの時に，先に行われた譲渡について知り，又は知っていたことを合理的に期待されるときは，この限りでない。
(2) 債務者は，請求が競合することを知っている場合であっても，最初に通知がされた譲受人に対して支払うことにより，その債務を免れる。

III.-5：122条　譲受人と利益を受領した譲渡人の競合
　債務者がIII.-5：108条（債権の譲渡性と契約による譲渡禁止の効果）(2)(a)又はIII.-5：119条（債権者でない者に対する履行）(1)の定めにより債務を免れるときは，譲受人が譲渡人に対して利益の償還を求める権利は，その利益が譲渡人によって保持されており，かつ，譲渡人のその他の財産から合理的に識別することができる限りにおいて，競合する債権者の債権に優先する。

第2節　債務者の交替及び追加

III.-5:201条　適用範囲
この節の規定は，合意による新たな債務者への交替又は新たな債務者の追加にのみ適用する。

III.-5:202条　交替又は追加の種類
(1) 新債務者への交替又は新債務者の追加は，次に掲げるいずれかの方法で行うことができる。
  (a) 旧債務者が免責される方法（以下この節において「新債務者への完全な交替」という。）
  (b) 新債務者が適正に履行しない場合には旧債務者が債務者として留まる方法（以下この節において「新債務者への不完全な交替」という。）
  (c) 旧債務者と新債務者が連帯責任を負う方法（以下この節において「新債務者の追加」という。）
(2) 新債務者の存在が明らかであるが，いかなる交替又は追加の方式が意図されていたのかが明らかでないときは，旧債務者と新債務者は連帯責任を負う。

III.-5:203条　債権者の承諾
(1) 完全な交替であるか不完全な交替であるかを問わず，新債務者への交替には，債権者の承諾を要する。
(2) 債権者は，新債務者への交替に対して，あらかじめ承諾することができる。この場合における交替の効果は，新債務者と旧債務者との間の合意が新債務者から債権者に対して通知されるまでは生じない。
(3) 新債務者の追加には，債権者の承諾を要しないが，債権者は，新債務者への通知により，新債務者に対して新たに取得する権利を拒絶することができる。この通知は，新債務者に対する権利を知った後不当に遅延することなく，かつ，当該権利を明示又は黙示に承認する前に行わなければならない。この拒絶がされた場合には，新債務者に対する権利は，初めから取得しなかったものとみなす。

III.-5:204条　完全な交替
第三者は，債権者及び旧債務者との合意により，旧債務者と完全な交替をすることを約束することができる。この場合には，旧債務者は免責される。

III.-5:205条　完全な交替の場合における抗弁，相殺及び担保権に関する効果
(1) 新債務者は，債権者に対して，旧債務者が債権者に対して主張することができたすべての抗弁を主張することができる。
(2) 新債務者は，債権者に対して，旧債務者が債権者に対して有していた相殺権を行使することができない。
(3) 新債務者は，債権者に対して，新債務者と旧債務者との間の関係から生じた権利及び抗弁を主張することができない。
(4) 旧債務者の免責は，債務の履行のために旧債務者から債権者に提供された人的担保及び物的担保にも及ぶ。ただし，その担保が旧債務者と新債務者との間の取引の一部として新債務者に移転した財産の上に存在するものであるときは，この

限りでない。
(5) 旧債務者の免責によって，債務の履行のために新債務者以外の者から提供された担保も，解放される。ただし，当該担保提供者が引き続き債権者のために担保を提供することを承諾するときは，この限りでない。

III.-5：206条　不完全な交替
第三者は，債権者及び旧債務者との合意により，旧債務者と不完全な交替をすることができる。この場合には，新債務者が適正に履行しないときは，旧債務者が債務者として留まる。

III.-5：207条　不完全な交替の効果
(1) 不完全な交替の場合における抗弁及び相殺に関する効果は，完全な交替の場合における効果と同じである。
(2) 旧債務者が免責されない限りで，旧債務者の債務の履行のために提供された人的担保及び物的担保は，交替の影響を受けない。
(3) (1)及び(2)の定めに反しない限りで，旧債務者の責任は，補充性を有する付従的人的担保の提供者の責任に関する規定の定めるところによる。

III.-5：208条　新債務者の追加
第三者は，債務者と合意することによって，追加的に債務者となることができる。この場合において，旧債務者と新債務者は連帯責任を負う。

III.-5：209条　新債務者の追加の効果
(1) 新債務者と債権者との間の契約又は新債務者による債権者のための独立した単独行為により，新債務者が追加的に債務者となった場合には，新債務者は，債権者に対して，新債務者と旧債務者との間の関係から生じた権利及び抗弁を主張することができない。そのような契約又は単独行為がない場合には，新債務者は，債権者に対して，旧債務者との合意に影響を及ぼす無効原因を主張することができる。
(2) (1)の定めに反しない限りで，第Ⅲ編第4章第1節（複数の債務者）の規定を適用する。

第3節　契約上の地位の移転

III.-5：301条　適用範囲
この節の規定は，合意による移転にのみ適用する。

III.-5：302条　契約上の地位の移転
(1) 契約関係の当事者の一方は，相手方の承諾があれば，第三者との間で，当該第三者が自らと交替して契約関係の当事者となることを合意することができる。
(2) 相手方は，あらかじめ承諾をすることができる。この場合においては，相手方に対して移転の通知がされるまで，移転の効果は生じない。
(3) 第三者への交替が債権の移転を伴う限りで，債権の譲渡に関するこの章第1節の規定を適用する。また，債務が移転される限りで，新債務者への交替に関するこの章第2節の規定を適用する。

第4節　受任者が倒産した場合における債権及び債務の移転

III.-5：401条　受任者が倒産した場合における債権を承継するという本人の選択権

(1) この条は、受任者が本人の指図に基づき、本人のために、かつ、本人ではなく自らが契約の当事者となって相手方と契約を締結した場合に適用する。

(2) 受任者が倒産したときは、本人は、相手方及び受任者に対する通知により、相手方との契約に基づく受任者の債権を承継することができる。

(3) 相手方は、受任者に対して主張することができた抗弁を本人に対して主張することができ、かつ、受任者から本人に債権が任意に譲渡されたならば認められたその他の保護をすべて享受する。

III.-5：402条　相手方の選択権

前条に基づき本人が受任者の債権を承継したときは、相手方は、本人及び受任者に対する通知により、相手方が受任者に対して有する権利を本人に対して行使することを選択することができる。ただし、受任者が相手方に対して有する抗弁を免れることはできない。

第6章　相殺及び混同

第1節　相　殺

III.-6：101条　定義及び適用範囲

(1) 「相殺」とは、ある者が、他の者に対して負担する債務の全部又は一部を消滅させるために、その者に対して有する債権を用いることができる方法をいう。

(2) この章の規定は、倒産の場合における相殺には適用しない。

III.-6：102条　相殺の要件

二当事者が互いに同種の債務を負担している場合において、相殺の時に次に掲げる要件のすべてを満たすときは、その限りにおいて、いずれの当事者も、自らが有する債権を相手方の債権と相殺することができる。

(a) 相殺をする債権者の債務の履行期が到来していること又は履行期が到来していない場合であっても、相殺をする債権者が相手方に対して履行の受領を強制することができること

(b) 相手方の債務の履行期が到来していること

(c) 各当事者が相殺のために自らの債権を処分する権限を有していること

III.-6：103条　確定していない債権

(1) 債務者は、その存在又は価値が確定していない債権を自働債権とする相殺をすることができない。ただし、その相殺が相手方の利益を害するものでないときは、この限りでない。

(2) 当事者双方の債権が同一の法律関係か

ら生じている場合には，その相殺は相手方の利益を害しないものと推定する。

Ⅲ.-6：104条　外国の通貨による相殺
　当事者双方が互いに異なる通貨による金銭債務を負っている場合には，いずれの当事者も，自らの債権で相手方の債権を相殺することができる。ただし，相殺の意思表示をする側の当事者が特定の通貨でのみ支払うべきことが合意されていたときは，この限りでない。

Ⅲ.-6：105条　通知による相殺
　相殺は，相手方に対する通知によって，その効力を生じる。

Ⅲ.-6：106条　複数の債権及び債務
(1)　相殺の通知をする当事者が相手方に対して複数の債権を有している場合には，当該通知は，その対象となる債権を特定しているときに限り，効力を有する。
(2)　相殺の通知をする当事者が相手方に対して複数の債務を履行しなければならない場合には，弁済の充当に関する規定を，適切な補正を加えた上で，適用する。

Ⅲ.-6：107条　相殺の効果
　相殺は，通知の時から，両債務を対当額で消滅させる。

Ⅲ.-6：108条　相殺権の排除
　次の各号のいずれかに該当する場合には，相殺をすることができない。
(a)　相殺が合意により排除されている場合
(b)　受働債権が差押えに適さない債権である場合。この場合においては，差押えに適さない限度において相殺をすることができない。
(c)　受働債権が故意の違法な行為から生じた債権である場合

第2節　債務の混同

Ⅲ.-6：201条　混同による債務の消滅
(1)　一人の者が同一の債務につき債務者かつ債権者となるときは，債務は消滅する。
(2)　(1)の定めは，第三者から権利を奪うこととなるときは，適用しない。

第7章　消滅時効

第1節　総　　則

Ⅲ.-7：101条　消滅時効にかかる権利
　債務の履行を求める権利は，この章の規定に従い，一定期間の経過によって消滅時効にかかる。

第2節　消滅時効期間及び起算点

Ⅲ.-7：201条　一般の消滅時効期間
　一般の消滅時効期間は，3年とする。

III.-7:202条　法的手続によって確定した権利の消滅時効期間
(1)　判決によって確定した権利の消滅時効期間は，10年とする。
(2)　仲裁判断その他判決と同様の強制力を有するものによって確定した権利についても，(1)と同様とする。

III.-7:203条　起算点
(1)　一般の消滅時効期間は，債務者が履行をするべき時から，損害賠償請求権にあってはその権利を発生させる行為の時から，進行を開始する。
(2)　債務者が一定の作為又は不作為を内容とする継続的債務を負うときは，一般の消滅時効期間は，その債務に対する違反ごとに進行を開始する。
(3)　III.-7:202条（法的手続によって確定した権利の消滅時効期間）に定める消滅時効期間は，判決又は仲裁判断についてはそれが既判力を生じた時から，その他のものについてはその強制が可能となった時から，進行を開始する。ただし，債務者が履行をするべき時より前においては，この限りでない。

第3節　消滅時効期間の伸長

III.-7:301条　不知の場合における進行の停止
　債権者が，次に掲げるいずれかの事実を知らず，かつ，知ることを合理的に期待されない間は，消滅時効期間の進行は停止する。
　(a)　債務者が誰であるか
　(b)　権利を発生させた事実。損害賠償請求権にあっては損害の種類を含む。

III.-7:302条　裁判手続その他の手続による進行の停止
(1)　消滅時効期間の進行は，その権利についての裁判手続が開始した時から停止する。
(2)　消滅時効期間の進行の停止は，判決が既判力を生じ，又はその他の方法により当該事件が解決される時まで継続する。当該手続が，消滅時効期間の最後の6か月内に，本案について判断されることなく終了したときは，消滅時効期間は，手続が終了した後6か月を経過するまでの間は，満了しない。
(3)　(1)及び(2)の定めは，仲裁手続，調停手続，当事者間の問題に関する拘束力のある判断を得るために当該問題を第三者に委ねる手続，その他当該権利に関する判断を得ることを目的とするすべての手続について，適切な補正を加えた上で，適用する。
(4)　調停手続とは，複数の紛争当事者が調停者の助けを借りて紛争解決の合意に至ることを目的として構成された手続をいう。

III.-7:303条　債権者の支配を超えた障害の場合における進行の停止
(1)　消滅時効期間の進行は，債権者が，その支配を超え，かつ，回避し，又は克服することを合理的に期待されない障害によって，その権利を行使するための手続をとることを妨げられている間は，停止する。
(2)　(1)の定めは，その障害が消滅時効期間の最後の6か月内に発生し，又は存在す

る場合に限り，適用する。
(3) 障害が継続した期間又は障害の性質により，停止が終了した後の残りの消滅時効期間内に，その権利を行使するための手続をとることを債権者に期待することが不合理であるときは，消滅時効期間は，当該障害が消滅した後6か月を経過するまでの間は，満了しない。
(4) この条において，障害は，心理的な障害を含む。

Ⅲ.-7：304条　交渉による消滅時効期間の満了の延期
　当事者が，その権利について，又はその権利に関する請求権を発生させる事情について交渉するときは，消滅時効期間は，その交渉における最後の伝達がされた時から1年を経過するまでの間は，満了しない。

Ⅲ.-7：305条　無能力の場合における消滅時効期間の満了の延期
(1) 無能力者に代理人が付されていない場合には，その者の有する権利又はその者に対する権利の消滅時効期間は，その者が無能力でなくなった時又は代理人が選任された時から1年を経過するまでの間は，満了しない。
(2) 無能力者とその代理人との間に生じた権利の消滅時効期間は，その者が無能力でなくなった時又は新たな代理人が選任された時から1年を経過するまでの間は，満了しない。

Ⅲ.-7：306条　相続財産に関する消滅時効期間の満了の延期
　債権者又は債務者が死亡した場合には，相続財産に属する権利又は相続財産を引き当てとする権利の消滅時効期間は，その権利が相続人若しくは相続財産の代理人によって強制可能となった時又は相続人若しくは相続財産の代理人に対して強制可能となった時から1年を経過するまでの間は，満了しない。

Ⅲ.-7：307条　消滅時効期間の上限
　消滅時効期間は，この章の規定による進行の停止又は満了の延期によっても，10年を超えることができず，人身侵害に関する損害賠償請求権については30年を超えることができない。ただし，Ⅲ.-7：302条（裁判手続その他の手続による進行の停止）に定める進行の停止は，この限りでない。

第4節　消滅時効期間の更新

Ⅲ.-7：401条　承認による更新
(1) 債務者が，一部弁済，利息の支払，担保の提供その他の方法により，債権者に対して権利を承認した場合には，新たな消滅時効期間が進行を開始する。
(2) 新たな消滅時効期間は，その債権が当初服していた期間が一般の消滅時効期間であったか，Ⅲ.-7：202条（法的手続によって確定した権利の消滅時効期間）の定めによる10年の消滅時効期間であったかにかかわらず，一般の消滅時効期間とする。ただし，その権利が当初10年の消滅時効期間に服していたときは，その10年の期間は，この条によって短縮さ

れない。

Ⅲ.-7:402条　強制執行の申立てが行われた場合の更新
　Ⅲ.-7:202条（法的手続によって確定した権利の消滅時効期間）に定める10年の消滅時効期間は，債権者によって強制執行のための合理的な措置がとられた時から，新たに進行を開始する。

第5節　消滅時効の効果

Ⅲ.-7:501条　一般的効果
(1)　消滅時効期間が満了した後は，債務者は，履行を拒絶する権利を有する。
(2)　債務者が債務の履行として支払い，又は移転したものについては，消滅時効期間が満了したことのみを理由にして，返還を請求することはできない。

Ⅲ.-7:502条　従たる権利に対する効果
　利息の支払を求める権利その他の従たる権利の消滅時効期間は，主たる権利の期間より後に満了することはない。

Ⅲ.-7:503条　相殺に対する効果
　消滅時効期間が満了した権利も，相殺に供することができる。ただし，債務者がそれより前に消滅時効を援用していたとき又は相殺の通知を受けた時から2か月以内に消滅時効を援用したときは，この限りでない。

第6節　合意による修正

Ⅲ.-7:601条　消滅時効に関する合意
(1)　消滅時効の要件は，消滅時効期間を短縮し，又は延長するなど，当事者の合意によって修正することができる。
(2)　(1)の定めにかかわらず，消滅時効期間は，Ⅲ.-7:203条（起算点）に定める起算日から1年未満に短縮し，又は30年を超えて伸長することはできない。

第Ⅳ編 各種の契約及びそれに基づく権利義務

A部 売　買

第1章　適用範囲及び定義

第1節　適用範囲

Ⅳ.A.-1:101条　適用対象となる契約
(1) この部の規定は，物品の売買契約及びそれに付される消費者保証について適用する。
(2) この部の規定は，次に掲げる契約について，適切な補正を加えた上で，適用する。
　(a) 電気の売買契約
　(b) 株式，投資証券及び流通証券の売買契約
　(c) その他の形態の無体財産（債務の履行を求める権利，工業所有権及び知的財産権その他の移転可能な権利を含む。）の売買契約
　(d) 代金と引換えに情報又はデータ（ソフトウェア及びデータベースを含む。）に関する権利を与える契約
　(e) 物品その他の上に掲げる財産の交換契約
(3) この部の規定は，不動産又は不動産に関する権利の売買契約又は交換契約については，適用しない。

Ⅳ.A.-1:102条　製造又は生産が行われる物品
　当事者の一方が，代金と引換えに，相手方のために物品を製造し，又は生産して，その所有権を相手方に移転することを約束する契約は，主たる部分において物品の売買契約とみなす。

第2節　定　義

Ⅳ.A.-1:201条　物　品
　この部において，次の各号に掲げる用語は，それぞれ当該各号の定めるところによる。
　(a) 「物品」は，契約の締結時にいまだ存在しない物品を含む。
　(b) 物品とあるのは，Ⅳ.A.-1:101条（適用対象となる契約）の規定自体におけるものを除き，同条(2)に掲げるその他の財産をも指すものとする。

Ⅳ.A.-1:202条　売買契約
　物品の「売買」契約とは，当事者の一方（売主）が相手方（買主）に対し，契約の締結により直ちに，又は将来のある時点にお

いて物品の所有権を買主又は第三者に移転することを約束し，買主が代金を支払うことを約束する契約をいう。

IV.A.-1：203条　交換契約
(1)　物品の「交換」契約とは，各当事者が，契約の締結により直ちに，又は将来のある時点において物品の所有権を他の物品の所有権の移転と引換えに移転することを約束する契約をいう。
(2)　各当事者は，受け取られるべき物品に関しては買主とみなし，移転されるべき物品又は財産に関しては売主とみなす。

IV.A.-1：204条　消費者売買契約
この部の規定の適用に当たり，消費者売買契約とは，売主が事業者であり，買主が消費者である売買契約をいう。

第2章　売主の債務

第1節　概　観

IV.A.-2：101条　売主の債務の概観
売主は，次に掲げることを行わなければならない。
(a)　物品の所有権を移転すること
(b)　物品を引き渡すこと
(c)　契約に従い必要である場合には，物品を表章する書類又は物品に関する書類を移転すること
(d)　物品が契約に適合することを保証すること

第2節　物品の引渡し

IV.A.-2：201条　引　渡　し
(1)　売主は，物品を買主が利用可能な状態にすることにより，又は，売主が物品を表章する書類を引き渡すことで足りることが合意されている場合には，当該書類を買主が利用可能な状態にすることにより，引渡しの債務を履行するものとする。
(2)　契約が一人の運送人又は数人の相次運送人による運送を伴う場合には，売主は，買主に送付するために物品を最初の運送人に交付すること，及び買主が物品を所持する運送人から物品を受け取るために必要な書類を買主に移転することにより，引渡しの債務を履行するものとする。
(3)　この条において，買主とあるのは，契約に従い引渡しが行われるべき相手方である第三者を含む。

IV.A.-2：202条　引渡しの場所及び時期
(1)　引渡しの場所及び時期は，この条によって修正されたⅢ.-2：101条（履行場所）及びⅢ.-2：102条（履行期）によって定まる。
(2)　引渡しの債務を履行するために物品を表章する書類の移転が必要である場合には，売主は，契約に定める時期及び場所において，かつ，契約に定める方式により，当該書類を移転しなければならない。
(3)　消費者売買契約において，契約が一人

の運送人又は数人の相次運送人による運送を伴う場合において，消費者のために引渡しの時期が定められているときは，物品は，その時期までに，最後の運送人から受け取り，又は最後の運送人から受け取ることができる状態にされなければならない。

IV.A.-2：203条　期限前の引渡しの場合における追完

(1)　売主は，引渡しをするべき時期より前に物品を引き渡した場合には，その引渡しをするべき時期まで，欠けている部分を引き渡し，若しくは引き渡した物品の数量の不足分を補い，又は引き渡した不適合な物品の代替品を引き渡し，若しくはその他の方法により引き渡した物品の不適合を追完することができる。ただし，それにより買主に不合理な不便又は不合理なほどに多額の費用を生じさせるときは，その限りでない。

(2)　売主は，契約に定める時期より前に書類を移転した場合には，その引渡しをするべき時期まで，当該書類の不適合を追完することができる。ただし，それにより買主に不合理な不便又は不合理なほどに多額の費用を生じさせるときは，その限りでない。

(3)　この条は，買主が，売主の追完によって塡補されない損害について，第Ⅲ編第3章第7節（損害賠償及び利息）の規定に従い損害賠償の請求をすることを妨げない。

IV.A.-2：204条　物品の運送

(1)　売主は，契約により物品の運送を手配する義務を負う場合には，状況に応じて適切な運送手段により，かつ，このような運送のための通常の条件により，定められた場所までの運送に必要となる契約を締結しなければならない。

(2)　売主は，契約に従い物品を運送人に交付した場合において，当該物品が荷印，船積書類その他の方法により契約上の物品として明確に特定されないときは，買主に対して，物品を特定した発送の通知を行わなければならない。

(3)　売主は，契約により物品の運送について保険を付す義務を負わない場合であっても，買主の要求があるときは，買主が保険を付すために必要な情報であって，自己が提供することのできるすべてのものを，買主に対して提供しなければならない。

第3節　物品の適合性

IV.A.-2：301条　契約適合性

物品は，次に掲げる要件のすべてを満たさない限り，契約に適合しない。

(a)　契約に定める数量，品質及び種類に適合すること

(b)　契約に定める方法で収納され，又は包装されていること

(c)　契約に定める付属品，取付説明書その他の説明書とともに供給されること

(d)　この節の次条以下の規定に従うこと

IV.A.-2:302条　目的適合性，品質，包装
物品は，次に掲げる要件のすべてを満たすものでなければならない。
- (a) 契約の締結時に売主に知らされていた特定の目的に適したものであること。ただし，状況からみて，買主が売主の技能及び判断を信頼せず，又は信頼することが不合理であったときは，この限りでない。
- (b) 同種の物品が通常使用される目的に適合したものであること
- (c) 売主が買主に対して見本又はひな形として示した物品と同じ品質を有するものであること
- (d) 同種の物品にとって通常の方法により，又はこのような方法がない場合にはその物品の保存及び保護に適した方法により，収納され，又は包装されていること
- (e) 買主が受け取ることを合理的に期待することのできる付属品，取付説明書その他の説明書とともに供給されること
- (f) 買主が合理的に期待することのできる品質及び性能を有するものであること

IV.A.-2:303条　第三者による表示
物品は，製造・流通過程において売主より前の段階に位置する者，製造者又は製造者の代理人によって行われたその物品の特性に関する表示において示され，Ⅱ.-9:102条（契約条項とみなされる契約締結前の表示）により契約条項の一部をなす品質及び性能を有するものでなければならない。

IV.A.-2:304条　消費者売買契約における不適切な取付け
消費者売買契約に基づいて供給された物品の取付けが不適切であった場合には，その不適切な取付けによって生じた不適合は，次の各号のいずれかに該当するときは，物品の不適合とみなす。
- (a) 物品が売主によって，又は売主の責任で取り付けられたとき
- (b) 物品が消費者による取付けを予定するものであり，かつ，不適切な取付けが取付説明書の不備に基づくものであったとき

IV.A.-2:305条　第三者の権利又は請求一般
物品は，第三者の権利又は合理的な根拠のある請求の対象となっていないものでなければならない。ただし，当該権利又は請求が工業所有権その他の知的財産権に基づくものである場合には，売主の債務については，次条の定めるところによる。

IV.A.-2:306条　工業所有権その他の知的財産権に基づく第三者の権利又は請求
(1) 物品は，売主が契約の締結時に知り，又は知っていたことを合理的に期待される工業所有権その他の知的財産権に基づく第三者の権利又は請求の対象となっていないものでなければならない。
(2) (1)の規定は，権利又は請求が，買主の提供した図面，設計，製法その他の仕様に売主が従ったことによって生じた場合には，適用しない。

IV.A.-2：307条　買主の知っていた不適合

(1) 買主が契約の締結時に不適合を知り，又は知っていたと合理的に考えることができる場合には，売主は，IV.A.-2：302条（目的適合性，品質，包装），IV.A.-2：305条（第三者の権利又は請求一般）又はIV.A.-2：306条（工業所有権その他の知的財産権に基づく第三者の権利又は請求）による責任を負わない。

(2) 買主が契約の締結時に取付説明書の不備を知り，又は知っていたと合理的に考えることができる場合には，売主は，IV.A.-2：304条（消費者売買契約における不適切な取付け）(b)による責任を負わない。

IV.A.-2：308条　適合性を確定するための基準時

(1) 売主は，危険が買主に移転した時に存在していた不適合について，当該不適合が危険の移転した時より後に明らかになった場合であっても責任を負う。

(2) 消費者売買契約において，危険が買主に移転した時から6か月以内に明らかになった不適合は，危険が移転した時に存在していたものと推定する。ただし，物品の性質又はその不適合の性質と相容れない場合は，この限りでない。

(3) IV.A.-2：304条（消費者売買契約における不適切な取付け）が適用される場合は，(1)又は(2)の規定において危険が買主に移転した時とあるのは，取付けが完了した時と読み替えるものとする。

IV.A.-2：309条　消費者売買契約における適合性に係る権利に関する異なる定めの規制

消費者売買契約において，売主が不適合に気づく前に売主との間で約定された契約条項又は合意であって，物品が契約に適合することを保証する売主の債務から生じる権利を直接又は間接に放棄させ，又は制限するものは，消費者に対して拘束力を有しない。

第3章　買主の債務

IV.A.-3：101条　買主の主たる債務

買主は，次に掲げることをしなければならない。
  (a) 代金を支払うこと
  (b) 物品の引渡しを受領すること
  (c) 契約により必要とされる場合には，物品を表章する書類又は物品に関係する書類を受け取ること

IV.A.-3：102条　形状，寸法その他の特徴の指定

(1) 買主が契約に従い物品の形状，寸法その他の特徴又は物品の引渡しの方法を指定するべき場合において，合意した時期に，又は売主から請求を受けた時から合理的な期間内に買主がその指定を行わないときは，売主は，他の権利の行使を妨げられることなく，自己の知ることがで

きた買主の必要に応じて，その指定を行うことができる。
(2) 売主は，(1)に規定する指定を行う場合には，買主に対してその指定の詳細を知らせ，かつ，買主がそれと異なる指定を行うことができる合理的な期間を定めなければならない。買主がその通知を受けた後，その定められた期間内に異なる指定を行わない場合には，売主の行った指定は，拘束力を有する。

IV.A.-3：103条　重量によって定められる代金

代金が物品の重量に基づいて定められる場合において，疑義があるときは，代金は，正味重量によって決定する。

IV.A.-3：104条　引渡しの受領

買主は，次に掲げる行為を行うことにより，引渡しを受領する債務を履行するものとする。
(a) 売主による引渡しの債務の履行を可能とするために合理的に期待することのできるすべての行為を行うこと
(b) 物品を受け取ること，又は契約に従い物品を表章する書類を受け取ること

IV.A.-3：105条　期限前の引渡し及び数量超過の引渡し

(1) 売主が定められた時期より前に物品の全部又は一部を引き渡す場合には，買主は，引渡しを受領し，又は提供されたものを受け取っても買主の利益を不合理に害することにならない場合を除き，引渡しの受領を拒絶することができる。
(2) 売主が契約に定める数量を超過する物品を引き渡す場合には，買主は，超過する部分を保持し，又は拒絶することができる。
(3) 買主が超過する部分を保持した場合には，その部分は契約に基づいて提供されたものとみなし，買主は，その部分について契約価格に応じて代金を支払わなければならない。
(4) 消費者売買契約において，売主が注文されたものでないことを知りながら故意に，かつ，錯誤によることなく超過する部分を引き渡したものと，買主が合理的な根拠に基づいて信じるときは，(3)の規定は，適用しない。この場合においては，注文していない物品に関する規定を適用する。

第4章　救済手段

第1節　強行法規

IV.A.-4：101条　消費者売買契約における不適合に対する救済手段に関する強行法規

消費者売買契約において，売主が不適合に気づく前に売主との間で約定された契約条項又は合意であって，不適合に関して，この章の規定によって修正された第Ⅲ編第3章（不履行に対する救済手段）に規定する買主の救済手段を直接又は間接に放棄し，

又は制限するものは，消費者に対して拘束力を有しない。

第2節　不適合に対する買主の救済手段の修正

IV.A.-4：201条　不適合を理由とする消費者による契約の解消

消費者売買契約において不適合が認められる場合には，買主は，不適合が軽微なものであるときを除き，第Ⅲ編第3章第5節（契約の解消）の規定により不履行を理由として契約関係を解消することができる。

IV.A.-4：202条　事業者でない売主の損害賠償責任の制限

(1) 売主が自然人であり，自己の商取引，事業又は職業に関係しない目的のために行為をしている場合には，買主は，契約代金を超えて，不適合を理由とする損害賠償を請求することができない。

(2) 不適合が，買主に危険が移転する時に売主が知り，又は知っていたことを合理的に期待される事実であって，その時より前に売主が買主に対して明らかにしなかったものに関するものである場合には，売主は，(1)の規定を援用することができない。

第3節　検査及び通知の必要性

IV.A.-4：301条　物品の検査

(1) 買主は，状況に応じて合理的な範囲の短い期間内に，物品を検査し，又は検査させなければならない。これを行わなかった場合には，買主は，IV.A.-4：302条（不適合の通知）によって補充されたⅢ.-3：107条（不適合の通知の懈怠）により不適合を援用する権利を失うことがある。

(2) 契約が物品の運送を伴う場合には，検査は，物品が仕向地に到達した後まで延期することができる。

(3) 買主が物品を検査する合理的な機会を有する前に，物品の運送中に仕向地を変更し，又は物品を転送した場合において，売主が契約の締結時にそのような変更又は転送の可能性を知り，又は知っていたことを合理的に期待されるときは，検査は，物品が新たな仕向地に到達した後まで延期することができる。

(4) この条は，消費者売買契約については，適用しない。

IV.A.-4：302条　不適合の通知

(1) 二事業者間の契約においては，合理的な期間内に不適合の通知を要求するⅢ.-3：107条（不適合の通知の懈怠）は，以下の準則によって補充される。

(2) 買主は，いかなる場合にも，契約に従い自己に物品が現実に交付された時から2年以内に売主に対して不適合の通知を行わないときは，不適合を援用する権利を失う。

(3) 物品が，定められた期間中，特定の目的又はその物品の通常の目的に継続して適合していることを当事者が合意した場合には，(2)の規定による通知のための期間は，合意された期間が終了する前には満了しない。

(4) (2)の規定は，IV.A.-2：305条（第三者の権利又は請求一般）及びIV.A.-2：306条

（工業所有権その他の知的財産権に基づく第三者の権利又は請求）に規定する第三者の請求又は権利については，適用しない。

IV.A.-4：303条　一部の引渡しの通知

買主は，残りの物品の引渡しがされると信じることに理由がある場合には，売主に対して物品の全部の引渡しがされていないことを通知することを要しない。

IV.A.-4：304条　売主が不適合を知っていた場合

不適合が，売主が知り，又は知っていたことを合理的に期待される事実であって，売主が買主に対して明らかにしなかったものに関するものである場合には，売主は，IV.A.-4：301条（物品の検査）又はIV.A.-4：302条（不適合の通知）を援用することができない。

第5章　危険の移転

第1節　総則

IV.A.-5：101条　危険移転の効果

買主は，危険が自己に移転した後に生じた物品の滅失又は損傷により，代金を支払う債務を免れない。ただし，その滅失又は損傷が売主の作為又は不作為によるときは，この限りでない。

IV.A.-5：102条　危険が移転する時期

(1) 危険は，買主が物品又は物品を表章する書類を受け取った時に移転する。
(2) (1)の規定にかかわらず，契約が特定されていない物品に関するものである場合には，危険は，荷印，船積書類，買主に対する通知その他の方法のいずれによるかを問わず，物品が契約上の物品として明確に特定される時まで買主に移転しない。
(3) (1)の規定は，この章の第2節の規定に従う。

IV.A.-5：103条　消費者売買契約における危険の移転

(1) 消費者売買契約においては，危険は，買主が物品を受け取る時まで移転しない。
(2) (1)の規定は，買主が物品を受け取る債務を履行せず，かつ，当該不履行がⅢ.-3：104条（障害による免責）により免責されない場合には，適用しない。この場合においては，IV.A.-5：201条（買主の処分に委ねられた物品）の規定を適用する。
(3) (2)の場合を除き，この章の第2節の規定は，消費者売買契約については，適用しない。
(4) 当事者は，消費者の不利に，この条の適用を排除し，又はその効果を制限し，若しくは変更することができない。

第2節　特　　則

IV.A.-5：201条　買主の処分に委ねられた物品

(1) 物品が買主の処分に委ねられ，かつ，そのことを買主が知った場合には，危険は，物品が受け取られるべきであった時から買主に移転する。ただし，買主が，Ⅲ.-3：401条（牽連関係にある債務の履行を停止する権利）により引渡しを受領しないでおくことができたときは，この限りでない。

(2) 物品が売主の営業所以外の場所において買主の処分に委ねられた場合には，危険は，引渡しの期限が到来し，かつ，物品がその場所において買主の処分に委ねられたことを買主が知った時に移転する。

IV.A.-5：202条　物品の運送

(1) この条は，物品の運送を伴う売買契約について適用する。

(2) 売主が特定の場所において物品を交付する義務を負わない場合には，危険は，契約に従って買主に送付するために物品を最初の運送人に交付した時に買主に移転する。

(3) 売主が特定の場所において物品を運送人に交付する義務を負う場合には，危険は，物品がその場所において運送人に交付される時まで買主に移転しない。

(4) 売主が物品の処分を支配する書類を保持することが認められている事実は，危険の移転に影響を及ぼさない。

IV.A.-5：203条　運送中に売却された物品

(1) この条は，運送中に売却された物品を含む売買契約について適用する。

(2) 危険は，物品が最初の運送人に交付された時に買主に移転する。ただし，状況からして契約の締結時から買主に危険が移転すると考えるべき場合には，危険は，その時から買主に移転する。

(3) 売主が契約の締結時に，物品が滅失し，又は損傷していたことを知り，又は知っていたことを合理的に期待される場合において，そのことを買主に対して明らかにしなかったときは，その滅失又は損傷は，売主の負担とする。

第6章　消費者物品保証

IV.A.-6：101条　消費者物品保証の定義

(1) 消費者物品保証とは，消費者物品売買契約に関連して消費者に対して行われる次に掲げるいずれかの約束であって，(2)に規定する種類のものをいう。

　(a) 製造者又は流通過程において製造者より後に位置する者によって行われる約束

　(b) 売主によって，物品の売主として売主が負担する債務に加えて行われる約束

(2) 消費者物品保証における約束は，次に掲げるものであり得る。

　(a) 誤った使用，誤った取扱い又は事故

の場合を除き，物品が，定められた期間その他の期間，その通常の目的に適したものであり続けるという約束

(b) 物品が保証書又は関連する広告において示された仕様に合致しているという約束

(c) 保証において述べられている条件に従って，次のことを行うという約束。
(ⅰ) 物品を修補し，又は交換すること
(ⅱ) 物品の対価として支払われた代金の全部又は一部を返還すること
(ⅲ) その他の救済手段を与えること

IV.A.-6：102条　保証の拘束力

(1) 消費者物品保証は，契約によるものか一方的約束の方式によるものかにかかわらず，最初の買主のために拘束力を有する。一方的約束による場合においては，保証書又は関連する広告における別段の定めにかかわらず，承諾がなくても，同様の拘束力を有する。

(2) 保証書において別段の定めがない限り，保証は，保証の存続する期間，物品のすべての所有者に対しても，承諾がなくても，拘束力を有する。

(3) 保証における要件であって，保証を受ける者が登録又は購入の通知などの形式的な要件を満たすことを条件とするものは，消費者に対して拘束力を有しない。

IV.A.-6：103条　保　証　書

(1) 消費者物品保証を行う者は，(同様の書類が既に買主に提供されている場合を除き，) 次に掲げる要件のすべてを満たす保証書を買主に提供しなければならない。

(a) 買主が有する法律上の権利は保証により影響を受けないことが記載されていること

(b) 物品の適合性に関する規定と比べて，保証が買主にとって有利であることを指摘していること

(c) 保証に基づいて請求を行うのに必要となるすべての重要事項，特に次に掲げるものを記載していること
―保証した者の名前及び住所
―通知が行われるべき相手方の名前及び住所並びに通知を行うときの手続
―保証の地域的な限定

(d) 平明で分かりやすい言葉で書かれていること

(e) 物品が提供される際に用いられた言語と同じ言語で書かれていること

(2) 保証書は，持続性のある媒体上の文書によらなければならず，かつ，買主が利用し，アクセスすることができるものでなければならない。

(3) 保証の有効性は，(1)及び(2)に規定する要件が満たされていない場合でも，影響を受けない。保証を受ける者は，そのような場合にも，保証を援用し，それを遵守するように求めることができる。

(4) (1)及び(2)の規定による債務が守られない場合には，保証を受ける者は，自らが有する損害賠償請求権の行使を妨げられることなく，保証する者に対して，要件を満たす保証書を提供するように求める

ことができる。
(5) 当事者は，消費者の不利に，この条の適用を排除し，又はその効果を制限し，若しくは変更することができない。

IV.A.-6：104条　保証の範囲

保証書に別段の定めがない限り，次の各号の定めるところによる。
(a) 保証の期間は，5年又は物品の想定される耐用期間のうち，短い期間とする。
(b) 保証した者の債務は，誤った使用，誤った取扱い又は事故以外の理由で，物品が保証の期間中にその通常の目的に適合しないものとなったとき，又は保証を受ける者が合理的に期待することのできる品質及び性能を失ったときに，その効力を生じる。
(c) 保証した者は，保証の条件が満たされた場合には，物品を修補し，又は交換する債務を負う。
(d) 保証を援用し，履行するのに伴うすべての費用は，保証した者の負担とする。

IV.A.-6：105条　特定の部分に限定された保証

消費者物品保証が物品の特定の部分に関してのみ行われる場合には，その限定は，保証書において明確に示されなければならない。それが行われない場合には，当該限定は，消費者に対して拘束力を有しない。

IV.A.-6：106条　保証者の責任の排除又は制限

保証においては，指示に従って物品を管理することを怠ったことによって生じた物品のあらゆる瑕疵又は損傷について，保証した者の保証に基づく責任を排除し，又は制限することができる。この場合においては，責任の排除又は制限は，保証書において明確に定められていなければならない。

IV.A.-6：107条　証明責任

(1) 保証を受ける者が，保証の期間内に消費者物品保証を援用する場合には，次に掲げる事実に関する証明責任は保証した者が負う。
(a) 物品が保証書又は関連する広告において示された仕様に合致していたこと
(b) 物品のあらゆる瑕疵又は損傷が，誤った使用，誤った取扱い，事故，管理を怠ったことその他の原因であって，保証した者に責任のないものによること
(2) 当事者は，消費者の不利に，この条の適用を排除し，又はその効果を制限し，若しくは変更することができない。

IV.A.-6：108条　保証の期間の延長

(1) 保証に基づいて物品の欠陥又は瑕疵に対して救済手段が与えられる場合には，保証は，保証を受ける者がその欠陥又は瑕疵のために物品を利用することができなかったのと同じ期間，延長される。
(2) 当事者は，消費者の不利に，この条の適用を排除し，又はその効果を制限し，

IV.A.-6：108条

若しくは変更することができない。

第IV編 各種の契約及びそれに基づく権利義務

B部 物品の賃貸借

第1章 適用範囲及び一般規定

IV.B.-1：101条　物品の賃貸借
(1) この部の規定は，物品の賃貸借契約について適用する。
(2) 物品の賃貸借契約とは，当事者の一方（賃貸人）が，相手方（賃借人）に対し，賃料と引換えに，物品を一定期間使用する権利を付与することを約束する契約をいう。賃料は，金銭その他の財産的価値を有するものであれば足りる。
(3) この部の規定は，使用期間経過後に所有権が移転することを当事者が合意した契約については，当事者がその契約を賃貸借であると表示した場合であっても，適用しない。
(4) 契約が融資を目的とすること，賃貸人が融資をする当事者としての役割を有すること，又は賃借人が物品の所有者になるという選択権を有することは，この部の規定の適用を妨げない。
(5) この部の規定は，賃貸借契約から生じる契約関係についてのみ適用する。

IV.B.-1：102条　物品の消費者賃貸借契約
　この部の規定の適用に当たり，物品の消費者賃貸借契約とは，賃貸人が事業者であり，賃借人が消費者である物品の賃貸借契約をいう。

IV.B.-1：103条　消費者賃貸借契約における適合性に係る権利に関する異なる定めの規制
　物品の消費者賃貸借契約において，賃貸人が不適合に気づく前に賃貸人との間で約定された契約条項又は合意であって，物品が契約に適合することを保証する賃貸人の債務から生じる権利を直接又は間接に放棄させ，又は制限するものは，消費者に対して拘束力を有しない。

IV.B.-1：104条　消費者賃貸借契約における救済手段に関する準則と異なる定めの規制
(1) 物品の消費者賃貸借契約において，当事者は，消費者の不利に，この部の第3章及び第6章において修正された救済手段に関する第Ⅲ編第3章の規定の適用を排除し，又はその効果を制限し，若しくは変更することができない。

(2) (1)の規定にかかわらず，当事者は，賃借人の商取引，事業又は職業に関連して生じ得る損失については，賃貸人の責任を制限する合意をすることができる。ただし，そのような条項は，当該条項を援用することが信義誠実及び取引の公正に反する場合には，援用することができない。

第2章　賃貸借期間

IV.B.-2：101条　賃貸借期間の開始
(1) 賃貸借期間は，次に掲げる時から始まる。
  (a) 当事者が合意した条項により確定される時
  (b) 賃貸借期間の始期が一定の範囲で確定される場合には，その範囲内で賃貸人が選択した時。当該事案の事情からみて賃借人が開始時を選択するべき場合には，この限りでない。
  (c) その他の場合においては，契約締結後の合理的な期間内であって，当事者のいずれかが求めた時
(2) 賃借人が物品の支配を得た時が(1)に規定する時より早い場合には，賃貸借期間は前者の時から始まる。

IV.B.-2：102条　賃貸借期間の終了
(1) 期間の定めのある賃貸借は，当事者が合意した条項により確定される時に終了する。期間の定めのある賃貸借は，一方的な通知によって，あらかじめ解消することができない。
(2) 期間の定めのない賃貸借は，当事者のいずれかによってされた解消の通知に定める時に終了する。
(3) (2)の規定による解消の通知は，通知によって定められた時が当事者の合意した条項に適合するとき，又は通知後必要とされる期間が当事者の合意した条項から確定することができない場合には，当該通知が相手方に到達した後合理的な期間が経過したときに限り，その効力を有する。

IV.B.-2：103条　黙示の延長
(1) 期間の定めのある物品の賃貸借契約が，Ⅲ.-1：111条（黙示の延長）により黙示に延長される場合において，延長前の賃料額が賃借人による物品の減価償却費の負担を考慮して算定されていたときは，延長後に支払うべき賃料額は，既に支払われた額を考慮して合理的とされる金額に制限される。
(2) 物品の消費者賃貸借契約において，当事者は，消費者の不利に，(1)の規定の適用を排除し，又はその効果を制限し，若しくは変更することができない。

第3章　賃貸人の債務

Ⅳ.B.-3：101条　物品の使用適合性
(1) 賃貸人は，賃貸借期間の開始時に，Ⅲ.-2：101条（履行場所）の規定する場所において，物品を賃借人の使用に適した状態にしなければならない。
(2) (1)の規定にかかわらず，賃貸人が賃借人の指定に基づき賃借人の選定した供給者から物品を調達する場合には，賃貸人は，賃借人の営業所において，又は，事情により，賃借人の常居所において，物品を賃借人の使用に適した状態にしなければならない。
(3) 賃貸人は，賃貸借期間を通じて，物品が賃借人の使用に適した状態にあること，及び賃貸人が契約に従い物品を使用することを妨害し，又はそのおそれのある第三者の権利又は合理的な根拠のある請求の対象となっていないものであることを保証しなければならない。
(4) 賃貸借期間中に物品が滅失し，又は損傷した場合の賃貸人の債務については，Ⅳ.B.-3：104条（賃貸借期間中の物品の適合性）の定めるところによる。

Ⅳ.B.-3：102条　賃貸借期間の開始時における適合性
(1) 賃貸人は，賃貸借期間の開始時において，物品が契約に適合していることを保証しなければならない。
(2) 物品は，次に掲げる要件のすべてを満たさない限り，契約に適合しない。
  (a) 当事者が合意した条項に定める数量，品質及び種類に適合すること
  (b) 当事者が合意した条項に定める方法で収納され，又は包装されていること
  (c) 当事者が合意した条項に定める付属品又は取付説明書その他の説明書とともに供給されること
  (d) 次条以下の規定に従うこと

Ⅳ.B.-3：103条　目的適合性，品質，包装等
物品は，次に掲げる要件のすべてを満たさない限り，契約に適合しない。
  (a) 契約の締結時に賃貸人に知らされていた特定の目的に適したものであること。ただし，状況からみて，賃借人が賃貸人の技能及び判断を信頼せず，又は信頼することが不合理であったときは，この限りでない。
  (b) 同種の物品が通常使用される目的に適したものであること
  (c) 賃貸人が賃借人に対して見本又はひな形として示した物品と同じ品質を有するものであること
  (d) 同種の物品にとって通常の方法により，又はこのような方法がない場合にはその物品の保存及び保護に適した方法により，収納され，又は包装されていること
  (e) 賃借人が受け取ることを合理的に期待することのできる付属品，取付説明書その他の説明書とともに供給されること

(f) 賃借人が合理的に期待することのできる品質及び性能を有するものであること

IV.B.-3：104条　賃貸借期間中の物品の適合性

(1) 賃貸人は，通常の損耗を除き，賃貸借期間を通じて，物品が次に掲げる状態にあることを保証しなければならない。
　(a) 契約により要求される数量，品質及び種類に適合すること
　(b) 賃貸借の目的に適したものであること。これを満たすために物品の改造又は改変が必要である場合も含む。
(2) 賃料額が，賃借人による物品の減価償却費の負担を考慮して算定されている場合には，(1)の規定は，適用しない。
(3) (1)の規定は，IV.B.-5：104条（契約に従った物品の取扱い）(1)(c)に規定する賃借人の債務に影響を及ぼさない。

IV.B.-3：105条　物品の消費者賃貸借契約における不適切な取付け

物品の消費者賃貸借契約において，物品の取付けが不適切であった場合には，不適切な取付けによって生じた不適合は，次の各号のいずれかに該当するときは，物品の不適合とみなす。
　(a) 物品が，賃貸人により，又は賃貸人の責任で取り付けられたとき
　(b) 物品が消費者による取付けを予定するものであって，かつ，不適切な取付けが取付説明書の不備に基づくものであったとき

IV.B.-3：106条　物品の返還に関する賃貸人の義務

賃貸人は，次に掲げる義務を負う。
　(a) 賃借人が物品の返還債務を履行できるようにするため，合理的に期待することのできるすべての措置をとること
　(b) 契約により要求されるところに従い，返還された物品を受領すること

第4章　賃借人の救済手段に関する一般規定の修正

IV.B.-4：101条　不適合を追完させる賃借人の権利

(1) 賃借人は，III.-3：302条（非金銭債務の履行の強制）により履行を強制することができる範囲において，物品の不適合を追完させる権利，及び負担した合理的な費用の償還を求める権利を有する。
(2) (1)の規定は，第III編第3章第2節に規定する不適合の追完に関する賃貸人の権利に影響を及ぼさない。

IV.B.-4：102条　賃料の減額

(1) 賃借人は，遅延又は不適合によって賃貸人による履行の価値が低下している期間について，その価値の低下が賃借人に起因しない範囲で，賃料を減額すること

(2) Ⅲ.-3：103条（履行のための付加期間を定める通知），Ⅲ.-3：202条（債務者による追完に関する一般規定）(2)及びⅢ.-3：204条（債務者に追完の機会が与えられた場合の効果）に従って履行又は追完をする権利を賃貸人が有している期間についても，賃料を減額することができる。
(3) (1)の規定にかかわらず，賃借人は，Ⅳ.B.-4：103条（不適合の通知）に規定する期間については，賃料を減額する権利を失う。

Ⅳ.B.-4：103条 不適合の通知

(1) 賃借人は，賃貸人に通知しなければ，不適合に対する救済手段を利用することができない。通知が適時にされない場合には，遅延が合理的ではないとされる期間について，不適合は顧慮されない。賃借人が不適合を知り，又は知っていたことを合理的に期待される時以降の合理的な期間内に通知がされる場合には，その通知は，常に適時にされているものとみなす。
(2) 賃貸借期間が終了した場合には，Ⅲ.-3：107条（不適合の通知の懈怠）を適用する。
(3) 不適合が，賃貸人が知り，又は知っていたことを合理的に期待される事実であって，賃貸人が賃借人に対して明らかにしなかったものに関するときは，賃貸人は，(1)及び(2)の規定を援用することができない。

Ⅳ.B.-4：104条 物品の供給者に対する救済手段

(1) この条は，次に掲げるすべての要件を満たすときに適用する。
 (a) 賃借人の指定に基づいて，賃貸人が賃借人の選定した供給者から物品を調達すること
 (b) 賃借人が物品を指定し供給者を選定するに当たり，賃貸人の技能と判断を主として信頼するのではないこと
 (c) 賃借人が，供給契約の条項を承認していること
 (d) 法又は契約に基づき，賃借人が供給契約の当事者とされ，又は当事者と同視される結果，供給契約に基づく供給者の債務が，賃借人に対するものとして生じていること
 (e) 賃借人に対する供給者の債務が，賃借人の同意がなければ変更できないこと
(2) 賃借人は，引渡しの遅滞又は不適合を理由として，賃貸人による履行を強制し，賃料を減額し，又は賃貸人に対して損害賠償若しくは利息を請求する権利を有しない。ただし，不履行が賃貸人の作為又は不作為を原因とする場合には，この限りでない。
(3) (2)の規定は，次に掲げる賃借人の権利の行使又は救済手段の利用を妨げない。
 (a) 物品の受領を拒絶する権利，第Ⅲ編第3章第5節（契約の解消）の規定により賃貸借を解消する権利，又は，物品の受領前については，これらの救済手段を供給契約の当事者として利用することができたであろう

限度で，賃料の支払を留保する権利
  (b) 賃借人の契約に従った物品の継続的使用が，第三者の権利若しくは合理的根拠のある請求により妨害され，又はそのおそれがある場合に，賃借人に認められる救済手段
(4) 賃借人は，賃貸人の同意がない限り，供給契約に基づく賃貸人と供給者の契約関係を解消することができない。

第5章　賃借人の債務

IV.B.-5：101条　賃料を支払う債務
(1) 賃借人は，賃料を支払わなければならない。
(2) 当事者が合意した条項，その他適用される法規定又は慣習若しくは慣行によって賃料額を確定することができないときは，II.-9：104条（対価の決定）に従って確定される金額をもって賃料額とする。
(3) 賃料は，賃貸借期間の開始時から発生する。

IV.B.-5：102条　賃料の支払時期
賃料は，次に掲げる時に支払わなければならない。
  (a) 賃料支払の対象として合意された各期間の満了時
  (b) 一定期間ごとの賃料支払が合意されていない場合には，定められた賃貸借期間の満了時
  (c) 期間の定めのない賃貸借として合意され，かつ，一定期間ごとの賃料支払が合意されていない場合には，合理的な一定期間ごとに，その満了時

IV.B.-5：103条　物品の受領
賃借人は，次に掲げる義務を負う。
  (a) 賃貸人が賃貸借期間の開始時に物品を使用させる債務を履行することができるよう，合理的に期待されるすべての措置をとること
  (b) 契約に従い物品の支配を取得すること

IV.B.-5：104条　契約に従った物品の取扱い
(1) 賃借人は，次に掲げる義務を負う。
  (a) 当事者の合意した条項から導かれる義務と制限を遵守すること
  (b) 賃貸借の存続期間，賃貸借の目的及び物品の性質を考慮して，当該事情の下で合理的に期待される注意をもって物品を取り扱うこと
  (c) 賃貸借の存続期間，賃貸借の目的及び物品の性質を考慮して，合理的な範囲において，物品の通常の状態と機能を維持するために必要になると通常予想されるすべての手段をとること
(2) 賃料額が，賃借人による物品の減価償却費の負担を考慮して算定されている場合には，賃借人は，その種の物品の通常損耗を除き，賃貸借期間中，期間の開始

時における状態で物品を維持しなければならない。

Ⅳ.B.-5：105条　物品への危険又は損害を回避するための介入
(1)　物品への危険又は損害を避けるための措置が必要である場合において，これらの措置をとることが賃貸人には不可能又は困難であるが，賃借人には不可能又は困難でないときは，賃借人は，物品の保存又は修理をするために，通常であれば賃貸人がとるであろう措置をとらなければならない。
(2)　賃借人は，上記の措置のために生じる債務又は支出（金銭によるかその他の財産によるかを問わない。）が合理的である限りにおいて，賃貸人に対し，その債務又は支出について免責又は償還を求める権利を有する。

Ⅳ.B.-5：106条　保存及び改良を理由とする補償
(1)　賃借人は，物品の保存又は改良を理由とする補償を求める権利を有しない。
(2)　賃借人が有する損害賠償請求権又はⅣ.B.-4：101条（不適合を追完させる賃借人の権利），Ⅳ.B.-5：105条（物品への危険又は損害を回避するための介入）若しくは第Ⅷ編（物品所有権の得喪）の規定により賃借人が有する権利は，(1)の規定により排除され，又は制限されない。

Ⅳ.B.-5：107条　通知義務
(1)　物品について，何らかの損害若しくは危険があり，又は第三者から何らかの権利が主張され若しくは請求が行われた場合において，通常であれば賃貸人による措置が必要であるときは，賃借人は，これらの状況について賃貸人に通知しなければならない。
(2)　賃借人は，(1)に規定する場合において，状況とその性質を知った後，合理的な期間内に，(1)の規定により賃貸人にこれらを通知しなければならない。
(3)　賃借人が(1)に規定する状況及びその性質を知っていたことが合理的に期待される場合には，賃借人はこれらを知っていたものと推定する。

Ⅳ.B.-5：108条　賃貸人による修理及び検査
(1)　賃借人は，通知が不可能な場合を除き合理的な通知が賃貸人から行われた場合には，賃貸人が，物品について，これを保存し，欠陥を除去し，危険を防止するために必要な修理その他の作業を行うことを容認しなければならない。この義務は，賃借人がⅣ.B.-4：102条（賃料の減額）に従って賃料を減額することを妨げない。
(2)　賃借人は，物品について，(1)の規定に該当しない作業が行われる場合であっても，それを拒絶する正当な理由がなければ，これを容認しなければならない。
(3)　賃借人は，(1)に規定する目的のために物品を検査することを容認しなければならない。賃借人は，賃貸借終了前の合理的な期間中は，次の賃借人による物品の検査も容認しなければならない。

IV.B.-5：109条　物品の返還義務
　　賃貸借期間の終了時に，賃借人は，物品が賃借人の使用に供された場所で物品を返還しなければならない。

第6章　賃貸人の救済手段に関する一般規定の修正

IV.B.-6：101条　将来の賃料の支払を強制する権利の制限
(1)　賃貸人が物品の支配を得ている場合において，賃借人が物品を返還することを望んでおり，かつ，物品を受領することが賃貸人にとって合理的とみられるときは，賃貸人は，将来の賃料の支払を強制することができない。
(2)　履行を強制する権利が(1)の規定により排除されていることは，損害賠償の請求を妨げない。

IV.B.-6：102条　物品の消費者賃貸借契約における責任の軽減
(1)　物品の消費者賃貸借契約において，賃貸人の損害賠償請求権は，物品に付された保険により損失が軽減される範囲において，又は，その種の保険への加入が賃貸人に合理的に期待される状況の下では，保険により損失が軽減されたであろう範囲において，減額することができる。
(2)　(1)の規定は，第Ⅲ編第3章第7節の規定に付加して適用する。

第7章　当事者の変更及び転貸借

IV.B.-7：101条　所有者の変更と賃貸人の交替
(1)　物品の所有権が賃貸人から他の者に移転する場合において，所有権が移転した時に賃貸人が物品を占有しているときは，新所有者が賃貸借の当事者になる。前所有者は，賃貸借契約に基づく債務の不履行について，保証人として補充的に責任を負う。
(2)　所有権が復帰する場合には，当事者は，所有権が移転する前の地位に復する。ただし，所有権が復帰した時に既にされていた履行については，この限りでない。
(3)　(2)の規定は，賃貸人が所有権以外の権利を保有する者として行為してきた場合に準用する。

IV.B.-7：102条　賃借人の履行請求権の譲渡
　　賃貸借契約に基づく賃貸人の債務の履行を求める賃借人の権利は，賃貸人の承諾がなければ譲渡することができない。

IV.B.-7：103条　転　貸　借
(1)　賃借人は，賃貸人の承諾がなければ物品を転貸することができない。
(2)　十分な理由が存在しないにもかかわらず転貸借が承諾されない場合には，賃借

人は，合理的な期間を定めた通知をすることにより，賃貸借を解消することができる。

(3) 転貸借においては，賃借人は，原賃貸借に基づく自己の債務の履行について責任を負い続ける。

第Ⅳ編 各種の契約及びそれに基づく権利義務

C部 役務提供契約

第1章　総　則

Ⅳ.C.-1：101条　適用範囲
(1) この部の規定は，次に掲げる契約について適用する。
　(a) 当事者の一方（役務提供者）が，相手方（依頼者）に対し，報酬と引換えに役務を提供することを引き受ける契約
　(b) 役務提供者が，依頼者に対し，報酬との引換えによらずに役務を提供することを引き受ける契約。この契約については，適切な補正を加えた上で，適用する。
(2) この部の規定は，特に，建築契約，保守管理契約，保管契約，設計契約，情報提供契約及び助言契約並びに医療契約について適用する。

Ⅳ.C.-1：102条　適用除外
この部の規定は，契約が運送，保険，担保の提供又は金融商品若しくは金融サービスの供給を目的とする限りで，適用しない。

Ⅳ.C.-1：103条　規定の適用に関する優先関係
規定に抵触があるときは，次の各号の定めるところによる。
　(a) この編のD部（委任契約）及びE部（代理商，フランチャイズ及びディストリビューター）の規定は，この部の規定に優先して適用する。
　(b) この部の第3章から第8章までの規定は，この部の第2章の規定に優先して適用する。

第2章　役務提供契約一般に適用される規定

Ⅳ.C.-2：101条　報　酬
役務提供者が事業者であるときは，別段の事情がある場合を除き，報酬が支払われる。

Ⅳ.C.-2：102条　契約締結前の警告義務
(1) 役務提供者は，次の各号に規定する危険を認識したときは，契約締結前に，依頼者に対して警告する義務を負う。

(a) 依頼者が明示し，又は依頼者の望む結果が，依頼された役務によっては達成することができない危険

(b) 依頼された役務が依頼者のその他の利益を害する危険

(c) 依頼された役務が依頼者によって合理的に期待されるものよりも高額になり，又は時間を要する危険

(2) (1)に規定する警告義務は，次の各号のいずれかに該当するときは，適用しない。

(a) 依頼者が(1)に規定する危険を既に知っているとき

(b) 依頼者が(1)に規定する危険を知っていることを合理的に期待されるとき

(3) (1)に規定する危険が現実のものとなり，かつ，役務提供者がその危険についての警告義務に違反していたときは，その危険が現実化したことを理由とするIV.C.-2：109条（役務提供契約の一方的変更）による役務の事後的変更は効力を有さない。ただし，役務提供者が，依頼者が適切に警告を受けていたとしても契約を締結したであろうことを証明するときは，この限りでない。このことは，依頼者が有するその他の救済手段（錯誤に対する救済手段を含む。）の利用を妨げない。

(4) 依頼者は，役務提供者の予期するよりも役務が高額となり，若しくは時間を要するおそれのある特別の事実，又は，役務の履行に際して役務提供者その他の者に何らかの危険をもたらす特別の事実を認識したときは，契約締結前に，役務提供者に対して警告する義務を負う。

(5) (4)に規定する事実が生じ，かつ，役務提供者が適切に警告を受けていなかったときは，役務提供者は，次に掲げる権利を有する。

(a) 警告を受けなかったことによって役務提供者に生じた損害の賠償を請求する権利

(b) 役務の履行のために付与された期限を変更する権利

(6) (1)の規定の適用に当たり，役務提供者が知るすべての事実及び状況から(1)に規定する危険が明らかであるとされる場合には，役務提供者は，その危険を認識しているものと推定する。その判断に当たっては，依頼者が明示し，又は依頼者の望む結果について役務提供者が収集しなければならない情報，及び役務が行われる状況を考慮する。

(7) (2)(b)の規定の適用に当たり，依頼者が当該分野において適切な能力を有していたこと，又は依頼者が当該分野において適切な能力を有する他の者の助言を受けたことのみをもって，依頼者が危険を知っていることを合理的に期待されるものとは扱われない。ただし，当該他の者が依頼者の代理人として行為したときは，この限りでない。この場合には，II.-1：105条（認識等の帰責）を適用する。

(8) (4)の規定の適用に当たり，依頼者が調査を経ずに知っていたすべての事実及び状況から(4)に規定する事実が明らかであるとされるときは，依頼者は，その事実について認識しているものと推定する。

IV.C.-2：103条　協力義務

(1) 当事者は，特に，次に掲げる協力義務を負う。

(a) 依頼者は，役務提供者による契約上の債務の履行を可能とするために合理的に見て必要とされる限りで，役務提供者による合理的な照会に回答しなければならない。
(b) 依頼者は，役務提供者による契約上の債務の履行を可能とするために合理的に見て必要とされる限りで，役務の履行に関する指図を役務提供者に与えなければならない。
(c) 依頼者は，自らその許可又はライセンスを取得する必要がある場合には，役務提供者による契約上の債務の履行を可能にするために合理的に見て必要とされる限りで，その許可又はライセンスを取得しなければならない。
(d) 役務提供者は，自らが契約上の債務を履行しているか否かを判断するための合理的な機会を依頼者に与えなければならない。
(e) 当事者は，それぞれの契約上の債務を履行するために合理的に見て必要とされる限りで，それぞれの行為を調整しなければならない。
(2) 役務提供者は，依頼者が(1)(a)又は(1)(b)に規定する義務を履行しなかった場合において，依頼者がⅣ.C.-2：108条（役務提供者の契約上の警告義務）に従って警告を受けていたときは，その履行を停止し，又は既に収集した情報及び指図を考慮して合理的に期待される依頼者の期待，選好及び優先事項を基礎として履行をすることができる。
(3) 依頼者が，(1)の規定による義務を履行しなかったことにより，役務が高額になり，又は時間を要することになった場合には，役務提供者は，次に掲げる権利を有する。
(a) 不履行によって役務提供者に生じた損害の賠償を請求する権利
(b) 役務の履行のために付与された期限を変更する権利

Ⅳ.C.-2：104条　下請人，道具及び材料
(1) 役務提供者は，自ら履行することが契約で要求される場合を除き，依頼者の同意がなくても，役務の履行の全部又は一部について下請人を用いることができる。
(2) 役務提供者から役務の履行を引き受けた下請人は，適切な能力を有していなければならない。
(3) 役務提供者は，役務の履行のために用いられる道具及び材料が，契約及び適用される法規定に適合し，かつ，それらが用いられる特定の目的を達成するのに適していることを保証しなければならない。
(4) 下請人が依頼者から指名され，又は道具及び材料が依頼者から提供される場合には，役務提供者の責任については，Ⅳ.C.-2：107条（依頼者の指図）及びⅣ.C.-2：108条（役務提供者の契約上の警告義務）の定めるところによる。

Ⅳ.C.-2：105条　技能及び注意に関する義務
(1) 役務提供者は，次の各号に従って役務を行わなければならない。
(a) 合理的な役務提供者であれば当該状況の下で用いるであろう注意及び技能を用いること

(b) 当該役務に適用される法律その他の拘束力のある法規定に従っていること
(2) 役務提供者が(1)の定めに比べて高度な注意及び技能を有することを表示したときは，役務提供者は，その注意及び技能を用いなければならない。
(3) 役務提供者が，専門的な役務提供者からなる集団の構成員であるか，又はその構成員であると称する場合において，関係機関又はその集団自らが定めた基準が存在するときは，役務提供者は，当該基準に示される注意及び技能を用いなければならない。
(4) 依頼者が正当に期待することができる注意及び技能を判断する際には，次に掲げる事由が，特に考慮されなければならない。
　　(a) 依頼者に対する役務の履行に伴う危険の性質，大きさ，頻度及び予見可能性
　　(b) 損害が発生したときは，その損害又はこれに類する損害の発生を予防するための措置に必要となったはずの費用
　　(c) 役務提供者が事業者であるか否か
　　(d) 報酬の有無，及び報酬が支払われるときは，その金額
　　(e) 役務の履行のために合理的に利用することができる時間
(5) 役務提供者は，この条に規定する義務に基づいて，役務の履行による損害の発生を防止するために，合理的な予防措置を講じなければならない。

IV.C.-2：106条　結果を達成するべき義務
(1) 役務提供者は，契約の締結時に依頼者が明示し，又は依頼者の望む特定の結果を達成しなければならない。ただし，依頼者がその結果を望むが明示していない場合においては，次に掲げる要件のすべてを満たさなければならない。
　　(a) 依頼者がその結果を望んでいたことを合理的に期待されるものであったこと
　　(b) 当該役務によってはその結果を達成することができない危険が現に存在すると信じるべき理由が依頼者になかったこと
(2) ある物の所有権が役務提供契約に基づいて依頼者に移転される場合には，当該所有権は，第三者の権利又は合理的な根拠のある請求の対象となることなく移転されなければならない。IV.A.-2：305条（第三者の権利又は請求一般）及びIV.A.-2：306条（工業所有権その他の知的財産権に基づく第三者の権利又は請求）は，適切な補正を加えた上で，適用する。

IV.C.-2：107条　依頼者の指図
(1) 依頼者が役務の履行に関して適時に指図をし，その指図が次の各号のいずれかの場合に該当するときは，役務提供者はその指図に従わなければならない。
　　(a) その指図が，契約それ自体の一部であるか，又は契約が指示する文書に明記されている場合
　　(b) その指図が，契約によって依頼者に委ねられていた選択の結果である場合

(c) その指図が，当初は当事者により確定されていなかった選択の結果である場合

(2) Ⅳ.C.-2：105条（技能及び注意に関する義務）又はⅣ.C.-2：106条（結果を達成すべき義務）に規定する役務提供者の一つ又は複数の義務の不履行が，役務提供者が(1)の規定により従わなければならない指図に従ったことにより生じたものである場合において，依頼者がⅣ.C.-2：108条（役務提供者の契約上の警告義務）により適切に警告を受けていたときは，役務提供者は，これらの条に基づく責任を負わない。

(3) 役務提供者は，(1)に規定する指図がⅣ.C.-2：109条（役務提供契約の一方的変更）に定める契約の変更であると認識したときは，依頼者に警告しなければならない。依頼者が不当に遅延することなくその指図を撤回する場合を除き，役務提供者は，その指図に従わなければならず，その指図は契約の変更としての効力を有する。

Ⅳ.C.-2：108条　役務提供者の契約上の警告義務

(1) 役務提供者は，依頼された役務について，次の各号に規定する危険を認識したときは，依頼者に警告しなければならない。

(a) 契約の締結時に依頼者が明示し，又は依頼者の望む結果を達成することができない危険を認識したとき

(b) 依頼者の他の利益に損害を与える危険を認識したとき

(c) 契約で合意されたものよりも高額になり，又は時間を要する危険を認識したとき

これらの危険が，依頼者によって提供され，又は履行の準備に際して収集された情報若しくは指図に従った結果として生じた場合であっても，その他の危険が発生した結果として生じた場合であっても同様とする。

(2) 役務提供者は，依頼者が警告内容を理解することを保証するための合理的な措置を講じなければならない。

(3) (1)に規定する警告義務は，次の各号のいずれかに該当するときは，適用しない。

(a) 依頼者が(1)に規定する危険を既に知っているとき

(b) 依頼者が(1)に規定する危険を知っていることを合理的に期待されるとき

(4) (1)に規定する危険が実現し，かつ，役務提供者がその危険についての依頼者に向けた警告義務に違反していたときは，その危険が実現したことを理由とするⅣ.C.-2：109条（役務提供契約の一方的変更）による役務提供者による変更の通知は，効力を有しない。

(5) (1)の規定の適用に当たり，役務提供者が調査を経ずに知っていたすべての事実及び状況から(1)に規定する危険が明らかであるとされるときは，役務提供者は，その危険について認識しているものと推定する。

(6) (3)(b)の規定の適用に当たり，依頼者が当該分野において適切な能力を有していたこと，又は依頼者が当該分野において適切な能力を有する他の者の助言を受け

たことのみをもって，依頼者が危険を知っていることを合理的に期待されるものとは扱われない。ただし，当該他の者が依頼者の代理人として行為したときは，この限りでない。この場合には，Ⅱ.-1：105条（認識等の帰責）を適用する。

Ⅳ.C.-2：109条　役務提供契約の一方的変更

(1) 各当事者は，次に掲げる事由を考慮して，提供されるべき役務を変更することが合理的であるときは，相手方への通知によって変更を行うことができる。このことは，Ⅳ.C.-2：111条（依頼者の契約解消権）による依頼者の解消権の行使を妨げない。
 (a) 達成されるべき結果
 (b) 依頼者の利益
 (c) 役務提供者の利益
 (d) 役務が変更された時の状況

(2) 次の各号のいずれかの場合に限り，変更は合理的なものであるとみなす。
 (a) 変更が，Ⅳ.C.-2：105条（技能及び注意に関する義務）又はⅣ.C.-2：106条（結果を達成するべき義務）に従って，役務提供者が行為をするために必要であるとき
 (b) 変更が，Ⅳ.C.-2：107条（依頼者の指図）(1)の規定に従って指図が与えられ，かつ，その指図が同条(3)の規定に従って警告を受けた後に不当に遅延することなく撤回されなかったことの結果であるとき
 (c) 変更が，Ⅳ.C.-2：108条（役務提供者の契約上の警告義務）による役務提供者からの警告に対する合理的な対応であるとき
 (d) 変更が，Ⅲ.-1：110条（事情変更を理由とする裁判所による変更又は解消）によれば，役務提供者による債務の変更が正当とされるような事情の変更により必要となるとき

(3) 変更の結果として支払われるべき追加費用は，合理的なものでなければならず，かつ，当該役務に対する当初の費用を算定するために用いられたものと同一の算定方法を用いて決定されなければならない。

(4) 役務が縮減する場合には，変更の結果として支払われるべき報酬の算定において，利益の喪失，節約された費用及び役務提供者が不要となった能力を別の目的のために用いることができる可能性が考慮されなければならない。

(5) 役務が変更されたときは，役務の履行のために当初要求された作業及び当該役務の履行のために定められた期間との比率に基づいて，追加で要求される作業に応じて，履行期間を変更することができる。

Ⅳ.C.-2：110条　予期される不適合についての依頼者の通知義務

(1) 依頼者は，役務提供者がⅣ.C.-2：106条（結果を達成するべき義務）に規定する義務を履行できないであろうことを，役務の履行期間内に認識したときは，役務提供者に対して，通知しなければならない。

(2) 依頼者が調査を経ずに知っていたすべての事実及び状況から，依頼者が(1)に規

定する内容を認識するべき理由があるときは，依頼者は，その内容について認識しているものと推定する。
(3) (1)に規定する義務の不履行により，役務が契約で合意されたものよりも高額になり，又は時間を要するときは，役務提供者は，次に掲げる権利を有する。
　(a) 債務の不履行によって役務提供者に生じた損害の賠償を請求する権利
　(b) 役務の履行のために付与された期限を変更する権利

IV.C.-2：111条　依頼者の契約解消権
(1) 依頼者は，役務提供者に通知することで，いつでも契約関係を解消することができる。
(2) 解消の効果については，Ⅲ.-1：109条（通知による変更又は解消）(3)の規定に定めるところによる。
(3) 依頼者が契約関係を解消することにつき正当な理由があるときは，解消について，いかなる損害賠償も支払う必要はない。
(4) 依頼者が契約関係を解消することにつき正当な理由がない場合においても，解消は有効である。この場合においては，役務提供者は，第Ⅲ編の規定に従って，損害賠償を請求する権利を有する。
(5) この条の適用に当たり，次の各号のいずれかに該当するときは，依頼者が契約関係を解消することにつき正当な理由がある。
　(a) 依頼者が契約上の明示された条項に基づいて契約関係を解消する権利を有しており，かつ，契約に規定された解消のための要件を満たしたとき
　(b) 依頼者が第Ⅲ編第3章第5節（契約の解消）の規定により契約関係を解消する権利を有していたとき
　(c) 依頼者がⅢ.-1：109条（通知による変更又は解消）(2)の規定により契約関係を解消する権利を有し，かつ，当該規定に定める合理的期間を定めた通知をしたとき

第3章　建築契約

IV.C.-3：101条　適用範囲
(1) この章の規定は，当事者の一方（施工者）が，依頼者から提供を受けた設計に従って，建物その他の建造物を建築することを引き受ける契約，又は既存の建物その他の建造物を改築又は改造することを引き受ける契約について適用する。
(2) この章の規定は，施工者が次に掲げるいずれかの事項を引き受ける契約につい て，適切な補正を加えた上で，適用する。
　(a) 施工者が，依頼者から提供を受けた設計に従って，動産を製造し，又は無体物を制作すること
　(b) 施工者が，自らの提供する設計に従って，建物その他の建造物を建築すること，既存の建物その他の建造物を改築若しくは改造すること，又は動産を製造し，若しくは無体物を

制作すること

IV.C.-3：102条　依頼者の協力義務

依頼者は，特に，次に掲げる協力義務を負う。
(a) 施工者による契約上の債務の履行を可能にするために合理的に見て必要とされる限りで，建築が行われるべき場所への立入りを認めること
(b) 部品，材料及び道具が依頼者から提供されなければならない場合には，施工者による契約上の債務の履行を可能にするために合理的に見て必要とされる時に，これらのものを提供すること

IV.C.-3：103条　建造物に対する損害の防止義務

施工者は，建造物に対する損害の発生を防止するために，合理的な予防措置を講じなければならない。

IV.C.-3：104条　適合性
(1) 施工者は，建造物が契約に定める品質及び種類に適合することを保証しなければならない。複数の建造物が建築されるべき場合には，その数量は契約に定める数量と一致していなければならない。
(2) 建造物は，次に掲げる要件のすべてを満たさない限り，契約に適合しない。
(a) 契約の締結時に，又は，IV.C-2：109条（役務提供契約の一方的変更）に従って問題となっている事項に関する変更がされた場合には，その時に，施工者に対して明示的又は黙示的に知らされていた特定の目的に合致するものであること
(b) 当該建造物と同種の建造物の通常の用途とされる一つ又は複数の特定の目的に合致するものであること
(3) 依頼者は，IV.C-2：107条（依頼者の指図）に基づく依頼者による指図が不適合の原因であり，かつ，施工者が，IV.C.-2：108条（役務提供者の契約上の警告義務）に従い，警告義務を履行したときは，不適合に対する救済手段を利用する権利を有しない。

IV.C.-3：105条　検査，監督及び承認
(1) 依頼者は，建築過程で使用される道具及び材料，建築の工程並びに完成建造物について，合理的な方法で，かつ，合理的な時期に，検査又は監督を行うことができる。ただし，依頼者は検査又は監督の義務を負わない。
(2) 使用される道具及び材料の一定の要素，建築の工程又は完成建造物を施工者が依頼者に示して，その承認を得なければならないことを当事者が合意するときは，施工者は，依頼者が認めるまで，建築を続行することはできない。
(3) 施工者は，検査，監督若しくは承認がされなかったこと又は不適切であったことによって，その責任の全部又は一部を免れない。この規定は，依頼者が建造物又はその建築について検査し，監督し，又は承認する契約上の義務を負うときも，適用する。

IV.C.-3：106条　建造物の引渡し
(1) 施工者が，建造物又は独立した使用に適するその一部分について，十分に完成したものと判断し，依頼者にその支配を移転しようとするときは，依頼者は，施工者による通知の後の合理的な期間内に，その支配の移転を受けなければならない。依頼者は，その建造物又はその一部分が契約に適合せず，かつ，その不適合により建造物が使用に適さないものであるときは，支配の移転を受けることを拒むことができる。
(2) 施工者は，依頼者が建造物の支配の移転を受けることによって，その責任の全部又は一部を免れない。この規定は，依頼者が建造物又はその建築について検査し，監督し，又は承認する契約上の義務を負うときも，適用する。
(3) この条は，契約上，支配が依頼者に移転されるものではないときは，適用しない。

IV.C.-3：107条　報酬の支払
(1) 施工者が前条に従って建造物又はその一部分の支配を依頼者に移転した場合には，その時に，報酬又は報酬のうち一部分に応じた額が，支払われる。
(2) (1)の規定にかかわらず，(1)に規定する移転後に，建造物又はその一部分に関して契約上行われなければならない作業が残っているときは，依頼者は，その作業が完了するまで，合理的な範囲で，報酬の一部の支払を留保することができる。
(3) 契約上，建造物の支配が依頼者に移転されるものではないときは，作業が完了し，施工者がその旨を依頼者に伝え，かつ，依頼者が建造物を検査する機会を得た時に，報酬が支払われる。

IV.C.-3：108条　危　　険
(1) この条は，施工者によって回避又は克服することができない事象により建造物が滅失又は損傷し，かつ，その滅失又は損傷の責任を施工者に負わせることができないときに，適用する。
(2) この条において「基準時」とは，次に掲げる時をいう。
　(a) 建造物の支配が依頼者に移転されるものである場合には，IV.C.-3：106条（建造物の引渡し）に従って支配が移転したか，又は移転するはずであった時
　(b) (a)に規定する以外の場合には，作業が完了し，かつ，施工者がその旨を依頼者に伝えた時
(3) (1)に規定する状況が，基準時の前に発生した事象によって生じた場合において，なお履行が可能であるときは，次の各号の定めるところによる。
　(a) 施工者は，履行を続け，場合によっては，改めて履行をしなければならない。
　(b) 依頼者は，(a)の規定による施工者の履行に対してのみ報酬を支払う債務を負う。
　(c) 履行期間は，IV.C-2：109条（役務提供契約の一方的変更）(5)の規定に従って，延長することができる。
　(d) III.-3：104条（障害による免責）は，施工者の当初の履行について適用す

ることができる。
(e) 施工者は，依頼者から提供を受けた材料に生じた損害について，依頼者に対して賠償義務を負わない。
(4) (1)に規定する状況が，基準時の前に発生した事象によって生じた場合において，もはや履行することができないときは，次の各号の定めるところによる。
  (a) 依頼者は，行われた役務について報酬を支払う債務を負わない。
  (b) Ⅲ.-3：104条（障害による免責）は，施工者の履行について適用する。

(c) 施工者は，依頼者から提供を受けた材料に生じた損害について，依頼者に対して賠償義務を負わない。ただし，施工者は，建造物又はその残部を依頼者に引き渡す義務を負う。
(5) (1)に規定する状況が，基準時の後に発生した事象によって生じたときは，次の各号の定めるところによる。
  (a) 施工者は改めて履行をする債務を負わない。
  (b) 依頼者は報酬を支払う債務を負う。

第4章　保守管理契約

IV.C.-4：101条　適用範囲
(1) この章の規定は，当事者の一方（保守管理者）が，既存の動産，無体物又は建造物についての役務を，相手方（依頼者）のために履行することを引き受ける契約について適用する。ただし，既存の建物その他の建造物に関する建築工事については，適用しない。
(2) この章の規定は，例えば，保守管理者が，既存の動産，無体物又は建造物を修理し，保守し，又は清掃することを引き受ける契約について適用する。

IV.C.-4：102条　依頼者の協力義務
依頼者は，特に，次に掲げる協力義務を負う。
(a) 保守管理者による契約上の債務の履行を可能にするために合理的に見て必要とされる場合に，保守管理者に，目的物を引き渡し，若しくはその支配を移転し，又は役務が履行されるべき場所への立入りを認めること
(b) 部品，材料及び道具が依頼者により提供されるべき場合には，保守管理者による契約上の債務の履行を可能にするために，適時にこれらのものを提供すること

IV.C.-4：103条　保守管理の目的物に対する損害の防止義務
保守管理者は，目的物に対する損害の発生を防止するために，合理的な予防措置を講じなければならない。

IV.C.-4：104条　検査及び監督
(1) 依頼者は，役務が依頼者の提供する場所で履行されるときは，使用される道具

及び材料，役務の履行，並びに保守管理の目的物について，合理的な方法で，かつ，合理的な時期に検査又は監督を行うことができる。ただし，依頼者は，検査又は監督の義務を負わない。

(2) 保守管理者は，検査又は監督がされなかったこと，又は不適切であったことによって，その責任の全部又は一部を免れない。この規定は，依頼者が目的物の保守管理について承認し，検査し，又は監督する契約上の義務を負うときも，適用する。

IV.C.-4：105条　保守管理の目的物の返還

(1) 保守管理者が役務を十分に完了したものと判断し，依頼者に目的物又はその支配を返還しようとするときは，依頼者は，保守管理者による通知の後の合理的な期間内に，目的物又はその支配の返還を受けなければならない。依頼者は，目的物が役務を履行させる特定の目的に従った使用に適していない場合において，その目的が保守管理者に知らされ，又は保守管理者がその目的を知るべき理由があるときは，目的物又はその支配の返還を受けることを拒むことができる。

(2) 保守管理者は，依頼者から目的物又はその支配の返還を求められた後の合理的な期間内に，目的物又はその支配を返還しなければならない。

(3) 保守管理者は，依頼者が目的物又はその支配の返還を受けることによって，その不履行責任の全部又は一部を免れない。

(4) 保守管理者は，契約上の債務を履行することによって，財産の取得に関する規定に基づいて目的物の所有者又は共有者になったときは，目的物が返還される時に目的物の所有権又は共有持分権を移転しなければならない。

IV.C.-4：106条　報酬の支払

(1) 報酬は，保守管理者がⅣ.C.-4：105条（保守管理の目的物の返還）に従って目的物若しくはその支配を依頼者に移転した時，又は依頼者が目的物の返還の受領を拒む権利がないにもかかわらずこれを拒んだ時に，支払われる。

(2) (1)の規定にかかわらず，(1)に規定する移転又は拒絶の後に，目的物に関して契約上行われなければならない作業が残っているときは，依頼者は，その作業が完了するまで，合理的な範囲で，報酬の一部の支払を留保することができる。

(3) 契約上，目的物又はその支配が依頼者に移転されるものではないときは，作業が完了し，保守管理者がその旨を依頼者に伝えた時に，報酬が支払われる。

IV.C.-4：107条　危　　険

(1) この条は，保守管理者によって回避又は克服することができない事象により目的物が滅失又は損傷し，かつ，その滅失又は損傷の責任を保守管理者に負わせることができないときに，適用する。

(2) (1)に規定する事象よりも前に，保守管理者が，役務が十分に完了したものと判断し，依頼者に目的物又はその支配を返還する意思を告げたときは，次の各号の定めるところによる。

(a) 保守管理者は改めて履行をする必要

がない。
  (b) 依頼者は報酬を支払わなければならない。
  　報酬は，目的物の全部又は一部が残存するときは，それが返還された時，又は依頼者が当該部分を望まないことを告げた時に支払わなければならない。後者の場合においては，保守管理者は，依頼者の費用で当該部分を処分することができる。この規定は，依頼者がIV.C.-4：105条（保守管理の目的物の返還）(1)の規定により目的物の返還の受領を拒絶する権利を有していたときは，適用しない。
(3) 一定期間が経過するごとに保守管理者に報酬を支払うことを当事者が合意していた場合には，依頼者は，(1)に規定する事象が生じる前に経過した各期間について，報酬を支払う債務を負う。
(4) (1)に規定する事象の後に，保守管理者による契約上の債務の履行がなお可能であるときは，次の各号の定めるところによる。
  (a) 保守管理者は，履行を続け，場合によっては，改めて履行をしなければならない。
  (b) 依頼者は，(a)の規定による保守管理者の履行に対してのみ報酬を支払う債務を負う。この規定は，保守管理者が(3)の規定による報酬の支払を求める権利に影響を及ぼさない。
  (c) 保守管理者が依頼者から材料の提供を受けた場合には，依頼者は，その代替となる材料を入手するために負担しなければならない費用について，保守管理者に対して補償する義務を負う。ただし，保守管理者から費用の補償を求められた依頼者が代替となる材料を提供したときは，この限りでない。
  (d) 必要とされる場合には，履行期間は，IV.C.-2：109条（役務提供契約の一方的変更）(5)の規定に従って，延長することができる。
  　この項の規定は，IV.C.-2：111条（依頼者の契約解消権）による契約関係を解消する依頼者の権利の行使を妨げない。
(5) (1)に規定する状況において，保守管理者がもはや契約上の債務を履行することができないときは，次の各号の定めるところによる。
  (a) 依頼者は，行われた役務について報酬を支払う必要がない。この規定は，(3)の規定による報酬の支払を求める保守管理者の権利に影響を及ぼさない。
  (b) 保守管理者は，目的物及び依頼者から提供を受けた材料又はそれらの残部を，依頼者がそれを望まないことを告げた場合を除き，依頼者に返還する義務を負う。依頼者が当該部分を望まないことを告げた場合には，保守管理者は，依頼者の費用で当該部分を処分することができる。

IV.C.-4：108条　責任制限

事業者間の契約において，保守管理者が負う不履行の責任を役務が適切に履行された場合の目的物の価値に制限する条項は，II.-9：405条（事業者間契約における「不公正」の意味）の適用に当たり，公正である

と推定する。ただし，当該条項が，保守管理者又は保守管理者がその行為につき責任を負う者の故意又は重大な過失に基づく行為によって生じた損害についての責任を制限するときは，この限りでない。

第5章　保管契約

IV.C.-5：101条　適用範囲
(1) この章の規定は，当事者の一方（保管者）が，相手方（依頼者）のために動産又は無体物を保管することを引き受ける契約について適用する。
(2) この章の規定は，次に掲げるものの保管については，適用しない。
　(a)　建造物
　(b)　運送中の動産又は無体物
　(c)　金銭若しくは有価証券（いずれもIV.C.-5：110条（宿泊事業者の責任）(7)に規定する場合を除く）又は権利

IV.C.-5：102条　保管場所及び下請人
(1) 保管者は，保管者が保管場所を提供する場合には，依頼者の期待する状態で目的物を返還することができるように目的物を保管をするのに適した場所を提供しなければならない。
(2) 保管者は，依頼者の同意なしに役務の履行を下請に出すことができない。

IV.C.-5：103条　保管物の保護及び使用
(1) 保管者は，保管物の不必要な劣化，腐食又は価値の低下を防止するために合理的な予防措置を講じなければならない。
(2) 保管者は，依頼者が同意していた場合に限り，保管のために引き渡された目的物を使用することができる。

IV.C.-5：104条　保管物の返還
(1) 保管者は，合意された時に，又はそれ以前に契約関係が解消された場合においては，依頼者から解消を求められた後の合理的な期間内に，目的物を返還しなければならない。このことは，目的物の返還に関するその他の義務に影響を及ぼさない。
(2) 依頼者は，保管義務が終了し，かつ，保管者から返還の受領を適切に求められたときは，目的物の返還を受けなければならない。
(3) 保管者は，依頼者が目的物の返還を受領することによって，その不履行責任の全部又は一部を免れない。
(4) 依頼者が(2)に規定する場合には，その時に目的物の返還を受領せず，かつ，保管者が依頼者に対し，目的物を売却する意図について合理的な警告をしていたときは，保管者は，Ⅲ.-2：111条（財産が受領されない場合）に従って，これを売却する権利を有する。
(5) 目的物が保管されている間に果実が生じた場合には，保管者は，目的物を依頼者に返還する時に，その果実を引き渡さなければならない。

(6) 保管者は，所有権の取得に関する規定によって目的物の所有者になったときは，その目的物と同一の種類並びに同一の品質及び数量の物を返還し，かつ，その物の所有権を移転しなければならない。この条の規定は，代替物について，適切な補正を加えた上で，適用する。
(7) この条は，目的物を受領する権利又は権限を有する第三者が目的物の返還を求めるときは，適切な補正を加えた上で，適用する。

IV.C.-5：105条　適合性
(1) 目的物の保管は，保管者に引き渡された時と同一の状態で目的物が返還されない限り，契約に適合しない。
(2) 目的物又は契約の性質を考慮して，その目的物が同一の状態で返還されると合理的に期待することができない場合においては，依頼者が合理的に期待することができた状態で目的物が返還されないのであれば，目的物の保管は契約に適合しない。
(3) 目的物又は契約の性質を考慮して，同一の物が返還されると合理的に期待することができない場合においては，返還される物が保管のために引き渡された物と同一の状態ではないとき，同一の種類，品質及び数量ではないとき，又は目的物の所有権がIV.C.-5：104条（保管物の返還）(6)の規定に従って移転されないときは，目的物の保管は，契約に適合しない。

IV.C.-5：106条　報酬の支払
(1) 報酬は，目的物がIV.C.-5：104条（保管物の返還）に従って依頼者に返還された時，又は依頼者が目的物の返還の受領を拒む権利がないにもかかわらずこれを拒んだ時に，支払われる。
(2) 保管者は，依頼者が報酬を支払うまで，目的物を留置することができる。この場合においては，III.-3：401条（牽連関係にある債務の履行を停止する権利）を準用する。

IV.C.-5：107条　保管終了後の情報提供義務
保管の終了後，保管者は，依頼者に対して，次に掲げるすべての情報を提供しなければならない。
(a) 保管中に目的物に発生した損害に関する情報
(b) 依頼者が目的物を使用し，又は運送する前に講じる必要のある事前措置に関する情報。ただし，依頼者が当該予防措置の必要性を認識していると合理的に期待されるときは，この限りでない。

IV.C.-5：108条　危　険
(1) この条は，保管者によって回避又は克服することができない事象により目的物が滅失又は損傷し，かつ，その滅失又は損傷の責任を保管者に負わせることができないときに，適用する。
(2) (1)に規定する事象よりも前に，保管者が依頼者に対して目的物の返還を受けなければならないことを通知していたときは，依頼者は，報酬を支払わなければならない。報酬は，目的物の全部又は一部が残存するときは，それが返還された

時，又は依頼者が保管者に対して当該残部を望まないことを告げたときに支払われなければならない。
(3) (1)に定める事象よりも前に，保管者が，依頼者に対して，目的物の返還を受けなければならないことを通知していなかったときは，次の各号の定めるところによる。
　(a) 一定期間が経過するごとに保管者に報酬を支払うことを当事者が合意していた場合には，依頼者は，当該事象が生じる前に経過した各期間について，報酬を支払わなければならない。
　(b) 保管者による契約上の債務の履行がなお可能であるときは，保管者は，履行を継続しなければならない。このことは，IV.C.-2：111条（依頼者の契約解消権）による契約関係を解消する依頼者の権利の行使を妨げない。
　(c) 契約上の債務をさらに履行することができないときは，依頼者は，保管者が(a)の規定により報酬の支払を求める権利を有する場合を除き，提供された役務について報酬を支払う必要はない。この場合において，保管者は，依頼者が目的物の残部を望まないことを告げたときを除き，残部を依頼者に返還しなければならない。
(4) 依頼者が保管者に対して目的物の残部を望まないことを告げたときは，保管者は依頼者の費用で当該残部を処分することができる。

IV.C.-5：109条　責任制限
事業者間の契約において，保管者が負う不履行の責任を目的物の価値に制限する条項は，II.-9：405条（事業者間契約における「不公正」の意味）の適用に当たり，公正であると推定する。ただし，当該事項が，保管者又は保管者がその行為につき責任を負う者の故意又は重大な過失に基づく行為によって生じた損害についての責任を制限するときは，この限りでない。

IV.C.-5：110条　宿泊事業者の責任
(1) 宿泊事業者は，宿泊施設に滞在し客室を利用した客が宿泊施設に持ち込んだ物の損害，滅失又は紛失について，保管者として責任を負う。
(2) (1)の規定の適用に当たり，次の各号のいずれかに該当するときは，目的物は，宿泊施設に持ち込まれたものとみなす。
　(a) 宿泊客が宿泊施設の客室を利用している間に，目的物が宿泊施設内にあるとき
　(b) 宿泊客が宿泊施設の客室を利用している間に，宿泊事業者又は宿泊事業者がその行為について責任を負う者が，宿泊施設の外で，目的物を預かるとき
　(c) 宿泊客が宿泊施設の客室を利用する前後の合理的な期間内に，宿泊事業者又は宿泊事業者がその行為について責任を負う者が，宿泊施設の内又はその外で，目的物を預かるとき
(3) 宿泊事業者は，損害，滅失又は紛失の原因が次の各号に掲げるいずれかであるときは，責任を負わない。

(a) 宿泊客,宿泊客に同伴する者,宿泊客に雇われた者又は宿泊客を訪問する者
(b) 宿泊事業者の支配を超える障害
(c) 目的物の性質
(4) 宿泊事業者の責任を免除し,又は制限する条項は,損害,滅失又は紛失が宿泊事業者又は宿泊事業者がその行為について責任を負う者の故意又は重大な過失に基づく行為によって生じた場合に責任を免除し,又は制限するものであるときは,第Ⅱ編第9章第4節の規定の適用に当たり,不公正である。
(5) 損害,滅失又は紛失が宿泊事業者又は宿泊事業者がその行為について責任を負う者の故意又は重大な過失による行為によって生じた場合を除き,宿泊客は,不当に遅延することなく,当該損害,破壊又は紛失について,宿泊事業者に情報を提供しなければならない。宿泊客が,不当に遅延することなく宿泊事業者に情報を提供しなかったときは,宿泊事業者は責任を負わない。
(6) 宿泊事業者は,事業者としての資格において宿泊客に対して提供する客室,食事,飲料及び求められたサービスについて,宿泊客に対して有する権利の満足を受けるまで,(1)に規定する目的物を留置する権利を有する。
(7) この条は,宿泊事業者と宿泊客との間で宿泊施設に持ち込まれた物について個別に保管契約が締結された場合には,その限度において適用しない。ある目的物が保管のために宿泊事業者に引き渡された場合において,宿泊事業者が保管のためにこれを受領するときは,個別に保管契約が締結されたものとする。

第6章 設計契約

IV.C.-6:101条 適用範囲

(1) この章の規定は,当事者の一方(設計者)が,相手方(依頼者)に対して,次に掲げるいずれかを設計することを引き受ける契約について適用する。
  (a) 依頼者によって,又は依頼者のために建築される建造物
  (b) 依頼者によって,又は依頼者のために製造される動産,制作される無体物又は履行される役務
(2) 当事者の一方が,設計及びその設計の実現を内容とする役務の提供を引き受ける契約は,主たる部分において設計後の役務提供のための契約に該当するものとみなす。

IV.C.-6:102条 契約締結前の警告義務

設計者は,専門家の関与を必要とする特定の問題について専門知識を有しない場合には,契約締結前に,依頼者に対して警告する義務を負う。

IV.C.-6:103条 技能及び注意に関する義務

設計者は,次に掲げる事項を内容とする技能及び注意に関する義務を負う。
  (a) 設計に関連するすべての役務の効率

的な履行を可能にするために，自らの設計業務を，依頼者と契約を締結した他の設計者による設計業務と調整すること
(b) 設計が契約に適合することを保証するために必要となる他の設計者の設計業務を組み込むこと
(c) 平均的な能力を有する設計使用者（又は契約の締結時に設計者に知らされていた特定の設計使用者）が設計を使用するために必要な設計の見方について，情報を提供すること
(d) 設計使用者が，公法上の準則に違反することなく，かつ，設計者が知り，又は知ることを合理的に期待される第三者の正当な権利に基づく妨害を受けることなく，設計を使用できるようにすること
(e) 経済的かつ技術的に効率よく実現できる設計を提供すること

IV.C.-6：104条　適合性
(1) 設計は，設計使用者が合理的に期待される技能及び注意をもって当該設計を実現することによって特定の結果を達成できるのでなければ，契約に適合しない。
(2) 依頼者は，IV.C.-2：107条（依頼者の指図）に基づく依頼者からの指図が不適合の原因であり，かつ，設計者がIV.C.-2：108条（役務提供者の契約上の警告債務）に従い警告義務を履行したときは，不適合に対する救済手段を利用する権利を有しない。

IV.C.-6：105条　設計の引渡し
(1) 設計者が設計の全部又はその余の部分の完成とは独立して実現するのに適する設計の一部を十分に完成したものとみなし，かつ，当該設計を依頼者に移転しようとするときは，依頼者は，設計者による通知の後の合理的な期間内に，その設計を受領しなければならない。
(2) 依頼者は，その設計又はその一部が契約に適合せず，かつ，その不適合が重大な不履行となるときは，設計の受領を拒むことができる。

IV.C.-6：106条　記　　録
(1) 設計者は，当事者双方の契約上の債務が履行された後に，依頼者の要求に基づき，すべての関係書類又はその副本を交付しなければならない。
(2) 設計者は，合理的な期間において，未交付の関係書類を保管しなければならない。設計者は，書類を廃棄する前に，再度，依頼者に対して，書類の提供を申し出なければならない。

IV.C.-6：107条　責任制限
事業者間の契約において，設計者が負う不履行の責任を，依頼者により，又は依頼者のために設計に従って建築される建造物，製造・制作される物又は履行される役務の価値に制限する条項は，II.-9：405条（事業者間契約における「不公正」の意味）の適用に当たり，公正であると推定する。ただし，当該条項が，設計者又は設計者がその行為につき責任を負う者の故意又は重大な過失に基づく行為によって生じた損害についての責任を制限するときは，この限りでない。

第 7 章　情報提供契約及び助言契約

IV.C.-7：101条　適用範囲
(1) この章の規定は，当事者の一方（提供者）が，相手方（依頼者）に対して，情報を提供し，又は助言することを引き受ける契約について適用する。
(2) この章の規定は，第 8 章(医療契約)に情報提供義務に関する特別の規定が含まれる限りで，医療については，適用しない。
(3) この章において，情報提供とあるのは，助言を含む。

IV.C.-7：102条　予備データを収集する義務
(1) 提供者は，役務の履行のために合理的にみて必要とされる限りで，次に掲げる事項のデータを収集しなければならない。
　(a) 依頼者が情報を求める目的
　(b) 情報に関する依頼者の選好及び優先事項
　(c) 依頼者が情報に基づいて行うと予期される決定
　(d) 依頼者の個人的状態
(2) 情報がある集団に伝えられることが意図されている場合には，収集されるべきデータは，その集団内の各人が有すると合理的に期待される目的，選好，優先事項及び個人的状態に関係するものでなければならない。
(3) 提供者は，依頼者からデータを入手しなければならない場合には，依頼者に対し，何を提供することが必要とされているかを説明しなければならない。

IV.C.-7：103条　専門的知識を入手し，利用する義務
提供者は，役務の履行のために合理的にみて必要とされる限りで，専門家たる情報提供者又は助言者として接し，又は接するべきであった専門的知識を入手し，これを利用しなければならない。

IV.C.-7：104条　技能及び注意に関する義務
(1) 提供者は，次に掲げる事項を内容とする技能及び注意に関する義務を負う。
　(a) 依頼者が情報の内容を理解することを保証するために合理的な措置をとること
　(b) 合理的な情報提供者であれば，評価を伴う情報を提供する際に当該事情の下で示すであろう技能及び注意をもって行動すること
　(c) 依頼者が情報に基づいて判断することが予期されるときは，依頼者に関連するリスクについて，そのリスクが依頼者の判断に影響を及ぼすと合理的に期待される限りで，依頼者に対して情報を提供すること
(2) 提供者が依頼者の決定を可能とするための提案を行うことを明示的又は黙示的に引き受けるときは，提供者は，次に掲げる事項を行わなければならない。
　(a) 依頼者の目的，優先事項，選好及び個人的状態について収集されるべき専門的知識の適切な分析に基づいて，提案をすること

(b) 依頼者の行う決定に関して提供者自身が提供することのできる他の選択肢，並びに，その選択肢が提案された決定に比して有する利益及びリスクについて，依頼者に情報を提供すること

(c) 提供者自身が提供することのできない代案について，依頼者に情報を提供すること。ただし，提供者が，限定された範囲の代案しか提案しないことを明示的に告げ，又はそのことが状況から明らかであるときは，この限りでない。

IV.C.-7：105条　適合性

(1) 提供者は，契約に定める量，質及び種類の情報を提供しなければならない。

(2) 情報提供者が依頼者に対して提供する事実に関する情報は，実際の状況を正確に示したものでなければならない。

IV.C.-7：106条　記　　録

提供者は，依頼者の利益を考慮して合理的に必要とされる場合には，この章の規定に従って提供される情報に関する記録を保存し，依頼者の合理的な求めに応じて，依頼者が当該記録又はその抄録を入手することができるようにしなければならない。

IV.C.-7：107条　利益相反

(1) 提供者が依頼者の決定を可能とするための提案を行うことを明示的又は黙示的に引き受けるときは，提供者は，自らの債務の履行に影響を及ぼすおそれのあるあらゆる利益相反について開示しなければならない。

(2) 契約上の債務が完全に履行されていない場合には，提供者は，依頼者に対して十分に情報が開示され，かつ，依頼者の明示又は黙示の同意を得た場合を除き，依頼者以外の者との間で，依頼者の利益と相反するおそれのある契約関係に入ることはできない。

IV.C.-7：108条　依頼者の能力の影響

(1) 提供者は，依頼者のために他の者が役務の提供に関与していること又は依頼者が単に能力を有していることによって，この章の規定による債務を免れない。

(2) 提供者は，依頼者が既にその情報を知り，又はその情報を知るべき理由があるときは，この章の規定による債務を免れる。

(3) (2)の規定の適用に当たり，その情報が調査をしなくても依頼者に明らかであるとされるときは，依頼者にはその情報を知るべき理由があるものとする。

IV.C.-7：109条　因果関係

提供されるべき情報に基づいて決定がなされるであろうことを提供者が知り，又は知ることを合理的に期待される場合であって，かつ，依頼者がその判断をしたことにより損害を被った場合において，必要とされるすべての情報を提供者が提供していれば，合理的にみて依頼者が他の決定を行うことを真摯に検討したであろうことを，依頼者が証明するときは，提供者による契約上の債務の不履行が当該損害を惹起したと推定する。

第 8 章　医療契約

IV.C.-8：101条　適用範囲
(1) この章の規定は，当事者の一方（医療従事者）が，相手方（患者）のために医療を提供することを引き受ける契約について適用する。
(2) この章の規定は，医療従事者が，人の身体的又は精神的な状態を変えるために，医療とは異なる役務を提供することを引き受ける契約について，適切な補正を加えた上で，適用する。
(3) 患者が契約当事者でないときは，患者は，この章の規定によって医療従事者に課される債務に対応する権利を契約によって付与される第三者とみなす。

IV.C.-8：102条　予　診
医療従事者は，役務の履行のために合理的にみて必要とされる限りで，次に掲げる行為をしなければならない。
　(a) 患者に対して，患者の健康状態，症状，既往症，アレルギー，過去の治療又は現在における他の治療並びに治療に関する患者の選好及び優先事項について，問診すること
　(b) 患者の健康状態を診断するために必要な検査を実施すること
　(c) 患者の治療に関与する他の医療従事者と相談すること

IV.C.-8：103条　医療機器，医薬品，試料，医療設備及び医療施設に関する義務
(1) 医療従事者は，少なくとも一般に承認され信頼できる医療実務によって要求される品質を備えており，適用される法律上の規定に適合し，かつ，使用目的を達成するのに適している医療機器，医薬品，試料，医療設備及び医療施設を使用しなければならない。
(2) 当事者は，患者の不利に，この条の適用を排除し，又はその効果を制限し，若しくは変更することができない。

IV.C.-8：104条　技能及び注意に関する義務
(1) 医療従事者は，技能及び注意を職務として用いる合理的な医療従事者であれば，当該状況の下で用いるであろう技能及び注意を，患者に提供する義務を負う。
(2) 医療従事者は，必要とされる水準の技能及び注意をもって患者を治療する経験又は技能を有さないときは，医療従事者は，患者に対して，当該水準で治療することができる医療従事者を紹介しなければならない。
(3) 当事者は，患者の不利に，この条の適用を排除し，又はその効果を制限し，若しくは変更することができない。

IV.C.-8：105条　情報提供義務
(1) 医療従事者は，患者が治療に関して自由に選択することができるようにするために，患者に対して，次に掲げる内容に関する情報を提供しなければならない。
　(a) 患者の現在の健康状態
　(b) 提案される治療の性質

(c)　提案される治療の利点
　(d)　提案される治療のリスク
　(e)　提案される治療とは別の治療方法，並びに当該治療方法が提案される治療と比べて有する利点及びリスク
　(f)　治療を受けない場合の結果
(2)　医療従事者は，いかなる場合においても，患者に対して，提案される治療に同意するべきか否かの患者の判断に合理的に影響を及ぼす可能性のあるリスク又は他の治療法について，情報を提供しなければならない。リスクは，それが現実のものとなれば患者に深刻な損害が生じるであろうときは，当該リスクは，患者の判断に合理的に影響を及ぼし得るものと推定する。別段の定めがない限り，情報提供義務については，第7章（情報提供契約及び助言契約）の規定の定めるところによる。
(3)　情報は，患者が理解することのできる方法で提供されなければならない。

IV.C.-8：106条　不必要な治療又は実験的治療の場合における情報提供義務

(1)　治療が患者の健康の維持又は改善に必要ではないときは，医療従事者は，既に知られているすべてのリスクに関する情報を開示しなければならない。
(2)　治療が実験的なものであるときは，医療従事者は，実験の目的，治療の性質，治療の利点及びリスク，並びにその治療とは別の治療方法に関して，潜在的なものに過ぎないものであって，すべての情報を開示しなければならない。
(3)　当事者は，患者の不利に，この条の適用を排除し，又はその効果を制限し，若しくは変更することができない。

IV.C.-8：107条　情報提供義務の例外

(1)　通常であれば提供するべき義務を負っている情報について，次の各号のいずれかに該当するときは，患者への情報提供を留保することができる。
　(a)　情報の提供が患者の健康又は生命に深刻な悪影響を及ぼすであろうと信じる客観的な理由が存在するとき
　(b)　患者が，情報の提供を受けることを望まないことを明示したとき。ただし，情報の不開示により第三者の健康又は安全に危険が及ぶときは，この限りでない。
(2)　情報提供義務は，治療が緊急に行われなければならないときは，履行することを要しない。この場合において，医療従事者は，可能な限り，事後に情報を提供しなければならない。

IV.C.-8：108条　同意なしに治療しない義務

(1)　医療従事者は，患者が治療に対して十分な情報に基づく事前の同意をしていない場合には，治療をしてはならない。
(2)　患者は，いつでも同意を撤回することができる。
(3)　患者に同意能力がない場合には，医療従事者は，治療をしてはならない。ただし，次の各号のいずれかに該当するときは，この限りでない。
　(a)　十分な情報に基づく同意が，治療に関して患者のために判断する法的権限がある者又は機関から得られた場

合
    (b) 十分な情報に基づく同意はないが，治療を適法なものとする規定又は手続に従った場合
    (c) 治療が緊急に行われなければならない場合
(4) (3)に規定する状況において，医療従事者は，同意する能力がない患者の治療に関する意見及び能力を失う前に患者が示した治療に関する意見を考慮することが可能であるときは，治療に当たってその意見を考慮しなければならない。
(5) (3)に規定する状況においては，医療従事者は，患者の健康状態の改善に向けた治療のみをすることができる。
(6) IV.C.-8：106条（不必要な治療又は実験的治療の場合における情報提供義務）(2)に規定する状況において，同意は，明示的かつ具体的にされなければならない。
(7) 当事者は，患者の不利に，この条の適用を排除し，又はその効果を制限し，若しくは変更することができない。

IV.C.-8：109条　記　録
(1) 医療従事者は，治療について適切な記録を作成しなければならない。記録は，予診での問診，検査及び診察において集められた情報，患者の同意に関する情報並びに行われた治療に関する情報を含むものでなければならない。
(2) 医療従事者は，合理的な求めに応じて，次に掲げる行為をしなければならない。
    (a) 患者又は，患者に同意する能力がないときは，患者のために判断する法的権限がある者若しくは機関に，記録を閲覧させること
    (b) 合理的なものである限りで，記録内容の見方に関する質問に答えること
(3) 患者が人身侵害を負い，それが医療従事者による技能及び注意に関する義務の不履行の結果であると主張し，かつ，医療従事者が(2)の規定に従わなかったときは，技能及び注意に関する義務の不履行，及び不履行と人身侵害との間の因果関係があるものと推定する。
(4) 医療従事者は，患者又は患者の相続人若しくは代理人にとっての記録の有用性及び将来の治療にとっての記録の有用性に応じて，治療終了後10年を下らない合理的な期間において，記録を保存し，記録の見方に関する情報を提供しなければならない。その期間が経過した後も重要であると合理的に予測される記録は，その後も，医療従事者によって保存されなければならない。医療従事者が業務を終了するときは，記録は，将来の診察のために，預託されるか，又は患者に引き渡さなければならない。
(5) 当事者は，患者の不利に，(1)から(4)までの規定の適用を排除し，又はその効果を制限し，若しくは変更することができない。
(6) 医療従事者は，情報開示が第三者又は公益を保護するために必要とされる場合を除き，患者又は患者の治療に関与した他の者に関する情報を，第三者に開示してはならない。医療従事者は，統計上，教育上又は研究のために，匿名の方法で記録を利用することができる。

IV.C.-8:110条　不履行に対する救済手段

医療契約上の債務の不履行に関して，第Ⅲ編第3章（不履行に対する救済手段）の規定及びⅣ.C.-2：111条（依頼者の契約解消権）は，次に掲げる内容の補正を加えた上で，適用する。

(a) 医療従事者は，患者の健康に深刻な危険が及ぶであろうときは，第Ⅲ編第3章の規定により履行を停止し，又は契約関係を解消することはできない。

(b) 医療従事者が，履行を停止する権利又は契約関係を解消する権利を有し，かつ，当該権利を行使しようとする場合には，医療従事者は，患者に他の医療従事者を紹介しなければならない。

IV.C.-8:111条　治療を行う機関の義務

(1) 医療契約上の債務を履行する過程で，特定の治療行為が病院その他の医療機関の施設で行われ，かつ，当該病院又は医療機関が医療契約の当事者でないときは，当該病院又は医療機関は，患者に対して，自らが契約当事者でないことを明らかにしなければならない。

(2) 医療従事者が誰であるのかを特定できないときは，治療が行われた病院又は医療機関を医療従事者であるとみなす。ただし，当該病院又は医療機関が，患者に対して，合理的な期間内に，医療従事者を特定する情報を提供するときは，この限りでない。

(3) 当事者は，患者の不利に，この条の適用を排除し，又はその効果を制限し，若しくは変更することができない。

第Ⅳ編 各種の契約及びそれに基づく権利義務
D部 委任契約

第1章 総則

Ⅳ.D.-1:101条 適用範囲

(1) この部の規定は、ある者（受任者）が、他の者（本人）より、次に掲げる事項を行うことについての権限を与えられ、それを行うことを指示される（委任される）契約その他の法律行為について適用する。
  (a) 本人と第三者との間の契約を締結することその他の方法により、第三者との関係において本人に法的効力を生じさせること
  (b) 本人のための契約その他の法律行為であるが、本人ではなく受任者が当事者となる形式により、第三者と契約を締結し、又は第三者との関係においてその他の法律行為をすること
  (c) 本人と第三者との間の契約を締結すること又は第三者との関係において本人に法的効力を生じさせるその他の法律行為をすることを導き、又は補助する措置をとること

(2) この部の規定は、受任者が、本人のために、その指示に従って行為をすることを引き受けた場合に適用する。受任者が行為をする権限を授与されただけで、その行為をすることを引き受けていないにもかかわらず、その行為をする場合には、適切な補正を加えた上で、適用する。

(3) この部の規定は、受任者に報酬が支払われる場合に適用し、受任者に報酬が支払われない場合には、適切な補正を加えた上で、適用する。

(4) この部の規定は、本人と受任者の内部関係（以下「委任関係」という。）にのみ適用する。この部の規定は、本人と第三者の関係及び受任者と第三者との間で生じ得る関係には、適用しない。

(5) この部及びC部（役務提供契約）のいずれにも該当する契約は、主たる部分においてこの部の規定が適用されるものとする。

(6) この部の規定は、閣僚理事会指令85/611/EEC及び93/6/EEC並びにヨーロッパ議会及び閣僚理事会指令2000/12/ECを修正するとともに閣僚理事会指令93/22/EECを廃止する金融商品市場に関する2004年4月21日のヨーロッパ議会及び閣僚理事会指令2004/39/EC

(OJ L 145/1)(その後に修正又は変更されたものを含む。)に規定された投資サービスを目的とする契約及び活動には適用しない。

IV.D.-1：102条　定　義

この部において，次の各号に掲げる用語は，それぞれ当該各号の定めるところによる。

(a) 受任者への「委任」とは，本人からの権限の授与及び指示をいい，その後の指図により修正されたものを含む。

(b) 「委任契約」とは，受任者に行為についての権限を授与し，それを行うことを指示する契約をいう。委任契約に関する規定は，受任者に行為についての権限を授与し，それを行うことを指示するその他の法律行為にも適用する。

(c) 「委任目的契約」とは，受任者がそれを締結し，交渉し，又は補助することについての権限を授与され，それを行うことを指示される契約をいう。委任目的契約に関する規定は，受任者がそれを行い，交渉し，又は補助することについての権限を授与され，それを行うことを指示されるその他の法律行為にも適用する。

(d) 直接代理のための委任とは，受任者が，本人の名で行為をし，又は本人に法的効力を生じさせる意思を表示するその他の方法で行為をする委任をいう。

(e) 間接代理のための委任とは，受任者が，受任者自身の名で行為をし，又は本人に法的効力を生じさせる意思を表示しないその他の方法で行為をする委任をいう。

(f) 「指図」とは，委任契約上の債務の履行又は委任目的契約の内容に関して，委任契約の締結の時に，又は当該委任に従って契約の締結の後に与えられる本人の決定をいう。

(g) 「第三者」とは，受任者による締結，交渉又は補助の対象となるべき委任目的契約において，相手方となる者をいう。

(h) 受任者への委任の「撤回」とは，本人による委任の終了をいい，これによって委任はそれ以後は効力を失う。

IV.D.-1：103条　委任契約の存続期間

委任契約は，次に掲げる期間について締結することができる。

(a) 不特定の期間
(b) 特定の期間
(c) 特定の事務が完了するまでの期間

IV.D.-1：104条　委任の撤回

(1) 次条が適用される場合を除き，本人は，受任者に対する通知により，受任者への委任をいつでも撤回することができる。

(2) 委任関係が終了したときは，受任者への委任の撤回の効果が生じる。

(3) 当事者は，本人の不利に，この条の適用を排除し，又はその効果を制限し，若しくは変更することができない。ただし，次条に規定する要件を満たすとき

は，この限りでない。

IV.D.-1：105条　撤回することができない委任

(1) 前条の規定にかかわらず，受任者への委任が次の各号のいずれかに該当する場合には，本人は，その委任を撤回することができない。
  (a) 委任が，報酬の支払以外についての受任者の正当な利益を保護するものである場合
  (b) 委任が，他の法律関係の当事者にとっても利益となっている場合。この場合において，他の法律関係の当事者がすべて委任契約の当事者であるか否か，及び，受任者への委任が撤回されないことにより，他の法律関係の当事者の一人又は数人の利益が適切に保護されるか否かは問わない。
(2) 次の各号のいずれかに該当する場合には，(1)の規定にかかわらず，委任を撤回することができる。
  (a) 委任が，(1)(a)の規定により撤回することができないが，次のいずれかに該当するとき
    (i) 受任者の正当な利益の基礎となる契約関係が，受任者の不履行を理由に解消されるとき
    (ii) 委任契約上の債務につき，受任者の重大な不履行が存在するとき
    (iii) IV.D.-6：103条（特別かつ重大な理由による本人からの解消）により，本人が解消することにつき，特別かつ重大な理由が存在するとき
  (b) 委任が，(1)(b)の規定により撤回することができないが，次のいずれかに該当するとき
    (i) 委任を撤回することができないことに利益を有する他の法律関係の当事者が，委任の撤回に同意するとき
    (ii) (1)(b)に規定する他の法律関係が解消されるとき
    (iii) 受任者に委任契約上の債務の重大な不履行がある場合において，その受任者が，本人と他の法律関係の当事者との間の条項に従い，不当に遅延することなく，別の受任者と交替するとき
    (iv) IV.D.-6：103条（特別かつ重大な理由による本人からの解消）により本人が委任関係を解消することができる特別かつ重大な理由が存在する場合において，その受任者が，他の法律関係を規律する条項に従い，不当に遅延することなく，別の受任者と交替するとき
(3) 委任の撤回がこの条により許されない場合には，撤回の通知は効力を生じない。
(4) この条は，委任関係がこの部の第7章の規定により解消される場合には適用しない。

第 2 章　本人の主たる義務

IV.D.-2：101条　協力義務

Ⅲ.-1：104条（協力）による協力義務として，本人は，特に次に掲げる事項を行わなければならない。

(a) 受任者から情報を求められた場合には，受任者が委任契約上の債務を履行するためにその情報が必要である限りにおいて，それに応えること

(b) 委任契約上の債務の履行に関する指図が，委任契約に基づき要求された場合，又はⅣ.D.-4：102条（指図の要求）によって求められる指図である場合に，その指図を与えること

IV.D.-2：102条　報　酬

(1) 受任者が事業として委任契約上の債務を履行する場合には，本人は報酬を支払わなければならない。ただし，本人が，受任者が報酬の支払を受けることなしに債務を履行することを期待し，かつ，それが合理的に期待されるときは，この限りでない。

(2) 報酬は，委任事務が完了し，受任者が本人に対してその旨を告げた時に支払われる。

(3) 個別の役務が提供されるごとに報酬を支払う旨を当事者が合意していた場合において，委任関係が解消され，かつ，委任事務が完了していないときは，報酬は，受任者が本人に対して委任契約上の債務の履行を告げた時に支払われる。

(4) 委任が委任目的契約の締結を目的とするものであり，かつ，本人が委任目的契約を直接締結し，又は本人に任命された別の者が，本人のために委任目的契約を締結した場合において，その委任目的契約の締結の全部又は一部が，受任者による委任契約上の債務の履行に負うものとされるときは，受任者は，報酬の全部又はその割合に応じた一部の支払を受ける権利を有する。

(5) 委任が委任目的契約の締結を目的とするものであり，かつ，委任目的契約が委任関係の解消後に締結された場合において，委任目的契約の締結のみを根拠とする報酬の支払が合意されており，かつ，次に掲げる要件のすべてを満たすときは，本人は，報酬を支払わなければならない。

(a) 委任目的契約の締結が，主として受任者の行為の結果であること

(b) 委任目的契約が，委任関係の解消後，合理的な期間内に締結されていること

IV.D.-2：103条　受任者の負担した費用

(1) 受任者が報酬の支払を受ける権利を有する場合には，報酬は，受任者が委任契約上の債務の履行において負担した費用の償還を含むものと推定する。

(2) 受任者が報酬の支払を受ける権利を有しない場合，又は当事者が費用が報酬とは別に支払われる旨を合意していた場合において，受任者が費用負担時に合理的

に行為したときは，その限りにおいて，本人は，受任者が委任契約上の債務の履行において負担した費用を，受任者に償還しなければならない。
(3) 受任者は，(2)の規定による費用を負担し，その費用について告げた時から，費用の償還を受ける権利を有する。

(4) 委任関係が解消され，かつ，受任者に対する報酬の対象とされる結果が達成されていない場合には，受任者は，委任契約上の債務の履行において負担した合理的な費用の償還を受ける権利を有する。〔この場合においては，〕(3)の規定を準用する。

第3章　受任者による履行

第1節　受任者の主たる義務

IV.D.-3：101条　委任に従って行為をする義務

受任者は，委任関係の全段階において，委任に従って行為しなければならない。

IV.D.-3：102条　本人の利益において行為をする義務

(1) 本人の利益が受任者に通知され，又は受任者が本人の利益を認識していると合理的に期待される限りにおいて，受任者は，本人の利益において行為しなければならない。
(2) 受任者が，委任契約上の債務を適切に履行し得るほど十分に，本人の利益を認識していない場合には，受任者は，本人に対して情報を要求しなければならない。

IV.D.-3：103条　技能及び注意に関する義務

(1) 受任者は，本人が当該状況の下で正当に期待し得る注意と技能を用いて，委任契約上の債務を履行する義務を負う。
(2) 受任者が高度な注意及び技能を有することを表示したときは，受任者は，その注意及び技能を用いなければならない。
(3) 受任者が専門的な受任者からなる集団の構成員であるか，又はその構成員であると称する場合において，関係機関又はその集団自らが定めた基準が存在するときは，受任者は，当該基準に示される注意及び技能を用いなければならない。
(4) 本人が正当に期待することができる注意及び技能を判断する際には，次に掲げる事由が，特に顧慮されなければならない。
  (a) 債務の履行に伴う危険の性質，大きさ，頻度及び予見可能性
  (b) 債務を履行するのが非専門家であるか否か，あるいは無償で履行されるか否か
  (c) 債務の履行に対する報酬の金額
  (d) 債務の履行のために合理的に利用することができる時間

第2節　委任の範囲外の行為の効果

IV.D.-3：201条　委任の範囲外の行為

(1) 受任者は，次に掲げる要件のすべてを

満たす場合には，委任の範囲外の行為をすることができる。
  (a) 受任者が，本人のために当該行為をすることにつき合理的な理由を有すること
  (b) 受任者が，特定の事情の下での本人の意思を知る合理的な機会を有さないこと
  (c) 受任者が，特定の事情の下での行為が本人の意思に反することを知らず，かつ，知ることを合理的に期待されないこと
(2) (1)に規定する行為は，受任者と本人との間では，委任の範囲内の行為と同じ効果を有する。

IV.D.-3：202条　追認の効果

(1) 前条の規定に含まれない状況において，受任者が本人の代わりに契約を締結する際に，委任の範囲を逸脱して行為していた場合には，本人が当該契約を追認することにより，受任者は本人に対する責任を免れる。ただし，本人が，追認後不当に遅延することなく，受任者に対して，受任者の不履行に対する救済手段を留保する旨を通知するときは，この限りでない。

第3節　委任における排他性の原則的否定

IV.D.-3：301条　排他性推定の否定

本人は，委任目的契約を，直接締結し，交渉し，若しくは補助し，又はそうすることにつき別の受任者を任命する自由を有する。

IV.D.-3：302条　復委任

(1) 受任者は，本人の同意なしに，委任契約上の債務の全部又は一部の履行につき，復委任することができる。ただし，自ら履行することが契約によって求められるときは，この限りでない。
(2) 受任者から委託されたいかなる復受任者も，十分な能力を備えていなければならない。
(3) Ⅲ.-2：106条（他人への履行の委託）に従い，受任者は，引き続き履行について責任を負う。

第4節　本人への情報提供義務

IV.D.-3：401条　履行の進捗に関する情報提供

委任契約上の債務を履行する間，受任者は，当該状況の下で合理的な限りで，本人に対して，委任目的契約の締結又は補助につながる交渉その他の措置をとったこと及びその進捗に関する情報を提供しなければならない。

IV.D.-3：402条　本人に対する通知

(1) 受任者は，不当に遅延することなく，本人に対して，委任事務の完了を告げなければならない。
(2) 受任者は，本人に対して，次に掲げる事項について説明しなければならない。
  (a) 委任契約上の債務を履行した方法
  (b) 当該債務を履行する際に受任者が消費し，若しくは受領した金銭又は負担した費用
(3) (2)の規定は，委任関係が第6章及び第7章の規定に従って解消された場合に

おいて，委任契約上の債務が完全には履行されていなかったときに，適切な修正を加えた上で，適用する。

IV.D.-3：403条　第三者の識別情報に関する通知
(1) 委任目的契約を第三者と締結する受任者は，本人の求めに応じて，本人に対して，第三者の氏名及び住所を通知しなければならない。
(2) 間接代理のための委任の場合において，(1)の規定は，受任者が倒産したときに限り，適用する。

第4章　指図及び変更

第1節　指　　図

IV.D.-4：101条　本人の与えた指図
(1) 本人は，受任者に対して指図を与える権利を有する。
(2) 受任者は，本人の指図に従わなければならない。
(3) 受任者は，指図が次の各号のいずれかに該当する場合には，本人に対して警告をしなければならない。
　(a) 委任契約上の債務の履行が，委任契約において合意されたものに比して著しく高額になり，又は著しく時間を要するものとなる場合
　(b) 委任契約の目的に相反し，又はその他の仕方で本人の利益を害するおそれがある場合
(4) 本人が，受任者から〔(3)の〕警告を受けた後に，不当に遅延することなく当該指図を撤回しない限り，当該指図は，Ⅳ.D.-4：201条（委任契約の変更）による委任契約の変更とみなす。

IV.D.-4：102条　指図の要求
(1) 受任者は，委任契約上の債務の履行又は期待される契約の内容に関して，本人の判断を必要とする情報を得るために，本人に対して指図を要求しなければならない。
(2) 委任目的契約を締結することが委任事務である場合において，当該委任が直接代理又は間接代理のいずれであるかが委任契約において定められていないときは，受任者は，本人に対して指図を要求しなければならない。

IV.D.-4：103条　指図を与えないことの効果
(1) 委任契約又はⅣ.D.-4：102条（指図の要求）(1)の規定による要求があった場合において，本人が指図を与えないときは，受任者は，相当な限りで，第Ⅲ編第3章（不履行に対する救済手段）の規定による救済手段のいずれかを利用し，又は既にある情報及び指示によれば本人が有するであろうと合理的に期待される期待，選好及び優先事項に基づいて履行することができる。

IV.D.-4：104条

(2) 受任者は，本人が有するであろうと合理的に期待される期待，選好及び優先事項に基づいて履行するときは，委任目的契約の締結のために認められ，又は指示されていた報酬及び時間をそれに応じて変更する権利を有する。

(3) 本人が，IV.D.-4：102条（指図の要求）(2)の規定による指図を与えない場合には，受任者は，直接代理若しくは間接代理のいずれかを選択し，又はIII.-3：401条（牽連関係にある債務の履行を停止する権利）により履行を停止することができる。

(4) (2)の規定に基づいて調整された報酬は，合理的なものでなければならず，かつ，委任契約上の債務の履行に対する当初の報酬を決めるために用いられたのと同一の算定方法によって決定されなければならない。

IV.D.-4：104条　指図を要求し，又はこれを待つ時間がない場合

(1) 受任者がIV.D.-4：102条（指図の要求）(1)の規定により指図を要求するべき場合において，本人と接触して指図を要求する前に行為しなければならないとき，又は指図が与えられる前に行為しなければならないときは，受任者は，既にある情報及び指図によれば本人が有するであろうと合理的に期待される期待，選好及び優先事項に基づいて履行することができる。

(2) (1)に規定する状況において，受任者は，当該事案の事情を考慮すると合理的である限りにおいて，委任契約上の債務の履行のために認められ，又は指示されていた報酬及び時間をそれに応じて変更する権利を有する。

第2節　委任契約の変更

IV.D.-4：201条　委任契約の変更

(1) 委任契約は，次に掲げる場合に変更される。
  (a) 本人が，委任の内容に重大な変更を加える場合
  (b) 本人が，IV.D.-4：101条（本人の与えた指図）(3)の規定に従った警告を受けた後に，不当に遅延することなく指図を撤回しない場合

(2) 委任契約が(1)の規定により変更される場合には，受任者は，次に掲げる権利を有する。
  (a) 委任契約上の債務の履行のために認められ，又は指示されていた報酬及び時間をそれに応じて変更する権利
  (b) 委任契約が変更されなかったとすれば受任者が置かれていた状態と可能な限り近い状態を実現するために，III.-3：702条（損害賠償の一般的算定基準）に従って損害賠償を求める権利

(3) 委任契約が(1)の規定により変更される場合には，受任者は，IV.D.-6：105条（特別かつ重大な理由による受任者からの解消）に従い，特別かつ重大な理由による解消を通知することによって，委任関係を解消することもできる。ただし，当該変更が軽微であるか，又は受任者の利益となるときは，この限りでない。

(4) (2)(a)の規定に基づいて調整された報

酬は，合理的なものでなければならず，かつ，委任契約上の債務の履行に対する当初の報酬を決めるために用いられたものと同一の算定方法によって決定されなければならない。

第5章　利益の相反

IV.D.-5：101条　自己契約
(1) 受任者は，委任目的契約において，本人の相手方になることができない。
(2) 次の各号のいずれかに該当する場合には，受任者は，(1)の規定にかかわらず，契約の相手方になることができる。
　(a) 受任者が契約の相手方になることが，委任契約上，当事者双方によって合意されている場合
　(b) 受任者が，契約の相手方になる意図を明らかにしている場合において，次のいずれかに該当するとき
　　(i) 本人が，事後的に同意を表示するとき
　　(ii) 受任者が契約の相手方になることについて，本人が，同意又は同意の拒絶のいずれかを示すよう要求された後に，異議を述べなかったとき
　(c) (a)又は(b)の場合を除き，本人が，受任者が契約の相手方になることを知り，又は知っていたことを合理的に期待される場合において，本人が合理的な期間内に異議を述べなかったとき
　(d) 委任目的契約の内容が，委任契約において厳密に定められており，本人の利益が害されるおそれがない場合

(3) 本人が消費者である場合には，受任者は，次の各号のいずれかに該当する場合に限って，契約の相手方になることができる。
　(a) 受任者が特定の委任目的契約の相手方になることについて事前に明らかにし，かつ，本人が明示的にそれに同意している場合
　(b) 委任目的契約の内容が，委任契約において厳密に定められており，本人の利益が害されるおそれがない場合
(4) 当事者は，本人の不利に，(3)の規定の適用を排除し，又はその効果を制限し，若しくは変更することができない。
(5) 受任者が契約の相手方になる場合には，受任者は，受任者として行う役務に対する報酬の支払を受ける権利を有さない。

IV.D.-5：102条　双方委任
(1) 受任者は，本人及び委任目的契約の相手方の双方の受任者として行為をすることはできない。
(2) 次の各号のいずれかに該当する場合には，(1)の規定にかかわらず，受任者は，本人及び契約の相手方の双方の受任者として行為をすることができる。
　(a) このことが，委任契約上，当事者双

方によって合意されている場合
(b) 受任者が，契約の相手方の受任者として行為をする意図を明らかにしている場合において，次のいずれかに該当するとき
　(i) 本人が，事後的に同意を表示するとき
　(ii) 受任者が，契約の相手方の受任者として行為をすることについて，本人が，同意又は同意の拒絶のいずれかを示すことを要求された後に，異議を述べなかったとき
(c) (a)又は(b)の場合を除き，本人が，受任者が契約の相手方の受任者として行為をすることを知り，又は知っていたことを合理的に期待される場合において，本人が合理的な期間内に異議を述べなかったとき
(d) 委任目的契約の内容が，委任契約において厳密に定められており，本人の利益が害されるおそれがない場合
(3) 本人が消費者である場合には，受任者は，次の各号のいずれかに該当する場合に限って，本人と契約の相手方の双方の受任者として行為をすることができる。
(a) 受任者が特定の委任目的契約上の相手方の受任者として行為をすることについて事前に明らかにし，かつ，本人が明示的にそれに同意している場合
(b) 委任目的契約の内容が，委任契約において厳密に定められており，本人の利益が害されるおそれがない場合
(4) 当事者は，本人の不利に，(3)の規定の適用を排除し，又は効果を制限し，若しくは変更することができない。
(5) 受任者が(1)から(4)までの規定に従って行為をする場合には，その限りにおいて，受任者は，報酬の支払を受ける権利を有する。

第6章　不履行を理由としない解消の通知

IV.D.-6：101条　通知による解消一般

(1) 各当事者は，相手方に対する通知によって，委任関係をいつでも解消することができる。
(2) (1)の規定の適用に当たり，受任者への委任の撤回は，解消として扱う。
(3) 受任者への委任が，IV.D.-1：105条（撤回することができない委任）により撤回することができない場合には，委任関係の解消は有効でない。
(4) 解消の効果については，Ⅲ.-1：109条（通知による変更又は解消）(3)の規定に定めるところによる。
(5) 通知をした当事者による契約関係の解消が正当である場合には，当該当事者は，いかなる損害賠償も支払う必要がない。
(6) 通知をした当事者による契約関係の解消が正当ではない場合においても，当該解消は有効である。この場合において，

相手方は，第Ⅲ編の規定に従って，損害賠償の支払を受ける権利を有する。

(7) この条の適用に当たり，次の各号のいずれかに該当する場合には，契約関係の解消は正当である。
  (a) 通知をした当事者が，契約上の明示された条項に基づいて契約関係を解消する権利を有しており，かつ，契約に規定された当該解消のための要件を満たしていたとき
  (b) 通知をした当事者が，第Ⅲ編第3章第5節（契約の解消）の規定により契約関係を解消する権利を有していたとき
  (c) 通知をした当事者が，この章の他の規定により契約関係を解消する権利を有しており，かつ，当該規定に定める契約関係解消のための要件を満たしていた場合

IV.D.-6 : 102条　委任関係が不特定期間継続する場合又は委任が特定の事務を目的とする場合における本人からの解消

(1) 委任契約が不特定期間について，又は特定の事務を目的として締結されていた場合には，本人は，合理的な期間を定めた通知をすることで，委任関係をいつでも解消することができる。
(2) (1)の規定は，委任が撤回できない場合には，適用しない。
(3) 当事者は，本人の不利に，この条の適用を排除し，又はその効果を制限し，若しくは変更することができない。ただし，IV.D.-1 : 105条（撤回することができない委任）に規定する要件が満たされる

ときは，この限りでない。

IV.D.-6 : 103条　特別かつ重大な理由による本人からの解消

(1) 本人は，特別かつ重大な理由があるときは，通知により委任関係を解消することができる。
(2) 通知期間は要しない。
(3) この条の適用に当たり，委任契約の締結時に当事者双方が委任契約上の受任者の債務を履行させるつもりでいた者の死亡又は無能力は，特別かつ重大な理由となる。
(4) この条は，本人の相続人がIV.D.-7 : 102条（本人の死亡）に従って委任関係を解消する場合について，適切な補正を加えた上で，適用する。
(5) 当事者は，本人又は本人の相続人の不利に，この条の適用を排除し，又はその効果を制限し，若しくは変更することができない。

IV.D.-6 : 104条　委任関係が不特定期間継続する場合又は無償である場合における受任者からの解消

(1) 委任契約が不特定期間について締結されていた場合には，受任者は，合理的な期間を定めた通知をすることにより，委任関係をいつでも解消することができる。
(2) 受任者が報酬を受けることなく本人を代理することになっている場合には，受任者は，合理的な期間を定めた通知をすることにより，委任関係を解消することができる。
(3) 当事者は，受任者の不利に，この条の

(1)の規定の適用を排除し，又はその効果を制限し，若しくは変更することができない。

IV.D.-6：105条　特別かつ重大な理由による受任者からの解消
(1)　受任者は，特別かつ重大な理由があるときは，通知により委任関係を解消することができる。
(2)　通知期間は要しない。
(3)　この条の適用に当たり，特別かつ重大な理由は，次に掲げる事項を含む。
　(a)　IV.D.-4：201条（委任契約の変更）による委任契約の変更
　(b)　本人の死亡又は無能力
　(c)　委任契約の締結時に当事者双方が委任契約上の受任者の債務を履行させるつもりでいた者の死亡又は無能力
(4)　当事者は，受任者の不利に，この条の適用を排除し，又はその効果を制限し，若しくは変更することができない。

第7章　その他の解消原因

IV.D.-7：101条　本人又は別の受任者による委任目的契約の締結
(1)　委任契約が特定の委任目的契約の締結のみを目的として締結された場合において，本人又は本人から任命された別の受任者が委任目的契約を締結したときは，当該委任関係は解消される。
(2)　(1)の場合において，委任目的契約の締結は，IV.D.-6：101条（通知による解消一般）による通知として扱う。

IV.D.-7：102条　本人の死亡
(1)　委任関係は，本人の死亡により，終了しない。
(2)　受任者及び本人の相続人の双方は，IV.D.-6：103条（特別かつ重大な理由による本人からの解消）又はIV.D.-6：105条（特別かつ重大な理由による受任者からの解消）による特別かつ重大な理由に基づいて，通知により委任関係を解消することができる。

IV.D.-7：103条　受任者の死亡
(1)　受任者の死亡により，委任関係は，終了する。
(2)　死亡時に履行期の到来している費用その他の支出は，なお支払われなければならない。

第IV編 E部 各種の契約及びそれに基づく権利義務
代理商, フランチャイズ及びディストリビューター

第1章 総則

第1節 適用範囲

IV.E.-1:101条 適用対象となる契約

(1) この部の規定は, 代理商, フランチャイズ又はディストリビューターの創設及び規制のための契約について適用し, 独立して事業を営む当事者が相手方の商品を市場に流通させるために技能及び労力を用いる他の契約について, 適切な補正を加えた上で, 適用する。

(2) この部において,「商品」は, 物品及び役務を含む。

第2節 その他の通則

IV.E.-1:201条 規定の適用に関する優先関係

規定に抵触があるときは, 次の各号の定めるところによる。

(a) この部の規定は, D部(委任契約)の規定に優先して適用する。
(b) この部の第3章から第5章までの規定は, この部の第2章の規定に優先して適用する。

第2章 この部の規定の適用範囲に含まれるすべての契約に適用する規定

第1節 契約締結前の義務

IV.E.-2:101条 契約締結前の情報提供義務

この部の規定の適用範囲に含まれる契約の締結を交渉する当事者の一方は, 契約が締結される前の合理的な時に, 健全な商慣行が要求する範囲において, 相手方に対し, 考慮されている種類及び内容の契約を締結するか否かを合理的な情報に基づいて決定することを可能にするために十分な情報を提供する義務を負う。

第2節 当事者の債務

IV.E.-2:201条 協力義務

この部の規定の適用範囲に含まれる契約の当事者は, 契約の目的を達成するため

に，積極的かつ忠実に協力し，それぞれの行為を調整しなければならない。

IV.E.-2：202条　契約関係が継続している間の情報提供義務

各当事者は，契約関係が継続している間は，相手方に対して，自らが有し，かつ，相手方が契約の目的を達成するために必要とする情報をすべて，適時に提供しなければならない。

IV.E.-2：203条　秘密保持義務

(1)　相手方から秘密の情報を受領した当事者は，その情報を秘密に保たなければならず，契約関係が継続している間も終了後にも，当該情報を第三者に対して開示してはならない。

(2)　相手方から秘密の情報を受領した当事者は，その情報を契約の目的以外の用途に使用してはならない。

(3)　当事者の一方が既に有し，又は公衆に公開されていた情報及び事業の遂行の結果として顧客に開示することが必要となる情報は，ここにいう秘密の情報には当たらない。

第3節　契約関係の解消

IV.E.-2：301条　期間の定めのある契約

当事者は，期間の定めのある契約を更新しない自由を有する。当事者の一方が，契約を更新する意思を適時に通知したときは，相手方が契約を更新しない旨を契約期間が満了する前の合理的な時以前に通知した場合を除き，契約は，期間の定めのない契約として更新される。

IV.E.-2：302条　期間の定めのない契約

(1)　期間の定めのない契約のいずれの当事者も，相手方に対して通知することによって，契約関係を解消することができる。

(2)　通知が合理的な長さの期間が経過した後の解消を定めるものであるときは，Ⅳ.E.-2：303条（不適切な通知による解消に対する損害賠償）による損害賠償義務は発生しない。通知が即時の解消又は合理的な長さとはいえない期間が経過した後の解消をもたらすものであるときは，同条による損害賠償義務が発生する。

(3)　通知において定められた期間が合理的な長さであるか否かについては，次に掲げるものを含む事情が考慮される。
(a)　契約関係が継続した期間
(b)　実行された合理的な投資
(c)　合理的な代替取引を見出すために要する時間
(d)　慣　習

(4)　契約関係が継続した年数の1年につき1か月の割合で定める通知の期間（ただし，36か月を上限とする。）は，合理的なものと推定する。

(5)　事業主，フランチャイザー又はサプライヤーが通知において定める期間は，契約関係が継続した期間の1年目には1か月，2年目には2か月，3年目には3か月，4年目には4か月，5年目には5か月，6年目及びそれ以降には6か月よりも短いものであってはならない。当事者は，この規定の適用を排除し，又はその効果を制限し，若しくは変更することができない。

(6) (4)及び(5)に規定する期間よりも長い期間を定める合意は，事業主，フランチャイザー又はサプライヤーが従うものとされた期間が代理商，フランチャイジー又はディストリビューターが従うものとされた期間よりも短くないときは，有効である。
(7) この部の適用範囲に含まれる契約との関係においては，Ⅲ.-1：109条（通知による変更又は解消）(2)の規定を排除し，この条を適用する。解消の効果については，同条(3)の規定の定めるところによる。

IV.E.-2：303条　不適切な通知による解消に対する損害賠償
(1) 当事者の一方がⅣ.E.-2：302条（期間の定めのない契約）により契約関係を解消する場合において，合理的な期間を定めた通知をしないときは，相手方は，損害賠償を求める権利を有する。
(2) 損害賠償の一般的算定基準となるのは，合理的な期間を定めた通知がされていたとすればさらに関係が継続していたはずの期間に相手方が得ていたであろう利益の額に相当する額である。
(3) 年間の利益の額は，被害当事者が過去3年間（契約関係が継続した期間がこれよりも短い場合には，当該期間）に契約から得た利益の平均額に等しいものと推定する。
(4) 第Ⅲ編第3章第7節に規定する不履行に対する損害賠償についての一般規定は，適切な補正を加えた上で，適用する。

IV.E.-2：304条　不履行による契約の解消
(1) この部の規定の適用範囲に含まれる契約の条項であって，当事者が重大ではない不履行により契約関係を解消することができると定めるものは，効力を有しない。
(2) 当事者は，この条の適用を排除し，又はその効果を制限し，若しくは変更することができない。

IV.E.-2：305条　のれんの補償
(1) 契約関係が終了したときは，（いずれかの当事者が重大な不履行を理由として解消をした場合を含めて）その理由を問わず，当事者の一方は，次に掲げる要件のすべてを満たす場合には，その限度において，相手方に対してのれんの補償を請求する権利を有する。
  (a) その当事者が相手方の取引量を著しく増大させ，かつ，相手方がその取引から相当な利益を取得し続けていること
  (b) 補償の支払が合理的であること
(2) 補償の支払は，当事者が，Ⅳ.E.-2：303条（不適切な通知による解消に対する損害賠償）により損害賠償を請求することを妨げない。

IV.E.-2：306条　在庫，取替部品及び材料
いずれかの当事者が契約を取り消し，又は契約関係を解消したときは，自らの商品が市場で流通していた当事者は，相手方に残された在庫，取替部品及び材料を，相手方が合理的に転売することができる場合を除き，合理的な価格で買い戻さなければな

第4節　その他の通則

IV.E.-2：401条　留置権
商品を市場に流通させている当事者は，報酬，塡補，損害賠償及び補償の権利を担保するため，相手方がその義務を履行するまで，契約の結果として占有する相手方の動産を留置する権利を有する。

IV.E.-2：402条　署名文書の交付請求権
(1) 各当事者は，請求により，相手方から，契約の条項を含む署名のある記録を，持続性のある媒体上の文書形式で受領する権利を有する。
(2) 当事者は，この条の適用を排除し，又はその効果を制限し，若しくは変更することができない。

第3章　代理商

第1節　総則

IV.E.-3：101条　適用範囲
この章の規定は，当事者の一方（代理商）が，継続的に，自己の営業として相手方（事業主）のために契約の交渉又は締結の仲介をすることを約束し，事業主が，その代理商の活動に対して報酬を支払うことを約束する契約について適用する。

第2節　代理商の債務

IV.E.-3：201条　契約の交渉及び締結
代理商は，事業主のために契約の交渉をし，事業主からその締結を指図された契約を締結するために，合理的な努力をしなければならない。

IV.E.-3：202条　指図
代理商は，事業主がした合理的な指図が代理商の独立性に重大な影響を及ぼすものでないときは，その指図に従わなければならない。

IV.E.-3：203条　契約関係が継続している間の代理商の情報提供義務
代理商は，少なくとも，次に掲げる事項に関する情報を事業主に提供するべき義務を負う。
　(a) 代理商が交渉し，又は締結した契約
　(b) 市場の状況
　(c) 顧客の支払能力その他の特徴

IV.E.-3：204条　会計
(1) 代理商は，事業主のために交渉し，又は締結した契約について，適切な帳簿を作成しなければならない。
(2) 代理商が複数の事業主のために契約の交渉又は締結を行う場合には，各事業主について独立の帳簿を作成しなければならない。
(3) 事業主が，代理商による適切な帳簿の作成を疑うべき重要な根拠を有している場合には，代理商は，事業主の要求に従い，独立の監査人による代理商の会計帳簿の合理的な閲覧を認めなければならな

い。独立の監査人に対する報酬は，事業主が支払わなければならない。

第3節　事業主の債務

IV.E.-3：301条　代理商である期間中に締結した契約についての代理報酬

(1) 代理商は，次の各号のすべての場合に該当するときは，代理商である期間中に顧客と締結したすべての契約について，代理報酬を請求する権利を有する。
　(a) 当該契約が，次のいずれかに該当する場合
　　(i) 代理商の努力によって締結された場合
　　(ii) 代理商が以前に同種の契約の顧客としていた者との間で締結された場合
　　(iii) 代理商に委ねられていた特定の地域又は顧客グループに属する顧客との間で締結された場合
　(b) 次のいずれかに該当する場合
　　(i) 事業主が，当該契約に基づく自らの債務を履行した場合，又は履行するべきであった場合
　　(ii) 顧客が，当該契約に基づく自らの債務を履行した場合，又は正当にその履行を停止している場合

(2) 当事者は，代理商の不利に，(1)(b)(ii)の規定の適用を排除し，又はその効果を制限し，若しくは変更することができない。

IV.E.-3：302条　代理商関係が終了した後に締結した契約についての代理報酬

(1) 代理商は，次の各号のすべての場合に該当するときは，代理商関係が終了した後に顧客と締結したすべての契約について，代理報酬を請求する権利を有する。
　(a) 次のいずれかに該当する場合
　　(i) 当該契約が，主として，代理商契約により代理商であった期間中の代理商の努力によって締結されたものであり，かつ，代理商関係が終了した後の合理的な期間内に締結されたものである場合
　　(ii) 代理商であった期間中に顧客と契約が締結されたものではないことを除き，IV.E.-3：301条（代理商である期間中に締結した契約についての代理報酬）(1)の定める他の要件がすべて満たされ，かつ，顧客からの申込みが代理商関係の終了する前に事業主又は代理商に到達した場合
　(b) 次のいずれかに該当する場合
　　(i) 事業主が，当該契約に基づく自らの債務を履行した場合，又は履行するべきであった場合
　　(ii) 顧客が，当該契約に基づく自らの債務を履行した場合，又は正当にその履行を停止している場合

(2) 当事者は，代理商の不利に，(1)(b)(ii)の規定の適用を排除し，又はその効果を制限し，若しくは変更することができない。

IV.E.-3：303条　連続する代理商の権利の競合

代理商は，その前任の代理商がIV.E.-3：

302条（代理商関係が終了した後に締結した契約についての代理報酬）による代理報酬請求権を有する場合には，Ⅳ.E.-3：301条（代理商である期間中に締結した契約についての代理報酬）に規定する代理報酬請求権を有しない。ただし，代理報酬を両代理商の間で分配することが合理的であるときは，この限りでない。

Ⅳ.E.-3：304条　代理報酬の支払期限
(1) 事業主は，代理商に対し，遅くとも，その代理商が代理報酬請求権を取得した日が属する四半期の翌月の末日までに，代理報酬を支払わなければならない。
(2) 当事者は，代理商の不利に，この規定の適用を排除し，又はその効果を制限し，若しくは変更することができない。

Ⅳ.E.-3：305条　代理報酬請求権の消滅
(1) 顧客との間で締結された契約についての代理商の代理報酬請求権の消滅を定める契約条項は，顧客が負う契約上の債務が事業主に責任を負わせることができない事由によって履行されなかったことを理由として，代理報酬請求権が消滅すると定めるものに限り，かつ，その範囲においてのみ有効である。
(2) 代理報酬請求権が消滅した場合には，代理商は，既に受領した代理報酬を返還しなければならない。
(3) 当事者は，代理商の不利に，(1)の規定の適用を排除し，又はその効果を制限し，若しくは変更することができない。

Ⅳ.E.-3：306条　報　酬
その全部又は一部が，契約の数又は額に応じて支払われる報酬は，すべてこの章の規定の意味における代理報酬であると推定する。

Ⅳ.E.-3：307条　契約関係が継続している間の事業主の情報提供義務
事業主は，少なくとも次に掲げる事項に関する情報を代理商に提供するべき義務を負う。
(a) 物品又は役務の特徴
(b) 売却価格又は購入価格及び売却又は購入の条件

Ⅳ.E.-3：308条　契約の締結，拒絶及び不履行に関する情報提供義務
(1) 事業主は，合理的な期間内に，次に掲げる事項に関する情報を代理商に提供しなければならない。
(a) 代理商が事業主のために交渉した契約を承諾し，又は拒絶したこと
(b) 代理商が事業主のために交渉し，又は締結した契約における債務の不履行
(2) 当事者は，代理商の不利に，この規定の適用を排除し，又はその効果を制限し，若しくは変更することができない。

Ⅳ.E.-3：309条　契約量の減少に関する警告義務
(1) 事業主が締結することができる契約の量が代理商の合理的に期待することができる量を著しく下回ることを事業主が予見するときは，事業主は，代理商に対し

て合理的な期間内に警告しなければならない。
(2) (1)の規定の適用に当たり，事業主は，予見することを合理的に期待されることについて，予見しているものと推定する。
(3) 当事者は，代理商の不利に，この規定の適用を排除し，又はその効果を制限し，若しくは変更することができない。

IV.E.-3：310条　代理報酬に関する情報提供義務

(1) 事業主は，代理商に対して，合理的期間内に，その代理商が請求することができる代理報酬の明細書を交付しなければならない。この明細書は，代理報酬の額の算定方法を明らかにするものでなければならない。
(2) 代理報酬の算定のために，事業主は，代理商の要求があった場合には，事業主の会計帳簿の抄本を交付しなければならない。
(3) 当事者は，代理商の不利に，この規定の適用を排除し，又はその効果を制限し，若しくは変更することができない。

IV.E.-3：311条　会　計

(1) 事業主は，代理商が交渉し，又は締結した契約に関して，適切な帳簿を作成しなければならない。
(2) 事業主が，複数の代理商を利用する場合には，各代理商について独立の帳簿を作成しなければならない。
(3) 事業主は，次の各号のいずれかに該当する場合には，代理商の要求に従い，独立の監査人による事業主の会計帳簿の合理的な閲覧を認めなければならない。
　(a) 事業主が，IV.E.-3：310条（代理報酬に関する情報提供義務）(1)又は(2)の規定による義務を履行しない場合
　(b) 代理商が，事業主による適切な帳簿の作成を疑うべき重要な根拠を有している場合

IV.E.-3：312条　補償の額

(1) 代理商は，IV.E.-2：305条（のれんの補償）に基づくのれんの補償として，次の(a)に規定する額に次の(b)に規定する年数を乗じた額を請求する権利を有する。
　(a) 直近の12か月間における新たな顧客との契約及び既存の顧客との取引量の増加分についての代理報酬の平均額
　(b) 事業主が将来これらの契約から利益を得ることが見込まれる年数
(2) (1)の規定によって算定される補償の額には，次に掲げる事由を考慮して修正を加えなければならない。
　(a) 代理商の営業地域における顧客数の平均的な逓減率に基づいて計算したときに想定される顧客数の減少
　(b) 平均的な利率による前払分の割引
(3) いかなる場合においても，補償の額は，年間報酬額を超えてはならない。この年間報酬額は，過去5年間に代理商に支払われた1年の報酬額の平均額による。契約関係が継続した期間が5年よりも短い場合には，当該期間中の報酬額の平均額による。
(4) 当事者は，代理商の不利に，この規定の適用を排除し，又はその効果を制限

し，若しくは変更することができない。

IV.E.-3：313条　代金支払保証条項

(1) 代理商が交渉し，又は締結した契約の目的物である商品の代金の顧客による支払を，当該代理商が保証する旨の合意（代金支払保証条項）は，次に掲げる要件のすべてを満たす場合には，その限りにおいてのみ有効である。

(a) 持続性のある媒体上の文書形式で記載されていること

(b) 代理商が交渉し，若しくは締結した特定の契約又は合意において明記された特定の顧客との契約に適用されるものであること

(c) 当事者の利益に照らして，当該条項が合理的であること

(2) 代理商は，代金支払保証が適用される契約について，合理的な額の代理報酬を請求する権利を有する（代金支払保証に対する報酬）。

第4章　フランチャイズ

第1節　総　　則

IV.E.-4：101条　適用範囲

　この章の規定は，当事者の一方（フランチャイザー）が，相手方（フランチャイジー）に対して，対価と引換えに，フランチャイジーのために，かつ，フランチャイジーの名義において，特定の商品を提供する目的のためフランチャイザーのネットワークの中で事業（フランチャイズ・ビジネス）を行う権利を与えるとともに，フランチャイジーがフランチャイザーの商号，商標その他の知的財産権，ノウハウ及び事業方法を使用する権利を有し，かつ，義務を負う契約について適用する。

IV.E.-4：102条　契約締結前の情報提供義務

(1) フランチャイザーは，IV.E.-2：101条（契約締結前の情報提供義務）による義務として，少なくとも次に掲げる事項に関する適切かつ適時の情報を，フランチャイジーに提供しなければならない。

(a) フランチャイザーの会社及び経験
(b) 関連する知的財産権
(c) 関連するノウハウの特徴
(d) 業界及び市場の状況
(e) そのフランチャイズに特有の方法及びその運用
(f) フランチャイズ・ネットワークの構造及び範囲
(g) フィー及びロイヤルティその他の定期的な支払
(h) 契約の条項

(2) フランチャイザーが(1)の規定に違反した場合には，Ⅱ.-7：201条（錯誤）により契約を取り消すことができる。錯誤を生じなかったときであっても，フランチャイジーは，Ⅱ.-7：214条（損害賠償）(2)及び(3)の規定に従って損害賠償を求めることができる。ただし，フランチャ

イザーが，当該情報が適切であり，又は当該情報を適時に与えたと信じる根拠を有していたときは，この限りでない。
(3) 当事者は，この条の適用を排除し，又はその効果を制限し，若しくは変更することができない。

IV.E.-4：103条　協力義務

この章の規定の適用範囲に含まれる契約の当事者は，IV.E.-2：201条（協力義務）の適用を排除し，又はその効果を制限し，若しくは変更することができない。

第2節　フランチャイザーの債務

IV.E.-4：201条　知的財産権

(1) フランチャイザーは，フランチャイジーに対して，フランチャイズ・ビジネスの経営に必要な限度で，知的財産権を使用する権利を与えなければならない。
(2) フランチャイザーは，知的財産権を妨害なく継続的に使用することができることを確保するために合理的な努力をしなければならない。
(3) 当事者は，この条の適用を排除し，又はその効果を制限し，若しくは変更することができない。

IV.E.-4：202条　ノウハウ

(1) 契約関係が継続している間，フランチャイザーは，フランチャイズ・ビジネスの経営に必要なノウハウをフランチャイジーに提供しなければならない。
(2) 当事者は，この条の適用を排除し，又はその効力を制限し，若しくは変更することができない。

IV.E.-4：203条　経営支援

(1) フランチャイザーは，フランチャイズ・ビジネスの経営に必要な限度で，フランチャイジーに追加料金を求めることなく，研修課程，指導及び助言の形式による経営支援をフランチャイジーに与えなければならない。
(2) フランチャイザーは，フランチャイジーが合理的な要求をする場合には，(1)の範囲を超える経営支援を合理的な費用で提供しなければならない。

IV.E.-4：204条　供　　給

(1) フランチャイジーがフランチャイザー又はフランチャイザーの指定するサプライヤーから商品を調達する義務を負う場合において，発注が合理的であるときは，フランチャイザーは，フランチャイジーの発注した商品が合理的な期間内に供給されることを，実行可能な限度において確保する義務を負う。
(2) フランチャイジーがフランチャイザー又はフランチャイザーの指定するサプライヤーから商品を調達する法的な義務を負っていない場合であっても，これらの者から事実上調達しなければならないときは，(1)の規定を適用する。
(3) 当事者は，この条の適用を排除し，又はその効果を制限し，若しくは変更することができない。

IV.E.-4：205条　契約関係が継続している間のフランチャイザーの情報提供義務

フランチャイザーは，少なくとも次に掲げる事項に関する情報をフランチャイジー

に提供するべき義務を負う。
　(a) 市場の状況
　(b) フランチャイズ・ネットワークの業績
　(c) 商品の特徴
　(d) 商品の供給の価格及び条件
　(e) 商品の再販売について推奨される価格及び条件がある場合には，その推奨される価格及び条件
　(f) フランチャイザーと営業地域内における顧客との間で交換された関連する情報
　(g) 広告キャンペーン

IV.E.-4：206条　供給能力の低下に関する警告義務

(1) フランチャイジーがフランチャイザー又はフランチャイザーの指定するサプライヤーから商品を調達する義務を負っている場合において，フランチャイザーの供給能力又は指定されたサプライヤーの供給能力が，フランチャイジーが合理的に期待するところを著しく下回ることをフランチャイザーが予見するときは，フランチャイザーは，フランチャイジーに対して合理的な期間内に警告しなければならない。

(2) (1)の規定の適用に当たり，フランチャイザーは，予見することを合理的に期待できることについて，予見しているものと推定する。

(3) フランチャイジーがフランチャイザー又はフランチャイザーの指定するサプライヤーから商品を調達する法的な義務を負っていない場合であっても，これらの者から事実上調達しなければならないときは，(1)の規定を適用する。

(4) 当事者は，フランチャイジーの不利に，この条の適用を排除し，又はその効果を制限し，若しくは変更することができない。

IV.E.-4：207条　ネットワークの評判と広告

(1) フランチャイザーは，フランチャイズ・ネットワークを拡大し，かつ，その評判を維持する合理的な努力をしなければならない。

(2) フランチャイザーは，フランチャイズ・ネットワークの拡大を目的とした適切な広告キャンペーンを立案し，実施しなければならない。

(3) フランチャイズ・ネットワークを拡大する活動及びその評判を維持する活動は，フランチャイジーに追加料金を求めることなく行わなければならない。

第3節　フランチャイジーの債務

IV.E.-4：301条　フィー，ロイヤルティその他の定期的な支払

(1) フランチャイジーは，フランチャイザーに対して，契約に定められたフィー，ロイヤルティその他の定期的な支払をしなければならない。

(2) フィー，ロイヤルティその他の定期的な支払がフランチャイザーによって一方的に決定されることとなっている場合には，Ⅱ.-9：105条（当事者の一方による決定）を適用する。

IV.E.-4：302条　契約関係が継続している間のフランチャイジーの情報提供義務

フランチャイジーは，IV.E.-2：202条（契約関係が継続している間の情報提供義務）による義務として，少なくとも次に掲げる事項に関する情報をフランチャイザーに提供しなければならない。
  (a) フランチャイザーの知的財産権に関して第三者から主張され，又は主張されるおそれがある請求
  (b) フランチャイザーの知的財産権に対する第三者の侵害行為

IV.E.-4：303条　事業方法及び指図
(1) フランチャイジーは，フランチャイザーの事業方法に従ってフランチャイズ・ビジネスを経営するための合理的な努力をしなければならない。
(2) フランチャイジーは，事業方法及びネットワークの評判の維持に関するフランチャイザーの合理的な指図に従わなければならない。
(3) フランチャイジーは，フランチャイズ・ネットワークを害することがないように合理的な注意を払わなければならない。
(4) 当事者は，この条の適用を排除し，又はその効果を制限し，若しくは変更することができない。

IV.E.-4：304条　調　　査
(1) フランチャイジーは，フランチャイジーがフランチャイザーの事業方法及び指図に従っていることをフランチャイザーが調査することができるように，フランチャイザーに対してフランチャイジーの施設への合理的な立入りを認めなければならない。
(2) フランチャイジーは，フランチャイザーに対して，フランチャイジーの会計帳簿の合理的な閲覧を認めなければならない。

第5章　ディストリビューター

第1節　総　　則

IV.E.-5：101条　適用範囲及び定義
(1) この章の規定は，当事者の一方（サプライヤー）が，相手方（ディストリビューター）に対して継続的に商品を供給することを約束し，ディストリビューターがそれを購入し，又は受領して対価を支払い，かつ，ディストリビューターの名義及び計算において他の者に供給することを約束する契約（以下「ディストリビューター契約」という。）について適用する。
(2) 排他的ディストリビューター契約とは，ディストリビューター契約であって，サプライヤーが，一定の営業地域内で，又は一定の顧客グループについて一のディストリビューターに対してのみ商品を供給することを約束するものをいう。
(3) 選択的ディストリビューター契約とは，ディストリビューター契約であっ

て，サプライヤーが，特定の基準に基づいて選択されたディストリビューターに対してのみ，直接的又は間接的に商品を供給することを約束するものをいう。

(4) 排他的購入契約とは，ディストリビューター契約であって，ディストリビューターが，サプライヤー又はサプライヤーの指定する者からのみ商品を購入し，又は受領して対価を支払うことを約束するものをいう。

第2節　サプライヤーの債務

IV.E.-5：201条　供給する債務

サプライヤーは，実行可能な限度において，かつ，発注が合理的である場合に限り，ディストリビューターが発注した商品を供給しなければならない。

IV.E.-5：202条　契約関係が継続している間のサプライヤーの情報提供義務

サプライヤーは，IV.E.-2：202条（契約関係が継続している間の情報提供義務）による義務として，次に掲げる事項に関する情報をディストリビューターに提供しなければならない。

(a) 商品の特徴
(b) 商品の供給の価格及び条件
(c) 商品の再販売について推奨される価格及び条件がある場合には，その推奨される価格及び条件
(d) サプライヤーと顧客との間で交換された関連する情報
(e) 事業の経営に関連する広告キャンペーン

IV.E.-5：203条　供給能力の低下に関するサプライヤーの警告義務

(1) サプライヤーの供給能力が，ディストリビューターが合理的に期待するところを著しく下回ることをサプライヤーが予見するときは，サプライヤーは，ディストリビューターに対して合理的な期間内に警告しなければならない。

(2) (1)の規定の適用に当たり，サプライヤーは，予見することを合理的に期待できることについて，予見しているものと推定する。

(3) 排他的購入契約においては，当事者は，この条の適用を排除し，又はその効果を制限し，若しくは変更することができない。

IV.E.-5：204条　広告資材

サプライヤーは，商品の流通及び販売促進に必要とされるすべての広告資材であってサプライヤーが有するものを，合理的な価格でディストリビューターに提供しなければならない。

IV.E.-5：205条　商品の評判

サプライヤーは，商品の評判を損なわないための合理的な努力をしなければならない。

第3節　ディストリビューターの債務

IV.E.-5：301条　販売のための努力をする義務

排他的ディストリビューター契約及び選択的ディストリビューター契約においては，ディストリビューターは，実行可能な限り，商品を売り込むための合理的な努力

をしなければならない。

IV.E.-5：302条　契約関係が継続している間のディストリビューターの情報提供義務

排他的ディストリビューター契約及び選択的ディストリビューター契約においては，ディストリビューターは，IV.E.-2：202条（契約関係が継続している間の情報提供義務）による義務として，次に掲げる事項に関する情報をサプライヤーに提供しなければならない。

(a) サプライヤーの知的財産権に関して第三者から主張され，又は主張されるおそれがある請求

(b) サプライヤーの知的財産権に対する第三者の侵害行為

IV.E.-5：303条　需要の低下に関するディストリビューターの警告義務

(1) 排他的ディストリビューター契約及び選択的ディストリビューター契約においては，ディストリビューターの需要が，サプライヤーが合理的に期待するところを著しく下回ることをディストリビューターが予見するときは，ディストリビューターは，サプライヤーに対して，合理的な期間内に警告しなければならない。

(2) (1)の規定の適用に当たり，ディストリビューターは，予見することを合理的に期待することができることについて，予見しているものと推定する。

IV.E.-5：304条　指　図

排他的ディストリビューター契約及び選択的ディストリビューター契約においては，ディストリビューターは，サプライヤーが商品の適切な流通を確保し，又は商品の評判若しくは特性を維持するためにした合理的な指図に従わなければならない。

IV.E.-5：305条　調　査

排他的ディストリビューター契約及び選択的ディストリビューター契約においては，ディストリビューターは，ディストリビューターが契約で合意された基準及び合理的な指図に従っていることをサプライヤーが調査することができるように，サプライヤーに対してディストリビューターの施設への合理的な立入りを認めなければならない。

IV.E.-5：306条　商品の評判

排他的ディストリビューター契約及び選択的ディストリビューター契約においては，ディストリビューターは，商品の評判を損なわないための合理的な努力をしなければならない。

第IV編 各種の契約及びそれに基づく権利義務

F部 貸付契約

IV.F.-1：101条 適用範囲

(1) この部の規定は，次に掲げるものを除き，貸付契約について適用する。
  (a) 事業者が消費者に貸す貸付契約
  (b) 不動産の購入又は保存のために行われる貸付契約

(2) 貸付契約とは，当事者の一方（貸主）が相手方（借主）に対して，特定の又は不特定の期間（貸付期間），金銭貸付又は当座貸越の方法により，ある金額について信用を供与する債務を負い，かつ，借主が当該信用供与により得た金銭を返済する債務を負う契約をいう。借主が，当事者双方の合意により利息その他の対価を支払う債務を負うか否かを問わない。

(3) 金銭貸付とは，借主に対する一定額の金銭の貸付であり，かつ，借主が，定額の分割払又は貸付期間の満了時における全額払のいずれかの方法で返済することに同意するものをいう。

(4) 当座貸越とは，借主が，当座預金口座から，限度額の範囲内で，残高を超えて資金を引き出すことができる選択権をいう。当座貸越は，別段の定めがある場合を除き，借主が繰り返し利用することができる。

(5) 契約は，金銭支払債務の履行期を猶予する定めがあることのみを理由にして，貸付契約となることはない。ただし，借主に対して，代金に加えて利息その他の金銭の支払を求めるものであるときは，この限りでない。

(6) (5)の規定にかかわらず，当事者は，既存の金銭債務に基づいて支払われるべき金銭が，以後は貸付契約に基づいて支払われるべきものとする旨を合意することができる。

IV.F.-1：102条 貸主の主たる債務

(1) 貸主は，契約から確定される金額、方法及び時期に従って，借主に信用を供与する債務を負う。

(2) 債務について定める条項から，当該債務が履行されるべき時期を確定することができないときは，貸主は，借主の請求後の合理的な時期に供与された信用を利用することができるようにする債務を負う。

IV.F.-1：103条 借主の貸付受領義務

(1) 借主は，信用供与が金銭貸付の方法によるときは，契約から確定される方法及び時期に従って貸付を受領する義務を負う。

(2) 貸付を受領するべき時期が契約から確定できないときは，借主は，貸主の請求後の合理的な時期に貸付を受領する義務を負う。

IV.F.-1：104条　利　息
(1) 借主は，契約の定めに従って，利息その他の対価を支払う債務を負う。
(2) 契約に利息の定めがない場合においても，当事者双方が消費者であるときを除き，利息の支払を求めることができる。
(3) 利息は，借主が金銭貸付を受領した日又は当座貸越を利用した日から1日ごとに発生する。利息は，貸付期間の終了時又は1年ごとのいずれか早い時に，その支払を求めることができる。
(4) (3)の規定に従って支払われるべき利息は，12か月ごとに未払元本に組み入れられる。

IV.F.-1：105条　信用供与の目的
供与された信用の利用が契約により特別の目的に限定されるときは，借主は，貸主の請求後の合理的な期間内に，貸主がその使途を確認するために必要な情報を提供する義務を負う。

IV.F.-1：106条　返済及び解消
(1) 借主は，貸付契約から確定することができる方法及び時期において，貸付を返済する債務を負う。金銭を返済するべき時期が契約から確定することができないときは，借主は，貸主の請求後の合理的な時期に返済する債務を負う。
(2) 借主は，返済した上で，当座貸越を任意に解消することができる。
(3) 借主は，貸付契約に基づいて貸付期間に係る利息その他のいかなる種類の対価も支払う必要がないときは，いつでも返済することにより，貸付契約を解消することができる。
(4) 期間の定めのあるその他の貸付契約に基づく貸付においても，借主は，いつでも返済することにより，貸付契約を解消することができる。当事者は，この規定の適用を排除し，又はその効果を制限し，若しくは変更することができない。
(5) 貸付契約において1年を超える期間が定められ，かつ，固定利率が定められている場合においては，借主は，貸主に対して3か月前までに通知をしたときに限り，(4)の規定による繰上返済をして貸付契約を解消することができる。
(6) (4)又は(5)の規定による早期解消の場合には，借主は，返済の日までのすべての利息を支払い，かつ，早期解消によって貸主に生じた損害を塡補する債務を負う。
(7) 貸付契約に期間の定めがないときは，各当事者は，(2)及び(3)の規定による借主の権利の行使を妨げることなく，合理的な期間を定めた通知をすることにより，契約関係を解消することができる。この場合においては，Ⅲ.-1：109条（通知による変更又は解消）を適用する。

第IV編 各種の契約及びそれに基づく権利義務

G部 人的担保

第1章 通則

IV.G.-1：101条 定義

この部の規定の適用に当たり，次の各号に掲げる用語の意義は，当該各号の定めるところによる。

(a) 「付従的人的担保」とは，主たる債務者が債権者に対して負う現在又は将来の債務の履行請求権を担保するために，担保提供者が債権者のために引き受けた債務であって，主たる債務の履行責任があるときに限り，その債務の履行責任がその範囲で生じるものをいう。

(b) 「独立的人的担保」とは，担保提供者が担保を目的として債権者のために引き受けた債務であって，他の者が債権者に対して負う債務に付従しないことが明示又は黙示に表示されたものをいう。

(c) 「担保提供者」とは，担保を目的として債権者に対して債務を引き受ける者をいう。

(d) 「主たる債務者」とは，債権者に対して何らかの被担保債務を負う者をいい，その存在が主張される債務に関する規定においては，表見債務者を含む。

(e) 「担保のための共同債務」とは，二人又はそれ以上の債務者が負う債務であって，担保提供者である債務者の一人が，主として債権者に対する担保のために債務を引き受けるものをいう。

(f) 「包括根担保」とは，債権者に対して主たる債務者が負うすべての債務の履行請求権若しくは当座勘定の借方残高の支払請求権を担保するために引き受けられる付従的人的担保又はこれと類似する範囲の担保をいう。

(g) 「物的担保」は，動産であると不動産であると，有体物であると無体物であるとを問わず，すべての種類の財産についての担保権を含む。

(h) 「被担保債務」とは，履行請求権を担保された債務をいう。

IV.G.-1：102条 適用範囲

(1) この部の規定は，次の各号に掲げるもののほか，意思に基づいて引き受けられ

たすべての種類の人的担保に適用する。
　(a)　付従的人的担保。拘束力のある支援状によって引き受けられたものを含む。
　(b)　独立的人的担保。スタンドバイ信用状によって引き受けられたものを含む。
　(c)　担保のための共同債務
(2)　この部の規定は，保険契約については，適用しない。担保保険については，この部の規定は，保険者が債権者のための人的担保を内容とする証書を発行したときに限り，かつその限度で適用する。
(3)　この部の規定は，手形保証及び流通証券の担保のための裏書に関する規定に影響を及ぼさない。ただし，手形保証又は担保のための裏書から生じた債務のための担保には適用する。

IV.G.-1：103条　債権者の承諾
(1)　当事者が契約によって担保を設定しようとするときは，債権者は，担保の申込みが債権者に到達した時に承諾したものとみなす。ただし，申込みが明示の承諾を要求するとき，又は債権者が不当に遅延することなく承諾を拒絶し，若しくは考慮のための時間を留保するときは，この限りでない。
(2)　人的担保は，承諾を要せずに法的拘束力を生じさせようとする一方的約束によっても引き受けることができる。この部の規定は，適切な補正を加えた上で，適用する。

IV.G.-1：104条　担保のための共同債務
　担保のための共同債務については，第1章及び第4章の規定を適用するほか，補充的に第Ⅲ編第4章第1節（複数の債務者）の規定を適用する。

IV.G.-1：105条　債権者に対する複数の担保提供者の連帯責任
(1)　複数の人的担保提供者が同一の債務若しくは一つの債務の同一の部分の履行請求権を担保し，又は同一の担保目的のために一方的約束を引き受けた限り，各担保提供者は，担保提供者が債権者に対して引き受けた範囲内で，他の担保提供者と連帯して責任を負う。この規定は，これらの担保提供者がそれぞれ独立して担保を引き受けたときも適用する。
(2)　(1)の規定は，人的担保に加えて，物的担保が主たる債務者又は第三者によって提供された場合にも，適切な補正を加えた上で，適用する。

IV.G.-1：106条　複数の担保提供者の内部求償
(1)　前条の場合において，複数の人的担保提供者の間又は人的担保提供者と物的担保提供者との間における求償については，以下の各項の定めるところによるほか，Ⅲ.-4：107条（連帯債務者間の求償）の定めるところによる。
(2)　この条の適用に当たり，各担保提供者の負担部分は，(8)の規定が適用される場合を除き，(3)から(7)までの規定に従って決定する。
(3)　担保提供者の間に別段の合意のない限

り，各担保提供者は，担保提供者の間においては，自己が引き受ける最大リスクがすべての担保提供者が引き受ける最大リスクの総額に対して占める割合で責任を負う。その基準時は，最後の担保が成立する時点とする。

(4) 人的担保については，最大リスクは，担保の極度額の合意によって決定する。極度額の合意がない場合には，被担保債権額，又は，当座勘定債務が担保されているときの与信限度額による。担保された当座勘定債務に与信限度額がないときは，最終残高による。

(5) 物的担保については，最大リスクは，担保の極度額の合意による。極度額の合意がないときは，担保として提供された財産の価値による。

(6) (4)第1文の場合における極度額又は(5)の場合における極度額若しくは価値が，最後の担保が成立した時における被担保債権額よりも高いときは，被担保債権額が最大リスクとなる。

(7) 与信限度額の定めのない信用供与を担保する極度額の定めのない人的担保の場合において，極度額の定めのある他の人的担保権又は物的担保権の最大リスクは，その極度額が担保される取引の最終残高を超えるときは，当該最終残高を限度とする。

(8) (3)から(7)までの規定は，主たる債務者の提供する物的担保には適用しない。債権者が満足を受けた時点で債権者に対して責任を負っていなかった担保提供者にも適用しない。

IV.G.-1：107条　複数の担保提供者の主たる債務者に対する求償

(1) 他の担保提供者の求償権を満足させた担保提供者は，その範囲で当該他の担保提供者に代位し，その者がIV.G.-2：113条（履行をした担保提供者の権利）(1)及び(3)の規定により主たる債務者に対して取得した権利（主たる債務者が設定した物的担保権も含む。）を取得する。IV.G.-2：110条（債権者の権利の縮減）は，適切な補正を加えた上で，適用する。

(2) 担保提供者がIV.G.-2：113条（履行をした担保提供者の権利）(1)及び(3)の規定又はこの条の(1)の規定によって取得した権利（主たる債務者が設定した物的担保権も含む。）に基づいて主たる債務者に対して求償するときは，各担保提供者は，主たる債務者から回復される利益について，IV.G.-1：106条（複数の担保提供者の内部求償）(2)及びIII.-4：107条（連帯債務者間の求償）に規定する割合で権利を取得する。IV.G.-2：110条（債権者の権利の縮減）は，適切な補正を加えた上で，適用する。

(3) 反対の意思が明示されない限り，この条は，主たる債務者から提供された物的担保には適用しない。

IV.G.-1：108条　連帯債務の規定の補充的適用

この部の規定が適用されないときは，その限りで，III.-4：107条（連帯債務者間の求償）からIII.-4：112条（連帯債務におけるその他の抗弁の対抗）までの複数債務者に関する規定を補充的に適用する。

第2章　付従的人的担保

IV.G.-2：101条　付従的人的担保の推定
(1) 担保のために債権者に対して支払その他の弁済を約束したとき，又は損害賠償を支払うことを約束したときは，債権者が別段の合意を証明しない限り，付従的人的担保が成立するものと推定する。
(2) 拘束力のある支援状があるときは，付従的人的担保が成立するものと推定する。

IV.G.-2：102条　担保提供者の債務の付従性
(1) 付従的人的担保の担保提供者の履行義務の有無及びその範囲は，債権者に対して主債務者が負う履行義務の有無及びその範囲に付従する。
(2) 担保提供者の債務は，主たる債務者の債務を超えない。この規定は，主たる債務者の債務が，次の各号のいずれかにおいて，縮減し，又は免除される場合には適用しない。
 (a) 倒産処理手続
 (b) 支払不能により主たる債務者が履行することができないことを理由とするその他のすべての手続
 (c) 主たる債務者本人に〔のみ〕影響する事件に適用される法律
(3) 包括根担保の場合を除き，担保額が決められておらず，かつ，当事者の合意から確定することもできないときは，担保提供者の債務は，担保の効力が生じた時における被担保債権額に限定される。
(4) 包括根担保の場合を除き，債権者と主たる債務者との間における被担保債権の履行期を早める合意，履行の条件を変更して債務の負担を大きくする合意又は債務の額を増やす合意は，その合意が担保提供者の債務の効力が発生した後にされたときは，担保提供者の債務に影響を及ぼさない。

IV.G.-2：103条　担保提供者が主張することのできる主たる債務者の抗弁
(1) 担保提供者は，担保の効力が発生した後に主たる債務者がした作為又は不作為によって主たる債務者が抗弁をもはや主張できなくなったときでも，被担保債務について主たる債務者が有するすべての抗弁を債権者に対して主張することができる。
(2) 担保提供者は，次の各号のいずれかに該当するときは，被担保債務の履行を拒絶することができる。
 (a) 主たる債務者が，第Ⅱ編第5章（撤回権）の規定により債権者との契約を撤回することができる場合
 (b) 主たる債務者が，Ⅲ.-3：401条（牽連関係にある債務の履行を停止する権利）により履行を停止する権利を有する場合
 (c) 主たる債務者が，第Ⅲ編第3章第5節（契約の解消）の規定により債権者との契約関係を解消することができる場合
(3) 担保提供者は，主たる債務者が自然人であると法人であるとを問わず，担保の

効力が発生した時に主たる債務者が能力を有しないことを知っていたときは，それを主張することができない。担保提供者は，主たる債務者が法人の場合において，担保の効力が発生した時に債務者が存在しないことを知っていたときは，それを主張することができない。
(4) 主たる債務者が(3)に規定する以外の理由に基づいて被担保債権を発生させる契約を取り消すことができるにもかかわらず，その取消権を行使していないときは，担保提供者は，履行を拒絶することができる。
(5) (4)の規定は，被担保債権が相殺の目的となるときは，適切な補正を加えた上で，適用する。

IV.G.-2：104条　担保の範囲

(1) 担保は，極度額があるときはその範囲内で，主たる被担保債務だけでなく，次に掲げる主たる債務者が債権者に対して負う従たる債務にも及ぶ。
  (a) 約定利息及び法定の遅延利息
  (b) 損害賠償，違約金又は主たる債務者が履行しない場合に支払うことを合意したもの
  (c) (a)及び(b)に規定するものを裁判外で得るための合理的な費用
(2) 債権者が主たる債務者に対する裁判手続及び執行手続に着手する意思があることを，担保提供者がそうした手続費用の発生を回避することができるに足る時期までに知らされていた場合には，担保は当該手続費用にも及ぶ。
(3) 包括根担保は，主たる債務者と債権者との間の契約から発生する債務にのみ及ぶ。

IV.G.-2：105条　担保提供者の連帯責任

別段の合意のない限り，主たる債務者と担保提供者は連帯して責任を負い，債権者は，主たる債務者又は，担保の範囲内において，担保提供者のいずれからも連帯して債務の履行を求めることができる。

IV.G.-2：106条　担保提供者の補充的責任

(1) 担保提供者は，その旨の合意があるときは，担保提供者の責任が補充的なものであることを債権者に対して主張することができる。拘束力のある支援状は，補充的責任のみを発生させるものと推定する。
(2) (3)の規定が適用される場合を除き，債権者は，担保提供者に履行を請求する前に，主たる債務者に対して，かつ，連帯責任を生じる人的担保又は物的担保により同一の債務を担保する他の担保提供者がいる場合には，その担保提供者に対しても，満足を得るための適切な措置を講じなければならない。
(3) 主たる債務者及び他の担保提供者から満足を得ることが明らかに不可能であるとき又は非常に困難であるときは，債権者は，(2)の規定に従い，これらの者に対して満足を得るための措置を講じる必要がない。この例外は，とりわけ，これらの者に対して倒産処理手続若しくはこれと同等の手続が開始している場合，又はこのような手続が責任財産の不足を理由に開始することができない場合に適用す

る。ただし，同一の債務のためにこれらの者によって提供された物的担保を行使することができるときは，その限りでない。

IV.G.-2 : 107条　債権者による通知の必要性

(1) 債権者は，主たる債務者の不履行若しくは支払不能又は履行期の延期を，不当に遅延することなく，担保提供者に通知しなければならない。この通知は，通知の日において主たる債務者が負う主たる債務に利息その他の従たる債務を加えた担保される総額に関する情報を含まなければならない。新たな不履行の事実に関する追加の通知は，前の通知から3か月を経過するまでは，行うことを要しない。通知は，主たる債務者の不履行の事実が従たる債務についてのみある場合には，行うことを要しない。ただし，不履行に陥ったすべての被担保債務の総額が被担保債務の未払総額の5パーセントに達するときは，この限りでない。

(2) (1)の場合のほか，包括根担保の場合において，次に掲げるいずれかに該当するときは，債権者は，被担保債権額を増額する合意について担保提供者に通知しなければならない。

 (a) 担保の設定時からの被担保債権額の増額が担保の設定時における被担保債権の総額の20パーセントに達するとき

 (b) 被担保債権の総額が，最後にこの項に従って情報提供がされた日又はされるべきであった日における被担保債権の総額と比較して，20パーセント以上増加するとき

(3) (1)及び(2)の規定は，担保提供者が必要な情報を知り，又は知ることを合理的に期待される場合には適用しない。

(4) 債権者が，この条によって要求される通知のいずれかを怠り，又は遅延したときは，担保提供者に対する債権者の権利は，担保提供者が懈怠又は遅延による損害を避けるために必要な範囲に縮減される。

IV.G.-2 : 108条　担保権の行使期間の制限

(1) 担保提供者の連帯責任を発生させる担保権について行使期間の制限が直接的又は間接的に合意されたときは，担保提供者は，合意された期間の経過後は，責任を負わない。ただし，被担保債務の履行期が到来した後に，かつ，合意された担保期間が経過する前に，債権者が担保提供者に対して履行を請求したときは，担保提供者は責任を負う。

(2) 担保提供者の補充的責任を発生させる担保権について行使期間の制限が直接的又は間接的に合意されたときは，担保提供者は，合意された期間の経過後は，責任を負わない。ただし，次の各号のいずれかに該当するときは，担保提供者は責任を負う。

 (a) 被担保債権の履行期が到来した後に，かつ，合意された期間が経過する前に，債権者が担保の履行を求める意思並びにIV.G.-2 : 106条（担保提供者の補充的責任）(2)及び(3)の規定によって要求される満足を得るための適切な措置を開始した旨を担保

提供者に対して知らせたとき
　(b)　担保提供者が要求した場合において，債権者がこれらの措置の状況を6か月ごとに担保提供者に対して知らせているとき
(3)　被担保債権の履行期が，担保期間が経過する日又はその14日前より後に到来するときは，(1)又は(2)に規定する履行請求又は情報提供は，(1)又は(2)に規定する時期より早く行うことができる。ただし，担保期間が経過する日の14日より前に行うことはできない。
(4)　債権者が(1)から(3)までの規定に従って適切な措置を講じたときは，担保提供者の責任は，最大でもIV.G.-2：104条（担保の範囲）(1)及び(2)に規定する被担保債権の総額に限定される。合意された期間の満了時が，基準時となる。

IV.G.-2：109条　期間制限のない保証の制限

(1)　担保の範囲が合意された期間内に発生した債務又は履行期の到来した債務に限定されない場合には，当事者のいずれかは，相手方に対して少なくとも3か月以上の期間を定めた通知をすることによって，担保の範囲を限定することができる。担保の及ぶ範囲が特定の債務又は特定の契約から生じる債務に限定されるときは，この規定は適用しない。
(2)　(1)に定める通知により，担保の範囲は，制限が効力を生じた日に履行期の到来している主たる被担保債権並びにIV.G.-2：104条（担保の範囲）(1)及び(2)に規定する他のすべての従たる被担保債権に限定される。

IV.G.-2：110条　債権者の権利の縮減

(1)　債権者の行為により，担保提供者が債権者に代位して主たる債務者に対する債権者の権利若しくは第三者によって提供された人的担保若しくは物的担保権を行使することができなくなった場合，又は主たる債務者若しくは第三者である担保提供者から完全に償還を受けることができなくなった場合において，債権者が担保提供者に対して権利を有するときは，この権利は，担保提供者が債権者の行為によって生じる損害を避けるために必要な範囲で縮減される。担保提供者が既に履行しているときは，担保提供者は，縮減分に相当するものを債権者から取り戻す権利を有する。
(2)　(1)の規定は，債権者の行為が合理的な注意をもって業務を行う者に期待することができた注意の基準に達しない場合に限り，適用する。

IV.G.-2：111条　担保提供者に対する主たる債務者による救済

(1)　主たる債務者の委託又は主たる債務者の明示の若しくは推断される同意に基づいて担保を提供した担保提供者は，次の各号のいずれかに該当するときは，主たる債務者による救済を請求することができる。
　(a)　履行期が到来した時に主たる債務者が被担保債務を履行しなかったとき
　(b)　主たる債務者に支払能力がないとき，又はその資産が著しく減少しているとき
　(c)　債権者が担保権に基づき担保提供者

に対して訴えを提起したとき
(2) 救済を認めるに当たっては，相当の担保を供させることができる。

IV.G.-2：112条　担保提供者による履行前の通知と要求
(1) 担保提供者は，債権者に履行する前に，主たる債務者に通知し，かつ，被担保債権の未払総額及び被担保債権に対する抗弁又は反対請求権についての情報提供を求めなければならない。
(2) 担保提供者が(1)に規定する要件を満たさず，又は主たる債務者から知らされた抗弁若しくはその他の理由で知った抗弁の提出を怠ったときは，IV.G.-2：113条（履行をした担保提供者の権利）による担保提供者の主たる債務者に対する求償権は，主たる債務者がこのような不履行又は懈怠から生じる損害を避けるために必要な範囲で縮減される。
(3) 担保提供者の債権者に対する権利は，(1)(2)の規定により影響を受けない。

IV.G.-2：113条　履行をした担保提供者の権利
(1) 担保提供者は，被担保債務を履行したときは，その範囲において主たる債務者に対して求償権を有する。担保提供者は，第1文に定められた範囲で債権者に代位し，主たる債務者に対する権利をも取得する。求償権と代位によって取得した権利は競合する。
(2) 一部弁済の場合には，債権者が主たる債務者に対して有するその余の権利は，担保提供者が代位して行使する権利に優先する。
(3) (1)の規定による代位によって，付従的人的担保権及び独立的人的担保権並びに物的担保権は，主たる債務者により契約上の譲渡の制限又は禁止が合意されたときでも，法律上当然に担保提供者に移転する。他の担保提供者に対する権利は，IV.G.-1：106条（複数の担保提供者の内部求償）が規定する制限の限度でのみ，行使することができる。
(4) 主たる債務者が無能力であるため債権者に対して責任を負わない場合において，それにもかかわらず担保提供者が被担保債務に拘束され，かつ，これを弁済したときは，担保提供者が主たる債務者に対して有する求償権は，債権者との取引によって主たる債務者が受けた利得の範囲に限定される。この規定は，主たる債務者である法人の設立が認められなかった場合にも適用する。

第3章　独立的人的担保

IV.G.-3：101条　範　囲
(1) 担保の独立性は，原因となる債務（人的担保を含む。）に一般的に言及することのみによっては妨げられない。
(2) この章の規定は，スタンドバイ信用状についても適用する。

IV.G.-3：102条　担保提供者による主たる債務者への通知
(1)　担保提供者は，次に掲げる義務を負う。
　(a)　履行の請求を受けたときは，直ちに主たる債務者に通知し，担保提供者の立場として履行するか否かを述べる義務
　(b)　請求に応じて履行をしたときは，直ちに主たる債務者に通知する義務
　(c)　請求されたにもかかわらず履行を拒絶したときは，直ちに主たる債務者に通知し，拒絶の理由を述べる義務
(2)　担保提供者が(1)の義務を履行しないときは，IV.G.-3：109条（履行をした担保提供者の権利）により担保提供者に認められる主たる債務者に対する権利は，主たる債務者がその不履行から生じる損害を避けるために必要な範囲で縮減される。

IV.G.-3：103条　担保提供者による履行
(1)　担保提供者は，担保を設定する契約その他の法律行為に定められた内容どおりの履行が文書によって請求されたときにのみ，履行する義務を負う。〔巻末訳注〕
(2)　担保提供者は，別段の合意がない限り，自らが債権者に対して有する抗弁を主張することができる。
(3)　担保提供者は，文書により履行の請求を受けた時から，不当に遅延することなく，遅くとも7日以内に，次に掲げるいずれかの行為をしなければならない。
　(a)　請求に応じて履行すること
　(b)　債権者に理由を述べて履行の拒絶を知らせること

IV.G.-3：104条　請求即払の独立的人的担保
(1)　独立的人的担保について，最初の請求により履行期が到来することが明示され，又はそのことが明らかに推断されるような条項で定められている場合には，(2)及び(3)に規定するときを除き，前条の定めるところによる。
(2)　担保提供者は，債権者による請求が，担保の履行期が到来する条件が満たされていることを明示的に確認する債権者の文書による意思表示によってされたときに限り，履行する義務を負う。
(3)　前条(2)の規定は，適用しない。

IV.G.-3：105条　明らかに濫用的又は詐欺的な請求
(1)　担保提供者は，請求が明らかに濫用的又は詐欺的であることが提出された証拠によって証明されるときは，履行の請求に応じる義務を負わない。
(2)　主たる債務者は，(1)に規定する要件を満たすときは，次に掲げる行為を禁止することができる。
　(a)　担保提供者が履行すること
　(b)　債権者が履行の請求書を作成又は利用すること

IV.G.-3：106条　担保提供者の返還請求権
(1)　担保提供者は，次に掲げるいずれかの場合には，債権者が受けた利益の返還請求権を有する。
　(a)　債権者の請求のための条件が満たされていなかった場合，又は後に満たされなくなった場合
　(b)　債権者の請求が明らかに濫用的又は

詐欺的であった場合
(2) 担保提供者の利益の返還請求権は，第Ⅶ編（不当利得）の規定に従う。

Ⅳ.G.-3：107条　期間制限のある担保又は期間制限のない担保
(1) 担保権の行使についての期間の制限が直接的又は間接的に合意された場合において，債権者が履行請求権を有し，かつ，担保権の行使期間が満了する前にⅣ.G.-3：103条（担保提供者による履行）(1)又はⅣ.G.-3：104条（請求即払の独立的人的担保）の規定に従ってその履行を請求したときは，担保提供者は，当該行使期間の満了後もなお責任を負う。Ⅳ.G.-2：108条（担保権の行使期間の制限）(3)の規定は，適切な補正を加えた上で，適用する。担保提供者の責任限度額は，行使期間が満了した日に債権者が請求することができた額に限定される。
(2) 担保について期間の制限の合意がされなかった場合には，担保提供者は，相手方に対して3か月以上の期間を定めた通知をすることによって，担保について期間の制限を定めることができる。担保提供者の責任は，担保提供者によって定められた日に債権者が請求することができた額に限定される。第1文及び第2文の規定は，担保が特定の目的のために提供されたときは適用しない。

Ⅳ.G.-3：108条　担保権の移転
(1) 担保提供者の履行を求める債権者の権利は，譲渡その他の方法で移転することができる。
(2) (1)の規定にかかわらず，請求即払の独立的人的担保の場合には，履行請求権は，譲渡その他の方法で移転することができず，履行の請求は，担保に別段の定めがある場合を除き，元の債権者のみがすることができる。この規定は，担保の代償物の移転を妨げない。

Ⅳ.G.-3：109条　履行をした担保提供者の権利
Ⅳ.G.-2：113条（履行をした担保提供者の権利）は，担保提供者が履行後に行使することができる権利について，適切な補正を加えた上で，適用する。

第4章　消費者による人的担保の特則

Ⅳ.G.-4：101条　適用範囲
(1) (2)の規定が適用される場合を除き，この章の規定は，消費者によって担保が提供される場合について適用する。
(2) この章の規定は，次の各号のいずれかに該当するときは適用しない。
(a) 債権者も消費者であるとき
(b) 主たる債務者が自然人でない場合において，消費者である担保提供者が主たる債務者に対して実質的な影響を及ぼすことができるとき

IV.G.-4：102条　適用される規定

(1) この章の規定が適用される人的担保については、この章に別段の規定がある場合を除き、第１章及び第２章の規定の定めるところによる。

(2) 当事者は、担保提供者の不利に、この章の規定の適用を排除し、又はその効果を制限し、若しくは変更することができない。

IV.G.-4：103条　契約締結前の債権者の義務

(1) 債権者は、担保が設定される前に、次に掲げる事項について、担保を提供しようとする者に説明する義務を負う。

　(a) 設定しようとする担保の一般的効果

　(b) 債権者にとって入手可能な情報によれば主たる債務者の財産状況に照らして担保提供者がさらされる可能性のある特別の危険

(2) 主たる債務者と担保提供者との間に信頼関係があるために、担保提供者が自由に又は適切な情報に基づいて行動することができない重大な危険があることを債権者が知り、又は知るべき理由があるときは、債権者は、担保提供者が中立的な助言を受けたことを確認する義務を負う。

(3) (2)の規定によって要求される情報提供又は中立的な助言が、担保提供者が担保の申込み又は担保設定契約に署名した日から遅くとも５日前にされていないときは、担保提供者は、情報提供又は中立的な助言を受けてから合理的な期間内に、申込みを撤回し、又は契約を取り消すことができる。この規定の適用に当たり、当該事情から異なる期間とならない限り、５日間を合理的な期間であるものとする。

(4) (1)又は(2)の規定に反して情報提供又は中立的な助言がされないときは、担保提供者は、いつでも申込みを撤回し、又は契約を取り消すことができる。

(5) 担保提供者が(3)又は(4)の規定により申込みを撤回し、又は契約を取り消したときは、当事者が受けた利益の返還は、第Ⅶ編（不当利得）の規定の定めるところによる。

IV.G.-4：104条　方　式

担保契約は、持続性のある媒体による文書形式で行わなければならず、かつ、担保提供者が署名しなければならない。この要件を満たさない担保契約は無効とする。

IV.G.-4：105条　担保提供者の責任の性質

この章の規定が適用されるときは、次の各号の定めるところによる。

　(a) 極度額の定めのない担保の設定を目的とする合意は、包括根担保であるか否かにかかわらず、Ⅳ.G.-2：102条（担保提供者の債務の付従性）(3)の規定によって決定される確定額の付従的担保を設定するものとみなす。

　(b) 付従的担保の提供者の責任は、別段の明示的な合意がない限り、Ⅳ.G.-2：106条（担保提供者の補充的責任）に規定する意味で補充的なものとする。

　(c) 独立的担保の設定を目的とする合意において、当該担保が債権者に対して他の者が負う債務に付従しないものとする意思表示は、考慮しない。

この場合は，付従的担保の他の要件を満たす限り，付従的担保が設定されたものとみなす。

IV.G.-4：106条　債権者の毎年の情報提供義務

(1)　主たる債務者の同意を条件として，債権者は，主たる債務者が負う主たる債務及び利息その他の従たる債務について，情報を提供する日において担保されている総額を担保提供者に対して，毎年知らせなければならない。一度与えた主たる債務者の同意は撤回することができない。

(2)　IV.G.-2：107条（債権者による通知の必要性）(3)及び(4)の規定は，適切な補正を加えた上で，適用する。

IV.G.-4：107条　期間制限のある限定根保証

(1)　担保提供者は，合意された制限期間内に発生し，又は履行期が到来する債務に範囲を限定した担保を提供したときは，担保が効力を生じてから3年を経過した後に，債権者に少なくとも3か月の期間をおいた通知をすることによって，その効果を制限することができる。この規定は，担保の及ぶ範囲が特定の債務又は特定の契約から生じる債務に限定されるときは，適用しない。債権者は，担保提供者から担保の制限について通知を受けたことを，直ちに主たる債務者に知らせなければならない。

(2)　(1)の通知により，担保の範囲はIV.G.-2：109条（期間制限のない保証の制限）(2)の規定に従って制限される。

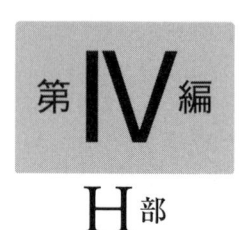

第IV編 各種の契約及びそれに基づく権利義務

H部 贈　　与

第1章　適用範囲及び一般規定

第1節　適用範囲及び定義

IV.H.-1：101条　適用対象となる契約
(1) この部の規定は，物品の贈与契約について適用する。
(2) 物品の贈与契約とは，当事者の一方（贈与者）が，相手方（受贈者）に対し，物品の所有権を移転することを，無償で，かつ，受贈者に利益を与える意図をもって約束する契約をいう。

IV.H.-1：102条　将来の物品及び製造又は生産が行われる物品
(1) この部において，「物品」は，契約の締結時に未だ存在しない物品又は贈与者が取得するべきものとされている物品を含む。
(2) 当事者の一方が，無償で，かつ，相手方に利益を与える意図をもって，相手方のために物品を製造し，又は生産して，その所有権を相手方に移転することを約束する契約は，主たる部分において物品の贈与契約とみなす。

IV.H.-1：103条　その他の財産への適用
(1) この部の規定は，次に掲げる契約について，適切な補正を加えた上で，適用する。
  (a) 金銭の贈与契約
  (b) 電気の贈与契約
  (c) 株式，投資証券及び流通証券の贈与契約
  (d) その他の形態の無体財産（債務の履行を請求する権利，工業所有権及び知的財産権その他の移転可能な権利を含む。）の贈与契約
  (e) 情報又はデータ（ソフトウェア及びデータベースを含む。）に関する権利を無償で与える契約
(2) この部の規定は，不動産又は不動産に関する権利の贈与契約については，適用しない。

IV.H.-1：104条　一方的約束及び現実贈与への適用
この部の規定は，次に掲げるいずれかのことを，贈与者が無償で，受贈者に利益を与える意図をもって行う場合について，適

切な補正を加えた上で，適用する。
  (a) 物品の所有権を受贈者に移転することを一方的に約束すること
  (b) 物品の所有権を直ちに受贈者に移転すること

IV.H.-1 : 105条　死亡を履行期又は条件とする贈与
(1) この部の規定は，次に掲げる場合には，適用しない。
  (a) 移転を行う債務につき，贈与者の死亡のみを履行期とする場合
  (b) 移転又は移転を行う債務が，贈与者の死亡を停止条件とする場合
  (c) 移転又は移転を行う債務が，受贈者が贈与者より先に死亡することを解除条件とする場合
(2) (1)の定めは，贈与者の死亡前に，贈与者が履行をしたとき，又は条件を撤回したときは，適用しない。

第2節　無償性及び利益を与える意図

IV.H.-1 : 201条　無償性
　移転の約束は，対価を伴わずにされたときは，無償である。

IV.H.-1 : 202条　完全には無償でない行為
(1) 移転を約束した当事者が対価を受領し，又は対価を受ける権利を与えられているために，行為が完全には無償でない場合において，次の各号のすべてに該当するときは，当該契約は，主たる部分において物品の贈与契約とみなす。
  (a) その当事者が，特に相手方に利益を与える意図をもって移転を約束したとき
  (b) 当事者双方が，各人の履行により与えられるものが実質的に等価値でないと考えているとき
(2) (1)の適用を受ける契約が，一般規定によれば無効ではなく，取り消すことができないとしても，この部の規定により無効となり，又は取り消されるときは，Ⅲ.-1 : 110条（事情変更を理由とする裁判所による変更又は解消）を，適切な補正を加えた上で，適用する。
(3) (1)の定めが適用される場合において，当事者の一方がこの部の規定に基づき撤回権を行使するときは，Ⅳ.H.-4 : 103条（撤回の効果）は，契約関係全体について適用する。相手方は，撤回の後合理的な期間内に合理的な対価を提供することにより，撤回の効果を阻止することができる。

IV.H.-1 : 203条　利益を与える意図
　次の各号のいずれかに該当する場合でも，贈与者は受贈者に利益を与える意図があるものとみなすことができる。
  (a) 贈与者が移転を行う道徳上の義務を負うとき
  (b) 贈与者が宣伝を目的とするとき

第2章　成立及び有効性

IV.H.-2：101条　方式要件

物品の贈与契約は，贈与者の約束が，贈与者により署名された持続性のある媒体上の書面により行われない限り，有効とならない。I.-1：107条（「署名」及びそれに類似する表現）(4)に規定する高度電子署名でない電子署名は，この要件を満たさない。

IV.H.-2：102条　方式要件の例外

前条は，次に掲げるいずれの場合にも，適用しない。
(a) 所有権が移転したかどうかにかかわらず，受贈者への物品の即時の引渡し又はそのような引渡しに相当する事実があるとき
(b) 贈与が事業者によってされるとき
(c) 贈与者の約束が，ラジオ若しくはテレビの放送又は出版物において公衆に対し表示され，かつ，当該事情の下で過剰な内容のものでないとき

IV.H.-2：103条　錯誤

贈与者は，Ⅱ.-7：201条（錯誤）(1)(b)に規定する要件を満たさない場合でも，当該契約が事実又は法の錯誤によって締結されたときは，これを取り消すことができる。

IV.H.-2：104条　不公正なつけ込み

贈与者は，受贈者に従属し，又は受贈者との信頼関係においてより弱い立場の当事者であったときは，Ⅱ.-7：207条（不公正なつけ込み）により契約を取り消すことができる。ただし，受贈者が，過大な利益又は著しく不公正に有利な地位を取得することによって贈与者の状況につけ込んでいなかったことを証明したときは，この限りでない。

第3章　債務及び救済手段

第1節　贈与者の債務

IV.H.-3：101条　債務一般

(1) 贈与者は，次に掲げる債務を負う。
  (a) 契約に適合する物品を引き渡すこと
  (b) 契約に従い物品の所有権を移転すること
(2) この節の規定は，引渡しを行う債務の履行期が到来した時から後に取得された果実について，適切な補正を加えた上で，適用する。

IV.H.-3：102条　物品の適合性

(1) 物品は，受贈者が合理的に期待することのできる品質を有していないときは，契約に適合しない。ただし，受贈者が契約の締結時にこの品質の不備を知り，又は知っていたことを合理的に期待される

ときは，この限りでない。
(2) 受贈者がいかなる品質を合理的に期待することができるかを判断するに当たっては，特に次に掲げる事項を考慮する。
　(a) 契約の無償性
　(b) 受贈者が知り，又は受贈者にとって明らかな贈与契約の目的
　(c) 物品の移転又は引渡しが即時にされたか否か
　(d) 物品の価値
　(e) 贈与者が事業者であったか否か
(3) 物品が，契約の条項により定められた数量，品質又は種類と異なるものであるときは，当該物品は，契約に適合しない。

IV.H.-3：103条　第三者の権利又は請求

物品が第三者の権利又は合理的な理由のある請求の対象であるときは，物品は契約に適合しない。ただし，その第三者の権利又は請求につき受贈者が知り，又は知っていたことを合理的に期待されるときは，この限りでない。

第2節　受贈者の救済手段

IV.H.-3：201条　一般規定の適用

贈与者が契約に基づく自らの債務のいずれかを履行しないときは，受贈者は，第Ⅲ編第3章（不履行に対する救済手段）に規定する救済手段を有する。ただし，この節に別段の定めがあるときは，この限りでない。

IV.H.-3：202条　履行を強制する権利の制限

(1) 物品が契約に適合しないときにおいても，受贈者は，Ⅲ.-3：302条（非金銭債務の履行の強制）により代替品の引渡し又は修理の請求をすることはできない。
(2) 物品が贈与者により取得するべきものとされているときは，受贈者は，Ⅲ.-3：302条（非金銭債務の履行の強制）により履行を強制することはできない。

IV.H.-3：203条　契約解消の場合の原状回復

受贈者が第Ⅲ編第3章第5節（契約の解消）の規定により契約を解消するときは，Ⅲ.-3：511条（原状回復を要しない場合）(3)の規定は，適用しない。

IV.H.-3：204条　障害による場合の損害賠償請求権の排除

(1) 贈与者の債務の不履行が障害によるものであり，かつ，贈与者が当該障害又はその結果を回避し，又は克服することを合理的に期待されないときは，受贈者の損害賠償請求権は排除される。
(2) この場合においては，Ⅲ.-3：104条（障害による免責）(3)及び(5)の規定を準用する。
(3) いかなる障害又は障害の結果を贈与者が回避し，又は克服することを合理的に期待されたかを判断するに当たっては，契約が無償であることを考慮する。
(4) この条は，第Ⅵ編（他人に生じた損害に基づく契約外責任）の規定による責任に影響を及ぼさない。

IV.H.-3：205条　損害賠償額の算定

(1) 損害賠償は，贈与者が債務を履行すると合理的に信頼して行為をした受贈者が被った損失を含む。
(2) 裁判所は，当該事情の下で正当かつ合

理的とみられるときは，(1)に規定するものを超える損害賠償の額を認めることができる。
(3) (2)の定めにより正当かつ合理的な損害賠償の額を判断するに当たっては，契約が無償であることのほか，特に次に掲げる事項を考慮する。
　(a)　当事者の意思表示及び行為
　(b)　贈与者が贈与をする目的
　(c)　受贈者の合理的な期待
(4) この条による損害賠償の総額は，被害当事者を，贈与者が契約に従って債務を履行していたならば置かれていたであろう状態にできる限り近づける金額を超えないものとする。
(5) この条は，第Ⅵ編（他人に生じた損害に基づく契約外責任）の規定による責任に影響を及ぼさない。

IV.H.-3：206条　金銭の支払の遅延
　金銭の支払が遅延したときは，受贈者は，Ⅲ.-3：708条（支払の遅延に対する利息）により利息を請求する権利を有する。ただし，不履行がⅢ.-3：104条（障害による免責）に基づいて免責されるとき，又は受贈者の損害賠償請求権がⅣ.H.-3：204条（障害による場合の損害賠償請求権の排除）の規定により排除されるときは，この限りでない。

第3節　受贈者の義務

IV.H.-3：301条　引渡しを受領する義務及び移転を受ける義務
(1) 受贈者は引渡しを受領し，所有権の移転を受けなければならない。
(2) 受贈者は，贈与者が引渡し及び移転を行う債務を履行することができるようにするために受贈者に合理的に期待することのできるすべての行為をすることによって，引渡しを受領する義務及び移転を受ける義務を履行するものとする。

第4節　贈与者の救済手段

IV.H.-3：401条　一般規定の適用
　受贈者が契約に基づく義務のいずれかを履行しないときは，贈与者は，Ⅲ.-2：111条（財産が受領されない場合），Ⅲ.-2：112条（金銭が受領されない場合）及び第Ⅲ編第3章（不履行に対する救済手段）に定める救済手段を有する。

第4章　贈与者による撤回

第1節　撤回一般

IV.H.-4：101条　撤回不可の原則及びその例外
　物品の贈与契約は，次の各号のいずれかに該当するときに限り，撤回することができる。
　(a)　撤回権が契約の条項により付与されている場合
　(b)　撤回権がこの章の規定により認められる場合

IV.H.-4：102条　撤回権の行使及び範囲
(1) 贈与者の撤回権は，受贈者に対して通知をすることによって行使する。
(2) 一部の撤回の意思表示は，当該事案のすべての事情を適正に考慮した結果，残りの部分を維持することが不合理であるときは，物品の贈与契約全体を撤回したものとする。

IV.H.-4：103条　撤回の効果
(1) 契約に基づく当事者の未履行の債務は，この章に定める撤回により，消滅する。一部の撤回の場合には，未履行の債務のうち撤回に係る部分が消滅する。
(2) 受贈者は，この章に定める撤回により，物品を返還する義務を負う。この場合においては，この章に別段の定めがない限り，第Ⅶ編（不当利得）第5章及び第6章の規定を，適切な補正を加えた上で，適用する。

IV.H.-4：104条　期間制限
この章の規定による撤回権は，贈与者が撤回権に係る事実を知り，又は知ったことを合理的に期待される時から当該事情を適正に考慮して合理的な期間内に撤回の通知がされないときは，消滅する。

第2節　贈与者の撤回権

IV.H.-4：201条　受贈者の忘恩行為
(1) 物品の贈与契約は，贈与者に対して故意に重大な非行をすることにより，受贈者に著しい忘恩行為があったものとされるときは，撤回することができる。
(2) この条による撤回は，贈与者が忘恩行為に係る事実を知りながら受贈者を宥恕したときは，排除される。
(3) (1)の定めの適用に当たっては，Ⅳ.H.-4：104条（期間制限）に定める合理的な期間は，1年を下らないものとする。贈与者が合理的な期間が経過する前に死亡したときは，期間の進行は，撤回権を有する者が忘恩行為に係る事実を知り，又は知ることを合理的に期待される時まで，停止する。
(4) (1)の定めの適用に当たっては，Ⅶ.-6：101条（利得の消滅）による利得の消滅の抗弁は適用しない。

IV.H.-4：202条　贈与者の貧窮
(1) 贈与者が自らの資産又は収入により自らの生計を維持することができる状況にないときは，物品の贈与契約は，撤回することができる。
(2) 贈与者は，次の各号のいずれかに該当する場合には，自らの生計を維持することができる状況にないものとする。
  (a) 他の者が扶養することのできる状況にあれば，その者に対し贈与者が扶養を請求する権利を有したであろう場合
  (b) 贈与者に社会的扶助を受給する資格がある場合
(3) (2)の定めによる権利又は資格が認められる限度まで受贈者が贈与者を扶養しているときは，撤回権は，行使することができない。
(4) (1)に定める自らの生計を維持することができる状況にない贈与者，又はその状態に陥ることが差し迫っている贈与者

は，未履行の贈与契約に基づく債務の履行を停止することができる。この場合の履行停止権については，(3)の定めを準用する。贈与者が履行を停止するときは，受贈者は，契約関係を解消することができる。

(5) 贈与が有効に撤回されれば，贈与者が法規定又は裁判所の命令によって課せられる扶養義務を履行することができるようになる場合，又は扶養義務を課せられることになる場合にも，この条を適用する。

(6) 当事者は，この条による撤回権を制限し，又は排除することはできない。

IV.H.-4：203条　その他の撤回権

(1) 物品の贈与契約は，契約の基礎とされたその他の重要な事情が契約を締結した後に実質的に変更した場合において，その変更の結果として次に掲げるいずれかのことが生じたときも，撤回することができる。

(a) 受贈者に与えられる利益が明らかに不相当又は過剰であること

(b) 当該贈与契約を維持することが贈与者にとって明らかに不当であること

(2) (1)の定めは，次に掲げる要件のすべてを満たす場合に限り，適用する。

(a) その事情の変更を契約の締結時に予見することができず，贈与者がそれについて定めておくことを合理的に期待することができなかったこと

(b) その事情の変更の危険が，贈与者により引き受けられていなかったこと

第 V 編　事務管理

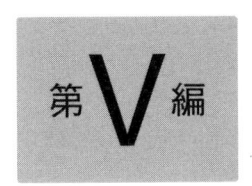

第1章　適用範囲

V.-1：101条　他人のためにする事務管理
(1) この編の規定は，ある者（管理者）が，主として他人（本人）のためにする意図をもって行為をし，かつ，次の各号のいずれかの場合に適用する。
　(a) 管理者が，その行為をすることについて合理的な理由を有している場合
　(b) 本人が，管理者に不利益をもたらすほど不当に遅延することなく，その行為を承認する場合
(2) 管理者は，次の各号のいずれかの場合には，その行為をすることについて合理的な理由を有しない。
　(a) 管理者が，本人の意思を知る合理的な機会を有するにもかかわらず，本人の意思を知ろうとしなかった場合
　(b) 管理者が，事務管理が本人の意思に反することを知り，又は知っていたと合理的に期待される場合

V.-1：102条　他人の義務を履行するための事務管理
　管理者が履行期の到来した他人の義務を履行するために行為をする場合において，その義務の履行が優越する公共の利益に関する事項であるために急を要するものであり，かつ，管理者が主として履行を受ける者のためにする意図をもって行為をするときは，その義務を負っている者が，この編の規定の適用を受ける本人である。

V.-1：103条　適用除外
　この編の規定は，次の各号のいずれかの場合には，適用しない。
　(a) 管理者が本人に対する契約上の債務その他の債務に基づいて行為をする権限を有する場合
　(b) この編の規定による場合を除き，管理者が本人の同意と関係なく行為をする権限を有する場合
　(c) 管理者が第三者に対して行為をする義務を負っている場合

第2章　管理者の義務

V.-2：101条　事務管理が継続している間の義務
(1) 管理者は，事務管理が継続している間，次の各号に掲げることをしなければならない。
　(a) 合理的な注意を用いて行為をすること
　(b) 本人との関係がV.-1：102条（他人の義務を履行するための事務管理）の定めに含まれる場合を除き，本人の意思を知り，又はこれを推測することが合理的に期待されるときは，その意思に適合する方法で行為をすること
　(c) 可能かつ合理的である限り，事務管理について本人に通知し，かつ，その後の行為に対する本人の同意を求めること
(2) 事務管理は，正当な理由なしに中止してはならない。

V.-2：102条　義務違反によって生じた損害の賠償
(1) この章に規定する義務の違反によって生じた損害が，管理者によって作り出され，増大させられ，又は故意に存続させられた危険の実現によるものであるときは，管理者は，本人に対してその損害を賠償する責任を負う。
(2) 管理者の責任は，管理者がその行為をした理由等を考慮したときに，その軽減又は免除が公正かつ合理的である限りにおいて，軽減され，又は免除される。
(3) 管理者は，事務管理の時に法的能力を完全には有していなかったときは，第Ⅵ編（他人に生じた損害に基づく契約外責任）の規定によっても自らが賠償責任を負う場合にのみ，賠償責任を負う。

V.-2：103条　事務管理が終了した後の義務
(1) 管理者は，事務管理が終了した後，不当に遅延することなく，本人に対して報告及び計算をし，事務管理の結果として得たものを引き渡さなければならない。
(2) (1)の引渡義務は，管理者が事務管理の時に法的能力を完全には有していなかったときは，Ⅶ.-6：101条（利得の消滅）により提出することのできる抗弁に服する。
(3) 第Ⅲ編第3章に規定する不履行に対する救済手段は，損害賠償又は利息の支払の責任が前条(2)及び(3)に規定する制限に服するとの修正を加えた上で，用いることができる。

第3章　管理者の権利及び権限

V.-3：101条　免責又は償還を求める権利
　管理者は，債務又は（金銭その他の財産による）支出について，事務管理を行うために合理的に負担したものである限りにお

いて，本人に対し，免責又は償還を求める権利を有する。

V.-3：102条　報酬を請求する権利
(1)　管理者は，事務管理が合理的であり，かつ，管理者の専門家としての職務又は取引の過程で行われた限りにおいて，報酬を請求する権利を有する。
(2)　支払われるべき報酬の額は，合理的である限り，行われたのと同種の履行を得るために，事務管理の時にその場所で通常支払われる額である。通常支払われる額が存在しないときは，合理的な額の報酬が支払われなければならない。

V.-3：103条　賠償を請求する権利
　管理者が本人の生命，身体又は財産若しくは利益を危険から保護するために行為をする場合において，次の各号のすべてに該当するときは，管理者は，本人に対して，その行為をする際に自らが受けた人身侵害又は財産的損害の結果として生じた損失についての賠償を請求する権利を有する。
　(a)　事務管理が，人身侵害又は財産的損害の危険を作り出し，又は著しく増大させたこと
　(b)　当該危険が予見可能であったときは，その危険が本人に対する危険と合理的に均衡していたこと

V.-3：104条　管理者の権利の制限又は排除
(1)　管理者の権利は，管理者が行為をした時点で免責，償還，報酬又は賠償を求めることを望んでいなかった限りにおいて，制限され，又は排除される。
(2)　危険が管理者と本人に共通する状況において管理者が本人を保護するために行為をしたか否か，本人の責任が過大なものとなるか否か，及び管理者が他の者から適切な補償を得ることを合理的に期待されるか否かを考慮して，公正かつ合理的であるとされるときも，管理者の権利は制限され，又は排除される。

V.-3：105条　本人に対して免責を得させ，又は償還をするべき第三者の義務
　管理者が本人を損害から保護するために行為をするときは，当該損害が本人に生じていたとすればそのことについて第Ⅵ編（他人に生じた損害に基づく契約外責任）の規定により責任を負ったであろう者は，管理者に対する本人の責任について免責を得させ，又は償還をする義務を負う。

V.-3：106条　本人の代理人として行為をする管理者の権限
(1)　管理者は，本人のためになることが合理的に期待される限りにおいて，本人の代理人として法的取引を行い，又は他の法律行為の履行をすることができる。
(2)　(1)の規定にかかわらず，管理者が本人の代理人としてした単独行為は，その行為の相手方が，不当に遅延することなく，その行為を拒絶するときは，効力を有しない。

第VI編 他人に生じた損害に基づく契約外責任

第1章 総則

VI.-1：101条 基本準則

(1) 法的に重要な損害を受けた者は，当該損害を故意若しくは過失によって生じさせた者又は当該損害の発生について帰責されるその他の者に対し，損害賠償を請求することができる。

(2) 法的に重要な損害を故意又は過失により生じさせたのでない者は，第3章の規定がその旨を定める場合に限り，法的に重要な損害の発生について帰責される。

VI.-1：102条 差止め

法的に重要な損害が差し迫っているときは，その損害を受けるであろう者は，この編の規定により，その差止めを請求することができる。この権利は，その損害が生じたならばその発生について帰責されるであろう者に対して行使される。

VI.-1：103条 適用範囲

VI.-1：101条（基本準則）及びVI.-1：102条（差止め）の適用は，次の各号の定めに従う。

(a) この編の規定に従う限りで適用する。
(b) 別段の定めがない限り，自然人及び法人のいずれについても適用する。
(c) これらの規定の適用が他の私法上の準則の目的と牴触する場合には，適用しない。
(d) 他の法的根拠により救済手段が与えられることを妨げない。

第2章 法的に重要な損害

第1節 総則

VI.-2：101条 法的に重要な損害の意義

(1) 損失（経済的なものであるか非経済的なものであるかを問わない。）又は侵害は，次に掲げるいずれかの場合には，法的に重要な損害とする。

(a) この章の規定がその旨を定める場合
(b) 当該損失又は侵害が，その他の法律上認められた権利の侵害によって生じた場合
(c) 当該損失又は侵害が，法的保護に値

する利益の侵害によって生じた場合
(2) (1)(b)又は(c)の規定のみが適用されるときは，損失又は侵害は，VI.-1：101条（基本準則）又はVI.-1：102条（差止め）の下で，損害賠償又は差止めを求める権利を認めることが公平かつ合理的であるときに限り，法的に重要な損害とする。
(3) 損害賠償又は差止めを求める権利を認めることが公平かつ合理的であるかどうかを判断するに当たっては，帰責の根拠，損害又は差し迫った損害の性質及び近因性，損害を受け，又は受けるであろう者の合理的期待並びに公序を考慮しなければならない。
(4) この編においては，次の各号の定めるところによる。
　(a) 経済的損失は，収入又は利益の喪失，負担の発生及び財産価値の減少を含む。
　(b) 非経済的損失は，肉体的及び精神的苦痛並びに生活の質の低下を含む。

第2節　法的に重要な損害についての各則

VI.-2：201条　人身侵害及びそれにより生じた損失

(1) 自然人の身体又は健康に対する侵害によってその者に生じた損失及び侵害それ自体を，法的に重要な損害とする。
(2) この編においては，次の各号の定めるところによる。
　(a) (1)の規定における損失は，被害者の世話のためにその近親者が負担した合理的費用を含む健康管理の費用を含む。
　(b) 精神的健康に対する侵害は，それが医学的に病気と評価される場合に限り，人身侵害に含まれる。

VI.-2：202条　人身侵害又は死亡により第三者に生じた損失

(1) 人身侵害又は死亡により他の自然人に生じた非経済的損失は，侵害の時点において，その自然人と侵害された者とが特に密接な人的関係にあったときは，法的に重要な損害とする。
(2) 生命侵害については，次の各号の定めるところによる。
　(a) 死亡の時点までに侵害によって死亡した者に生じた法的に重要な損害は，その者の相続人の法的に重要な損害とする。
　(b) 合理的な葬儀費用は，それを負担した者の法的に重要な損害とする。
　(c) 扶養の喪失は，死亡した者に扶養されていた自然人，その者が死亡しなければ法律の規定により扶養されていたであろう自然人又は死亡した者から監護若しくは経済的援助を受けていた自然人の法的に重要な損害とする。

VI.-2：203条　尊厳，自由及びプライバシーの侵害

(1) 自由に対する権利，プライバシーの権利その他自己の尊厳に関する権利の侵害によって自然人に生じた損失及び侵害それ自体は，法的に重要な損害とする。
(2) 名誉毀損によって生じた損失又は侵害それ自体も，国内法がその旨を規定する

ときは，法的に重要な損害とする。

VI.-2：204条　他人に関する真実でない情報の伝達による損失

他人に関する情報の伝達によってその者に生じた損失は，その情報が真実でないことを伝達者が知り，又は知ることを合理的に期待されるときは，法的に重要な損害とする。

VI.-2：205条　秘匿される情報の伝達による損失

情報の伝達により生じた損失は，情報の性質又はそれが取得された状況に照らして，損失を受けた者にとってその情報が秘匿されるものであることを，伝達者が知り，又は知ることを合理的に期待されるときは，法的に重要な損害とする。

VI.-2：206条　財産又は適法な占有の侵害による損失

(1) 動産又は不動産についての財産権又は適法な占有の侵害によって生じた損失は，法的に重要な損害とする。
(2) この条においては，次の各号の定めるところによる。
　(a) 損失は，財産の利用の剥奪を含む。
　(b) 財産権の侵害は，権利の目的物の破壊又は物理的損傷（財産の損傷），権利の処分，利用妨害その他の権利行使の妨害を含む。

VI.-2：207条　誤った助言又は情報を信頼したことによる損失

誤った助言又は情報を合理的に信頼して意思決定をしたことによって生じた損失は，次に掲げるすべての要件を満たすときは，法的に重要な損害とする。
　(a) 当該助言又は情報が，専門家としての職務の遂行において，又は取引の過程で提供されたこと
　(b) 助言又は情報を提供した者が，情報受領者がその意思決定をする際に当該助言又は情報を信頼するであろうことを知り，又は知っていたことを合理的に期待されること

VI.-2：208条　事業の違法な妨害による損失

(1) 専門家としての職務の遂行又は取引行為に対する違法な妨害によって生じた損失は，法的に重要な損害とする。
(2) 不正な競争によって消費者に生じた損失も，EU法又は国内法がその旨を規定するときは，法的に重要な損害とする。

VI.-2：209条　環境侵害について国家に生じた負担

空気，水，土壌，植物相，動物相その他の環境を構成する自然的要素に対する重大な侵害があったときは，それを回復するために国家又は権限を有する機関に生じた負担は，その国家又は機関の法的に重要な損害とする。

VI.-2：210条　詐欺的不実表示による損失

(1) この節の他の規定に違反しない場合であっても，他人の詐欺的な不実表示によって生じた損失は，言葉によるものか挙動によるものかを問わず，法的に重要な損害とする。

(2) 不実表示は，それが虚偽のものであることを認識し，又は確信しながら行われ，かつ，受領者を誤らせることが意図されていたときは，詐欺的である。

VI.-2：211条　債務不履行の誘発による損失
　この節の他の規定に違反しない場合であっても，第三者の債務不履行を誘発したことによって生じた損失は，次に掲げるすべての要件を満たすときに限り，法的に重要な損害とする。
　(a) 損失を受けた者に対する債務が存在したこと
　(b) 不履行を誘発した者が，次のいずれにも該当すること
　　(i) その第三者に債務を履行させないことを意図していたこと
　　(ii) 誘発者自身の利益を正当に保護するために行為をしたのではないこと

第3章　帰　責

第1節　故意及び過失

VI.-3：101条　故　意
　法的に重要な損害を生じさせた者が，次の各号のいずれかに該当するときは，その者は故意により当該損害を生じさせたものとする。
　(a) 同種の損害を生じさせることを意図しつつ当該損害を生じさせたとき
　(b) 当該損害若しくは同種の損害が生じること又はほとんど確実に生じるであろうことを知りながら，自己の意図した行為によって当該損害を生じさせたとき

VI.-3：102条　過　失
　次の各号のいずれかの行為によって法的に重要な損害を生じさせた者は，過失によって当該損害を生じさせたものとする。
　(a) 被害者をその損害から保護することを目的とする法律の規定により定められた一定の注意の水準を満たさない行為
　(b) その他当該事案の事情の下で合理的な注意深さを備えた者に期待される注意に達しない行為

VI.-3：103条　18歳未満の者
(1) 18歳未満の者は，当該事案の事情の下で，合理的な注意深さを備えた同年齢の者に期待される注意を尽くさなかった場合に限り，VI.-3：102条（過失）(b)の規定により法的に重要な損害を生じさせたことについて帰責される。
(2) 7歳未満の者は，故意又は過失によって損害を生じさせたことについて帰責されない。
(3) (1)及び(2)の規定は，次に掲げるすべての要件が満たされるときは，その限りで適用しない。
　(a) 被害者が，この編の規定により，他の者から損害賠償を得られないこと

(b) 当事者の資力その他当該事案のすべての事情を考慮して，損害賠償義務を課すことが公平にかなうと認められること

VI.-3：104条　子ども又は被監督者が生じさせた損害についての責任

(1) 14歳未満の者が，成年者であれば故意又は過失とされる行為によって損害を生じさせたときは，その父母又はその監護を法律上義務づけられた者は，法的に重要な損害の発生について責任を負う。

(2) ある者を監督することを義務づけられた施設その他の団体は，次に掲げる要件のすべてを満たすときは，第三者の受けた法的に重要な損害の発生について責任を負う。
 (a) その損害が，人身侵害，VI.-2：202条（人身侵害又は死亡により第三者に生じた損失）の対象とされる損失又は財産の損傷であること
 (b) 施設その他の団体の監督義務に服する者が，故意若しくは過失によって損害を生じさせ，又は，その者が18歳未満である場合には，成年者であれば故意又は過失とされる行為によって損害を生じさせたこと
 (c) 施設その他の団体の監督義務に服する者が，同種の損害を惹起するおそれがあること

(3) (1)及び(2)の規定により損害について責任を負う者が，損害を生じさせた者に対する監督の懈怠がなかったことを証明したときは，損害の発生についてこの条による責任を負わない。

第2節　故意又は過失を伴わない責任

VI.-3：201条　被用者又は代表者が生じさせた損害についての責任

(1) 他人を雇用し，又はそれに準じた形で使用する者は，次に掲げる要件のすべてを満たすときは，第三者が受けた法的に重要な損害の発生について責任を負う。
 (a) 雇用され，又は使用されている者が，雇用又は使用の過程で損害を生じさせたこと
 (b) 雇用され，又は使用されている者が，故意若しくは過失によって損害を生じさせ，又はその他の理由により損害の発生について帰責されること

(2) (1)の規定は，その職務の過程で損害を生じさせた代表者に関して，法人に準用する。代表者とは，規約により法人を代表して法律上の行為を行う権限を与えられた者をいう。

VI.-3：202条　不動産の安全性の欠如によって生じた損害についての責任

(1) 不動産を独立して管理する者は，不動産又はその近隣にいる者が正当に期待することができる安全性を備えていない不動産の状態によって生じた人身侵害及びそれにより生じた損失，VI.-2：202条（人身侵害又は死亡により第三者に生じた損失）に定める損失並びに財産の損傷によって生じた損失（不動産それ自体に生じた損失を除く。）について責任を負う。いかなる安全性を期待することが正当かを判断するに当たっては，次に掲げる事

由を含む事情を考慮する。
  (a) 不動産の性質
  (b) 不動産への接近方法
  (c) 不動産のそのような状態を回避するための費用
(2) 不動産を独立して管理する者とは，法的に重要な損害を防止する義務であって，この条に定めるものを課すことが合理的であるような管理をしている者をいう。
(3) 不動産の所有者は，当該不動産を独立して管理する者とみなす。ただし，その所有者が，他の者が当該不動産を独立して管理していることを証明したときは，この限りでない。

VI.-3：203条　動物によって生じた損害についての責任

動物の保有者は，当該動物によって生じた人身侵害及びそれにより生じた損失，VI.-2：202条（人身侵害又は死亡により第三者に生じた損失）に定める損失並びに財産の損傷によって生じた損失について責任を負う。

VI.-3：204条　製造物の欠陥によって生じた損害についての責任

(1) 製造物の製造者は，製造物の欠陥によって生じた人身侵害及びそれにより生じた損失，VI.-2：202条（人身侵害又は死亡により第三者に生じた損失）に定める損失，並びに，消費者との関係においては，財産の損傷によって生じた損失（製造物それ自体に生じた損失を除く。）について責任を負う。

(2) 製造物を，自己の事業の過程で，販売，賃貸，リース又は配布のためにヨーロッパ経済圏に輸入した者も，(1)の規定に準じて責任を負う。
(3) 製造物の供給者は，次に掲げるいずれかの場合には，(1)の規定に準じて責任を負う。
  (a) 製造者を特定することができない場合
  (b) 輸入された製造物について，その製造物が輸入者を識別する情報を示していない場合（製造者の名称が表示されているか否かを問わない。）。ただし，供給者が，合理的な期間内に，製造者の識別情報又は供給者にその製造物を供給した者の識別情報を被害者に知らせたときは，この限りでない。
(4) (1)から(3)までの規定によれば損害が帰責される者であっても，次の各号のいずれかの事由を証明したときは，損害の発生について，この条に定める責任を負わない。
  (a) 製造物を自ら流通に置いたのではないこと
  (b) 製造物を流通に置いた時点において，損害を生じさせた欠陥が存在しなかったこと
  (c) 経済的な目的で販売し，又は配布するために製造物を製造したのではなく，かつ，事業の過程で製造し，又は配布したのでもないこと
  (d) その欠陥が，製造物が公的機関の定める強行法規に従って製造されたことに起因すること

(e) 製造物を流通に置いた時点における科学技術上の知見の水準によっては，欠陥の存在を発見することが不可能であったこと
  (f) 部品の製作者については，その欠陥が次のいずれかに起因すること
    (i) その部品が組み込まれた製造物の設計
    (ii) 製造物の製作者によって与えられた指図
(5) 「製造者」とは，次の各号のいずれかに該当する者をいう。
  (a) 完成品又は部品の場合は，その製作者
  (b) 未加工の原材料の場合は，それを抽出し，又は獲得した者
  (c) 名称，商標その他の標識を製造物に付すことによって，自らがその製造者であるという外観を与えた者
(6) 「製造物」とは，動産（他の動産又は不動産に組み込まれている場合を含む。）又は電気をいう。
(7) 製造物は，次に掲げる事由を含む事情を考慮して，正当に期待される安全性を備えていないときは，欠陥があるものとする。
  (a) 製造物の表示
  (b) 合理的に期待される製造物の使用
  (c) 製造物が流通に置かれた時点。ただし，後に改良された製造物が流通に置かれたことのみを理由としては，当該製造物に欠陥があることにならない。

VI.-3：205条　自動車によって生じた損害についての責任

(1) 自動車の保有者は，当該自動車の利用によって交通事故が生じた場合における人身侵害及びそれにより生じた損失，VI.-2：202条（人身侵害又は死亡により第三者に生じた損失）に定める損失並びに財産の損傷によって生じた損失（自動車及びその貨物に生じた損失を除く。）の発生について責任を負う。

(2) 「自動車」とは，陸上を移動することを目的とし，機械的動力により駆動する車両（軌道上を走行するものを除く。）及びトレーラー（連結されているか否かを問わない。）をいう。

VI.-3：206条　危険な物質又は放出によって生じた損害についての責任

(1) 物質の保有者又は設備の管理者は，次に掲げる要件のすべてを満たすときは，当該物質によって，又は当該設備からの放出によって生じた人身侵害及びそれにより生じた損失，VI.-2：202条（人身侵害又は死亡により第三者に生じた損失）に定める損失，財産の損傷によって生じた損失並びにVI.-2：209条（環境侵害について国家に生じた負担）に定める負担の発生について責任を負う。
  (a) 放出の時点において，又は，放出がない場合には，物質との接触の時点において，物質又は放出の量及び特質を考慮すると，適切に制御されなければ当該物質又は放出がそのような損害を生じさせる蓋然性が極めて高いこと

(b) 当該危険が現実化したことにより損害が生じたこと
(2) 「物質」は，化学製品（個体，液体又は気体のいずれであるかを問わない。）を含む。微生物は物質に準じて扱う。
(3) 「放出」は，次に掲げるものを含む。
　(a) 物質の放出又は漏洩
　(b) 電気の伝導
　(c) 熱，光その他の放射作用
　(d) 騒音その他の振動
　(e) その他環境に対する無形の作用
(4) 「設備」は，可動性のあるもの，建設中のもの及び利用に供されていないものを含む。
(5) (1)の規定によれば損害が帰責される者であっても，次の各号のいずれかに該当するときは，損害の発生について，この条による責任を負わない。
　(a) 自己の取引，事業又は職業に関連する目的で物質を保有し，又は設備を管理していたのではないとき
　(b) 物質の制御又は設備の管理について法律上の基準を遵守したことを証明したとき

VI.-3：207条　法的に重要な損害の発生についてのその他の責任

次に掲げるいずれかの場合において，国内法がその旨を規定するときは，当該国内法に定める者は，法的に重要な損害の発生について責任を負う。
　(a) 当該国内法がVI.-3：104条（子ども又は被監督者が生じさせた損害についての責任）からVI.-3：205条（自動車によって生じた損害についての責任）までの規定に含まれない危険源に関わるとき
　(b) 当該国内法が物質又は放出に関わるとき
　(c) 当該国内法がVI.-3：204条（製造物の欠陥によって生じた損害についての責任）(4)(e)の規定を適用しないものとするとき

VI.-3：208条　放　棄

この節の規定の適用に当たっては，自己の放棄した不動産，車両，物質又は設備についても，他人がそれらに対して独立した支配を行使し，又はその保有者若しくは管理者になるまでは，なお責任を負う。動物の保有者についても，合理的と認められる限りにおいて，同様とする。

第4章　因果関係

VI.-4：101条　総　則

(1) 法的に重要な損害が，ある者の行為又はその者が責任を負う危険源の結果とみなされるときは，その者が当該損害を生じさせたものとする。
(2) 人身侵害又は死亡においては，受けた侵害の種類又は程度に関わる被害者の素因を考慮してはならない。

Ⅵ.-4：102条　複数人の関与

他人と共同して法的に重要な損害を生じさせ，又は他人に対しそれを教唆し，若しくは幇助した者は，その損害を生じさせたものとみなす。

Ⅵ.-4：103条　択一的原因

法的に重要な損害が，異なる者に帰責される複数の事実の一つ又は複数によって生じた可能性があり，損害がそれらの事実のいずれかによって生じたことは証明されたが，そのいずれによって生じたのかを証明することができないときは，そのいずれかの事実について帰責される者はすべて，当該損害を生じさせたものと推定する。

第5章　抗　　弁

第1節　被害者の同意又は行為

Ⅵ.-5：101条　同意及び自己の危険に基づく行為

(1) 被害者が法的に重要な損害の発生に有効に同意し，かつ，その同意の結果について認識し，又は認識することを合理的に期待されるときは，その旨の抗弁が認められる。

(2) 被害者が，生じたのと同種の損害の危険を知りつつ，自らその危険を引き受け，それを受け入れたとみなされるときも，(1)と同様とする。

Ⅵ.-5：102条　被害者の過失と責任

(1) 被害者の過失が法的に重要な損害の発生又は拡大に寄与したときは，その過失の程度に応じて損害賠償責任を縮減する。

(2) (1)の規定の適用に当たっては，次に掲げる事情を考慮してはならない。
　(a) 被害者の軽微な過失
　(b) 損害の発生に対して軽微な寄与しかなかった者の過失その他の帰責性
　(c) 交通事故において，自動車により生じた人身侵害に寄与した被害者の不注意。ただし，当該不注意が，当該事情の下で明らかに要求される注意を著しく怠るものであるときは，この限りでない。

(3) (1)及び(2)の規定は，Ⅵ.-3：201条（被用者又は代表者が生じさせた損害についての責任）により被害者が責任を負う者の過失が損害の発生又は拡大に寄与した場合にも，準用する。

(4) 被害者が第3章（帰責）の規定により責任を負うその他の危険源が損害の発生又は拡大に寄与したときは，その限りにおいて，(3)の規定と同様に金銭賠償を減額する。

Ⅵ.-5：103条　犯罪者が共犯者に対して加えた損害

刑法上の罪を犯す過程において，その罪を共同して行い，又はその他の態様で関与している者に対し，故意によらず法的に重要な損害が加えられた場合において，損害

賠償請求権を認めることが公序に反するときは、損害賠償請求権は生じない。

第2節　帰責される者又は第三者の利益

VI.-5：201条　法律上の権限

法的に重要な損害が法律上認められた権限に基づいて生じたときは、その旨の抗弁が認められる。

VI.-5：202条　正当防衛、事務管理及び緊急避難

(1) 自己又は第三者の有する権利又は法的保護に値する利益の合理的な保護のために他人に法的に重要な損害を生じさせた場合において、その他人が自己又は第三者の権利又は利益を危険にさらしたことについて帰責されるときは、その旨の抗弁が認められる。この項の規定の適用に当たっては、VI.-3：103条（18歳未満の者）は、適用しない。

(2) 事務管理を行う者が、自己の義務に違反することなく本人に対して加えた法的に重要な損害についても、(1)と同様とする。

(3) 生命、身体、健康又は自由に対する危険が差し迫った状況の下で、他人の財産に対して法的に重要な損害を加えた場合において、それが加害者又は第三者をその危険から守るためのものであり、その危険がその損害を生じさせることなしには除去できなかったときは、加害者は、合理的な補償を超える損害賠償の責任を負わない。

VI.-5：203条　公共の利益の保護

法的に重要な損害が、民主主義社会にとって本質的な価値を保護するために生じたとき、とりわけメディアにおける情報の流布によって生じたときは、その旨の抗弁が認められる。

第3節　制御の不可能

VI.-5：301条　精神的な能力の欠如

(1) 法的に重要な損害を惹起した行為の時点で精神的な能力を欠いていた者は、その者の資力その他の当該事案のすべての事情を考慮して、それが公平にかなうと認められる場合に限り責任を負う。責任は、合理的な補償に限定される。

(2) 自己の行為の性質について十分な弁識能力を欠く者は、精神的な能力を欠く者とみなす。ただし、十分な弁識能力の欠如が、自己の不適切な行為の一時的な結果であるときは、この限りでない。

VI.-5：302条　制御の不可能な事象

法的に重要な損害が、いかなる合理的手段によっても回避することができず、かつ、自己の危険とみなされない異常な事象によって生じたときは、その旨の抗弁が認められる。

第4節　契約による責任の免除及び制限

VI.-5：401条　契約による責任の免除及び制限

(1) 法的に重要な損害を故意により生じさせたことについての責任は、あらかじめ免除し、又は制限することができない。

(2) 法的に重要な損害を，当該事情の下で明らかに要求されるような注意を著しく怠ることによって生じさせたことについての責任は，次の各号のいずれかに該当するときは，あらかじめ免除し，又は制限することができない。
   (a) 当該責任が人身侵害（生命侵害を含む。）に関するものであるとき
   (b) 責任の免除又は制限がその他の点において違法であり，又は信義誠実若しくは取引の公正に反するとき
(3) Ⅵ.-3：204条（製造物の欠陥によって生じた損害についての責任）の定めにより帰責される者が損害の発生について負う責任は，あらかじめ制限し，又は免除することができない。

(4) この編の規定によるその他の責任は，法律に別段の定めがない限り，あらかじめ免除し，又は制限することができる。

第5節　Ⅵ.-2：202条（人身侵害又は死亡により第三者に生じた損失）に定める損失

Ⅵ.-5：501条　被害者に対する抗弁の第三者への対抗

人身侵害に関する損害賠償請求権に対して対抗することができる抗弁又は被害者が死亡しなければこの者に対して対抗することができたであろう抗弁は，Ⅵ.-2：202条（人身侵害又は死亡により第三者に生じた損失）に定める損失を受けた者に対しても，対抗することができる。

第6章　救済手段

第1節　損害賠償総則

Ⅵ.-6：101条　損害賠償の目的と方式
(1) 損害賠償とは，法的に重要な損害を受けた者を，当該法的に重要な損害が生じなければ置かれていたであろう状態に回復することをいう。
(2) 損害賠償は，金銭によることができる（金銭賠償）ほか，受けた損害の種類及び程度その他の当該事案のすべての事情を考慮して最も適切と認められるときは，その他の方式によることができる。
(3) 有体物が損傷された場合において，修補費用が減価分を不合理に超えるときは，修補費用に代えて減価分と同等の金銭賠償が認められる。この規定は，動物については，当該動物を保有した目的を考慮して適切と認められる場合に限り，適用する。
(4) 損害賠償は，合理的と認められる場合に限り，(1)に規定する回復に代えて，法的に重要な損害の発生について帰責される者が，損害を生じさせたことに関連してその者が得た利得を返還するという方式によることができる。

Ⅵ.-6：102条　些事原則
些細な損害は，賠償されない。

VI.-6：103条　損益相殺
(1) 法的に重要な損害を受けた者が加害の結果として得た利得は，考慮してはならない。ただし，それを考慮することが公平かつ合理的であるときは，この限りでない。
(2) 利得を考慮に入れることが公平かつ合理的かどうかの判断に当たっては，受けた損害の種類，損害を生じさせた者の責任の性質及び当該利得が第三者によって与えられた場合におけるその目的を考慮する。

VI.-6：104条　複数の被害者
複数の者が法的に重要な損害を受けた場合において，一人に対する損害賠償がその他の者に対する損害賠償にもなるときは，それらの者の損害賠償請求権については，第Ⅲ編第4章第2節（複数の債権者）の規定を，適切な補正を加えた上で，適用する。

VI.-6：105条　連帯責任
複数の者が同一の法的に重要な損害について責任を負うときは，これらの者は，連帯して責任を負う。

VI.-6：106条　損害賠償請求権の譲渡
被害者は，損害賠償請求権（非経済的損失についての賠償請求権を含む。）を譲渡することができる。

第2節　金銭賠償

VI.-6：201条　選択権
被害者は，金銭賠償を，侵害された利益の回復のために用いるか否かを選択することができる。

VI.-6：202条　責任の軽減
損害が故意によらずに生じた場合において，全部責任を課すことが，損害を生じさせた者の帰責性，損害の程度又は損害を防止する手段と比べて不均衡であるときは，公平かつ合理的と認められるときに限り，金銭賠償の責任の全部又は一部を免除することができる。

VI.-6：203条　支払及び算定
(1) 金銭賠償は，一時金で支払う。ただし，定期金による支払によるべき十分な理由があるときは，この限りでない。
(2) 人身侵害及び非経済的損失についての金銭賠償がどのように算定されるべきかは，国内法がこれを規定する。

VI.-6：204条　侵害それ自体についての金銭賠償
侵害それ自体は，経済的損失又は非経済的損失についての金銭賠償とは別個に賠償しなければならない。

第3節　差止め

VI.-6：301条　差止請求権
(1) 差止請求権は，次に掲げる要件のすべてを満たす場合に限り認められる。
  (a) 損害賠償がそれに代わる救済手段として適切でないこと
  (b) 損害が発生したならばそれにつき帰責される者が当該損害の発生を防止することが合理的であること
(2) 危険源が物又は動物であり，危険にさ

らされた者がその危険を回避することが合理的に可能でないときは，差止請求権は，危険源を除去させる権利を含む。

VI.-6：302条　損害を回避するために生じた損失についての責任

損害が差し迫っている場合において，これを受けることを回避し，又は受ける損害の程度若しくは重大性を軽減するために，合理的に支出を行った者その他の損失を受けた者は，当該損害が生じたならばそれについて帰責される者に対し，金銭賠償を求めることができる。

第7章　附　　則

VI.-7：101条　各国の憲法

この編の規定は，当該裁判所が適用するべき憲法に適合するように解釈し，適用しなければならない。

VI.-7：102条　法律上の規定

いかなる法規定が法律上の規定となるかは，国内法がこれを定める。

VI.-7：103条　公法上の職務と裁判手続

この編の規定は，公法上の職務の遂行若しくは懈怠又は裁判手続における義務の履行によって生じた人又は団体の責任を規律しない。

VI.-7：104条　被用者，使用者，労働組合及び使用者団体の責任

この編の規定は，次に掲げる責任を規律しない。

(a) 雇用の過程で生じた被用者の責任（共同被用者，使用者，第三者のいずれに対する責任であるかを問わない。）
(b) 雇用の過程で生じた被用者に対する使用者の責任
(c) 労働争議の過程で生じた労働組合及び使用者団体の責任

VI.-7：105条　塡補を受ける権利を有する者に対する責任の軽減又は排除

自己に生じた損害の全部又は一部について，他の源泉，とりわけ，保険者，基金その他の団体から損害の塡補を受ける権利を有している場合において，その権利を理由としてこの編の規定による責任が限定され，又は排除されるか否かは，国内法がこれを規定する。

第VII編 不当利得

第1章 総　則

VII.-1：101条　基本準則
(1) 他人の損失に帰因することができる不当な利得を得た者は，その他人にその利得を返還する債務を負う。
(2) (1)の規定は，この編の以下の規定に合致する限りで適用する。

第2章　利得の不当性

VII.-2：101条　利得が不当とされる場合
(1) 利得は，次に掲げるいずれかの場合を除き，不当なものとする。
  (a) 利得者が，損失者に対して，契約その他の法律行為，裁判所の命令又は法規定によりその利得を得る権利を有する場合
  (b) 損失者が，その損失につき任意に，かつ，錯誤なく同意した場合
(2) (1)(a)に規定する契約その他の法律行為，裁判所の命令又は法規定が無効であるとき，又は取消しその他の理由で遡及的に無効となるときは，利得者は，それを根拠として利得を得る権利を有しない。
(3) (2)の規定にかかわらず，法規定の趣旨が，利得者に利得の価値を保有させるものであった場合に限り，利得者は，当該法規定により，利得を得る権利を有するものとみなす。
(4) 次に掲げる要件のすべてを満たすときも，利得は，不当なものとする。
  (a) 損失者が利得を与えたことにつき，次に掲げるいずれかの要件を満たすこと
    (i) それがある目的のためにされた場合において，当該目的が実現しなかったこと
    (ii) それがある期待に基づいてされた場合において，当該期待が現実化しなかったこと
  (b) 利得者が，当該目的又は期待を知っており，又は知っていたことを合理的に期待されること
  (c) 利得者が，そのような状況においてその利得を返還しなければならないことを承諾したか，又は合理的に承諾したとみなすことができること

VII.-2:102条　第三者に対する債務の履行

第三者に対して損失者が負担しているか，又は負担していると思った債務を損失者が履行したことにより利得者が利得を得た場合において，次の各号のいずれかに該当するときは，利得は，不当でないものとする。
(a) 損失者が任意に履行したとき
(b) 利得が債務を履行したことによる偶然の結果に過ぎないとき

VII.-2:103条　任意の同意又は履行

(1) 損失者の同意が，無能力，詐欺，強制，強迫又は不公正なつけ込みにより効力を妨げられるときは，損失者は，任意に同意しなかったものとする。
(2) 履行される債務が，無能力，詐欺，強制，強迫又は不公正なつけ込みにより無効であるときは，損失者は，任意に履行しなかったものとする。

第3章　利得及び損失

VII.-3:101条　利　得

(1) 利得は，次に掲げるいずれかの事由によって生じる。
  (a) 財産の増加又は責任の減少
  (b) 役務の受領又は仕事の実行
  (c) 他人の財産の使用
(2) 利得の存否及び範囲を決定するに当たっては，利得者が利得と引換えに，又は利得の後に受けた損失は，考慮しない。

VII.-3:102条　損　失

(1) 損失は，次に掲げるいずれかの事由によって生じる。
  (a) 財産の減少又は責任の増加
  (b) 役務の提供又は仕事の実行
  (c) 他人による財産の使用
(2) 損失の存否及び範囲を決定するに当たっては，損失者が損失と引換えに，又は損失の後に得た利得は，考慮しない。

第4章　帰　因

VII.-4:101条　帰因の例

利得は，例えば次に掲げるときは，他人の損失に帰因することができる。
(a) その他人の財産がその者により利得者に譲渡されたとき
(b) 役務の提供又は仕事の実行が，利得者のために，その他人により行われたとき
(c) 利得者が，その他人の財産を使用したとき，特に，利得者が損失者の権利又は法律上保護された利益を侵害したとき
(d) 利得者の財産が，その他人により改良されたとき
(e) 利得者が，その他人により免責されたとき

VII.-4：102条　仲介者
　法律行為の当事者の一方が本人を間接に代理する権限を有する仲介者であるときは，当該法律行為又はそれに基づく債務の履行に由来する本人の利得又は損失は，その仲介者の利得又は損失とみなす。

VII.-4：103条　債権者でない者に対して行われた債務者の弁済において，利得返還義務者が利得を善意でさらに移転した場合
(1)　債務者が利得者に利得を与え，その結果として損失者が債務者に対する同一又は類似の利得に関する権利を失ったときも，当該利得は，その損失者の損失に帰因することができる。
(2)　(1)の規定は，不当利得を損失者に返還するべき債務を負っている者がその利得を第三者に移転し，かつ，債務者がVII.-6：101条（利得の消滅）による抗弁を有している場合について適用する。

VII.-4：104条　債権者でない者に対して行われた債務者の弁済の追認
(1)　債務者が債務からの免責を得るために第三者に対して支払をしたときは，債権者は，当該支払行為を追認することができる。
(2)　追認により，債務者に対する債権者の権利は，その支払の限度において消滅する。この場合において，第三者の利得は，債務者に対する債権者の権利の喪失に帰因することができる。
(3)　債権者と第三者との関係において，追認は，債務者に対する債権者の権利が失われることへの債権者の同意には当たらない。
(4)　この条は，金銭債務以外の弁済について準用する。
(5)　債権者の追認よりも前に債務者について倒産処理手続又はこれに類する手続が開始していたときは，他の規定によりこの条の適用が排除されることがある。

VII.-4：105条　介在者の行為に由来する帰因
(1)　第三者が権限なく損失者の財産を使用したため，損失者が当該財産を侵奪され，それが利得者の利益となるときも，当該利得は，損失者の損失に帰因することができる。
(2)　(1)の規定は，介在者による動産への介入又は動産の処分の結果として，法律行為又は法規定のいずれに基づくかを問わず，損失者が当該動産の所有者でなくなり，かつ，利得者が所有者となる場合について適用する。

VII.-4：106条　介在者の行為の追認
(1)　財産について権利を有する者は，介在者が第三者との法律行為においてこの財産を処分し，又はその他の方法で使用したときは，その行為を追認することができる。
(2)　追認された行為は，権限のある仲介者による法律行為と同じ効力を有する。追認した者と介在者との関係において，追認は，介在者による財産の使用への同意には当たらない。

VII.-4：107条　種類又は価値が同一でない場合
利得と損失の種類又は価値が同一でなくても，利得は他人の損失に帰因することができる。

第5章　利得の返還

VII.-5：101条　原物で返還することができる利得
(1)　利得が原物で返還することができる財産であるときは，利得者は，損失者に対して当該財産を移転することにより利得を返還する。
(2)　原物返還が利得者に不合理な努力又は不合理なほどに多額の出費を要するときは，利得者は，当該財産の原物返還に代えて，損失者に対してその金銭的価値を支払うことにより利得を返還することを選択できる。
(3)　当該財産を原物で返還することができなくなったときは，利得者は，損失者に対してその金銭的価値を支払うことにより利得を返還する。
(4)　(3)の規定にかかわらず，次に掲げるいずれかの場合には，利得者が原物と引換えに代償物を取得した限度で，当該代償物が返還するべき利得である。
　(a)　利得者が処分又は喪失の時点において善意であり，かつ，代償物返還の選択をした場合
　(b)　利得者が処分又は喪失の時点において善意でなく，損失者が代償物返還の選択をし，かつ，その選択が公平に反しない場合
(5)　利得が不当であるか，又は不当なものとなる可能性があることを，利得者が知らず，かつ，知ることを合理的に期待されなかったときは，利得者は，善意であるものとする。

VII.-5：102条　原物で返還することができない利得
(1)　利得が原物で返還することができる財産でないときは，利得者は，損失者にその金銭的価値を支払うことにより利得を返還する。
(2)　利得者は，次に掲げるいずれかの場合には，出費の節約を超える支払をする責任を負わない。
　(a)　利得につき同意しなかった場合
　(b)　善意であった場合
(3)　(2)の規定にかかわらず，利得がそれに対する価格又は価値を決定する旨の合意の下に取得されたものである場合において，当該合意が価格の決定に影響しない理由で無効であり，又は取り消すことができるときは，利得者は，少なくともその合意された額を支払わなければならない。
(4)　(3)の規定の適用は，利得の金銭的価値を超えて責任を加重しない。

VII.-5：103条　利得の金銭的価値と出費の節約
(1)　利得の金銭的価値とは，提供者と受領者が合意をする意思があればその価格として適法に合意したであろう金額をいう。役務提供者がした支出のうち，当該合意があれば受領者が償還するべきものは，合意された価格の一部とみなす。
(2)　出費の節約とは，利得を得ていなければ利得者が受けたであろう財産の減少分又は責任の増大分をいう。

VII.-5：104条　利得から生じた果実及び使用
(1)　利得の返還は，利得の果実及び使用に及び，出費の節約が果実又は使用の価値より少ないときは，その節約分にとどまる。
(2)　(1)の規定にかかわらず，利得者が悪意で果実を取得し，又は使用したときは，出費の節約が果実又は使用の価値より少ない場合であっても，利得の返還は，果実及び使用に及ぶ。

第6章　抗　弁

VII.-6：101条　利得の消滅
(1)　利得者は，利得の処分その他により損失を受けたとき（利得の消滅）は，その限度において，利得を返還する責任を負わない。ただし，利得者が利得を取得しなかったとしても不利益を受けていたであろうときは，この限りでない。
(2)　(1)の規定にかかわらず，利得の消滅は，次に掲げるいずれかの場合には，その限度において考慮しない。
  (a)　利得者が代償物を取得した場合
  (b)　利得者が利得の消滅の時に善意でなかった場合。ただし，次のいずれかに該当するときは，この限りでない。
    (i)　当該利得が返還されていたならば，損失者も利得を失っていたであろうとき
    (ii)　利得者が当該利得の時に善意であった場合において，利得の消滅が，当該利得を返還する債務の履行期が到来する前に，かつ，利得者が責任を負わない危険から生じたとき
  (c)　VII.-5：102条（原物で返還することができない利得）(3)の規定が適用される場合
(3)　利得者が，第三者に対して処分をしたことにより，この条に基づいて損失者との関係で抗弁を有するとしても，損失者がその第三者に対して有する一切の権利は影響を受けない。

VII.-6：102条　第三者との間で善意でした法律行為
　利得者は，次に掲げる要件のすべてを満たすときは，利得を返還する責任を負わない。
(a)　利得と引換えに第三者に別の利得をさせたこと
(b)　(a)の時点でなお善意であったこと

VII.-6：103条　不法性

利得を取得する根拠となった契約その他の法律行為が，基本原則（II.-7：301条（基本原則に違反する契約））又は強行法規に違反することにより，無効とされ，又は取り消されたときは，利得者は，その返還が当該原則又は規定の基礎にある目的に反する限度において，利得を返還する責任を負わない。

第7章　他の法規定との関係

VII.-7：101条　不当利得以外の私法上の返還請求権

(1) 契約その他の法律行為によって得た利得の法的処理について，利得の返還請求権を認め，又は排除する他の規定があるときは，それが撤回，解消，代金減額その他いかなる場合に関するものであるかを問わず，それらの規定を適用する。
(2) この編の規定は，利得返還請求権が有する物権的効力を対象としない。
(3) この編の規定は，契約その他の私法上の規定により発生するその他のいかなる返還請求権にも影響を及ぼさない。

VII.-7：102条　請求権の競合

(1) 損失者が，次に掲げる請求権のいずれをも有する場合において，一方の請求権が満足を受けたときは，他方の請求権は，それと同じ額において消滅する。
　(a) この編の規定による不当利得返還請求権
　(b) 次に掲げるいずれかの請求権
　　(i) 不利益の回復を求める請求権（利得者に対するものであると，第三者に対するものであるとを問わない。）
　　(ii) 不当利得の結果として私法上の他の規定により生じる返還請求権
(2) ある者が損失者の財産を使用し，その結果当該財産が他の者に帰属するに至った場合において，この編の規定により次に掲げるすべての責任が発生するときも，(1)と同様とする。
　(a) その使用者が，当該財産の使用に関して損失者に対して負う責任
　(b) その受益者が，財産の増加に関して損失者に対して負う責任

VII.-7：103条　公法上の権利

この編の規定は，自然人又は団体が公法上の権限の行使により取得し，又は喪失した利得についてこの編の規定が適用されるか否かを定めない。

第VIII編 物品所有権の得喪

第1章 総 則

第1節 適用範囲及び他の規定との関係

VIII.-1:101条 適用範囲
(1) この編の規定は，物品所有権の得喪及び保護並びに関連する特定の問題について適用する。
(2) この編の規定は，次に掲げるいずれかの方法により物品の所有権を取得し，又は喪失した場合には，適用しない。
 (a) 包括承継。特に，相続法及び会社法に基づく場合。
 (b) 収用及び没収
 (c) 動産又は不動産からの分離
 (d) 共有物の分割。ただし，VIII.-2：306条（集合物からの引渡し）又はVIII.-5：202条（混和）に定められた場合を除く。
 (e) 共有者の死亡等による持分の増加。ただし，この編の第5章の規定が適用される場合を除く。
 (f) 物上代位。ただし，この編の第5章の規定が適用される場合を除く。
 (g) 先 占
 (h) 遺失物拾得
 (i) 放 棄

(3) この編の規定は，第IX編の規定にいう裁判外の担保権実行その他これに相当するものによる物品の所有権の得喪に適用する。この編の規定は，裁判上の担保権実行その他これに相当するものによる物品の所有権の得喪にも，適切な補正を加えた上で，適用することができる。
(4) この編の規定は，次に掲げるものには適用しない。
 (a) 株式又は財産権若しくは債務の履行を求める権利を化体した証券。ただし，VIII.-2：105条（引渡しに相当する事実）(4)の規定の適用に当たり，物品の引渡しを約束する証券は除く。
 (b) 電 気
(5) この編の規定は，法定通用力を有する紙幣及び硬貨に，適切な補正を加えた上で，適用する。

VIII.-1：102条 物品の登記
(1) 特定の種類の物品について，その所有権及び所有権の移転を公的な登記簿に登記することができるか否か，又は登記しなければならないか否かは，国内法による。
(2) 国内法が定める登記の効果は，この編

の規定に優先する。

VIII.-1：103条　他の規定の優先

(1) 担保の目的でされる所有権の移転又は留保に関しては，第Ⅸ編の規定をこの編の規定に優先して適用する。

(2) 信託を目的とする所有権の移転又は信託に対する，若しくは信託からの所有権の移転に関しては，第Ⅹ編の規定をこの編の規定に優先して適用する。

VIII.-1：104条　第Ⅰ編から第Ⅲ編までの規定の適用

この編の規定により物権的効果が合意によって定められている場合には，第Ⅰ編から第Ⅲ編までの規定を適切である限り適用する。

第2節　定　　義

VIII.-1：201条　物　　品

「物品」とは，有体動産をいう。物品は，船舶，ホバークラフト，航空機，宇宙で利用される物体，動物，液体及び気体を含む。

VIII.-1：202条　所　有　権

「所有権」とは，ある人（「所有者」）が，財産に対してもつことができる最も包括的な権利をいい，適用される法律又は所有者自身が設定した権利に反しない限り，その財産を使用し，享受し，変更し，破壊し，処分し，及び回復する排他的権利を含む。

VIII.-1：203条　共　　有

この編により「共有」とされる場合において，共有とは，二人以上の共有者が持分を物品の全体に有しており，各共有者が自己の持分を単独の行為で処分することができることをいう。ただし，当事者が別段の定めをしたときは，この限りでない。

VIII.-1：204条　制限物権

この編において，「制限物権」とは，次に掲げるものをいう。

(a) 第Ⅸ編又は国内法によって物権とされ，又は物権に準じて取り扱われている場合の担保権

(b) このモデル準則の他の規定又は国内法によって物権とされ，又は物権に準じて取り扱われている場合の用益権

(c) Ⅷ.-2：307条（所有権が留保されているときの譲受人の未確定な権利）にいう所有権取得権又はこのモデル準則における他の規定若しくは国内法によって物権とされ，若しくは物権に準じて取り扱われている場合の所有権取得権

(d) 第Ⅹ編又は国内法によって物権とされ，又は物権に準じて取り扱われている場合の信託に関する権利

VIII.-1：205条　占　　有

(1) 物品に関して，占有とは，その物品に対して直接又は間接の物理的支配を有していることをいう。

(2) 直接の物理的支配とは，占有者が自ら，又は占有者のために支配を行う占有機関を通して行う物理的支配をいう（直接占有）。

(3) 間接の物理的支配とは，他者（他主占

有者）を用いて行われる物理的支配をいう（間接占有）。

VIII.-1：206条　自主占有者による占有
「自主占有者」とは，所有者としての意思又は所有者であるかのような意思をもって，物品に対して直接又は間接の物理的支配を行う者をいう。

VIII.-1：207条　他主占有者による占有
(1) 「他主占有者」とは，物品に対する物理的支配を行う者のうち，次の各号のいずれかに該当するものをいう。
　(a) 自らの利益において支配する意思をもって，かつ，物品を占有する権利を与える自主占有者との特定の法律関係に基づいて支配を行う者
　(b) 自主占有者の指示により支配する意思をもって，かつ，自主占有者によって料金又は費用が支払われるまで物品を保持する権利を他主占有者に与える自主占有者との特定の契約関係に基づいて支配を行う者
(2) 他主占有者は，物品に対して，直接又は間接の物理的支配をすることができる。

VIII.-1：208条　占有機関を通じた占有
(1) 「占有機関」とは，次に掲げる要件のすべてを満たす者をいう。
　(a) その者が，VIII.-1：207条（他主占有者による占有）(1)に基づいて必要とされる意思及び特定の法律関係なくして，自主占有者又は他主占有者のために，物品に対して直接の物理的支配を行うこと
　(b) その者に対して，自主占有者又は他主占有者が，自己の利益のために，物品の使用に関して拘束力のある指示を与えることができること
(2) 特に，次の各号のいずれかに該当する者は，占有機関とすることができる。
　(a) 自主占有者又は他主占有者の被用者又はこれと類似の働きをする者
　(b) 事実上，自主占有者又は他主占有者によって物品に対する物理的支配を与えられる者
(3) 偶発的事情により，自主占有者又は他主占有者のために物品に対する直接の物理的支配を行うことができる地位にあり，かつ，現にそれを行う者も占有機関とする。

第3節　その他の一般規定

VIII.-1：301条　譲渡性
(1) すべての物品は，法律に別段の定めがある場合を除き，譲渡することができる。契約その他の法律行為による物品の譲渡の制限又は禁止は，物品の譲渡性に影響を与えない。
(2) 物品又は不動産の収取されなかった果実及び物品又は不動産に付属する物を独立に譲渡することができるか，又はどの範囲でできるかについては，国内法の定めるところによる。第5章の規定は，これにより影響を受けない。

第2章　譲渡人の権利又は権限に基づく所有権の移転

第1節　この章における移転の要件

VIII.-2：101条　所有権移転の一般的要件

(1) この章の規定による物品の所有権の移転は，次に掲げる要件のすべてを満たさなければならない。
  (a) その物品が存在すること
  (b) その物品が譲渡可能であること
  (c) 譲渡人が所有権を移転させる権利又は権限を有していること
  (d) 譲受人が譲渡人に対して，契約その他の法律行為，裁判所の命令又は法規定により，所有権の移転を受ける権利を有していること
  (e) 所有権が移転するべき時期について合意が存在する場合には，その合意の定める条件が満たされていること。そのような合意が存在しない場合には，引渡し又は引渡しに相当する事実が生じていること。

(2) (1)(e)の規定の適用に当たり，引渡し又は引渡しに相当する事実は，契約その他の法律行為，裁判所の命令若しくは法規定による権利に基づくもの又はそのような権利を原因とするものでなければならない。

(3) 契約その他の法律行為，裁判所の命令又は法規定により物品が種類で指定されている場合には，所有権は，その物品が特定されたときに限り移転する。物品が特定の集合物の一部分であるときは，VIII.-2：305条（集合物の一部分である物品の譲渡）を適用する。

(4) (1)(e)の規定は，裁判所の命令又は法規定により所有権の移転がそれらの定める時期に移転する場合には，適用しない。

VIII.-2：102条　譲渡人の権利又は権限

(1) 所有権を移転させるべき時に譲渡人が所有権を移転する権利又は権限を有していない場合には，その後，譲渡人がその権利を取得した時又は移転する権利若しくは権限を有する者がその移転を追認した時に，移転が生じる。

(2) 追認により，その移転は，初めから権限があった状態で行われた場合と同様の効果を生じる。ただし，その追認の前に他の者が取得した物権には影響を及ぼさない。

VIII.-2：103条　所有権を移転させる時期に関する合意

所有権を移転させる時期は，国内法により所有権の取得に登記が必要とされている場合を除き，当事者の合意によって定めることができる。

VIII.-2：104条　引渡し

(1) この編の規定の適用に当たり，物品の引渡しは，VIII.-1：205条（占有）にいう物品の占有を譲渡人が失い，かつ，譲受人が取得した時に行われるものとする。

(2) 契約その他の法律行為，裁判所の命令又は法規定が一人の運送人又は複数の相

次運送人による物品の運送を伴う場合には，物品の引渡しは，譲渡人の引渡義務が履行され，かつ，運送人又は譲受人が物品の占有を取得した時に行われるものとする。

VIII.-2：105条　引渡しに相当する事実
(1) 譲受人が物品を既に占有している場合において，契約その他の法律行為，裁判所の命令又は法規定による権原の付与の効力が生じた時にその物品を保持しているときは，当該保持は，引渡しと同様の効果を生じる。
(2) 第三者が譲渡人のために物品を占有している場合には，その第三者が，所有権が譲受人に移転された旨の譲渡人の通知を受領した時又は，その通知においてそれ以降の時点が指示されているときはその時に，引渡しと同様の効果が生じる。
 Ⅷ.-1：208条（占有機関を通じた占有）にいう占有機関に対して通知がされたときも，同様とする。
(3) 譲受人に物品の占有取得を可能にする手段の占有を譲渡人が失い，かつ，これを譲受人が取得した時にも，物品の引渡しと同様の効果が生じる。
(4) 物品に対して物理的支配を行う者が，その物品の引渡しを現在の所持人に対して行う旨を約束した証券を発行する場合には，その証券の引渡しは，その物品の引渡しに相当する。その証券は，電子的なものでもよい。

第2節　効　果

VIII.-2：201条　所有権の移転の効果
(1) 第1節に規定する時点において，所有権は，譲渡人が処分することのできる権利又は権限の範囲で移転し，かつ，当事者及び第三者に対して効力を有する。
(2) 所有権の移転は，契約その他の法律行為の条項，裁判所の命令又は法規定に基づき当事者間に生じる権利義務であって，例えば，次に掲げるものに影響を及ぼさない。
  (a) 危険の移転から生じる権利
  (b) 履行停止権
  (c) 果実若しくは利益に対する権利又は費用及び負担を負う義務
  (d) その物品を使用する権利又はその物品を使用せず，若しくはその他の処分を行わない義務
(3) 所有権の移転は，他の法規定により生じる第三者の権利又は第三者に対する権利であって，例えば，次に掲げるものに影響を及ぼさない。
  (a) 譲渡人の債権者が倒産処理法又は同様の法規定に基づいて譲渡を無効なものとみなすことのできる権利
  (b) 第Ⅵ編（他人に生じた損害に基づく契約外責任）の規定による物品に損害を生じさせた第三者に対する損害賠償請求権
(4) 所有権は移転しているが，その物品の引渡しを停止する権利((2)(b))を譲渡人がなお有している場合において，その履行停止権を行使している間に契約を解消したときは，次条に定める物権的遡及効

が生じる。

VIII.-2：202条　無効，取消し，撤回，解消及び贈与の撤回の効果

(1) 基礎となる契約その他の法律行為が初めから無効であるときは，所有権の移転は生じない。

(2) 所有権が譲渡された後に，基礎となる契約その他の法律行為が第Ⅱ編第7章の規定により取り消されたときは，所有権は，譲受人に移転していなかったものとみなす（物権的遡及効）。

(3) 第Ⅱ編第5章の規定にいう撤回，第Ⅲ編第3章の規定にいう解消又は第Ⅳ編H部の規定にいう贈与の撤回の結果として所有権が復帰するべきときは，物権的遡及効は生じず，所有権はそれにより直ちには復帰しない。Ⅷ.-2：201条（所有権の移転の効果）(4)の規定は，これにより影響を受けない。

(4) この条は，このモデル準則の他の規定に基づく物品の回復を求めるいかなる権利にも影響を及ぼさない。

VIII.-2：203条　条件付の移転

(1) 当事者が移転に解除条件を付す合意をしたときは，その条件の成就により直ちに，復帰的に移転をする者がその時点で譲渡することのできる権利又は権限の範囲で，所有権が復帰する。この場合において，当事者の合意によりその復帰に物権的遡及効を与えることはできない。

(2) 所有権の移転を求める権利を与える契約その他の法律行為に停止条件が付されているときは，所有権は，その条件が成就した時に移転する。

第3節　特殊な場合

VIII.-2：301条　多重譲渡

(1) 譲渡人により譲渡されたとの主張が同一の物品について複数存在するときは，所有権は，第1節に規定する要件のすべてを最初に満たした譲受人が取得する。ただし，その者が後れた譲受人である場合には，他の譲受人について先に権利が存在していたことを知らず，かつ，知っていることを合理的に期待されなかった者でなければならない。

(2) 第1節に規定する要件のすべてを最初に満たしたが，(1)の規定にいう善意ではなかった後れた譲受人は，その物品を譲渡人に返還しなければならない。譲受人から物品の返還を受ける譲渡人の権利は，最初の譲受人も行使することができる。

VIII.-2：302条　間接代理

(1) Ⅳ.D.-1：102条（定義）の意味における間接代理のための委任に基づき行為をする受任者が，本人のために第三者から物品を取得したときは，本人は，その物品の所有権を直接取得する（取得のための代理）。

(2) Ⅳ.D.-1：102条（定義）の意味における間接代理のための委任に基づき行為をする受任者が，本人のために第三者に対して物品を譲渡したときは，その第三者は，その物品の所有権を直接取得する（譲渡のための代理）。

(3) 本人（(1)）又は第三者（(2)）は，次に掲

げる要件のすべてを満たしたときに，その物品の所有権を取得する。
(a) 受任者が，本人のためにその物品を譲渡し，又は受領する権限を有すること
(b) 契約その他の法律行為，裁判所の命令又は法規定により，受任者と第三者との間に所有権の移転を基礎づける権原があること
(c) 受任者と第三者との間で，VIII.-2：101条（所有権移転の一般的要件）(1)(e)の規定にいう所有権を移転させる時期についての合意又は引渡し若しくは引渡しに相当する事実が生じていること

VIII.-2：303条 取引が連鎖する場合において引渡しが直接行われた場合の所有権の移転

同一の物品の所有権移転に関して，契約その他の法律行為，裁判所の命令又は法規定に基づく権原の連鎖が存在する場合において，引渡し又は引渡しに相当する事実が，この連鎖のうちの二当事者間で直接生じたときは，所有権はその受領者に移転し，かつ，当該連鎖において，それぞれ前の当事者から後の当事者へと順次譲渡されたのと同じ効力が生じる。

VIII.-2：304条 注文していない物品の所有権の移転

(1) 事業者が注文していない物品を消費者に引き渡した場合には，その事業者が所有権を移転させる権利又は権限を有する範囲で，その消費者は所有権を取得する。消費者は，所有権の取得を拒絶することができる。この場合においては，II.-4：303条（権利又は利益の拒絶）を準用する。
(2) II.-3：401条（応答しないことから債務は生じない）(2)及び(3)に規定する例外は，この場合に準用する。
(3) この条の適用に当たり，引渡しは，消費者がその物品に対して物理的支配を得た時に行われたものとする。

VIII.-2：305条 集合物の一部分である物品の譲渡

(1) この章の規定の適用に当たり，「集合物」とは，代替可能な物品が集積又は混合したものであって，境界を限られた空間又は平面の中に存在するものとして特定されるものをいう。
(2) 物品がVIII.-2：101条（所有権移転の一般的要件）(3)の規定の意味において特定されていないために，特定された集合物から特定の量を譲渡することができないときは，譲受人は，その集合物について共有権を取得する。
(3) ある時点における集合物について譲受人が有する持分は，譲受人がその集合物のうち譲渡人に対して権利を取得した物品の分量が，取得の当時の集合物の総量に対して占める割合とする。
(4) 複数の譲受人が譲渡人に対して権利を有する分量の合計（譲渡人の権利が残っている場合には，その分量を加えたもの）が，集合物の減少によって，集合物の総量を超過するに至ったときは，集合物の減少分は，まず譲渡人に割り当てた後に，各譲受人にその持分の割合に応じて

(5) 譲渡人が集合物の総量を超過する量を譲渡した場合には，その譲受人の取得が有償であり，その譲受人がこの超過を知らず，かつ，知ることを合理的に期待されなかったときに限り，譲受人が譲渡人に対して権利を取得した集合物の総量を超過する分量が，集合物に対してその譲受人が持つ持分に反映される。この場合において，善意かつ有償の譲受人に対して集合物を超過する分量を譲渡したことにより，譲渡人に対して権利を取得した各譲受人の分量の合計がその集合物の総量を超過するときは，その不足分は，各譲受人にその持分の割合に応じて割り当てる。

VIII.-2：306条　集合物からの引渡し
(1) 各譲受人は，自己の持分に応じた分量の引渡しを受領することができ，引渡しを受領することにより，その分量の所有権を取得する。

(2) 引き渡された分量が，譲受人の持分に応じた分量を超過していた場合には，その譲受人の取得が有償であり，その超過分が他の譲受人に不利益を与える可能性があることを知らず，かつ，知ることを合理的に期待されなかったときに限り，譲受人は，その超過した分量の所有権を取得する。

VIII.-2：307条　所有権が留保されているときの譲受人の未確定な権利
譲渡人がIX.-1：103条（所有権留保の適用範囲）にいう「所有権留保」を行う意思で物品の所有権を留保しているときは，契約条項に基づき代金を支払う譲受人の権利及び代金を支払うことにより所有権を取得する譲受人の権利は，譲渡人の債権者に対して効力を有する。

第3章　所有権の善意取得

VIII.-3：101条　所有権を移転する権利又は権限を有しない者からの善意取得
(1) 所有権を移転しようとする者（譲渡人）が物品の所有権を移転する権利又は権限を有していない場合において，次に掲げる要件のすべてを満たすときは，譲受人は所有権を取得し，原所有者は所有権を失う。
　(a) VIII.-2：101条（所有権移転の一般的要件）(1)(a), (1)(b), (1)(d), (2)及び(3)に規定する要件が満たされること
　(b) VIII.-2：101条（所有権移転の一般的要件）(1)(e)に規定する引渡し又は引渡しに相当する事実の要件が満たされること
　(c) 譲受人が有償で物品を取得すること
　(d) 譲受人が，VIII.-2：101条（所有権移転の一般的要件）に規定する要件が満たされていれば所有権が移転したであろう時に物品の所有権を移転する権利又は権限が譲渡人にないことを知らず，かつ，知ることを合理的に

期待されなかったこと。譲受人が譲渡人に権利又は権限がないと知ることを合理的に期待されなかったことを根拠づける事実は，譲受人が証明しなければならない。
(2) 盗品は，(1)の規定にいう善意取得をすることができない。ただし，譲受人が通常の営業を行う譲渡人から物品を取得したときは，この限りでない。盗品がⅧ.-4：102条（文化財）にいう文化財であるときは，善意取得をすることができない。
(3) 譲受人が既に物品を占有している場合には，譲受人が譲渡人から占有を得ていたときに限り，善意取得をすることができる。

Ⅷ.-3：102条 制限物権の負担のない所有権の善意取得
(1) 物品に第三者の制限物権の負担がついており，譲渡人が物品を第三者の権利の負担のないものとして処分する権利又は権限を有しない場合において，次に掲げる要件のすべてを満たすときは，譲受人は，第三者の権利の負担のない所有権を取得する。
  (a) 譲受人が第2章又は前条に規定する方法により所有権を取得すること
  (b) Ⅷ.-2：101条（所有権移転の一般的要件）(1)(e)に規定する引渡し又は引渡しに相当する事実の要件が満たされること
  (c) 譲受人が有償で物品を取得すること
  (d) 所有権が移転する時に第三者の権利の負担のないものとして物品の所有権を移転する権利又は権限が譲渡人にないことを譲受人が知らず，かつ，知ることを合理的に期待されなかったこと。譲受人が譲渡人に権利又は権限がないと知ることを合理的に期待されなかったことを根拠づける事実は，譲受人が証明しなければならない。
(2) この条の適用に当たっては，前条(2)及び(3)の規定を適用する。
(3) Ⅷ.-2：105条（引渡しに相当する事実）(2)に規定する通知によって物品を移転するときは，通知を受けた者が物品に対して有している制限物権は消滅しない。
(4) 担保物権についてこの条を適用するに当たっては，この条に加えて，Ⅸ.-6：102条（所有権の善意取得による物的担保の喪失）(2)の規定も適用する。

第4章 占有の継続による所有権の取得

第1節 占有の継続による所有権の取得の要件

Ⅷ.-4：101条 基本準則
(1) 自主占有者は，物品を次に掲げるいずれかの期間継続して占有することによって，その所有権を取得する。
  (a) 占有者が全期間を通じて善意で占有するときは，10年
  (b) 30年

(2) (1)(a)の規定の適用に当たっては，次の各号の定めるところによる。
  (a) ある者が善意で占有するとは，その者が所有者であると信じて占有し，その信頼が合理的にみて正当であることをいい，かつ，そのときに限る。
  (b) 占有者は善意であると推定する。
(3) 占有の継続による所有権の取得は，物品を盗取することによって占有を取得した者には適用しない。

VIII.-4：102条　文化財
(1) 加盟国の領域内から不法に持ち去られた文化財の返還に関する1993年3月15日の閣僚理事会指令（93/7/EEC）1条(1)の規定にいう「文化財」とされる物品の所有権をこの章の規定により取得するためには，当該文化財が不法に持ち去られたのが1993年1月1日より後であったか否か，又は加盟国内から持ち去られたのか否かにかかわらず，物品を次に掲げるいずれかの期間継続して占有することが必要である。
  (a) 占有者が全期間を通じて善意で占有するときは，30年
  (b) 50年
(2) 加盟国は，この条の規定又は国内の規律若しくは国際的な規律の意味における文化財の所有者を保護するために，より高い水準を確保するため，より厳格な規定を採用し，又はその有効性を維持することができる。

VIII.-4：103条　占有の継続
(1) 意思に基づかずに占有を喪失した場合において，その占有を1年以内に回復するとき又は占有を回復するための訴訟を1年以内に提起したときは，VIII.-4：101条（基本準則）の適用に当たり，占有の継続は否定されない。
(2) 自主占有者が前後の両時点において物品を占有するときは，その間を通じて占有が継続したものと推定する。

第2節　所有権の取得のために必要とされる期間に関する補則

VIII.-4：201条　所有者が無能力である場合の期間の伸長
(1) 占有の継続によって他人が所有権を取得するために必要な期間が進行を開始する時に，無能力である所有者に代理人がいない場合には，無能力の状態が解消する時又は代理人が選任される時まで，その所有者に対する関係では，期間の進行は開始しない。
(2) 無能力となる前に期間が既に進行を開始していたときは，その期間は，無能力の状態が解消した時又は代理人が選任された時から1年が経過するまで，満了しない。
(3) 所有者が無能力者であり，かつ，自主占有者がその者の代理人であるときは，この関係が続く間は，期間の進行は停止する。その期間は，無能力の状態が解消した時又は代理人が選任された時から1年が経過するまで，満了しない。

VIII.-4：202条　所有者の支配を超える障害が生じた場合の期間の伸長
(1) 所有者の支配を超える障害が生じ，所

有者がその障害を回避又は克服することを合理的に期待されないときは，その障害によって所有者が物品を回復する権利を行使することが妨げられる間は，期間の進行は停止する。所有者が物品の所在を知らないという事実のみによっては，この条による停止は生じない。
(2) (1)の規定は，期間の満了前6か月以内に障害が生じ，又は継続するときに限り，適用する。
(3) 障害の継続期間又は性質からみて，停止が終了した後の残りの期間内に物品を回復する権利を主張するための手続を所有者がとることを期待することが不合理であるときは，その期間は，障害が取り除かれた時から6か月が経過するまで，満了しない。

VIII.-4：203条　裁判その他の手続における期間の伸長と更新
(1) 自主占有者に対して，又は所有者の指示により，若しくは所有者のために物理的支配を行う者に対して，自主占有者の所有権又は占有を争う裁判手続が開始された場合には，その時から期間の進行は停止する。既判力を有する判決がされる時又は訴訟がその他の方法で終結する時まで，進行停止は継続する。進行停止は，裁判手続の当事者及び当事者がその利益のために行動する者に関する限りで生じる。
(2) 訴えが斥けられ，又はその他の方法で認められないときは，(1)の規定による進行停止は認められない。裁判所に管轄がないことにより訴えが斥けられた場合には，その判決の時から6か月が経過するまでは，期間は満了しない。
(3) 訴えが認められた場合には，既判力が生じた日又は訴訟がその他の方法で所有者の有利に解決された日から，新たな期間が進行を開始する。
(4) (1)から(3)までの規定は，判決と同様の強制力を有する文書を得ることを目的として開始された仲裁手続その他のあらゆる手続について，適切な補正を加えた上で，適用する。

VIII.-4：204条　交渉による期間の満了の延期
所有者及び自主占有者又は自主占有者のために物理的支配を行う者が，所有権又は自主占有者による所有権取得を生じさせ得る事情について交渉するときは，その交渉における最後の伝達がされた時から6か月が経過するまで，期間は満了しない。

VIII.-4：205条　承認による期間の終了
期間は，自主占有者又は自主占有者のために物理的支配を行う者が物品に対する所有者の権利を承認した時に終了する。自主占有者であった者が直接又は間接の物理的支配を，所有者としての意思又は所有者であるかのような意思をもって継続して行うときは，その時点から新たな期間が進行を開始する。

VIII.-4：206条　前占有者の期間の算入
(1) ある者が他の者の自主占有を承継し，かつ，この章に規定する要件が前占有者及び占有の承継人の双方によって満たさ

れるときは，前占有者の期間は，承継人の有利に算入する。
(2) 善意の承継人は，Ⅷ.-4：101条（基本準則）(1)(b)の規定による取得についてのみ，悪意の前占有者の期間を算入することができる。

第3節　占有の継続による所有権の取得の効果

Ⅷ.-4：301条　所有権の取得
(1) 占有の継続により所有権を取得するために必要とされる期間が満了したときは，原所有者は所有権を失い，自主占有者は所有権を取得する。
(2) 自主占有者が，物品に第三者の制限物権の負担がついていることを知り，又は知ることを合理的に期待されるときは，この権利が期間の満了によってそれ自体として消滅しない限り，又は30年（Ⅷ.-4：101条（基本準則）(1)(b)）若しくは50年（Ⅷ.-4：102条（文化財）(1)(b)）の期間が経過しない限り，この権利は存続する。

Ⅷ.-4：302条　不当利得及び契約外の損害賠償責任に関する規定による権利の消滅
所有権が取得されたことにより，原所有者は，物品を回復するためのすべての権利並びに不当利得に関する規定（第Ⅶ編）及び契約外の損害賠償責任に関する規定（第Ⅵ編）により物品の金銭的価値又は物品の将来の使用利益の支払を求めるすべての権利を失う。

第5章　加工，付合及び混和

第1節　総　　則

Ⅷ.-5：101条　当事者の自治及び他の規定との関係
(1) 加工，付合又は混和の効果は，当事者の合意によって規律することができる。加工，付合又は混和が生じる場合において，次の各号のいずれかに該当するときは，第2節の規定を適用する。
  (a) 材料の所有者の同意がないとき
  (b) 材料の所有者の同意はあるが，物権的効果についての当事者の合意がないとき
(2) (1)の規定にいう合意は，次に掲げる権利について行うことができる。
  (a) この編の規定によって認められた物権
  (b) 支払その他の履行を求める権利
(3) 所有権が留保された物品に関する加工，付合及び混和の効果については，第Ⅸ編の規定の定めるところによる。
(4) この章の第2節の規定により設定される担保物権は，第Ⅸ編の担保物権に関する規定に従う。ただし，第2節に別段の定めがあるときは，この限りでない。(1)の規定に基づき当事者の合意によって設定された担保物権は，Ⅷ-5：204条（担保物権に関する補則）(3)に別段の定めがあるときを除き，第Ⅸ編の担保物権に関する規定に従う。

(5) この章の規定は，契約外の損害賠償責任に関する規定（第VI編）の適用に影響を及ぼさない。事務管理に関する規定（第V編）は，この章の規定に優先する。

第2節　合意がない場合に適用される規定及び補充的規定

VIII.-5:201条　加　　工
(1) ある者が労働によって他人が所有する材料から新たな物品を製作するときは，加工者が，新たな物品の所有者となる。材料の所有者は，加工時における材料の価値に相当する金額の支払を加工者に対して求める権利を有する。この権利は，新たな物品に対する担保物権によって担保される。
(2) (1)の規定は，次の各号のいずれかに該当するときは適用しない。
 (a) 労働が重要でないとき
 (b) 加工者が，他人が当該材料を所有していること及び材料の所有者が加工に同意していないことを知っているとき。ただし，労働の価値が材料の価値を著しく超えるときは，この限りでない。
(3) (2)の規定が適用される場合又は新たな物品が製作されない場合において，材料の所有者が一人であるときは材料の所有権は当該所有者にとどまり，材料の所有者が複数であるときは材料の所有権の帰属はVIII.-5:202条（混和）又はVIII.-5:203条（付合）の適用によって定める。加工者は，第VII編の規定に従って利得の返還を求める権利を有する。この項の規定の適用に当たり，VII.-2:101条（利得が不当とされる場合）(1)(b)の規定は，利得の返還を求める加工者の権利を排除しない。

VIII.-5:202条　混　　和
(1) 所有者を異にする物品が混和し，これにより生じた集積物又は混合物を元の物品に分離することが不可能又は経済的に不合理であるが，これを割合的に分割することが可能かつ経済的に合理的であるときは，元の物品の所有者は，混和時における各部分の価値に比例した持分に応じて，集積物又は混合物の共有者となる。
(2) 各共有者は，集積物又は混合物から，自己の持分に相当する分量を分離することができる。

VIII.-5:203条　付　　合
(1) この条は，所有者を異にする複数の物品が付合し，これを分離することが不可能又は経済的に不合理であるときに適用する。
(2) 構成部分の一つが主たる部分と認められるときは，その部分の所有者であった者が全体について所有権を取得し，従たる部分の所有者であった者は，その所有者に対してこの項の第3文の規定に従い償金を求める権利を有する。この権利は，付合物に対する担保物権によって担保される。この項の第1文の償金額は，不当利得に関する準則（第VII編）に従って計算される。ただし，主たる部分の所有者によって付合が生じた場合には，償金額は付合の時点における各従たる部分の価値に等しいものとする。
(3) 構成部分のいずれもが主たる部分とは

認められないときは，構成部分の所有者は，付合の時点における各部分の価値に比例した持分に応じて，全体の共有者となる。構成部分が三以上ある場合において，一の構成部分が他の部分と比較してごくわずかな重要性しか持たないときは，その部分の所有者は，共有者に対して，付合の時点の各部分の価値に応じた償金の支払を求める権利のみを有する。この権利は，付合物に対する担保物権によって担保される。

(4) 他の者が従たる部分を所有していること及び従たる部分の所有者が付合に同意していないことを知りながら，主たる部分を所有する者が付合を生じさせた場合には，(2)の規定は適用しない。ただし，主たる部分の価値が，従たる部分の価値を著しく超えるときは，この限りでない。第1文の場合において，構成部分の所有者は，付合の時点における各部分の価値に等しい持分を有する共有者となる。

VIII.-5：204条　担保物権に関する補則

(1) 加工及び付合に関する前条までの規定により成立した担保物権は，材料又は構成部分の所有者が占有又は登記をしなくても，第三者に対して効力を有する。

(2) 加工物又は付合物に対する担保物権が第三者の善意取得（第3章）によって消滅した場合には，当該担保物権はその売買代金に及ぶ。この場合においては，(1)の規定を準用する。

(3) 加工及び付合に関する前条までの規定により成立した担保物権は，加工者又は主たる部分の所有者がこれに先だって設定した加工物又は付合物に対する他の担保権に優先する。材料の所有者と加工者との間又は従たる部分の所有者と主たる部分の所有者との間の合意によって設定された担保物権についても，同様とする。

第6章　所有権の保護及び占有の保護

第1節　所有権の保護

VIII.-6：101条　所有権の保護

(1) 所有者は，物品に物理的支配を行使するいかなる者からもその占有を取得し，又は回復する権利を有する。ただし，その者が所有者との関係でVIII.-1：207条（他主占有者による占有）の意味における物品を占有する権利を有しているときは，この限りでない。

(2) 他人が所有者の有する権利を妨害し，又はそのような妨害が差し迫っている場合には，所有者は，所有権の確認又は保護命令を求める権利を有する。

(3) 保護命令とは，次の各号のいずれかの命令をいう。
　(a) 差し迫った将来の妨害を禁じるもの
　(b) 現在の妨害の中止を命じるもの
　(c) 過去の妨害の結果の除去を命じるもの

VIII.-6：102条　無効な，又は取り消された契約その他の法律行為に基づき譲渡された物品の回復

(1) 無効な，又は取り消された契約その他の法律行為に基づいて物品が譲渡された場合には，譲渡人は，その物品の物理的支配を回復するために，前条(1)の規定による回復の権利を行使することができる。

(2) 無効な，又は取り消された契約その他の法律行為の後に物品を譲渡人に返還する譲受人の債務が，同時に履行されるべき二つの牽連関係にある債務の一方である場合には，譲受人は，Ⅲ.-3：401条（牽連関係にある債務の履行を停止する権利）に従い，譲渡人が牽連関係にある債務の履行を提供し，又は履行するまで物品を返還する債務の履行を停止することができる。

(3) (1)及び(2)の規定は，譲渡がⅧ.-2：203条（条件付の移転）(1)の規定にいう解除条件付の契約その他の法律行為に基づいており，かつ，その条件が成就した場合にも，適用する。

第2節　占有それ自体の保護

VIII.-6：201条　不法な侵奪及び妨害の定義

占有者の同意なく占有を侵奪し，又は妨害している者が，当該侵奪又は妨害が法によって許されていないときは，この節の規定の下で「不法に」占有を侵奪し，又は妨害しているものとする。

VIII.-6：202条　占有者の自力救済

(1) 占有者又は第三者は，ある者が占有者から物品の占有を不法に侵奪したとき若しくはその他の方法で不法に占有を妨害したとき，又はある者による不法な占有の侵奪若しくは占有の妨害が差し迫っているときは，この者に対して自力救済を行うことができる。

(2) 自力救済の手段は，即時のかつ相当な行為であって，物品を取り戻し，又は占有侵奪若しくは占有妨害を停止させ，若しくは防止するために必要なものに限る。

(3) 間接占有を行う自主占有者が自主占有者と他主占有者の間の特定の法律関係に反して他主占有者から占有を不法に侵奪し，又は妨害した場合にも，(1)及び(2)の制限の下で，その自主占有者に対して自力救済を行うことができる。この規定は，間接占有を行う他主占有者が他の他主占有者から占有を不法に侵奪し，又は妨害した場合についても同様に適用する。

(4) この条が認める自力救済の権利を行使する者が，占有者から占有を侵奪し，又はその占有を妨害している者に対して法的に重要な損害を与えた場合には，Ⅵ.-5：202条（正当防衛，事務管理及び緊急避難）を適用する。

VIII.-6：203条　占有それ自体の保護としての回復請求権

(1) 自主占有者又は他主占有者から占有が不法に侵奪された場合には，占有者は，物品を占有する権利又はⅧ.-6：301条（優越する占有の場合の回復請求権）に規定する優越する地位を誰が有しているかにかかわらず，1年以内に限り，その物品の回復を請求する権利を有する。1年の期間は，占有を奪われた時から起算する。

(2) 回復請求権は，間接占有を行う自主占有者が他主占有者の占有を両者の間の特定の法律関係に反して不法に侵奪した場合にも，行使することができる。この規定は，間接占有を行う他主占有者が他の他主占有者から占有を不法に侵奪した場合にも，同様に適用する。

(3) 回復請求権は，これを行使しようとする者が行使の前の1年以内に他人の占有を侵奪していた場合には，排除される。

(4) (1)の規定にいう侵奪者がその物品を占有する権利又はⅧ.-6：301条（優越する占有の場合の回復請求権）に規定する優越する地位を抗弁又は反訴として主張する場合には，(1)の規定による物品を返還する義務は，裁判所その他の管轄を有する公的機関又はその命令に従う第三者に対してその物品を引き渡す義務に代えることができる。

Ⅷ.-6：204条　占有それ自体を保護するための保護命令請求権

(1) 物品の占有が不法に妨害され，又は不法な占有の妨害若しくは侵奪が差し迫っている場合には，自主占有者又は他主占有者は，物品を占有し，使用し，その他の処分を行う権利又はⅧ.-6：301条（優越する占有の場合の回復請求権）にいう優越する地位を誰が有しているかにかかわらず，1年以内に限り，Ⅷ.-6：101条（所有権の保護）(3)の規定による保護命令を求める権利を有する。1年の期間は，占有の妨害が開始した時又は，妨害が繰り返されるときは，最後の妨害が開始した時から起算する。

(2) 保護命令は，間接占有を行う自主占有者が他主占有者の占有を両者の間の特定の法律関係に反して不法に妨害した場合にも発することができる。この規定は，間接占有を行う他主占有者が従属的な他主占有者の占有を両者の間の特定の法律関係に反して不法に妨害した場合についても，同様に適用する。

(3) (1)の規定にいう妨害者がその物品を占有し，使用し，その他の処分を行う権利又は優越する地位を抗弁又は反訴として主張する場合には，裁判所の命令は，そのような権利又は優越する地位の存在についての判断を行うまで延期し，又はその判断によって代えることができる。

第3節　優越する占有の保護

Ⅷ.-6：301条　優越する占有の場合の回復請求権

(1) 前自主占有者又は前他主占有者は，前占有が他人の現在の占有よりも(2)の規定の意味において「優越する」場合には，物品に対して物理的支配を行使する他人から，その物品の占有の回復を請求する権利を有する。

(2) 前占有が現在の占有より「優越する」とは，前占有者が善意で，かつ，物品を占有する権利を有している場合であって，現在の占有者が占有する権利を有していないときをいう。両者が善意であり，かつ，その物品を占有する権利を有している場合には，所有者に由来する権利が，所有者ではない自主占有者に由来する権利に優越し，これによることができないときは，より古い正当な占有が優

越する。両者が善意であって，かつ，いずれも物品を占有する権利を有していない場合には，現在の占有が優越する。

VIII.-6：302条　優越する占有の場合における保護命令請求権

善意の自主占有者又は他主占有者は，他人が占有を妨害し，又は他人による占有の妨害若しくは侵奪が差し迫っている場合には，Ⅷ.-6：101条（所有権の保護）(3)の規定による保護命令を求める権利を有する。ただし，占有侵奪の場合において，侵奪者がⅧ.-6：301条（優越する占有の場合の回復請求権）(2)の規定にいう優越する地位を有しているとき，又は第三者が当該物品につき使用その他の処分を行う権利を有している場合であって，この権利が自主占有者若しくは他主占有者に優越するときは，この限りでない。

第4節　その他の救済手段

VIII.-6：401条　契約外の責任

所有者及び他主占有者は，その物品の所有権又は占有権の侵害を理由として，Ⅵ.-2：206条（財産又は適法な占有の侵害による損失）により賠償を求める権利を有する。

第7章　物品の原状回復に伴う問題

VIII.-7：101条　適用範囲

(1) この章の規定は，所有者が物品を占有している者に対して物品の占有を取得し，又は占有の回復を請求する権利を現に有している場合において，次条以下の規定に定める状況が生じたときに適用する。

(2) 第Ⅴ編の規定を適用するための要件を満たしている場合には，同編の規定をこの章の規定に優先して適用する。

(3) 第5章の規定は，この章の規定に優先する。

VIII.-7：102条　占有期間中の物品の喪失又は損害

(1) Ⅷ.-7：101条（適用範囲）にいう占有中に物品が紛失し，滅失し，又は損傷した場合には，その喪失又は損害から生じる所有者の権利は，第Ⅵ編の規定によって決定される。

(2) この条の適用に当たり，その物品を占有することについて故意又は過失があるときは，所有者が占有を取得する権利又は占有の回復を請求する権利を有していても，第Ⅵ編第3章の規定にいう帰責を認めるに足りる。

VIII.-7：103条　占有中の物品から生じた果実，物品の使用及び物品から得たその他の利益

Ⅷ.-7：101条（適用範囲）にいう占有中に，占有者が，物品から果実を収取し，物品を使用し，又は物品からその他の利益を取得した場合には，それらの利益から生じ

る所有者の権利は，第Ⅶ編の規定によって定まる。

Ⅷ.-7：104条　占有中の物品について生じた費用又は物品に付加した物

(1)　Ⅷ.-7：101条（適用範囲）にいう占有中に，占有者が，物品についての費用を負担し，又はこれに物を付加した場合には，そのような費用又は付加についての占有者の償還請求権は，第Ⅶ編の規定によって定まる。

(2)　占有者は，(1)に規定する権利を担保するために，その物品を留置する権利を有する。物品について費用を負担し，又は物を付加した時点で，所有者が占有を取得する権利又は占有の回復を請求する権利を有することを占有者が知っていた場合には，この規定は適用しない。

第IX編 動産担保

第1章 総則

第1節 適用範囲

IX.-1：101条　一般規定

(1) この編の規定は，物的担保のための契約に基づいて動産所有権上に設定される権利であって，次に掲げるものについて適用する。
 (a) 担保権
 (b) 所有権留保の下で留保された所有権

(2) 担保権に関するこの編の規定は，次に掲げる権利についても，適切な補正を加えた上で，適用する。
 (a) 担保目的の信託に基づく権利
 (b) 単独行為によって設定された動産担保権
 (c) 財産法によって認められた動産担保権。ただし，この編の規定がその法の目的と一致する場合に限る。

IX.-1：102条　動産担保権

(1) 動産担保権とは，担保目的物である動産から被担保債権の優先的満足を得る権利を担保権者に与えることを内容とする，あらゆる制限物権をいう。

(2) 担保権という用語は，次に掲げる権利を含む。
 (a) 質権のように，通常，物的担保として機能することを予定しているものと認められる種類の制限物権
 (b) どのような名称であろうとも，物的担保のための契約に基づいて設定された制限物権であって，担保目的物である動産から被担保債権の優先的満足を得る権利を担保権者に与えることが当事者によって意図されているか，又は当該契約に照らせばそのような第三者に対する効力を有しているもの
 (c) IX.-2：114条（留置権）に規定する権利及び(3)に規定する権利その他この編の規定により担保権とみなされる権利

(3) 動産所有権の譲渡又は譲渡に相当する行為であって，物的担保のための契約に基づき，被担保債権の実現を確保する意図又はその趣旨で行われるものは，当該動産に対する担保権を譲受人のために設定するにとどまる。

(4) (3)の規定は，特に，次に掲げるものについて適用する。
 (a) 担保のための有体財産の所有権の譲渡

(b) 担保のための債権譲渡
(c) 借戻特約付売買
(d) 買戻特約付売買

IX.-1：103条　所有権留保の適用範囲
(1) 「所有権留保」とは，供給された動産の所有者によって，債権を担保するために所有権が留保されている場合をいう。
(2) 所有権留保は，次に掲げるものを含む。
  (a) 売買契約における売主による所有権の留保
  (b) 買取選択権付賃貸借契約における供給者の所有権
  (c) リース契約に基づきリースされた動産の所有権。ただし，当該契約の条項によれば，リース借主がリース期間の満了時に，支払をすることなく，又は単なる名目的な支払により，リースされた動産の所有権を取得するか，又は当該動産を継続して使用するかの選択権を有する場合（ファイナンス・リース）に限る。
  (d) 担保目的を実現する意図で行われた委託販売契約又はその効果をもつ委託販売契約における供給者の所有権

IX.-1：104条　所有権留保に適用される規定
(1) 所有権留保は，別段の定めがない限り，担保権に関する以下の規定に服する。
  (a) IX.-2：104条（譲渡性，発生及び特定性に関する特有の問題）(2)から(4)までの規定
  (b) 第2章第3節及び第4節の規定
  (c) 第3章から第6章までの規定
  (d) 第7章第1節の規定

(2) 担保権に関する規定を所有権留保について適用する場合には，以下の補正を加える。
  (a) 担保目的財産とあるのは，売買契約，買取選択権付賃貸借契約，リース契約又は委託販売契約において供給された財産を指すものとする。
  (b) 売買契約における所有権留保の場合には，担保権者は売主を，担保提供者は買主を指すものと理解しなければならない。
  (c) 買取選択権付賃貸借契約における所有権留保の場合には，担保権者は供給者を，担保提供者は買取選択権を有する賃借人を指すものと理解しなければならない。
  (d) ファイナンス・リース契約における所有権留保の場合には，担保権者はリース貸主を，担保提供者はリース借主を指すものと理解しなければならない。
  (e) 委託販売契約における所有権留保の場合には，担保権者は供給者を，担保提供者は受託者を指すものと理解しなければならない。

IX.-1：105条　適用除外
(1) この編は，少額信用のための担保権につき，担保提供者の営業所又は住所が所在する地の国内法に担保提供者を保護するための特別の準則が存在するときは，その限りで適用しない。
(2) この編が規律する問題を扱う国際条約の準則であって，加盟国を拘束するものは，その加盟国にとってこの編の規定に

優先するものと推定する。

第2節 定　　義

IX.-1:201条　定　　義
(1) この編の規定の適用に当たっては，以下の定義を適用する。
(2) 「付属物」とは，動産若しくは不動産と密接に関連する有体財産又は動産若しくは不動産の一部となる有体財産であって，動産又は不動産から損傷させることなく分離することが可能で，かつ，経済的に合理的であるものをいう。
(3) 「購入資金信用担保」とは，次に掲げるものをいう。
　(a) 所有権留保
　(b) 売却された動産の所有権が買主に移転している場合には，当該動産を目的とする担保権であって，次に掲げるいずれかの権利を担保するもの
　　(i) 売買契約に基づいて当該動産の購入代金の支払を求める売主の権利
　　(ii) 当該動産の購入代金の支払のために買主に与えた貸付金の返済を求める貸主の権利。ただし，その支払が実際に売主に対して行われる場合に限る。
　(c) (a)又は(b)の規定が対象とする信用供与のための担保として，(a)又は(b)の規定に定める権利の移転を受けた第三者の権利
(4) 「物的担保のための契約」とは，次の各号のいずれかに該当する契約をいう。
　(a) 担保提供者が担保権者に担保権を供与することを引き受ける契約
　(b) 担保提供者とみなされる譲受人に所有権が譲渡された場合において，担保権者が担保権を保持する権利を有する契約
　(c) 動産の売主，賃貸人その他の供給者が，自己の債権を担保するために，供給した動産の所有権を保持する権利を有する契約
(5) 「債務不履行」とは，次に掲げるものをいう。
　(a) 被担保債権の債務者による不履行
　(b) 担保権者と担保提供者との合意によって，担保権者が担保を実行する権利があるものとされたその他一切の事由又は一連の状況
(6) 「金融資産」とは，金融商品及び金銭債権をいう。
(7) 「金融商品」とは，次に掲げるものをいう。
　(a) 株券及びこれと同等の証券並びに債券及び債権を表示した同等の証券であって，流通性があるもの
　(b) 取引の対象となるその他の証券であって，(a)に規定する金融商品を取得する権利を与えるもの又は差金決済を生じさせるもの。ただし，支払証券を除く。
　(c) 集団投資事業における持分権
　(d) 短期金融市場証券
　(e) (a)から(d)までに規定する証券に表章される権利又は関連する権利
(8) 「無体財産」とは，有体でない財産をいい，証書が発行されておらず間接的に保有されている証券及び有体財産，集合物又は基金の上の共同所有者の持分権を

含む。

(9) このモデル準則の適用に当たり，「所有権」は，有体財産及び無体財産の所有権を含む。

(10) 「占有担保権」とは，担保権者又は担保権者のために保有する（債務者以外の）第三者が，担保の目的である有体財産を占有することを要件とする担保権をいう。

(11) 「価値変形物」とは，担保目的財産から派生するあらゆる価値をいい，次に掲げるものを含む。

   (a) 売却その他の処分又は取立てによって実現した価値

   (b) 欠陥，損害又は滅失に関連して支払われた損害賠償金又は保険金

   (c) 利益配当を含む法定果実及び天然果実

   (d) 価値変形物からの価値変形物

(12) 「担保権者」は，被担保債権の債権者のほか，とりわけ受託者のように，債権者のために自己の名において担保権を保有することができる第三者であってもよい。

(13) 「担保提供者」は，被担保債権の債務者のほか，第三者であってもよい。

第2章　担保権の設定とその範囲

第1節　担保権の設定

第1款　総　則

IX.-2：101条　担保権の設定方法

動産担保権は，次に掲げるいずれかの方法によって設定することができる。

(a) 担保提供者が担保権者に担保権を供与する方法

(b) 担保権者が，担保提供者に財産の所有権を譲渡する際に，担保権を保持する方法

(c) 担保権者が留置権を行使する方法

IX.-2：102条　担保権の設定に関する一般的要件

動産上に担保権を設定するためには，次に掲げる要件のすべてを満たさなければならない。

(a) 当該動産が存在すること

(b) 当該動産が譲渡性を有すること

(c) 被担保債権が存在すること

(d) 担保権を供与する方法による担保権の設定，担保権を保持する方法による担保権の設定又は留置権の行使に関するその他の要件を満たすこと

IX.-2：103条　占有担保権及び非占有担保権

当事者による別段の合意がない限り，契約に基づく担保権の設定は，担保目的財産を担保権者が占有することを要しない。

IX.-2：104条　譲渡性，発生及び特定性に関する特有の問題

(1) 金銭債権以外の債権が譲渡性を有しないものであっても，それが金銭債権に転

化することができるときは，この債権の上に担保権を設定することができる。
(2) 担保権は，財産の所有者がその所有する財産を譲渡しないこと又はその財産を担保に供しないことに同意していた場合でも，当該財産の上に設定することができる。この規定は，Ⅲ.-5：109条（債権者の一身専属権）(1)の規定により譲渡できない場合でない限り，契約上のものであるか否かにかかわらず，債権についても適用する。
(3) 当事者が将来の財産，種類物である財産又は譲渡性のない財産の上に担保権を設定しようとする場合には，その財産が発生し，特定され，又は譲渡性を有するようになったときに限り，その時点で担保権が発生する。この規定は，(2)の規定に影響を及ぼさない。
(4) (3)の第1文の規定は，(3)の規定に定める担保権を含む条件付権利の上に担保権を設定する場合について，適切な補正を加えた上で，適用する。担保権は，所有権が条件付で譲渡された場合における譲受人の権利のように，設定の時点で条件付の権利の上に，設定することができる。
(5) (3)の第1文の規定は，将来の被担保債権又は条件付の被担保債権のための担保権の設定について，適切な補正を加えた上で，適用する。

第2款　担保権の供与

IX.-2：105条　担保権を供与するための要件
担保権の供与により動産上に担保権を設定するためには，第1款の規定による要件に加えて，次に掲げる要件のすべてを満たさなければならない。
(a) 担保目的物である動産が当事者によって特定されていること
(b) 担保提供者が，当該動産上の担保権を供与する権利又は権限を有すること
(c) 担保権者が，物的担保のための契約に基づいて，担保提供者に対して，担保権の供与を受ける権利を有すること
(d) 担保権者と担保提供者とが，担保権者に担保権を供与することに合意すること

IX.-2：106条　供与により担保権が設定される時期
担保権は，IX.-2：110条（遅延した設定）が適用される場合を除き，設定の時期に関する別段の合意が当事者間にない限り，前条に規定する要件をすべて満たした時に，供与により設定される。

IX.-2：107条　消費者による担保権の供与
(1) 担保提供者が消費者である場合において，供与により担保権を設定するときは，担保権の設定は，次に掲げる要件のすべてを満たす場合に限り，有効である。
(a) 担保目的財産が，個別に特定されていなければならない。
(b) 物的担保のための契約を締結する時点で消費者が所有していない財産（(2)の規定が適用される金銭債権を除く。）に対しては，消費者が当該財産を取得するために利用する信用を担保する場合に限り，担保権を設定

することができる。
(2) 将来の給料，年金又はこれらに相当する収入の金銭債権に対しては，それらが消費者である担保提供者及びその家族の生活費に使われる限度で，担保権を設定することができない。

IX.-2：108条　担保権の善意取得
(1) 担保提供者がある有体財産を処分する権利又は権限を有していない場合であっても，次に掲げる要件のすべてを満たすときは，担保権者は，その有体財産に対する担保権を取得する。
　(a) 担保提供者が当該動産若しくは動産に関する持参人払の流通証券を占有していること又は，登記が必要とされる場合には，担保権設定時に，当該動産が担保提供者により所有されているものとして，国際的な若しくは加盟国内の所有権登記簿に登記されていること
　(b) 担保権設定時に，担保提供者が当該動産を対象とする担保権を供与する権利又は権限を有しないことを担保権者が知らず，かつ，知ることを合理的に期待されないこと
(2) (1)(b)の規定の適用に当たり，担保権者が所有権留保の目的となっている動産を対象とする担保権を取得した場合において，当該所有権留保が第3章第3節の規定により担保提供者に対する関係で登記されているときは，当該担保権者は，担保提供者が当該動産を対象とする担保権を供与する権利又は権限を有しないことを知っているものとみなす。

(3) 所有者又は所有者のために保持する者から盗取された動産については，担保権の善意取得は認められない。

IX.-2：109条　担保の目的となっている有体財産上の担保権の善意取得
(1) 有体財産に担保権その他の制限物権による負担が付され，かつ，担保提供者が第三者の制限物権の負担なく当該動産を処分する権利又は権限を有していない場合であっても，次に掲げる要件のすべてを満たすときは，担保権者は，第三者の制限物権の負担のない担保権を取得する。
　(a) 前条(1)(a)に規定する要件が満たされていること
　(b) 担保権設定時に，担保提供者が第三者の制限物権を排除して担保権を供与する権利又は権限を有しないことを担保権者が知らず，かつ，知ることを合理的に期待されないこと
(2) (1)(b)の規定の適用に当たり，既存の担保権が第3章第3節の規定により担保提供者に対する関係で登記されている場合には，担保目的財産上に担保権を取得する担保権者は，担保提供者が既存の担保権を排除して当該財産上の担保権を供与する権利又は権限を有しないことを知っているものとみなす。
(3) (1)に規定する要件を満たさないものの，前条に規定する要件を満たす場合には，担保権者は，担保目的財産上に担保権を取得する。この担保権と既存の担保権との間の優先順位は，総則の規定に従い決定する。

IX.-2：110条　遅延した設定
　IX.-2：106条（供与により担保権が設定される時期）によりある財産の上に担保権が設定されるはずであった時点では，IX.-2：107条（消費者による担保権の供与）又はIX.-2：108条（担保権の善意取得）に定める要件を満たしていなかった場合には，これらの規定に定める事由が生じると同時に，何らの行為を要することなく担保権が発生する。

IX.-2：111条　現金，流通性のある証券及び証書を目的とする担保権
　現金並びに持参人払の流通性のある証券及び証書を対象とする担保権は，IX.-2：105条（担保権を供与するための要件）(b)，IX.-2：108条（担保権の善意取得）又はIX.-2：109条（担保の目的となっている有体財産上の担保権の善意取得）に定める要件を満たしていない場合であっても，これらの財産の直接占有が担保権者に移転しているときは，先行する権利の負担なく設定することができる。

IX.-2：112条　物権法に関する一般規定の準用
　第VIII編第2章の物権法に関する一般規定は，この編の規定の適用に当たり，適切な補正を加えた上で，適用する。

第3款　担保権の留保
IX.-2：113条　担保権の留保のための要件
(1)　担保権の留保により動産上に担保権を設定するためには，第1款に規定する要件に加えて，次に掲げる要件のすべてを満たさなければならない。
　(a)　物的担保のための契約に基づいて，担保権者が，譲受人に対して，担保権を留保する権利を有すること
　(b)　担保権者が，留保された担保権の目的となっている財産上の自己の所有権を，譲受人に譲渡すること
(2)　担保権は，(1)に規定する要件のすべてを満たした時に，留保により設定される。
(3)　この編の規定の適用に当たり，譲受人は，担保提供者とみなす。

第4款　留置権
IX.-2：114条　留置権
　契約又は法規定に基づいて，ある人が，財産の所有者に対して，債権の担保としてその財産の占有を保持する権利を有する場合には，この権利は，占有担保権となる。

第2節　所有権留保の設定
IX.-2：201条　所有権留保
(1)　所有権留保は，IX.-1：103条（所有権留保の適用範囲）(2)の場合において，次に掲げる要件のすべてを満たすときに成立する。
　(a)　売主，供給者又はリース貸主が，供給した財産の所有者であること又は当該財産に関する権限を得て行為をすること
　(b)　物的担保のための契約において，当該財産が特定されていること
　(c)　被担保債権が存在すること
　(d)　売主，供給者又はリース貸主が所有権を保持していること

(2) (1)(d)の規定の適用に当たっては，被担保債権が履行されることを停止条件とした譲渡が存在する場合にも，所有権は保持されているものとする。

第3節 特定の種類の財産に対する担保権の設定

IX.-2：301条 金銭債権に設定される担保
(1) 金銭債権に設定される担保は，次の特則にも服する。
(2) 第Ⅲ編第5章の規定は，適切な補正を加えた上で，適用する。ただし，Ⅲ.-5：108条（債権の譲渡性と契約による譲渡禁止の効果）(2)及び(3)並びにⅢ.-5：121条（複数の譲受人の競合）の規定は，適用しない。
(3) 担保提供者は，自らが担保権者に対して有する金銭債権を，当該担保権者のための担保に供することができる。
(4) 金銭債権に設定された担保権は，この金銭債権を担保するすべての人的又は物的な担保権に及ぶ。

IX.-2：302条 会社の株式を目的とする担保権
(1) 会社の株券であって流通性のあるものを直接に保有している場合には，その株券の占有は，当該株式の占有とみなす。
(2) (1)に規定する要件を満たさない会社の株式は，その登録の有無を問わず，占有担保権の目的とすることができない。
(3) 会社の株式を目的とする担保権は，その株式の配当，特別配当株その他の当該株式から派生して株主が取得する財産にも及ぶ。ただし，担保権の及ぶ範囲は，株式その他の財産の金銭的価値に限定される。

IX.-2：303条 社債を目的とする担保権
前条(2)及び(3)の規定は，社債についても適用する。

IX.-2：304条 流通性のある権原証券及び有価証券
(1) 流通性のある権原証券が物品を目的とするときは，その限りで，その証券を目的とする担保権は，その物品にも及ぶ。
(2) 有価証券を目的とする担保権は，証券に化体された権利にも及ぶ。
(3) 流通性のある権原証券又は有価証券の占有は，権原証券の目的たる物品又は有価証券に化体された権利の占有とみなす。

IX.-2：305条 付属物を目的とする担保権
(1) 担保権は，担保の設定時に動産又は不動産の付属物である財産の上にも設定することができる。この担保権は，不動産に適用される準則に定めがあるときは，その準則に従い設定することもできる。
(2) 物品を目的とする担保権は，その物品がその後に動産又は不動産の付属物となった場合であっても，存続する。

IX.-2：306条 担保目的である財産の価値変形物
(1) 担保権は，担保目的財産の瑕疵，損傷又は喪失を理由とする金銭債権に及ぶ。この金銭債権には保険金請求権を含む。
(2) 占有担保権は，当事者が別段の合意をした場合を除き，担保目的財産の法定果

実又は天然果実に及ぶ。
(3) 担保目的財産のその他の価値変形物には，当事者が合意した場合に限り，担保権の効力が及ぶ。

IX.-2：307条　担保目的財産が加工又は付合に用いられた場合
(1) 担保提供者が所有する材料に担保が設定されており，かつ，その材料が新たな物品の加工に使用された場合には，担保権者の担保権は，当事者の合意によって，次に掲げるものに及ぼすことができる。
  (a) 加工物
  (b) 当該材料の所有者であった担保提供者が，Ⅷ.-5：201条（加工）により加工を理由として加工者に対して取得する償金請求権
(2) 物品がⅧ.-5：203条（付合）の意味において付合し，これを分離することが不可能又は経済的に不合理であるときは，(1)の規定を準用する。
(3) 材料の所有者であって留保所有権者以外のものが，その材料を用いた加工又は付合の結果として法律上当然に担保権を取得するかどうか，並びにこの担保権の効力及び優先順位については，第Ⅷ編第5章の規定の定めるところによる。これらの担保権が当事者の合意によって設定される場合には，第Ⅸ編の規定に服する。ただし，その担保権は，Ⅷ.-5：204条（担保物権に関する補則）(3)の規定により最優先順位となる。
(4) (1)(b)の場合において，材料上の担保権者としての権利は，(3)に規定する担保権に及ぶ。

IX.-2：308条　加工又は付合目的での所有権留保の負担のついた物品の利用
(1) 第Ⅷ編第5章（加工，付合及び混和）の規定は，所有権留保に服する物品の加工又は付合の結果についても適用する。これらの物品の所有者は，買主，買取選択権付賃借人，リース借主又は委託販売の受託者と読み替える。
(2) 所有権留保に服する材料が新しい物品の加工に使用される場合には，売主，供給者又はリース貸主は，当事者間の合意により，次に掲げるものを目的とする担保権を取得することができる。
  (a) 加工物
  (b) 買主，買取選択権付賃借人，リース借主又は委託販売の受託者が，(1)の規定により材料の所有者とみなされることに基づき，Ⅷ.-5：201条（加工）に従い加工者に対して有する償金請求権
(3) 物品が付合したときは，(2)の規定を準用する。
(4) (2)(b)の場合において，売主，供給者又はリース貸主の権利は，買主，買取選択権付賃借人，リース借主又は委託販売の受託者が加工又は付合の結果，加工物又は付合物に取得する担保権に及ぶ。

IX.-2：309条　物的担保に服する財産の混和
(1) 担保権に服する物品が混和し，これにより生じた集積物又は混合物を元の構成物に分離することが不可能又は経済的に

不合理であるが，割合的に分割することが可能かつ経済的に合理的であるときは，混和前の物品を目的とする担保権は，その物品の所有者が混和の結果として生じた集積物又は混合物の上にⅧ.-5：202条（混和）(1)の規定により有する権利を目的として存続する。この負担は，混和の時点における各物品の価値に応じた持分に限定される。

(2) (1)に規定する混和した物品が所有権留保の目的物であった場合には，混和の結果として生じた集積物又は混合物に対し，混和の時点における各物品の価値が有する割合に応じて算定される持分の上に留保所有権者の権利が存続するときに限り，Ⅷ.-5：202条（混和）(1)の規定を適用する。

(3) 担保権者は，共同所有者として集積物又は混合物から持分に相当する量の分離を求める担保提供者の権利（Ⅷ.-5：202条（混和）(2)）を行使することができる。

(4) 担保権者が自己の保有する担保目的の金融資産を混和させた場合には，担保提供者は，その混和物上に持分を有する。(1)の規定は，適切な補正を加えた上で，適用する。

(5) (1)，(2)及び(4)の規定が適用される場合において，混和の結果として生じた混和物が，すべての共同所有者を満足させるのに足りないときは，第Ⅷ-2：305条（集合物の一部分である物品の譲渡）(4)及び(5)の規定を適用する。

第4節　担保される範囲

Ⅸ.-2：401条　被担保債権

(1) 担保権は，その極度額の範囲内で，被担保債権の元本に加え，債務者に対する債権者の付属的な権利，特に，次に掲げる内容の金銭債権を担保する。

(a) 約定利息及び遅延利息

(b) 損害賠償，違約金又は債務者の不履行について合意した額

(c) (a)及び(b)に規定する請求権を回収するために裁判外で要した合理的な費用

(2) 担保権は，担保提供者及び担保提供者ではない債務者に対する訴訟手続及び執行手続に関する合理的な費用の支払請求権も担保する。ただし，債権者が，担保提供者に対し，そのような手続を行う意思を有することを，担保提供者がこれらの費用を回避することができる十分な期間を定めて通知していた場合に限る。

(3) 包括的な担保権は，債務者と債権者との間の契約に基づき生じた権利のみを担保する。

第3章　担保権の第三者に対する効力

第1節　総　　則

IX.-3：101条　第三者に対する効力

(1)　第2章の規定に従って設定された担保権は，次に掲げる第三者に対しては効力を生じない。ただし，例外とされる場合を除き，この章に規定する要件が満たされるときは，この限りでない。

　(a)　担保目的財産の上に物権を保有する者。物権には，第三者に対して効力を有する担保権を含む。

　(b)　当該財産に対して強制執行を開始した債権者であって，適用される法の下で，後発の強制執行に対する保護を受ける地位を得たもの

　(c)　担保提供者の倒産管財人

(2)　この章の規定により第三者に対して効力を有する担保権が，合意を要することなく，この編の規定により，当初の担保目的財産以外の財産に拡張される場合には，この拡張は，この章に規定する要件に服さない。

(3)　所有権留保その他担保目的財産の上に先行して存在する担保権を排除して善意取得した担保権は，この章に規定する要件を満たしていない場合であっても，その留保所有権者又はその担保権者に対して効力を有する。善意取得した担保権のその他の第三者に対する効力については，この章の他の規定を適用する。

IX.-3：102条　第三者に対する効力を取得する方法

(1)　担保権は，その目的がいかなる種類の財産であっても，第3節の規定に従いその登記をすることによって，第三者に対する効力を取得することができる。

(2)　担保権の第三者に対する効力は，第2節の規定に従って，次に掲げるいずれの方法によっても取得することができる。

　(a)　有体財産の場合には，担保権者による担保目的財産の占有

　(b)　一定の類型の無体財産の場合には，担保権者による担保目的財産の管理

IX.-3：103条　複数の方法により第三者に対する効力を有する担保権

(1)　担保権は，登記，占有又は管理により第三者に対する効力を有しているときであっても，他の方法により，重ねて第三者に対する効力を得ることができる。その効力が方法ごとに異なるときは，選択された方法の中で，より強力な効力が優先する。

(2)　(1)の規定は，この章に規定する要件を免除される担保権が，さらに登記，占有又は管理により第三者に対する効力を生じる場合にも，適用する。

IX.-3：104条　方法の変更

　第三者に対する効力を得る方法が変更された場合において，従前の方法の効力が消滅した時点で新たな方法の要件が満たされ

ているときは，その担保権の第三者に対する効力は，継続する。

IX.-3：105条　不動産の付属物を目的とする担保権
不動産の付属物を目的とする担保権は，それが付属した際に土地登記簿に登記又は付記登記をすることによっても，第三者に対する効力を生じる。ただし，土地登記に適用される法が，この方法を認めているときに限る。

IX.-3：106条　混和した財産上の担保権
(1)　有体財産が第三者に対して効力を有する担保権の負担のついたまま混和した場合には，IX.-2：309条（物的担保に服する財産の混和）により混和物上に対応する持分の上の担保権は，なお第三者に対する効力を有する。
(2)　(1)の規定は，金融資産が混和したときは，適切な補正を加えた上で，適用する。

IX.-3：107条　購入資金信用担保の登記
(1)　購入資金信用担保は，登記がされた場合に限り，第三者に対する効力を有する。
(2)　供給された財産の引渡しの日から35日以内に登記がされた場合には，購入資金信用担保は，その成立の日から，第三者に対しても効力を生じる。
(3)　引渡し後35日目より後に登記がされた場合には，購入資金信用担保は，登記の時点からのみ効力を生じ，IX.-4：102条（最優先順位）による最優先順位を享受しない。

(4)　消費者に対して供給された財産のための融資が，購入資金信用担保によって担保される場合には，この物的担保は，登記なしに，第三者に対して効力を生じる。この例外は，供給された財産の価値変形物及び供給された動産以外の財産上の担保権については，適用しない。

IX.-3：108条　担保目的財産の輸入
担保目的財産がEU域外の国からEU域内に輸入された場合において，既に第三者に対して効力を有している担保権が存在しているときは，当該担保権の第三者に対する効力は，この章に規定する要件が3か月以内に満たされた場合に限り，維持される。

第2節　債権者による占有又は管理

IX.-3：201条　占　　有
有体財産を目的として設定された担保権は，次の各号のいずれかに該当するときは，担保権者が占有を保持することによって，第三者に対しても効力を生じる。
　(a)　担保権者又は担保権者のために行動する代理人（担保提供者を除く。）が，担保目的財産に直接的な物理的支配を取得するとき
　(b)　担保目的財産が第三者（担保提供者を除く。）によって保有されている場合において，その第三者が担保権者のためにのみその財産を保有することを，担保権者と合意するとき
　(c)　担保目的財産を担保権者と担保提供者が共同して保有している場合又は第三者が両者のために保有している場合において，担保権者の明示の同

意がなければ担保提供者が担保目的財産に接近することができないとき

IX.-3：202条　流通性のある権原証券及び有価証券

(1) 流通性のある権原証券及び有価証券の占有は，その権原証券が対象とする物品又はその証券によって化体される権利を目的とする担保権が第三者に対して効力を生じるためにも十分である。

(2) (1)により流通性のある権原証券が対象とする物品を目的とする担保権は，当該物品が担保提供者その他の者に引き渡される場合であっても，その引渡しが，日時が適切に印字され書面で作成された担保貨物保管証と引き換えに，かつ，荷積み若しくは荷卸し，売買若しくは交換その他の当該物品の取引（競合する担保権の設定を除く。）の目的で行われるときは，10日を限度として，影響を受けない。

IX.-3：203条　株券及び債券

前条(1)の規定は，直接保有された株券（流通性がある場合に限る。）及び直接保有された債券の占有について，適切な補正を加えた上で，適用する。

IX.-3：204条　金融資産に対する管理

(1) 担保権は，次に掲げる金融資産に対して担保権者が管理を及ぼすことにより，第三者に対して効力を有する。
  (a) 金融機関に開設された口座に記帳された金融資産（以下「間接保有金融資産」という。）
  (b) 金融証券の発行者が管理し，若しくは発行者のために管理される登記簿又は国内法の下で権原を決する根拠となる登記簿に登記された，非間接保有金融証券

(2) 担保権者は，次の各号のいずれかに該当する場合には，(1)(a)に規定する資産に対して管理を及ぼしているものとする。
  (a) 担保権者が，担保提供者の同意を得て，口座を管理する金融機関に対して，担保権者の同意のない担保提供者による処分を認めないように指示する場合
  (b) その資産が，金融機関によって，特別口座において担保権者のために保有される場合
  (c) 金融機関が担保権者である場合

(3) (2)の規定は，(1)(b)に規定する資産に対して担保権者が管理を及ぼす場合についても，適切な補正を加えた上で，適用する。

(4) (2)及び(3)に規定する要件が満たされていることは，書面又は電磁的方法その他の持続性のある媒体による記録によって証明しなければならない。

第3節　登　記

第1款　物的担保の登記簿の運用

IX.-3：301条　ヨーロッパ物的担保登記簿その他の登記又は記録の制度

(1) この編により担保権又は所有権留保のために必要とされ，又は許容されている登記は，(2)の規定が適用される場合を除き，ヨーロッパ物的担保登記簿において行われるものとする。

(2) 特定の種類の財産の上に存する担保権

のために権原証書を登記し，又は記録する制度が存在する場合には，これらの制度において登記され，又は記録されるべき担保権の第三者に対する効力は，これらの制度に適用される強行法規に準拠する。加盟国の国内法において開設された制度については，IX.-3：312条（国内法における他の登記制度又は記録制度における登記に関する経過規定）の規定が，この準則に優先する。

(3) 金融証券の発行者が管理し，若しくは発行者のために管理される登記簿又は国内法の下で権原を決する根拠となる登記簿への担保権の登記は，この節の規定の適用に当たり，登記とはみなさない。ただし，IX.-3：204条（金融資産に対する管理）(3)に規定する要件が満たされるときは，管理として扱うことができる。

IX.-3：302条　登記簿の構造及び運用

(1) ヨーロッパ物的担保登記簿は人的編成主義により運用し，個別の担保提供者ごとに担保権に関する登記を記録する。

(2) 登記簿は電子的に運用され，利用者はオンライン形式で直接に利用することができる。

IX.-3：303条　所有権留保及び担保権

(1) ヨーロッパ物的担保登記簿において，所有権留保と担保権との間では何らの区別も行わない。

(2) この節において担保権とあるのは，所有権留保を含む。

IX.-3：304条　登記簿への申請の要件としての本人認証

(1) 登記の作成，変更又は抹消の登記その他のあらゆるオンライン登記への記載又は同意の記載は，それを行う者による本人認証を必要とする。

(2) 本人認証は，次に掲げるいずれかの方法を用いて行わなければならない。

　(a) 利用者が本人であること及び連絡先の詳細の確認を行う登記簿への初期入力後に，オンライン登記簿の利用者ごとに発行されるログイン情報の使用

　(b) 一般の用に供されたオンラインにおける安全な本人確認制度の利用。ただし，その制度がヨーロッパ全体又は加盟国で運用が開始されているときに限る。

第2款　登記簿への登記

IX.-3：305条　担保権者が行う登記及び先行的な登記

(1) 登記簿への登記は，担保権者が直接行うことができる。

(2) 登記は，登記される担保権の設定の前後又は物的担保のための契約の締結の前後を問わず行うことができる。

IX.-3：306条　登記簿に登記される最小限の内容

(1) 登記簿への登記は，次に掲げる要件のすべてを満たす場合に限り，行うことができる。

　(a) 特定の担保提供者に関してされていること

(b) 担保目的財産に関する最小限の記載を含むこと
　(c) 財産の種類の一覧から一つ又は複数を選択することにより，担保目的財産がどの種類に属するかを示していること
　(d) 同意の要件が満たされていること
　(e) 債権者が誤った登記によって担保提供者又は第三者に損害を生じさせた場合に，それを賠償する責任を負う旨の記載を伴うこと
(2) (1)(b)の規定の適用に当たっては，債権者が担保提供者の財産上に担保を有すべき旨又は担保として所有権を留保すべき旨の記載があれば足りる。

IX.-3：307条　登記される付加的内容

登記簿への登記は，次に掲げる付加的内容を含むことができる。
　(a) 担保目的財産又は担保権の内容に関して債権者が付加的に提供する情報
　(b) 登記の失効するべき日が，5年間の通常期間の満了より前に到来するときは，その日
　(c) 担保の極度額

IX.-3：308条　登記簿上に現れる情報

次に掲げる情報は，登記簿への登記ごとに登記簿上に表示され，利用者は，誰もが閲覧することができる。
　(a) 担保提供者の名前及び連絡先の詳細
　(b) 債権者の名前及び連絡先の詳細
　(c) 登記がされた時
　(d) IX.-3：306条（登記簿に登記される最小限の内容）(1)(b)及び(c)の規定により登記される最小限の内容
　(e) IX.-3：307条（登記される付加的内容）(a)から(c)までの規定により登記された付加的内容がある場合には，その内容

IX.-3：309条　担保提供者の同意要件

(1) 登記簿への登記は，登記の申請の際に担保提供者がその登記に同意した場合に限り，行うことができる。担保提供者は，登記の申請によって，その同意を任意に終了させることができる。同意の終了は，その登記が申請されるより前に行われていた登記の効力に影響を及ぼさない。
(2) 担保権者は，物的担保を目的とする契約において設定された担保権を含むのに必要とされる範囲で，担保提供者に対して，登記への同意の意思表示を求めることができる。
(3) この条の規定は，登記への同意の意思表示以外の事項で，担保提供者が担保権者との間で行ったすべての合意の有効性，条項及び第三者に対する効力に影響を及ぼさない。

IX.-3：310条　担保提供者の同一性，担保目的財産の記述及び登記の第三者に対する効力

(1) この編により，担保提供者の財産が負担する担保権の第三者に対する効力又は優先順位が登記により決まる場合において，この款の規定による登記簿への登記で足りるのは，次に掲げる要件のすべてを満たすときに限る。
　(a) 登記簿への登記が正しい担保提供者

に対してされていること
- (b) 登記簿上表示される担保目的財産に関する債権者による記載が，担保権の負担が付いた財産を含んでいること
- (c) 担保目的財産が，実際に，登記において示された一つ又は複数の種類に属していること
- (d) 債権者による申請がEUの公用語の一つでされていること。債権者は翻訳を付すことができる。

(2) (1)(b)の規定の適用に当たっては，次の各号の定めるところによる。
- (a) 登記簿への登記が果実，製造品，価値変形物その他の担保に供された元の財産とは異なる財産に関しても効力を有するのは，これらの財産が，担保目的財産に関する債権者による記載に含まれているときに限る。
- (b) 個々の財産を特定する記述は必要でない。

(3) 登記を行う債権者は，次に掲げる危険を負担する。
- (a) 担保目的財産の記述，この記述の翻訳又は担保目的財産のうちの一つ若しくは複数の種類の指定が誤っている危険
- (b) 誤った人に対して登記が行われる危険

IX.-3：311条　登記の変更

(1) 債権者は，自らのしたあらゆる登記を，登記の後に変更することができる。

(2) 登記の変更は，次に掲げる要件のすべてを満たす場合に限り，登記簿に行うことができる。
- (a) その変更を特定の登記に関して行うこと
- (b) 変更の内容についての記載を含むこと
- (c) 債権者が，元の登記に誤った変更がされたことにより担保提供者又は第三者に損害が生じた場合には，それを賠償する責任を負う旨の記載を伴うこと

(3) 変更がされた場合には，登記簿は，原文及びその変更を，変更がされた時点を含めて保存し，かつ，表示する。

(4) 登記の変更は，債権者の権利を拡張しない場合に限り，第三者に対する効力を有する。変更は，とりわけ債権者の権利を他の債権者の権利に劣後させること，他の債権者への担保権の移転を示すこと，担保目的財産についての債権者の申請の内容に従い担保となる財産の範囲を制限すること又は登記の失効日を設定し，若しくはその日を早めること等の方法により，債権者の権利を制限する効力を有する。

(5) 債権者の権利の拡張は，新たな登記に含まれている場合に限り，第三者に対して効力を有する。

IX.-3：312条　国内法における他の登記制度又は記録制度における登記に関する経過規定

(1) 担保権が加盟国の国内法における権原証書に関する他の登記制度又は記録制度の下で登記又は記録されている場合には，その制度がなお特定の種類の財産に

関する担保権のために運用されている限り、登記時又は記録時を含むその登記又は記録の内容を再現する登記は、その制度を運用している組織によって、その担保提供者に対してヨーロッパ物的担保登記簿に行われるものとする。ヨーロッパ物的担保登記簿への記入は、この編による登記又は記録の第三者に対する効力のために必要である。
(2) 第4章の規定による優先順位に関しては、国内の制度における登記又は記録の時点が、基準となる。

IX.-3:313条　債権者及び担保提供者に対する登記事項証明書の自動発行

登記簿への登記又は登記の変更がされると、そのことの証明書が、自動的に債権者及び担保提供者に伝達される。

IX.-3:314条　債権者の代理人として行為する第三者

(1) 担保権者は、自らが行う登記の付加的内容として、担保権者の代理人として行為する第三者を指定することができる。この場合においては、その代理人の名前及び連絡先の詳細が、担保権者のそれに代わって、登記簿上に表示される。当該状況下で、登記簿への登記をすることができるのは、前条までに規定する要件が満たされることに加えて、適切な補正を加えた上で適用されるIX.-3:309条（担保提供者の同意要件）(1)及び(3)の規定に従い、その第三者が同意したときに限られる。
(2) 担保権者は、適切な補正を加えた上で適用されるIX.-3:309条（担保提供者の同意要件）(1)及び(3)の規定による登記の申請により、担保権者のために登記の申請を行う権限を第三者に付与することができる。
(3) 担保権者の代理人として行為する第三者が登記について指定された場合には、担保権者及びその第三者は、この節における担保権者のすべての義務について連帯債務者として責任を負う。

第3款　担保提供者の保護

IX.-3:315条　登記の抹消又は変更を求める担保提供者の権利

担保提供者は、登記に対応する担保権が存在しないときは、その限りで、担保権者に対して登記の抹消又は変更を求める権利を有する。

IX.-3:316条　異議を申し立てられた登記の登記所による審査

(1) 担保提供者は、担保権者に対して登記の抹消又は変更を求める権利を主張する際に、登記所の支援を申請することができる。
(2) 担保提供者による支援の申請があった場合には、登記所は、担保権者に対し、担保提供者の要求に同意するか否かを照会する。
(3) 担保権者が、(2)の規定による登記所の照会を受けた時から2か月以内に異議を述べなかったときは、その登記は、担保提供者の要求に従って抹消又は変更される。
(4) 担保権者が(3)に規定する期間内に異

議を述べたときは，その登記には，担保提供者の要求の範囲で異議を申し立てられた旨を付記する。

(5) 登記には，次に掲げるいずれかのときまで，異議を申し立てられた旨の付記を残す。
  (a) 担保提供者が，登記所に対して行う申請により抹消又は変更の申立てを撤回するとき
  (b) 担保権者が，登記所に対して行う申請により担保提供者の要求に同意するとき
  (c) 担保権者が登記を抹消するとき
  (d) 担保提供者の請求に基づき，管轄裁判所によって終局判決が下されるとき

第4款 登記簿の閲覧及び検索

IX.-3：317条 検索を目的とする登記簿の閲覧

検索目的の登記簿の閲覧は，何人も手数料を支払って求めることができる。担保提供者又は担保権者の同意は，要しない。

IX.-3：318条 登記簿の検索

登記簿は，個々の担保提供者に対してされた登記又は担保目的財産についての特定の記述を含む登記を目的として，検索することができる。

第5款 情報提供の要求に対する登記済担保権者の回答義務

IX.-3：319条 情報提供義務

(1) 登記済担保権者は，情報提供の要求が担保提供者の承認を得て行われる場合には，登記簿への登記の対象となっている担保権及び担保目的財産に関して，照会者の情報提供の要求に回答する義務を負う。

(2) 情報提供の要求は，営業所，会社設立の場所若しくは担保権者の住所が所在するEU加盟国における公用語又は英語で行わなければならない。

(3) 担保権者は，情報提供の要求に対し，担保提供者の承諾を得て行われた要求を受領した日から14日以内に回答しなければならない。

(4) (1)から(3)までの規定に基づく照会者による情報提供の要求に回答する担保権者の義務は，照会者及び担保提供者の双方に対して負う。担保権者は，双方の相手方に対して，義務違反により生じた損失をすべて賠償する責任を負う。

IX.-3：320条 情報提供の内容

(1) 担保権者は，前条の規定による情報提供の要求に対して，情報を提供する時点における特定の財産上の担保権の存在に関する情報を提供することにより，回答しなければならない。

(2) 情報の提供は，次に掲げるいずれかの方法によることができる。
  (a) 当該財産がその担保権者のために担保に供されているかどうかを個別に述べる方法
  (b) 物的担保の提供又は留保を内容とする担保提供者と担保権者との間の合意のうち，関連する部分を転送する方法

(3) 担保権を移転した場合には，担保権者

として登記された者は，譲受人の名前及び連絡先を開示しなければならない。
(4) 情報は，営業所，会社設立の場所，若しくは担保権者の住所が所在するEU加盟国における公用語又は英語で提供しなければならない。
(5) 次の各号のいずれかに該当するときは，情報を提供する必要はない。
　(a) 登記が(4)に規定する要件を満たす場合において，当該財産が担保に供されていないことが，その登記から直接に明白であるとき
　(b) 担保権者が同一の照会者からの同一の財産に関連する情報提供の要求に対して，過去3か月以内に既に回答しており，かつ，提供された情報が現在も正しいとき
(6) これらの規定は，IX.-5：401条（被担保債権に関する担保権者の情報提供義務）の規定による被担保債権に関する担保権者の情報提供義務又は被担保債権の債務者に対して担保権者が負うその他の同種の義務及びこれらの義務の不履行の効果に影響を及ぼさない。

IX.-3：321条　担保権者が正確な情報を提供した場合の効果

(1) 担保権者が，この款の規定により照会者に対して当該財産が担保に供されていないと正しく情報提供した場合には，その後に当該担保権者のために当該財産上に設定された担保権は，照会者の担保権に対して，元の登記により得られる優先順位を得ることができない。この規定は，照会者が情報提供の要求の時から3か月以内に担保権を得た場合に限り，適用する。
(2) 担保権者が，この款の規定により照会者に対して当該財産が担保に供されていると正しく情報提供した場合には，照会者は，善意取得の原則によれば可能であるときであっても，当該担保目的財産について，担保権者のための物的負担のない物的権利を取得することができない。

IX.-3：322条　担保権者が事実に反する情報を提供した場合の効果

(1) 担保権者が，この款の規定により照会者に対して当該財産が担保に供されていないとの不実の情報を提供した場合には，照会者は，3か月以内に限り，担保権者の権利に関して登記がされているにもかかわらず，善意取得に基づき，当該財産上に，担保権者のための負担の一切ない物的権利を取得することができる。
(2) 担保権者が，この款の規定により照会者に対して当該財産が担保に供されているとの不実の情報を提供した場合において，照会者がそれにもかかわらず担保提供者から当該財産の上に物的担保権を取得したときは，IX.-3：321（担保権者が正確な情報を提供した場合の効果）(1)第1文の規定を，適切な補正を加えた上で，適用する。

IX.-3：323条　情報提供をしそこなった場合の効果

(1) 担保権者がIX.-3：319条（情報提供義務）及びIX.-3：320条（情報提供の内容）の規定による情報提供の要求に回答しな

かった場合又は事実に反して当該財産上の担保権が既に移転したと回答した場合には、照会者は、当該財産が担保に供されていないとの情報を担保権者が提供したのと同じように扱われる。この場合においては、Ⅸ.-3：321条（担保権者が正確な情報を提供した場合の効果）(1)又はⅨ.-3：322条（担保権者が事実に反する情報を提供した場合の効果）(1)の規定を、それぞれ適切な補正を加えた上で、適用する。

(2) 担保権者がⅨ.-3：319条（情報提供義務）及びⅨ.-3：320条（情報提供の内容）の規定による情報提供の要求に遅れて回答した場合において、担保権者が情報提供の要求に対して回答する前に、照会者が物的権利の設定を受け、又は物的権利を取得したときは、(1)の規定を適用する。

Ⅸ.-3：324条　情報提供の要求及び回答の方式

この款の規定による情報提供の要求及び回答は、文書で行わなければならない。要求及び回答は、いずれも登記簿によって提供される電子的な伝達手段により行うことができる。この場合において、照会又は回答の証明書は、登記簿を通じて照会者又は担保権者に伝達されるものとし、それぞれが相手方が照会又は回答を受領した証拠となる。

第6款　登記の存続期間、更新及び抹消

Ⅸ.-3：325条　存続期間

(1) 登記は、登記簿に記載されてから5年を経過した時又は登記において指定された日に失効する。

(2) 登記が失効したとき、その登記は登記簿上に表示されず、いかなる利用者も直接に閲覧することはできない。登記は、この節の規定によるいかなる効果も有しなくなる。登記の内容は、登記所の公記録保管所において、参照のために保管する。

Ⅸ.-3：326条　更　新

(1) 失効の日が登記に含まれていない場合には、登記は、通常の存続期間の満了前に更新し、さらに5年間延長することができる。

(2) 登記の更新は、担保権者による登記の申請によって効力を生じる。

Ⅸ.-3：327条　抹　消

(1) 担保権者は、いつでも登記簿への申請により、登記を抹消することができる。

(2) (1)の規定による申請の効果については、Ⅸ.-3：325条（存続期間）(2)の規定を、適切な補正を加えた上で、適用する。

第7款　担保権又は担保目的財産の移転

Ⅸ.-3：328条　担保権の移転に関する一般規定

(1) 担保権が移転した場合であっても、その担保権は、登記簿上にされた元の登記により、その第三者に対する効力を維持する。

(2) 担保権の譲受人は、Ⅸ.-3：329条（担保権の移転及び移転の申請）の規定による移転の申請がされていない場合であっても、その移転の時から、担保権者と同様

に第5款の規定に拘束される。
(3) 担保権の譲渡人は，担保権が移転した時以降，移転を示す申請が行われるか，又は譲渡人がIX.-3：329条（担保権の移転及び移転の申請）(4)の規定により移転の申請に対する同意を表明するまで，登記簿への登記，登記の変更及び抹消に関連する行為により生じた損害について，譲受人に対し賠償する責任を負う。

IX.-3：329条　担保権の移転及び移転の申請

(1) 担保権が移転する場合には，元の登記は，移転を示す申請により変更することができる。
(2) 移転を示す申請については，IX.-3：311条（登記の変更）及びこの条に規定するすべての追加規定を適用する。
(3) 移転を示す申請は，次に掲げる要件のすべてを満たすときに限り，登記簿に登記することができる。
  (a) 特定の登記に関してされていること
  (b) 担保権が移転するべき旨を示していること
  (c) 譲受人を特定していること
  (d) 誤った登記によって担保権者又は第三者に損害が生じたときは，変更を行う者がそれを賠償する責任を負う旨の記載を伴っていること
(4) 移転を示す申請は，譲渡人又は譲渡人の同意を得た譲受人が行うことができる。
(5) 担保権の移転に基づき，かつ，その範囲で，担保提供者は譲渡人に対して移転を示す申請を求める権利を有し，譲受人は(4)の規定に従い譲渡人に対して同意の表明を求める権利を有する。IX.-3：316条（異議を申し立てられた登記の登記所による審査）の規定は，これらの権利の主張について，適切な補正を加えた上で，適用する。
(6) 移転を示す申請が行われたときは，元の登記は，それに従って変更され，かつ，移転済と表示された担保権を対象とするものとはみなされない。
(7) 移転を示す申請が行われたときは，新たな登記が，自動的に担保提供者に対して行われる。この新たな登記は，元の登記の内容を再現し，かつ，表示された担保権が譲受人に移転したことを記述する。
(8) 譲受人は，この節の規定すべての適用に当たり，新たな登記に係る担保権者の地位を承継する。移転したと表示された担保権に関して，新たな登記は，元の登記が有していた優先順位を保持する。

IX.-3：330条　担保目的財産の移転に関する一般規定

(1) 担保目的財産の所有権は，新たな登記を登記簿に行うことなく，既存の担保権に服したまま移転することができる。
(2) 元の登記による担保目的財産上の担保権の第三者に対する効力及び優先順位の存続については，IX.-5：303条（担保目的財産の譲渡）の定めるところによる。
(3) 譲受人は，この節の規定の適用に当たり，移転した財産上の担保権に関して担保提供者の地位を，移転の時点から承継する。
(4) 供給された財産上に，又はそれに関して，買主，買取選択権付賃借人，リース

借主又は委託販売の受託者が有する権利が既存の所有権留保に服しつつ移転した場合には，(1)から(3)までの規定を，適切な補正を加えた上で，適用する。

IX.-3：331条　担保目的財産の移転の申請

(1) 既存の担保権に服する担保目的財産の所有権を取得した譲受人は，自己に対する移転を表示する登記を登記簿に行う義務を負う。ただし，移転の申請が既に担保権者によって行われているときは，この限りでない。

(2) 譲受人は，移転した財産上に担保権を保有する担保権者に対して，(1)の規定による義務の違反により生じた損害を賠償する責任を負う。

(3) 移転の申請は，次に掲げる要件をすべて満たすときは，譲受人又は担保権者が行うことができる。
  (a) 譲受人とされる特定の担保提供者に関して行われていること
  (b) 譲渡人とされる担保提供者が誰であるかを表示していること
  (c) 移転する財産について最小限の記載を含むこと
  (d) 財産の種類の一覧から一つ又は複数を選択することにより，移転する財産がどの種類に属するかが示されていること
  (e) 誤った登記によって譲受人，担保権者又は第三者に損害が生じたときは，移転の申請をする者がそれを賠償する責任を負う旨の記載を伴っていること

(4) 供給された財産上に，又はそれに関して，買主，買取選択権付賃借人，リース借主又は委託販売の受託者が有する権利が既存の所有権留保に服しつつ移転した場合には，(1)から(3)までの規定を，適切な補正を加えた上で，適用する。

第8款　費　　用

IX.-3：332条　費用の配分

(1) 当事者間における費用の負担については，次の各号の定めるところによる。
  (a) 各当事者は，オンラインにおける安全な本人認証システムへの初期登録又は使用許可に関する費用を負担しなければならない。
  (b) 担保提供者は，担保権者が登記に関連して合理的に発生させたその他の費用を負担しなければならない。

(2) 照会の費用及び当該照会に対する回答の費用は，照会者が負担しなければならない。

第9款　ヨーロッパ物的担保登記簿の開設前に設定された担保権

IX.-3：333条　ヨーロッパ物的担保登記簿の開設前に設定された担保権

(1) ヨーロッパ物的担保登記簿が運用を開始する以前に効力を有していた担保権は，この節の規定による登記を要することなく，引き続きその第三者に対する効力を維持する。

(2) 担保権が加盟国の国内法における権原証書に関する登記制度又は記録制度において登記又は記録されていた場合には，その制度を運用している組織が，欧州物的担保登記簿の開設後直ちに，登記又は

記録の内容を再現する登記を，登記又は記録の日付に関する記述とともに，担保提供者のヨーロッパ物的担保登記簿に行うものとする。

第4章　優先順位

IX.-4：101条　優先順位に関する一般規定
(1)　例外が適用される場合を除き，同一の財産を目的とする複数の担保権の間又は担保権とその他の制限物権との間の優先順位は，基準時の先後による。
(2)　基準時は，次の各号の定めるところによる。
　(a)　担保権については，第3章第3節の規定に従った登記時又は担保権が第3章の他の規定に従い第三者に対する効力を備えた時のいずれか早い時点
　(b)　その他の制限物権については，設定時
(3)　第三者に対する効力のある担保権は，それのない担保権が先に設定された場合であっても，これに優先する。
(4)　第三者に対する効力のない複数の担保権の順位は，設定時の順序に従う。
(5)　IX.-4：108条（順位の変更）が適用される場合を除き，所有権留保の目的である財産について善意取得された担保権，又は同一の財産を目的とする先順位担保権を排除して善意取得された担保権は，常に，その所有権留保又は先順位担保権に優先する。

IX.-4：102条　最優先順位
(1)　第3章の規定により第三者に対する効力のある購入資金信用担保は，担保提供者によって設定された担保権その他の制限物権に優先する。
(2)　IX.-3：204条（金融資産に対する管理）による管理又は占有により第三者に対する効力のある金融資産を目的とする担保権は，その財産を目的とする他の担保権その他の制限物権に優先する。管理が複数の異なる担保権者のために設定された場合には，IX.-4：101条（優先順位に関する一般規定）(1)及び(2)(a)の規定を適用する。
(3)　IX.-2：114条（留置権）による留置権に基づく担保権は，その占有財産を目的とするその他の権利に優先する。
(4)　IX.-4：101条（優先順位に関する一般規定）(5)及びIX.-4：108条（順位の変更）は，(1)から(3)までの規定に優先する。

IX.-4：103条　優先順位の継続
(1)　優先順位は，担保目的財産が次の各号のいずれかに該当するときであっても，影響を受けない。
　(a)　他の動産の従物となるとき
　(b)　新しい物品の加工に使用され，又は他の財産に混和又は付合する場合において，担保権が，加工，混和又は付合により生じた財産の上に担保提供者が有する権利に及んでいるとき

(2) (1)(a)の規定は，動産が不動産の従物になるときについても適用する。ただし，不動産に関する法律に別段の定めがあるときは，この限りでない。

IX.-4：104条　果実及び価値変形物に関する一般規定

(1) 次に掲げる財産の果実及び価値変形物を目的とする担保権は，当初の目的財産を目的とする担保権の優先順位を保持する。
    (a) 当初の担保目的財産と同種の果実及び価値変形物
    (b) 当初の担保目的財産の瑕疵，損傷又は喪失を理由とする金銭債権。この金銭債権には保険金請求権を含む。
    (c) 当初の担保目的財産を目的とする担保権の登記の効力が及ぶ果実及び価値変形物
(2) (1)の規定が適用されない場合には，果実及び価値変形物を目的とする担保権の優先順位は，IX.-4：101条（優先順位に関する一般規定）及びIX.-4：102条（最優先順位）に規定する一般準則による。

IX.-4：105条　果実及び価値変形物の例外

(1) 購入資金信用担保の目的である財産又はVIII.-5：204条（担保物権に関する補則）(3)の規定が適用される財産の果実及び価値変形物を目的とする担保権は，当初の担保目的財産を目的とする担保権の最優先順位によることはできない。
(2) (1)の規定は，次に掲げる担保権の最優先順位に影響を及ぼさない。
    (a) 当初の担保目的財産の瑕疵，損傷又は喪失を理由とする金銭債権を目的とする担保権。この金銭債権には保険金請求権を含む。
    (b) 当初の担保目的財産の売却代金を目的とする担保権

IX.-4：106条　担保目的財産の輸入

担保目的財産がEU域外の国からEU域内に輸入された場合において，既に第三者に対して効力を有しており，かつ，IX.-3：108条（担保目的財産の輸入）に規定する要件を満たす担保権は，その優先順位を保持する。

IX.-4：107条　執行債権者の優先順位

優先順位の決定に当たり，執行債権者は，その目的たる財産に関して執行地の手続規定が定める執行手続の要件のすべてを満たす場合には，当該財産に対する執行が開始する時点から，第三者に対して効力のある担保権を有するものとみなす。

IX.-4：108条　順位の変更

(1) 同一の財産を目的とする担保権と別の担保権その他の制限物権との間の優先順位は，順位の変更により影響を受けるすべての権利者の文書による合意により変更することができる。
(2) 順位の変更により不利な影響を受ける担保権又は制限物権を取得した第三者は，ヨーロッパ物的担保登記簿への担保権の記入登記が順位の変更に応じて変更されていた場合，又は当該第三者が移転の時点で順位の変更を知り，若しくは知るべき理由があった場合に限り，順位の変更に拘束される。

第5章　債務不履行前の準則

第1節　総則

IX.-5:101条　総則
(1) 担保権者と担保提供者は，担保目的財産に関する両者の関係について，このモデル準則に別段の定めがある場合を除き，自由に決定することができる。
(2) 債務不履行前に締結された合意で，弁済としての担保権者による担保目的財産の取得を定め，又はこの効果をもたらすものはすべて，明示的に別段の定めがない限り，無効である。この項の規定は，所有権留保については，適用しない。

第2節　担保目的財産

IX.-5:201条　担保目的財産の維持と付保
(1) 担保目的財産を占有している当事者は，当該財産を他人が所有する財産から分離する義務を負うとともに，当該財産を合理的な注意をもって保存し，かつ，維持しなければならない。
(2) 相手方は，合理的な時期であればいつでも，担保目的財産を点検する権利を有する。
(3) 担保提供者は，担保目的財産について，当該財産の所在地における合理的な所有者であれば通常付保する危険に対して，付保する義務を負う。担保提供者は，担保権者の請求があれば，付保証明書を交付しなければならない。付保がされず，若しくは付保が不十分である場合，又は付保の証明がない場合には，担保権者は，十分な保険を付して，その費用を被担保債権に加える権利を有する。

第1款　担保提供者の権利義務
IX.-5:202条　一般的権利
担保提供者が担保目的財産を占有する権利を有している場合には，その権利の範囲で，担保提供者は，それを合理的な方法で使用することができる。

IX.-5:203条　担保が設定された工業材料の使用
原材料又は半完成品その他の工業材料に担保が設定された場合において，担保提供者がそれを占有するときは，担保提供者は，明示的に禁止されていない限り，そのような材料を加工に用いることができる。

IX.-5:204条　販売者及び製造者による担保目的財産の処分
(1) 担保目的財産が次に掲げるものである場合において，担保提供者がこれを占有しているときは，担保提供者は，販売者又は製造者としての通常の営業の範囲内において，これを担保権の負担を伴わずに処分することができる。
　(a) 販売又は賃貸が予定された資産又は工業材料（棚卸資産）
　(b) 工業材料による製品
(2) 販売者又は製造者は，担保が設定された設備の構成部分を処分することができない。ただし，担保権者によって明示的

にその権限が与えられているときは，この限りでない．

IX.-5：205条　無権限の使用又は処分
(1) 担保目的財産を占有する担保提供者は，担保権者に対して，この款の前条までに規定する制限を超える使用又は処分をしない義務を負う．
(2) (1)の規定にいう制限に違反した担保提供者は，(1)に規定する義務の違反による損害を賠償する責任とともに，使用から生じた価値又は処分の対価を担保権者に清算する義務を負い，その結果生じた額を被担保債権が満足を受けられなかった限度で支払わなければならない．

第2款　担保権者の権利義務
IX.-5：206条　使用権限の限定
担保目的財産を占有し，又は管理する担保権者は，その財産を使用することができない．ただし，適切な使用がその維持と保存のために避けることができないときは，この限りでない．

IX.-5：207条　銀行の金融資産処分権
(1) 担保権者として金融資産を保有する銀行その他の金融機関は，明示的に合意されている場合に限り，担保目的財産を使用し，弁済に充当し，又は処分することができる．
(2) 担保権者は，被担保債権を満足させた場合には，同種，同質，かつ，同価値の金融資産を担保提供者に移転する義務のみを負う．

IX.-5：208条　法定果実の弁済への充当
担保権が当初の担保目的財産の法定果実に及ぶ場合には，担保権者は，履行期の到来前においても，法定果実たる金銭を取得して，被担保債権の弁済に充当する権利を有する．

第3節　当事者の変更
IX.-5：301条　被担保債権の譲渡
(1) 被担保債権が他の債権者に譲渡されるときは，担保権も，当該債権者に移転する．
(2) 譲渡人は，譲渡した権利を担保する担保権について譲受人に説明する義務を負う．
(3) 第三者に対する担保権の効力は，次の各号のいずれかによって認められる．
　(a) Ⅸ.-3：328条（担保権の移転に関する一般規定）(1)の規定による当初の登記の効力
　(b) 担保目的財産の占有又は管理の譲受人に対する移転
　(c) 譲受人のために占有し，又は管理をすることについての譲渡人の同意
　(d) 担保権が，第3章に規定する要件を満たさなくても第三者に対する効力を備えていたこと
(4) 担保権が第三者に対する効力を失わないときは，その優先順位は譲渡によって影響を受けない．

IX.-5：302条　被担保債権の一部譲渡
被担保債権の一部譲渡の結果として，又は被担保債権の全部を複数の譲受人に譲渡することにより各人が被担保債権の一部の

みを取得する結果として，被担保債権が複数の者の有する部分に分割されたときは，次の各号の定めるところによる。
    (a) 被担保債権の一部を有する各権利者は，その額面額の割合に応じて，担保権の一部について権利を有する。
    (b) 被担保債権の一部を有する各権利者の担保権の第三者に対する効力は，個別に判断する。担保目的財産の占有又は管理は，被担保債権の一部を有する権利者の一人によって，他の権利者のためにも行うことができる。

IX.-5：303条　担保目的財産の譲渡

(1) 担保目的財産の所有権が譲渡されても，当該財産を目的とする担保権及び第三者に対するその効力は，影響を受けない。譲受人は，譲渡の時点から，担保提供者とみなされる。
(2) 譲渡人が負担を伴わずに担保目的財産を処分する権限により譲渡した場合又は譲受人が善意取得に基づいて負担の伴わない財産を取得した場合には，(1)の規定を適用しない。
(3) 担保目的財産について新たに所有権者となるべき者が，その所有権を譲り受ける前に，将来取得する財産について担保権者のために担保権を設定した場合には，当該担保権は，譲渡された財産に譲渡時に設定されていた担保権に劣後する。
(4) (1)から(3)までの規定は，買主，買取選択権付賃借人，リース借主又は委託販売の受託者が供給された財産上の権利，又はそれに関して有する権利を，既存の所有権留保の対象となるものとして譲渡した場合には，適切な補正を加えた上で，適用する。

第4節　被担保債権に関する担保権者の情報提供義務

IX.-5：401条　被担保債権に関する担保者の情報提供債務

(1) 担保提供者が要求するときは被担保債権の額に関する情報を提供することについて，担保提供者は権利を有し，担保権者は義務を負う。担保提供者は，この情報を第三者に提供することを要求することができる。
(2) 担保提供者が被担保債権の債務者でない場合には，(1)の規定による担保提供者の権利は，債務者の承諾を必要とする。

第6章　消　滅

IX.-6：101条　担保権の消滅原因

(1) 担保権は，次の各号のいずれかに該当する場合に，その限りで消滅する。
    (a) 担保提供者と担保権者が合意したとき
    (b) 担保権者が担保権を放棄したとき。担保権者が担保目的財産の占有を担保提供者に返還した場合には，担保権を放棄したものと推定する。
    (c) 担保目的財産が減失したとき

(d) 担保権者が担保目的財産の所有権を取得したとき
　(e) 第三者が担保権の負担のないものとして担保目的財産の所有権を取得したとき
　(f) 例えば，相続又は合併によって被担保債権の債務者と債権者が同一人になる場合のように，他の規定が担保権の消滅を定めているとき又は担保権の消滅を含意しているとき
(2) 担保権は，被担保債権の完全な消滅，とりわけ，担保権者への弁済による金銭債権の完全な満足によっても，消滅する。ただし，被担保債権とともに担保権が担保権者に弁済した第三者に移転するときは，この限りでない。
(3) (1)(a)から(c)まで，(e)及び(f)並びに(2)の規定は，所有権留保の消滅について，適切な補正を加えた上で，適用する。売買契約，買取選択権付賃貸借契約，ファイナンス・リース契約又は委託販売契約に基づき，供給された財産上の，又はそれに関する買主，買取選択権付賃借人，リース借主又は委託販売の受託者の権利が消滅したときも，所有権留保は消滅する。

IX.-6：102条　所有権の善意取得による物的担保の喪失

(1) 第三者が担保目的財産の所有権を担保権の負担のないものとして善意取得したときは，これによって担保権が失われるか否かは，VIII.-3：102条（制限物権の負担のない所有権の善意取得）により決定する。

(2) VIII.-3：102条（制限物権の負担のない所有権の善意取得）(1)(d)第1文の規定の適用に当たり，第3章第3節の規定により担保権が登記されている場合には，譲受人は，譲渡人が担保権の負担のない所有権を譲渡する権利又は権限を有していないことを知っていたものとみなす。ただし，次の各号のいずれかに該当するときは，この限りでない。
　(a) 譲渡人がその通常の営業の過程で行為をしたとき
　(b) 譲渡人と異なる担保提供者に対して記入登記がされているとき
(3) 第三者が供給された財産の所有権を善意取得した場合において，これによって担保権が失われるかどうかは，VIII.-3：101条（所有権を移転する権利又は権限を有しない者からの善意取得）により決定する。この場合においては，(2)の規定を，適切な補正を加えた上で，適用する。

IX.-6：103条　被担保債権の時効消滅

被担保債権が消滅時効にかかった場合であっても，被担保債権の債務者がこの時効をその債権者に対して援用してから2年が経過するまでは，担保権を実行することができる。

IX.-6：104条　消滅の効果

(1) 担保権の全部又は一部が消滅するときは，当該財産上の負担もこれに応じて消滅する。
(2) 担保権が消滅したときは，その限りで，担保権者は，所有者に対する負担の付いた財産を占有し，又は管理する権利

を失う。ヨーロッパ物的担保登記簿への記入登記の抹消請求権については，Ⅸ.-3：315条（登記の抹消又は変更を求める担保提供者の権利）を適用する。
(3) 担保権者は，担保目的財産を保有する第三者に対し，負担の消滅について報告する義務及び，第三者が担保権者の口座上でその資産を保有している場合には，担保提供者に指示を求める義務を負う。
(4) 金銭債権を担保とした場合において，担保の設定が第三債務者に通知されていたときは，担保権者は，当該第三債務者に負担の消滅を通知する義務を負う。
(5) 所有権留保が消滅したときは，その限りで，供給物についての売主，提供者又はリース貸主の所有権は，もはやこの編の規定には服さない。買主，買取選択権付賃借人，リース借主若しくは委託販売の受託者による，供給物の所有権の取得又はこれらの者の供給物を使用する権利については，当事者の合意に従う。ヨーロッパ物的担保登記簿への記入登記の抹消請求権については，(2)第2文の規定を適用する。

Ⅸ.-6：105条　担保権者の価値変形物についての清算義務

担保権が消滅したときは，担保権者は，担保目的財産から生じた価値変形物を受領したか，使用したか，又は消費したか否かにかかわらず，それを清算し，かつ，担保提供者に移転する責任を負う。

Ⅸ.-6：106条　第三者である担保提供者の求償権

(1) 被担保債権の債務者ではない担保提供者（第三者である担保提供者）が被担保債権の未払額を弁済した場合には，Ⅳ.G-2：113条（履行をした担保提供者の権利），Ⅳ.G.-1：106条（複数の担保提供者の内部求償）及びⅣ.G.-1：107条（複数の担保提供者の主たる債務者に対する求償）を，適切な補正を加えた上で，適用する。
(2) 債務者以外の担保提供者は，債務者に対して，付従的人的担保の提供者と同じ地位を有する。

第7章　不履行と担保権の実行

第1節　総　則

Ⅸ.-7：101条　不履行後の担保権者の権利
(1) 担保権者は，不履行が生じた後，当事者間で合意された追加的な条件がある場合には，それが成就しているときに限り，この章の規定による権利を行使することができる。
(2) Ⅸ.-3：101条（第三者に対する効力）(1)に規定する第三者で，そこに規定する要件を満たすものが存在する場合には，担保権者は，担保権が第Ⅸ編第3章の規定に従い第三者に対する効力を有するときに限り，この章の規定による権利を行使することができる。そのような第三者が存在しない場合には，担保権が有効に設

定されていることで足りる。優先順位に関する規定は，影響を受けない。

IX.-7：102条　強行法規
担保権実行者と担保提供者との間においては，この章の規定は，別段の定めがない限り，強行法規である。

IX.-7：103条　裁判外及び裁判上の実行
(1) 別段の合意がない限り，担保権者は，担保権を裁判外で実行することができる。
(2) 消費者の財産に設定にされた担保権は，裁判所その他の管轄を有する公的機関によってのみ実行することができる。ただし，不履行後，消費者である担保提供者が裁判外の実行に合意したときは，この限りでない。
(3) 所有権留保の場合には，当事者は裁判外の実行をしないとの合意をすることはできず，(2)の規定は適用されない。
(4) 実行は，担保権者により，商取引上の合理的な方法で，かつ，可能な限り担保提供者と協力し，第三者が存在するときはその者と協力して，行わなければならない。

IX.-7：104条　裁判所の支援及び損害賠償を求める権利
当事者又は第三者は，自己の権利が実行措置により，又は正当な実行措置に対する抵抗により侵害されたときは，次に掲げる請求をすることができる。
  (a) 管轄を有する裁判所その他の公的機関に，この章の規定に従った行動をとることを有責な当事者に命じるように求めること
  (b) 有責な当事者に損害賠償を請求すること

IX.-7：105条　担保目的財産の充当に関する不履行前の合意
(1) 不履行の生じた後に担保目的財産の所有権を担保権者に移転させる旨を定め，又はそのような効果を定める不履行の生ずる前に締結された合意は，無効である。
(2) (1)の規定は，次に掲げる場合には適用しない。
  (a) 担保目的財産が公の市場において公示価格で取引される代替物である場合
  (b) 当事者が合理的な市場価格の迅速な決定を可能とする何らかの方法をあらかじめ合意していた場合
(3) (2)(b)の規定は，消費者である担保提供者には適用しない。
(4) 充当が認められる場合には，担保権者は，充当の当日における公認市場価格又は合意市場価格の価値でのみ，担保目的財産を弁済に充当する権利を有する。担保提供者は，被担保債権の額を超える，すべての剰余金について権利を有する。不足額があれば，債務者はなお責任を負う。
(5) この条は，所有権留保には適用しない。

IX.-7：106条　担保提供者の受戻権
(1) 不履行の生じた後であっても，被担保債権の残額が弁済された場合には，担保提供者は，担保権者に対して，この章の規定による権利の行使の停止及び担保目

的財産の占有の返還を請求することができる。
(2) (1)の規定による担保提供者の権利は，次に掲げるときは，もはや行使することができない。
 (a) 第2節の規定による実行の場合において，担保目的財産が弁済に充当され，若しくは売却され，又は担保権者が当該財産を第三者に売却する旨の拘束力のある契約を締結したとき
 (b) 第3節の規定による権利が行使される場合において，留保所有権者が，売買契約，買取選択権付賃貸借契約，ファイナンス・リース契約又は委託販売契約から生じていた関係を解消したとき

IX.-7:107条 消費者に対する実行通知

(1) 担保権者は，実行開始の10日以上前に文書による実行通知を担保提供者に送付したときに限り，この章の規定による権利を消費者である担保提供者に対して行使することができる。担保提供者と債務者が異なる場合において，債務者が消費者であるときは，債務者にも通知を送付することを要する。
(2) 実行通知は，次に掲げる要件のすべてを満たさなければならない。
 (a) 被担保債権を明確に示し，通知が発送される日の前日の終了までに履行期の到来した債務額を記載すること
 (b) 当事者が合意した実行に関するその他の条件があれば，それが満たされている旨を記載すること
 (c) 担保権者が担保権を実行する意思を有する旨を記載するとともに，担保権者が実行するつもりである担保目的財産を特定すること
 (d) 担保権者又はその代理人の署名がされていること
(3) 通知は，消費者の住所地の公用語で行わなければならない。

IX.-7:108条 複数の担保提供者の連帯責任

(1) 債権者は，同一の債務又は一つの債務の同一の部分を担保する物的担保権が複数設定されている場合には，これらの担保権の全部又は一部から満足を受けることができる。この場合においては，Ⅳ.G.-1:105条（債権者に対する複数の担保提供者の連帯責任）を準用する。
(2) 一つ又は複数の担保権に加えて，人的担保が一人又は数人の者によって提供されている場合には，(1)の規定を，適切な補正を加えた上で，適用する。

IX.-7:109条 第三者である担保提供者の求償権

被担保債権が債務者でない担保提供者の財産に対する実行により満足を受けた場合には，複数の物的担保提供者間の求償権又は物的担保提供者と人的担保提供者との間の求償権及び債務者に対する求償権については，Ⅳ.G.-2:113条（履行をした担保提供者の権利），Ⅳ.G.-1:106条（複数の担保提供者の内部求償）及びⅣ.G.-1:107条（複数の担保提供者の主たる債務者に対する求償）を，適切な補正を加えた上で，適用する。

第2節　担保権の実行

第1款　裁判外の実行における換価の準備に関する準則

IX.-7:201条　有体財産の占有についての債権者の権利

(1) 担保権者は，次の各号のいずれかに該当する場合を除き，担保の目的たる有体財産の占有を取得する権利を有しない。
　(a) 担保権者がこの権利を行使した時点において，担保提供者が同意する場合
　(b) 担保権者が占有を取得する権利について担保提供者が同意しており，かつ，担保権者がこの権利を行使した時点において，担保提供者及び現在の保有者が異議を述べない場合
(2) 消費者に対する実行においては，(1)の規定による占有を取得する権利は，実行の通知が行われた日から10日が経過するまでは生じない。
(3) (1)の規定による占有の取得に対する同意又は合意は，別段の指示がない限り，占有を取得する権利の行使のために，担保提供者その他の保有者の土地に立ち入る権利も含む。

IX.-7:202条　担保目的財産の占有移転禁止及び保存に関する債権者の権利

(1) 担保権者は，担保目的財産の占有移転を禁止し，その不正な使用又は処分を妨げ，及びそれを物理的に守るために，必要とされるあらゆる措置をとる権利を有する。前条(1)から(3)までの規定は，適切な補正を加えた上で，適用する。

(2) 担保権者は，次に掲げる権利を有する。
　(a) 担保目的財産を保存し，維持し，及び保険を付すために必要な措置をとる権利，並びにこれらの行為のための費用償還を担保提供者から受ける権利
　(b) 担保目的財産の価値を保存するために，これを第三者に賃貸する権利
　(c) 担保提供者と合意したその他の保護措置があればそれを行う権利

IX.-7:203条　裁判所その他の公的機関の介入

(1) 担保権者は，担保提供者又は財産を占有する第三者が担保権者への引渡し又は担保権者による接近を拒む場合には，管轄を有する裁判所その他の公的機関に対して，担保目的財産の占有の取得又は当該財産への接近のための命令を求めることができる。
(2) 裁判所その他の公的機関は，当事者のいずれから申立てがされたときであっても，前条に規定する保護措置をとることを命じることができる。

IX.-7:204条　金銭債権を目的とする担保

(1) 担保提供者が第三債務者に対して有する金銭債権が担保の目的とされる場合には，担保権者は，次に掲げる要件のすべてを満たしたときに限り，この章の規定による権利を行使することができる。
　(a) 担保権者が第三債務者に対して次に掲げるものを送付すること
　　(i) 担保提供者が消費者の場合には，IX.-7:107条（消費者に対

する実行通知）に規定する要件のすべてを満たした実行通知の謄本
　　(ii)　その他の場合には，同条(2)(a)及び(d)の規定に従った実行通知
　(b)　第三債務者に対して，その状況においてできるだけ正確に，第三債務者に対する担保提供者の金銭債権の性質，額及び履行期を知らせること
(2)　第三債務者は，他の担保権者の競合する権利の額及び履行期を知っている場合には，それを担保権実行者に知らせる義務を負う。

IX.-7：205条　流通性のある証券
(1)　IX.-7：201条（有体財産の占有についての債権者の権利），IX.-7：202条（担保目的財産の占有移転禁止及び保存に関する債権者の権利）及びIX.-7：203条（裁判所その他の公的機関の介入）は，流通性のある証券の占有の取得について適用する。
(2)　IX.-7：204条（金銭債権を目的とする担保）は，流通性のある証券については，適用しない。

IX.-7：206条　流通性のある権原証券
　前条は，流通性のある権原証券の占有の取得についても適用する。

第2款　裁判外の実行による担保目的財産の換価
IX.-7：207条　換価に関する一般規定
(1)　担保権者は，換価金を被担保債権の満足に充てるため，次に掲げるいずれかにより，担保目的財産を換価する権利を有する。
　(a)　IX.-7：211条（公競売若しくは私競売又は私的売却による売却）に従い担保目的財産を売却すること。ただし，当事者双方が別段の合意をしたときは，この限りでない。
　(b)　担保目的財産を第三者に賃貸し，果実を収取すること
　(c)　IX.-7：216条（担保権者による担保目的財産の弁済への充当）に従い弁済に充当すること
　(d)　IX.-7：214条（金銭債権又は流通性のある証券上の担保の換価）に従い金銭債権及び流通性のある証券のための換価の方法（取立て，売却又は充当）を実行すること
(2)　(1)の規定は，IX.-7：107条（消費者に対する実行通知）により実行の通知が求められている場合には，通知の到達の日から10日を経過したときに限り，適用する。
(3)　担保権者は，担保目的財産の換価のための段階の一部又は全部を行わせるため，代理人を指名し，又は権限を有する裁判所職員に申立てをすることができる。

IX.-7：208条　裁判外の処分の通知
(1)　担保権者は，担保目的財産を処分する意思のあることを通知した場合に限り，処分権を行使することができる。
(2)　(1)の規定は，担保目的財産が腐敗しやすいものであるときその他価値が急速に低下しやすいものである場合，又は公の市場において公定価格で取引される代

替物である場合には，適用しない。

IX.-7：209条　通知の名宛人
　前条により必要とされる通知は，次に掲げる者に対して行わなければならない。
　(a) 担保提供者，債務者（担保提供者と異なる場合に限る。），及び担保権者の知る限りで，被担保債権につき責任のあるその他の者
　(b) 担保目的財産につき権利を有する次の者
　　(i) 当該権利を登記した他の担保権者
　　(ii) 実行が開始された時点において担保目的財産を占有し，又は管理していた者
　　(iii) 担保目的財産上のその他の権利者で，担保権者が現に知る者

IX.-7：210条　通知の時期及び内容
(1) IX.-7：208条（裁判外の処分の通知）により必要とされる通知は，適時に行われなければならない。処分の10日以上前に名宛人に到達した通知は，適時に行われたものとみなす。
(2) 通知は，次に掲げる事項をすべて示さなければならない。
　(a) 計画されている処分の場所及び時間
　(b) 処分される担保目的財産についての合理的な説明
　(c) 担保目的財産の処分のための最低価格及び支払期限
　(d) 被担保債権の残額の支払により処分を回避することに関する担保提供者，債務者その他の利害関係者の権利

(3) 通知は，その名宛人に情報を伝達するものと期待される言語で行わなければならない。

IX.-7：211条　公競売若しくは私競売又は私的売却による売却
(1) 売却による担保目的財産の全部又は一部の換価は，公的監督を受けている競売（公競売）又は一般人を対象とする競売（私競売）により行うことができる。
(2) 担保目的財産の全部又は一部の売却による換価は，当事者双方が合意している場合又は担保目的財産につき公示された市場価格が存在する場合には，私的売却によることができる。
(3) (1)及び(2)の規定により行われる売却の詳細は，担保権者が定めることができる。
(4) 権利移転が優先する既存の権利に劣後する場合には，担保権者は，購入者の求めに応じて，関連する事項の詳細を開示しなければならない。
(5) 担保権者が公競売又は私競売による売却において担保目的財産を取得した場合には，担保提供者は，競売後10日以内に限り，売却を取り消すことができる。
(6) 担保目的財産の所有者がこの条による当該動産の換価に買主として参加する場合には，売却は，その動産に関する担保を解除する合意と同じ効果を有する。

IX.-7：212条　商取引上の合理的な価格
(1) 担保権者は，担保目的財産を商取引上の合理的な価格で換価しなければならない。

(2) 担保権者が容易に利用することができる公の市場がある場合において，担保目的財産の特殊性を適正に考慮した上で売却時の市場価格に合致していれば，価格は，商取引上合理的である。
(3) (2)の規定が適用されない場合において，担保権者がその状況で期待することができる手順を踏んだときは，価格は，商取引上合理的である。
(4) 売却が私的売却により行われる場合には，担保提供者は，債権者に対して，期待される価格又は価格帯を自らに知らせることを求めることができる。当該価格帯が私競売又は公競売において合理的に得られるであろう価格を相当に下回りそうであることを担保提供者が証明することのできる場合には，担保提供者は，担保権者に対して，私競売又は公競売を手配することを求めることができる。前条(5)の規定が適用される場合を除き，この方法で得られる価格は，当事者双方を拘束する。

IX.-7:213条 売却による換価後の財産に対する買主の権利

(1) 買主は，売却された財産につき，次に掲げる者の有する権利の負担のない権利を取得する。
  (a) 担保提供者
  (b) 担保権実行者
  (c) 後順位担保権者。担保権者であると留保所有権者であるとを問わない。
  (d) その他担保権実行者の権利に劣後する制限物権者
(2) 次に掲げる権利が売却された財産の上に存するときは，当該権利は，売却による権利移転の後も存続する。ただし，担保権実行者がこれらの権利の負担のない担保目的財産を処分する権限を有して行為したとき又は買主がIX.-6:102条（所有権の善意取得による物的担保の喪失）により善意取得したときは，この限りでない。
  (a) 先順位担保権者の権利。担保権者であると，留保所有権者であるとを問わない。
  (b) 優先するその他の制限物権
(3) 買主の地位は，この章の規定による通知要件の懈怠又は競売若しくは私的売却に関するこの章のその他の手続規定の違反により，影響を受けない。
(4) 担保権者又は担保提供者が売却による換価に買主として参加する場合には，(1)から(3)までの規定は，売買の効果に関し，適切な補正を加えた上で，適用する。

IX.-7:214条 金銭債権又は流通性のある証券上の担保の換価

(1) 金銭債権又は流通性のある証券が担保の目的とされる場合には，担保権者は，第三債務者から未履行分を取り立て，金銭債権若しくは流通性のある証券を売却・譲渡し，又は弁済に充当することができる。
(2) 担保権者は，担保が設定された金銭債権又は流通性のある証券上に他の優先する担保権が存在する場合には，これらの先順位担保権者に先立って，担保が設定された金銭債権又は流通性のある証券に

係る権利を取り立てる権利を有しない。
(3) 第三債務者は，流通性のある証券に係る債務者である場合を除き，支払を拒絶することができる。ただし，担保権者が履行期の到来した債務額を明らかにする通知を適切な証拠の裏付けとともに送付したときは，この限りでない。
(4) 担保権者は，Ⅸ.-2：301条（金銭債権に設定される担保）(4)の規定により金銭債権上の担保権が及ぶ人的担保権又は物的担保権を取り立て，又はその他の方法で実行することができる。

Ⅸ.-7：215条　換価金の配当

(1) 前条までの規定による担保目的財産の裁判外の実行から得た換価金は，担保権者により，次の順で配当される。
(2) 第一に，担保権実行者は，換価金を，実行のために生じた費用を含め，被担保債権の満足に充てることができる。
(3) 第二に，担保権実行者の権利に劣後する物的担保を有する担保権者は，(2)の規定に従って換価金の控除した残金を，被担保債権の額に至るまで受領することができる。複数の後順位担保権者がいる場合には，その権利間の優先順位に従って，換価金の残金が配当される。この規定は，担保権実行者の権利に劣後する他の制限物権者についても，適切な補正を加えた上で，適用する。この場合においては，被担保債権の代わりに，制限物権の価値が基準となる。
(4) 第三に，(2)及び(3)の規定に従って換価金の控除した残金は，担保提供者に返還しなければならない。

(5) いずれの担保権者も，その担保権につき合意し，又は登記した極度額を超える金額を受領することはできない。この制限は，実行により生じた合理的な費用については，適用しない。

Ⅸ.-7：216条　担保権者による担保目的財産の弁済への充当

担保権者は，次に掲げる要件のすべてを満たす場合には，被担保債権の全部又は一部を満足させるものとして担保目的財産を受領することができる。

(a) 担保権者が，関連する事項の詳細を記載し，被担保債権の全部又は一部を満足させるものとして担保目的財産の全部又は一部を取得する意思をあらかじめ通知していること
(b) その申し出を，Ⅸ.-7：209条（通知の名宛人）に規定する者へ送付していること
(c) 適切な補正を加えた上で適用されるⅨ.-7：210条（通知の時期及び内容）(1), (2)(b)・(d), (3)及びⅨ.-7：212条（商取引上の合理的な価格）(1)に規定する要件が満たされていること
(d) その申し出が，その送付の前日の営業終了時点における被担保債権に係る債務額及び担保目的財産を受領することで満足を受けるものと提案されている額を明らかにしていること
(e) すべての名宛人がその申し出を受領してから10日以内に，いずれの名宛人もその申し出に対して書面で異議を述べないこと

第3款　裁判上の実行

IX.-7：217条　適用される規定
(1)　裁判上の実行は，担保権者が裁判所その他の管轄を有する公的機関による実行を求める加盟国の手続規定に従って行われなければならない。
(2)　担保権者は，裁判所その他の管轄を有する公的機関に対し，第1款及び第2款の規定による権利のいずれを実行することも申し立てることができる。裁判所その他の管轄を有する公的機関によるこれらの権利の実行は，これらの権利が第1款及び第2款の規定により当事者の合意又は担保提供者その他の者の同意若しくは異議のないことに基づくかどうか，又は，これらにより排除されるかどうかにかかわらない。

第3節　所有権留保に関する規定

IX.-7：301条　所有権留保が付されている場合における不履行の結果
(1)　留保所有権者は，第Ⅲ編第3章第5節の総則規定に従い売買契約，買取選択権付賃貸借契約，ファイナンス・リース契約又は委託販売契約に基づく契約関係を解消することにより，所有権留保に基づく権利を実行する。
(2)　買主，買取選択権付賃借人，リース借主又は委託販売の受託者によって移転又は供給された財産上のすべての権利は，次の各号のいずれかに該当する場合を除き，〔所有権留保の実行によって〕消滅する。
(a)　これらの者がそのような権利の設定又は移転の権限を与えられていた場合
(b)　譲受人がIX.-2：108条（担保権の善意取得）からIX.-2：111条（現金，流通性のある証券及び証書を目的とする担保権）までの規定又はIX.-6：102条（所有権の善意取得による物的担保の喪失）の規定により保護される場合
(c)　譲受人の権利が，例外的に，留保所有権者の権利に優先する場合
(3)　留保所有権者は，財産を再び売却し，又は再リースすることによって，供給した財産の元の価格を上回る剰余金を得た場合には，当該剰余金のすべてについて権利を有する。
(4)　所有権留保が合意又は法律の規定により第三者に移転したときは，当該第三者は，(1)から(3)までの規定による権利を行使することができる。

IX.-7：302条　占有，占有移転禁止及び保存
　IX.-7：201条（有体財産の占有についての債権者の権利），IX.-7：202条（担保目的財産の占有移転禁止及び保存に関する債権者の権利）及びIX.-7：203条（裁判所その他の公的機関の介入）は，所有権留保に関して，IX.-1：104条（所有権留保に適用される規定）(2)に定める補正を加えた上で，適用する。

第X編 信託

第1章 総則

第1節 適用範囲及び他の規定との関係

X.-1：101条　この編の規定が適用される信託

(1) この編の規定は，第2章（信託の成立）の規定により成立する信託について適用する。
(2) この編の規定は，次の各号のいずれかに該当する信託についても，適切な修正を加えた上で，適用する。
　(a) 次のいずれかに該当する信託
　　(i) 法令で信託が成立すると定めることにより成立する信託
　　(ii) 形成的効力を有する裁判所の命令により成立する信託
　(b) このモデル準則によって定められていない事項に関する法令に規定された法定の効果により生じる信託
(3) この編において，「裁判所」とは，公務員又は公的団体であって，適用される国内法により認められた権限を有するものを含む。ただし，仲裁廷を含まない。

X.-1：102条　物的担保法の優先

担保の目的でされる信託に関しては，第IX編（動産担保）の規定が，この編の規定に優先する。

第2節 定義, 特別の法律効果及び当事者

X.-1：201条　信託の定義

信託は，受益者に利益を与えるため，又は公益目的を実現するために当該の関係に適用される定め（以下「信託行為の定め」という。）に従って，受託者が一つ又は複数の財産（以下「信託財産」という。）の管理又は処分を行う債務を負う法律関係である。

X.-1：202条　信託の特別の法律効果

(1) 信託が効力を生じることにより，信託財産は，第10章（第三者に対する関係）の規定に従い，受託者の固有財産及び受託者に帰属し，又は受託者が管理するその他の財産から分離された財産とみなす。
(2) 信託については，特に次に掲げるすべての効果が認められる（ただし，信託財産が受託者に帰属していることに尽きない理由があるときは，その限りでない。）。
　(a) 受託者の固有債権者は，強制執行又は倒産処理手続により，信託財産から支弁を受けることができない。

(b) 婚姻又は家族関係に基づいて財産権を帰属させる準則は，信託財産については適用しない。
(c) 受託者の承継人は，受託者の死亡により，信託財産から利益を受ける権利を取得しない。

X.-1：203条　信託の当事者
(1) 委託者とは，法律行為により信託を設定し，又は設定する意思を有する者をいう。
(2) 受託者とは，信託が成立した時又はその後選任された時若しくは選任の後に信託財産が帰属することになり，又は信託財産が帰属していた者であって，X.-1：201条（信託の定義）に規定する債務を負うものをいう。
(3) 受益者とは，信託行為の定めに従い，信託財産から利益を受ける権利（以下「受益権」という。）又は利益を受ける資格（以下「受益資格」という。）を有する者をいう。
(4) 信託補助人とは，信託行為の定めに従い，受託者を選任し若しくは解任する権限又は受託者の辞任に同意する権限を有する者をいう。
(5) この編に別段の定めがある場合を除き，次の各号の定めるところによる。
    (a) 委託者は，受託者又は受益者となることもできる。
    (b) 受託者は，受益者となることもできる。
    (c) (a)及び(b)に規定する当事者はいずれも，信託補助人となることもできる。
(6) この編において，ある者の「承継人」とは，ある者の死亡に基づいて，相続法の規定によりこの者の固有財産に対する権利を有することになる相続人又は代表者をいう。以下の規定において信託の当事者（又は前当事者）とあるものは，その者が死亡しているときは，その性質に反しない限り，その者の承継人と読み替える。

X.-1：204条　複数の受託者
(1) 信託は，複数の受託者がいる場合には，連帯のものとする。
(2) 信託財産が複数の受託者に共に帰属するときは，その共有は，合手的なものとする。

X.-1：205条　受託者の債務の履行を強制する権利を有する者
(1) 受益者は，受託者の債務が自己の受益権又は受益資格に係る限り，受託者の当該債務の履行を求める権利を有する。
(2) 公益目的を促進するための信託においては，受託者が負う信託上の義務の履行を強制する権利は，次に掲げる者が有する。
    (a) その公益目的の促進を職務とする公務員又は公的団体
    (b) その他その債務の履行について十分な利害関係を有する者
(3) 受託者は，共同受託者の債務の履行を強制することができる。

X.-1：206条　受益権及び受益資格
(1) 信託行為の定めにより，受託者が，所定の場合に，信託財産の全部又は一部

処分し，ある者に利益を与えるものとされているときは，この者は，受益権を有する。
(2) 信託行為の定めにより，受託者が，所定の場合に，信託財産の全部又は一部を処分し，ある者に利益を与えることができるが，この者が利益を得られるか否かが，受託者その他の者の裁量権の行使によるものとされているときは，この者は，受益資格を有する。
(3) 受益者の有する受益資格は，受託者が当該受益者に対して，当該資格に関する信託行為の定めに従って当該受益者に利益を与える旨の決定を通知したときは，受益権となる。
(4) この編において，「利益」は，受託者が信託財産から支弁を受ける権利を行使することを含まない。

第3節　総則の修正及び補充

X.-1：301条　無償の意義の拡張

(1) この編において，「無償」とは，報酬なしに行われること又は提供されることを意味する。
(2) 法律行為によって設定される権利又は提供される利益の価値に比べて，報酬の価値が公平の見地からは無視できるほどに小さいものであるときは，この編において，当該法律行為又は利益もまた，無償であるものとみなす。

X.-1：302条　通　　知

(1) この編においてある者に対して通知をしなければならないとされている場合において，それを行うことに実際上の合理性がないときは，これに代えて，裁判所に対してその通知をすることができる。
(2) 複数の受託者がいる場合において，受託者に対して通知をしなければならないとされているときは，受託者の一人に対する通知で足りる。ただし，受託者の変更に関する通知は，受託者のうち変更の効力が生じた後も引き続き受託者にとどまる者の一人に対してしなければならない。

X.-1：303条　規定の強行法規性

この編の規定は，別段の定めがある場合を除き，強行法規である。

第2章　信託の成立

第1節　法律行為による成立に関する基本準則

X.-2：101条　成立の要件

信託は，委託者に帰属する財産について，次に掲げる要件のすべてを満たす場合には，他の要件を要することなく，成立する。
(a) 委託者が，当該財産について信託を設定する意思を表示すること
(b) 当該意思表示が，X.-2：201条（意思表示の要件）に規定する要件を満

たすこと
(c) X.-2：102条（譲渡による成立）又はX.-2：103条（譲渡によらない成立）が適用されること

X.-2：102条　譲渡による成立
(1) 成立に関する他の要件が満たされる場合において，意思表示の履行として，財産が，受託者となることに同意した者又は意思表示の中で受託者として若しくは受託者となるべきものとして指定された者に譲渡されたときは，信託が成立する。
(2) 委託者の生前に，委託者と受託者となろうとするものとして指定された者との間で財産の譲渡に関する合意が行われたときは，この合意について，贈与契約に関する規定を準用する。
(3) 委託者が，財産の受託者となろうとするものとして指定された者に対して，信託を設定する旨の拘束力のある一方的約束をしたときは，この者は，当該約束によって生じた債務の履行を求める権利の受託者となる。ただし，当該権利が拒絶されたときは，この限りでない。

X.-2：103条　譲渡によらない成立
(1) 成立に関する他の要件が満たされる場合において，次の各号のいずれかに該当するときは，信託は，譲渡なくして意思表示のみによって成立する。
  (a) 当該意思表示が，委託者が唯一の受託者となるべき旨を示すものであるとき
  (b) 当該意思表示が遺言によるものであり，かつ，受託者について定めていないとき
  (c) 次に掲げる要件のすべてを満たすとき
    (i) 委託者が，受託者となろうとするものとして指定された者に財産を譲渡するために委託者に要求される行為をすべて行うこと
    (ii) 受託者となろうとするものとして指定された者が当該財産を受領せず，又は受領することができないこと
    (iii) 当該意思表示において別段の定めがないこと
(2) (1)の規定により信託が成立するときは，委託者が受託者となる。

第2節　意思表示

X.-2：201条　意思表示の要件
(1) 第1節（法律行為による成立に関する基本準則）に規定する信託を設定する意思表示についての要件は，次の各号の定めるものとする。
  (a) 当該意思表示が，委託者又は委託者のためにそれを行う権限を有する者によって行われること
  (b) 当該意思表示が，X.-2：203条（意思表示の方式要件）に規定する方式についての要件のすべてを満たすこと
(2) 意思表示は，いずれの当事者に対しても通知し，又は公示することを要しない。

X.-2：202条　意思表示の態様
(1) 表示又は行為により，財産が帰属する者又は帰属することとなる者が受託者と

して法的に拘束されるものとする意思を表示する者は，信託を設定する意思を表示したものとする。
(2) ある財産に関する権利について定める遺言その他の証書に含まれる一つ又は複数の表示が，当該財産に関して信託を設定する意思の表示となるか否かを判断するに当たっては，当該表示全体を有効とする解釈を優先しなければならない。

X.-2：203条　意思表示の方式要件
(1) 財産の譲渡について譲渡人による証書の作成が必要とされている場合には，信託を設定する意思の表示は，譲渡の証書に含まれていないとき，又はそれと同一若しくは同等の方式で行われていないときは，効力を生じない。
(2) 委託者が唯一の受託者となるべき旨の意思表示は，贈与の一方的約束と同一の方式で行われていないときは，効力を生じない。
(3) 信託が，意思表示をした者が死亡した時に成立するものとされている場合には，当該意思表示は，遺言証書によって行われていないときは，効力を生じない。

X.-2：204条　意思表示の撤回又は変更
(1) 意思表示をした者は，信託が成立するまではいつでも，当該意思表示の全部又は一部の内容を撤回し，又は変更することができる。
(2) 撤回又は変更は，その意思表示について適用される方式に関する要件がある場合において，その要件を満たさないときは，効力を生じない。

(3) (2)の規定にかかわらず，意思表示又はその一部の内容が証書に記載されている場合には，当該証書を破棄し，又は抹消することによって，その撤回をすることができる。ただし，法的効力を生じさせる意思をもって証書中で行った表示をそのような方法で撤回することが，適用される国内法の法規定において認められていないときは，この限りでない。

X.-2：205条　意思表示が要件を満たさない場合の効果
ある意思表示を実現するために，受託者となろうとするものとして指定された者に財産が譲渡された場合において，当該意思表示がX.-2：201条（意思表示の要件）に規定する要件を満たさないときは，譲受人は，委託者に当該財産を返還するという信託行為の定めの下で当該財産を受領したものとする。

第3節　信託の拒絶及び受益権の拒絶

X.-2：301条　信託を拒絶する受託者の権利
(1) 信託が成立した場合において，受託者として行為をすることに同意しないまま受託者となった者は，次に掲げる者のいずれかに通知することによって，受託者として行為をすることを拒絶することができる。
  (a) 委託者
  (b) 完全な法的能力を有し，かつ，受託者として行為をすることに同意している共同受託者のいずれかの者
(2) 拒絶は，帰属した権利のすべての拒絶

又は信託全体の引受けの拒絶のいずれの形式によっても行うことができ，いずれの場合においても，権利の拒絶及び信託の拒絶のいずれも行ったものとして効力を生じる。

(3) 拒絶は，撤回することができない。

(4) 拒絶するために合理的に費用を負担した者は，信託財産を受領し，受託者として行為をすることに同意した共同受託者，又は，そのような共同受託者がいない場合には，委託者から，当該費用の償還を受ける権利を有する。

(5) 唯一の受託者が拒絶をした場合，又は信託財産を受領し，受託者として行為をすることに同意した共同受託者がいない場合には，X.-2：103条（譲渡によらない成立）(1)(c)の規定に従って，委託者が財産の受託者となる。ただし，信託を設定する意思表示に別段の定めがあるときは，この限りでない。

(6) (1)から(5)までの規定を適用するほか，拒絶の要件及びその効果は，Ⅱ.-4：303条（権利又は利益の拒絶）の適用又は準用によって決定する。

X.-2：302条　受益権又は受益資格の拒絶

Ⅱ.-4：303条（権利又は利益の拒絶）により受益者が有する受益権又は受益資格を拒絶する権利は，受託者への通知によって行使する。

第4節　特定の場合に関する補則

X.-2：401条　贈与と信託の区別

(1) ある者が他の者に財産を無償で譲渡した場合において，譲渡人が当該財産を贈与する意思であったか，若しくは当該財産に関して譲渡人の利益のために信託を設定する意思であったか，又はどの範囲まで贈与し，若しくは信託を設定する意思であったかが明らかでないときは，譲渡人の意思は，次の各号の定めるところによる。

(a) 譲受人に対する贈与の意思であったと解することが，当事者間の関係及び譲渡人が過去に行い，又は同時に行う取引と矛盾しない場合には，そのような意思を有するものと推定する。

(b) その他の場合には，譲受人が譲渡人の利益のために受託者となる意思を有するものと推定する。

(2) (1)に規定する推定は，譲渡人が，譲渡の時に当該財産を専ら譲受人の利益のために処分する意思を有していなかったこと，又はそのような意思を有していたことを証明することによって，覆すことができる（この場合においては，(1)に規定する他方の意思が確定する。）。

(3) (1)及び(2)の規定は，譲渡が複数の譲受人に対して行われた場合（譲渡が譲渡人及び他の者に対して行われた場合を含む。）について準用する。

(4) 譲渡人が，財産を処分するに当たり，一部のみを譲受人の利益のために処分する意思を有していたこと，又は譲受人のうち一人の利益のために処分する意思を有し，共同譲受人の利益のために財産を処分する意思を有していなかったことが証明され，又は推定された場合には，譲渡人は，その範囲で譲受人の利益のため

に信託を設定する意思を有していたものとみなす。

X.-2：402条　相続法の規定の優先適用

信託が，委託者の死亡時に効力を生じるものとされている場合には，当該信託については，次に掲げる事項について定める相続法の規定を優先して適用する。
 (a) 葬儀費用及び被相続人の債務の支払のために被相続人の財産がどのように処分されるべきであるか。
 (b) (i) 委託者が当該財産のいずれかの部分について処分の自由を有しているか否か。
   (ii) 被相続人と家族その他の関係にあることを理由として，当該財産のいずれかの部分について請求権を有する者がいるか否か。
   (iii) その請求権は，どのようにして満足を得るべきか。

X.-2：403条　遺産が譲渡されるまでの間の遺産に対する権利の信託

委託者の遺産に関して受遺者が受託者となるものとする意思表示が委託者によってされ，当該意思表示がX.-2：201条（意思表示の要件）に規定する要件を満たす場合において，当該遺産が譲渡されるまでの間は，受遺者は，委託者の死亡により当該遺産について委託者の承継人となった者に対する権利の受託者となる。

第3章　信託財産

第1節　当初信託財産の要件

X.-3：101条　信託財産

(1) 信託財産に属する財産は，それらが同一の受託者に帰属し，かつ，次の各号のいずれかに該当する場合には，同種のものであるか否かを問わず，単一の信託財産を構成する。
 (a) 当該財産に関する信託行為の定めにより，当該財産が単一の信託財産を構成するものとされている場合又は当該財産が共同で管理されるべきものとされている場合
 (b) 当該財産に関する別個の信託が，各信託上の義務の履行として併合される場合
(2) 複数の信託が，同一の信託行為の定めに基づき，かつ，同一の者を受託者として，同時に成立する場合には，信託財産に属する財産は，単一の信託財産を構成する。ただし，信託行為に別段の定めがあるときは，この限りでない。
(3) この編において，「信託財産の一部」とは，信託財産に対する持分，信託財産に属する特定の財産若しくは特定の財産に対する持分又は信託財産から拠出されるべき特定の金額をいう。

X.-3：102条　信託財産に属する財産となることができるもの
　物権その他の権利は，譲渡可能なものである限り，信託財産を構成することができる。

X.-3：103条　信託財産の特定可能性及び分別
(1)　信託は，ある財産につき，信託が効力を生じた時に次の各号のすべてに該当する場合に限り，成立する。
　(a)　当該財産が信託行為の定めによって十分に確定される場合，又は信託財産を構成する財産をその他の方法によって特定することができる場合
　(b)　当該財産が他の財産から分別されている場合
(2)　分別されていない財産について信託を設定する意思表示は，当該意思表示の他の定めが許容する場合に限り，次に掲げる条件に基づいて，当該財産を含む混合物全体について信託を設定するものとみなす。
　(a)　受託者が，信託財産となるべきことを意図された財産を分別する債務を負うこと
　(b)　信託財産が分別されるまでは，意思表示によって定められた権利義務が，混合物のうち対応する部分について認められること

第2節　信託財産の変更

X.-3：201条　信託財産の追加
(1)　信託が成立した後，信託財産に属する財産となることができる財産は，次の各号のいずれかに該当する場合には，信託財産の一部となる。
　(a)　受託者が，信託上の義務の履行により，当該財産を取得した場合
　(b)　受託者が，信託財産への追加として，又は信託財産の利用により，当該財産を取得した場合
　(c)　受託者が，受託者としての資格で取得した情報又は機会を信託行為の定めに反して利用することにより，当該財産を取得した場合
　(d)　受託者が信託行為の定める方法とは異なる方法で当該財産を処分し，その時又はその後に，受託者が当該財産を取得した場合
(2)　受託者が複数ある場合は，財産は，受託者の全員によって取得されたときでなくても，この条に従い，信託財産の一部となる。

X.-3：202条　信託財産からの逸出
(1)　信託財産に属する財産は，X.-1：201条（信託の定義）に規定する債務を負う者に帰属しなくなったときは，信託財産の一部でなくなる。
(2)　受託者が複数あるときは，財産は，受託者のうち少なくとも一人にその資格で帰属している限り，信託財産の一部である。

X.-3：203条　信託財産と他の財産との混合
(1)　信託財産に属する財産が，受託者に帰属する他の財産と混合し，信託財産に属する財産であると特定することができなくなったときは，信託は，混合物につい

て成立する。この場合においては，各財産が異なる所有者に属するものとみなしてⅧ-5:202条（混和）を準用し，当該混合物のうち，元の信託に従って管理及び処分が行われるべき持分を決定する。
(2) (1)の規定にいう他の財産が受託者の固有財産であるときは，混合物の減少は，受託者の固有財産の持分に割り当てられる。

X.-3:204条　信託財産の喪失又は費消
(1) 信託は，信託財産が信託上の義務の履行としてすべて処分されたとき，又はその他の理由により信託財産が存在しなくなったときは，終了する。
(2) 受託者が，信託上の義務を履行しなかった結果，信託財産を復旧する責任を負う場合において，信託財産が復旧したときは，信託は復活する。

第4章　信託行為の定め及びその無効

第1節　信託行為の定め

X.-4:101条　解　釈

信託行為の定めの意味を確定することができないときは，次に掲げる解釈が優先する。ただし，単独行為の解釈に関する他の規定の適用は，これによって妨げられない。
 (a) 使用されている用語及び表現の全体に効力を与える解釈
 (b) 受託者の合理的な行動が不履行とされることのない解釈
 (c) 信託財産の処分に関する条項の不完全さを除去し，又は最も減じる解釈
 (d) 信託が委託者の生前に無償で成立し，かつ，委託者が受益権を留保し，又は留保することができる場合には，委託者に受益権を与え，又はその権利を広げる解釈

X.-4:102条　信託財産が処分し尽くされなかった場合
(1) 信託行為の定め及びこの編の規定が，既に生じた事情の下で，他の方法で信託財産を処分することを定めていない場合には，信託財産は，委託者のために処分されるものとする。
(2) (1)の規定にかかわらず，公益目的を実現するための信託が効力を生じなかったため，又はそのような信託における信託上の義務の履行によって信託財産が費消されなかったため，信託財産に残余が生じたときは，当該信託財産は，元の目的に最も近似した公益目的を実現するために処分されるものとする。

X.-4:103条　受益者の確定可能性
(1) 受益権を与えることを目的とした信託行為の定めは，受益者が委託者によって十分に特定されている場合，又は利益が与えられるべき時にその他の方法により確定することができる場合に限り，有効とする。
(2) ある集団に属する者の中から受託者又は第三者の指定した者に受託者が利益を

与えることを認める信託行為の定めは，指定が可能とされている時に，特定の者が当該集団に属するか否かを合理的な確実性をもって判断することができる場合に限り，有効とする。
(3) 信託が成立した後でなければ存在しない者も，受益者となることができる。

X.-4：104条　受益権又は受益資格の確定可能性

(1) 受益権又は受益資格は，利益が信託行為の定めにおいて十分に確定されている場合，又は当該利益が与えられるべき時にその他の方法で確定することができる場合に限り，有効である。
(2) 与えられるべき利益が，第三者が指定をすることができないという理由又は指定をしないという理由のみによって確定することができないときは，受託者が当該指定を行うことができる。ただし，信託行為に別段の定めがあるときは，この限りでない。

X.-4：105条　債権者に支払をするための信託

債務の支払その他債権者の利益を目的とする信託は，弁済により債務を免れさせることで債務者に利益を与える信託として効力を生じる。

第2節　無　効

X.-4：201条　委託者による取消し

第Ⅱ編第7章（無効の原因）の規定は，委託者の生前に無償で成立する信託に適用するときは，次に掲げる修正を加える。ただし，その他の必要な補正を加えることを妨げない。
(a) 委託者は，事実の錯誤又は法の錯誤に基づいて信託が成立し，又は信託行為にある定めが含まれることとなったときは，Ⅱ.-7：201条（錯誤）(1)(b)に規定する要件が満たされているか否かにかかわらず，その信託又はその信託行為の定めを取り消すことができる。
(b) 委託者は，受益者に従属し，又は受益者との信頼関係においてより立場の弱い当事者であった場合において，信託又は信託行為の定めが受益者に利益を与えるものであるときは，当該信託又は信託行為の定めを取り消すことができる。ただし，受益者が，委託者の状況につけ込んで過大な利益又は著しく不公正に有利な地位を取得しなかったことを証明したときは，この限りでない。
(c) 取消しの通知をするための合理的期間（Ⅱ.-7：210条（期間制限））は，次の各号のいずれかに該当するときは，進行を開始しない。
　(i) 委託者が，収益に対する排他的受益権を行使するとき
　(ii) 信託財産が，一つ又は複数の受益権からなり，この権利の履行期が到来していないとき
(d) (c)(i)の規定が適用されるときは，利益を受領したことは，信託を黙示に追認したものとみなさない。

X.-4:202条　取消し後の受託者及び第三者の保護

(1) 取消しは，信託財産に対する受託者の権原に影響を及ぼさない。

(2) 信託又は信託行為の定めが取り消すことのできるものであることを受託者が知り，又は知ることを合理的に期待される場合を除き，次の各号の定めるところによる。
  (a) 受託者は，信託が取り消される前に信託行為の定めに従って行った信託財産の管理又は処分について責任を負わない。
  (b) 受託者は，取消しにより利益に対する権利を取得した者に対して，取消し前に当該利益に対する受益権を有していた受益者に対して主張することができた抗弁を主張することができる。
  (c) 受託者は，信託財産から支弁を受ける権利が取消し前に生じていたときは，これを失わない。

(3) 信託の取消しは，次に掲げる要件のすべてを満たす場合には，当該取消しの前に受益者の受益権又は受益権に対する担保権その他の制限的権利を取得した第三者の権利に影響を及ぼさない。
  (a) 当該第三者が，信託又は信託行為の定めが取り消すことのできるものであったことを知らず，かつ，知るべき理由がなかったこと
  (b) 当該処分が無償のものでないこと

X.-4:203条　強制することができない信託目的

(1) 受益者に利益を与えることも公益目的の実現も目的としない信託は，委託者のための信託として効力を生じる。

(2) 当初の信託が強制することができない目的を実現するためのものである場合において，次に掲げる要件のすべてを満たすときは，受託者は，当該信託に従って信託財産を処分する撤回可能な権限を有する。
  (a) 当該目的を実現することが，基本原則又は強行法規に違反せず，かつ，公共の利益に反しないこと
  (b) 信託財産が処分されたときに，その処分が当該目的を実現するためのものであるか否かについて，合理的な確実性をもって決定することができること
  (c) 当該処分が，当該処分から得られる利益に比して，明らかに不均衡なものでないこと

第5章　受託者による決定と受託者の権限

第1節　受託者による決定

X.-5：101条　受託者の裁量権
(1) この編の規定による受託者の債務に従うことを条件とし，かつ，その他の規定に定められた例外が適用される場合を除き，受託者は，自己の権限と裁量権の行使が，信託上の義務の履行に最も適合しているか否か，並びにいつ及びどのように行使することが最も適合するかについて決定する自由を有する。

(2) 信託行為その他の規定に別段の定めがある場合を除き，受託者は，信託の当事者その他の者の指図又は意思に拘束されず，かつ，自らがこれに拘束されるものと考えてはならない。

(3) 受託者は，その裁量権の行使について理由を開示する義務を負わない。ただし，当該信託が公益目的を実現するためのものであるとき，又は信託行為に別段の定めがあるときは，この限りでない。

X.-5：102条　複数の受託者による決定
受託者が複数あるときは，その権限及び裁量権は，受託者の多数決により行使される。ただし，信託行為又はこの編の他の規定に別段の定めがあるときは，この限りでない。

X.-5：103条　権限又は裁量権の行使における利益相反
信託行為に別段の定めがある場合を除き，受託者は，権限又は裁量権を行使するか否かの決定が，当該受託者に対して受益権又は受益資格を付与し，承認し，又は拡大する効果を有するときは，その決定に加わることができない。

第2節　受託者の権限

第1款　総　　則

X.-5：201条　権限に関する総則
(1) 信託行為の定め又はこの編の他の規定により制限される場合を除き，受託者は，信託上の義務の履行として，次に掲げる行為をすることができる。
  (a) 財産の所有者が適法にすることのできる行為
  (b) ある者が他の者のために行う権限を有する行為

(2) 信託行為により制限され，又は修正される場合を除き，この節の他の規定においては，特定の状況における受託者の権限について定める。

X.-5：202条　受託者の最少人数が定められている場合の制限
(1) 信託行為の定め又はこのモデル準則により必要とされる最少人数より少ない数の受託者しかいない場合には，受託者は，次に掲げる権限又は権利に限り，行使することができる。
  (a) 受託者を選任する権限
  (b) 裁判所に助力の申立てをする権利
  (c) X.-6：201条（信託財産から費用の償

還及び免責を求める権利）による権利
- (d) 受託者の有する他の権利又は権限のうち，その行使が次のいずれかに該当するもの
  - (i) 当該状況において信託行為で明示的に定められていること
  - (ii) 信託財産の保存に必要であること
  - (iii) 履行期が到来し，又は履行期が差し迫っている信託債務を弁済するために必要であること
- (2) 信託が複数の受託者への譲渡によって成立したときは，受託者の最少人数は二人とする。ただし，信託行為に別段の定めがあるときは，この限りでない。

第2款　受託者の権限に関する各則
X.-5：203条　代理人を選任する権限
- (1) 受託者は，受託者のために行為をする権限を代理人に与えることができ，かつ，この款の次条以下の規定に従うことを条件として，信託上の義務の履行を第三者に委託することができる。
- (2) 複数の受託者は，そのうちの一人に，受託者を代表して行為をする権限を与えることができる。
- (3) (1)及び(2)の規定にかかわらず，次に掲げる権限を行使するか否か，及びどのように行使するかに関する決定は，受託者が自ら行わなければならない。
  - (a) 受益者に利益を与えること又は実現されるべき公益目的若しくはその実現の方法を選択することに関する裁量権
  - (b) 受託者を変更する権限
  - (c) 信託上の義務の履行を委託する権限
- (4) 義務の履行を委託された者は，当該履行に関する限り，受託者と同じ義務を負う。
- (5) 受託者は，十分な理由なしに，書面によらない委任契約又は次に掲げる定めを含む委任契約を締結してはならない。
  - (a) 委任を撤回することができないものとする定め
  - (b) 第Ⅳ編Ｄ部第3章第1節（受任者の主たる義務）に規定する代理人の義務を排除し，又はこれを本人の不利に変更する定め
  - (c) 代理人が復委任をすることを認める定め
  - (d) 代理人に利益相反行為を認める定め
  - (e) 不履行を理由として代理人が本人に対して負う責任を排除し，又は制限する定め
- (6) 受託者は，代理人による履行を監督し，かつ，事情により必要なときは，代理人に指示を与え，又は委任関係を解消する義務を負う。

X.-5：204条　受託者となることを引き受けた者に権原を譲渡する権限
- (1) 受託者は，信託財産に属する財産について受託者となること，元の受託者の指示に従って当該財産を処分すること及び元の受託者による指示がない場合にはその求めに応じて元の受託者に当該財産を返還することを引き受ける者に，当該財産を譲渡することができる。
- (2) 財産の受領者は，次に掲げるいずれかの者でなければならない。

第5章　受託者による決定と受託者の権限

(a) 業としてそのような引受けを行う者
(b) 受託者が支配する法人
(c) 法令においてそのような信託上の義務を履行する資格を有する者として指定され，又はこの目的のために規定された要件を満たした法人
(3) この条を適用する場合においては，X.-5：203条（代理人を選任する権限）(5)及び(6)の規定を準用する。

X.-5：205条　物理的支配を保管者に移転する権限

(1) 受託者は，信託財産に属する財産及び当該財産に関する書類を，信託財産に属する財産を保管すること及びその求めに応じて受託者に返還することを引き受ける者による物理的支配の下に置くことができる。
(2) この条を適用する場合においては，X.-5：204条（受託者となることを引き受けた者に権原を譲渡する権限）(2)及び(3)の規定を準用する。

X.-5：206条　委託する権限

受託者は，受託者の負う信託上の義務の履行並びに裁量権，信託財産に属する財産を処分する権限及びこの条の定める委託する権限の行使を含む受託者の権限の行使を，他の者に委託することができる。ただし，受託者は，Ⅲ.-2：106条（他人への履行の委託）に従い，履行に対する責任を免れない。

X.-5：207条　投資に関する選択を行う権限

受託者は，信託財産を投資する義務を負うときは，いかなる形態の投資を行うこともでき，かつ，当該義務の履行に最も適合的な特定の投資方法を決定することができる。

X.-5：208条　監査のために信託帳簿を提出する権限

受託者は，適切と判断される場合には，適格性を有する独立した監査人による監査を受けるために，信託帳簿を提出することができる。

第6章　受託者及び信託補助人の義務及び権利

第1節　受託者の義務

第1款　総則

X.-6：101条　受託者の一般的義務

(1) 受託者は，信託財産を管理し，及びその処分を行う権限を行使するに当たっては，他人の事務の慎重な管理者として，受益者の利益又は公益目的の実現のために，法及び信託行為の定めに従ってこれをしなければならない。
(2) 受託者は，特に，必要な注意及び技能をもって，公正に，かつ，信義誠実に従って行為をする義務を負う。
(3) 信託行為に別段の定めがある場合を除き，次の各号の定めるところによる。
(a) この条に規定する義務は，X.-6：

102条（必要な注意及び技能）及び第2款に規定する義務を含む。
 (b) 信託財産の管理又は処分は，受託者の経済的利益となる場合に限り，この者の利益となる。

X.-6：102条　必要な注意及び技能
(1) 受託者は，受託者が報酬を受ける権利を有するか否かも考慮に入れて，合理的な能力及び注意をもって他人の事務を管理する者に期待することができる注意及び技能をもって行為しなければならない。
(2) 受託者は，専門職にある者として行為をするときは，その職にある者に期待される注意及び技能をもって行為しなければならない。

第2款　受託者の義務に関する各則
X.-6：103条　分別，保護及び付保義務
(1) 受託者は，信託財産を他の財産から分別し，及び信託財産に属する財産を保管する義務を負う。
(2) 受託者は，特に不当な管理又は処分が行われるリスクのある財産に投資してはならない。ただし，保管のために特別な注意を払うときは，その限りでない。財産が，書類の所持者に履行しなければならない権利を化体した書類である場合において，当該書類がX.-5：205条（物理的支配を保管者に移転する権限）に従って保管者により保管されたときは，そのような注意が払われたものとする。
(3) 受託者は，そうすることが可能かつ適切である場合には，信託財産に属する財産について，損失に対する保険を付す義務を負う。

X.-6：104条　通知及び報告義務
(1) 受託者は，受益権を有する受益者に対して，信託の存在及び当該受益者の権利を通知する義務を負う。
(2) 受託者は，受益資格を有する受益者に対して，信託の存在及び当該資格を通知するために合理的な努力をする義務を負う。
(3) (2)の規定の適用に当たりいかなる努力が合理的かを決するに当たっては，次に掲げる事項を考慮しなければならない。
 (a) 必要な費用が，当該受益者に与えられることとなる利益の価値に比して適当であるか否か。
 (b) 受益者が，受託者が利益を与えなければならない集団の一員であるか否か。
 (c) 受益者を特定し，連絡を取ることの現実性
(4) 受託者は，適切である限りで，信託財産の状況及びその投資，信託債務並びに信託財産に属する財産及びその収益の処分に関する情報を提供することができるようにする義務を負う。

X.-6：105条　帳簿作成義務
受託者は，信託財産に関する帳簿（信託帳簿）を作成する義務を負う。

X.-6：106条　信託書類の閲覧及び謄写を認める義務
(1) 受託者は，受益者その他の信託上の義務の履行を強制する権利を有する者に，

信託に関する書類を閲覧すること及び信託に関する書類をその者自身の費用で謄写することを認めなければならない。
(2) (1)の規定は，次に掲げる書類については，適用しない。
　(a) 受託者が，受託者としての資格で，閲覧を求める者に対して現在行い，又は行うつもりである法的手続に関連する法的助言者の意見及びそのような手続のために収集された証拠
　(b) 受託者と他の受益者との間の通信その他開示することによって受託者が受託者としての資格で他人に対して負う守秘義務に違反することとなる通信
(3) 信託に関する書類が，受託者としての資格で得た秘密のものとするべき情報に関するものである場合において，受益者が，その秘密が維持されることについて適当な保証を与えないときは，受託者は，当該信託に関する書類の閲覧及び謄写を拒絶することができる。
(4) 当該信託が公益目的を実現するためのものであるときを除き，受託者は，信託に関する書類が，裁量権を行使するか否かについての受託者の決定の理由，その決定に先立つ受託者の検討及び検討に関連する資料を開示するものであるときも，当該信託に関する書類の閲覧及び謄写を拒絶することができる。
(5) この条に規定する閲覧及び謄写の権利は，信託行為の定めにより広げることができる。
(6) この編において，「信託に関する書類」とは，次に掲げるものをいう。
　(a) 信託に関する委託者の意思表示（拘束力を生じさせる意思をもってされたか否かを問わない。）を内容とする書類及び信託行為の定めを変更するすべての法律行為又は裁判所の命令を内容とする書類
　(b) 受託者の会議の議事録
　(c) 受託者が受託者としての資格で作成した記録及び受領した書面による通知その他の通信（受託者が信託財産の費用で依頼した法的助言者の意見を含む。）
　(d) 受託者によって締結され，又は行われた法律行為を内容とするすべての書類
　(e) 信託財産に属する財産の処分に対する受領証
　(f) 信託帳簿

X.-6：107条　投資義務

(1) 受託者は，信託財産が投資に適したものである限り，信託財産を投資する義務を負う。この場合において，受託者は，特に次に掲げる義務を負う。
　(a) 通常は収入を生み出さず，価値が増加することもない財産を処分し，その収益を投資する義務
　(b) 受託者が，信託財産と同様の規模と性質をもった財産を効率的かつ慎重に投資するために必要となる専門的知識を欠いている場合には，当該財産の投資について専門家の助言を得る義務
　(c) 全体として次の(i)及び(ii)を達するように，投資を分散する義務。ただ

し，信託財産の規模が小さいために，投資の分散が適当でないときは，この限りでない。
    (ⅰ) 特定の投資の失敗又は損失の危険を分散すること
    (ⅱ) 期待される収益が，失敗又は損失の恐れを著しく上回ること
  (d) 投資先を維持すること又は変更することのいずれが適当であるかを，適切な間隔で再検討する義務
(2) 受託者は，次の各号のいずれかに該当する財産を投資する義務を負わない。
  (a) 受益者に譲渡するため若しくは受益者が使用するために，又は信託債務を弁済するために直ちに必要となる財産
  (b) その他，それを投資することによって，受託者がこの編に規定する他の義務の履行を妨げられることになる財産
(3) この条に規定する投資義務にかかわらず，受託者は，信託行為の定めによって受託者が保有するものとされている財産，又は受益者に現物を譲渡するものとされている財産については，これを処分する権限を有しない。

X.-6：108条　信託財産に属する財産又は信託債権者の権利を取得しない義務
(1) 受託者は，自らすると代理人を通じてするとにかかわらず，信託財産に属する財産又は信託債権者が受託者に対して有する権利を購入してはならない。
(2) (1)に規定する義務の不履行の結果として，信託財産に属する財産の売買契約が締結されたときは，信託の他の当事者又は信託上の義務の履行を強制する権利を有する者は，当該契約を取り消すことができる。
(3) (2)に規定する取消権は，不履行に対する救済手段とともに認められる。
(4) この条は，信託財産に属する財産又は信託債務に係る債権の取得又は利用を目的とした他の契約について，適切な補正を加えた上で，適用する。

X.-6：109条　容認されない利得を取得しない義務
(1) 受託者は，信託財産又は受託者としての資格で得た情報若しくは機会を利用して，利得を得てはならない。ただし，その利用が信託行為の定めにより認められているときは，この限りでない。
(2) 受益者が個人としての受託者に対して債務を負っている場合には，受託者は，当該受益者から履行を受ける権利を，当該受益者が有する受益権と相殺することができない。

X.-6：110条　共同受託者に関する義務
受託者は，次に掲げる義務を負う。
  (a) 信託上の義務の履行について共同受託者と協力する義務
  (b) 受託者が，次に掲げる事実を知り，又はそのような事実が生じたと疑う理由があるときに，適切な措置を講じる義務
    (ⅰ) 共同受託者が信託上の義務若しくは信託から生じる義務を履行しないこと，又はそのような不

履行が差し迫っていること
(ii) 当該不履行が信託財産に損失を生じさせる恐れがあること，又は損失を生じさせたこと

第2節　受託者の権利

X.-6：201条　信託財産から費用の償還及び免責を求める権利

受託者は，信託上の義務の履行により負担する費用及び信託債務について，信託財産からその償還又は免責を求める権利を有する。

X.-6：202条　信託財産から報酬を受ける権利

(1) 受託者は，信託行為により定められた報酬を信託財産から受ける権利を有する。

(2) 専門職にある者として行為した受託者は，信託行為の定めに反しない限り，信託上の義務を履行する中で行われた仕事に対して，信託財産から合理的な報酬を受ける権利を有する。

(3) (2)の規定は，次の各号のいずれかに該当する場合には，適用しない。
  (a) 受託者が，受益者として信託財産から著しく大きな利益を受ける権利を有する場合
  (b) 信託が，受託者と委託者との間の契約により成立した場合
  (c) 信託が，公益目的を実現するためのものである場合

X.-6：203条　容認されない取得をした場合に関する権利

(1) この条は，次の各号のすべてに該当する場合について適用する。
  (a) 受託者が，信託上の義務の不履行の結果として財産その他の利得を取得した場合
  (b) 利得の吐出し義務の履行により，当該財産が信託財産の一部となり，又は当該利得が信託財産に加えられる場合

(2) 受託者は，(1)(a)に規定する取得のために負うことが必要となった費用又は債務について，償還又は免責を求める権利を有する。受託者がX.-7：201条（信託財産を復旧する受託者の責任）に規定する責任の全部又は一部を先に履行した場合において，(1)(a)に規定する取得の後における信託財産の価額が復旧された価額を超えるときは，受託者は，その超過する額を限度として，信託財産から費用の償還を受ける権利を有する。

(3) 受託者は，次の各号のすべてに該当する場合には，合理的な報酬を受ける権利も有する。
  (a) (1)(a)に規定する取得が，信託財産を増加させるために信義誠実に従って行われたとき
  (b) 当該取得が信託上の義務の履行として行われていれば，受託者がX.-6：202条（信託財産から報酬を受ける権利）(2)(b)の規定により報酬を受ける権利を有するとき

(4) (1)(a)に規定する取得がX.-6：109条（容認されない利得を取得しない義務）に規定する債務の不履行の結果として行われた場合において，当該不履行に受益者が有効に同意したときは，受託者は，(2)及び(3)に規定する権利を放棄し，当

該受益者の有する当該取得から利益を受ける権利を承継することができる。
(5) 受託者は，この条により，取得したものの価額を超えて権利を有しない。

X.-6：204条　受益者に対する権利
(1) X.-6：201条（信託財産から費用の償還及び免責を求める権利）の規定による受託者の権利の価額が信託財産の価額を超える場合には，受託者は，超過する部分を受益者に請求することができる。
(2) (1)に規定する受益者の責任については，次の各号の定めるところによる。
 (a) 当該責任は，受益者が信託行為の定めに従って取得した利得の額に限られる。
 (b) 当該責任は，利得消滅の抗弁に服する。この場合においては，Ⅶ.-6：101条（利得の消滅）を，適切な補正を加えた上で，適用する。
(3) (1)に規定する請求権は，費用の償還又は免責を求める権利が発生した時から6か月で消滅する。

X.-6：205条　受託者個人の責任に対して信託財産の費用で保険を付す権利
(1) 受託者は，X.-7：201条（信託財産を復旧する受託者の責任）による責任に対して保険を付すために受託者が合理的に負担する費用又は債務について，信託財産から償還又は免責を求める権利を有する。
(2) (1)の規定は，次の各号のいずれかに該当する場合には，適用しない。
 (a) 受託者が，信託上の義務を履行することに対して報酬を得る権利を有するとき
 (b) 当該保険が，故意又は重大な過失による不履行から生じる責任に対するものであるとき

第3節　信託補助人の義務

X.-6：301条　信託補助人の義務
(1) 受託者が誰であるかに関する情報を信託補助人が知り，かつ，当該情報が他の方法では明らかにならない場合には，当該信託補助人は，これを開示する義務を負う。
(2) 信託補助人は，権限を行使するか否かを決するに当たり，次に掲げる義務を負う。
 (a) 信義誠実に従って行為をする義務
 (b) 信託行為の定めによって認められていない利得を取得しない義務

第7章　不履行に対する救済手段

第1節　履行の強制，裁判所による審査その他の救済手段

X.-7：101条　履行の強制
(1) 信託上の義務の履行の強制は，受託者が信託財産に属する財産につき信託行為の定めに反する処分その他の取引を行うことに対する差止めを含む。
(2) 履行に際して受託者の裁量権の行使が必要な場合には，その履行を強制するこ

とはできない。

X.-7：102条　裁判所による審査
(1)　信託の当事者又は信託上の義務の履行を強制する権利を有する者の申立てにより，裁判所は，信託行為の定め又はこの編の規定に基づき受託者若しくは信託補助人が，認められた権限若しくは裁量権を行使するか否か，又はこれをどのように行使するかを決定したことにつき，審査をすることができる。
(2)　受託者又は信託補助人によって本人の同意を得ることなく解任された前受託者は，その決定に関して裁判所による審査を受けることにつき，〔(1)と〕同様の権利を有する。
(3)　裁判所は，受託者又は信託補助人がした決定が不当又は著しく不合理である場合，その決定が信託目的と無関係の又は不適切な考慮に基づくものである場合，その他その決定が受託者又は信託補助人の権限の濫用若しくは権限外の行為である場合には，その決定を取り消すことができる。

X.-7：103条　その他の救済手段
信託上の義務の不履行又はその疑いがある場合には，他の規定において，次に掲げる救済手段を定めることができる。
　(a)　裁判所の命令に従い，信託財産並びにその管理及び処分に関して，計算及び調査を行うこと
　(b)　裁判所に，信託財産に属する金銭を支払うこと又はその他の財産を引き渡すこと
　(c)　裁判所の命令に従い，信託財産を管理する財産保全管理人を選任すること
　(d)　特に公益目的を実現する信託に関して，公務員又は公的団体が受託者の権利及び権限を行使すること
　(e)　信託財産の管理及び処分を行う受託者の権利及び権限を停止すること

第2節　信託財産の復旧及び容認されない利得の吐き出し

X.-7：201条　信託財産を復旧する受託者の責任
(1)　受託者は，次に掲げる要件のすべてを満たすときは，信託上の義務又は信託から生じる義務の不履行により信託財産に生じた損失につき，これを復旧する責任を負う。
　(a)　当該不履行が免責されないこと
　(b)　受託者が必要な注意及び技能をもって行為しなかったために当該不履行が生じたこと
(2)　(1)の規定により責任を負うのは，自らが受託者であることを知っていた者，又は受託者であることが明らかであった者に限る。
(3)　共同受託者，代理人その他履行を委託された者又は信託財産に属する財産を正当な権限によって受領した者が信託財産に損失を与えたことのみをもって，受託者が責任を負うことはない。
(4)　(3)の規定により，次に掲げる受託者の責任は影響を受けない。
　(a)　(1)の規定に基づき，受託者自身が信託上の義務，特に次に掲げる義務

を履行しないことにより生じる責任
  (i) (3)に掲げる者を選任し，委託の内容について合意するときに，必要な注意及び技能をもってする義務
  (ii) (3)に掲げる者の履行を監督し，事情によりその必要が生じたときは，信託財産を保護するための措置を講ずる義務
 (b) 履行の委託（X.-5:206条（委託する権限））により生じる責任
 (c) Ⅵ.-3:201条（被用者又は代表者が生じさせた損害についての責任）により生じる責任
 (d) 受託者が，(3)に掲げる者の不履行を誘発若しくは幇助し，又はこれに協力したことによる責任
(5) Ⅲ.-3:702条（損害賠償の一般的算定基準）は，信託財産の復旧の算定基準を決定するために，適切な補正を加えた上で，適用する。
(6) 受託者が信託財産を完全に復旧するまで，次に掲げる受託者の権利は，これを行使することができない。
 (a) 信託財産から支弁を受ける権利
 (b) 受託者が受益者として有する受益権
(7) 信託行為の定めは，この条に優先する。

X.-7:202条 受益者の損害を賠償する受託者の責任

(1) X.-7:201条（信託財産を復旧する受託者の責任）により責任を負う受託者は，受益者が，信託財産の復旧にもかかわらず，信託行為の定めに基づき権利を有していた利益又は受託者の不履行がなければ権利を有していたはずの利益を取得していない場合には，当該受益者に対しその損害を賠償する責任も負う。
(2) 受益者は，契約上の債務の不履行に基づいて取得する損害賠償請求権と同様の損害賠償請求権を有する。
(3) 信託行為の定めは，この条に優先する。

X.-7:203条 容認されない利得の吐き出し

受託者は，X.-6:109条（容認されない利得を取得しない義務）に規定する義務の不履行の結果として利得を取得し，かつ，当該利得がX.-3:201条（信託財産の追加）により信託財産の一部とならない場合には，当該利得を信託財産に加えるか，又は，それが不可能なときは，その価額を信託財産に組み入れる義務を負う。

第3節 抗 弁

X.-7:301条 受託者の不履行に対する受益者の同意

(1) 受益者が受託者の不履行に対して有効に同意した場合には，受託者は，信託財産の復旧，損害賠償又は利得の吐き出しによって受益者が利益を受ける限度において，責任に対して抗弁を有する。
(2) 受益者は，不履行に当たる受託者の行為に同意し，かつ，次の各号のいずれかに該当する場合には，当該不履行に同意したものとする。
 (a) 当該行為が不履行に当たることを受益者が知っていたこと
 (b) 当該行為が不履行に当たることが明らかであったこと
(3) (1)の規定は，同意をした受益者が，

当該不履行により利益を得たか，損害を被ったかにかかわらず，適用する。

(4) 受益者が，受託者としての資格で不履行に関与した場合には，責任を負う共同受託者との関係において，(1)の規定を適用する。信託財産を復旧し，又は受益者に対して損害を賠償するその余の責任がある場合には，この責任に関する連帯債務者間の求償権は，影響を受けない。

(5) 受益者の同意が，受託者が虚偽の情報を告げ，又は情報を提供する義務を履行しなかったために錯誤が引き起されたことによるものであるときは，当該同意は，無効とする。

X.-7：302条　消滅時効

信託上の義務の履行を求める権利の消滅時効は，受益者に対しては，当該受益者が利益を与えるように請求することができる時まで，進行を開始しない。

X.-7：303条　受託者の保護

(1) 受託者は，合理的な調査を行った結果受益権を有すると認められる者に対して履行したときは，債務を免れる。

(2) 受益者が，利得の受領者に対して第Ⅶ編（不当利得）の規定により有する利得返還請求権は，影響を受けない。

第4節　連帯責任及び受益権の喪失

X.-7：401条　連帯責任

(1) 複数の受託者が，同一の不履行について責任を負う場合には，この責任は，連帯のものとする。

(2) 連帯債務者間における責任の負担割合は，各債務者の受託者としての技能及び経験を斟酌し，当該不履行に対する各債務者の相対的な責任に応じて決定する。

(3) 債務者の一人が不履行に同意した場合には，当該債務者の不履行に対する相対的な責任は，当該債務者が不履行の発生につき積極的な役割を果たしていなかったとしても，それだけで当然に軽減されない。

X.-7：402条　不履行に協力した受益者の受益権の喪失

(1) 受益者が，受託者の不履行に協力したときは，裁判所は，当該受託者又は他の受益者の申立てにより，不履行に協力した受益者の受益権の喪失を命じることができる。

(2) 受益者が，受託者の不履行に対して有効に同意したが，協力していない場合には，当該受益者が当該不履行によって得た利得を限度として，当該受益者の受益権を喪失させることができる。

(3) この条により受益者が受益権を喪失する場合には，喪失しなければ当該受益者に給付されるはずであった利益は，受託者の責任又は当該受益権が消滅するまで，受託者の責任に充当されるものとする。

第8章　受託者又は信託補助人の変更

第1節　受託者の変更に関する総則

X.-8：101条　受託者を変更する権限に関する通則

(1) 信託の成立後における受託者の選任，辞任又は解任は，次に掲げる権限又は命令により行うことができる。
　(a) 次に掲げるいずれかの権限
　　(ⅰ) 信託行為において定められた権限
　　(ⅱ) この節の規定によって受託者に認められた権限
　(b) この節に規定する裁判所の命令

(2) (1)(a)の規定に定める権限の行使は，書面でしなければ，その効力を生じない。当該権限の行使について受託者に拘束力のある指図をする場合も，同様とする。

(3) 引き続き職務を執行する受託者〔以下「継続受託者」という。〕にならない者が，信託行為の定めに基づいて権限を行使する場合には，継続受託者に通知がされる時まで，その効力を生じない。

(4) 単独受託者の辞任又は解任は，後任の受託者が同時に選任された場合に限り，有効とする。

X.-8：102条　受託者を変更する受託者の権限

(1) この節の規定によって受託者に認められる権限は，次に掲げる要件のすべてを満たす場合に限り，行使することができる。
　(a) 受託者の全員一致による決定であること
　(b) 当該状況において，信託補助人が同様の権限を有していないこと，又は信託補助人が受託者から権限を行使するように求められた時から合理的な期間内に権限を行使しないこと，若しくは行使することができないこと

(2) 受益者が信託財産の全部について信託を終了させる合手的権利を有している場合には，(1)の規定を適用するほか，受託者は，受益者の合手的指図に従って，この節に規定する権限を行使する義務を負う。

(3) この節の規定によって受託者に認められる権限は，信託行為の定めにより変更し，又は排除することができる。

第2節　受託者の選任

X.-8：201条　選任に関する一般的制限

(1) ある者を受託者として選任する行為は，次の各号のいずれかに該当するときは，その効力を生じない。
　(a) この者が受託者として選任された場合には，共同受託者が，この者の能力の欠如，職務執行の拒絶又は不適任を理由として，解任する権限を有することが明らかであるとき
　(b) 受託者として指名された者が，受託者として行為をすることに同意しな

いとき
  (c) 信託行為の定めによって認められる最大の受託者数を超えて選任がされたとき
(2) 受託者を一人に限るとする信託行為の定めは，最大二人の受託者の選任を認めるものとして効力を有する。

X.-8：202条　信託補助人又は受託者による選任
(1) 受託者は，一人又は数人の受託者を追加して選任することができる。
(2) 継続受託者は，退任した受託者に代わる新受託者を選任することができる。
(3) 信託行為に別段の定めがある場合を除き，信託補助人が自らを受託者に選任する行為は，無効とする。

X.-8：203条　裁判所の命令による選任
次の(i)及び(ii)のすべてに該当する場合には，裁判所は，信託の当事者又は信託上の義務の履行を強制する権利を有する者の申立てにより，次の(a)又は(b)に掲げる者を選任することができる。
  (i) 受託者を選任する権限を誰も行使することができず，又は行使しようとしないとき
  (ii) 受託者を選任することにより，信託行為の定めに従った信託財産の効率的かつ慎重な管理及び処分が実現される蓋然性があるとき
  (a) 退任した受託者に代わる新受託者
  (b) 一人又は数人の共同受託者

第3節　受託者の辞任

X.-8：301条　信託補助人又は共同受託者の同意による辞任
(1) 受託者が辞任した際に後任の新受託者を選任することができる信託補助人は，その辞任に同意することができる。
(2) 信託補助人は，同時に後任の新受託者が選任される場合に限り，継続受託者の同意を得ることなく，受託者の辞任に同意することができる。
(3) 継続受託者は，受託者の辞任に同意することができる。
(4) 受託者は，辞任した後に少なくとも二人の継続受託者又は一人の特別受託者が存在する場合に限り，信託補助人又は共同受託者の同意を得て辞任することができる。
(5) この編の規定の適用に当たり，特別受託者とは，次に掲げる者をいう。
  (a) 受託者として行為をする職務を有する公務員又は公的団体
  (b) 法令によって特別受託者に指定されている法人又はこの目的のために法令によって定められた要件を満たす法人

X.-8：302条　裁判所の承認による辞任
他の方法では辞任することができない受託者について，裁判所は，当該受託者が辞任した後に信託行為の定めに従った信託財産の効率的かつ慎重な管理及び処分を確保することができるか否かを特に斟酌して，当該受託者につき信託上の義務を免除することが公正であるときは，その辞任を承認

することができる。

第4節 受託者の解任

X.-8：401条 信託補助人又は共同受託者による解任

(1) 裁判所が，能力の欠如，職務執行の拒絶又は不適任を理由に受託者を解任することができる場合には，継続受託者は，当該受託者を解任することができる。
(2) 信託補助人又は共同受託者による受託者の解任は，解任される受託者に対して解任の通知がされる時まで，その効力を生じない。

X.-8：402条 裁判所の命令による解任

受託者に特に次に掲げる事由があるために，当該受託者がその職にとどまることが適当でないときは，裁判所は，信託の当事者の申立てにより，信託行為の定めにかかわらず，かつ，当該受託者の同意を得ることなく，その解任を命ずることができる。
　(a) 能力の欠如
　(b) 信託上の義務又は信託から生ずる義務につき，重大な不履行が現実にあったこと又はそれが予期されること
　(c) 不適任
　(d) 受託者の全員一致による決定が求められる事項につき，共同受託者と常に又は頻繁に根本的な不一致があること
　(e) 信託上の義務又は信託から生ずる義務の履行と実質的に相反する利益を有していること

第5節 受託者変更の効果

X.-8：501条 受託者の権利及び義務に及ぶ効果

(1) 受託者として選任された者は，信託の拘束を受け，それに伴う権利及び権限を取得する。辞任し，又は解任された受託者は，(2)から(4)までの規定による場合を除き，信託の拘束を免れることとなり，それに伴う権利及び権限を失う。
(2) 共同受託者と協力する義務は，受託者が辞任し，又は解任された時から合理的な期間が経過するまで消滅しない。
(3) 信託財産から支弁を受ける前受託者の権利は，継続受託者に対する権利として効力を有する。受益者に対して費用の償還，免責又は報酬を求める権利は，影響を受けない。
(4) 前受託者は，引き続き次に掲げる義務を免れない。
　(a) X.-6：109条（容認されない利得を取得しない義務）に規定する義務
　(b) 信託債務
　(c) 不履行により生ずる義務

X.-8：502条 信託財産に属する財産に対する権原の取得と喪失

(1) 信託財産に属する財産の権原は，当該権原が次の各号のいずれかに該当するときは，裁判所の命令によることなく，受託者として選任された者に帰属する。
　(a) 譲渡人と譲受人の合意のみによって移転することができ，引渡し又は方式を必要としないとき
　(b) 適用される国内法により団体としての

受託者に帰属するとみなされるとき
(2) 信託財産に属する財産が受託者として選任された者に帰属することになる場合でも，継続受託者は，当該財産の権原を喪失しない。
(3) 辞任し，又は解任された受託者は，信託財産に属する財産の権原を喪失する。

X.-8：503条　信託に関する書類の引渡し
継続受託者又は新受託者は，前受託者が所持する信託に関する書類の引渡しを受ける権利を有する。信託に関する書類を所持する者は，自己の費用でそれを謄写し，保有する権利を有する。

X.-8：504条　受託者の死亡又は解散の効果
(1) 複数の受託者のうち一人が死亡した場合又は法人受託者が解散した場合には，信託財産は，引き続き継続受託者に帰属する。信託財産は，死亡し，又は解散した受託者が有していた他の財産を承継した者に帰属しない。
(2) 唯一の受託者が死亡したときは，その承継人が受託者となり，次に掲げる効果が生ずる。
　(a) 受託者の承継人は，信託に拘束され，それに伴う権利及び権限を取得する。
　(b) 受託者の承継人は，死亡した受託者が負担した信託債務について，死亡した受託者の遺産の限度で責任を負う。
　(c) 信託財産は，受託者の承継人に帰属する。ただし，受託者の承継人は，その人数にかかわらず，X.-5：202条（受託者の最少人数が定められている場合の制限）(1)に規定する権限に限り，行使することができる。
(3) 受託者が遺言によってした信託財産の処分は，無効とする。ただし，信託行為の定めに基づいて，遺言により受託者を選任する権限を付与することを妨げない。
(4) 不履行により生ずる義務は，死亡した受託者の承継人に承継される。

第6節　信託補助人の死亡又は解散

X.-8：601条　信託補助人の死亡又は解散の効果
信託補助人が死亡し，又は解散した場合には，信託補助人の権限は消滅する。ただし，信託行為の定めに基づいて，信託補助人が遺言によりその権限を行使することを妨げない。

第9章　信託の終了及び変更並びに受益権の譲渡

第1節　信託の終了

第1款　信託の終了に関する総則

X.-9：101条　終了の方法
信託財産の全部又は一部に係る信託は，次に掲げる事由により終了する。
　(a) 委託者又は受益者が，信託行為に定められた信託を終了させる権利を行使したこと
　(b) 委託者が，X.-9：103条（無償で設定

された信託を終了させる委託者の権利）により信託を終了させる権利を行使したこと
- (c) 受益者が，X.-9：104条（信託を終了させる受益者の権利）により信託を終了させる権利を行使したこと
- (d) 受託者が，X.-9：108条（受託者による終了）により信託を終了させる権利を行使したこと
- (e) X.-9：109条（権利と義務の混同）により権利と義務の混同が生じたこと

X.-9：102条　信託の終了が受託者の責任に及ぼす効果
(1) 受託者は，信託が終了した範囲で免責される。
(2) 信託が終了した場合でも，関係当事者の合意がない限り，受託者は，次に掲げる責任を免れない。
- (a) 受託者が信託上の義務又は信託から生じる義務を履行しなかったことにより受益者に対して負う責任
- (b) 信託債権者に対して負う責任

第2款　委託者又は受益者による終了
X.-9：103条　無償で設定された信託を終了させる委託者の権利
(1) (2)及び(3)に定められた場合を除き，委託者は，信託が無償で設定されたことのみを理由として，信託の全部又は一部を終了させる黙示の権利を有しない。このことは，次に掲げる事由により影響を受けない。
- (a) 委託者が財産を譲渡することなく，信託が設定されたか否か。
- (b) 委託者が終身の間受益権を有するか否か。

(2) 委託者は，未だ存在しない者のために無償で設定された信託の全部又は一部を終了させることができる。
(3) 委託者は，利益が贈与によって受益者に与えられた場合にその贈与を撤回することができるのと同じ範囲で，他人のために無償で設定された信託を終了させることができる。

X.-9：104条　信託を終了させる受益者の権利
(1) 完全な法的能力を有する受益者は，当該受益者の排他的利益のために提供された信託財産の全部又は一部について，信託を終了させることができる。
(2) 複数の受益者のすべてが完全な法的能力を有する場合には，当該受益者らは，当該受益者らの排他的利益のために提供された信託財産の全部又は一部について，信託を終了させる合手的権利を有する。
(3) 信託財産の一部について信託を終了させることにより，他の受益者又は公益目的の実現のために提供されたその余の信託財産に係る信託が不利な影響を受ける場合には，当該部分に係る信託を終了させることができない。

X.-9：105条　「排他的利益」の意味
(1) 信託財産の全部又は一部について，その元本のすべて及びその元本から生じる将来の収益のすべてを，信託行為の定めに従って受益者又は受益者の財産のた

にしか処分することができない場合には，信託財産の当該部分は，当該受益者の排他的利益のために提供されたものとみなす。
(2) (1)の規定の適用に当たり，受益者が自らの利益に反することに同意する可能性又は自らの利益に反して権利行使をしない可能性は考慮しないものとする。

X.-9：106条 信託終了の通知及びその効果
(1) 委託者又は受益者が信託を終了させる権利は，受託者に対して書面で通知することにより，これを行使する。
(2) 委託者が信託の全部又は一部を終了させた場合には，当該部分につき，その終了の時より委託者のための信託として効力を生じる。
(3) 受益者が信託を終了させる権利を行使し，当該受益者以外の者に信託財産を譲渡するよう受託者に指図した場合には，その譲受人は，信託終了の通知により，譲渡の対象となる財産の全部又は一部につき，受益権を取得する。
(4) 受託者は，信託終了の通知に従い，遅滞なく信託財産の全部又は一部を譲渡する義務を負う。ただし，当該譲渡をすることが不可能又は違法であるときは，この限りでない。受託者が第1文の譲渡義務を負うときは，信託行為の定めに従って信託財産の全部又は一部の管理及び処分を行う義務は消滅する。
(5) 持分を分割しないことが許されない信託財産について，譲渡するためには持分を分割せずに譲渡することが必要となるため，譲渡することができない場合には，受託者は，次に掲げるいずれかの義務を負う。
  (a) 当信託該財産を分割し，分割された持分を譲渡することが可能であり，かつ合理的である場合に，それを行う義務
  (b) (a)によることができない場合において，当該信託財産の売却が可能であるときは，これを売却し，その売却代金における対応する持分を譲渡する義務
(6) 信託は，必要な譲渡がされた時に，その限度で終了する。

X.-9：107条 受託者の留置権
(1) 受託者は，譲渡の対象となる信託財産の部分が次に掲げる債務，権利及び費用の満足のために必要であるときは，当該債務，権利及び費用が当該部分に関して生じた限りで，当該部分を留置することができる。
  (a) 信託債務
  (b) 受託者が信託財産から支弁を受けることが確定した権利
  (c) 信託財産に属する財産の譲渡の費用及び必要な分割又は売却の費用
(2) 信託を終了させる権利を行使した者が，譲渡の対象となる信託財産の部分に関して生じた債務，権利及び費用を填補した場合には，〔(1)の規定に定める〕留置権は消滅する。

第3款 他の方法による終了
X.-9：108条 受託者による終了
(1) 受益者がX.-9：104条（信託を終了させ

る受益者の権利）(1)の規定により信託を終了させる権利を有する場合には，受託者は，当該受益者に対して通知をし，これに定めた合理的な期間内に信託を終了させる権利を行使するように求めることができる。当該受益者がその期間内に当該権利を行使しなかった場合には，当該受託者は，当該受益者に信託財産を譲渡することにより信託を終了させることができる。当該受益者は，譲渡された当該財産を受領する義務を負う。
(2) 受託者は，他の規定に定めがあるときは，裁判所に対し，信託財産に属する財産のうち，金銭であれば支払を，その他の財産であれば引渡しを行うことにより，信託を終了させることができる。

X.-9：109条　権利と義務の混同
(1) 信託は，唯一の受託者が唯一の受益者を兼ねており，かつ，信託財産が当該受益者の排他的な利益のために提供されているときは，終了する。
(2) 受託者が複数である信託については，それらの受託者が受益権を共同して有する場合に限り，(1)の規定を準用する。
(3) 信託が受益権との関係で存続する場合，又は受益権に担保権その他の制限的権利が設定されている場合には，受託者は，なお当該信託に拘束され，又は当該制限物権の負担を負う。

第2節　変　更

X.-9：201条　委託者又は受益者による変更
(1) 委託者又は受益者は，次に掲げる権利により，信託行為の定めを変更することができる。
　(a)　信託行為において定められた権利
　(b)　(2)に規定する権利
(2) 信託を終了させる権利を有する委託者又は受益者は，終了させることができる信託に係る信託財産の全部又は一部に関する限り，信託行為の定めを変更する権利を有する。
(3) 複数の受益者が信託行為の定めを変更する合手的権利を行使するときは，その全員の合意によってしなければならない。
(4) 信託行為の定めを変更する権利を行使する者が死亡した時に効果が生じる旨を定めた変更は，遺言証書でしなければ，その効力を生じない。
(5) 信託行為の定めの変更は，受託者に書面で通知がされる時まで，その効力を生じない。

X.-9：202条　裁判所の命令による信託財産の管理に関する定めの変更
(1) 信託行為の定めを変更することにより，信託財産のより効率的かつ慎重な管理が実現される蓋然性があるときは，裁判所は，信託の当事者又は信託上の義務の履行を強制する権利を有する者の申立てにより，信託財産の管理に関する信託行為の定めを変更することができる。
(2) (1)の規定による変更は，信託財産の処分に関する信託行為の定めを適用した結果に著しい影響を与えるものであってはならない。ただし，次条以下の規定により裁判所がそのような信託行為の定めをも変更する権限を有するときは，この限りでない。

X.-9：203条　裁判所の命令による受益者のための信託の変更
(1)　信託の当事者又は変更の対象となる信託行為の定めが削除されると利益を受けることになる当事者の申立てにより，裁判所は，次に掲げる者に受益権又は受益資格を与える信託行為の定めを変更することができる。
　(a)　未だ存在しない者
　(b)　集団の一員となること等，受益権が発生するための条件を現在満たしていない者
(2)　信託行為の定めにより，受益権又は受益資格が遠い将来の時期に発生するものとされている場合，又は蓋然性の低い出来事の発生が条件とされている場合も，(1)と同様とする。

X.-9：204条　裁判所の命令による公益目的のための信託の変更
(1)　公益目的の実現を規定する信託行為の定めが存在する場合において，事情の変更により，当該信託行為の定めに規定する特定の目的を実現することが，資源の適切かつ効率的な利用に適合するといえなくなったときは，裁判所は，信託の当事者又は信託上の義務の履行を強制する権利を有する者の申立てにより，当該信託行為の定めを変更することができる。
(2)　(1)の規定による変更は，事情の変更後に委託者が信託を設定したとすれば選択したであろう一般的な又は特定の公益目的に適合するように，しなければならない。

第3節　受益権の譲渡

X.-9：301条　法律行為による受益権の譲渡
(1)　法律行為による受益権の譲渡は，(2)及び(3)の規定によるほか，第Ⅲ編第5章第1節（債権の譲渡）の規定の定めるところによる。
(2)　無償でされた譲渡は，書面でしなければ，その効力を生じない。
(3)　譲渡人が死亡した時に効力を生じるものとされる譲渡は，適用される相続法に適合する場合に限り，その効力を有する。

第10章　第三者に対する関係

第1節　債権者に関する総則

X.-10：101条　債権者に関する基本準則
(1)　受託者が信託債務を負う相手方（信託債権者）は，(X.-10：202条（信託財産に関する信託債権者の権利）の規定に従って）信託財産から自己の権利の満足を受けることができるが，他の債権者は，このモデル準則に異なる規定がある場合を除き，そのような満足を受けることができない。
(2)　(1)の規定は，信託の当事者が信託財産について有する権利を，信託の当事者の債権者が援用することを妨げない。

X.-10：102条　信託債務の定義

(1) 受託者が次に掲げるいずれかの債務を負担したときは，当該債務は，信託債務となる。
  (a) 信託財産に属する財産の当面の所有者として負担した債務
  (b) 信託の目的のために，かつ，信託行為の定めに従って負担した債務
  (c) 受託者としての資格で，かつ，無償でない契約その他の法律行為により負担した債務。ただし，当該債務が信託行為の定めに従って負担されたものでないことを債権者が知り，又は知ることを合理的に期待されるときは，この限りでない。
  (d) 信託財産の管理若しくは処分又は信託債務の履行における作為若しくは不作為の結果として負担した債務
  (e) その他信託財産と実質的に関連して負担した債務
(2) 前受託者に対して，又は受託者となるべき者として指定されたが受託者として行為をすることを拒絶する権利を行使した者に対して，受託者が費用を償還し，免責し，又は報酬を支払う債務も，信託債務となる。
(3) 受託者が負うその他の債務は，信託債務とならない。

第2節　信託債権者

X.-10：201条　受託者に対する信託債権者の権利

(1) 受託者は，信託債務につき個人として責任を負う。
(2) 受託者と信託債権者との間に別段の合意がない限り，次の各号の定めるところによる。
  (a) 受託者の責任は，信託債権者の履行を求める権利の強制が認められた時における信託財産の価額に限定されない。
  (b) 信託財産が受託者に帰属しなくなったときでも，受託者の責任は，受託者の変更に関するこのモデル準則の規定に従い，消滅しない。
(3) 契約当事者の一方は，相手方から受託者としての資格で契約を締結する旨を告げられたことのみをもって，相手方の責任の免除又は制限に同意したとみなされない。

X.-10：202条　信託財産に関する信託債権者の権利

次の各号のいずれかに該当するときは，信託債権者は，信託財産から権利の満足を受けることができる。
  (a) 信託債権者が，X.-10：201条（受託者に対する信託債権者の権利）により受託者個人の責任の履行を強制するとき
  (b) 信託債権者が，信託財産に属する財産に対する担保権を実行するとき

X.-10：203条　委託者及び受益者の保護

委託者又は受益者は，その資格において信託債権者に対し責任を負うことはない。

第3節　信託債務者

X.-10：301条　信託債務者の債務の履行を強制する権利

(1) 受託者が履行請求権を有し，かつ，この権利が信託財産に属する財産である場合には，当該債務者（信託債務者）の負う債務の履行を強制する権利は，受託者に帰属する。

(2) (1)の規定は，次に掲げる権利又は規定に影響を与えない。
    (a) 信託債務者に対する権利に関して受託者が負う信託上の義務を履行するように求める受益者の権利
    (b) 信託債務者に対する法的手続において受託者も当事者である場合に，受益者がその法的手続の当事者となることを認める手続上の規定

X.-10：302条　相　殺

受託者が信託債務者に対して有する権利は，次に掲げるいずれかの権利との間でのみ，相殺することができる。
    (a) 信託債務に係る債権
    (b) 信託財産から利益を受ける受益者の権利

X.-10：303条　信託債務者の免責

受託者による信託債務者の免責は，次に掲げる要件のすべてを満たす場合には，その効力を生じない。
    (a) 当該免責が，受託者が負う信託上の義務の履行に当たらないこと
    (b) 次のいずれかに該当すること
        (i) 当該免責が無償でされたこと
        (ii) 当該免責が受託者が負う信託上の義務の履行に当たらないことを，当該信託債務者が知り，又は知ることができたこと

第4節　信託財産に属する財産を取得した者及び信託財産上に制限物権を取得した者

X.-10：401条　受贈者及び悪意の取得者の責任

(1) 受託者が信託財産に属する財産を他人に譲渡し，この譲渡が信託行為の定めに反する場合において，次の各号のいずれかに該当するときは，譲受人は，当該財産を信託に拘束されるものとして取得したものとみなす。
    (a) 譲渡が無償でされたとき
    (b) 当該譲渡が受託者によって行われ，かつ，信託行為の定めに反することを，譲受人が知り，又は知ることを合理的に期待されるとき

(2) (1)の規定により信託に拘束される譲受人は，対価として譲渡した利益の返還を請求する権利を有する。

(3) (1)の規定により課される信託は，次の各号のいずれかに該当するときは，消滅する。
    (a) 譲受人が対価として提供した利益が，信託上の義務の履行において処分されたとき
    (b) 受託者又は第三者が，信託財産を復旧する義務を履行したとき

(4) 譲受人がある事実を知ることを合理的に期待されるとは，次の各号のすべてに該当する場合をいう。

(a) 合理的な注意をもって調査をしていれば，当該事実が明らかになったであろう場合

(b) 当該財産の性質及び価額，(a)に定める調査の性質及び費用並びに商習慣に照らして，譲受人が当該状況においてそのような調査を行うことを，公正かつ合理的に期待することができる場合

(5) この条は，受託者が他人のために信託財産に属する財産に対して担保権その他の制限的権利を設定した場合にも，準用する。

第5節　第三者の責任と保護に関するその他の規定

X.-10：501　信託財産の不当な管理又は処分の誘発又は幇助に関する責任

(1) Ⅵ.-2：211条（債務不履行の誘発による損失）に基づく他人に与えた損害についての契約外の責任は，(2)の規定に定めるところに従って修正する。

(2) 受託者が信託財産を復旧する責任を負う場合において，受託者による信託上の義務の不履行を故意に誘発した者又はそのような義務の不履行を故意に幇助した者は，受託者と連帯して責任を負う。

X.-10：502条　受託者と取引を行う第三者の保護

(1) 信託上の義務の不履行の結果として受託者が信託の当事者でない第三者と締結した契約は，その理由のために無効又は取消可能なものとならない。

(2) 真の事実を知らない者は，信託の当事者でない者に有利に，かつ，受託者に不利に，信託に関する書類の表見上の効果及びそれに記載される表示が真実であることを信じることができる。

付録

定　義

　注　ここにあげた定義は，I.-1:108条（付録の定義）により導入されるものである。同条は，状況からそれを適用しないことが必要とされるものでない限り，この定義がこのモデル準則において全面的に適用されること，及び，ある用語が定義されている場合には，当該用語が文法的に異なる形で用いられていても，当該定義に従った意味をもつことを定めている。利用者の便宜のために，特定の条文に定められた定義，又は特定の条文から導かれる定義については，定義に続けて丸括弧内に当該条文の番号を示した。このリストには，モデル準則中で頻繁に用いられているが，どの条文でも定義されていない用語も収めている。このリストには，法的な概念を含まず，特定の条文又は条文群を起草する際の工夫に過ぎない用語は収めていない。〔日本語版に当たり，見出し語の配列を50音順に改めている。〕

委託者（Truster）
　「委託者」とは，法律行為により信託を設定し，又は設定する意思を有する者をいう。（X.-1:203条(1)）

委　任（Mandate）
　受任者への「委任」とは，第三者との間の契約その他の法律行為を補助し，交渉し，又は締結することに関する本人からの権限の付与及び指示をいい，その後の指図により修正されたものを含む。（Ⅳ.D.-1:102条(a)）

医療契約（Treatment, contract for）
　「医療契約」は，当事者の一方（医療従事者）が，相手方（患者）のために医療を提供し，又は人の身体的若しくは精神的状態を変えるために医療とは異なる役務を提供することを引き受ける契約である。（Ⅳ.C.-8:101条）

営業日（Working days）
　「営業日」とは，土曜日，日曜日及び公休日以外のすべての日をいう。（I.-1:110(9)(b)）

役務提供契約（Services, contract for）
　「役務提供契約」とは，当事者の一方（役務提供者）が，相手方（依頼者）に対して，役務を提供することを引き受ける契約である。（Ⅳ.C.-1:101条）

解　消（Termination）
　存在する権利義務その他の法律関係に関

して，「解消」とは，当該権利義務その他の法律関係を，異なる定めのない限り，将来に向かって消滅させることをいう。

解除条件（Resolutive）
「解除条件」とは，当該条件が満たされたときに法律関係又は法律効果が消滅するものをいう。（Ⅲ.-1：106条）

価格／代金（Price）
「価格／代金」とは，金銭債務を負った債務者が，提供又は供給されるものと交換に支払うべきものであって，法が認める通貨によって表現されるものをいう。

過　失（Negligence）
ある者が当該状況において合理的に期待される注意の水準を満たしていない場合には，その者には「過失」が認められる。

貸付契約（Loan contract）
「貸付契約」とは，当事者の一方（貸主）が相手方（借主）に対して，特定の又は不特定の期間（貸付期間），金銭貸付又は当座貸越の方法により，ある金額について信用を供与する債務を負い，かつ，借主が当該信用供与により得た金銭を返済する債務を負う契約をいう。借主が，当事者双方の合意により利息その他の対価を支払う債務を負うか否かを問わない。（Ⅳ.F.-1：101条(2)）

価値変形物（Proceeds）
「価値変形物」とは，担保目的財産から派生するあらゆる価値をいい，(a)売却その他の処分又は取立てによって実現した価値，(b)欠陥，損害又は滅失に関連して支払われた損害賠償金又は保険金，(c)利益配当を含む法定果実及び天然果実，並びに(d)価値変形物からの価値変形物を含む。（Ⅸ.-1：201条(11)）

完結条項（Merger clause）
「完結条項」とは，契約書に含まれる条項であって，すべての契約条項が当該契約書に示されている旨を定めるものをいう。（Ⅱ.-4：104条）

間接代理のための委任（Mandate for indirect representation）
「間接代理のための委任」とは，受任者が，受任者自身の名で行為をし，又は本人に法的効力を生じさせる意思を表示しないその他の方法で行為をする委任をいう。（Ⅳ.D.-1：102条(e)）

間接の物理的支配（Indirect physical control）
「間接の物理的支配」とは，他者（他主占有者）を用いて行われる物理的支配をいう（間接占有）。（Ⅷ.-1：205条(3)）

義　務（Duty）　▶巻末訳注
ある人が，適用される行為基準に従ってあることを行わなければならず，又は行うことが期待されるときは，この者は，それを行う「義務」を負う。義務には，特定の債権者に対するものと，そうでないものがある。義務は，必ずしも先行する法律関係によることを要しない。義務違反に対しては，必ずしも制裁があるわけではない。債務はすべて義務であるが，すべての義務が

債務であるわけではない。

供給／提供 (Supply)

物品その他の財産の「供給」とは，売買，贈与，交換，賃貸借その他いずれの手段によるとを問わず，それらのものを利用できるようにすることをいう。役務の「提供」とは，代金と引き換えであると否とを問わず，その役務を提供することをいう。異なる定めのない限り，「供給」は，物品その他の財産の供給及び役務の提供を含む。

共同債権 (Joint right)

複数の債権者が単一の履行請求権を有する場合において，各債権者が債権者の全員のためにするのでなければ履行を求めることができず，かつ，債務者が債権者の全員に対して履行しなければならないときは，その履行を求める権利は，「共同債権」である。(Ⅲ.-4：202条(3))

共同債務 (Joint obligation)

複数の債務者が単一の債務を負担する場合において，債務者がその債務を全員で履行する義務を負い，かつ，債権者が債務者の全員による履行のみを求めることができるときは，その債務は「共同債務」である。(Ⅲ.-4：102条(3))

共　有 (Co-ownership)

第Ⅷ編の規定により成立する「共有」とは，二人以上の共有者が持分を物品の全体に有しており，各共有者が自己の持分を単独の行為で処分することができることをいう。ただし，当事者が別段の定めをしたときは，この限りでない。(Ⅷ.-1：203条を参照)

金銭貸付 (Monetary loan)

「金銭貸付」とは，借主に対する一定額の金銭の貸付であり，かつ，借主が，定額の分割払又は貸付期間の満了時における全額払のいずれかの方法で返済することに同意するものをいう。(Ⅳ.F.-1：101条(3))

金銭賠償 (Compensation) ▶巻末訳注

「金銭賠償」とは，金銭による損害賠償を意味する。(Ⅵ.-6：101条(2))

金融資産 (Financial assets)

「金融資産」とは，金融商品及び金銭債権をいう。(Ⅸ.-1：201条(6))

金融商品 (Financial instruments)

「金融商品」とは，次に掲げるものをいう。
(a) 株券及びこれと同等の証券並びに債券及び債権を表示した同等の証券であって，流通性があるもの
(b) 取引の対象となるその他の証券であって，(a)に規定する金融商品を取得する権利を与えるもの又は差金決済を生じさせるもの。ただし，支払証券を除く。
(c) 集団投資事業における持分権
(d) 短期金融市場証券
(e) (a)から(d)までに規定する証券に表章される権利又は関連する権利

(Ⅸ.-1：201条(7))

契　約 (Contract)

「契約」とは，法的に拘束される関係の

発生その他の法律効果の発生を意図した合意をいう。契約は，双方向又は多方向の法律行為である。(Ⅱ.-1：101条(1))

契約関係(Contractual relationship)
「契約関係」とは，契約から生じる法律関係をいう。

契約上の債務(Contractual obligation)
「契約上の債務」とは，契約から生じる債務をいう。契約の明示又は黙示の条項によるのか，あるいは契約当事者に債務を負わせる法規定によるのかを問わない。

契約上の地位の移転(Transfer of contractual position)
「契約上の地位の移転」とは，三当事者の合意によって，新たな当事者が，既存の契約当事者の一方が有する債権，債務及び契約上の地位全体を引き継いで，その当事者と交替することをいう。(Ⅲ.-5：302条)

権　限(Authority)
代理人の「権限」とは，本人に対して法的効力を生じさせる権限をいう。(Ⅱ.-6：102条(2))

権限の授与(Authorisation)
代理人への「権限の授与」とは，権限を付与し，又は保有させることをいう。(Ⅱ.-6：102条(3))

建築契約(Construction, contract for)
「建築契約」とは，当事者の一方（施工者）が，相手方（依頼者）に対して，ある物を建築することを引き受ける契約，又は依頼者のために既存の建物その他の建造物を実質的に変更することを引き受ける契約をいう。(Ⅳ.C.-3：101条)

権利／権限(Right)
「権利」あるいは「権限」とは，文脈により，(a)債務若しくは責任と対になるもの（例えば「契約から生じる当事者双方の権利及び義務の重大な不均衡」というとき），(b)物権（例えば所有権），(c)人格権（例えば尊厳に関する権利，又は自由及びプライバシーに対する権利というとき），(d)特定の結果を生じさせるものとして法的に与えられた権限（例えば契約を「取り消す権利」というとき），(e)特定の救済を受ける権利（例えば契約上の債務の履行を裁判上命じてもらう権利というとき），又は(f)不利な結果に陥らないようにするため他人の法的地位に影響するあることを行い，若しくは行わない権利（例えば「反対債務の履行を留保する権利」というとき）をいう。

牽連関係(Reciprocal)
債務は，次のいずれかに該当する場合には，他の債務と「牽連関係」にある。
(a) 一方の債務が，他方の債務の履行と引換えに履行するべきものとされている場合
(b) 一方の債務が，他方の債務の履行を補助する義務又は他方の債務の履行を受領する義務である場合
(c) 一方の債務が，他方の債務の履行に依存しているとみることが合理的であるといえるほど明白に，他方の債務又は

その対象と関連づけられている場合
（Ⅲ.-1：102条(4)）

行　為（Conduct）
　「行為」とは，意思に基づく振舞いをいい，言葉によって行われるか否かを問わない。行為は，単一の行為（act）からなることも，複数の行為（acts）からなることもあり，消極的ないし受働的な振舞い（例えば，異議なく何かを受け入れ，又は何ら行動をしないこと）からなることもあり，あるいは継続的ないし断続的な振舞い（例えば，特定の物に対して支配を行うこと）からなることもある。

交換契約（Barter, contract for）
　物品の「交換」契約とは，各当事者が，契約の締結により直ちに，又は将来のある時点において物品の所有権を他の物品の所有権の移転と引換えに移転することを約束する契約をいう。（Ⅳ.A.-1：203条）

公休日（Public holiday）
　EUの加盟国又は加盟国内の地域の「公休日」とは，当該加盟国又は加盟国内の地域が，官報で公布したリストにおいて公休日として指定した日をいう。（Ⅰ.-1：110条(9)）

高度電子署名（Advanced electronic signature）
　「高度電子署名」とは，次の各号のすべてに該当する電子署名をいう。
(a)　署名者にのみ結びつけられたものであること
(b)　署名者を特定することができること

(c)　署名者の制御の下でのみ管理することができる手段を用いて作成されていること
(d)　署名に係るデータが事後に改変された場合に当該改変を検出することができる方法で結びつけられていること
（Ⅰ.-1：107条(4)）

購入資金信用担保（Acquisition finance device）
　「購入資金信用担保」とは，次に掲げるものをいう。
(a)　所有権留保
(b)　売却された動産の所有権が買主に移転している場合には，当該動産を目的とする担保権であって，次に掲げるいずれかの権利を担保するもの
　(i)売買契約に基づいて当該動産の購入代金の支払を求める売主の権利
　(ii)当該動産の購入代金の支払のために買主に与えた貸付金の返済を求める貸主の権利。ただし，その支払が実際に売主に対して行われる場合に限る。
(c)　(a)又は(b)の規定が対象とする信用供与のための担保として，(a)又は(b)の定める権利の移転を受けた第三者の権利
（Ⅸ.-1：201条(3)）

抗　弁（Defence）
　請求に対する「抗弁」とは，請求者が証明しなければならない事実の単なる否認以外の法的異議又は事実の主張であって，それが認められた場合には，請求の全部又は一部が棄却されるものをいう。

定　義　365

合理的（Reasonable）
　何が「合理的」であるかは，行為の性質及び目的，当該事案の事情並びに慣習及び慣行を考慮して，客観的に判断しなければならない。（Ⅰ.-1：104条）

個別に交渉された（Individually negotiated）
　「個別に交渉されなかった」の項及びⅡ.-1：110条を参照。

個別に交渉されなかった（Not individually negotiated）
　当事者の一方が提示した条項は，その条項が，約款の一部としてであるかどうかにかかわりなく，あらかじめ作成されたものであることなどから，相手方がその内容に影響を及ぼすことができなかったときは，「個別に交渉されなかった」ものとする。（Ⅱ.-1：110条）

債権者（Creditor）
　「債権者」とは，金銭的なものであると否とを問わず，他の者（債務者）による債務の履行を求める権利を有する者をいう。

債権の譲渡（Assignment）
　「債権の譲渡」とは，ある者（「譲渡人」）から他の者（「譲受人」）への債権の移転をいう。（Ⅲ.-5：102条(1)）

債権の譲渡行為（Act of assignment）
　「債権の譲渡行為」とは，債権の移転を生じさせることを意図した契約その他の法律行為をいう。（Ⅲ.-5：102条(2)）

財　産（Assets）
　「財産」とは，経済的価値のあるすべてのものをいい，財産（property），金銭的価値を有する権利，のれんを含む。

財　産（Property）
　「財産」とは，所有することのできるすべてのものをいう。それは，動産であることも不動産であることも，有体であることも無体であることもある。

財産的損害／経済的損失（Economic loss）
　「損害／損失」の項を参照。

裁判所（Court）
　「裁判所」には，仲裁廷も含まれる。

債　務（Obligation）▶巻末訳注
　「債務」とは，法律関係の当事者の一方（債務者）が相手方（債権者）に対して負う履行義務をいう。（Ⅲ.-1：102条(1)）

債務者（Debtor）
　「債務者」とは，金銭的なものであるか否かを問わず，他の者（債権者）に対して債務を負っている者をいう。

債務者の完全な交替（Complete substitution of debtor）
　第三者が旧債務者と交替し，かつ，旧債務者が免責されるときは，「債務者の完全な交替」という。（Ⅲ.-5：204条）

債務者の交替（Substitution of debtor）
　債務者の「交替」とは，債権者の同意に

よって，契約の効力を維持したまま，第三者が完全に，又は不完全に旧債務者と交替することをいう。(Ⅲ.-5:202条)。「債務者の完全な交替」及び「債務者の不完全な交替」も見よ。

債務者の不完全な交替 (Incomplete substitution of debtor)

第三者が旧債務者と交替し，かつ，新債務者が適切に履行しない場合には，旧債務者が引き続き債務を負うときは，「債務者の不完全な交替」という。(Ⅲ.-5:206条)

債務の混同 (Merger of debts)

「債務の混同」とは，同一人が同一の資格で，債務者の地位と債権者の地位を併せもつことをいう。(Ⅲ.-6:201条)

債務不履行 (Default)

物的担保に関して「債務不履行」とは，被担保債権の債務者による不履行，及び，担保権者と担保提供者との合意によって，担保権者が担保を実行する権利があるものとされたその他一切の事由又は一連の状況をいう。(Ⅸ.-1:201条(5))

詐欺的な (Fraudulent)

「詐欺的な」不実表示とは，当該表示が虚偽であることを知り，又はそのように信じ，かつ，表示の受領者を錯誤に陥らせることを意図して行われるものをいう。「詐欺的な」情報の不開示とは，当該情報を提供しないことにより相手方を錯誤に陥らせることを意図して行われるものをいう。(Ⅱ.-7:205条(2))

差別 (Discrimination)

「差別」とは，性別又は民族的若しくは人種的出身などを理由として，(a)他の者が同様の状況の下で現に受けているか，かつて受けていたか，若しくは将来受けるであろう取扱いと比較して，ある者が不利に扱われる行為若しくは状況，又は(b)中立的に見える条件，基準若しくは慣行が，他の人的集団と比較して，ある人的集団を特に不利な地位に置く行為若しくは状況をいう。(Ⅱ.-2:102条(1))

事業者 (Business)

「事業者」とは，その者が自ら営む商取引，仕事又は職業に関係する目的で行為をする自然人又は法人をいう。法人については，公法人であるか私法人であるかを問わない。これらの者は，当該行為を通じて収益を得ることを目的としない場合であっても，事業者に当たる。(Ⅰ.-1:105条(2))

自主占有者 (Owner-possessor)

「自主占有者」とは，所有者としての意思又は所有者であるかのような意思をもって，物品に対して直接又は間接の物理的支配を行う者をいう。(Ⅷ.-1:206条)

自署 (Handwritten signature)

「自署」とは，人の名又は人を表す記号であって，真正性の証明のために自らの手によって書かれたものをいう。(Ⅰ.-1:107条(2))

持続性のある媒体 (Durable medium)

「持続性のある媒体」とは，そこに記録

されている情報を，その情報の目的に適した期間にわたり将来においても参照することができ，かつ，その情報を改変なしに再現することができるものをいう。（I.-1：106条(3)）

自動車（Motor vehicle）
「自動車」とは，陸上を移動することを目的とし，機械的動力により駆動する車両（軌道上を走行するものを除く。）及びトレーラー（連結されているか否かを問わない。）をいう。（Ⅵ.-3：205条(2)）

事務管理（Benevolent intervention in another's affairs）
「事務管理」とは，ある者（管理者）が，主として他人（本人）のためにする意図をもっているが，その権限を与えられることも，その義務を負うこともなく行為をすることをいう。（V.-1：101条）

重大な過失（Gross negligence）
ある者が当該状況において自明のこととして要求される注意をまったく払っていない場合には，その者には「重大な過失」が認められる。

重大な不履行（Fundamental non-performance）
契約上の債務の不履行は，次のいずれかに該当する場合には，「重大な不履行」である。
(a) 履行の全部又はある部分に関して，債権者が当該契約に基づいて正当に期待することができたものが，不履行によって実質的に奪われる場合。ただし，契約の締結時において債務者がそのような結果を予見せず，かつ，予見したことを合理的に期待されない場合を除く。
(b) 不履行が故意又は無謀な行為によるものであり，そのために，債権者において債務者の将来の履行を期待することができないと信じる理由がある場合
（Ⅲ.-3：502条(2)）

受益者（Beneficiary）
信託における「受益者」とは，信託行為の定めに従い，信託財産から利益を受ける権利〔受益権〕又は利益を受ける資格〔受益資格〕を有する者をいう。(X.-1：203条(3)）

受託者（Trustee）
「受託者」とは，信託が成立した時又はその後選任された時若しくは選任の後に信託財産が帰属することになり，又は信託財産が帰属していた者であって，「信託」の定義に規定する債務を負うものをいう。(X.-1：203条(2)）

受任者（Agent）
「受任者」とは，他の者のために行為をする権限を与えられた者をいう。

条件（Condition）
「条件」とは，ある法律関係又は法律効果を，将来の不確実な事象の発生又は不発生に係らしめる定めをいう。（Ⅲ.-1：106条）

条項（Term）
「条項」とは，契約その他の法律行為，

法律，裁判所の命令，又は法的に拘束力のある慣習若しくは慣行における明示又は黙示の定めをいう。また，それは条件を含む。

消費者（Consumer）
「消費者」とは，自然人であって，主として自己の商取引，事業又は職業と関係しない目的のために行為をするものをいう。（Ⅰ.-1：105条(1)）

消費者売買契約（Consumer contract for sale）
「消費者売買契約」とは，売主が事業者であり，買主が消費者である売買契約をいう。（Ⅳ.A.-1：204条）

消滅時効（Prescription）
「消滅時効」とは，債務の履行請求権に関して，規定された期間の経過により，債務者が履行を拒絶する権利を有するという法律効果をいう。

署　名（Signature）
「署名」には，自署，電子署名又は高度電子署名を含む。（Ⅰ.-1：107条(1)）

書面による（Writing）
「書面による」とは，文書形式であって，紙その他の持続性のある有形の媒体から直接判読することができる文字で表記されることをいう。（Ⅰ.-1：106条(1)）

所有権（Ownership）
「所有権」とは，ある人（所有者）が，財産に対してもつことができる最も包括的な権利をいい，適用される法律又は所有者によって与えられた権利に反しない限り，その財産を使用し，享受し，変更し，破壊し，処分し，及び回復する排他的権利を含む。（Ⅷ.-1：202条）

所有権留保（Retention of ownership device）
供給された動産の所有者によって，債権を担保するために所有権が留保されている場合には，「所有権留保」の成立が認められる。（Ⅸ.-1：103条）

信義誠実及び取引の公正（Good faith and fair dealing）
「信義誠実及び取引の公正」とは，誠実，率直及び当該取引又は当該関係の相手方の利益に対する配慮によって特徴づけられる行為基準をいう。（Ⅰ.-1：103条）

信　託（Trust）
「信託」とは，受益者に利益を与えるため，又は公益目的を実現するために当該の関係に適用される定め（信託行為の定め）に従って，受託者が一つ又は複数の財産（信託財産）の管理又は処分を行う債務を負う法律関係をいう。（Ⅹ.-1：201条）

推　定（Presumption）
「推定」とは，既知の事実又は事情が存在することにより，反対のことが証明されない限り，他のある事柄が真実であると推論されることをいう。

請　求（Claim）
「請求」とは，権利に基づいて何かを要求することをいう。

請求者(Claimant)

「請求者」とは,現に請求を行い,又は請求の根拠を有する者をいう。

制限物権(Limited proprietary rights)

「制限物権」とは,このモデル準則の規定又は国内法によって物権として特徴づけられ,又は物権に準じて取り扱われている権利であって,次のものをいう。(a)担保権,(b)用益権,(c)所有権取得権(Ⅷ.-2:307条(所有権が留保されているときの譲受人の未確定な権利)にいう権利を含む。),及び(d)信託に関する権利。(Ⅷ.-1:204条)

製造者(Producer)

「製造者」には,作成されたものの場合には作成者又は製造者を,原材料の場合には抽出者又は採掘者を,栽培又は飼育されるものの場合には,栽培者又は飼育者を含む。Ⅵ.-3:204条の適用に当たっては,この定義を適用する。

設計契約(Design, contract for)

「設計契約」とは,当事者の一方(設計者)が,相手方(依頼者)に対して,依頼者によって,若しくは依頼者のために建築される建造物の設計,又は依頼者によって,若しくは依頼者のために製造される動産,制作される無体物若しくは履行される役務の設計を引き受ける契約をいう。(Ⅳ.C.-6:101条)

善意／信義誠実に適った信頼(Good faith)

「善意」あるいは「信義誠実に適った信頼」とは,誠実であり,かつ,外観が真実でないことを知らないという主観的態様をいう。

占 有(Possession)

物品に関して,「占有」とは,その物品に対して物理的支配を有していることをいう。(Ⅷ.-1:205条)

占有機関(Possession-agent)

物品に関して,「占有機関」とは,自主占有者又は他主占有者のために(他主占有者となるために必要とされる意思及び特定の法律関係なくして)物品に対して直接の物理的支配を行う者であって,その者に対して,自主占有者又は他主占有者が,自己の利益のために,物品の使用に関して拘束力のある指示を与えることができるものをいう。偶発的事情により,自主占有者又は他主占有者のために物品に対する直接の物理的支配を行うことができる地位にあり,かつ,現にそれを行う者も占有機関とする。(Ⅷ.-1:208条)

占有担保権(Possessory security right)

「占有担保権」とは,担保権者又は担保権者のために保有する(債務者以外の)第三者が,担保の目的である有体財産を占有することを要件とする担保権をいう。(Ⅸ.-1:201条(10))

相 殺(Set-off)

「相殺」とは,ある者が,他の者に対して負担する債務の全部又は一部を消滅させるために,その者に対して有する債権を用いることができる方法をいう。(Ⅲ.-6:101条(1))

贈与契約(Donation, contract for)

　物品の「贈与契約」とは，当事者の一方（贈与者）が，相手方（受贈者）に対し，物品の所有権を移転することを，無償で，かつ，受贈者に利益を与える意図をもって約束する契約をいう。(Ⅳ.H.-1：101条)

損　害(Damage)

　「損害」とは，利益を害するすべての種類の効果をいう。

損害／損失(Loss)　▶巻末訳注

　「損害」あるいは「損失」には，財産的損害／経済的損失と非財産的損害／非経済的損失とを含む。「財産的損害」あるいは「経済的損失」には，収入又は利益の喪失，負担の発生及び財産価値の減少を含む。「非財産的損害」あるいは「非経済的損失」には，肉体的苦痛及び精神的苦痛並びに生活の質の低下を含む。(Ⅲ.-3：701条(3)及びⅥ.-2：101条(4))

損害賠償(Damages)

　「損害賠償」とは，ある者が特定の種類の損害に対する賠償として受ける権利を有し，又は裁判所によって裁定される金額をいう。

損害賠償(Reparation)

　「損害賠償」とは，損害が生じなければ置かれていたであろう状態に被害者を回復するための金銭賠償その他の適切な方法を意味する。(Ⅵ.-6：101条)

損害を塡補する／免責を得させる(Indemnify)　▶巻末訳注

　「損害を塡補する」あるいは「免責を得させる」とは，ある者が損害を被らないことを保証するような支払をその者に行うことをいう。

代　位(Subrogation)

　権利に関して，「代位」とは，他人に対して支払その他の履行を行った者が，法の作用により，当該他人が第三者に対してもつ権利を取得するという作用をいう。

代理商関係(Commercial agency)

　「代理商関係」とは，当事者の一方（代理商）が，継続的に，自己の営業として相手方（事業主）のために契約の交渉又は締結の仲介をすることを約束し，事業主が，その代理商の活動に対して報酬を支払うことを約束する契約から生じる法律関係をいう。(Ⅳ.E.-3：101条)

代理人(Representative)

　「代理人」とは，他人（本人）のために行為をすることによって，第三者との関係で，本人に対して直接に法的効力を生じさせる権限を有する者をいう。(Ⅱ.-6：102条(1))

他主占有者(Limited-right-possessor)

　「他主占有者」とは，物品に対する物理的支配を行う者のうち，次のいずれかに該当するものをいう。
(a)　自らの利益において支配する意思をもって，かつ，物品を占有する権利を

与える自主占有者との特定の法律関係に基づいて支配を行う者
(b) 自主占有者の指示により支配する意思をもって，かつ，自主占有者によって料金又は費用が支払われるまで物品を保持する権利を他主占有者に与える自主占有者との特定の契約関係に基づいて支配を行う者

(Ⅷ.-1：207条)

担保のための共同債務（Co-debtorship for security purposes）

「担保のための共同債務」とは，二人又はそれ以上の債務者が負う債務であって，担保提供者である債務者の一人が，主として債権者に対する担保のために債務を引き受けるものをいう。(Ⅳ.G.-1：101条(e))

直接代理のための委任（Mandate for direct representation）

「直接代理のための委任」とは，受任者が，本人の名で行為をし，又は本人に法的効力を生じさせる意思を表示するその他の方法で行為をする委任をいう。

直接の物理的支配（Direct physical control）

直接の物理的支配とは，占有者が自ら，又は占有者のために支配を行う占有機関を通して行う物理的支配をいう（直接占有）。(Ⅷ.-1：205条(2))

賃貸借（Lease）

「賃貸借」とは，当事者の一方（賃貸人）が，相手方（賃借人）に対し，賃料と引換えに，物品を一定期間使用する権利を付与することを約束する契約から生じる法律関係をいう。(Ⅳ.B.-1：101条)

賃　料（Rent）

「賃料」とは，一定期間使用する権利の対価として支払うべき金銭その他の財産的価値を有するものをいう。(Ⅳ.B.-1：101条)

追　認（Ratify）

「追認」とは，法律効果を伴った確認をすることをいう。

通　知（Notice）

「通知」は，情報及び法律行為の伝達を含む。(Ⅰ.-1：109条)

停止条件（Suspensive）

「停止条件」とは，当該条件が満たされるまで法律関係又は法律効果の発生が妨げられるものをいう。(Ⅲ.-1：106条)

ディストリビューター関係（Distributorship）

「ディストリビューター関係」とは，ディストリビューター契約から生ずる法律関係をいう。

ディストリビューター契約（Distribution contract）

「ディストリビューター契約」とは，当事者の一方（サプライヤー）が，相手方（ディストリビューター）に対して継続的に商品を供給することを約束し，ディストリビューターがそれを購入し，又は受領して対価を支払い，かつ，ディストリビューターの名義及び計算において他の者に供給

することを約束する契約をいう。(Ⅳ.E.-5：101条(1))

撤　回 (Revocation)

「撤回」とは，(a)法律行為に関して，それを撤回する権限を有する者が撤回を行うことをいい，これにより，当該法律行為はそれ以後効力をもたないこととなり，(b)何かが付与され，若しくは譲渡された場合に関して，それを撤回する権限を有する者がそれを撤回することをいい，これにより，付与され，若しくは譲渡されたものは，付与若しくは譲渡を行った者に回復し若しくは返還されるべきこととなる。

撤　回 (Withdraw)

契約その他の法律行為を「撤回」する権利によって，契約その他の法律行為から生じる法律関係は解消される。この権利は，その理由を示すことなく，一定の期間に限って行使することができる。この行使によって，契約その他の法律行為から生じる債務の不履行責任は生じない。(Ⅱ.-5：101条からⅡ.-5：105条)

電子署名 (Electronic signature)

「電子署名」とは，他の電子データに添付され，又は論理的に付加される電子データであって，真正性の証明の方法として用いられるものをいう。(Ⅰ.-1：107条(3))

電子的 (Electronic)

「電子的」とは，電気，デジタル信号，磁気，無線，光，電磁気又はそれらに類似する方法が用いられた技術に関するものをいう。

当座貸越 (Overdraft facility)

「当座貸越」とは，借主が，当座預金口座から，限度額の範囲内で，残高を超えて資金を引き出すことができる選択権をいう。(Ⅳ.F.-1：101条(4))

動　産 (Movables) ▶巻末訳注

「動産」とは，有体の，又は無体の財産であって，不動産以外のものをいう。

倒産処理手続 (Insolvency proceeding)

「倒産処理手続」とは，暫定的な手続も含め，支払不能である者又は支払不能だと考えられる者の財産及び事務が，再生又は清算のために，裁判所その他の権限を有する機関の命令又は監督に服する法的又は行政的な集団的手続をいう。

動産担保権 (Security right in movable asset)

「動産担保権」とは，担保目的物である動産から被担保債権の優先的満足を得る権利を担保権者に与えることを内容とする，あらゆる制限物権をいう。(Ⅸ.-1：102条(1))

独立的人的担保 (Independent personal security)

「独立的人的担保」とは，担保提供者が担保を目的として債権者のために引き受けた債務であって，他の者が債権者に対して負う債務に付従しないことが明示又は黙示に表示されたものをいう。(Ⅳ.G.-1：101条(b))

定　義　373

取消し（Avoidance）
　法律行為又は法律関係の「取消し」とは，当事者又は裁判所が，その時点まで有効であった行為又は関係について，効力を失わせる事由を援用し，初めに遡って無効であったものとすることをいう。

取り消すことができる（Voidable）
　法律行為又は法律関係に関して，「取り消すことができる」とは，当該行為又は関係が瑕疵を帯びており，この瑕疵のために取り消すことができるものとされ，その結果遡及的に効果をもたないとされ得ることをいう。

売買契約（Sale, contract for）
　物品その他の財産の「売買」契約とは，当事者の一方（売主）が相手方（買主）に対し，契約の締結により直ちに，又は将来のある時点において，物品その他の財産の所有権を買主又は第三者に移転することを約束し，買主が代金を支払うことを約束する契約をいう。（Ⅳ.A.-1：202条）

ハラスメント（Harassment）
　「ハラスメント」とは，特に，畏怖を抱かせ，敵意を抱かせ，品位を下げ，屈辱を与え，若しくは不快に感じさせる状況を生じさせて人の尊厳を害する，又はそれを意図して行われる，望まれない行為（性的な言動を含む。）をいう。（Ⅱ.-2：102条(2)）

反対履行（Counter-performance）
　「反対履行」とは，他の履行の対価として行われるべき履行をいう。

引渡し（Delivery）
　物品を引き渡す債務のためにある者に対して「引渡し」を行うとは，その者に対して当該物品の占有を移転すること，又はその債務の内容に従い占有を移転する措置を講じることをいう。第Ⅷ編（物品所有権の得喪）の適用に当たり，物品の引渡しは，当該物品の占有を譲渡人が失い，かつ，譲受人が取得した時にのみ行われるものとする。ただし，譲受人に所有権移転の権利を与える契約その他の法律行為，裁判所の命令又は法規定が一人の運送人又は複数の相次運送人による物品の運送を伴うものである場合には，物品の引渡しは，譲渡人の引渡義務が履行され，かつ，運送人又は譲受人が物品の占有を取得した時に行われるものとする。（Ⅷ.-2：104条）

非財産的損害／非経済的損失（Non-economic loss）
　「損害／損失」の項を参照。

人（Person）
　「人」とは，自然人又は法人をいう。

秘密の情報（Confidential information）
　「秘密の情報」とは，その性質又はそれを取得した際の事情から，相手方にとって秘密性を有することを，情報を受領する当事者が知り，又は知ることを合理的に期待される情報をいう。（Ⅱ.-3：302条(2)）

費　用（Costs）
　「費用」には，支出も含まれる。

付従的人的担保 (Dependent personal security)

「付従的人的担保」とは，主たる債務者が債権者に対して負う現在又は将来の債務の履行請求権を担保するために，担保提供者が債権者のために引き受けた債務であって，主たる債務の履行責任があるときに限り，その債務の履行責任がその範囲で生じるものをいう。(Ⅳ.G.-1：101条(a))

付属物 (Accessory)

物的担保に関して，「付属物」とは，動産若しくは不動産と密接に関連する有体財産又は動産若しくは不動産の一部となる有体財産であって，動産又は不動産から損傷させることなく分離することが可能で，かつ，経済的に合理的であるものをいう。(Ⅸ.-1：201条)

物的担保 (Proprietary security)

「物的担保」は，動産であると不動産であると，有体物であると無体物であるとを問わず，すべての種類の財産についての担保権を含む。(Ⅳ.G.-1：101条(g))

物的担保のための契約 (Proprietary security, contract for)

「物的担保のための契約」とは，担保提供者が担保権者に担保権を供与することを引き受ける契約，担保提供者とみなされる譲受人に所有権が譲渡された場合において，担保権者が担保権を保持する権利を有する契約，及び動産の売主，賃貸人その他の供給者が，自己の債権を担保するために，供給した動産の所有権を保持する権利を有する契約をいう。(Ⅸ.-1：201条(4))

物　品 (Goods) ▶巻末訳注

「物品」とは，有体動産をいう。物品は，船舶，ホバークラフト，航空機，宇宙で利用される物体，動物，液体及び気体を含む。「動産」の項も参照。

物理的支配 (Physical control)

物品に関して，「物理的支配」とは，直接の物理的支配と間接の物理的支配とをいう。(Ⅷ.-1：205条を参照)

不動産 (Immovable property)

「不動産」とは，土地及び通常の人間の行動によって場所が変更されないよう土地に付属させられた物をいう。

不当利得 (Unjustified enrichment)

「不当利得」とは，法律上正当化されない利得をいう。

フランチャイズ (Franchise)

「フランチャイズ」とは，当事者の一方（フランチャイザー）が，相手方（フランチャイジー）に対して，対価と引換えに，フランチャイジーのために，かつ，フランチャイジーの名義において，特定の商品を提供する目的のためフランチャイザーのネットワークの中で事業（フランチャイズ・ビジネス）を行う権利を与えるとともに，フランチャイジーがフランチャイザーの商号，商標その他の知的財産権，ノウハウ及び事業方法を使用する権利を有し，かつ，義務を負う契約から生じる法律関係をいう。(Ⅳ.E.-4：101条)

定　義　375

不履行(Non-performance)

債務の「不履行」とは，免責されるか否かを問わず，債務が履行されないことをいう。債務の不履行には，遅延した履行のほか，債務の内容に適合しないその他の履行のすべてを含む。(Ⅲ.-1：102条(3))

分割債権(Divided right)

複数の債権者が単一の履行請求権を有する場合において，各債権者が自らの持分の限度でのみ履行を求めることができ，かつ，債務者が各債権者に対して負う履行義務もその債権者の持分に限られるときは，その履行請求権は，「分割債権」である。(Ⅲ.-4：202条(2))

分割債務(Divided obligation)

複数の債務者が単一の債務を負担する場合において，各債務者が債務の一部を履行する義務を負うにとどまり，かつ，債権者が各債務者に対してその債務者が義務を負う部分についてのみ履行を求めることができるときは，その債務は「分割債務」である。(Ⅲ.-4：102条(2))

文書形式(Textual form)

「文書形式」とは，アルファベットその他意味を伝えることができる文字で表記された文書であり，かつ，その文書に含まれる情報の判読，保存及び有形の再現を可能とする何らかの補助手段を用いて判読が可能となるものをいう。(Ⅰ.-1：106条(2))

包括根担保(Global security)

「包括根担保」とは，債権者に対して主たる債務者が負うすべての債務の履行請求権若しくは当座勘定の借方残高の支払請求権を担保するために引き受けられる付従的人的担保又はこれと類似する範囲の担保をいう。(Ⅳ.G.-1：101条(f))

法律行為(Juridical act)

「法律行為」とは，法律効果の発生それ自体を意図した表示又は合意のことをいい，それが明示的なものであるか，行為による黙示的なものであるかを問わない。法律行為は，一方向，双方向又は多方向のものであり得る。(Ⅱ.-1：101条(2))

保管契約(Storage, contract for)

「保管契約」は，当事者の一方（保管者）が，相手方（依頼者）のために動産又は無体物を保管することを引き受ける契約である。(Ⅳ.C.-5：101条)

保守管理契約(Processing, contract for)

「保守管理契約」は，当事者の一方（保守管理者）が，既存の動産，無体物又は建造物についての役務を，相手方（依頼者）のために履行することを引き受ける契約である（ただし，役務が既存の建物その他の建造物に関する建築工事である場合を除く）。(Ⅳ.C.-4：101条)

保有者(Keeper)

動物，自動車，又は物質に関して，「保有者」とは，自らの利益のためにそれを使用し，又は物理的に支配しており，かつ，それを支配する権利又はその使用を制御する権利を行使する者をいう。

無　効 (Invalid)
　法律行為又は法律関係に関して,「無効」とは，当該行為又は関係が当初から無効（void）であること又は取り消されたことをいう。

無　効 (Void)
　法律行為又は法律関係に関して,「無効」とは，当該行為又は関係が，当初から自動的に効果をもたないことをいう。

無効である／効力を有しない (Ineffective)
　契約その他の法律行為に関して,「効力を有しない」あるいは「無効である」とは，その状態が一時的か永続的か，全体に関するものか一部に関するものかにかかわりなく，効力をもたないことをいう。

無体財産 (Intangibles)
　物的担保に関して,「無体財産」とは，有体でない財産をいい，証書が発行されておらず間接的に保有されている証券，及び有体財産，集合物又は基金の上の共同所有者の持分権を含む。（Ⅸ.-1：201条(8)）

無体の (Incorporeal)
　財産が「無体」であるとは，固体，液体，又は気体の形で物理的な存在をもたないことをいう。

無謀な行為 (Recklessness)
　ある者が，一定の方法で行為することに明白かつ重大な危険があることを知っているにもかかわらず，この危険が実現するか否かを顧慮することなく自発的に行為するときは，この者の行為は「無謀な行為」である。

黙示の延長 (Tacit prolongation)
　「黙示の延長」とは，契約が一定の期間にわたる債務の継続的又は定期的な履行を定めている場合において，当事者双方がその期間の経過後も当該債務の履行を継続するときに，その契約が期間の定めのない契約となることをいう。ただし，延長に関する当事者間の黙示の合意を認めることと抵触する事情があるときは，この限りでない。（Ⅲ.-1：111条）

約　款 (Standard terms)
　「約款」とは，異なる当事者を相手方にして数回以上の取引をするためにあらかじめ作成された条項であって，当事者間で個別に交渉されなかったものをいう。（Ⅱ.-1：109条）

有　効 (Valid)
　法律行為又は法律関係に関して,「有効」とは，当該行為又は関係が無効（void）ではなく，かつ取り消されていないことをいう。

有体の (Corporeal)
　財産が「有体」であるとは，固体，液体又は気体としての物質的な存在を有することをいう。

要　件 (Requirement)
　「要件」とは，特定の結果が生じ，又は特定の権利を行使することができるように

なるために必要とされるものをいう。

履　行 (Performance)
　債務の「履行」とは，債務者が，当該債務の下で行うべきことを行うこと又は行ってはならないことを行わないことをいう。(Ⅲ.-1：102条(2))

履行の停止 (Withholding performance)
　契約上の債務の不履行に対する救済手段としての「履行の停止」とは，契約当事者の一方が，相手方が履行を提供し，又は履行をするまで，履行期にある反対履行をすることを拒絶することができることをいう。(Ⅲ.-3：401条)

利　息 (Interest)
　「利息」は，一定の期間ごとに元本に組み入れられるという合意がない場合には，単利をいう。

連帯債権 (Solidary right)
　複数の債権者が単一の履行請求権を有する場合において，複数の債権者のいずれもが債務者に対して全部の履行を求めることができ，かつ，債務者が債権者のいずれに対しても履行することができるときは，その履行を求める権利は，「連帯債権」である。(Ⅲ.-4：202条(1))

連帯債務 (Solidary obligation)
　複数の債務者が単一の債務を負担する場合において，各債務者が債務の全部を履行する義務を負い，かつ，債権者が全部の履行があるまで債務者のいずれに対しても履行を求めることができるときは，その債務は「連帯債務」である。(Ⅲ.-4：102条(1))

監訳者あとがき

I 翻訳にあたっての方針

翻訳にあたっては，次のような方針を原則とした。

1 **翻訳文の文体**　日本法を知る法律家が，翻訳文を読んだときに，そこに規定されたルールの内容を理解することができるようにすることを最優先にした。このため，原語における構文や用語の使い分けに忠実には従わず，日本語の法文としての読みやすさ，自然さの方を優先した箇所が非常に多くある。原文の逐語的な意味で「正確な」内容を知りたければ，結局，原文自体にあたっていただくしかない（原文は2013年8月31日現在，http://www.storme.be/DCFR.html から無料で入手できる。なお同サイトに掲載された修正は，訳文中では亀甲括弧〔　〕で示した。）との判断に基づくものである。例えば，英語における仮定法的な表現について，「……であったであろう場合」などと現代日本語としてはやや不自然にみえる直訳を用いず，多くの個所で「……である場合」と単純化した。

　逆に，日本語としては不自然と承知しながらも，全体で統一的に用いたのは，「悪意又は（善意であることについて）過失のある場合」を表す「……を，相手方が知り，又は知ることを合理的に期待される場合」という表現である。「……を……を」と同じ助詞が重複してしまうものの，これについては定型表現として全体で統一することを優先した。

2 **法制執務用語との関係**　モデル準則の訳出にあたって，「及び／並びに」の使い分けをはじめとする法令用語の使い方に関しては，法制執務用語研究会『条文の読み方』（有斐閣，2012年，初出2009年–2011年）を参考に，いわゆる法制執務用語に従うことを原則とした。しかし，とりわけ読点の打ち方などについては，読みやすさを優先して，そこから離れたケースもある。また，号の末尾が「こと」「とき」で終わるときには，体言止めであっても句点を打つのが法制執務用語であるが，この訳書では号が体言止めで終わるときには句点を打たない扱いで統一することとした。

3 **訳語の選択**　訳出にあたっては，原語が意味する内容を表すのに最も近い日本の法律用語を用いることを原則とし，馴染みのない新たな用語を創作することは

できるだけ避けた。しかし、それでは対処できなかった用語もある。例えば、委任（第Ⅳ編D部）における「委任目的契約（prospective contract）」、信託（第Ⅹ編）における「受益資格（eligibility for benefit）」などである。

いわゆる「カタカナ語」も避けることとしたが、それでは意味が伝わらないものは、カタカナ語を用いた。Ⅱ.-2：101条で用いられる「アクセス」などがそれに当たる。

4　翻訳文上での補足　　原文にない語を補う必要がある場合には、亀甲括弧〔　〕でその箇所を示した。丸括弧（　）は、原文でも丸括弧で表記されている場合と、原文ではカンマ，で挟まれた挿入句として記述されている場合とがある。なおⅡ.-9：403条には角括弧［　］が用いられているが、これは原文において、態度を保留するという意味で用いられているものである（序論79を参照）。

5　訳注　　単純な翻訳では十分に原文のもつニュアンスを表現することができないと思われるときでも、訳注によってこれを補うということはせず、できるだけ翻訳文においてそのニュアンスを反映するようにした（序論におけるごくわずかな例外を除く）。ただし、訳語の選択について説明を要すると判断されるいくつかの語については、巻末訳注（384頁）でそれを説明することとした。モデル準則の中では、各編（第Ⅳ編については各部）の初出箇所で、巻末訳注への参照を示した。

6　原著の誤記　　原著における明らかな誤記（とりわけ引用条文の誤り）は、この訳書においては、特に断りをいれることなく修正して翻訳した。このような修正方法についてはクリスティアン・フォン・バール教授の了解を得た。

Ⅱ　本書刊行にいたるまでの経過

この訳書の企画の具体的な作業は、2011年7月下旬に、監訳者と数名の若手研究者で企画会議を開催したことから始まる（それ以前の経緯については「監訳者序文」を参照）。その席上で、全体の作業計画と、誰にどの部分の翻訳を担当いただくか、監訳者の誰がその依頼をするかについても決定された。計画に従って、監訳者から翻訳プロジェクトへの参加を打診したところ、幸運なことに、32人全員から、ご快諾を得ることができた（なお、監訳・編集の作業に集中するために、監訳者は原則として翻訳を担当しないこととしたが、種々の経緯から中田、松岡、吉永は翻訳も担当している）。

翻訳者からの訳文提出は同年の年末が締め切りとされていたが、書籍の全体を通じて訳語をそろえる必要があることから、締め切りの1か月前である11月26日に翻訳者を集めての全体会議を開催した。また、会議に先立って、（可能であればとの

留保をつけつつ）仮訳段階の原稿の提出を求めたところ，ほぼすべての条文の仮訳が提出された。25名（監訳者5名，翻訳者20名）の出席を得た会議では，提出された仮訳を素材にして，多くの訳語や法文としての定型表現についての統一方針を決定した。

同年末の締切には，ほぼすべての訳文が提出された。このとき同時に，付録（Annex）の「定義（Definitions）」についても，関連条文の担当者から訳文を提出していただいた。条文と関連しない箇所については，カライスコス，吉政，吉永の3名で分担して訳文を作成した。

提出された訳文は，監訳者の間で担当を割り振って，誤訳の可能性があるところ，日本語の表現が分かりにくいところなどを拾い出し，各翻訳者に再検討を依頼した。この再検討の依頼を行うのとほぼ同時期である2012年1月28日に，第2回の翻訳者全体会議（監訳者6名，翻訳者16名出席）を開催し，訳語の選択や定型的な表現についてさらに協議を行った。監訳者からの再検討の依頼と，翻訳者全体会議を受けた訳文の最終版の提出締切は，2012年2月20日とされた。

同月末までにすべての訳文が出そろったことを受けて，監訳作業を開始することとしたが，それに先立って，次の作業を行うこととした。(1)用字用語や句読点の打ち方については，主として法制執務用語に従った定型的な修正を行うこととし，(2)訳語の選択や表現については，統一を図るとともに，条文内容の理解にも関わる問題を含むなど，監訳者による検討を要すると思われる箇所を事前に拾い出すこととした。その作業は，3月の1か月間で，若手研究者の間で行うこととした。上記(1)の作業は田中，吉政，和田が，(2)の作業は荻野，カライスコス，長野，野々村，吉永がそれぞれ担当し，3月末にチェックを終え，監訳者グループに成果を提出した。

監訳者による条文の監修のための会議は，2012年4月22日を皮切りに，同年12月14日にいたるまで，19回にわたって開催された。さらに，秋以降はメール上での議論や，3名程度の監訳者のみで行う少人数の作業も盛んに行われた。この間，監訳作業を終えた部分は，6回ほどに分けて翻訳者全員に中間報告として提示し，誤訳の可能性や表現の良し悪しについてさらに意見を募った。実際，その中で看過してはならない誤解が見つかったことも少なくない。他方で，正当な指摘であるとは思いつつも，本書全体の（内容的な意味での，あるいは訳語の統一という意味での）整合性という観点から採用しなかった意見も少なくない。

このようなやりとりを経て，最終的に確定できたものから，順次入稿がされた。

初校は，翻訳者にそれぞれの担当部分を修正してもらった上で，2013年6月9日の監訳者会議でチェックをし，これも本書全体の整合性という観点から，担当者の施した修正の採否を決定した。なお，再校以降の校正は，監訳者のみで行った。

　原著の索引（Index）は，3000件を超える見出し語に，5000件を超える条文への参照が付されている。これをもとに訳書の索引を作成する作業は，2013年6月24日及び7月1日に，監訳者の吉永，翻訳者の栗田，野々村，古谷のほか，長野，和田も加えた6人で行った。さらに，監訳者の潮見及び松岡，並びに索引作成者の長野及び和田が校正ゲラをチェックした。

　なお，各翻訳者が担当した部分は，次頁の翻訳担当一覧において明示しておく。

❖ 翻訳担当一覧

			翻訳者
日本語版への序文			中田　邦博
序　論			カライスコス・アントニオス
原　則			荻野　奈緒
第Ⅰ編			中田　邦博
第Ⅱ編	第1章・第2章		野々村和喜
	第3章		古谷　貴之
	第4章		馬場　圭太
	第5章		桑岡　和久
	第6章		中田　邦博
	第7章		舩越　優子
	第8章		鹿野菜穂子
	第9章		馬場　圭太
第Ⅲ編	第1章～第3章第5節		松井　和彦
	第3章第6節～第6章		武田　直大
	第7章		鹿野菜穂子
第Ⅳ編	A部	第1章～第3章	田中　洋
		第4章～第6章	吉政　知広
	B部		高嶌　英弘
	C部		寺川　永
	D部		一木　孝之
	E部		小塚荘一郎
			松尾　健一
	F部		谷本　圭子
	G部		齋藤　由起
	H部		森山　浩江
第Ⅴ編			住田　英穂
第Ⅵ編	第1章		山本　周平
	第2章		若林　三奈
	第3章・第4章		山本　周平
	第5章		若林　三奈
	第6章・第7章		山本　周平
第Ⅶ編			松岡　久和（不当利得法研究会代表）
第Ⅷ編	第1章第1節		上野　達也
	第1章第2節（1：206条まで）		栗田　昌裕
	第1章第2節（1：207条から）～第3節		坂口　甲
	第2章		上野　達也
	第3章～第5章第2節（5：202条まで）		坂口　甲
	第5章第2節（5：203条から）～第7章		栗田　昌裕
第Ⅸ編	第1章～第2章第2節		野田　和裕
	第2章第3節～第3章第2節		小山　泰史
	第3章第3節		石田　剛
	第4章～第6章		占部　洋之
	第7章		梶山　玉香
第Ⅹ編	第1章～第6章		吉永　一行
	第7章～第10章		木村　仁
索　引			栗田昌裕，長野史寛，野々村和喜，古谷貴之，吉永一行，和田勝行

巻末訳注

金銭賠償(compensation)

「compensation」について，付録の定義では，Ⅵ.-6:101条を引用しつつ，損害賠償の一方法としての「金銭賠償」を指すものと定義されている。しかし，この語はより一般的に（金銭による）損失の補償を指すことがあり，そうした文脈では「補償」「塡補」などの訳語を当てている。

債務(obligation)／**義務**(duty)

DCFRでは「債務(obligation)」という用語を「履行を求める権利の対となる用語として一貫して」（序論51）使うこととし，そこにPECL（ヨーロッパ契約法原則）にはない特徴があるとする。しかし，この用語法を貫徹すれば，「情報提供債務」「協力債務」など，日本語としてやや違和感の残る訳語を使わなければならなくなる。そこでこの訳書では，「債務」と「義務」の使い分けは，DCFRほど厳密に行わないこととし，DCFRが「obligation」と表現している際にも，それが契約上の主たる債務にあたるようなものでない場合には，広く「義務」の訳語を用いている。

損害／損失(loss)

「loss」は，債務不履行の文脈では「損害」，不法行為（「他人に生じた損害に基づく契約外責任」）の文脈では「損失」の訳語を当てている。債務不履行について，DCFRは，Ⅲ.-3:701条(1)本文で，「債権者は，債務者の債務の不履行によって生じた『loss』について，その賠償を請求する権利を有する。」としており，ここでは「損害」の訳語が最も適している。これに対して，不法行為については，Ⅵ.-1:101条(1)で，「法的に重要な『damage』を受けた者は，……損害賠償を請求することができる。」と定めており，「損害」の語はこの「damage」の訳語として用いることとした。そして，この「法的に重要な損害」については，Ⅵ.-2:101条が，一定の要件を備えた「loss」ないし「injury」が，「法的に重要な損害」となることを定めており，それぞれ「損失」と「侵害」という訳語を当てることにした。このため，債務不履行と不法行為とで，同じ「loss」という語に違う訳語が当てられることとなった。

また，「loss」には，「economic」なものと「non-economic」なものがあるが，この区別について，「loss」を「損害」と訳すときには「財産的損害」「非財産的損害」，「損失」と訳すときには「経済的損失」「非経済的損失」の表現が，日本語として自然な語感であると判断して，採用した。

損害を塡補する／免責を得させる(indemnify)

「indemnify（名詞はindemnification）」という語は，損害を塡補する（損失を補償する，あるいは費用を償還する）という意味であり，こうした訳語を当てている箇所も多い。しかし，賃貸借（危険又は損害を回避するために賃借人が措置を講じた場合の費用の扱いを定めたⅣ.B.-5:105条），事務管理（第Ⅴ編）及び信託（第Ⅹ編）の文脈では，費用の償還は「reimburse（名詞はreimbursement）」と

いう語を用いており，indemnifyと並列している。こうした箇所では，「indemnify」は，費用の前払や代弁済など，広く「（管理者・受託者などに）免責を得させる」ことを指すものと理解し，「reimbursement」と「indemnification」を求めることをあわせて「償還及び免責を求める」と表現することとした。

動産（movables）／**物品**（goods）

　財産の分類方法は，日本民法とDCFRとで異なっている。日本民法は，財産をまず有体物と無体物に分けた上で，有体物を不動産と動産に分けている。これに対して，DCFRは，財産をまず不動（immovable）か可動（movable）かで分け，後者を有体（corporeal）か無体（incorporeal）かで分けることとしている。そして可動の有体物を特に「goods」と称している。

　日本民法とDCFRを比較すると，有体物でかつ不動産ではないという意味の日本民法の「動産」は，DCFRでは「goods」に対応することになる。しかし，この訳書では，「動産」の訳語は不動産（immovables）と対になる「movables」に当てることとした（「動産又は不動産」と表記されている箇所もあるため）。その上で，「goods」には「物品」の訳語を当てた。

索引

- 日本語索引
- 原語索引

　この索引は，原著の索引（Index）を元に作成している。ただし，原著の明らかな誤記は，その旨を指摘しないままに修正した。また，同じ原語に異なる訳語を当てている場合には，見出し語を分けた。このため，原著の索引とは見出し語の順序が異なっている箇所がある。

　なお，「序」は序論（Introduction）の項番号を，「原」は原則（Principles）の項番号を，「定」は付録の定義（Annex, Definitions）の該当項目を表す。

日本語索引

【数字，アルファベット】

7歳未満の者が生じさせた損害 person under 7, damage caused by　VI.-3:103〜104
14歳未満の者が生じさせた損害 person under 14, damage caused by　VI.-3:104
18歳未満の者が生じさせた損害 person under 18, damage caused by　VI.-3:103〜104
18歳未満の若年者 young persons under 18　原52
CFR（共通参照枠）Common Frame of Reference　序1, 6, 39, 59〜60, 74, 78, 80
　適用範囲 coverage　序65〜70
　任意に選択することができる法律文書 optional instrument　序80
CISG（国際物品売買契約に関する国際連合条約）UN Convention on Contracts for the International Sale of Goods　序25, 63
DCFR（共通参照枠草案）Draft Common Frame of Reference　序1, 6, 74〜77
　一般規定 general rules　I-1:102
　適用範囲 coverage　序34〜40, 66, 73; I-1:101
　特別規定 special rules　I-1:102
DCFRの国別のノート〔比較法的資料〕national notes in the DCFR　序71, 73, 75
DCFRのコメント〔条文解説〕comments on the DCFR　序3, 25, 75
DCFRの編 Books of the DCFR　序43〜46
DCFRの用語 terminology of the DCFR　序50, 65
EU法 Community law　序25; 原7
PECL（ヨーロッパ契約法原則）Principles of European Contract Law　序8, 10, 34, 44, 49〜53
PEL（ヨーロッパ法原則）Principles of European Law　序54
VoIP　→インターネットプロトコルによる音声通話

【あ　行】

アキ・コミュノテール acquis communautaire　序24, 59, 63, 68〜69; 原10, 46
アキ原則（ACQP）Acquis Principles　序57

悪意　→認識／悪意
安全（基底的原理）security (underlying principle)　序12, 15〜18, 22; 原1, 12, 16〜39, 62
　契約の安全 contractual security　原17〜29
安定性 stability　原62
域内市場 internal market　序12, 16, 19, 21, 40, 61
遺言 testaments　原55
　信託行為の定めの変更 variation of trust terms　X.-9:201
遺言 wills　序38; I-1:101
遺産 legacy　X.-2:403
意思 intention　II.-4:102; II.-4:301〜302
遺失物拾得 finding　VIII.-1:101
委託者 truster　X.-1:203; 定
　終了させる権利 terminate, right to　X.-9:101; X.-9:103; X.-9:106
　信託行為の定めの変更 variation of trust terms　X.-9:201
　信託債権者に対する責任 liability to trust creditors　X.-10:203
　信託を設定する意思表示 declaration of intention to constitute a trust　→信託
委託販売 consignment　IX.-1:104; IX.-2:308; IX.-5:303; IX.-7:301
著しく過大な請求 grossly excessive demands　原44, 50, 60
一部弁済 part payment　III.-7:401
一方的約束 unilateral promise　序51
一方的約束 unilateral undertaking　序28; 原56; II.-1:103; IV.G.-1:103
所有権の移転 transfer of ownership　IV.H.-1:104
委任 mandate　IV.D.-1:102; 定; →委任契約
　重大な変更 change, significant　IV.D.-4:201
　撤回することができない委任 irrevocable　IV.D.-1:105; IV.D.-6:101〜102
　委任関係 mandate relationship　IV.D.-1:101; IV.D.-7:103〜104; →委任契約
　解消 termination　IV.D.-1:105; IV.D.-2:103; IV.D.-3:402; IV.D.-6:101〜105; IV.D.-7:101〜103
　終了 termination　IV.D.-1:104

委任契約

損害賠償 damages　　　　　IV.D.-6:101
特別かつ重大な理由による解消 termination for extraordinary and serious reason
　　　　　　IV.D.-6:103; IV.D.-6:105
本人の相続人による解消 termination by successors of the principal　IV.D.-6:103
委任契約 mandate contract　序 30, 54;
　　　　　IV.D.-1:101～102; IV.E.-1:201
委任関係 mandate relationship　IV.D.-1:101
委任目的契約 prospective contract
　　IV.D.-1:102; IV.D.-2:102; IV.D.-3:301;
　　　　IV.D.-3:401～403; IV.D.-7:101
解消／終了 termination　→委任関係
間接代理 indirect representation　序 29;
　　IV.D.-1:102; IV.D.-3:403; IV.D.-4:102～103;
　　　　定「間接代理のための委任」
救済手段 remedies　　　　　IV.D.-4:103
協力 co-operation　　　　　IV.D.-2:101
警告義務 warn, duty to　　　IV.D.-4:101
権限の付与 authorisation　IV.D.-1:101～102
指図 directions　　　　IV.D.-1:101～102;
　　　　IV.D.-2:101; IV.D.-4:101～104
指図の要求 directions, request for
　　　　　　IV.D.-4:102; IV.D.-4:104
自己契約 self-contracting　IV.D.-5:101
自己執行 personal performance　IV.D.-3:302
指示 instruction　　　IV.D.-1:101～102
重大な不履行 non-performance, fundamental
　　　　　　　　　　　　IV.D.-1:105
受任者 agent　　　　　　　→受任者
受任者の負担した費用 expenses incurred by agent　IV.D.-2:103; IV.D.-3:402; IV.D.-7:103
受領した金銭 money received　IV.D.-3:402
消費した金銭 money spent　IV.D.-3:402
情報 information IV.D.-2:101; IV.D.-3:401～403
説明 accounting　　　　　　IV.D.-3:402
双方委任 double mandate　IV.D.-5:102
損害賠償 damages　　　　　IV.D.-4:201
存続期間 duration　　　　　IV.D.-1:103
第三者 third party　IV.D.-1:102; IV.D.-3:403
直接代理 direct representation　IV.D.-1:102;
　　　　　　IV.D.-4:102～103;
　　　　定「直接代理のための委任」
追認 ratification　II.-6:111; IV.D.-3:202
撤回 revocation　　　　　　IV.D.-1:102;

　　　　IV.D.-1:104～105; IV.D.-6:101
特定の期間 fixed period　　　IV.D.-1:103
特定の事務 task, particular　IV.D.-1:103;
　　　　　　　　　　　　IV.D.-6:102
排他性 exclusivity　　　　　IV.D.-3:301
復委任 subcontracting　　　IV.D.-3:302
不特定の期間 indefinite period　IV.D.-1:103;
　　　　　　IV.D.-6:102; IV.D.-6:104
変更 changes　　IV.D.-4:101; IV.D.-4:201;
　　　　　　　　　　　　IV.D.-6:105
報酬 price　IV.D.-1:101; IV.D.-2:102～103
報酬の調整 price, adjustment
　　　　　IV.D.-4:103～104; IV.D.-4:201
本人 principal　　　　　　　→本人
無償 gratuitous　IV.D.-1:101; IV.D.-2:103;
　　　　　　　　　　　　IV.D.-6:104
利益相反 conflict of interest　IV.D.-5:101～102
履行の進捗 progress of performance
　　　　　　　　IV.D.-3:401～402
履行の停止 withhold, right to　IV.D.-4:103
違法性／不法性 illegality　原 4～5;
　　　　　　VI.-5:401; VII.-6:103
違約罰条項 penalty clauses　　　原 60
医薬品 medicines　　　　　IV.C.-8:103
依頼者 client　　　　　　　IV.C.-1:101
　協力 co-operation　　　　IV.C.-4:102
　契約締結前の警告義務 duty to warn, pre-contractual　IV.C.-2:102
　指図 directions　　　　　IV.C.-2:107
情報提供契約 information, contract for the provision of　IV.C.-7:101; IV.C.-7:108
設計契約 design　　　　　　IV.C.-6:101
知識 knowledge　　　　　　IV.C.-7:108
能力 competence　　　　　IV.C.-7:108
保管契約 storage　　　　　IV.C.-5:101
保守管理契約 processing　IV.C.-4:101～102
医療機関 treatment-providing organisations
　　　　　　　　　　　　IV.C.-8:111
医療契約 medical treatment
　　　　　　　　　原 46; →医療契約
医療契約 treatment, contract for　原 46;
　　IV.C.-1:101; IV.C.-8:101; 定；→役務提供契約
　医薬品 medicines　　　　　IV.C.-8:103
　医療機器 instruments　　　IV.C.-8:103
　医療施設 premises　　　　IV.C.-8:103

医療実務 professional practice		IV.C.-8:103
医療設備 installations		IV.C.-8:103
解消 termination		IV.C.-8:110
患者の同意 consent of patient		IV.C.-8:108
技能及び注意に関する義務 skill and care,		
obligation of	IV.C.-8:104; IV.C.-8:109	
緊急性 emergency		IV.C.-8:107〜108
検査 examination		IV.C.-8:102
実験的治療 experimental		IV.C.-8:106
情報提供義務 inform, obligation to		
	IV.C.-7:101; IV.C.-8:105〜108	
情報の開示 disclosure of information		
		IV.C.-8:109
情報の不開示 non-disclosure of information		
		IV.C.-8:107
将来の治療 future		IV.C.-8:109
試料 materials		IV.C.-8:103
選択 choice		IV.C.-8:105
相談 consultation		IV.C.-8:102
提案される治療 proposed		IV.C.-8:105
適切な記録 records, adequate		IV.C.-8:109
同意の撤回 revocation of consent	IV.C.-8:108	
人の身体的な状態 physical condition of		
a person		IV.C.-8:101
人の精神的な状態 mental condition of a		
person		IV.C.-8:101
不必要な治療 unnecessary		IV.C.-8:106;
		IV.C.-8:108
不履行 non-performance		IV.C.-8:110
別の治療方法 alternatives		IV.C.-8:105〜106
問診 interview of the patient		IV.C.-8:102
予診 assessment, preliminary		IV.C.-8:102
履行停止 withhold performance		IV.C.-8:110
リスク risks		IV.C.-8:105〜106
医療従事者 treatment provider		IV.C.-8:101
技能及び注意に関する義務 skill and care,		
obligation of		IV.C.-8:104
特定 identity		IV.C.-8:111
因果関係 causation		VI.-4:101
死亡 death		VI.-4:101
人身侵害 personal injury		VI.-4:101
択一的原因 alternative causes		VI.-4:103
複数人の関与 collaboration		VI.-4:102
インターネット上のチャット internet related		
chat		II.-3:104
インターネットプロトコルによる音声通話		
voice over internet protocol		II.-3:104
飲料品 beverages		II.-5:201; IV.C.-5:110
受戻し redemption		IX.-7:106
宇宙で利用される物体 space objects		VIII.-1:201;
		定「物品」
売主 seller		IV.A.-1:202
交換 barter		IV.A.-1:203
債務 obligations		IV.A.-2:101
事業者でない売主 non-business		IV.A.-4:202
所有権の移転 transfer of ownership		
		IV.A.-2:101
物品の指定 specification of the goods		
		IV.A.-3:102
物品の適合性 conformity of goods		
	IV.A.-2:101; IV.A.-4:304	
運送 carriage		IV.A.-2:201〜202;
	IV.A.-2:204; IV.A.-5:202	
物品の引渡し delivery of the goods		VIII.-2:104
運送契約 transport, contracts for		II.-5:201;
	IV.C.-1:102; IV.C.-5:101	
運送中に売却された物品 transit, goods		
sold in		IV.A.-5:203
営業所 place of business		III.-2:101
変更 change		III.-2:101
営業日 working days		I.-1:110; 定
液体 liquids		VI.-3:206; VIII.-1:201;
		定「無体の」; 定「物品」
役務 services		序 54, 61, 68; →役務提供契約
一方的な変更 alteration, unilateral		II.-9:410
運送 transport		II.-5:201
役務の自由な移動 free movement of		
services		序 22
給食 catering		II.-5:201
検査 verification		III.-3:710
宿泊 accommodation		II.-5:201
受領 acceptance		III.-3:710
商品 products		IV.E.-1:101
情報 information		II.-3:101〜103; II.-3:106
宣伝・勧誘 marketing		II.-3:102
注文していない役務 unsolicited		II.-3:401
適合性 conformity		II.-9:410
能力 capacity		II.-4:201
望まない役務 unwanted services		原 13
不適合 non-conformity		III.-3:107

役務提供契約

求められた役務 solicited　　　　*IV.C.-5:110*
余暇 leisure　　　　*II.-5:201*
役務提供契約 services, contract for *IV.C.-1:101;*
　　　　IV.C.-1:103; IV.D.-1:101; 定; →役務
依頼者 client　　　　→依頼者
依頼者による指図 directions by the client
　　　　原 *22; IV.C.-2:103; IV.C.-2:107*
役務提供者 service provider　→役務提供者
解消 termination　　　　*IV.C.-2:111*
危険 risk　　　*IV.C.-2:102; IV.C.-2:105*
期限の変更 time, adjustment of　*IV.C.-2:103;*
　　　　IV.C.-2:110
協力 co-operation　　原 *22; IV.C.-2:103*
許可 permits　　　　*IV.C.-2:103*
契約締結前の警告義務 duties to warn,
　　pre-contractual　　　　*IV.C.-2:102;*
　　　　IV.C.-2:107〜109
結果 result　　*IV.C.-2:106〜108; IV.C.-2:110*
建築契約 construction services　　原 *22*
材料 materials　　　　*IV.C.-2:104*
時間 time　　　　*IV.C.-2:105*
事情の変更が差し迫っていることの警告
　　warnings of impending changes　原 *22*
事情変更 change of circumstances *IV.C.-2:109*
下請人 subcontractors　　　　*IV.C.-2:104*
情報 information　　*II.-3:101; IV.C.-2:103*
所有権の移転 ownership, transfer of　*IV.C.-2:106*
設計の実現 design, carrying out　*IV.C.-6:101*
宣伝・勧誘 marketing　　　　*II.-3:102*
損害の防止 damage, prevention of *IV.C.-2:105*
損害賠償 damages　　　　*IV.C.-2:103*
長期間にわたる契約 long-term contracts 原 *22*
撤回権 withdrawal, rights of　　*II.-5:201*
道具 tools　　　　*IV.C.-2:104*
不公正契約条項 unfair contract terms *II.-9:410*
変更 variation　　　原 *22; IV.C.-2:102;*
　　　　IV.C.-2:107; IV.C.-2:109
報酬 price　　*II.-4:201; IV.C.-1:101; IV.C.-2:101;*
　　　　IV.C.-2:105; IV.C.-2:109
保守管理契約 processing　　　*IV.C.-4:101*
予期される不適合 non-conformity,
　　anticipated　　　　*IV.C.-2:110*
ライセンス licences　　　　*IV.C.-2:103*
履行 supply　　　　*IV.C.-2:103*
履行の停止 withhold performance

　　　　IV.C.-2:103
役務提供者 service provider　　*IV.C.-1:101*
技能 skill　　　　*IV.C.-2:105*
警告義務 duty to warn　　　*IV.C.-2:102;*
　　　　IV.C.-2:108
事業者 business　*IV.C.-2:105; IV.C.-2:101*
支出 expenditure　　　　*VII.-5:103*
専門的な基準 standards, professional
　　　　IV.C.-2:105
注意 care　　　　*IV.C.-2:105*
役務の自由な移動 free movement of
　　services　　　　序 *22*
同じものを同じに扱う treating like alike
　　　　原 *40〜41, 53*

【か 行】

会計 accounting
　事業主 principal　　　　*IV.E.-3:311*
　代理商 commercial agency　*IV.E.-3:204;*
　　　　IV.E.-3:311
会社 companies　　　　*I-1:101*
解釈 interpretation　序 *34;* 原 *17, 28; I.-1:102*
　慣習 usages　　　　*II.-8:102*
　記録 records　　　　*IV.C.-8:109*
　契約 contracts　　　　*II.-8:101〜107*
　契約準備段階における交渉 negotiations,
　　preliminary　　　　*II.-8:102*
　契約全体 contract as a whole　*II.-8:105*
　契約の性質 nature of the contract　*II.-8:102*
　契約の目的 purpose of the contract *II.-8:102*
　交渉された条項 negotiated terms　*II.-8:104*
　支配的当事者に不利な against dominant
　　party　　　序 *30; II.-8:103*
　条項提供者に不利な against supplier of
　　term　　　　*II.-8:103*
　信義誠実及び取引の公正 good faith and
　　fair dealing　　　　*II.-8:102*
　当事者の意思 intention of the parties *II.-8:101*
　当事者の行為 conduct of the parties *II.-8:102*
　法律行為 juridical acts　　*II.-8:201〜202*
会社法 company law　　　序 *38; VIII.-1:101*
解消 termination　序 *51, 53;* 原 *20, 27, 44;*
　　II.-9:410; III.-3:501; III.-3:509; VII.-7:101; 定
　委任関係 mandate relationship
　　IV.D.-6:101〜105; IV.D.-7:101〜103; →終了

解消権の喪失 loss of right to terminate				IV.A.-3:104〜105
	III.-3:508	物品の指定 specification of the goods		
解消の通知 notices of termination	序51			IV.A.-3:102
可分債務 divisible obligations	III.-3:506	外部者 externalities		原3
契約関係 contractual relationships	III.-3:501	買戻し resale		IX.-1:102
契約上の債務 contractual obligations		買戻特約付売買 sale and resale		IX.-1:102
	III.-3:501〜505	改良 improvements		III.-3:513
合意 agreement	III.-1:108	価格／対価／代金／報酬 price		
効果 effects	III.-3:509			定「価格／代金」
債権譲渡に対する遡及効 assignment,		一方による決定 determination, unilateral		
retroactive effect on	序29; III.-5:118			II.-9:105
事情変更 change of circumstances	III.-1:110	役務 services		IV.C.-2:101
重大な不履行 fundamental non-performance		カタログ catalogue		II.-4:201
原41, 55; III.-3:502; III.-3:504〜505		慣行 practices		II.-9:104
贈与 donation	IV.H.-3:203	慣習 usages		II.-9:104
代替取引 substitute transaction	III.-3:706	計算の基礎 calculation basis		II.-3:107
通知 notice	原20; III.-1:109; III.-3:503;	決定 determination		II.-9:104〜107; II.-9:410
	III.-3:507〜508	減額 reduction		→代金減額
特別かつ重大な理由 extraordinary and		建築契約 construction contract		IV.C.-3:107
serious reason	IV.D.-6:103; IV.D.-6:105	広告 advertisement		II.-4:201
不可分債務 indivisible obligations	III.-3:506	時価 current		III.-3:707
分割履行債務 separate parts, obligations		支払の予定 payment schedule		II.-3:107
to be performed in	III.-3:506	商取引上合理的な commercially reasonable		
利益の返還 restitution of benefits				IX.-7:212
	III.-3:510〜514	情報 information		II.-3:102〜103;
履行期前の不履行 anticipated non-				II.-3:106〜107
performance	原61; III.-3:401;	所定の価格 stated prices		II.-4:201
	III.-3:504; III.-3:508	推奨される価格 recommended		IV.E.-4:205
履行に対する相当の担保の不提供		増額 increase		II.-9:410
assurance of due performance,		相当性 adequacy		原44; II.-9:406
inadequate	III.-3:505; III.-3:508	相場変動 fluctuations		II.-5:201; II.-9:410
履行の遅延 delay in performance	III.-3:503	第三者による決定 determination by		
解消の通知 notices of termination	序51	third person		II.-9:106
解除条件 resolutive condition	III.-1:106;	調整 adjustment		IV.D.-4:103〜104;
	定「解除条件」			IV.D.-4:201
買取選択権付賃貸借 hire-purchase		物品の陳列 display of goods		II.-4:201
所有権留保 retention of ownership device		化学製品 chemicals		VI.-3:206
IX.-1:103〜104; IX.-2:308; IX.-5:303; IX.-7:301		価格変動条項 price-indexation clauses		
買主 buyer	IV.A.-1:202; 定「売買契約」			II.-9:410
交換 barter	IV.A.-1:203	角括弧 brackets, square		序79
債務 obligations	IV.A.-3:101〜102	各種の契約 specific contracts		序35, 40, 43,
書類 documents	IV.A.-3:101; IV.A.-3:104			53; II.-3:106
損害賠償 damages	IV.A.-4:202	隔地者間契約 distance contracts		序62;
代金の支払 payment of the price	IV.A.-3:101			II.-3:103; II.-3:106
引渡しの受領 taking delivery	IV.A.-3:101;	不履行 non-performance		III.-3:108

履行期 time of performance	III.-2:102
隔地者間のリアルタイム通信 real time distance communication	II.-3:104
加工 production	原 15, 36, 53; VIII.-5:101
合意 agreement	VIII.-5:101
所有権留保 retention of ownership	VIII.-5:101; IX.-2:308
担保目的財産 encumbered goods	IX.-2:307
加工者 producer	
所有権の取得 acquisition of ownership	VIII.-5:201
加工物 products	IX.-2:308
過失 fault	
軽微な insubstantial	VI.-5:102
被害者の contributory	VI.-5:102
過失 negligence	序 65; 原 50〜52; VI.-3:102; 定
重大な過失 gross	III.-3:105; III.-3:703; IV.C.-4:108; IV.C.-5:110; IV.C.-6:107; IV.C.-6:205; X.-6:205; 定「重大な過失」
注意の水準 standard of care	VI.-3:102
果実 fruits	IV.H.-3:101; VIII.-2:201; 定「価値変形物」
原状回復 restitution	III.-3:510
譲渡性 transferability	VIII.-1:301
担保権 security rights	IX.-2:306; IX.-4:104〜105
天然果実 natural fruits	III.-3:510
不当利得 unjustified enrichment	VII.-5:104
法定果実 civil fruits	IX.-5:208
法定果実 legal fruits	III.-3:510
貸付期間 loan period	IV.F.-1:101
貸付契約 loan contract	序 2; IV.F.-1:101; 定
解消 termination	IV.F.-1:106
貸付の受領 taking up of the loan	IV.F.-1:103
貸主 lender	IV.F.-1:101〜102
借主 borrower	IV.F.-1:101; IV.F.-1:103
金銭貸付 monetary loan	IV.F.-1:101; IV.F.-1:103; 定
繰上返済 early repayment	IV.F.-1:106
対価 remuneration	IV.F.-1:101; IV.F.-1:104
当座貸越 overdraft	IV.F.-1:101
利息 interest	IV.F.-1:101; IV.F.-1:104
貸主（貸付契約）lender	IV.F.-1:101〜102
貸主（賃貸借契約）	→賃貸人
仮装行為 simulation	II.-9:201

家族関係 family relationships	序 38; I.-1:101
カタログ catalogue	II.-4:201
価値 value	
減価分 depreciation of	VI.-6:101
減少 diminished	III.-1:110
財産 property	III.-3:701; VI.-2:101
損失 disadvantage	VII.-4:107
利益 benefits	III.-3:512; III.-3:514
利得 enrichment	VII.-4:107; VII.-5:101〜103
価値変形物 proceeds	IX.-1:201; 定
担保権 security rights	IX.-2:306; IX.-4:104〜105
価値変形物からの価値変形物 proceeds of proceeds	IX.-1:201; 定「価値変形物」
株券 share certificates	IX.-1:201; IX.-2:302
株式 company shares	VIII.-1:101
担保権 security rights	IX.-2:302
株式 share	IV.A.-1:101
贈与 donation	IV.H.-1:103
株式 stocks	IV.A.-1:101
贈与 donation	IV.H.-1:103
株式取引指数 stock exchange index	II.-9:410
株式取引相場 stock exchange quotation	II.-9:410
紙 paper	I.-1:106
借主（貸付契約）borrower	IV.F.-1:101; IV.F.-1:103〜106
貸付の受領 taking up of the loan	IV.F.-1:103
借主（賃貸借契約）	→賃借人
借戻特約付売買 sale and lease-back	IX.-1:102
為替手形 bills of exchange	I.-1:101
換価 realisation	IX.-7:207〜216; →担保目的財産
換価金の配当 proceeds, distribution of	IX.-7:215
公競売 public auction	IX.-7:207
私競売 private auction	IX.-7:207
私的売却 sale, private	IX.-7:207
充当 appropriation	IX.-7:207; IX.-7:216
通知 notice	IX.-7:208〜210
取立て collection	IX.-7:207
換価金 proceeds	
配当 distribution	IX.-7:215
管轄条項 jurisdiction clauses	II.-9:409
環境侵害 environmental impairment	VI.-2:209

危険の移転

完結条項 merger clause	II.-4:104; 定
監護 parental care	VI.-3:104
慣行 practices	II.-1:104; II.-4:205
契約条項 terms of contract	II.-9:101
言語 language	II.-9:109
健全な商慣行 good commercial practice	II.-3:101
対価 price	II.-9:104
品質 quality	II.-9:108
患者 patient	原 46; IV.C.-8:101
契約当事者でない者 not contracting party	IV.C.-8:101
健康状態 health condition	IV.C.-8:102; IV.C.-8:105
情報 information	IV.C.-8:105〜108
治療に関する自由な選択 free choice regarding treatment	IV.C.-8:105
同意 consent	IV.C.-8:108〜109
慣習 usages	II.-1:104; II.-4:205
契約条項 contract terms	II.-9:101
契約の解釈 interpretation of contract	II.-8:102
言語 language	II.-9:109
対価 price	II.-9:104
品質 quality	II.-9:108
慣習（確立した）established practice	序 63
間接占有 indirect possession	VIII.-1:205; 定「間接の物理的支配」
間接代理 indirect representation	序 29; IV.D.-1:102; IV.D.-3:403; IV.D.-4:102
所有権の譲渡 transfer of ownership	VIII.-2:302
不当利得 unjustified enrichment	VII.-4:102
監督 supervision	
建築契約 construction	IV.C.-3:105
保守管理契約 processing	IV.C.-4:104
元本 capital	
利息の組入れ addition of interest	III.-3:709; IV.F.-1:104
管理者 intervener	V.-1:101; →事務管理
義務 duties	V.-2:101〜103
権限 authority	V.-3:106
行為の合理的な理由 reasonable ground for acting	V.-1:101
合理的な注意 care, reasonable	V.-2:101
償還 reimbursement	V.-3:101; V.-3:104〜105
責任 liability	V.-2:102
損失の賠償 reparation for loss	V.-3:103〜104
代理人 representative	V.-3:106
報酬 remuneration	V.-3:102; V.-3:104
免責 indemnification	V.-3:101; V.-3:104〜105
管理者 operator	VI.-3:206
期間の計算 computation of time	序 27; I.-1:110
２日以上の期間 two days or more	I.-1:110
営業日 working days	I.-1:110
公休日 public holidays	I.-1:110
時間によって示された期間 hours, period expressed in	I.-1:110
週によって示された期間 weeks, period expressed in	I.-1:110
月によって示された期間 months, period expressed in	I.-1:110
特定の行為 action, specified	I.-1:110
特定の事件 event, specified	I.-1:110
特定の時点 time, specified	I.-1:110
土曜日 Saturday	I.-1:110
名宛人への文書の到達時 document reaching the addressee	I.-1:110
日曜日 Sunday	I.-1:110
年によって示された期間 years, period expressed in	I.-1:110
日によって示された期間 days, period expresses in	I.-1:110
期間を定めた通知 period of notice	原 20
基金 fund	IX.-1:201; IX.-2:309; IX.-3:106
危険／リスク risks	→自己の危険に基づく行為
自身の創出したリスク own creation of risks	原 40
知りつつ受け入れた危険 knowingly accepting risks	原 51
リスク発生による責任 responsibility for the creation of risks	序 12
危険源 source of danger	VI.-3:207; VI.-4:101
動物 animal	VI.-6:301
期限付きの権利義務 time-limited rights/obligations	序 45; III.-1:107
危険の移転 passing of risk	IV.A.-5:101; VIII.-2:201
運送中に売却された物品 goods sold in transit	IV.A.-5:203
買主の処分に委ねられた物品 goods placed

日本語索引　395

気 体

at buyer's disposal	IV.A.-5:201
時期 time	IV.A.-5:102
消費者売買契約 consumer contract for sale	IV.A.-5:103
物品の運送 carriage of goods	IV.A.-5:202
気体 gases	VI.-3:206; VIII.-1:201; 定「物品」; 定「無体の」
基底的原理 underlying principles	序 14〜15, 22; 原 1〜62; I.-1:102
技能 skill	IV.C.-2:105
受任者 agent	IV.D.-3:103
既判力 res judicata	III.-7:302; VIII.-4:203
基本原則 fundamental principles	序 11, 14〜15, 59
違反 infringement	II.-7:101; II.-7:301; VII.-6:103
基本的自由 fundamental freedoms	序 17; I.-1:102
義務 duty	序 51; 定「義務」
義務違反 breach	
契約締結前の pre-contractual	II.-3:101〜105
情報提供 information	II.-3:101〜109
客室 accommodation	IV.C.-5:110
救済手段 remedies	原 17; II.-9:410
解消 termination	原 27
競合 overlapping	II.-7:216
金銭賠償 compensation	VI.-6:201〜204
現実の履行 actual performance	原 26
差止め prevention	VI.-6:301〜302
差別 discrimination	II.-2:104
制限 limitation	II.-9:410
責任制限条項 restriction	III.-3:105
損害賠償 damages	原 27
損害賠償 reparation	VI.-6:101
代金の減額 reduction of price	原 27
重畳 cumulation	III.-3:102
不履行 non-performance	III.-3:101
免責条項 exclusion	II.-9:410; III.-3:105
履行の停止 withholding of performance	原 27
給食 catering	II.-5:201
供給 supply	IV.B.-4:104; IV.E.-4:204; 定
情報の開示 information, disclosure of	II.-3:101
所定の価格 stated prices	II.-4:201
注文していない物品／役務 unsolicited goods/services	II.-3:401
同等のもの equivalent	II.-9:410
供給者 supplier	IX.-2:308
強行法規 mandatory rules	原 2〜3, 11; II.-1:102
違反 infringement	II.-7:101; II.-7:302
信託 trusts	X.-1:303
不公正条項 unfair terms	II.-9:401
不法性 illegality	VII.-6:103
教唆 instructions	
差別 to discriminate	II.-2:102
強制 coercion	原 42; II.-7:206
救済手段 remedies	II.-7:215〜216
損害賠償 damages	II.-7:214
損失 disadvantage	VII.-2:103
第三者 third persons	II.-7:208
強制 enforcement	III.-7:203; III.-7:306
支払の方法 method of payment	III.-2:108
履行 performance	III.-3:301〜303
履行の強制 specific performance	III.-3:302; IV.B.-6:101
強制執行の申立て execution, attempted	III.-7:402
競争 competition	原 59
競争法 competition, law of	原 5; →不正な競争
共通参照枠	→CFR（共通参照枠）
共通参照枠草案	→DCFR（共通参照枠草案）
共同債権 joint right	III.-4:202〜203; III.-4:205; 定
共同債務 joint obligation	III.-4:102; 定
不履行に対する金銭支払請求 money claimed for non-performance	III.-4:105
強迫 duress	原 6, 8
強迫 threats	原 42; II.-7:101; II.-7:206
救済手段 remedies	II.-7:215〜216
損害賠償 damages	II.-7:214
損失 disadvantage	VII.-2:103
第三者 third persons	II.-7:208
共犯者 collaborator, criminal	原 48; VI.-5:103
共有 co-ownership	VIII.-1:203; VIII.-5:202; 定
分割 division	VIII.-1:101; VIII.-5:202
共有者の死亡による持分の増加 survivorship	VIII.-1:101
協力 co-operation	序 13; 原 17, 22, 24; III.-1:104; III.-1:106; IV.C.-2:103
委任 mandate	IV.D.-2:101
建築契約 construction contract	IV.C.-3:102
代理商 commercial agency	IV.E.-2:201
ディストリビューター関係 distributorship	

契　約

	IV.E.-2:201	right to change	*II.-9:410*
フランチャイズ franchise	*IV.E.-2:201;*	金融資産 financial assets	*IX.-1:201; IX.-2:309;*
	IV.E.-4:103		*IX.-3:204;* 定
保守管理契約 processing	*IV.C.-4:102*	間接保有金融資産 intermediated financial	
記録 records		assets	*IX.-3:204*
検査 examinations	*IV.C.-8:109*	混和 commingling	*IX.-3:106*
情報提供契約 information, contract for		使用 use	*IX.-5:207*
the provision of	*IV.C.-7:106*	処分 disposition	*IX.-5:207*
診察 consultations	*IV.C.-8:109*	被担保債権の満足 satisfaction of secured	
設計契約 design	*IV.C.-6:106*	right	*IX.-5:207*
治療 treatment	*IV.C.-8:109*	弁済への充当 appropriation	*IX.-5:207*
見方 interpretation	*IV.C.-8:109*	金融商品 financial products	*II.-9:410;*
予診での問診 interviews, preliminary			*IV.C.-1:102*
	IV.C.-8:109	金融商品 financial instruments	*II.-9:410;*
緊急性 emergency	原 *30,49; IV.C.-8:107〜108*		*III.-5:101; IX.-1:201;* 定
緊急避難 necessity	*VI.-5:202*	登記 registration	*IX.-3:301*
金銭 money	*III.-2:108; III.-2:112; III.-3:301;*	空気 air	*VI.-2:209*
	III.-3:510; IV.C.-5:101; →通貨	クーリング・オフ期間 cooling off period	原 *20*
受領されない場合 not accepted	*III.-2:112*	苦情処理 complaint handling	*II.-3:102*
贈与 donation	*IV.H.-1:103*	経営支援 assistance	*IV.E.-4:203*
返還 reimbursement	*III.-2:102*	経済的厚生 economic welfare	序 *12, 16, 20;*
預託 depositing	*III.-2:112*		原 *58〜59, 61;* →厚生／福祉
金銭貸付 monetary loan	*IV.F.-1:101;*	経済的損失	→財産的損害／経済的損失
	IV.F.-1:103; 定	刑事法 criminal law	序 *18;* 原 *5*
金銭債権 right to payment	*IX.-1:201;*	競売 auction	*II.-5:201*
	IX.-6:104; →金融資産	公競売 public auction	*IX.-7:211*
担保 encumbrance	*IX.-2:301; IX.-7:204*	私競売 private auction	*IX.-7:211*
担保の換価 realisation of security	*IX.-7:214*	刑法上の罪（共犯者に生じた損害）criminal	
金銭債務 monetary obligation	*III.-3:301*	offence, damage caused to collaborator	
債権譲渡 assignment	*III.-5:107; III.-5:117*		*VI.-5:103*
追認 ratification	*VII.-4:104*	契約 contract	序 *28, 44〜45, 50, 67;*
金銭賠償 compensation	原 *32; VI.-6:101;*		*I-1:101; II.-1:101;* 定
	VI.-6:201〜204; 定	意思 intention	*II.-4:101〜102*
一時金 lump sum	*VI.-6:203*	一部無効 partial ineffectiveness/partial	
減価分 depreciation of value	*VI.-6:101*	invalidity	*II.-1:108*
修補費用 repair, cost of	*VI.-6:101*	委任目的契約 prospective	*IV.D.-1:102;*
選択 election	*VI.-6:201*		→委任契約
定期金 periodical payment	*VI.-6:203*	違法／不法な契約 illegality	原 *4〜5; VII.-6:103*
不均衡な責任 disproportionate liability		外形上の契約 apparent contract	*II.-9:201*
	VI.-6:202	外見上の意味 apparent meaning	*II.-8:201*
金融サービス financial services	序 *61; II.-9:410;*	解釈 interpretation	*II.-4:104; II.-8:101〜107*
	IV.C.-1:102	改訂 adaptaion	原 *28; II.-7:203*
一方的な変更 alteration, unilateral	*II.-9:410*	改訂 modification	*II.-7:303*
撤回権 withdrawal, right of	*II.-5:201*	各種の契約 specific contracts	序 *35, 40, 43, 53*
利息の利率を変更する権利 rate of interest,			*II.-3:106*

日本語索引　397

契約違反

完結条項 merger clause　　　　　　Ⅱ.-4:104
期間の定めのある契約 fixed duration　Ⅱ.-9:410
期間の定めのない契約 indeterminate
　duration　　　　　　　原20; Ⅱ.-9:410
基本原則に対する違反 fundamental
　principles, infringement　　　Ⅱ.-7:301
強行法規に対する違反 mandatory rules,
　infringement of　　　　　　　Ⅱ.-7:302
契約締結前の表示 pre-contractual
　statements　　　　　　　　　Ⅱ.-9:102
契約の尊重 favouring the contract　原17
結合契約 linked contracts　　　　Ⅱ.-5:106
原始的不能 impossibility, initial　Ⅱ.-7:102
交渉 negotiations　　　　　　　　序13
拘束力 obligatory force　　　　　　原17
混合契約 mixed contracts　　序53; Ⅱ.-1:107
事業者間 between businesses
　　　　　　　　　　　　→事業者間契約
条項 terms　Ⅱ.-3:103; Ⅱ.-3:106; Ⅱ.-9:101〜108
　双方向の bilateral　　　　　　　Ⅱ.-1:101
　多方向の multilateral　　　　　　Ⅱ.-1:101
締結 conclusion　　　　Ⅱ.-3:201; Ⅱ.-4:101;
　　　　　Ⅱ.-4:205; Ⅱ.-4:211; →契約の成立
取り消すことのできる契約 voidable
　contracts　　　　　　　　　　原42, 55
内容 contents　　　　　　　　　　序34
不公正条項 unfair terms　　　Ⅱ.-9:401〜410
無効 invalidity　　　Ⅱ.-7:101〜102; Ⅱ.-7:212;
　　　　　　　　　　　　定「無効(Invalid)」
無効 nullity　　　　Ⅱ.-7:301; Ⅱ.-7:303〜304
無効である／効力を有しない ineffective　定
無償契約 gratuitous contracts　　Ⅲ.-3:511
黙示の延長 prolongation, tacit　　Ⅲ.-1:111
契約違反 breach of contract
　契約当事者の契約違反の誘発 inducement of
　　a contract party　　　　　　　　原4
契約外責任 non-contractual liability　原31〜33
　契約違反の誘発 inducement to breach the
　　contract　　　　　　　　　　　　原4
契約外の義務 non-contractual obligations
　　　　　　　　　　　　　序13, 36, 46, 74;
　　　　　　原12〜13, 30〜35, 47〜52; I.-1:101
契約外の権利 non-contractual rights　序74;
　　　　　　　　　　　　　　　　I.-1:101
契約外責任 non-contractual liability　Ⅷ.-5:101

契約関係 contractual relationship　序50〜51, 67;
　　　　　　　　　　　　　　　原28; 定
　解消 termination　　　　Ⅱ.-4:105; Ⅱ.-9:410;
　　　　　　　　　　　　Ⅲ.-3:501; Ⅲ.-3:506
　期間の定めのない duration, indeterminate
　　　　　　　　　　　　　　　　Ⅱ.-9:410
　契約上の地位の移転 transfer of contractual
　　position　　　　　　　　Ⅲ.-5:301〜302
　合意による解消 termination by agreement
　　　　　　　　　　　　　　　　Ⅲ.-1:108
　合意による変更 variation by agreement
　　　　　　　　　　　　　　　　Ⅲ.-1:108
　通知による解消 termination by notice　Ⅲ.-1:109
　通知による変更 variation by notice　Ⅲ.-1:109
契約自由 freedom of contract　　　序13;
　　　　　　　　　　　　原1〜11, 42〜43, 59
　交渉の自由 freedom to negotiate　Ⅱ.-3:301
契約自由 liberté contractuelle　　序13, 15
契約書 contract document　Ⅱ.-4:104; Ⅱ.-4:210
　異なる言語の版 language versions　Ⅱ.-8:107
　個別に交渉されなかった条項 not individually
　　negotiated terms　　　　　　Ⅱ.-9:103
契約条項 contract terms
　一方的な変更 alteration, unilateral　Ⅱ.-9:410
　一方による決定 determination, unilateral
　　　　　　　　　　　　　　　　Ⅱ.-9:105
　決定 determination　　　　　　Ⅱ.-9:107
　十分な合意 agreement, sufficient　Ⅱ.-4:103
　第三者による決定 determination by third
　　person　　　　　　　　　　　Ⅱ.-9:106
　不明確条項 ambiguous terms　原46; Ⅱ.-8:103
　文書形式 textual form　　　Ⅱ.-3:105〜106
契約上の権利 contractual rights　　序74;
　　　　　　　　　　　　　I.-1:101; Ⅲ.-1:101
　情報 information　　　　　　　Ⅱ.-3:103
　同意を得ない移転 transfer without consent
　　　　　　　　　　　　　　　　Ⅱ.-9:410
契約上の債務 contractual obligation
　序45〜46, 69, 74; I.-1:101; Ⅲ.-1:101; 定; →不履行
　情報 information　　　　　　　Ⅱ.-3:103
　同意を得ない移転 transfer without consent
　　　　　　　　　　　　　　　　Ⅱ.-9:410
契約上の誠実 contractual loyalty　序13; 原17
契約上の誠実 loyauté contractuelle　序13
契約上の地位の移転 transfer of contractual

建築契約

position	III.-5:302; 定
契約締結前の義務 pre-contractual duties	原 46
契約締結前の情報提供 pre-contractual information	序 69, 72; 原 19
契約締結前の表示 pre-contractual statements	序 52
契約の安全 contractual security	序 13, 15; 原 17〜29
契約の安全 sécurité contractuelle	序 13, 15
契約の改訂 modification of contracts	原 20; II.-7:303
方式 form	II.-4:105
契約の確認 confirmation of the contract	II.-4:210
契約の成立 formation of contract	序 34; 原 19; II.-4:101
拘束力のある法律関係 legal relationship, binding	II.-4:101〜102
十分な合意 agreement, sufficient	II.-4:101; II.-4:103
電子的手段 electronic means	II.-3:105; II.-3:201〜202
契約の尊重 faveur pour le contract/ favouring the contract	原 17, 28
契約の追認 confirmation of the contract	II.-7:211
契約法 contract law	序 13, 40
一般契約法 general contract law	序 69; 原 7
ヨーロッパ契約法 European Contract Law	序 1
欠陥のある物 item, defective	序 29
代替品の引渡し replacement	III.-3:205
原因 causa	原 56
権限 authority	II.-6:102〜104; 定
欠缺 lack of	II.-6:107
権限なしにした行為 acting without	II.-6:102; II.-6:107
財産処分 to dispose	II.-7:102
代理 representative	II.-6:102〜104; II.-6:106; II.-6:112
復代理 delegation	II.-6:104
付随的な行為 incidental acts	II.-6:104
付与 grant	II.-6:104
権限の授与 authorisation	序 51; II.-6:102〜103; IV.D.-1:101〜102; 定
終了 ending	II.-6:112
制限 restriction	II.-6:112
明示の express	II.-6:103
黙示の implied	II.-6:103
言語／言葉 language	序 12, 16, 19; II.-9:109
DCFR 共通参照枠草案	序 47〜48
契約の締結 contract, conclusion of	II.-3:105
言語間の齟齬 linguistic discrepancies	II.-8:107
消費者物品保証書 consumer goods guarantee document	IV.A.-6:103
情報 information	II.-3:102; II.-3:106; II.-5:104
平明で分かりやすい plain and intelligible	II.-3:106; II.-9:402; II.-9:406; IV.A.-6:103
明確で分かりやすい clear and comprehensible	II.-5:104
健康 health	原 32
言語的多様性 linguistic diversity	序 12, 16, 19
検査 examinations	IV.C.-8:109
検査／調査 inspection	II.-5:105
選択的ディストリビューター契約 selective distribution contract	IV.E.-5:305
担保目的財産 assets, encumbered	IX.-5:201
排他的ディストリビューター契約 exclusive distribution contract	IV.E.-5:305
物品の賃貸借 lease of goods	IV.B.-5:108
フランチャイズ franchise	IV.E.-4:304
保守管理契約 processing	IV.C.-4:104
原材料 raw material	VI.-3:204; IX.-5:203; 定「製造者」
原始的不能 impossibility, initial	II.-7:102
研修課程 training courses	IV.E.-4:203
現状 status quo	原 31, 39, 53
原状回復 restitution	序 73; III.-1:106〜108; III.-3:104
適合した履行 conforming performance	III.-3:511
撤回 withdrawal	II.-5:105
無償契約 gratuitous contracts	III.-3:511; IV.H.-3:203
利益 benefits	III.-3:510
健全な商慣行 good commercial practice	原 8; II.-3:101; II.-9:405; III.-3:711
建築契約 construction services	原 22
建築契約 construction, contract for	IV.C.-1:101; IV.C.-3:101; 定; →役務提供契約

日本語索引　399

建築工事

依頼者による指図 directions of the client	
	IV.C.-3:104
監督 supervision	IV.C.-3:105
危険 risks	IV.C.-3:108
協力 co-operation	IV.C.-3:102
検査 inspection	IV.C.-3:105
建造物 structure	IV.C.-3:103～108
建造物の引渡し structure, handing over	
	IV.C.-3:106; IV.C.-3:108
建造物の滅失 destruction of structure	
	IV.C.-3:108
建築物に対する損害の予防 damage to	
structure, prevention of	IV.C.-3:103
材料 materials	IV.C.-3:102; IV.C.-3:105
承認 acceptance	IV.C.-3:105～106
適合性 conformity	IV.C.-3:104
道具 tools	IV.C.-3:102; IV.C.-3:105
部品 components	IV.C.-3:102
報酬の支払 price, payment of	IV.C.-3:107
履行停止権 withhold, right to	IV.C.-3:107
建築工事 construction work	IV.C.-4:101
憲法 constitutional law	I-1:102; VI.-7:101
原理／原則 principles	序 9～11, 60, 62
基底的原理 underlying principles	序 14～15,
	22; 原 1～62; I.-1:102
基本的原理 fundamental principles	序 11, 14
最優先の原則 overriding principles	
	序 14, 16, 22
権利／権限 right	定
牽連関係にある債務 reciprocal obligations	
	原 41; 定「牽連関係」; →債務
故意 intention	原 51; II.-1:105
損害 damage	VI.-3:101
行為 conduct	序 65; II.-4:102; II.-4:105;
	II.-8:102; 定; 定「信義誠実及び取引の公正」
違法な行為 unlawful conduct	原 40, 42, 48
過失 negligence	VI.-3:102
自己の危険に基づく行為 acting at own risk	
	VI.-5:101
承諾 acceptance by	II.-4:204～205
損害についての責任 damage, accountability of	
	VI.-3:101
不合理な行為 unreasonable conduct	
	原 40, 42, 48
不実表示 misrepresentation	II.-7:205

不誠実な行為 dishonest conduct	原 40, 42, 48
法的に拘束される意思 intention to be	
legally bound	II.-4:302
合意 agreement	序 45; II.-1:101; II.-1:103;
	II.-9:101; →契約
合意する意図 intention of reaching an	
agreement	II.-3:301
合意に達しないこと failure to reach an	
agreement	II.-3:301
合意による解消 termination by	III.-1:108
合意による変更 variation by	III.-1:108
交渉 negotiations	II.-3:301
十分な sufficient	II.-4:101; II.-4:103
物権的効果 proprietary effect	VIII.-1:104
明示の express	II.-9:101
黙示の tacit	II.-9:101
硬貨 coins	VIII.-1:101
交換 barter	IV.A.-1:101; IV.A.-1:203;
	定「交換契約」
物品の供給 supply of goods	定「供給／提供」
公休日 public holiday	I.-1:110; 定
工業材料 industrial material	IX.-5:203
工業所有権 industrial property rights	
	IV.A.-1:101; IV.A.-2:305～307; IV.A.-4:302
贈与 donation	IV.H.-1:103
公共の通話サービス payphone, public	II.-5:201
公共の利益 public interest	VI.-5:203
航空機 aircraft	VIII.-1:201; 定「物品」
広告 advertisement	II.-4:201; II.-9:102
広告キャンペーン advertising campaigns	
	IV.E.-4:205; IV.E.-4:207; IV.E.-5:202
広告資材 advertising materials	IV.E.-5:204
口座 account 当座勘定 current account	
	IV.G.-1:101; IV.G.-1:106
公衆に対する表示 public statement	IV.H.-2:102
公序 public policy	原 3, 5, 48; VI.-2:101;
	VI.-5:103
交渉 negotiations	序 13; 原 42; II.-3:301
合意する意図 intention of reaching an	
agreement	II.-3:301
交渉の自由 freedom to negotiate	II.-3:301
消滅時効期間の満了の延期 prescription	
period, postponement	III.-7:304
信義誠実及び取引の公正 good faith and	
fair dealing	II.-3:301

信義誠実に従って交渉する義務 duty to
  negotiate in good faith　　　　II.-3:301
  破棄 breaking off　　　　　　　II.-3:301
交渉力 bargaining power　　　　原3, 10
交渉力の不均衡 inequality of bargaining
  power　　　　　　　　　　　原3, 10
厚生／福祉 welfare　　　序16, 19〜20; 原1;
　　　　　　　　　　　　　→経済的厚生
公正性 fairness　　　　　序13, 原36, 50〜51
公正性の基準 fairness test　　　　　原11
拘束力 binding effect　　序28; 原44; II.-1:101;
　　　　　II.-1:103; →拘束力 (binding force)
拘束力 binding force　　　　　　原20, 35;
　　　　　　　　→拘束力 (binding effect)
拘束力のある支援状 binding comfort letter
　　　　　　　　　　IV.G.-1:102; IV.G.-2:101
  補充的責任 subsidiary liability　IV.G.-2:106
交通事故 traffic accident　VI.-3:205; VI.-5:102
高度電子署名 advanced electronic signature
　　　　　　　　　　　　　　　I.-1:107; 定
購入資金信用担保 acquisition finance device
　　　　　　　　　　　　　　　IX.-1:201; 定
  最優先順位 superpriority　IX.-4:102; IX.-4:105
  登記 registration　　　　　　　　IX.-3:107
抗弁 defence　　　　　　　　　　　　定
  自己の危険に基づく行為 acting at own risk
　　　　　　　　　　　　　　　　　VI.-5:101
  制御の不可能な事象 event beyond control
　　　　　　　　　　　　　　　　　VI.-5:302
  同意 consent　　　　　　　　　　VI.-5:101
利得の消滅 disenrichment　　　　　VII.-6:101
公法 public law　　　　　　　序18; I.-1:101
  責任 liability　　　　　　　　　　VI.-7:103
  不当利得 unjustified enrichment　VII.-7:103
合理性 rationality　　　　　　　　　序12
合理性 reasonableness　　　　原22; I.-1:104;
　　　　　　　　　　　　　　　定「合理的」
効率性 efficiency　　　　　序12, 15〜16, 22;
　　　　　　　　　原1〜3, 14〜15, 40, 54〜62
  公的な目的 public purposes　　　原58〜61
合理的な期待 expectations, reasonable
　　　　　　　　　　　　原17, 19, 25, 35, 37
合理的な信頼 reliance, reasonable　　序12;
　　　　　原17, 19, 25, 35, 37; I.-1:103; II.-8:101
  不正確な情報 incorrect information　II.-7:204

合理的な注意深さを備えた者 reasonably
  careful person　　　　　　　　　　原51
小切手 cheques　　　　　　　　　I.-1:101
  支払の方法 method of payment　III.-2:108
顧客 client　　　　　　　　　　　→依頼者
  支払能力 solvency　　　　　　IV.E.-3:203
国際為替 money orders, international II.-9:410
国際物品売買契約に関する国際連合条約
　　　　　　　　　　　　　　　　　→CISG
国内法 national law　　　　　　序25, 63, 73
  憲法 constitutional law　　　　　　VI.-7:101
  所有権の登記 registration of ownership
　　　　　　　　　　　　VIII.-1:102; VIII.-2:103
  人身侵害の算定 personal injury,
    quantification　　　　　　　　VI.-6:203
  損害についての責任 damage, accountability
    for　　　　　　　　　　　　　VI.-3:207
  担保権の記録 notation of security rights
　　　　　　　　　　　　　IX.-3:301; IX.-3:312
  担保権の登記 registration of security
    rights　　　　IX.-2:108; IX.-3:301; IX.-3:312
  非経済的損失の算定 non-economic loss,
    quantification　　　　　　　　VI.-6:203
  法律上の規定 statutory provisions　VI.-7:102
個人 individuals　　　　　　　　　　原57
固体 soil　　　　　　　　　　　定「無体の」
子ども children　原52; →年少者が生じさせた損害;
　　　　　　　　　　→7歳未満の者が生じさせた損害;
　　　　　　　　　　→14歳未満の者が生じさせた損害;
　　　　　　　　　　→18歳未満の者が生じさせた損害
個別に交渉された条項 individually negotiated
  terms　　　　II.-1:110; 定「個別に交渉された」
  完結条項 merger clause　　　　　II.-4:104
  証明責任 burden of proof　　　　　II.-1:110
雇用 employment　　　　　　　序38; I.-1:101
  雇用の過程で生じた損害 damage caused in
    the course of employment　原51; VI.-3:201
婚姻関係 matrimonial relationships　I.-1:101
混合契約 mixed contracts　　　　序53; II.-1:107
  推定契約類型 primary category　　II.-107
混合物 mixture　　　　　VIII.-2:305; VIII.-5:202;
　　　　　　　　　　　　　　　IX.-2:309; X.-3:203
混同（債務の）merger of debts　III.-6:201; 定
  連帯債務 solidary obligation　　　III.-4:108
混和 commingling　　　原15, 36, 53; VIII.-1:101;

債権

```
                    VIII.-5:101; VIII.-5:202
共有物の分割 division of co-ownership
                    VIII.-1:101; VIII.-5:202
合意 agreement            VIII.-5:101
所有権留保 retention of ownership
                    VIII.-5:101; IX.-2:309
担保権 security rights         IX.-3:106
担保権に服する物品 encumbered goods
                    IX.-2:309
```

【さ 行】

```
債権             →履行請求権／債権
債券／社債 bonds  IX.-1:201; IX.-2:303; IX.-3:203
債権者 creditor    序 51, 65; III.-1:102; 定
  債権の移転を求める権利の授与 entitlement
    to assign              III.-5:111
  担保債権者 secured creditor    IX.-5:401
  複数の債権者 plurality of creditors
                    III.-4:201～207
債権譲渡 assignment   序 29, 34, 53; 原 46, 55;
              III.-5:101; III.-5:104; III.-5:114;
                    III.-5:118～119; 定
  一部譲渡 part of a right  III.-5:102; III.-5:107
  解消 termination         序 29; III.-5:118
  給付された利益 proceeds of performance
                    序 29; III.-5:122
  金銭債務 monetary obligation   III.-5:107
  契約による譲渡禁止 prohibition, contractual
              序 29, 79; III.-5:108; III.-5:116
  権利の移転 rights, transfer of    III.-5:112;
                         III.-5:115
  効果 effects           III.-5:113～118
  抗弁 defences       III.-5:112; III.-5:116
  債権者でない者に対する履行 performance
    to person who is not the creditor III.-5:119
  債権者の一身専属権 rights personal to
    the creditor            III.-5:109
  債権の移転を求める権利の授与 entitlement
    to assign             III.-5:104;
              III.-5:111～112; III.-5:118
  債務者の保護 protection of debtor
                    III.-5:119～120
  債務者の免責 discharge of debtor  III.-5:116;
              III.-5:119; III.-5:121～122
  従属的な権利 accessory right      III.-5:105
```

```
                         III.-5:115
  従属的な担保権 security rights, supporting
                         III.-5:115
  主たる債権 primary right        III.-5:115
  承諾 consent     III.-5:104; III.-5:108～109
  譲渡行為 act of        →債権の譲渡行為
  譲渡後の取消し avoidance, subsequent
                    序 29; III.-5:118
  譲渡された債権の存在 existence of right
    assigned     III.-5:104; III.-5:112
  譲渡制限 restriction   III.-5:108; III.-5:116
  譲渡人による保証 undertakings by assignor
                         III.-5:112
  将来債権 future right   III.-5:106; III.-5:114
  信託 trust                III.-5:103
  相殺 set-off       III.-5:112; III.-5:116
  損害賠償請求権 reparation, right to VI.-6:106
  担保目的 security purpose       III.-5:103;
                    III.-5:110; IX.-1:102
  通知 notice of    III.-5:104; III.-5:119～120
  適切な証明 proof, adequate      III.-5:120
  撤回 revocation/withdrawal  序 29; III.-5:118
  独立的人的担保 independent personal
    security             IV.G.-3:108
  非金銭債務 non-monetary obligation
                    III.-5:107; III.-5:117
  複数の債権譲渡 successive purported
    assignments            III.-5:121
  物品の賃貸借 lease of goods     IV.B.-7:102
  不特定の債権 unspecified right    III.-5:106
  無効 invalidity, initial      序 29; III.-5:118
  優先関係 priority     III.-5:112; III.-5:121
  利益の移転 proceeds, transfer of    III.-5:112
  履行場所 place of performance    III.-5:117
債権の譲渡行為 act of assignment   III.-5:102;
    III.-5:104; III.-5:112; III.-5:114; III.-5:118; 定;
                         →債権譲渡
  担保目的 security purpose       III.-5:110
  複数の譲渡行為 successive       III.-5:114
  方式 formation             III.-5:110
  無償の譲渡行為 gratuitous       III.-5:110
  有効性 validity             III.-5:110
在庫 stock of goods     II.-4:201; IV.E.-2:306
  在庫切れ exhaustion          II.-4:201
財産 assets             序 26; 原 30; 定
```

一方的な変更 alteration, unilateral　　II.-9:410
減少 decrease　　VII.-5:103
使用 use of　　VII.-3:101; VII.-7:102
譲渡性 transferability　　IX.-2:102
情報 information　　II.-3:101～103; II.-3:106
善意取得 good faith acquisition　　原 37, 53
増加 increase　　VII.-3:101; VII.-7:102
担保権 security rights　　原 37, 53
担保目的物 encumbrance　　IX.-2:105;
　　→担保目的財産
適合性 conformity　　II.-9:410
動産 movables　　→動産
不適合 non-conformity　　III.-3:107
輸入 importation　　IX.-3:108; IX.-4:106
利得 enrichment　　VII.-4:101; VII.-5:101
財産 property　　序 65; 原 36, 53; I.-1:101;
　　III.-2:111; 定; 定「財産(Assets)」
　回復 recovery　　VIII.-1:202
　価値の減少 value, reduction in　　III.-3:701;
　　VI.-2:101
　享受 enjoy　　VIII.-1:202
　権利行使 exercise　　VI.-2:206
　受領されない財産 not accepted　　III.-2:111
　使用／利用 use of　　VI.-2:206; VIII.-1:202
　処分 disposal　　VIII.-1:202
　侵害 infringement　　VI.-2:206
　損失 loss　　VI.-2:206
　損傷 damage　　→財産の損傷
　動産 movable　　IV.G.-1:101
　売却代金 proceeds of sale　　III.-2:111
　破壊 destruction　　VI.-2:206; VIII.-1:202
　引渡し delivery　　III.-2:111
　物的担保 proprietary security　　IV.G.-1:101
　不動産 immovable　　IV.A.-1:101; IV.G.-1:101
　不当利得 unjustified enrichment　　VII.-7:101
　返還 return　　III.-2:111
　変更 modification　　VIII.-1:202
　保護 protection　　III.-2:111
　保存 preservation　　III.-2:111
　無体財産 incorporeal　　IV.A.-1:101;
　　IV.G.-1:101; 定「無体の」
　有体財産 corporeal　　III.-2:111; IV.G.-1:101;
　　定「有体の」
財産処分の権利 right to dispose　　II.-7:102

財産的損害／経済的損失 economic loss
　　原 32, 60; III.-3:701; VI.-2:101;
　　定「損害／損失」
財産価値の減少 value of property,
　　reduction in　　III.-3:701; VI.-2:101
収入 income　　III.-3:701; VI.-2:101
侵害それ自体 injury as such　　VI.-6:204
負担の発生 burdens incurred　　III.-3:701;
　　VI.-2:101
利益 profit　　III.-3:701; VI.-2:101
財産の損傷 property damage　　VI.-2:206;
　　VI.-3:202～206
財産法 property law　　序 13, 37, 40, 54;
　　原 14, 36, 53; I.-1:101
救済手段 remedies　　原 38
財産保全管理人 receiver　　X.-7:103
最小限の介入 minimum intervention　　原 11
再売却 resale　　IX.-7:301
栽培者 grower　　定「製造者」
裁判所 court　　X.-1:101; 定
裁判所の命令 court order　　VII.-2:101
裁判手続 court proceedings　　VI.-7:103
債務 obligation　　序 44, 50～51; III.-1:101; 定
　可分債務 divisible　　III.-3:506
　期限付きの債務 time-limited　　序 45;
　　III.-1:107
　共同債務 joint　　III.-4:102～103; III.-4:105;
　　定「共同債務」
　金銭債務 monetary　　III.-2:101;
　　III.-2:109～110; III.-2:113; III.-3:301
　継続的債務 continuing　　III.-7:203
　契約上の債務 contractual　　III.-3:501
　牽連関係 reciprocal　　III.-1:102; III.-2:103～104;
　　III.-3:301; III.-3:401; III.-3:510; III.-3:601;
　　VIII.-6:102; 定
　合意による解消 termination by agreement
　　III.-1:108
　合意による変更 variation by agreement
　　III.-1:108
　混同 merger of debts　　III.-6:201
　債務の内容 terms　　III.-1:102
　差別の禁止 non-discrimination　　III.-1:105
　事情変更 change of circumstances　　III.-1:110
　条件付きの債務 conditional　　III.-1:106
　消滅 extinction　　III.-2:114

日本語索引　403

債務者

選択的な債務 alternative obligations　III.-2:105
通知による解消 termination by notice
　　　　　　　　　　　　　　　　III.-1:109
通知による変更 variation by notice　III.-1:109
非金銭債務 non-monetary　　　　　III.-3:302
被担保債務 secured　　　　　　　IV.G.-1:101
不可分債務 indivisible　　　　　　III.-3:506
不履行 non-performance　　III.-1:102; III.-3:101
分割債務 divided III.-4:102～104; 定「分割債務」
分割履行債務 separate parts　　　　III.-3:506
履行 performance　　　III.-1:102; III.-2:101～114
連帯債務 solidary　　　　　　III.-4:102～103
債務者 debtor　序 51; III.-1:102; IV.G.-1:101; 定
　交替 substitution　　　→新債務者への交替
　追加 addition　　　　　→新債務者の追加
　能力 capacity　　　　　　　　　IV.G.-2:103
　複数の債務者 plurality of debtors
　　　　　　　　　　　　　　III.-4:101～112
債務者の交替　　　　　　→新債務者への交替
債務者の追加　　　　　　→新債務者の追加
債務不履行　　　　→不履行 (non-performance)
債務不履行 default　　　　　　　　IX.-7:101
債務法 obligations, law of　　　　　　　序 40
最優先順位 superpriority　　IX.-2:307; IX.-4:102
最優先の原則 overriding principles　序 14, 16, 22
材料 materials　　　　IV.C.-2:104; IV.C.-3:102;
　　　　　　　　　　　IV.C.-4:102; IV.E.-2:306
詐害的譲渡 conveyances, fraudulent　　　原 4
詐欺 fraud　序 72; 原 6, 8, 42, 49; II.-7:101; II.-7:205
　救済手段 remedies　　　　　　II.-7:215～216
　信義誠実及び取引の公正 good faith and
　　fair dealing　　　　　　　　　　II.-7:205
　損害賠償 damages　　　　　　　　II.-7:214
　損失 disadvantage　　　　　　　　VII.-2:103
　第三者 third persons　　　　　　　II.-7:208
　不開示 non-disclosure　　　　　　II.-7:205
　不実表示 misrepresentation　　　　II.-7:205
差金決済 cash settlements　　　　　IX.-1:201
作為 doing　　　　　　　　　　　III.-1:102
錯誤 mistake　　序 72; 原 6, 8, 19, 49; II.-7:101;
　　　　　　　　　　　　　　　　　II.-7:201
　役務提供契約 service contracts　　IV.C.-2:102
　救済手段 remedies　　II.-3:109; II.-3:201;
　　　　　　　　　　　　　　　II.-7:215～216
　契約の改訂 adaptation of contract　II.-7:203

　契約の履行 performance of the contract
　　　　　　　　　　　　　　　　　II.-7:203
　信義誠実及び取引の公正 good faith and
　　fair dealing　　　　　　　　　　II.-7:201
　贈与 donation　　　　　　　　　IV.H.-2:103
　損害賠償 damages　　　　　　　　II.-7:214
　第三者 third persons　　　　　　　II.-7:208
　当事者双方の both parties　　　　II.-7:201;
　　　　　　　　　　　　　　　　　II.-7:203
　取消し avoidance　　　　　　　　II.-7:201
　表示／伝達における誤り inaccuracy in
　　communication　　　　　　　　II.-7:202
　宥恕されない inexcusable　　　　II.-7:201
　リスク risk of　　　　　　　　　II.-7:201
作成者 maker　　　　　　　　　定「製造者」
些事原則 de minimis rule　　　　　　VI.-6:102
指図 directions　　　IV.C.-2:103; IV.C.-2:107;
　　　　　　　　　　　　　　　　IV.D.-1:102
　委任契約 mandate contracts IV.D.-1:101～102;
　　　　IV.D.-2:101; IV.D.-4:101～104; IV.D.-4:201
　建築契約 construction contracts　IV.C.-3:104
　指図の要求 request for　　　　　IV.D.-4:102;
　　　　　　　　　　　　　　　　IV.D.-4:104
　指図を与えないとき failure to give
　　　　　　　　　　　　　　　　IV.D.-4:103
指図／指示 instructions
　委任 mandate　　　　　　　　　IV.D.-1:101
　選択的ディストリビューター契約 selective
　　distribution contract　　　　　　IV.E.-5:304
　代理商 commercial agency　　　　IV.E.-3:202
　排他的ディストリビューター契約 exclusive
　　distribution contract　　　　　　IV.E.-5:304
　フランチャイズ franchise　IV.E.-4:303～304
　雑誌 magazines　　　　　　　　　II.-5:201
　サプライヤー supplier　　　　　　IV.E.-5:101;
　　　　　　　　　　→ディストリビューター契約
　債務 obligations　　　　　　IV.E.-5:201～205
差別 discrimination　　　　　　　原 1, 7, 32, 41;
　　　　　　　　　　　II.-2:102; 定; →差別禁止
　救済手段 remedies　　　　　　　　II.-2:104
　差別を教唆すること instruction to
　　discriminate　　　　　　　　　II.-2:102
　証明責任 burden of proof　　　　　II.-2:105
　正当化される不平等な取扱い unequal
　　treatment, justified　　　　　　　II.-2:103

ハラスメント harassment	II.-2:102
差別禁止 non-discrimination	序 17; II.-2:101; III.-1:105; →差別
人種 racial origin	原 7; II.-2:101
性別 sex	II.-2:101
民族的出身 ethnic origin	原 7; II.-2:101
産業財産権	→工業所有権
飼育者 breeder/raiser	定「製造者」
磁気 magnetic	I.-1:107
字義 literal meaning	II.-8:101
事業 business	VI.-3:206
違法な妨害 impairment, unlawful	VI.-2:208
営業所 place of	III.-2:101
事業者 business	I.-1:105; 定
契約締結前の表示 statements, pre-contractual	II.-9:102
識別情報 identity	II.-3:103; II.-3:106; II.-3:108
住所 address	II.-3:103; II.-3:106; II.-3:108
消費者の居所地に置かれた代表者 representative in the consumer's state	II.-3:108
情報提供義務 information duties	II.-3:101〜109
所轄監督機関 supervisory authority	II.-3:108
宣伝・勧誘 marketing	II.-3:102
贈与 donation	IV.H.-2:102; IV.H.-3:102
付加価値税の識別番号 VAT identification number	II.-3:108
名称 name	II.-3:108
事業者間契約 business-to-business contracts	原 8〜10; II.-3:101
契約の確認 confirmation of contract	II.-4:210
責任制限 limitation of liability	IV.C.-4:108
不公正 unfairness	II.-9:405; IV.C.-4:108
不適合 lack of conformity	IV.A.-4:302
事業者と消費者との間の契約 business-to-consumer contracts	→消費者契約
不公正条項 unfair terms	II.-9:402〜403
事業主 principal	
会計 accounting	IV.E.-3:311
警告義務 warn, duty to	IV.E.-3:309
指図 instructions	IV.E.-3:202
情報提供義務 inform, obligation to	IV.E.-3:307〜308
代理商 commercial agency	IV.E.-3:101;

	IV.E.-3:301〜313
事業方法 business method	IV.E.-4:303〜304; 定「フランチャイズ」
試験 testing	II.-5:105
時効	→消滅時効; →占有の継続
自己契約 self-contracting	II.-6:109; IV.D.-5:101
消費者 consumer	IV.D.-5:101
自己の危険に基づく行為 acting at own risk	VI.-5:101
指示	→指図／指示
自主占有者 owner-possessor	VIII.-1:206; 定
所有権の取得 acquisition of ownership	VIII.-4:101; VIII.-4:103
支出 expenditure	VII.-5:103; VIII.-7:104
自署 handwritten signature	I.-1:107; 定
市場の効率性 market efficiency	原 58〜60
市場の失敗 market failure	原 59
市場の状況 market conditions	IV.E.-3:203; IV.E.-4:102
事情変更 change of circumstances	序 52; 原 17, 21〜22; III.-1:110
役務提供契約 service contracts	原 22; IV.C.-2:109
贈与契約 donation contracts	IV.H.-4:203
指数 index	
価格変動条項 price-indexation clauses	II.-9:410
株式取引指数 stock exchange index	II.-9:410
自然人 natural person	序 38; 原 3, 16; I.-1:101; VI.-1:103; 定「人」
事業者 business	I.-1:105
消費者 consumer	I.-1:105
身体的な状態 physical condition	IV.C.-8:101
精神的な状態 mental condition	IV.C.-8:101
地位 status	I.-1:101
法的能力 legal capacity	I.-1:101
持続性のある媒体 durable medium	I.-1:106; II.-3:106; 定
下請 subcontracting	IV.C.-2:104; IV.C.-5:102
質権 pledge	IX.-1:102
執行 enforcement	序 38; I.-1:101
手続費用 proceedings, cost	IV.G.-2:104
実行 enforcement	
裁判外の担保権実行 extrajudicial enforcement	IX.-7:103; VIII.-1:101

執行債権者

裁判所の支援 court assistance		IX.-7:104
実行通知 enforcement notice		IX.-7:107
損害賠償 damages		IX.-7:104
担保権 security rights		IX.-7:103

執行債権者 execution creditor　　IX.-4:107
指導 guidance　　IV.E.-4:203
自動化された営業施設 automated commercial premises　　II.-5:201
自動車 motor vehicle　　原 51; VI.-3:205; 定
　自動車によって生じた損害 damage caused by　　VI.-3:205; VI.-3:208; VI.-5:102
　トレーラー trailer　　VI.-3:205
自動販売機 automatic vending machine　II.-5:201
支配的地位 dominant position　　原 1; II.-8:103
支払 payment　　II.-3:102; II.-9:410; III.-2:108; III.-3:510;→金銭債権
　一部弁済 part payment　　III.-7:401
　支払能力 ability to pay　　III.-5:112
　代理報酬 commission　　IV.E.-3:304
　賃料 rent　　IV.B.-5:102
　通貨 currency　　III.-2:109
　撤回権 withdrawal, right of　　II.-5:105
　弁済期／履行期 time　　III.-2:102; IV.F.-1:101
　方式 formalities　　III.-2:113
　方法 method　　III.-2:108
　保管契約 storage　　IV.C.-5:106
　履行場所 place　　III.-2:101
　利息 interest　　III.-7:401
支払能力 ability to pay　　III.-5:112
支払の予定 payment schedule　　II.-3:107
紙幣 banknotes　　VIII.-1:101
私法 private law　　序 18〜19, 40
死亡 death　　VI.-3:104; VI.-3:202〜206; VI.-4:101
　委任関係の終了 mandate relationship, termination　　IV.D.-6:103; IV.D.-7:102〜103
　因果関係 causation　　VI.-4:101
　債権者 creditor　　III.-7:306
　債務者 debtor　　III.-7:306
　受託者 trustee　　X.-1:202; X.-8:504
　受任者 agent　　IV.D.-7:103
　消費者 consumer　　II.-9:410
　信託補助人 trust auxiliary　　X.-8:601
　贈与者 donor　　IV.H.-1:105
　第三者に生じた損失 loss suffered by third persons　　VI.-2:202; VI.-5:501

本人 principal　　IV.D.-6:103; IV.D.-7:102
私法のヨーロッパ化 Europeanisation of private law　　序 8
資本の自由な移動 free movement of capital　　序 22
事務管理 benevolent intervention in another's affairs　　序 18, 36, 43, 54; 原 12〜13, 30, 49〜50; V.-1:103; VIII.-5:101; 定
　管理者 intervener　　→管理者
　義務違反 breach of duty　　V.-2:102
　事務管理が継続している間の義務 duties during intervention　　V.-2:101
　損害 damage　　V.-2:102; VI.-5:202
　他人の義務 another person's duty　　V.-1:102
　他人のためにする事務管理 intervention to benefit another　　V.-1:101
　注文していない物品／役務 unsolicited goods/services　　II.-3:401
　賠償 reparation　　V.-2:102
　必要費 necessary expenses　　原 49
　本人 principal　　→本人
　優越する公共の利益 overriding public interest　　V.-1:102
社会的責任 social responsibility　　序 12, 16, 18
社会福祉法 social welfare law　　序 18
弱者の保護 vulnerable, protection of the　　原 46, 52
弱者の保護 weak, protection of the　　原 1, 6, 11, 40, 59
社債　　→債券／社債
車両 vehicles　　VI.-3:205; 定「保有者」;→自動車
　放棄 abandonment　　VI.-3:208
自由 freedom　　序 12, 15〜16, 22; 原 1〜15, 56, 62
収益 profit　　VI.-2:101
集合物 bulk　　VIII.-2:305
　集合物からの引渡し delivery out of the bulk　　VIII.-1:101; VIII.-2:306
　特定 identified　　VIII.-2:101; VIII.-2:305
　特定の量 specified quantity　　VIII.-2:305
　持分権 undivided share　　IX.-1:201
　量の超過 quantity in excess　　VIII.-2:305
集積物 mass　　VIII.-2:305; VIII.-5:202; IX.-2:309
重大な過失 gross negligence　　→過失
重大な不履行 fundamental non-performance

原 41, 55; III.-2:105; III.-3:203; III.-3:502;
　　III.-3:504〜505; IV.C.-6:105; IV.D.-1:105;
　　　　　　　　　　IV.E.-2:305; 定
集団投資事業 collective investment
　　undertakings　　　　　　　IX.-1:201
充当（担保目的財産からの）appropriation
　　　　　　　IX.-5:207; IX.-7:105; IX.-7:207
充当（弁済の）imputation of performance
　　　　　　　　　　III.-2:110; III.-6:106
柔軟性 flexibility　　　　　　　　　原 22
自由に対する権利 liberty, right to　 VI.-2:203;
　　　　　　　　　　　　　定「権利／権限」
収入 income　　　　　　　III.-3:701; VI.-2:101
　担保権の設定 encumbrance　　IX.-2:107
収用 expropriation　　　　　　　VIII.-1:101
修理 repair　　　　　 IV.B.-5:105; IV.B.-5:108;
　　　　　　　　　　　IV.C.-4:101; VI.-6:101
終了 termination　　　　　　　　　→解消
　委任関係 mandate relationship　 IV.D.-1:104
受益者 beneficiary　　　　　　　 X.-1:203; 定
　確定可能性 ascertainability　　　　X.-4:103
　集団 class of persons　　　　　　　X.-4:103
　終了させる権利 terminate, right to　X.-9:104;
　　　　　　　　　　　　　　　　　　X.-9:106
　受益権 right to benefit　 X.-1:206; X.-4:104;
　　　　　　　　　　　　 X.-6:104; X.-9:203
　受益権の譲渡 transfer of right to benefit
　　　　　　　　　　　　　　　　　　X.-9:301
　受益権の喪失 forfeiture of right to benefit
　　　　　　　　　　　　　　　　　　X.-7:402
　受益権又は受益資格の拒絶 rejection of right
　　to benefit/eligibility for benefit　X.-2:302
　受益資格 eligibility for benefit　　　X.-1:206;
　　　　　　　　　 X.-4:104; X.-6:104; X.-9:203
　受託者の不履行への協力 collaboration
　　in trustee's non-performance　 X.-7:402
　信託行為の定めの変更 variation of trust
　　terms　　　　　　　　　　　　X.-9:201
　信託債権者に対する責任 liability to trust
　　creditors　　　　　　　　　　X.-10:203
　損害賠償 compensation　　　　　X.-7:202
　排他的利益 exclusive benefit　　　　X.-9:105;
　　　　　　　　　　　　　　　　　　X.-9:109
　複数の受益者 several beneficiaries　X.-9:104
　不履行に対する同意 consent to non-

performance　　　　　　　　X.-7:301
履行を求める権利 right to performance
　　　　　　　　　　　　　　　　　X.-1:205
受益者 recipient　　　　　　　　 III.-3:510
宿泊 accommodation　　　　　　II.-5:201
宿泊事業者の責任 hotel-keeper, liability
　　　　　　　　　　　　　　　IV.C.-5:110
　個別の保管契約 storage contract, separate
　　　　　　　　　　　　　　　IV.C.-5:110
　留置権 withhold, right to　 IV.C.-5:110
受贈者 donee　　　　　　　　　IV.H.-1:101
　債務 obligations　　　　　　　IV.H.-3:301
　贈与者より先に死亡すること predeceasing
　　the donor　　　　　　　　IV.H.-1:105
　忘恩行為 ingratitude　　　　　IV.H.-4:201
受託者 trustee　　　　　　序 36; X.-1:203; 定
　遺言によってした処分 testamentary
　　disposition　　　　　　　　　X.-8:504
　委託 delegation　　　　　　　　　X.-5:206
　委任 mandate　　　　　　　　　X.-5:203
　会議の議事録 minutes of meetings　X.-6:106
　解散 dissolution　　　　　　　　X.-8:504
　解任 removal　　　　　 X.-8:101; X.-8:401〜402;
　　　　　　　　　　　　　　　　　X.-8:501
　技能 skill　　　　　 X.-6:101〜102; X.-7:201
　義務 obligations　　　　　　 X.-6:101〜110
　義務の不履行 non-performance of
　　obligations　 X.-8:402; X.-8:501; X.-8:504;
　　　　　　　　　　　　　　　X.-10:501〜502
　共同受託者に関する義務 co-trustees,
　　obligations regarding　　　 X.-6:110
　協力 co-operation　　　　　　　X.-8:501
　継続受託者 continuing trustee　 X.-8:101;
　　　　　　　　X.-8:202; X.-8:301; X.-8:401
　決定 decision-making　 X.-5:101〜102; X.-5:203
　権限 powers　　　　　　　　 X.-5:201〜208
　権利 rights　　　　　　　　 X.-6:201〜205
　公正 fairness　　　　　　　　X.-6:101〜102
　後任の受託者 substitute trustee　X.-8:101;
　　　　　　　　　　　　　　　X.-8:202〜203
　抗弁 defences　　　　　　　　　X.-7:301
　固有財産 personal patrimony　　 X.-3:203
　最少人数 minimum number　　　X.-5:202
　最大人数 maximum number　　　X.-8:201
　裁判所による審査 judicial review　X.-7:102

日本語	英語	参照
裁量権	discretions	X.-5:101～102; X.-7:101
自己執行	personal performance	X.-5:203
辞任	resignation	X.-8:101; X.-8:301～302; X.-8:501
支弁を受ける前受託者の権利	recourse of former trustee	X.-8:501
死亡	death	X.-1:202; X.-8:504
受益者	beneficiary	X.-6:202
受益者に対する損害賠償	compensation of beneficiary	X.-7:202
償還	reimbursement	X.-6:201; X.-6:203～205
信義誠実	good faith	X.-6:101～102
信託財産に属する財産に対する権原の取得	vesting of trust assets	X.-8:502
信託財産に属する財産に対する権原の喪失	divesting of trust assets	X.-8:502
信託の拒絶	refusal of trust	X.-2:301
信託の終了	termination of the trust	X.-9:108
責任	liability	X.-6:205; X.-7:201～203; X.-7:401; X.-9:102; X.-10:201
責任に対する保険	insurance against liability	X.-6:205
選任	appointment	X.-8:101; X.-8:201～203; X.-8:501
相殺	set-off	X.-10:302
代理人の選任	authorisation of agent	X.-5:203
他人に与えた損害についての契約外の責任	non-contractual liability arising out of damage caused to another	X.-10:501
注意	care	X.-6:101～102; X.-7:201
追加された受託者	additional trustees	X.-8:202～203
通知義務	inform, obligation to	X.-6:104
投資義務	invest, obligation to	X.-6:107
特別受託者	special trustees	X.-8:301
能力の欠如	inability	X.-8:401～402
費用	expenditure	X.-6:201; X.-6:203; X.-6:205
不一致	disagreement	X.-8:402
複数の受託者	plurality of trustees	X.-1:204; X.-1:302; X.-3:201～202; X.-5:102; X.-5:203; X.-6:110; X.-7:401; X.-9:109
不適任	unsuitability	X.-8:401～402
変更	change	X.-8:101～102; X.-8:501～504
報酬	remuneration	X.-6:102; X.-6:202～203
法人受託者	corporate	X.-8:504
免責	discharge	X.-9:102
免責	indemnification	X.-6:201; X.-6:203～205
容認されない取得	acquisitions, unauthorised	X.-6:203
容認されない利得	enrichment, unauthorised	X.-7:203
利益相反	conflict of interest	X.-5:103; X.-8:402
留置権	withhold, right to	X.-9:107
連帯責任	solidary liability	X.-7:401; X.-10:501
出費の節約	saving	VII.-5:103
取得のための代理	acquisition, representation for	VIII.-2:302
受任者	agent	序 30; IV.D.-1:101; 定
相手方の選択権	counter-option of third party	III.-5:402
委任	mandate	IV.D.-1:102
委任契約	mandate contract	IV.D.-1:101
委任の範囲外の行為	acting beyond mandate	IV.D.-3:201～202
技能及び注意に関する義務	skill and care, obligation of	IV.D.-3:103
義務	obligations	IV.D.-3:101～103; IV.D.-3:401～403
権限の付与	authorisation	IV.D.-1:102
指示	instruction	IV.D.-1:102
死亡	death	IV.D.-7:103
重大な不履行	fundamental non-performance	IV.D.-1:105
専門的な基準	standards, professional	IV.D.-3:103
倒産	insolvency	序 29; III.-5:401～402; IV.D.-3:403
復委任	subcontracting	IV.D.-3:302
負担した費用	expenses incurred	IV.D.-2:103; IV.D.-3:402; IV.D.-7:103
受領	acceptance	
期限前の履行	early performance	III.-2:103
受領の通知	acknowledgement of receipt	II.-3:202
障害	impediment	III.-3:104
一時的な障害	temporary	III.-3:104
永続的な障害	permanent	III.-3:104
債権者の支配を超えた障害	beyond creditor's control	III.-7:303

消滅時効期間 prescription period　*III.-7:303*
心理的な障害 psychological impediment
　　　　　　　　　　　　　　　　III.-7:303
贈与契約 donation contract　*IV.H.-3:204*
通知 notice of　　　　　　　　*III.-3:104*
少額信用 micro-credits　　　　　*IX.-1:105*
小規模事業者 small businesses　原 10, 46, 57
常居所 residence, habitual　　　*III.-2:101*
　変更 change　　　　　　　　*III.-2:101*
承継人 successor　*X.-1:203; X.-2:402*
証券 documents
　引渡しに相当する事実 equivalents to
　　delivery　*VIII.-1:101; VIII.-2:105*
条件 condition　　　　　　定; 定「条項」
　解除条件 resolutive　*III.-1:106;* 定; 定「条件」
　成就が事業者の意思のみに係る条件
　　fulfilment solely on intention of business
　　　　　　　　　　　　　　　　II.-9:410
　停止条件 suspensive　*III.-1:106;* 定; 定「条件」
条件付き債権債務 conditional rights/
　obligations　　　　　　　　　　序 45
証拠 evidence　　　　　　　　　*II.-9:410*
商号 trade name　*II.-3:108;*定「フランチャイズ」
条項 clauses　　　　　　　　　　序 53
条項 terms　　　　　　　　　序 53; 定
　解釈 interpretation　　*II.-8:103～106*
　契約 contract　　　　　　　　*II.-9:101*
　契約締結前の表示 statements, pre-
　　contractual　　　　　　　　*II.-9:102*
　交渉された条項 negotiated　　*II.-8:104*
　異なる条項 different　*II.-4:208; II.-4:210*
　個別に交渉されなかった条項 not
　　individually negotiated　*II.-1:110; II.-8:103;*
　　　　II.-9:103; II.-9:402～403; 定
　追加的な条項 additional　*II.-4:208; II.-4:210*
　不公正な条項 unfair　→不公正な契約条項
　黙示的条項 implied　　　　　*II.-9:101*
　約款 standard terms　　　　　*II.-1:109*
条項提供者 supplier of term　　*II.-8:103*
条項提供者に不利な解釈の準則 contra
　proferentem rule　　　　　序 28; *II.-8:103*
商事契約 commercial contracts　序 29; *III.-3:710*
生じた損害についての責任 responsibility
　for damage caused　　　　　　原 51
使用者 employers　　　　　　*VI.-7:104*

使用者団体 employers' associations　*VI.-7:104*
承諾 acceptance　　　序 51; *II.-4:204～211*
　一方的約束 unilateral undertaking　*II.-1:103*
　期間 time limit　　　　　　　*II.-4:206*
　行為 conduct　　　　　　*II.-4:204～205*
　定められた期間 fixed time　*II.-4:202; II.-4:206*
　条件付きの conditional　　　　*II.-4:208*
　人的担保 personal security　*IV.G.-1:103*
　代理商 commercial agency　*IV.E.-3:308*
　遅延 late　　　　　　　　　　*II.-4:207*
　沈黙 silence　　　　　　　　*II.-4:204*
　表示 statement　　　　　　　*II.-4:204*
　不作為 inactivity　　　　　　*II.-4:204*
　変更 modified　　　　　　　*II.-4:208*
　申込みに対する確定的な同意 assent to
　　an offer,definite　　　　　*II.-4:208*
譲渡 alienation　　　　　　　原 14, 61
　譲渡のための代理 representation for
　　alienation　　　　　　　*VIII.-2:302*
譲渡（債権の）→債権譲渡; →債権の譲渡行為
譲渡（所有権の）　　　　→所有権の譲渡
譲渡（土地の）　　　　　　→土地の譲渡
譲渡（物品の）　　　　　　→物品の譲渡
譲渡性 assignability　　　*III.-5:104～105;*
　　　　　　　　　　　　　III.-5:107～109
　契約による譲渡禁止 prohibition, contractual
　　　　　　　　　　序 29, 79; *III.-5:108*
譲渡人 assignor　　*III.-5:102; III.-5:113;*
　　　　　　　　　　　　定「債権の譲渡」
承認 acknowledgement　　　　*III.-7:401*
消費者 consumer　序 28, 63; 原 46; *I.-1:105;*
　　　　　　　　　　定; →消費者契約
　著しく不利な状況 disadvantage, significant
　　　　　　　II.-3:103; II.-3:108～109
　委任 mandate　　　　　　*IV.D.-5:101*
　応答しないこと failure to respond　*II.-3:401*
　救済手段を行使する権利の排除又は制限
　　remedies, exclusion/restriction of right
　　to exercise　　　　　　　　*II.-9:410*
　死亡 death　　　　　　　　　*II.-9:410*
　重大な不利益 disadvantage, significant
　　　　　　　　　　　　　　　II.-9:403
　証拠 evidence　　　　　　　*II.-9:410*
　情報 information　　　　　　*II.-3:102*
　情報の欠如 lack of information　原 59

日本語索引　409

消費者アキ

証明責任 burden of proof　　　　Ⅱ.-9:410
人的担保 personal security　　Ⅳ.G.-4:101～107
撤回権 withdrawal, right of　　　Ⅱ.-5:106
標準的な消費者 average consumer　Ⅱ.-3:102
負傷 personal injury　　　　　　Ⅱ.-9:410
法的措置を講じる権利の排除又は制限
　legal action, exclusion/restriction of
　right to take　　　　　　　　Ⅱ.-9:410
消費者アキ consumer acquis　序 61～62, 68, 72
消費者アキの見直しについてのグリーン・
　ペーパー Green Paper on the Review
　of the Consumer Acquis　序 61～62, 68
消費者関連指令 consumer Directives
　　　　　　　　　　　　　　序 61, 69
消費者契約 consumer contract　　序 40;
　　　　　　　　　　　原 8, 10; →消費者
　解釈 interpretation　　　　　　Ⅱ.-9:410
　解消 termination　　　　　　　Ⅱ.-9:410
　価格 price　　　　　　　　　　Ⅱ.-9:410
　隔地者間での締結 distance, conclusion at a
　　　　　　　　　Ⅱ.-3:106; Ⅱ.-5:201
　期間の定めのある duration, fixed　Ⅱ.-9:410
　期間の定めのない duration, indeterminate
　　　　　　　　　　　　　　　Ⅱ.-9:410
　救済手段 remedies　　　　　　Ⅱ.-9:410
　契約締結前の表示 statements, pre-
　　contractual　　　　　　　　Ⅱ.-9:102
　個別に交渉されなかった条項 terms not
　　individually negotiated　　　Ⅱ.-1:110
　受領の通知 acknowledgement of receipt
　　　　　　　　　　　　　　　Ⅱ.-3:202
　消費者に不利な排除 derogation to the
　　detriment of the consumer　　原 46
　情報提供義務 information duties
　　　　　　　　Ⅱ.-3:102～104; Ⅱ.-3:109
　相殺 set-off　　　　　　　　　Ⅱ.-9:410
　損害賠償 damages　　　　　　Ⅱ.-9:410
　タイムシェアリング契約 timeshare contract
　　　　　　　　　　　　　　　Ⅱ.-5:202
　適合性 conformity　　　　　　Ⅱ.-9:410
　撤回権 withdrawal, right of　　Ⅱ.-5:201;
　　　　　　　　　　　　　　　Ⅱ.-9:410
　入力の誤り input errors　　　　Ⅱ.-3:201
　不公正契約条項 unfair contract terms
　　　　　　　　Ⅱ.-9:403; Ⅱ.-9:407～410

不履行 non-performance　　　　Ⅲ.-3:108
保証 guarantee　　Ⅱ.-9:410; →消費者物品保証
約款 standard terms　　　　　　　原 9
消費者契約における不公正条項に関する指令
　Directive on Unfair Terms in Consumer
　Contracts　　　　　　　　　　序 72
消費者信用 consumer credit　序 76; Ⅸ.-3:107;
　　　　　　　　　　　　　　　→信用
消費者賃貸借契約 consumer contract for
　lease　Ⅳ.B.-1:102; Ⅳ.B.-2:103; Ⅳ.B.-6:102
　救済手段 remedies　　　　　Ⅳ.B.-1:104
　責任の軽減 liability, reduction of　Ⅳ.B.-6:102
　責任の制限 limitation of liablity　Ⅳ.B.-1:104
　物品の適合性 conformity of the goods
　　　　　　　　　　　　　　Ⅳ.B.-3:105
　不適合 lack of conformity　　Ⅳ.B.-1:103
　不適切な取付け installation of the goods,
　　incorrect　　　　　　　　Ⅳ.B.-3:105
消費者である担保提供者 consumer security
　provider　　　　　　　　　原 53, 55;
　　　　　　　　Ⅳ.G.-4:101～107; Ⅸ.-2:107
　実行通知 enforcement notice　　Ⅸ.-7:107;
　　　　　　　　　　　　　　　Ⅸ.-7:207
消費者売買契約 consumer contract for sale
　　　Ⅳ.A.-1:204; Ⅳ.A.-2:304; Ⅳ.A.-4:101;
　　　　　　　　　　　Ⅳ.A.-4:301; 定
　解消 termination　　　　　　Ⅳ.A.-4:201
　危険の移転 passing of risk　　Ⅳ.A.-5:103
　数量超過 excess quantity　　　Ⅳ.A.-3:105
　物品の運送 carriage of the goods　Ⅳ.A.-2:202
　物品の適合性 conformity of the goods
　　　Ⅳ.A.-2:304; Ⅳ.A.-2:308～309; Ⅳ.A.-4:201
　物品の不適切な取付け installation of the
　　goods, incorrect　　　　　Ⅳ.A.-2:304;
　　　　　　　　　　　　Ⅳ.A.-2:307～308
　不適合 lack of conformity　　Ⅳ.A.-4:101;
　　　　　　　　　　　　　　Ⅳ.A.-4:201
　保証 guarantee　　　　　→消費者物品保証
消費者売買指令 Consumer Sales Directive
　　　　　　　　　　　　　　　序 61
消費者物品保証 consumer goods guarantee
　　　　　　Ⅱ.-9:410; Ⅳ.A.-6:101～108
　拘束力 binding nature　　　　Ⅳ.A.-6:102
　証明責任 burden of proof　　　Ⅳ.A.-6:107
　責任の制限 limitation of liability　Ⅳ.A.-6:106

責任の排除 exclusion of liability	*IV.A.-6:106*		原 *8, 59; II.-3:101〜109; IV.E.-2:101*
費用 costs	*IV.A.-6:104*	違反 breach	*II.-3:104〜105; II.-3:109; II.-3:501*
物品の特定の部分 specific parts of the goods	*IV.A.-6:105*	救済手段 remedies	*II.-3:109*
保証期間 guarantee period	*IV.A.-6:104; IV.A.-6:108*	契約締結前の pre-contractual	*序 62〜63; 原 19; II.-3:101; II.-3:109; II.-7:201*
保証書 guarantee document	*IV.A.-6:101; IV.A.-6:103〜104*	情報の方式 form of information	*II.-3:106*
		情報の明確性 clarity of information	*II.-3:106*
消費者法 consumer law	*序 67*	証明責任 burden of proof	*II.-3:103〜104*
消費者保護 consumer protection	*序 12, 61, 63; 原 9, 20, 46, 53, 59*	損害賠償 damages	*II.-3:501*
		撤回 withdrawal	*序 62〜63*
信義誠実 good faith	*序 72*	撤回期間 withdrawal period	*II.-3:109*
商標 trademark	*VI.-3:204; 定「フランチャイズ」*	特別な specific	*II.-3:103*
商品 products	*IV.E.-1:101*	情報提供契約 information, contract for the provision of	*IV.C.-1:101; IV.C.-7:101; →役務提供契約*
役務 services	*IV.E.-1:101*		
特性 distinctiveness	*IV.E.-5:304*	依頼者 client	*IV.C.-7:101; IV.C.-7:108*
半完成品 semi-finished	*IX.-5:203*	因果関係 causation	*IV.C.-7:109*
評判 reputation	*IV.E.-5:205; IV.E.-5:304; IV.E.-5:306*	記録 records	*IV.C.-7:106*
		事実に関する情報 factual information	*IV.C.-7:105*
物品 goods	*IV.E.-1:101*	情報に基づく決定 decision, subsequent	*IV.C.-7:104; IV.C.-7:109*
情報 information	*原 8〜9*		
誤った incorrect	*II.-7:204; VI.-2:204; VI.-2:207*	助言 advice	*IV.C.-7:101*
		専門的知識 expert knowledge	*IV.C.-7:103〜104*
開示 disclosure	*IV.C.-8:109*		
記述 description	*IV.C.-7:105*	提案 recommendation	*IV.C.-7:104; IV.C.-7:107*
義務 duties	*→情報提供義務*	提供者 provider	*→情報提供者*
言語 language	*II.-3:102*	適合性 conformity	*IV.C.-7:105*
詐欺的な不開示 non-disclosure, fraudulent	*II.-7:205*	他の決定 decision, alternative	*IV.C.-7:109*
		無償 gratuitous	*IV.H.-1:103*
事実に関する factual	*IV.C.-7:105*	予備データ data, preliminary	*IV.C.-7:102*
質 quality	*IV.C.-7:105*	利益相反 conflict of interest	*IV.C.-7:107*
情報に基づく意思決定 decision, subsequent	*VI.-2:207*	情報提供者 information provider	*IV.C.-7:101*
代理商 commercial agency	*IV.E.-2:202*	技能 skill	*IV.C.-7:104*
ディストリビューター関係 distributorship	*IV.E.-2:202*	義務 obligations	*IV.C.-7:102〜104*
		専門的知識 expert knowledge	*IV.C.-7:103〜104*
秘匿される情報 confidential information	*II.-3:302; IV.E.-2:203; VI.-2:205*	注意 care	*IV.C.-7:104*
物品／役務の供給 supply of goods/services	*II.-3:101*	利益相反 conflict of interest	*IV.C.-7:107*
		情報の不開示 non-disclosure of information	*II.-7:205; IV.C.-8:107*
フランチャイズ franchise	*IV.E.-2:202*	詐欺的な fraudulent	*II.-7:205*
方式 form	*II.-3:106*	正味重量 net weight	*IV.A.-3:103*
明確性 clarity	*II.-3:106*	証明責任 burden of proof	
量 quantity	*IV.C.-7:105*	差別 discrimination	*II.-2:105*
情報提供義務 information duties	*序 28;*		

消滅

消費者 consumer　　　　　　II.-3:104; II.-9:410
消費者物品保証 consumer goods guarantee
　　　　　　　　　　　　　　IV.A.-6:107
情報提供義務 information duties
　　　　　　　　　　　　　　II.-3:103〜104
消滅 extinction　　　　　　　III.-2:114
消滅時効 prescription　序 29, 34; 原 1, 29, 61;
　　　　　　　　　　　　　III.-7:101; 定
　一部弁済 part payment　　　III.-7:401
　期間 period　　　　　　→消滅時効期間
　合意による修正 modification by agreement
　　　　　　　　　　　　　　III.-7:601
　効果 effects　　　　　　　III.-7:501〜503
　信託 trusts　　　　　　　　　　X.-7:302
　相殺 set-off　　　　　　　　　III.-7:503
　担保権 security rights　III.-7:401; IX.-6:103
　仲裁判断によって確定した権利 arbitral
　　award, right established by III.-7:202〜203
　判決によって確定した権利 judgment, right
　　established by　III.-7:202〜203; III.-7:401
　利息の支払 payment of interest　III.-7:401
　連帯債務 solidary obligation　　III.-4:111
消滅時効期間 prescription period　III.-7:101;
　　　　　　　　　　　　　→消滅時効
　一般の general　III.-7:201; III.-7:203; III.-7:401
　起算点 commencement　　　III.-7:203
　既判力 res judicata　　　　　III.-7:302
　強制執行の申立て attempted execution
　　　　　　　　　　　　　　III.-7:402
　継続的債務 continuing obligation　III.-7:203
　権利の承認 acknowledgement of the right
　　　　　　　　　　　　　　III.-7:401
　合意による延長 lengthening　　III.-7:601
　合意による短縮 reduction　　　III.-7:601
　交渉 negotiations　　　　　　III.-7:304
　更新 renewal　　　　　　　III.-7:401〜402
　債権者の支配を超えた障害 impediment
　　beyond creditor's control　III.-7:303
　裁判手続 judicial proceedings　III.-7:302
　従たる権利 ancillary rights　　III.-7:502
　上限 maximum length　　　　III.-7:307
　進行の停止 suspension　　III.-7:301〜303;
　　　　　　　　　　　　　　III.-7:307
　伸長 extension　　　　　III.-7:301〜307
　相続財産 deceased's estate　　III.-7:306

法的手続によって確定した権利 legal
　proceedings, right established by
　　　　　　　　III.-7:202〜203; III.-7:401
満了 expiry　　　　　　　III.-7:501〜503
満了の延期 expiry, postponement of
　　　　　　　　　　　　　III.-7:304〜307
無能力者 incapacity, person subject to
　　　　　　　　　　　　　　III.-7:305
将来の給料 salary, future　　　IX.-2:107
将来の年金 pensions, future　　IX.-2:107
職業 profession　　　　　　　VI.-3:206
職業上の注意 diligence, professional　II.-3:102
食事 food　　　　　　　　　IV.C.-5:110
植物相 flora　　　　　　　　　VI.-2:209
食料品 food　　　　　　　　　II.-5:201
助言 advice　　　　IV.C.-1:101; IV.E.-4:203
　誤った incorrect　　　　　　VI.-2:207
助言者 adviser　　　IV.C.-7:103; →情報提供者
書式の戦い battle of forms　　II.-4:209
署名 signature　　　　　　　I.-1:107; 定
　高度電子署名 advanced electronic signature
　　　　　　　　　　　　　　I.-1:107; 定
　自署 handwritten signature　I.-1:107; 定
　電子署名 electronic signature　I.-1:107;
　　　　　　　　　　　　　　IV.H.-2:101; 定
署名者 signatory　　　　　　　I.-1:107
書面 writing　　　原 55; I.-1:106; II.-1:106;
　　　　　　　　　　　　定「書面による」
所有権 ownership　　　序 2, 37; VIII.-1:202;
　　　　　　　　　　　　　　IX.-1:201; 定
　取得 acquisition　序 2, 37, 43, 53; 原 14, 36〜37;
　　　　　　　→所有権の取得; →善意取得
　所有権の移転 passing of ownership　原 15, 53;
　　　　　　　　　VIII.-2:101; →所有権の譲渡
　喪失 loss　　　　序 2, 37, 43, 53; 原 14, 36;
　　　　　　　　　　　　　　→所有権の喪失
　物品の賃貸借 lease of goods　　IV.B.-7:101
　不動産 immovable property　　I.-1:101
　保護 protection　VIII.-1:101; VIII.-6:101〜102
所有権の移転 passing of ownership
　　　　　　　　　　原 15, 53; VIII.-2:101
所有権の確認 declaration of ownership
　　　　　　　　　　　　　　VIII.-6:101
所有権の取得 acquisition of ownership
　　　　　　序 2, 37, 43, 53; 原 14, 36; VIII.-1:101

人格権

裁判外の担保権実行 extrajudicial
　　enforcement　　　　　　　　VIII.-1:101
制限物権の負担のない free of limited
　　proprietary rights　　　　　　VIII.-3:102
善意取得 good faith acquisition　　原 37, 53;
　　　　　　　　　　　　　VIII.-3:101〜102
占有の継続 continuous possession　　原 37;
　　VIII.-4:101〜103; VIII.-4:201〜206
文化財 cultural objects　　　　　VIII.-4:102
無能力 incapacity　　　　　　　　VIII.-4:201
優先する担保権の負担の伴わない free from
　　a prior security right　　　　　　原 53
所有権の譲渡／移転 transfer of ownership
　　IV.A.-1:202; IV.A.-2:101; VIII.-2:101〜102
一方的約束 unilateral undertaking IV.H.-1:104
役務提供契約 service contract　　IV.C.-2:106
解除条件 resolutive condition　　VIII.-2:203;
　　　　　　　　　　　　　　　　VIII.-6:102
間接代理 indirect representation　 VIII.-2:302
現実贈与 immediate　　　　　　IV.H.-1:104
効果 effects　　　　　　　　VIII.-2:201〜203
交換 barter　　　　　　　　　　IV.A.-1:203
譲渡人 transferor　　　　　　　 VIII.-3:101
信託 trust　　　　　　　　　　　 VIII.-1:103
贈与 donation　　　　IV.H.-1:101; IV.H.-3:101
多重譲渡 multiple transfers　　　 VIII.-2:301
担保目的 security purposes　　　 VIII.-1:103;
　　　　　　　　　　　　　　　　 IX.-1:102
注文していない物品 unsolicited goods
　　　　　　　　　　　　　　　　VIII.-2:304
追認 ratification　　　　　　　　 VIII.-2:102
停止条件 suspensive condition　　 VIII.-2:203
取り消された契約／法律行為 avoided
　　contract/juridical act　　　　 VIII.-6:102
取消しの効果 avoidance, effect of　II.-7:212;
　　　　　　　　　　　　　　　　VIII.-2:202
取引の連鎖 chain of transactions　VIII.-2:303
物品の回復 recovery of goods　　 VIII.-6:102
物品の賃貸借 lease of goods　　　 IV.B.-1:101
無効 initial invalidity　　　　　　VIII.-2:202
無効な契約／法律行為 invalid contract/
　　juridical act　　　　　　　　VIII.-6:102
譲受人 transferee　　　　　　　 VIII.-3:101
所有権の喪失 loss of ownership　序 2, 37, 43, 53;
　　　　　　　　　　　　原 14, 36; VIII.-1:101

裁判外の担保権実行 extrajudicial
　　enforcement　　　　　　　　VIII.-1:101
所有権留保 retention of ownership device
　　　　　　　　　　　原 36; VIII.-2:307; IX.-1:101;
　　　　　　　　　　　IX.-1:103; IX.-2:201; 定
加工 production　　　　IX.-5:101; IX.-2:308
供給された財産の善意取得 good faith
　　acquisition of supplied asset　IX.-6:102
契約関係の解消 termination of
　　contractual relationship　　　IX.-7:301
混和 commingling　　　IX.-5:101; IX.-2:308
債務不履行 default　　　　　　　IX.-7:301
実行 enforcement　　　　　　　　IX.-7:103
消滅 termination　　　　　　　　IX.-6:101
所有権取得権 rights to acquire　　VIII.-1:204
善意取得 good faith acquisition　　IX.-3:101
占有移転禁止 immobilisation　　　IX.-7:302
占有を取得する権利 possession, right to
　　take　　　　　　　　　　　　IX.-7:302
担保目的 security purposes　　　 VIII.-1:103
付合 combination　　　IX.-5:101; IX.-2:308
保存 preservation　　　　　　　　IX.-7:302
ヨーロッパ登記簿 European register IX.-3:303
所有者 owner　　　　　　　　　VIII.-1:202
救済手段 remedies　　　　　　　VIII.-6:401
占有を取得／回復する権利 right to obtain/
　　recover possession　　　　　　　原 38
不動産 premises　　　　　　　　　　原 51
書類 documents　　IV.A.-2:101; IV.A.-2:201;
　　　　　　　　　　　　　　　　IV.C.-6:106
試料 materials　　　　　　　　　IV.C.-8:103
自力救済 self-help　　　　　　　 VIII.-6:202
指令 Directives　　　　　　序 61, 67, 69, 72
国内法化 implementation　　　　　 序 64
用語 terminology　　　　　　　　　序 64
侵害 injury　　　　　　　　原 34; VI.-2:101
金銭賠償 compensation　　　　　 VI.-6:204
健康 health　　　　　　　　　　 VI.-2:201
人身侵害 personal　　　　　　　→人身侵害
身体 body　　　　　　　　　　　VI.-2:201
精神的健康 mental health　　　　 VI.-2:201
生命侵害 fatal　　　　　　　　　→生命侵害
侵害された利益の回復 reinstatement of
　　damaged interest　　　　　　VI.-6:201
人格権 personality rights　　　　原 30, 32;

日本語索引　413

信義誠実

　　　　　　　　　　　定「権利／権限」
信義誠実 good faith 　　序 13, 27〜28, 72;
　　　　　　　　　　　原 17, 23, 42
　矛盾行為 inconsistent behaviour 原 25; I.-1:103
信義誠実及び取引の公正 good faith and fair
　dealing 　原 42; I.-1:102; III.-1:103; III.-1:106; 定
　救済手段の制限 remedies, restriction of
　　　　　　　　　　　II.-7:215
　救済手段の排除 remedies, exclusion of
　　　　　　　　　　　II.-7:215
　契約／法律行為の無効 invalidity of
　　contracts/juridical acts 　II.-1:106
　契約の解釈 interpretation of contracts
　　　　　　　　　　　II.-8:102
　行為基準 standard of conduct 　I.-1:103
　交渉 negotiations 　原 42; II.-3:301
　詐欺 fraud 　II.-7:205
　錯誤 mistake 　II.-7:201
　情報開示 information, disclosure of 　II.-7:205
　責任の制限 restriction of liability 　VI.-5:401
　責任の免除 exclusion of liability 　VI.-5:401
　付加される条項 implied terms 　II.-9:101
　不公正条項 unfair terms 　II.-9:403〜406
　不公正なつけ込み unfair exploitation
　　　　　　　　　　　II.-7:207
　不適合 non-conformity 　III.-3:203
　本人による権限の授与 authorisation,
　　principal's 　II.-6:103
信義誠実に適った信頼
　　　　　→善意／信義誠実に適った信頼
人権 human rights 　序 12, 16〜17; 原 33;
　　　　　　　　　　　I.-1:102
新債務者の追加 addition of new debtors
　　　　　　　　　　　III.-5:201〜202; III.-5:208
　効果 effects 　III.-5:209
　債権者の承諾 consent 　III.-5:203
　取得した権利の拒絶 rejection of right
　　conferred 　III.-5:203
　連帯責任 solidary liability 　III.-5:202; III.-5:208
新債務者への交替 substitution of new
　debtors 　III.-5:201〜202; 定「債務者の交替」
　完全な交替 complete substitution
　　　　　　　　　　　III.-5:202〜205; 定「債務者の完全な交替」
　旧債務者の免責 discharge of original
　　debtor 　III.-5:202; III.-5:204〜205

　抗弁に関する効果 defences, effects on
　　　　　　　　　　　III.-5:205; III.-5:207
　債権者の承諾 consent 　III.-5:203
　相殺に関する効果 set-off, effects on
　　　　　　　　　　　III.-5:205; III.-5:207
　担保権に関する効果 security rights,
　　effects on 　III.-5:205; III.-5:207
　不完全な交替 incomplete substitution
　　　　　　　　　　　III.-5:202〜203; III.-5:206〜207;
　　　　　　　　　　　定「債務者の不完全な交替」
診察 consultations 　IV.C-8:109
　将来の future 　IV.C-8:109
人種 race 　原 7; II.-2:101; 定「差別」
人身侵害 personal injury 　原 32, 51; II.-9:410;
　　　　　　　　　　　VI.-2:201〜202; VI.-3:202〜206
　因果関係 causation 　VI.-4:101
　抗弁 defences 　VI.-5:501
　算定 quantification 　VI.-6:203
　精神的健康 mental health 　VI.-2:201
　生命侵害 fatal injury 　III.-3:105; VI.-2:202;
　　　　　　　　　　　VI.-5:401
　責任の制限 restriction of liability 　III.-3:105;
　　　　　　　　　　　VI.-5:401
　責任の免除 exclusion of liability 　III.-3:105;
　　　　　　　　　　　VI.-5:401
　第三者に生じた損失 third persons, loss
　　suffered by 　VI.-2:202
　非経済的損失 non-economic loss 　VI.-2:202
真正性の証明 authentication 　I.-1:107;
　　　　　　　　　　　定「電子署名」; 定「自署」
身体の完全性 physical integrity 　原 32
信託 trust 　序 2, 37, 43; 原 15; X.-1:101; 定
　悪意の取得者の責任 bad faith acquirers,
　　liability 　X.-10:401
　遺産 legacy 　X.-2:403
　家族目的 familial purposes 　原 15
　強制することができない信託目的
　　unenforceable purposes 　X.-4:203
　権利と義務の混同 merger of right/
　　obligation 　X.-9:101; X.-9:109
　公益目的 public benefit purposes
　　　　　　　　　　　X.-1:201; X.-1:205; X.-5:101;
　　　　　　　　　　　X.-6:202; X.-7:103; X.-9:204
　効果 effects 　X.-1:202
　合手的共有 joint 　X.-1:204

信託に関する書類

公務員又は公的団体 public officer/body
　　　　　　　　　　　　X.-1:205; X.-7:103
裁判所の命令 court order　　　X.-1:101
債務支払目的 paying a debt, purpose of
　　　　　　　　　　　　　　X.-4:105
慈善目的 charitable purposes　　原15
終了 termination　　　X.-9:101〜109
受贈者の責任 donees, liability　X.-10:401
受託者と取引を行う第三者 third parties
　dealing with trustees　　X.-10:502
受託者による終了 termination by trustee
　　　　　　　　　　　　　　X.-9:108
商業目的 commercial purposes　原15
譲渡 assignment　　　　　III.-5:103
消滅時効 prescription　　　　X.-7:302
書類 documents　　→信託に関する書類
信託を設定する意思表示 declaration of
　intention to constitute a trust　X.-2:101;
　　　　　　　X.-2:201〜205; X.-6:106
信託を設定する意思表示 intention to
　create a trust, declaration of　X.-3:103
成立 constitution　　X.-1:101; X.-2:101〜103
相続法 succession law　　　　X.-2:402
贈与 donation　　　　　　　　X.-2:401
担保目的 security purposes IX.-1:101; X.-1:102
通知 notice　　　　　　　　　X.-1:302
取消し avoidance　　　　X.-4:201〜202
物権 proprietary rights　　　VIII.-1:204
変更 variation　　　　　X.-9:201〜204
法令 enactment　　　　　　　X.-1:101
無償 gratuitous　X.-1:301; X.-9:101; X.-9:103
黙示の追認 confirmation, implied　X.-4:201
履行の強制 specific performance　X.-7:101
連帯 solidary　　　　　　　　X.-1:204
信託行為の定め trust terms　　X.-1:201;
　　　　　　　　　　　X.-4:101〜103
　解釈 interpretation　　　　X.-4:101
　管理に関する信託行為の定め administrative
　　trust terms　　　　　　X.-9:202
　取消し avoidance　　　　X.-4:201〜202
　変更 variation　　　　X.-9:201〜204
信託債権者 trust creditors　X.-6:108; X.-10:101;
　　　　　　　　　　　X.-10:201〜203
信託財産 trust fund　X.-1:201; X.-3:101; X.-6:104
　遺言によってした処分 testamentary

　　disposition　　　　　　　X.-8:504
　逸出 subtractions　　　　　X.-3:202
　管理 administration　　X.-6:101; X.-7:103;
　　　　　　　　　　　　　　X.-8:203
　計算 accounts　　　　　　　X.-7:103
　財産保全管理人 receiver　　　X.-7:103
　受託者への譲渡 transfer to trustee　X.-2:102
　処分 disposal　　X.-6:101; X.-6:107; X.-7:103
　処分し尽くされなかった場合 disposal,
　　incomplete　　　　　　　X.-4:102
　喪失 loss　　　　　　　　　X.-3:204
　調査 inquiries　　　　　　X.-7:103
　追加 additions　　　　　　X.-3:201
　投資 investments　X.-5:207; X.-6:103; X.-6:107
　特定可能性 ascertainability　X.-3:103
　排他的利益 exclusive benefit　X.-9:105
　費消 exhaustion　　　　　　X.-3:204
　復旧 reinstatement　　X.-7:201〜202
　分別 segregation　　X.-3:103; X.-6:103
　利用 use　　　　　　　　　X.-6:109
信託財産に属する財産 trust assets X.-3:101〜102
　権原の譲渡 transfer of title　X.-5:204
　収益 proceeds　　　　　　　X.-6:104
　取得 acquisition　　　X.-6:108; X.-6:203
　処分 disposals　　　X.-6:104; X.-6:107
　他の財産との混和 mixing with other assets
　　　　　　　　　　　　　　X.-3:203
　物理的支配 physical control　X.-5:205
　保管 storage　　　　　　　X.-6:103
　保険 insurance　　　　　　X.-6:103
　保護 safeguard　　　　　　X.-6:103
　利用 use　　　　　　　　　X.-6:108
信託債務 trust debts　　X.-6:104; X.-6:108;
　　X.-6:201; X.-8:501; X.-10:101〜102; X.-10:201
　留置権 withhold, right to　　X.-9:107
信託債務者 trust debtors　　　X.-10:301
　免責 discharge　　　　　　X.-10:303
信託帳簿 trust accounts X.-5:208; X.-6:105〜106
信託に関する書類 trust documents　X.-6:106;
　　　　　　　　　　X.-8:503; X.-10:502
　閲覧 inspection　　　　　　X.-6:106
　謄写 copying　　　　　　　X.-6:106
　法的助言者の意見 legal adviser, opinions of
　　　　　　　　　　　　　　X.-6:106
　保管 storage　　　　　　　X.-5:205

信託補助人

信託補助人 trust auxiliary　　X.-1:203; X.-6:301
　解散 dissolution　　　　　　　X.-8:601
　死亡 death　　　　　　　　　　X.-8:601
　受託者の解任 removal of trustees　X.-8:401
　受託者の選任 appointment of trustees
　　　　　　　X.-8:102; X.-8:202; X.-8:301
　自らの受託者への選任 self-appointment
　　　　　　　　　　　　　　　　X.-8:202
侵奪 dispossession　　　　　　VIII.-6:201
人的担保 personal security　　IV.G.-1:102
　一方的約束 unilateral undertaking
　　　　　　　　　　　　　　IV.G.-1:103
　期間制限 time limit　　　　　IV.G.-4:107
　極度額の定めのない unlimited　IV.G.-1:106;
　　　　　　　　　　　　　　IV.G.-4:105
　最大リスク maximum risk　　IV.G.-1:106
　承諾 acceptance　　　　　　IV.G.-1:103
　消費者である担保提供者 consumer
　　security provider　　IV.G.-4:101～107
　独立的人的担保 independent　IV.G.-1:101～102;
　　　　　　IV.G.-3:101～109; IV.G.-4:105
　付従的人的担保 dependent　IV.G.-1:101～102;
　　　　　　IV.G.-2:101～113; IV.G.-4:105
　包括根担保 global　IV.G.-1:101; IV.G.-2:104;
　　　　　　　　　　　　　　IV.G.-4:105
　毎年の情報提供 information, annual
　　　　　　　　　　　　　　IV.G.-4:106
人的担保契約 personal security contracts
　　　　　　　　　　　　序 54, 61; 原 46
　非事業者 non-professional providers
　　　　　　　　　原 46; IV.G.-4:101～107
　撤回権 withdrawal, right of　　II.-5:201
振動 vibrations　　　　　　　VI.-3:206
新聞 newspapers　　　　　　　II.-5:201
信用 credit　　原 61; II.-5:106; IV.F.-1:101～102;
　　　　　　　　　　　　　　→消費者信用
　目的 purpose　　　　　　　IV.F.-1:105
信頼 trust 不公正なつけ込み unfair
　　exploitation　　　　　　　IV.H.-2:104
心理状態 state of mind　　　　　II.-1:105
推定 presumption　　　　　　　　　定
水平的な手段 horizontal instrument　序 61～63
数量超過 excess quantity　　　　II.-3:401
スタンドバイ信用状 stand-by letter of credit
　　　　IV.G.-1:102; IV.G.-3:101; →独立的人的担保

図面 technical drawings　　　IV.A.-2:306
税 taxes　　　　　　　　　　II.-3:107
生活の質 quality of life　　III.-3:701; VI.-2:101
生活費 living expenses　　　　IX.-2:107
正義 justice　　　　　　序 12, 15～17, 22;
　　　　　　　　原 1, 3, 12～13, 40～53, 62
　保護的正義 protective justice　　原 40
請求 claim　　　　　　　　　序 53; 定
請求者 claimant　　　　　　　　　定
制御の不可能な事象 event beyond control
　　　　　　　　　　　　　　VI.-5:302
制限物権 limited proprietary rights
　　　　　　　　VIII.-1:204; IX.-1:102; 定
　善意取得 good faith acquisition　VIII.-3:102
　優先順位 priority　　　　　　IX.-4:101
制作者 manufacturer　　VI.-3:204; 定「製造者」
誠実 loyalty　　　　　序 15, 18; 原 17
誠実 loyauté　　　　　　　　　序 13
精神的苦痛 suffering　　III.-3:701; VI.-2:101
精神的健康 mental health　　　VI.-2:201
精神的な能力が不十分な者 mentally
　　incompetent persons　　　　原 52
精神的な能力の欠如 mental incompetence
　　　　　　　　　　　　　　VI.-5:301
清掃 cleaning　　　　　　　IV.C.-4:101
製造者 producer　　　　原 51; VI.-3:204; 定
製造物 products　　　　　　　VI.-3:204
　安全性 safety　　　　　　　VI.-3:204
　供給者 supplier　　　　　　VI.-3:204
　欠陥 defective　　　VI.-3:204; VI.-3:207
　部品 components　　　　　　VI.-3:204
　輸入 import　　　　　　　VI.-3:204
　流通に置く circulation, put into　VI.-3:204
正当防衛 self-defence　　　　VI.-5:202
性別 gender　　　　　　　　　原 7
　性差に中立的な用語 gender neutrality
　　（terminology)　　　　　　　序 48
性別 sex　　　　II.-2:101; 定「差別」
製法 formulae　　　　　　　IV.A.-2:306
税法 tax law　　　　　　　　　序 18
生命侵害 fatal injury　　III.-3:105; VI.-2:202;
　　　　　　　　　　　　　　VI.-5:401
責任 liability
　契約外の責任 non-contractual　VI.-1:101
　減少 decrease　　　　　　　VII.-3:101

公平の見地からの軽減 reduction on
　　equitable grounds　　　　　原 1
公法上の職務 public law functions VI.-7:103
裁判手続 court proceedings　　VI.-7:103
使用者 employers　　　　　　　VI.-7:104
使用者団体 employers' associations VI.-7:104
信義誠実及び取引の公正 good faith and
　　fair dealing　　　　　　　VI.-5:401
制限 limitation　　　　　　　 →責任制限
制限 restriction　　　　　　　 VI.-5:401
増大 increase　　　　　　　　 VII.-5:103
填補を受ける権利を有する者 indemnified
　　persons　　　　　　　　　 VI.-7:105
被用者 employees　　　　　　　VI.-7:104
免除 exclusion　　　　　　　　VI.-5:401
連帯 solidary　　　　　　　　 VI.-6:105
労働組合 trade union　　　　　VI.-7:104
責任制限 limitation of liability
　消費者物品保証 consumer goods guarantee
　　　　　　　　　　　　　　　IV.A.-6:106
　設計契約 design　　　　　　 IV.C.-6:107
　保管契約 storage　　　　　　IV.C.-5:109
　保守管理契約 processing　　 IV.C.-4:108
　施工者 constructor　　　　　IV.C.-3:101;
　　　　　　　　　　　　　　　定「建築契約」
設計 designs　　　　　　　 IV.A.-2:306
設計契約 design, contract for　IV.C.-1:101;
　　　　IV.C.-6:101; 定; →役務提供契約
　役務提供 services　　　　　 IV.C.-6:101
　記録 records　　　　　　　　IV.C.-6:106
　事業者間の契約 business-to-business
　　contracts　　　　　　　　 IV.C.-6:107
　受領 acceptance　　　　　　 IV.C.-6:105
　書類の交付 documents, handing over of
　　　　　　　　　　　　　　　IV.C.-6:106
　書類の副本 copies of documents　IV.C.-6:106
　書類の保管 documents, storage of IV.C.-6:106
　責任制限 liability, limitation of　IV.C.-6:107
　設計者 designer　　　　　　 →設計者
　設計使用者 user　　　　　　 IV.C.-6:103～104
　通知 notification　　　　　 IV.C.-6:105
　適合性 conformity　　　　　 IV.C.-6:104
　引渡し handing over　　　　 IV.C.-6:105
　不適合 non-conformity　　　 IV.C.-6:104～105
設計者 designer　　　　　　 IV.C.-6:101; →設計契約

技能 skill　　　　　　　　　　IV.C.-6:103
契約締結前の警告義務 duty to warn,
　　pre-contractual　　　　　 IV.C.-6:102
注意 care　　　　　　　　　　 IV.C.-6:103
設備 installation　　　　　　 VI.-3:206
管理者 operator　　　　　　　 VI.-3:206
管理についての法律上の基準 standards
　　of control, statutory　　 VI.-3:206
放棄 abandonment　　　　　　　VI.-3:208
説明書 instructions
　物品の賃貸借 lease of goods IV.B.-3:102～103
　物品の売買 sale of goods　　IV.A.-2:302
善意／信義誠実に適った信頼 good faith
　　　　　　　　　　　　　　　原 53; 定
　利得者 enriched person　　　VII.-4:103;
　　　　　VII.-5:101～102; VII.-6:101～102
善意取得 good faith acquisition　原 37;
　　　　　　　　　　　　　　　VIII.-3:101～102
　制限物権 limited proprietary rights
　　　　　　　　　　　　　　　VIII.-3:102
　担保権 security rights　　原 37; IX.-2:108～109;
　　　　　　　　　　　　　　　IX.-3:321～322
　盗品 stolen goods　　VIII.-3:101; IX.-2:108
　物的担保の喪失 proprietary security,
　　loss of　　　　　　　　　 IX.-6:102
　文化財 cultural objects VIII.-3:101; VIII.-4:102
　優先する担保権 prior security rights
　　　　　　　　　　IX.-2:108～109; IX.-6:102
先占 occupation　　　　　　　 VIII.-1:101
選択的ディストリビューター契約 selective
　　distribution contract　　 IV.E.-5:101;
　　IV.E.-5:301～306; →ディストリビューター契約
宣伝・勧誘 marketing　　原 46; II.-3:102;
　　　　　　　　　　　　II.-9:102; IV.E.-1:101
船舶 vessels　　　　　　VIII.-1:201; 定「物品」;
　　　　　　　　　　　　VIII.-1:201; 定「物品」
専門家 profession　　　　　　 VI.-2:207～208
専門的知識 expert knowledge IV.C.-7:103～104
占有 possession　　　　原 14, 34, 36; VI.-2:206;
　　　　　　　　　　　　　　　VIII.-1:205; 定
　違法／不法な妨害 interference, unlawful
　　　　　　　　　　　　原 38; VIII.-6:201～202
　果実 fruits　　　　　　　　 VIII.-7:103
　間接の物理的支配 indirect physical control
　　　　　　　　　　　　　　　VIII.-1:205～207; 定

自力救済 self-help　　　　　　VIII.-6:202
侵奪 dispossession　　　　　　VIII.-6:201〜202
占有の継続 continuous possession　原37, 53;
　　　　　　VIII.-4:101〜103; VIII.-4:301〜302
直接の物理的支配 direct physical control
　　　　　　　　　　　VIII.-1:205〜208; 定
賠償 reparation　　　　　　　　VIII.-6:401
引渡しに相当する事実 equivalent of
　delivery　　　　　　　　　　VIII.-2:105
費用 expenditure　　　　　　　VIII.-7:104
付加 addition of parts　　　　　VIII.-7:104
物品からの利益 benefits from the goods
　　　　　　　　　　　　　　　VIII.-7:103
物品の回復 recovery of goods　VIII.-6:203;
　　　　　　　　　　　　　　VIII.-7:101〜104
物品の使用 use of the goods　　VIII.-7:103
保護 protection　　　原39; VIII.-6:201〜204
優越する占有 better possession　　　原39;
　　　　　　　　　　　　　　VIII.-6:301〜302
留置 retention　VIII.-7:104; IX.-2:114; IX.-4:102
占有機関 possession-agent　　VIII.-1:208; 定
占有担保権 possessory security right
　　　　　　　　　IX.-1:201; IX.-2:103; 定
占有の継続 continuous possession　原37, 53;
　　　　　　　　　　　　　　　VIII.-4:101
意思に基づかない占有の喪失 involuntary
　loss of possession　　　　　VIII.-4:103
交渉 negotiations　　　　　　　VIII.-4:204
裁判手続 judicial proceedings　　VIII.-4:203
所有権の取得 acquisition of ownership
　　　　　　　　　　　　　　VIII.-4:301〜302
所有者の支配を超える障害 impediment
　beyond owner's control　　VIII.-4:202
善意の承継人 successor in good faith
　　　　　　　　　　　　　　　VIII.-4:206
前占有者 predecessor in possession
　　　　　　　　　　　　　　　VIII.-4:206
仲裁手続 arbitration proceedings　VIII.-4:203
必要な期間 period required　VIII.-4:101〜102;
　　　　　　　　　　　　　　VIII.-4:201〜206
物品に対する所有者の権利の承認
　acknowledgement of the owner's
　rights to the goods　　　　　VIII.-4:205
文化財 cultural objects　　　　　VIII.-4:102
無能力 incapacity　　　　　　　VIII.-4:201

騒音 noise　　　　　　　　　　　VI.-3:206
葬儀費用 funeral expenses　VI.-2:202; X.-2:402
相互の支払 cross-payment　　　原55; →相殺
相殺 set-off　　　序29, 34; 原55; III.-6:101〜102;
　　　　　　　III.-6:106〜107; IV.G.-2:103; 定
外国通貨 foreign currency　　　　III.-6:104
確定していない債権 unascertained rights
　　　　　　　　　　　　　　　　III.-6:103
債権譲渡 assignment　　　　　　III.-5:116
消費者契約 consumer contract　　II.-9:410
消滅時効の効果 prescription, effect of
　　　　　　　　　　　　　　　　III.-7:503
新債務者への交替 substitution of new
　debtors　　　　　　　III.-5:205; III.-5:207
相殺権の排除 exclusion　　　　　III.-6:108
通知 notice　　　　　原55; III.-6:105〜106
複数の債権 two or more rights　　III.-6:106
複数の債務 two or more obligations
　　　　　　　　　　　　　　　　III.-6:106
連帯債務 solidary obligation　　　III.-4:108
喪失（受益権の）forfeiture　　　　X.-7:402
相続人 heir　　　　　　　　　　　X.-1:203
相続法 succession law　　序38; 原55; I.-1:101;
　　　　　　　　　　　　　　　　VIII.-1:101
相談 consultations　　　　　　　IV.C.-8:102
双方委任 double mandate　II.-6:109; IV.D.-5:102
贈与 gift　　　　　　　定「供給」; →贈与契約
贈与契約 donation, contract for　　序2, 18;
　　　　　　　　原55; III.-5:110; IV.H.-1:101;
　　　　　　　　IV.H.-2:101〜104; X.-2:401; 定
移転可能な権利 transferable rights　IV.H.-1:103
解消 termination　　　　　　　　IV.H.-3:203
株式 shares/stocks　　　　　　　IV.H.-1:103
期間制限 time limits　IV.H.-4:104; IV.H.-4:201
救済手段 remedies　IV.H.-3:201; IV.H.-3:401
金銭 money　　　　IV.H.-1:103; IV.H.-3:206
現実贈与 immediate donation　　IV.H.-1:104
原状回復 restitution　　　　　　IV.H.-3:203
工業所有権 industrial property rights
　　　　　　　　　　　　　　　IV.H.-1:103
公衆に対する表示 public statement　IV.H.-2:102
錯誤 mistake　　　　　　　　　IV.H.-2:103
事業者による by business　　　IV.H.-2:102;
　　　　　　　　　　　　　　　IV.H.-3:102
事情変更 change of circumstances　IV.H.-4:203

損害

受贈者の忘恩行為 ingratitude of the donee
　　　　　　　　　　　　　　　　　IV.H.-4:201
障害 impediment　　　　　　　　*IV.H.-3:204*
情報に関する権利を与える契約 information,
　contracts conferring rights in　*IV.H.-1:103*
将来の物品 future goods　　　　　*IV.H.-1:102*
所有権の移転 transfer of ownership
　IV.H.-1:101; IV.H.-1:104; IV.H.-3:101; IV.H.-3:301
製造が行われる物品 goods to be
　manufactured　　　　　　　　　*IV.H.-1:102*
贈与者の貧窮 impoverishment of the
　donor　　　　　　　　　　　　　*IV.H.-4:202*
即時の引渡し immediate delivery
　　　　　　　　　　IV.H.-2:102; IV.H.-3:102
ソフトウェア software　　　　　　*IV.H.-1:103*
損害賠償 damages　　　　　　*IV.H.-3:204〜205*
第三者の権利／請求 third party rights/
　claims　　　　　　　　　　　　*IV.H.-3:103*
遅延 delay　　　　　　　　　　　*IV.H.-3:206*
知的財産権 intellectual property rights
　　　　　　　　　　　　　　　　　IV.H.-1:103
データ data　　　　　　　　　　　*IV.H.-1:103*
データベース databases　　　　　*IV.H.-1:103*
撤回 revocation　　　　　　　*IV.H.-4:101〜104;*
　　　　　　　　　　　　IV.H.-4:201〜203
撤回不可 irrevocability　　　　　*IV.H.-4:101*
電気 electricity　　　　　　　　　*IV.H.-1:103*
電子署名 electronic signature　　*IV.H.-2:101*
投資証券 investment securities　*IV.H.-1:103*
取消し avoidance　　　　　　　　*IV.H.-2:103*
不公正なつけ込み unfair exploitation
　　　　　　　　　　　　　　　　　IV.H.-2:104
物品 goods　　　　　*IV.H.-1:102; IV.H.-3:102*
物品の適合性 conformity of the goods
　　　　　　　　　　IV.H.-3:101〜103; IV.H.-3:202
不動産 immovable property　　　*IV.H.-1:103*
不動産に関する権利 immovable property
　rights　　　　　　　　　　　　*IV.H.-1:103*
方式 form　　　　　　　　　*IV.H.-2:101〜102*
無償 gratuitousness　　　　　　*IV.H.-1:101;*
　　　　　　　　IV.H.-1:201〜202; IV.H.-3:102
無体財産 incorporeal property　*IV.H.-1:103*
利益を与える意図 intention to benefit
　　　　　　　　IV.H.-1:101; IV.H.-1:202〜203
履行の強制 enforcement of performance

　　　　　　　　　　　　　　　　　IV.H.-3:202
流通証券 negotiable instruments　*IV.H.-1:103*
贈与者 donor　　　　　　　　　　*IV.H.-1:101*
　困窮 impoverishment　　　　　*IV.H.-4:202*
　債務 obligations　　　　*IV.H.-3:101〜103*
　死亡 death　　　　　　　　　　*IV.H.-1:105*
ソフト・ロー soft law　　　　　　　　序 24
ソフトウェア software　　*II.-5:201; IV.A.-1:101*
贈与 donation　　　　　　　　　　*IV.H.-1:103*
電子的手段による提供 supply by electronic
　means　　　　　　　　　　　　　*II.-5:201*
損害 damage　　　　*序 65; 原 34; VI.-1:101;*
　　　　　　　　　　　　VI.-2:101; 定
　因果関係 causation　　　　　　　*VI.-4:101*
　過失 negligence　　　　　　　　*VI.-3:102*
　緊急避難 necessity　　　　　　　*VI.-5:202*
　故意 intention　　　　　　　　　*VI.-3:101*
　公序 public policy　　　　　　　*VI.-5:103*
　抗弁 defences　*VI.-5:101〜103; VI.-5:201〜203*
　財産の損傷 property damage　　*VI.-2:206*
　些細 trivial　　　　　　　　　　*VI.-6:102*
　差し迫った損害 impending　　　*VI.-1:102*
　差し迫った危険 danger, imminent　*VI.-5:202*
　事務管理 benevolent intervention　*VI.-5:202*
　侵害 injury　　　　　　　　　　*VI.-2:101*
　正当防衛 self-defence　　　　　*VI.-5:202*
　責任 accountability　*VI.-1:101; VI.-3:101〜104;*
　　　　　　　　　　　　VI.-3:201〜208
　責任 liability　　　　　　　　　→責任
　損益相殺 benefits, equalisation of　*VI.-6:103*
　損害に対する同意 consent to the
　　damage suffered　　　　　　　原 51
　損害の差止め prevention of damage
　　　　　　　　　　　VI.-1:102; VI.-2:101
　損害の予防 prevention of damage　原 33
　損害賠償 reparation　*VI.-1:101; VI.-2:101*
　損害発生源 source of the damage　原 51
　損失 loss　　　　　　　　　　　*VI.-2:101*
　年少者 minors　　　　　　　　　*VI.-3:103*
　被害者の過失 contributory fault　*VI.-5:102*
　法的に重要な損害 legally relevant　*VI.-2:101;*
　　　　　　　　　　　　VI.-2:201〜211
　法律上認められた権限 authority conferred
　　by law　　　　　　　　　　　*VI.-5:201*
　連帯責任 solidary liability　　　*III.-4:103*

損害／損失

損害／損失 loss　　　　序65; 原34; II.-5:105; VI.-2:101; 定
誤った情報への信頼 incorrect information, reliance on　　　　II.-7:204; VI.-2:207
誤った助言 advice, incorrect　　VI.-2:207
環境侵害 environmental impairment　VI.-2:209
債権者に帰すべき損害 attributable to creditor　　　　III.-3:704
債権者による軽減 reduction by creditor
　　　　原42; II.-3:501; III.-3:705
財産的／経済的 economic
　　　　→財産の損害／経済の損失
財産の侵害 property, infringement of
　　　　VI.-2:206
財産の損傷 property damage　VI.-2:206; VI.-3:202〜206
詐欺的不実表示 misrepresentation, fraudulent　　　　VI.-2:210
事業の違法な妨害 business, unlawful impairment of　　　　VI.-2:208
自由の侵害 liberty, infringement of　VI.-2:203
将来の損害 future loss　　　　III.-3:701
侵害により生じた損失 consequential
　　　　VI.-2:201; VI.-3:202〜206
人身侵害 personal injury　　　　VI.-2:201
損害の回避 preventing damage　VI.-6:302
尊厳の侵害 dignity, infringement of　VI.-2:203
第三者 third persons　　　　VI.-2:202; VI.-3:202〜206; VI.-5:501
第三者の債務不履行の誘発 non-performance of obligation by third person, inducement of　　　　VI.-2:211
適法な占有の侵害 possession, infringement of lawful　　　　VI.-2:206
非財産的／非経済的 non-economic
　　　　→非財産の損害／非経済の損失
秘匿される情報の伝達 breach of confidence
　　　　VI.-2:205
不正な競争 unfair competition　VI.-2:208
プライバシーの侵害 privacy, infringement of　　　　VI.-2:203
不履行 non-performance　　　　III.-3:701
予見可能性 foreseeability　　　　III.-3:703
損害についての責任 accountability for damage　　　　VI.-1:101; VI.-2:101;
　　　　VI.-3:101〜104; VI.-3:201〜208; VI.-5:102
過失 negligence　　　　VI.-3:102
監督 parental care　　　　VI.-3:104
危険源 source of danger　VI.-3:207; VI.-4:101
危険な物質 substances, dangerous　VI.-3:206
故意 intention　　　　VI.-3:101
子どもが生じさせた損害 children, damage caused by　　　　VI.-3:104
自動車 motor vehicles　　　　VI.-3:205
製造物の製造者 producer of a product
　　　　VI.-3:204
代表者 representatives　VI.-3:201; VI.-5:102
択一的原因 alternative causes　VI.-4:103
動物によって生じた損害 animals, damage caused by　　　　VI.-3:203; VI.-3:208
年少者 minors　　　　VI.-3:103
被害者の過失 contributory fault　VI.-5:102
被監督者 supervised persons　VI.-3:104
被用者が生じさせた損害 employees, damages caused by　VI.-3:201; VI.-5:102
不動産の安全性の欠如 immovable, unsafe state　　　　VI.-3:202
父母 parents　　　　VI.-3:104
放棄 abandonment　　　　VI.-3:208
放出 emissions　　　　VI.-3:206
損害の差止め prevention of damage
　　　　VI.-1:102〜103; VI.-6:301〜302
損害の予防 prevention of damage　原33
損害賠償 damages　　原27; III.-3:303; 定
一般的算定基準 general measure　III.-3:702
救済手段の重畳 remedies, cumulation of
　　　　III.-3:102
契約価格と時価の差 price difference　III.-3:707
契約の無効 invalidity of contracts　II.-7:304
支払の遅延 late payment　　　　III.-3:708
情報提供義務の違反 information duties, breach　　　　II.-3:501
侵害された利益の回復 reinstatement of damaged interest　　　　VI.-6:201
損害 loss　　　　III.-3:701〜702
代替取引 substitute transaction　III.-3:706
通貨 currency　　　　III.-3:713
不相当に高額の損害賠償 disproportionately high amount　II.-9:410
不履行 non-performance　　　　III.-3:101;

	III.-3:204; III.-3:302; III.-3:701〜702	
利益 gain		*III.-3:702*
履行を強制する権利の排除 specific performance, excluded		*III.-3:303*
損害賠償 reparation	原 *13, 51; VI.-6:101;* 定	
管理者 intervener		*V.-3:103〜104*
金銭賠償 compensation		*VI.-6:101; VI.-6:201*
債権譲渡 assignment		*VI.-6:106*
些事原則 de minimis rule		*VI.-6:102*
差止め prevention		*VI.-6:301〜302*
被害者の過失 contributory fault		*VI.-5:102*
複数の被害者 plurality of persons		*VI.-6:104*
返還 recovery		*VI.-6:101*
連帯責任 solidary liability		*VI.-6:105*
損害発生源 source of the damage		原 *51*
尊厳に対する権利 dignity, right to		原 *7, 32;*
	II.-2:102; VI.-2:203; 定「権利／権限」	
損失 disadvantage		*VII.-1:101; VII.-3:102;*
		VII.-6:101
価値 value		*VII.-4:107*
間接代理 indirect representation		*VII.-4:102*
種類 type		*VII.-4:107*
同意 consent		*VII.-2:101*
損失 loss	→損害／損失	
損傷 damage		*II.-5:105*

【た 行】

代位 subrogation		*VIII.-1:101;* 定
対価 reward	→価格／対価／代金／報酬；	
		IV.H.-1:201〜202
代金 price	→価格／対価／代金／報酬	
代金減額 price reduction		原 *27; III.-3:601*
損害賠償 damages		*III.-3:601*
代金支払保証 del credere guarantee		*IV.E.-3:313*
代金支払保証条項 del credere clause		*IV.E.-3:313*
代金支払保証に対する報酬 del credere commission		*IV.E.-3:313*
第三者 third parties		序 *53;* 原 *17〜18;*
		II.-6:101〜102
識別情報 identity		*IV.D.-3:403*
第三者 third persons		
損失 loss		*VI.-2:202; VI.-5:501*
第三者による履行 performance by		*III.-2:107*
担保権の第三者に対する効力 security rights, effectiveness as against		*IX.-3:101〜108;*

		IX.-3:201〜204
第三者の権利 third party rights		序 *30;*
	原 *4, 56; II.-9:301〜303; IV.A.-2:305*	
救済手段 remedies		*II.-9:302*
抗弁 defences		*II.-9:302*
利益 benefits		*II.-9:301〜303*
利益の拒絶 rejection of benefit		*II.-9:303*
利益の撤回 revocation of benefit		*II.-9:303*
履行 performance		*II.-9:302*
第三者の請求 third party claims		序 *30;*
		IV.A.-2:305
第三者のためにする契約 stipulations in favour of third parties		序 *53;* 原 *4*
代替品の引渡し replacement		*III.-3:205*
タイムシェアリング契約 timeshare contract		原 *11, 20; II.-5:202*
撤回権 withdrawal, right of		*II.-5:202*
前払 advance payment		*II.-5:202*
代理 representation		序 *52*
外部関係 external relationships		*II.-6:101*
間接代理 indirect representation		序 *29;*
	IV.D.-1:102; IV.D.-3:403; IV.D.-4:102	
取得のための代理 for acquisition		*VIII.-2:302*
譲渡のための代理 for alienation		*VIII.-2:302*
損害賠償 damages		*II.-6:107*
第三者 third party		*II.-6:102; II.-6:105〜109;*
		II.-6:111〜112
直接代理 direct representation		*IV.D.-1:102;*
		IV.D.-4:102
追認 ratification		*II.-6:107; II.-6:111*
内部関係 internal relationship		*II.-6:101*
本人が誰であるかが示されない場合 principal, unidentified		*II.-6:108*
利益相反 conflict of interest		*II.-6:109*
代理商 commercial agent		*IV.E.-3:101;*
		→代理商関係
会計 accounting		*IV.E.-3:204*
債務 obligations		*IV.E.-3:201〜204*
情報提供義務 inform, obligation to		*IV.E.-3:203*
代理報酬請求権 commission, entitlement to		*IV.E.-3:301*
独立性 independence		*IV.E.-3:202*
連続する代理商 successive agents		*IV.E.-3:303*
代理商関係 commercial agency		序 *54;*
	IV.E.-1:101; IV.E.-3:101; 定；→代理商	

代理人／代表者

会計 accounting　　　　　　*IV.E.-3:204; IV.E.-3:311*
解消 termination　　　　　　*IV.E.-2:301〜304*
　期間の定めのある契約 definite period
　　　　　　　　　　　　　　IV.E.-2:301
　期間の定めのない契約 indefinite period
　　　　　　　　　　　　　　IV.E.-2:302〜303
協力 co-operation　　　　　　*IV.E.-2:201*
契約関係が継続している間の情報提供
　義務 information during performance
　　　IV.E.-2:202; IV.E.-3:203; IV.E.-3:307〜308
契約条項／文書の交付請求権 terms of
　the contract, document on request
　　　　　　　　　　　　　　IV.E.-2:402
契約締結前の情報提供義務 information
　duty, pre-contractual　　　*IV.E.-2:101*
契約の数 number of contracts　*IV.E.-3:306*
契約の交渉 negotiation of contracts
　　　　　　　　　　　IV.E.-3:201; IV.E.-3:203
契約の締結 conclusion of contracts
　　　　　　　　　　　IV.E.-3:201; IV.E.-3:203
契約料の減少 volume of contracts,
　decreased　　　　　　　　*IV.E.-3:309*
交渉した契約における不履行 non-
　performance of negotiated contracts
　　　　　　　　　　　　　　IV.E.-3:308
交渉した契約の拒絶 rejection of negotiated
　contracts　　　　　　　　*IV.E.-3:308*
交渉した契約の承諾 acceptance of
　negotiated contracts　　　*IV.E.-3:308*
在庫 stock　　　　　　　　　*IV.E.-2:306*
材料 materials　　　　　　　*IV.E.-2:306*
指図 instructions　　　　　　*IV.E.-3:202*
支払 payment　　　　　　　　*IV.E.-3:304*
損害賠償 damages　　　　　　*IV.E.-2:302〜303;*
　　　　　　　　　　　IV.E.-2:305; IV.E.-2:401
代金支払保証条項 del credere clause
　　　　　　　　　　　　　　IV.E.-3:313
代金支払保証に対する報酬 del credere
　commission　　　　　　　*IV.E.-3:313*
代理報酬 commission　　　　*IV.E.-3:301〜306;*
　　　　　　　　　　　　　　IV.E.-3:310
通知の期間 period of notice
　　　　　　　　　　　　　　IV.E.-2:302〜303
塡補 compensation　　　　　*IV.E.-2:401*
取替部品 spare parts　　　　*IV.E.-2:306*

のれんの補償 goodwill, indemnity for
　　　　　　　　　　　IV.E.-2:305; IV.E.-3:312
秘密保持義務 confidentiality　*IV.E.-2:203*
不履行 non-performance　　　*IV.E.-2:304*
報酬 remuneration　　　*IV.E.-2:401; IV.E.-3:306*
補償 indemnity　　　　　*IV.E.-2:305; IV.E.-2:401*
履行停止権 withhold, right to
　　　　　　　　　　　　　　IV.E.-3:301〜302
留置権 retention, right of　　*IV.E.-2:401*
代理人／代表者 representative
　　　　　　II.-6:101〜102; II.-6:105; 定
　管理者 intervener　　　　　*V.-3:106*
　権限 authority　*II.-6:102〜104; II.-6:112*
　権限の授与 authorisation　*II.-6:102〜103;*
　　　　　　　　　　　　　　II.-6:112
　自己契約 self-contracting　*II.-6:109*
　自己の名でする行為 acting in own name
　　　　　　　　　　　　　　II.-6:106
　生じさせた損害についての責任 accountability
　　for damage caused by　　*VI.-3:201*
　双方委任 double mandate　*II.-6:109*
　複数の代理人 several representatives *II.-6:110*
代理報酬 commission　　　　*IV.E.-3:301〜305*
　支払 payment　　　　　　　*IV.E.-3:304*
　消滅 extinction　　　　　　*IV.E.-3:305*
他主占有者 limited-right-possessor
　　　　　　　　　　　　　　VIII.-1:207; 定
建物 building　　　*IV.C.-3:101;* →不動産
棚卸資産 inventory　　　　　*IX.-5:204*
他人に生じた損害 damage caused to another
　序 36; →他人に生じた損害に基づく契約外責任
他人に生じた損害に基づく契約外責任
　non-contractual liability arising out
　of damage caused to another
　　　　　　　　　序 17〜18, 43, 54, 69;
　　　　　原 4, 12〜13, 30, 31, 45, 51; VI.-1:101
他方当事者 other party　　　　序 51
短期金融市場証券 money market instruments
　　　　　　　　　　　　　　IX.-1:201
単独行為 unilateral juridical act　*II.-1:101;*
　　　　　　　　　　II.-4:301; →法律行為
　解釈 interpretation　　　　*II.-8:201*
　拒絶 rejection　　　　　　　*II.-4:303*
　事情変更 change of circumstances　*III.-1:110*
　十分な確定性 certainty, sufficient　*II.-4:301*

担保権

通知 notice	II.-4:301
法的に拘束される意思 intention to be legally bound	II.-4:301～302
担保 encumbrance	IX.-2:301; →担保目的財産
担保権の消滅 termination of security right	IX.-6:104

担保 security

違約金 penalty	IX.-2:401
期間制限 time limit	IV.G.-2:108
極度額 maximum amount	IX.-2:401
債権者による通知 notification by creditor	IV.G.-2:107
債権者の行為 creditor's conduct	IV.G.-2:110
裁判外の回収 extra-judicial recovery	IX.-2:401
裁判手続費用 legal proceedings, cost	IV.G.-2:104; IX.-2:401
債務者 debtor	IV.G.-1:101
債務者による救済 relief by debtor	IV.G.-2:111
執行手続費用 enforcement proceedings, cost	IV.G.-2:104; IX.-2:401
消滅時効期間の更新 prescription period, renewal	III.-7:401
人的担保 personal	→人的担保
損害賠償 damages	IV.G.-2:104; IX.-2:401
担保提供者 security provider	→担保提供者
担保提供者による通知 notification by security provider	IV.G.-2:112
担保の範囲 coverage	IV.G.-2:104; IX.-2:401
遅延利息 default interest	IX.-2:401
提供 provision of	IV.C.-1:102
独立的人的担保 independence	IV.G.-3:101
付属的な権利 ancillary rights	IX.-2:401
物的担保 proprietary	→物的担保／担保物権
包括根担保 global	IV.G.-1:101; →包括根担保／包括の担保
方式 form	IV.G.-4:104
約定利息 contractual interest	IV.G.-2:104; IX.-2:401
履行停止権 withhold, right to	IV.G.-2:103
利息 interest	IV.G.-2:104

担保権 security rights VIII.-1:204; IX.-1:101; →物的担保／担保物権

移転 transfer	IX.-328～329
果実 fruits	IX.-2:306
価値変形物 proceeds	IX.-2:306
供与 granting	IX.-2:101; IX.-2:105～112
現金 cash	IX.-2:111
合意 agreement	IX.-5:101
効力 effectiveness	IX.-3:101～104; IX.-5:301～303
裁判外の実行 enforcement, extra-judicial	IX.-7:103; IX.-7:201; IX.-7:207～216
裁判上の実行 enforcement, judicial	IX.-7:103; IX.-7:217
債務不履行 default	IX.-7:101～102; IX.-7:105
債務不履行前の合意 predefault agreement	IX.-7:105
最優先順位 superpriority	IX.-4:102
持参人払証書 documents to bearer	IX.-2:111
実行 enforcement	原 53; IX.-7:101～107
実行通知 enforcement notice	IX.-7:107
種類物である財産 generic assets	IX.-2:104
順位 ranking	IX.-4:101; IX.-4:108
条件付権利 conditional rights	IX.-2:104
譲渡性のない財産 untransferable asset	IX.-2:104
消滅 termination	IX.-6:101～106
消滅時効 prescription	IX.-6:103
将来の財産 future assets	IX.-2:104; IX.-5:303
将来の被担保債権 future rights	IX.-2:104
新債務者への交替 substitution of new debtors	III.-5:205; III.-5:207
設定 creation	IX.-2:101～103
善意取得 good faith acquisition	原 37; IX.-2:108～109; IX.-3:321～322; IX.-4:101
占有を取得する権利 possession, right to take	IX.-7:201; IX.-7:203
担保目的財産の譲渡 transfer of encumbered assets	IX.-3:330～331; IX.-5:303
遅延した設定 creation, delayed	IX.-2:110
登記 registration	IX.-3:102
動産 movable assets	IX.-1:102; 定「動産担保権」
被担保債権の譲渡 transfer of secured right	IX.-5:301～302
付属物 accessories	IX.-2:305
保持 retaining	IX.-2:101
目的物 encumbered assets	→担保目的財産
有価証券 negotiable instruments	IX.-2:111;

担保権者

　　　　　　　　　　　　IX.-2:304
優先順位 priority　　IX.-3:310; IX.-4:101～108;
　　　　　　　　　　　　IX.-7:101
ヨーロッパ登記簿 European register　IX.-3:303
留置権 retention　　　　　　IX.-2:101
留置権 retention of possession　　VIII.-7:104;
　　　　　　　　　IX.-2:114; IX.-4:102
流通性のある権原証券 negotiable
　documents of title　　　　IX.-2:304
留保 retention　　　　　　　IX.-2:113
担保権者 secured creditor　　原53; IX.-1:201
担保権の効力 effectiveness of security rights
　　　　　　　　　　　IX.-3:101～104
　管理 control　　IX.-3:102～103; IX.-3:204
　占有 possession　　　　IX.-3:102～103;
　　　　　　　　　　　　IX.-3:201～203
　登記 registration　　　　IX.-3:102～103;
　IX.-3:301～333; →ヨーロッパ物的担保登記簿
　方法の変更 method, change of　　IX.-3:104
担保権の優先順位 priority of security rights
　　　　IX.-2:109; IX.-3:310; IX.-3:321;
　　　　　　　　　　IX.-4:101～108
　継続 continuation　　　　　IX.-4:103
　最優先順位 superpriority　　　IX.-4:102
　担保権と制限物権 security right and limited
　　proprietary rights　　　　IX.-4:101
　被担保債権の譲渡 transfer of secured right
　　　　　　　　　　　IX.-5:301～302
　複数の担保権 several security rights
　　　　　　　　　　　　IX.-4:101
担保提供者 security provider　　原53,
　　　　　　　　IV.G.-1:101; IX.-1:201
　受戻権 redemption, right of　　IX.-7:106
　求償権 reimbursement　　　IV.G.-2:113
　抗弁 defences　　　　　　IV.G.-2:103
　債権者による通知 notification by creditor
　　　　　　　　　　　　IV.G.-2:107
　債務者に対する求償 recourse against debtor
　　　　　　　　　IV.G.-1:107; IX.-7:109
　消費者である担保提供者 consumer security
　　provider　　　　　　　原53, 55;
　　　　IV.G.-4:101～107; IX.-2:107; IX.-7:107
　情報提供を求める権利 information, right to
　　　　　　　　　　　　IX.-5:401
　第三者である担保提供者 third party security
　　provider　　　　　　　IX.-6:106
　倒産管財人 insolvency administrator
　　　　　　　　　　　　IX.-3:101
　内部求償 recourse, internal　　IV.G.-1:106
　複数の担保提供者 several security
　　providers　　　　　IV.G.-1:106～107
　補充的責任 subsidiary liability　　IV.G.-2:106;
　　　　　　　　　IV.G.-2:108; IV.G.-4:105
　連帯責任 solidary liability　　IV.G.-1:105;
　　　　　　　　　IV.G.-2:105; IX.-7:108
担保提供者の倒産管財人 insolvency
　administrator of security provider　IX.-3:101
担保提供者への通知 notification of security
　provider　　　　　　　IV.G.-2:107
担保のための裏書 security endorsement
　　　　　　　　　　　　IV.G.-1:102
担保のための共同債務 co-debtorship for
　security purposes　　IV.G.-1:101～102;
　　　　　　　　　　IV.G.-1:104; 定
担保のための債権譲渡 security assignment
　　　　　　　　　　　　IX.-1:102
担保のための有体財産の所有権の譲渡
　security transfer of ownership of
　corporeal assets　　　　IX.-1:102
担保保険 guarantee insurance　　IV.G.-1:102
担保目的財産 assets, encumbered　IX.-2:105;
　　　　　　　　　　　IX.-5:201～205
　維持 up-keep　IX.-5:201; IX.-5:206; IX.-7:202
　価値変形物についての清算 proceeds,
　　account for　　　　　　IX.-6:105
　換価 realisation　　　　IX.-7:207～216
　換価金の配当 proceeds, distribution of
　　　　　　　　　　　　IX.-7:215
　金融資産 financial assets　　IX.-5:207
　工業材料 industrial material　IX.-5:203
　公競売 auction, public　　　IX.-7:211
　私競売 auction, private　　　IX.-7:211
　実行通知 enforcement notice　IX.-7:207～210
　充当 appropriation　　IX.-7:105; IX.-7:207;
　　　　　　　　　　　　IX.-7:216
　使用 use　　IX.-5:202～203; IX.-5:205～206
　商取引上の合理的な価格 price,
　　commercially reasonable　　IX.-7:212
　処分 disposition　　　　IX.-5:204～205
　所有権の譲渡 transfer of ownership　IX.-5:303

占有移転禁止 immobilisation	IX.-7:202	仲裁判断により確定した権利 arbitral award, right established by	III.-7:202
棚卸資産 inventory	IX.-5:204	注文していない物品 unsolicited goods	原53
担保目的財産への接近 access to	IX.-7:203	長期間にわたる契約 long-term contracts	原9, 22
通知（占有を取得する権利）notice possession, right to take	IX.-7:201; IX.-7:203	調停 mediation	序29; III.-7:302
点検 inspection	IX.-5:201	直接占有 direct possession	VIII.-1:205; 定「直接の物理的支配」
売却 sale	IX.-7:211〜213	賃借人 lessee	IV.B.-1:101; →賃貸借（物品の）
法定果実 civil fruits	IX.-5:208	買取選択権 option to become owner of the goods	IV.B.-1:101
保険 insurance	IX.-5:201; IX.-7:202	供給契約 supply contract	IV.B.-4:104
保存 preservation	IX.-5:201; IX.-5:206; IX.-7:202	債務 obligations	IV.B.-5:101〜109
		消費者 consumer	IV.B.-1:102〜104
担保目的財産の輸入 importation of encumbered assets	IX.-3:108; IX.-4:106	通知義務 inform, obligation to	IV.B.-5:107
地位 status	序38; I.-1:101	物品の取扱い handling of the goods	IV.B.-5:104
遅延 delay	III.-1:102; III.-3:503	履行請求権の譲渡 assignment of rights to performance	IV.B.-7:102
選択的債務の選択 alternative obligations, choice between	III.-2:105	賃借人 tenant	原18
損害賠償 damages	III.-3:708	賃貸借 leasing	序68
利息 interest	III.-3:708〜709	賃貸借（物品の）lease of goods	序54; 原46; IV.B.-1:101; 定「賃貸借」
遅延した承諾を記載した書簡 letter, late acceptance	II.-4:207	解消 termination	IV.B.-4:104
知識／知見 knowledge		期間 period	→賃貸借期間
科学的 scientific	VI.-3:204	検査 inspections	IV.B.-5:108
技術的 technical	VI.-3:204	消費者契約 consumer contract	IV.B.-1:102; IV.B.-2:103; IV.B.-3:105; IV.B.-6:102
専門的 expert	IV.C.-7:103	将来の賃料 future rent	IV.B.-6:101
知的財産権 intellectual property rights	IV.A.-2:305〜307	所有者の変更 ownership, change in	IV.B.-7:101
贈与 donation	IV.H.-1:103	損害賠償 damages	IV.B.-6:101〜102
ディストリビューター関係 distributorship	IV.E.-5:302	賃借人 lessee	→賃借人
売買 sale	IV.A.-1:101	賃借人より指定された物品の供給 supply of goods selected by lessee	IV.B.-4:104
フランチャイズ franchise	IV.E.-4:101〜102; IV.E.-4:201; IV.E.-4:302	賃貸人 lessor	→賃貸人
チャット chat	→インターネット上のチャット	賃料 rent	IV.B.-1:101; →賃料
注意 care	IV.C.-2:105; VI.-3:102; VI.-5:401; →注意の水準	賃料の減額 rent reduction	IV.B.-4:102
合理的な注意深さを備えた者 reasonably careful person	VI.-3:102〜103	転貸借 sublease	IV.B.-7:103
注意の水準 standard of care	原52; IV.G.-2:110; VI.-3:102	物品 goods	IV.B.-5:103〜109; →物品
仲介者 intermediaries	VII.-4:102	物品の改良 improvement of goods	IV.B.-5:106
仲裁廷 arbitral tribunal	定「裁判所」	物品の支配 control of the goods	IV.B.-2:101; IV.B.-5:103; IV.B.-6:101
仲裁手続 arbitration proceedings	II.-9:410; III.-7:302; VIII.-4:203	物品の修理 repair of goods	IV.B.-5:105; IV.B.-5:108

物品の受領 acceptance of goods　　*IV.B.-5:103*
物品の使用可能性 availability of the goods
　　　　　　　　　　　　　　　　IV.B.-1:101
物品の適合性 conformity of the goods
　　IV.B.-3:101〜105; IV.B.-4:101; IV.B.-4:103
物品の返還 return of the goods　*IV.B.-3:106;*
　　　　　　　　　　　　IV.B.-5:109; IV.B.-6:101
物品の保存 maintenance of goods
　　　　　　　　　　　　　IV.B.-5:105〜106
不適合 lack of conformity　　　*IV.B.-4:101*
保険 insurance　　　　　　　　*IV.B.-6:102*
融資目的 financing purpose　　*IV.B.-1:101*
履行の停止 withhold performance
　　　　　　　　　　　　　　　　IV.B.-4:104
履行を強制する権利 specific performance
　　　　　　　　　　　　　　　　IV.B.-6:101
賃貸借期間 lease period　*IV.B.-2:101〜102;*
　　　　　　　　　　　　　　　　IV.B.-4:103
　解消の通知 notice of termination *IV.B.-2:102*
　期間の定めのある definite　*IV.B.-2:102〜103*
　期間の定めのない indefinite　　*IV.B.-2:102*
賃料支払債務 obligation to pay rent
　　　　　　　　　　　　　　　　IV.B.-5:101
　黙示の延長 prolongation, tacit　*IV.B.-2:103*
賃貸人 lessor　*IV.B.-1:101; →賃貸借(物品の)*
　交替 substitution　　　　　　*IV.B.-7:101*
　債務 obligations　　　*IV.B.-3:101〜106*
　事業者 business　　　　　　　*IV.B.-1:102*
　所有権 ownership　　　　　　*IV.B.-7:101*
　融資をする当事者 financing party *IV.B.-1:101*
沈黙 silence　　　　　　　　　　*II.-4:204*
賃料 rent　*IV.B.-1:101; IV.B.-2:103; IV.B.-3:104;*
　　　　　　IV.B.-5:101〜102; IV.B.-5:104; 定;
　　　　　　　　　　　　　→賃貸借(物品の)
　減額 reduction　　　　　　　*IV.B.-4:102*
　将来の賃料 future rent　　　*IV.B.-6:101*
　履行停止権 withhold, right to　*IV.B.-4:104*
追完 cure　　*序 53; 原 28; III.-3:201〜205*
　損害賠償 damages　　　　　*III.-3:204*
　追完機会の付与 allowing opportunity to
　　cure　　　　　　　　　　　*III.-3:204*
追認 ratification　　*II.-6:107; II.-6:111;*
　　　　　　　　　　IV.D.-3:202; 定「追認」
　委任の範囲外の行為 mandate, acting
　　beyond　　　　　　　　　*IV.D.-3:202*

介在者の行為 intervener's acts　　*VII.-4:106*
債権者でない者への履行 performance
　to non-creditor　　　　　　*VII.-4:104*
通貨 currency　　*III.-2:109; 定「価格／代金」;*
　　　　　　　　　　　　　　　　　→金銭
　外国通貨 foreign　　　*II.-9:410; III.-6:104*
　相殺 set-off　　　　　　　　　*III.-6:104*
　損害賠償 damages　　　　　　*III.-3:713*
通信　　　　　　　　　　　　*→伝達／通信*
通信事業者 telecommunication operators
　　　　　　　　　　　　　　　　II.-5:201
通信販売 distance contracts　　*原 20*
通知 notice　　　　　　　　*I-1:109; 定*
　合理的な通知 reasonable　　　*原 42*
　事業者と消費者の関係 business/consumer
　　relations　　　　　　　　　*I-1:109*
　相殺の通知 set-off　　*III.-6:105〜106*
　代理人 agent　　　　　　　　*I-1:109*
　単独行為 unilateral juridical act　*II.-4:301*
　通知による解消 termination by　*III.-1:109*
　通知による変更 variation by　　*III.-1:109*
　撤回 revocation　　　　　　　*I-1:109*
　電子的方法 electronic means, transmission
　　by　　　　　　　　　　　　*I-1:109*
　取消し avoidance　　　　*II.-7:209〜211*
　名宛人への到達 reaching the addressee
　　　　　　　　　　　　　　　　I-1:109
　名宛人への配達 delivery to addressee *I-1:109*
　不履行に関する通知 non-performance
　　　　　　　　　　　　　　　　III.-3:106
　履行のための付加期間 additional period
　　of time for performance　*III.-3:103;*
　　　　　　　　　　　　　　　　III.-3:503
月 month　　　　　　　　　　　*I-1:110*
つけ込み(不公正な) unfair exploitation
　　　　　　　原 6, 8, 43; II.-7:101; II.-7:207
　救済手段 remedies　　　*II.-7:215〜216*
　契約の改訂 adaptation of contract　*II.-7:207*
　信義誠実及び取引の公正 good faith and
　　fair dealing　　　　　　　　*II.-7:207*
　贈与 donation　　　　　　　　*IV.H.-2:104*
　損害賠償 damages　　　　　　*II.-7:214*
　損失 disadvantage　　　　　　*VII.-2:103*
　第三者 third persons　　　　　*II.-7:208*
つけ込み(不当な)advantage, undue　*原 49, 53*

提案 recommendation　*IV.C.-7:104*
　利益相反 conflict of interest　*IV.C.-7:107*
定義 definitions　*序 9, 23, 33, 59〜60, 69; I.-1:108; 定*
定期刊行物 periodicals　*II.-5:201*
停止条件 suspensive condition　*III.-1:106; 定「停止条件」*
ディストリビューター distributor　*IV.E.-5:101; →ディストリビューター契約*
　債務 obligations　*IV.E.-5:301〜306*
ディストリビューター関係 distributorship　*定; →ディストリビューター契約*
ディストリビューター契約 distribution contract　*序 54; IV.E.-1:101; IV.E.-5:101; 定*
　解消 termination　*IV.E.-2:301〜304*
　期間の定めのある契約 definite period　*IV.E.-2:301*
　期間の定めのない契約 indefinite period　*IV.E.-2:302〜303*
　供給能力の低下 supply capacity, decreased　*IV.E.-5:203*
　協力 co-operation　*IV.E.-2:201*
　契約関係が継続している間の情報提供義務 information during performance　*IV.E.-2:202; IV.E.-5:202*
　契約条項／文書の交付請求権 terms of the contract, document on request　*IV.E.-2:402*
　契約締結前の情報提供義務 information, pre-contractual　*IV.E.-2:101*
　広告資材 advertising materials　*IV.E.-5:204*
　在庫 stock　*IV.E.-2:306*
　材料 materials　*IV.E.-2:306*
　指図 instruction　*IV.E.-5:304*
　サプライヤー supplier　*IV.E.-5:101*
　需要の低下 requirements, decreased　*IV.E.-5:303*
　商品の評判 products, reputation　*IV.E.-5:205; IV.E.-5:306*
　選択的 selective　*IV.E.-5:101; IV.E.-5:301〜306*
　損害賠償 damages　*IV.E.-2:302〜303; IV.E.-2:305; IV.E.-2:401*
　知的財産権 intellectual property rights　*IV.E.-5:302*
　調査 inspection　*IV.E.-5:305*
　通知の期間 period of notice　*IV.E.-2:302〜303*
　塡補 compensation　*IV.E.-2:401*
　取替部品 spare parts　*IV.E.-2:306*
　のれんの補償 goodwill, indemnity for　*IV.E.-2:305*
　排他的 exclusive　*IV.E.-5:101; IV.E.-5:203; IV.E.-5:301〜306*
　排他的購入契約 exclusive purchasing contract　*IV.E.-5:101*
　秘密保持義務 confidentiality　*IV.E.-2:203*
　不履行 non-performance　*IV.E.-2:304*
　報酬 remuneration　*IV.E.-2:401*
　補償 indemnity　*IV.E.-2:305; IV.E.-2:401*
　留置権 retention, right of　*IV.E.-2:401*
データベース databases　*IV.A.-1:101; IV.H.-1:103*
手形保証 aval　*IV.G.-1:102*
適合した新たな履行の提供 tender, new and conforming　*III.-3:202*
適合しない履行 non-conforming performance　*原 28*
適合性 conformity
　基準時 time for establishing　*IV.A.-2:308*
　建造物 structure　*IV.C.-3:104*
　建築契約 construction　*IV.C.-3:104*
　消費者契約 consumer contract　*II.-9:410; IV.B.-3:105*
　設計契約 design　*IV.C.-6:104*
　贈与契約 donation contract　*IV.H.-3:101〜103*
　物品の賃貸借 lease of goods　*IV.B.-3:102〜105; IV.B.-4:101; IV.B.-4:103*
　物品の売買 sale of goods　*IV.A.-2:301〜309; IV.A.-4:201*
　保管契約 storage　*IV.C.-5:105*
適用の統一性 uniformity of application　*I.-1:102*
適用範囲 application, intended field of　*I.-1:101; →DCFR(共通参照枠草案)*
デジタル信号 digital　*I.-1:107*
撤回 revocation　*定*
　委任 mandate　*IV.D.-1:104〜105*
　債権譲渡に対する遡及効 assignment, retroactive effect on　*序 29; III.-5:118*
　所有権の譲渡 transfer of ownership　*VIII.-2:202*
　通知 notice　*IV.D.-1:105*
　申込み offer　*II.-4:202*
撤回 withdrawal　*II.-5:105*

価値の減少 diminution in the value　II.-5:105
原状回復 restitution　II.-5:105
支払の返還 payment, return of　II.-5:105
撤回権 withdrawal, right of　序 73; 原 46;
　II.-5:101～106; II.-5:201; II.-9:410; VII.-7:101;
　　　　　　　　　　　定「撤回（Withdraw）」
営業所以外の場所で交渉された契約
　business premises, contracts negotiated
　away from　II.-5:201
隔地者間のリアルタイム通信 real time
　distance communication　II.-3:104
契約の目的物の返還 returning the subject
　matter of the contract　II.-5:102
結合契約 linked contracts　II.-5:106
原状回復 restitution　II.-5:105
行使 exercise　II.-5:102～104
債権譲渡に対する遡及効 assignment,
　retroactive effect on　序 29; III.-5:118
消費者 consumer　原 20; II.-3:109;
　　　　　　　　　　II.-5:105～106; II.-5:201
情報提供義務 information duties　序 62;
　　　　　II.-3:102～103; II.-3:105～106
所有権の移転 transfer of ownership
　VIII.-2:202
責任 liability　II.-5:105
通知 notice　II.-5:102～103; II.-5:105
適切な情報提供 adequate information
　II.-3:103; II.-3:106; II.-5:104
撤回期間 withdrawal period　II.-3:109;
　　　　　　　　　　　II.-5:103～104
手続 procedure　I-1:101
手荷物保険証書 baggage insurance policies
　II.-5:201
電気 electrical　I.-1:107
電気 electricity　IV.A.-1:101; VI.-3:206;
　　　　　　　　　　　　VIII.-1:101
　製造物 product　VI.-3:204
　贈与 donation　IV.H.-1:103
電磁気 electromagnetic　I.-1:107
電子商取引 e-commerce　序 67
電子署名 electronic signature　I.-1:107;
　　　　　　　　　　　IV.H.-2:101; 定
　高度電子署名 advanced electronic signature
　　　　　　　　　　　I.-1:107; 定
電子的 electronic　I.-1:107; 定

電子的手段 electronic means
　II.-3:104～105; II.-9:103
受領の通知 acknowledgement of receipt
　II.-3:202
入力の誤り input errors　II.-3:105;
　　　　　　　　　　II.-3:201; II.-7:201
電子メール electronic mail　II.-3:104
転貸借 sublease　IV.B.-7:103
伝達／通信 communication
　誤り inaccuracy　II.-7:202
　隔地者間 distance　II.-3:104; III.-3:108
　隔離者間のリアルタイム通信 real time
　　distance communication　II.-3:104
　言語 language　II.-9:109
　商業目的 commercial　II.-3:102
　遅延した承諾 late acceptance　II.-4:207
　直接かつ即時の通信 direct and immediate
　　communication　II.-3:104
　通信 distance　II.-5:201
店舗外契約 off-premises contracts　序 62
電話 telephone　II.-3:104
同意 consent　VI.-5:101
　十分な情報に基づく informed　IV.C.-8:108
　損失 disadvantage　VII.-2:101
　治療 treatment　IV.C.-8:108
　撤回 revocation　IV.C.-8:108
登記 registration　VIII.-1:102; IX.-3:301～333;
　　　　　　　　　→ヨーロッパ物的担保登記簿
　担保権 security rights　IX.-3:102
　物的担保 proprietary security rights
　　　　　　　　　　　原 36, 55
登記簿（公的な）public register　VIII.-1:102
道具 tools　IV.C.-2:104; IV.C.-3:102; IV.C.-3:105;
　　　　　　　　　IV.C.-4:102; IV.C.-4:104
当座貸越 overdraft facility　IV.F.-1:101; 定
解消 termination　IV.F.-1:106
当座預金／当座勘定 current account
　IV.F.-1:101; IV.G.-1:101; IV.G.-1:106
倒産 insolvency
　受任者 agent　序 29; III.-5:401～402
　相殺 set-off　III.-6:101
動産 movable assets　序 2, 43, 53
　担保権 security rights　IX.-1:101～102
動産 movable property　序 37, 40, 68
動産 movables　VIII.-1:201; 定

運送 transportation	IV.C.-5:101		譲渡 assignment	IV.G.-3:108
建築契約 construction	IV.C.-3:101		消費者である担保提供者 consumer security	
製造物 product	VI.-3:204		provider	IV.G.-4:105
設計契約 design	IV.C.-6:101		請求即払 first demand	IV.G.-3:104;
保管契約 storage	IV.C.-5:101			IV.G.-3:108

倒産処理手続 insolvency proceeding
　　　　　　　　　　　　IV.G.-2:102; 定
債権者でない者への履行の追認
　　performance to non-creditor, ratification
　　　　　　　　　　　　VII.-4:104
倒産処理法 insolvency law　　　　原4
動産担保 security over movable property
　　　　　　　　　　　　序68
投資活動 investment activities　IV.D.-1:101
投資サービス investment services　IV.D.-1:101
当事者自治 party autonomy　　序28;
　　　　原2, 14〜15; II.-1:102; →契約自由
当事者の合意の補充 supplement of the
　　parties' agreement　　　　原28
当事者の変更 change of parties　　序29
投資証券 investment security　　III.-5:101;
　　　　　　　　　　　　IV.A.-1:101
　贈与 donation　　　　　　IV.H.-1:103
同等のものの供給 equivalent, supply of　II.-9:410
動物 animal　　VIII-1:201; 定「物品」; →動物相
　危険源 source of danger　　　VI.-6:301
　損傷された damaged　　　　VI.-6:101
　動物によって生じた損害 damage caused by
　　　　　　　　VI.-3:203; VI.-3:208
　放棄 abandonment　　　　VI.-3:208
　保有者 keeper　　VI.-3:203; VI.-3:208; 定
動物相 fauna　　　　　　　VI.-2:209
透明性 transparency　　II.-9:402; II.-9:407
特別配当株 bonus shares　　　IX.-2:302
独立した取引 arms' length, dealing at　原11
独立的人的担保 independent personal
　　security　　IV.G.-1:101; IV.G.-3:101〜109;
　　　　　　　　　　　　定; →人的担保
　明らかに濫用的な請求 demand, manifestly
　　abusive　　　　　IV.G.-3:105〜106
　移転 transfer　　　　　　IV.G.-3:108
　期間制限 time limit　　　　IV.G.-3:107
　抗弁 defences　　　　　　IV.G.-3:103
　詐欺的な請求 demand, fraudulent
　　　　　　　　　　IV.G.-3:105〜106

担保提供者の利益の返還請求権 benefits,
　　security provider's right to reclaim
　　　　　　　　　　　　IV.G.-3:106
担保の代償物 proceeds of security　IV.G.-3:108
通知 notification　　　　　IV.G.-3:102
濫用的な請求 demand, abusive　IV.G.-3:105
履行の請求 demand for performance
　　　　　　　　　　　　IV.G.-3:103
履行をした担保提供者の権利 rights
　　after performance　　　IV.G.-3:109
独立の帳簿 accountant, independent
　　　　　　　　IV.E.-3:204; IV.E.-3:311
土壌 soil　　　　　　　　　VI.-2:209
土地 land　　　　　　　　　定「不動産」
土地登記簿 land register　　　IX.-3:105
土地の譲渡 conveyances of land　　原55
賭博 gaming　　　　　　　　II.-5:201
富くじ lottery　　　　　　　II.-5:201
土曜日 Saturday　　　　　　I-1:110
取替部品 spare parts　　　　IV.E.-2:306
取消し avoidance　　　原10, 19; II.-7:212; 定
　一部取消し partial　　　　　II.-7:213
　救済手段 remedies　　　　II.-7:214〜216
　強制 coercion　　　　　　II.-7:206
　強迫 threats　　　　　　　II.-7:206
　契約の追認 confirmation of the contract
　　　　　　　　　　　　II.-7:211
　効果 effects　　　　II.-7:212; II.-7:303
　債権譲渡に対する遡及効 assignment,
　　retroactive effect on　　序29; III.-5:118
　財産の所有権 ownership of property　II.-7:303
　詐欺 fraud　　　　　　　　II.-7:205
　錯誤 mistake　　　　　　II.-7:201〜203
　贈与 donation　　　　　　IV.H.-2:103
　損害賠償 damages　　　　　II.-7:214
　通知 notice of　　　　　II.-7:209〜211
　取消権 rights to avoid　　定「権利／権限」
　不公正なつけ込み unfair exploitation　II.-7:207
　物権的遡及効 retroactive proprietary effect
　　　　　　　　　　　　VIII.-2:202

取消し

本人 principal　　　　　　　　　II.-6:109
取消し rescission　　　　　　　序 48
取消可能な契約 voidable contracts　原 42, 55;
　　　　定「取り消すことができる」
取立て collection　　　　　　IX.-7:207
取付説明書 installation instructions
　　　　IV.A.-2:301〜302; IV.A.-2:307;
　　　　　　　　　　IV.B.-3:102〜103
取引 business
　通常の取引 ordinary course of　III.-2:108
取引 trade　　　　　VI.-2:207〜208; VI.-3:206
取引の公正 fair dealing　　　序 13, 27〜28;
　　　　原 22〜23, 25; →信義誠実及び取引の公正
トレーラー trailer　　　　　　VI.-3:205

【な 行】

内容 terms
　権利の内容 right　　　　　　III.-1:102
　債務の内容 obligation　　　　III.-1:102
肉体的苦痛 pain　　　　III.-3:701; VI.-2:101
日常の消費 consumption, everyday　II.-5:201
日曜日 Sunday　　　　　　　　I.-1:110
入力の誤り input errors　II.-3:105; II.-3:201;
　　　　　　　　　　　　　　　II.-7:201
任意に選択できる法律文書 optional
　instrument　　　　　　　　　序 59
任意法規 default rules　　　　原 2, 22, 28, 57
認識／悪意 knowledge　　　　　II.-1:105
　契約／法律行為の無効 invalidity of
　　contracts/juridical acts　　II.-1:106
　認識等の帰責 imputed　　　　II.-1:105
　不適合 lack of conformity　　IV.A.-4:304
熱 heat　　　　　　　　　　　　VI.-3:206
ネットワーク network
　フランチャイズ franchise　　IV.E.-4:207;
　　　　　　　　　　　　　　IV.E.-4:303
年少者が生じさせた損害 minors, damage
　caused by　　　　　　　VI.-3:103〜104
ノウハウ know-how　　　IV.E.-4:101〜102;
　　　IV.E.-4:202; 定「フランチャイズ」
望まない役務 unwanted services　原 13
望まれない行為 unwanted conduct　II.-2:102
のれん goodwill　　　IV.E.-2:305; IV.E.-3:312;
　　　　　　　　　　定「財産 (Assets)」

【は 行】

配送料 delivery charges　　　　II.-3:107
排他的購入契約 exclusive purchasing
　contract　　　IV.E.-5:101; IV.E.-5:203;
　　　　　　　→ディストリビューター契約
排他的ディストリビューター契約 exclusive
　distribution contract　　　IV.E.-5:101;
　　　IV.E.-5:301〜306; →ディストリビューター契約
配当 dividends　　　　　　　　IX.-2:302
売買（物品の）sale of goods　　序 54, 68;
　　　　原 46; IV.A.-1:101〜102; IV.A.-1:202
危険の移転 passing of risk　IV.A.-5:101〜103;
　　　　　　　　　　　IV.A.-5:201〜203
消費者契約 consumer contract　IV.A.-1:204;
　　　IV.A.-2:202; IV.A.-2:304; IV.A.-4:301;
　　　　　　　　　　　　　　　IV.A.-5:103
所有権の移転 passing of ownership　原53;
　　　　　　　　　　　　　　VIII.-2:101
所有権留保 retention of ownership device
　　　　　　IX.-1:103〜104; IX.-2:201;
　　　　　　　IX.-2:308; IX.-5:303
書類の移転 documents, transfer of
　　　IV.A.-2:101; IV.A.-2:202〜203
数量超過の引渡し excess quantity, delivery
　of　　　　　II.-3:401; IV.A.-3:105
損害賠償 damages　　　　　IV.A.-2:203
物品の運送 carriage of the goods
　　　　　　IV.A.-2:201; IV.A.-2:204
物品の引渡し delivery of goods　IV.A.-2:101;
　　　　　　　　　IV.A.-2:201〜204
物品を表章する書類 documents
　representing the goods　　IV.A.-2:101;
　　　　　IV.A.-2:202; IV.A.-3:104
保険 insurance　　　　　　IV.A.-2:204
売買契約 sale, contract for 定; →売買（物品の）
パウリアーナ訴権 actio pauliana　　原 4
莫大損害 lesion　　　　　　　　原 44
ハラスメント harassment　　II.-2:102; 定
半完成品 semi-finished products　IX.-5:203
反対履行 counter-performance　III.-1:109; 定
分割履行債務 separate parts, obligations
　to be performed in　　　　III.-3:506
反復取引をしない者 non-repeat players　原 46
判例法 case law　　　　　　　　序 63

被害者 aggrieved party　　　　　序 51
被害者の過失 contributory fault　　原 51;
　　　　　　　　　　　　　　　VI.-5:102
光 light　　　　　　　　　　　VI.-3:206
光 optical　　　　　　　　　　I.-1:107
被監督者が生じさせた損害 supervised
　persons, damage caused by　　VI.-3:104
引渡し delivery　　　　　原 53; II.-3:102;
　　IV.A.-2:101～203; IV.A.-3:104; VIII.-2:104; 定
　一部の引渡し partial　　　　IV.A.-4:303
　期限前 early　　　IV.A.-2:203; IV.A.-3:105
　時期 time　　　　　　　　　IV.A.-2:202
　数量超過 excess quantity II.-3:401; IV.A.-3:105
　場所 place　　　　　　　　　IV.A.-2:202
　引渡しに相当する事実 equivalents
　　　　　　　　　　VIII.-1:101; VIII.-2:105
非金銭債務 non-monetary obligation III.-3:302
　債権譲渡 assignment　　III.-5:107; III.-5:117
　追認 ratification　　　　　　VII.-4:104
非財産的損害／非経済的損失 non-economic
　loss　　原 32; III.-3:701; VI.-2:101; VI.-2:202;
　　　　　　　　　　　　　定「損害／損失」
　算定 quantification　　　　　VI.-6:203
　侵害それ自体 injury as such　　VI.-6:204
　生活の質の低下 quality of life,
　　impairment of　　III.-3:701; VI.-2:101
　精神的苦痛 suffering　　III.-3:701; VI.-2:101
　肉体的苦痛 pain　　　III.-3:701; VI.-2:101
　賠償請求権の譲渡 assignment of right
　　to reparation for　　　　　VI.-6:106
侵害された利益の回復 reinstatement of
　damaged interest　　　　　　VI.-6:101
微生物 microorganisms　　　　　VI.-3:206
非占有担保 non-possessory security　原 15, 55;
　　　　　　　　　　　　　　　　IX.-2:103
被担保債務 secured obligation　　IV.G.-1:101
人 person　　　原 32; 定; →法人; →自然人
　監督に服する supervised　　　VI.-3:104
　人の自由な移動 free movement of persons
　　　　　　　　　　　　　　　　序 22
　無能力 incapacity　　III.-7:305; IV.D.-6:105;
　　　　　　　　　　　　　　　VII.-2:103
　名誉 reputation　　　　　　　VI.-2:203
秘匿される情報 confidence　　　VI.-2:205
秘匿される情報の伝達 breach of confidence

　　　　　　　　　　　　　　　VI.-2:205
人の自由 freedom of the person　　原 32
人の自由な移動 free movement of persons
　　　　　　　　　　　　　　　　序 22
ひな形 model　　　　　IV.A.-2:302; IV.B.-3:103
非難可能性 blameworthiness　　　原 50
秘密保持 confidentiality　　　　II.-3:302;
　　　　　　　　　　　　　定「秘密の情報」
　違反 breach　　　　II.-3:302; VI.-2:205
　裁判所の命令 court order　　　II.-3:302
代理商 commercial agency　　　IV.E.-2:203
ディストリビューター関係 distributorship
　　　　　　　　　　　　　　　IV.E.-2:203
フランチャイズ franchise　　　　IV.E.-2:203
費用 costs　　　　　　　　VIII.-2:201; 定
　履行費用 performance　　　　III.-2:113
費用 expenditure　　　　　　　VIII.-7:104
費用 expenses　　　III.-2:110; 定「費用」
　受任者 agent　　IV.D.-2:103; IV.D.-7:103
病院 hospital　　　　　　　　　IV.C.-8:111
表示 statements　　　II.-1:101; II.-4:102; II.-4:105
　誤り inaccuracy　　　　　　　II.-7:202
　契約締結前の表示 pre-contractual　II.-9:102
　公衆に対する表示 public statement
　　　　　　　　　　　　　　　IV.H.-2:102
　承諾 acceptance　　　　　　　II.-4:204
　法的に拘束される意思 intention to be
　　legally bound　　　　　　　II.-4:302
被用者 employees　　　　　　　VI.-7:104
　占有機関 possession-agent　　VIII.-1:208
平等な取扱い equal treatment　　原 1, 41
　正当化される不平等な取扱い unequal
　　treatment, justified　　　　II.-2:103
品質 quality　　II.-9:108; IV.A.-2:301～303
　標準的 standards of　　　　　II.-3:101
ファイナンス・リース financial leasing
　　　　　　　　　　　　　　　IX.-1:103～104
付加価値税の識別番号 VAT identification
　number　　　　　　　　　　II.-3:108
復委任 subcontracting　　　　　IV.D.-3:302
複雑な契約 complex contracts　　原 9, 20
福祉　　　　　　　　　　　→厚生／福祉
複数人の関与 collaboration　　　VI.-4:102
複数の債権者 co-creditors　　　　III.-4:203
複数の債権者 plurality of creditors　序 34, 52;

複数の債務者

複数の債務者 plurality of debtors	序34, 52; 原41	期間制限 time limit	IV.G.-2:108〜109
復代理人 delegate	II.-6:104	拘束力のある支援状 binding comfort letter	IV.G.-2:101; IV.G.-2:106
付合(物品の) combination of goods	原15, 36, 53; VIII.-5:101; VIII.-5:203	抗弁 defences	IV.G.-2:103
合意 agreement	VIII.-5:101	債権者の権利の縮減 creditor's rights, reduction	IV.G.-2:110
構成部分 component parts	VIII.-5:203	裁判手続 legal proceedings	IV.G.-2:104
従たる部分 subordinate parts	VIII.-5:203	債務者による救済 relief by debtor	IV.G.-2:111
主たる部分 principal part	VIII.-5:203	執行手続 enforcement proceedings	IV.G.-2:104
所有権留保 retention of ownership	VIII.-5:101; IX.-2:308	従たる債務 ancillary obligations	IV.G.-2:104; IV.G.-2:107
担保目的財産 encumbered goods	IX.-2:307	消費者である担保提供者 consumer security provider	IV.G.-4:105
不公正 unfairness	序79; 原44; II.-9:403〜410	情報提供の要求 request for information	IV.G.-2:112
契約の主たる内容 main subject matter of the contract	II.-9:406	通知 notification	IV.G.-2:107; IV.G.-2:112
対価の相当性 price, adequacy	II.-9:406	付従性 dependence	IV.G.-2:102
排除 exclusion	II.-9:406	補充的責任 subsidiary liability	IV.G.-2:106
不公正な契約条項 unfair contract terms	原10, 44, 46; II.-9:401〜411	履行した担保提供者の権利 rights after performance	IV.G.-2:113
契約の存続 maintenance of the contract	II.-9:408	不正確な情報の提供 incorrect information, provision of	序72
効力 effects	II.-9:408	不正な競争 unfair competition	VI.-2:208; →競争法
事業者間契約 business-to-business contracts	II.-9:405	付属品 accessories	IV.A.-2:301〜302; IV.B.-3:102〜103
事業者と消費者との間の契約 business-to-consumercontracts	II.-9:403; II.-9:407〜410	付属物	IX.-1:201; 定
専属管轄条項 jurisdiction clauses, exclusive	II.-9:409	譲渡性 transferability	VIII.-1:301
非事業者間契約 non-business parties, contracts between	II.-9:404	担保権 security rights	IX.-2:305; IX.-3:105
不公正性の推定 presumption of unfairness	II.-9:410	付属物の譲渡性 appurtenances, transferability	VIII.-1:301
不作為 inactivity	II.-4:204	負担 charges	VIII.-2:201
不作為 not doing	III.-1:102	負担の発生 burdens incurred	III.-3:701; VI.-2:101; VI.-2:209; VI.-3:206
不実表示 misrepresentation	II.-7:205; →詐欺	物権 proprietary rights	原14
行為 conduct	II.-7:205	制限物権 limited proprietary rights	VIII.-1:204
言葉 words	II.-7:205	物権的遡及効 retroactive proprietary effect	VIII.-2:201〜203
詐欺 fraudulent	II.-7:205; VI.-2:210; 定「詐欺的な不実表示」	物権法 property law	IX.-2:112
損失 loss	VI.-2:210	物質 substance	VI.-3:206〜207
付従的人的担保 dependent personal security	III.-5:207; IV.G.-1:101; IV.G.-2:101; 定;→人的担保	管理についての法律上の基準 standards of control, statutory	VI.-3:206
		放棄 abandonment	VI.-3:208
一部弁済 part performance	IV.G.-2:113	保有者 keeper	VI.-3:206; 定

物品

物的担保／担保物権 proprietary security
　　　　　原 15, 36, 53; 序 2, 36〜37, 43, 53, 61;
　　　　　IV.G.-1:101; IV.G.-1:105; VIII.-5:101; IX.-1:101;
　　　　　　　　　　　　　　　　　定; →担保権
合意 agreement　　　　　　　　　　VIII.-5:101
最大リスク maximum risk　　　　　IV.G.-1:106
債務不履行 default　　　　　定「債務不履行」
実行 enforcement　　　　　　　　　　　原 53
消滅 termination　　　　　　　　　　IX.-6:101
善意取得 good faith acquisition　　　　IX.-6:102
登記 registration　　　原 36, 55; IX.-3:301〜333;
　　　　　　　　　　　　→ヨーロッパ物的担保登記簿
非占有担保 non-possessory proprietary
　security　　　　　　　　　　　　　　　原 55
物的担保のための契約 contract for IX.-1:201;
　　　　　　　　　定「物的担保のための契約」
物品の加工 production of goods　VIII.-5:201;
　　　　　　　　　　　　　　　　　　VIII.-5:204
物品の付合 combination of goods
　　　　　　　　　　　　　　　VIII.-5:203〜204
優先順位 priority　　　　　原 53; VIII.-5:204
優先する担保権 prior security rights　原 37, 53
物品 goods　　　序 2; IV.A.-1:201; VIII.-1:201; 定
一方的な変更 alteration, unilateral　　II.-9:410
運送 carriage　　　IV.A.-2:204; IV.A.-4:301;
　　　　　　　　　　　　　　　　　　IV.A.-5:202
運送中に売却された物品 transit, goods
　sold in　　　　　　　　　　　　IV.A.-5:203
買主の処分に委ねられた物品 placed at
　buyer's disposal　　　　　　　　IV.A.-5:201
回復 recovery　　　　　VIII.-6:102; VIII.-6:203;
　　　　　　　　　　　　　　　　VIII.-7:101〜104
改良 improvements　　　　　　　　IV.B.-5:106
加工 production　　　　　　　　　　　原 53
供給 supply　　　　　　　　　定「供給／提供」
検査 examination　　　　　　　　IV.A.-4:301
検査 verification　　　　　　　　　　III.-3:710
混和 commingling of goods　　　　　原 15, 53
在庫 stock of　　　　　　　　　　　II.-4:201
指定 specification　　　IV.A.-3:102; IV.B.-4:107
修理 repair　　　　　　　　　　　IV.B.-5:105
重量 weight　　　　　　　　　　　IV.A.-3:103
受領 acceptance　　　　　　　　　　III.-3:710
種類 description　IV.A.-2:301; IV.B.-3:102〜104
使用可能性 availability　　　　　　IV.B.-3:101;
　　　　　　　　　　　　　IV.B.-5:103; IV.B.-5:109
譲渡性 transferability　VIII.-1:301; VIII.-2:101
商品 products　　　　　　　　　　IV.E.-1:101
情報 information　　　　II.-3:101〜103; II.-3:106
所有権の移転 transfer of ownership
　　　　　　　　　　　IV.A.-1:202; IV.A.-2:101
数量 quantity　　　IV.A.-2:301; IV.B.-3:102;
　　　　　　　　　　　　　　　　　IV.B.-3:104
生産 production　　　　　　　　　IV.A.-1:102
製造 manufacture　　　　　　　　IV.A.-1:102
性能 performance capabilities
　　　　　　　　　　　IV.A.-2:302〜303; IV.B.-3:103
説明書 instructions　　　　　　IV.A.-2:301〜302;
　　　　　　　　　　　　　　IV.B.-3:102〜103
宣伝・勧誘 marketing　　　　　　　II.-3:102
想定される耐用期間 life-span, estimated
　　　　　　　　　　　　　　　　　IV.A.-6:104
贈与 donation　　　　IV.H.-1:102; IV.H.-3:102
存在しない物品 not yet existing　IV.A.-1:201
損傷 damage　　　　　　　　　　IV.A.-5:101
第三者による表示 statement by third
　persons　　　　　　　　　　　IV.A.-2:303
第三者の権利 third party rights
　　　　　　　　　　　IV.A.-2:305〜307; IV.A.-4:302
注文していない unsoliciited　　　　II.-3:401
賃貸借 lease　　　　　　　→賃貸借（物品の）
適合性 conformity　　　II.-9:410; III.-3:710;
　　　　　　　　IV.A.-2:301〜309; IV.B.-3:102〜105
撤回期間 withdrawal period　　　　II.-5:103
登記 registration　　　　　　　　　VIII.-1:102
取付説明書 installation instructions
　　　　　　　　　IV.A.-2:301〜302; IV.B.-3:102〜103
売買 sale　　　　定「売買契約」; →売買（物品の）
引渡し delivery　　　　　IV.A.-2:201〜204;
　　　　　　　　　　　IV.A.-3:102; IV.A.-4:303
品質 quality　　IV.A.-2:301〜303; IV.A.-2:307;
　　　　　　　　　　　　　　IV.B.-3:102〜104
付合 combination of goods　　　　　原 15, 53
不公正契約条項 unfair contract terms II.-9:410
付属品 accessories　　　IV.A.-2:301〜302;
　　　　　　　　　　　　　　IV.B.-3:102〜103
不適合 non-conformity　　　　　　III.-3:107
返還 return　　　　　　IV.B.-3:106; IV.B.-6:101
包装 packaging　　　　　IV.A.-2:301〜302;
　　　　　　　　　　IV.A.-2:307; IV.B.-3:102〜103

日本語索引　433

保存 maintenance　　　　　IV.B.-5:105～106
滅失 loss　　　　　　　　　IV.A.-5:101
目的適合性 fitness for purpose　IV.A.-2:302;
　　IV.A.-2:307; IV.A.-4:302; IV.B.-3:103～104
物の自由な移動 free movement of goods 序 22
有体動産 corporeal movables　　　序 26
物品及び役務 goods and services　　序 26
物品の譲渡 transfer of goods　　原 15, 55;
　　　　　　　　　　　　　　　VIII.-2:101
譲渡性 transferability　　　　　VIII.-1:301
物品の陳列 display of goods　　　II.-4:201
物理的支配 physical control　　　VIII.-2:105;
　　　　　　　　　　　　　定; →占有
不適合 lack of conformity　　　　IV.A.-4:101;
　　　　　　IV.A.-4:201～202; IV.B.-4:101
不適合 non-conformity　序 53; III.-3:201～205
　悪意 knowledge　　　　　　　III.-3:203
　役務提供契約 service contract　IV.C.-2:110
　設計 design　　　　　　　IV.C.-6:104～105
　代金減額 price reduction　　　III.-3:601
　代替品の引渡し replacement　　　III.-3:205
　追完 cure　　　　　　　　III.-3:202～205
　通知 notice　　　　　III.-3:107; IV.A.-4:302
不適切な取付け incorrect installation
　　IV.A.-2:304; IV.A.-2:307～308; IV.B.-3:105
不動産 immovable property　　序 38; I-1:101;
　　　　　　　　　　　定; →不動産(immovables)
　貸付契約 loan contracts　　　　IV.F.-1:101
　建築請負 construction　　　　　II.-5:201
　贈与 donation　　　　　　　　IV.H.-1:103
　タイムシェアリング契約 timeshare contract
　　　　　　　　　　　　　　　II.-5:202
　賃借権 rental　　　　　　　　　II.-5:201
　販売 sale　　　　　　　　　　　II.-5:201
　分離 separation　　　　　　　VIII.-1:101
不動産 immovables　　IV.C.-3:101; IV.C.-5:101
　安全性の欠如 unsafe state　　　 VI.-3:202
　建築契約 construction　　　　　IV.C.-3:101
　製造物 product　　　　　　　　VI.-3:204
　設計契約 design　　　　　　　　IV.C.-6:101
　損失 loss　　　　　　　　　　　VI.-2:206
　独立の管理 control, independent　VI.-3:202
　付属物 accessories　　　　　　 IX.-3:105
　物的担保 proprietary security　IV.G.-1:101;
　　　　　　　　　　　　　　　 IX.-3:105

放棄 abandonment　　　　　　　VI.-3:208
保管契約 storage　　　　　　　IV.C.-5:101
保守管理契約 processing　　　　IV.C.-4:101
不動産 premises　　　　　　　　原 51
不動産業者 estate agents　　　　序 30
不動産上の担保権 immovable property
　security rights　　　　　　　I-1:101
不当利得 unjustified enrichment　序 36, 43,
　　　　　　　53～54, 69; 原 12～13, 30, 35,
　　　　　　　48～49; VII.-1:101; 定; →利得
　原物で返還することができない利益の同
　　意なき受領 non-transferable benefits,
　　received without consent　　原 13
　財産の使用 use of asset　　　　VII.-7:102
　債務の競合 concurrent obligations VII.-7:102
　私法上の規定 private law rules　VII.-7:101
　善意 good faith　　　　　　　原 48
　損失 disadvantage　　　VII.-1:101; VII.-3:102
　他人の財産の悪意の使用 non-innocent use
　　of another's assets　 原 35, 48; VII.-5:102
注文していない役務 services, unsolicited
　　　　　　　　　　　　　　　II.-3:401
注文していない物品 goods, unsolicited
　　　　　　　　　　　　　　　II.-3:401
取消しの効果 avoidance, effects of　II.-7:212;
　　　　　　　　　　　　　　　II.-7:303
不法性 illegality　　　　　　　　VII.-6:103
返還 reversal　　　VII.-1:101; VII.-5:101～104;
　　　　　　　　　　　　　　　VII.-7:102
無効の効果 nullity, effect of　　II.-7:303
不能 impossibility　　　　　　　原 27
父母 parents　　　　　　　　　　VI.-3:104
不法行為 delict/tort　　　　　　序 48, 69
不法性　　　　　　　　→違法性／不法性
不明確条項 ambiguous terms　原 46; II.-8:103
扶養 maintenance　　　　　　　VI.-2:202
プライバシーの権利 privacy, right to VI.-2:203;
　　　　　　　　　　　　定「権利／権限」
プライバシーの侵害 exposure　　　原 32
フランチャイザー franchisor　　　IV.E.-4:101;
　　　　　　　　　　　　　　　→フランチャイズ
　債務 obligations　　　　　IV.E.-4:201～207
フランチャイジー franchisee　　　IV.E.-4:101;
　　　　　　　　　　　　　　　→フランチャイズ
　債務 obligations　　　　　IV.E.-4:301～304

不履行

フランチャイズ franchise　序 54; IV.E.-1:101;
　　　　　　　　　　　IV.E.-4:101; 定
　会計帳簿 accounting books　　IV.E.-4:304
　解消 termination　　　　IV.E.-2:301〜304
　期間の定めのある契約 definite period
　　　　　　　　　　　　　　IV.E.-2:301
　期間の定めのない契約 indefinite period
　　　　　　　　　　　　IV.E.-2:302〜303
　業界 commercial sector　　　IV.E.-4:102
　供給能力の低下 supply capacity, decreased
　　　　　　　　　　　　　　IV.E.-4:206
　協力 co-operation　IV.E.-2:201; IV.E.-4:103
　経営支援 assistance　　　　IV.E.-4:203
　契約関係が継続している間の情報提供
　　義務 information during performance
　　　　IV.E.-2:202; IV.E.-4:205; IV.E.-4:302
　契約条項／文書の交付請求権 terms of the
　　contract, document on request IV.E.-2:402
　契約締結前の情報提供義務 information,
　　pre-contractual　IV.E.-2:101; IV.E.-4:102
　研修課程 training courses　　IV.E.-4:203
　広告キャンペーン advertising campaigns
　　　　　　　　IV.E.-4:205; IV.E.-4:207
　在庫 stock　　　　　　　　　IV.E.-2:306
　材料 materials　　　　　　　IV.E.-2:306
　指図 instructions　　　IV.E.-4:303〜304
　事業方法 business method　　IV.E.-4:101;
　　　　　　　　　　　IV.E.-4:303〜304
　市場の状況 market conditions　IV.E.-4:102;
　　　　　　　　　　　　　　IV.E.-4:205
　指導 guidance　　　　　　　IV.E.-4:203
　商号 trade name　　　　　　IV.E.-4:101
　商標 trademark　　　　　　IV.E.-4:101
　商品の供給 supply of products　IV.E.-4:204
　助言 advice　　　　　　　　IV.E.-4:203
　損害賠償 damages　　　IV.E.-2:302〜303;
　　IV.E.-2:305; IV.E.-2:401; IV.E.-4:102
　知的財産権 intellectual property rights
　　IV.E.-4:101〜102; IV.E.-4:201; IV.E.-4:302
　通知の期間 period of notice　IV.E.-2:302〜303
　定期的な支払 periodical payments
　　　　　　　　IV.E.-4:102; IV.E.-4:301
　塡補 compensation　　　　　IV.E.-2:401
　取替部品 spare parts　　　　IV.E.-2:306
　ネットワーク network

　　　→フランチャイズ・ネットワーク
　ノウハウ know-how　　IV.E.-4:101〜102;
　　　　IV.E.-4:202; 定「フランチャイズ」
　のれんの補償 goodwill, indemnity for
　　　　　　　　　　　　　　IV.E.-2:305
　秘密保持義務 confidentiality　IV.E.-2:203
　フィー fees　　　IV.E.-4:102; IV.E.-4:301
　フランチャイジーの施設の調査 inspection
　　of franchisee's premises　IV.E.-4:304
　不履行 non-performance　　　IV.E.-2:304
　報酬 remuneration　　　　　IV.E.-2:401
　方法 method　　　　　　　　IV.E.-4:102
　補償 indemnity　　IV.E.-2:305; IV.E.-2:401
　留置権 retention, right of　　IV.E.-2:401
　ロイヤルティ royalties　　　IV.E.-4:102;
　　　　　　　　　　　　　　IV.E.-4:301
フランチャイズ・ネットワーク franchise
　network　IV.E.-4:101〜102; IV.E.-4:205;
　　　　　　　IV.E.-4:207; IV.E.-4:303
　業績 commercial results　　　IV.E.-4:205
　評判 reputation　IV.E.-4:207; IV.E.-4:303
フランチャイズ・ビジネス franchise business
　　　　　　　　IV.E.-4:101; IV.E.-4:201;
　　　　IV.E.-4:303; 定「フランチャイズ」
不履行 default　　　　　　→債務不履行
不履行 non-performance　序 29; 原 17, 20, 27,
　　　　　　　　　　60; III.-1:102; 定;
　　　　　　→不履行に対する賠償額の予定
　救済手段 remedies　III.-3:101; III.-3:105
　救済手段の重畳 remedies, cumulation of
　　　　　　　　　　　　　　III.-3:102
　故意 intentional　　　　　　III.-3:703
　債権者が引き起こした不履行 caused by
　　creditor　　　　　　　　III.-3:101
　債務者の支配を超えた障害 impediment
　　beyond the debtor's control　原 44;
　　　　　　　　　　　　　　III.-3:104
　重大な過失 grossly negligent　III.-3:703
　重大な不履行 fundamental　原 41, 55;
　　III.-2:105; III.-3:203; III.-3:502; III.-3:504〜505;
　　　IV.C.-6:105; IV.D.-1:105; IV.E.-2:305; 定
　請求者が引き起こした不履行 non-performance
　　caused by the claimant　原 45; III.-3:101
　選択的な救済手段 remedies, alternative
　　　　　　　　　　　　　　II.-7:216

日本語索引　435

損害賠償 damages	III.-3:204; III.-3:302; III.-3:701〜702	法規定 rule of law	VII.-2:101
通知 notice	III.-3:106	方式 form	序28; 原55; II.-1:106
無謀な行為 reckless	III.-3:703	契約から生じる関係の解消 termination of contractual relationships	II.-4:105
免責 excused	III.-3:101; III.-3:104; III.-3:701; III.-3:708	契約の変更 modification of contracts	II.-4:105
予定賠償金 stipulated payment	III.-3:302; III.-3:509; III.-3:712	方式要件 informality	原55
履行期前の不履行 anticipated	原61; III.-3:401; III.-3:504	放射作用 radiation	VI.-3:206
履行のための付加期間 additional period of time for performance	III.-3:103; III.-3:503	報酬 remuneration →価格／対価／代金／報酬	
		管理者 intervener	V.-3:102; V.-3:104
		合理的 reasonable	V.-3:102
不履行に対する賠償額の予定 payment for non-performance		代理商 commercial agency	IV.E.-3:306
過大 grossly excessive	原44	報酬 reward	X.-1:301
不履行に対する賠償額の予定 stipulated payment for non-performance	原60; III.-3:712	放出 emissions	VI.-3:206〜207
		法人 legal entity	IV.G.-2:103; IV.G.-2:113
ブローカー brokers	序30	法人 legal person	原3, 16; VI.-1:103; 定「人」
文化財 cultural objects	VIII.-4:102	事業者 business	I.-1:105
分割債権 divided right	III.-4:202〜204; 定	受託者 trustee	X.-8:301
持分割合 apportionment	III.-4:204	代表者 representative	VI.-3:201
分割債務 divided obligation	III.-4:102; 定	法的安全 legal security	原1;→安全（基底的原理）
責任 liability	III.-4:104	法的安定性 legal certainty	序12; 原22, 36, 53; I.-1:102
文化的多様性 cultural diversity	序12, 16, 19		
文書形式 textual form	I.-1:106; 定	法的能力 legal capacity	序38; 原52; I.-1:101; II.-7:101
契約条項 contract terms	II.-3:105〜106; II.-9:103	法文化 legal culture	原62
契約の確認 confirmation of a contract	II.-4:210	訪問者 visitor	原18
債権譲渡の通知 assignment, notice of	III.-5:120	訪問販売 doorstep, contracts negotiated at the	原20
担保契約 security, contract of	IV.G.-4:104	法律関係 legal relationship	II.-4:101; 定「義務」
撤回権 right to withdraw	II.-5:104	拘束力 binding	II.-4:101〜102
紛争解決 settlement	III.-1:108; III.-3:509	無効 invalidity	定「無効(Invalid)」
返還の手続 redress procedures	II.-3:103	法律行為 juridical act	序28, 34, 44〜45, 51; I.-1:101; II.-1:101; 定
変更 variation	原44	意思 intention	II.-4:301〜302
役務提供契約 service contracts	原22	一部無効 partial ineffectiveness/partial invalidity	II.-1:108
合意 agreement	III.-1:108	一方向の unilateral	II.-1:101
事情変更 change of circumstances	III.-1:110	解釈 interpretation	II.-8:201〜202
通知 notice	III.-1:109	双方向の bilateral	II.-1:101
包括承継 universal succession	VIII.-1:101	多方向の multilateral	II.-1:101
包括根担保／包括的担保 global security	IV.G.-1:101; IV.G.-2:102; IV.G.-2:104; IV.G.-2:107; IV.G.-4:105; 定	通知 notice	I.-1:109
		取消可能 voidability	定「取り消すことができる」
担保される範囲 coverage	IX.-2:401	不法性 illegality	VII.-6:103
放棄 abandonment	VI.-3:208; VIII.-1:101	無効 invalidity	II.-7:101; 定「無効(Invalid)」

本 人

無効 void	定「無効(Void)」
無償 gratuitous	X.-1:301
明示的 express	II.-1:101
黙示的 implied	II.-1:101
有効性 validity	定「有効」
法律上の規定 statutory provisions	VI.-7:102
保管契約 storage, contract for	IV.C.-1:101; IV.C.-5:101; 定
依頼者 client	→依頼者
果実の引渡し fruit, handing over	IV.C.-5:104
危険 risks	IV.C.-5:108
下請人 subcontracting	IV.C.-5:102
責任制限 limitation of liability	IV.C.-5:109
適合性 conformity	IV.C.-5:105
場所 place	IV.C.-5:102
報酬の支払 price, payment of	IV.C.-5:106; IV.C.-5:108
保管者 storer	→保管者
保管終了後の情報提供義務 obligation to inform, post-storage	IV.C.-5:107
保管物の残部 remains of thing stored	IV.C.-5:108
保管物の使用 use of thing stored	IV.C.-5:103
保管物の所有権 ownership of thing stored	IV.C.-5:104～105
保管物の売却 sale of thing stored	IV.C.-5:104
保管物の返還 return of thing stored	IV.C.-5:104～106; IV.C.-5:108
保管物の保護 protection of thing stored	IV.C.-5:103
保管物の滅失 destruction of thing stored	IV.C.-5:108
履行停止権 withhold, right to	IV.C.-5:106
保管者 storer	IV.C.-5:101
宿泊事業者 hotel-keeper	IV.C.-5:101; IV.C.-5:110
保険 insurance	序 61; IV.C.-1:102; IV.G.-1:102
短期間の保険証書 short-term insurance policies	II.-5:201
担保保険 guarantee insurance	IV.G.-1:102
担保目的財産 assets, encumbered	IX.-5:201
手荷物保険証書 baggage insurance policies	II.-5:201
物品の運送 carriage of goods	IV.A.-2:204
ヨーロッパ保険契約法原則 Principles of European Insurance Contract Law	序 58
旅行保険証書 travel insurance policies	II.-5:201
保護の必要 protection, need of	序 12
消費者 consumers	序 12; →消費者保護
保護命令 protection order	VIII.-6:101; VIII.-6:204; VIII.-6:302
保守 maintenance	IV.C.-4:101
保守管理契約 processing, contract for	IV.C.-1:101; IV.C.-4:101; 定
依頼者 client	→依頼者
監督 supervision	IV.C.-4:104
危険 risks	IV.C.-4:107
協力 co-operation	IV.C.-4:102
解消 termination	IV.C.-4:107
検査 inspection	IV.C.-4:104
材料 materials	IV.C.-4:102
支配の返還 control, return of	IV.C.-4:105; IV.C.-4:107
責任制限 limitation of liability	IV.C.-4:108
損害の防止 damage, prevention of	IV.C.-4:103
道具 tools	IV.C.-4:102
部品 components	IV.C.-4:102
報酬の支払 price, payment of	IV.C.-4:106～107
保守管理者 processor	→保守管理者
保守管理の目的物の所有権 ownership of thing processed	IV.C.-4:105
保守管理の目的物の返還 return of thing processed	IV.C.-4:105; IV.C.-4:107
保守管理の目的物の滅失 destruction of thing processed	IV.C.-4:107
履行停止権 withhold, right to	IV.C.-4:106
保守管理者 processor	IV.C.-4:101
保証 guarantee	序 51; II.-9:410; →消費者物品保証
保証金の支払 deposits payable	II.-3:107
没収 forfeiture	VIII.-1:101
ホバークラフト hovercraft	VIII.-1:201; 定「物品」
保有者 keeper	定
自動車 motor vehicle	原 51; VI.-3:205
動物 animal	VI.-3:203
物質 substance	VI.-3:206
本人 principal	序 30; II.-6:101～112; IV.D.-1:101
意思 wishes	IV.D.-3:201
委任契約 mandate contract	IV.D.-1:101;

日本語索引　437

義務 obligations	IV.D.-7:102 IV.D.-2:101〜103
協力 co-operation	IV.D.-2:101
権限の授与 authorisation	II.-6:103
指図 directions	IV.D.-4:101〜104
死亡 death	IV.D.-6:103; IV.D.-6:105; IV.D.-7:102
事務管理 benevolent intervention in another's affairs	V.-1:101
第三者との関係における法的地位 legal position in relation to third party	II.-6:105
誰であるかが示されない本人 unidentified	II.-6:108
取消し avoidance	II.-6:109
無能力 incapacity	IV.D.-6:105
本人認証 authentication	IX.-3:304

【ま 行】

水 water	VI.-2:209
自らの行為に反する態度をとることはできない venire contra factum proprium	原 25; I.-1:103
見本 sample	IV.A.-2:302; IV.B.-3:103
民事手続 civil procedure	序 38
民主主義社会 democratic society	VI.-5:203
民族的出身 ethnic origin	原 7; II.-2:101; 定「差別」
無効 invalidity	原 17; II.-7:101; II.-7:212; 定「無効(Invalid)」
無効 invalidity, initial	
債権譲渡 assignment	序 29; III.-5:118
所有権の譲渡 transfer of ownership	VIII.-2:202
無効 nullity	II.-7:301; II.-7:303〜304
財産の所有権 ownership of property	II.-7:303
無効 void	原 30; 定
矛盾行為 inconsistent behavior	原 17, 25; I.-1:103
無線 wireless	I.-1:107
無体財産 incorporeal	IX.-1:201; 定
無体財産 incorporeal property	IV.A.-1:101
贈与 donation	IV.H.-1:103
無体財産 intangibles	IX.-3:102; 定
無体物 incorporeal things	
運送契約 transportation	IV.C.-5:101

建築契約 construction	IV.C.-3:101
設計契約 design	IV.C.-6:101
保管契約 storage	IV.C.-5:101
無能力 incapacity	III.-7:305
損失 disadvantage	VII.-2:103
本人 principal	IV.D.-6:105
無謀な行為 recklessness	III.-3:703; 定
滅失 destruction	II.-5:105
メディア media	VI.-5:203
免除 release	III.-4:109; III.-4:207
免責 indemnify	序 65; 定「損害を塡補する／免責を得させる」
申入れ proposal	II.-4:201
申込み offer	序 51; II.-4:201
一定の承諾期間 fixed time for acceptance	II.-4:202
拒絶 rejection	II.-4:203; II.-4:208
公衆に対する申込み public, offer made to the	II.-4:201〜202
異なる条項 different terms	II.-4:208
追加的な条項 additional terms	II.-4:208
撤回 revocation	II.-4:202
撤回不可 irrevocable	II.-4:202
変更を加えた承諾 acceptance, modified	II.-4:208
申し出 offer	
拒絶 rejection	III.-2:103
黙示的条項 implied terms	序 52; II.-9:101
黙示の延長 tacit prolongation	序 29〜30; III.-1:111; 定
賃貸借期間 lease period	IV.B.-2:103
目的適合性 fitness for purpose	IV.A.-2:302; IV.A.-2:307
持分の増加 accrual	VIII.-1:101
モデル準則 model rules	序 9, 24, 41〜42, 55〜56, 59〜60
解釈 interpretation	I.-1:102
継続形成 development	I.-1:102
物の自由な移動 free movement of goods	序 22

【や 行】

約因 consideration	原 56
約束	→一方的約束(unilateral promises, unilateral undertaking)
約束 commitments	II.-9:410

約束 promises 序 28
　一方的 unilateral 序 51
約束手形 promissory notes I.-1:101
約束は守られるべし pacta sunt servanda 原 20
約款 standard contract terms 序 59; 原 9～10, 46
　抵触 conflicting II.-4:209
　透明性 transparency II.-9:402
約款 standard from contract 原 9～10
約款 standard terms II.-1:109～110;
　定: →約款 (standard contract terms)
家主 landlord 原 18
有価証券 security IV.C.-5:101
　投資証券 investment securities IV.A.-1:101
　保管 storage IV.C.-5:101
　有価証券 transferable II.-9:410
有形かつ持続性のある媒体 tangible
　durable medium I.-1:106
有効性 validity 序 34; 定「有効」
有体物 tangible object VI.-6:101
有体動産 corporeal movables
　所有権の譲渡 transfer of ownership 序 29
譲受人 assignee III.-5:102; III.-5:104;
　III.-5:113; 定「債権の譲渡」
ユニドロワ国際商事契約原則 Unidroit
　Principles of International Commercial
　Contracts 序 25
要件 requirement 定
ヨーロッパ経済圏 European Economic Area
　VI.-3:204
ヨーロッパ契約法 European Contract Law
　序 1; →より整合性のある
　ヨーロッパ契約法に関する行動計画
ヨーロッパ契約法原則（PECL）
　→PECL（ヨーロッパ契約法原則）
ヨーロッパ契約法の指導的原則（『指導的
　原則』）Principes directeurs du droit
　européen du contrat 序 2, 13～14;
　原 1, 3～4, 17～18, 21, 23～26, 28, 42
ヨーロッパ私法 European Private Law
　序 57, 70
ヨーロッパの立法 European legislation
　序 64, 69, 71
ヨーロッパ物的担保登記簿 European register
　of proprietary security IX.-3:301～333
　異議を申し立てられた登記 contested

entries IX.-3:316
移転の申請 declaration of transfer IX.-3:329;
　IX.-3:331
閲覧 access IX.-3:317
オンライン登記簿 online register IX.-3:302
言語 language IX.-3:310; IX.-3:319～320
検索 search IX.-3:318
債権者の代理人 agent of the creditor IX.-3:314
情報 information IX.-3:319～324
情報提供の要求 requests for information
　IX.-3:319; IX.-3:324
所有権留保 retention of ownership devices
　IX.-3:303
先行的な登記 advance filing IX.-3:305
担保権 security rights IX.-3:303
担保権の移転 transfer of security rights
　IX.-328～329
担保提供者 security provider IX.-3:310
担保目的財産 assets, encumbered IX.-3:310;
　IX.-3:319
担保目的財産の移転 transfer of
　encumbered assets IX.-3:330～331
手数料 costs IX.-3:317
電子的登記簿 electronic register IX.-3:302;
　IX.-3:324
同意の意思表示／同意の記載 declaration of
　consent IX.-3:304; IX.-3:309～310; IX.-3:314
登記 entries IX.-3:305～314
登記事項証明書の発行 certification of entry
　IX.-3:313
登記所 registration office IX.-3:316
登記の更新 renewal of entries IX.-3:326
登記の最小限の内容 entries, minimum
　content IX.-3:306; IX.-3:308
登記の作成 filing entries IX.-3:304
登記の失効 expiry of entries IX.-3:325
登記の存続期間 duration of entries IX.-3:325
登記の付加的内容 entries, additional content
　IX.-3:307～308; IX.-3:314
登記の変更 amendments of entries IX.-3:304;
　IX.-3:311; IX.-3:313; IX.-3:315～316
登記の抹消 deletion of entries IX.-3:304;
　IX.-3:315～316; IX.-3:327
登記簿が運用を開始する以前の担保権
　security rights before register started

日本語索引　439

to operate	*IX.-3:333*	受託者 trustee	*X.-5:103*
費用 costs	*IX.-3:332*	代理 representation	*II.-6:109*
文書形式 textual form	*IX.-3:324*	履行／弁済 performance	序 *51; II.-3:102;*
本人認証 authentication	*IX.-3:304*		*III.-1:101～102;* 定. →履行請求権／債権
翻訳 translations	*IX.-3:310*	一部弁済 part performance	*IV.G.-2:113*

ヨーロッパ法原則（PEL）
　　　　　　→PEL（ヨーロッパ法原則）
ヨーロッパ保険契約法原則 Principles of
　European Insurance Contract Law　序 58
余暇の役務 leisure services　*II.-5:201*
予見可能性 foreseeability　*II.-1:105; III.-3:703*
予見可能性 predictability　序 12
予診での問診 interviews, preliminary
　　　　　　　　　　　　　　IV.C.-8:109
より整合性のあるヨーロッパ契約法に関する
　行動計画 Action Plan on a More
　Coherent European Contract Law　序 1, 59
進むべき道 Way Forward　序 61

【ら　行】

リース leasing	*IX.-1:103～104; IX.-2:308;*	一身専属的な性質 personal	*III.-3:302*
	IX.-5:303; IX.-7:301	一身専属権 personal	*III.-5:109*
再リース re-leasing	*IX.-7:301*	違法な履行 unlawful	*III.-3:302*
利益 benefits	*VIII.-2:201, X.-1:206*	期限前の履行 early performance	*III.-2:103*
改良 improvements	*III.-3:513*	強制 enforcement	原 *17, 26; III.-3:301～303*
価値 value	*III.-3:510; III.-3:512; III.-3:514*	継続的履行 continuous	*III.-1:109; III.-1:111*
価値減少に対する償金 value, recompense for reduction in	*III.-3:512; III.-3:514*	債務者自身による履行 personal	*III.-2:107*
原状回復 restitution	*III.-3:510～514*	債務の消滅 extinctive effect	*III.-2:114*
原物で返還することができない利益 not transferable	*III.-3:510; III.-3:512*	作為 doing	*III.-1:102*
原物で返還することができる利益 transferable	*III.-3:510; III.-3:512*	時価 current price	*III.-3:707*
使用 use of	*III.-3:513*	消滅時効の効果 prescription, effect of	*III.-7:501*
損益相殺 equalisation of	*VI.-6:103*	選択的な履行方法 methods, alternative	*III.-2:105*
返還するべき時 return due	*III.-3:514*	第三者による履行 third person	*III.-2:106～107*
無償 gratuitous	*X.-1:301*	多額の費用がかかる履行 expensive	*III.-3:302*
利益から生じた果実 fruits received from	*III.-3:510*	他人への委託 entrusted to another person	*III.-2:106*
利益 gain	*III.-3:702*	遅延した履行 delayed	*III.-1:102*
利益 profit	*III.-3:701*	定期的履行 periodic/repeated	*III.-1:109; III.-1:111*
利益相反 conflict of interest		適合した履行 conforming	*III.-3:511*
委任 mandate	*IV.D.-5:101～102*	同時履行 simultaneous	*III.-2:104*
		望まれていない履行 unwanted performance	原 61
		費用 costs	*III.-1:110; III.-2:113*
		標準的 standards of	*II.-3:101*
		付加期間 additional period	*III.-3:103; III.-3:503*
		不合理な負担 unreasonably burdensome	*III.-3:302*
		不作為 not doing	*III.-1:102*
		不適合 non-conforming	*III.-3:201～205; III.-3:508; III.-3:511*
		弁済の充当 imputation	*III.-2:110*
		履行期 time	*III.-2:102～103*
		履行停止権 withhold, right to	*III.-3:204; III.-3:401*
		履行に対する担保 assurance of due performance	*III.-3:505*

履行の間隔 intervals, regular	III.-1:109
履行の順序 order of performance	原 41; III.-2:104
履行の遅延 late	III.-3:508
履行の不可能 impossible	III.-3:302
履行の方式 formalities	III.-2:113
履行場所 place	III.-2:101; III.-5:117
連帯債務 solidary obligation	III.-4:108
履行期 time of performance	序 29; III.-2:102
履行請求権／債権 right to performance	序 51, 53; 原 17, 27; III.-1:101; →履行
確定していない債権 unascertained	III.-6:103
期限付きの債権 time-limited	序 45; III.-1:107
共同債権 communal	III.-4:203
共同債権 joint	III.-4:202; 定「共同債権」
合意による解消 termination by agreement	III.-1:108
合意による変更 variation by agreement	III.-1:108
債権譲渡の効果 assignment, effect of	III.-5:115
差別禁止 non-discrimination	III.-1:105
従たる権利 ancillary	III.-7:502
条件付きの債権 conditional	III.-1:106
譲渡性 assignability	原 55
譲渡性 transferability	III.-5:104～109; IX.-2:104
相殺 set-off	III.-6:101
担保権 security rights	IX.-2:104
通知による解消 termination by notice	III.-1:109
通知による変更 variation by notice	III.-1:109
内容 terms	III.-1:102
売買 sale	IV.A.-1:101
分割債権 divided	III.-4:202～204
連帯債権 solidary	III.-4:202～203; III.-4:206～207
履行停止権 withhold, right to	原 27, 41, 61; III.-3:401; VIII.-2:201; 定「履行の停止」
委任 mandate	IV.D.-4:103
医療契約 treatment	IV.C.-8:110
役務提供契約 service contract	IV.C.-2:103
建築契約 construction	IV.C.-3:107
債権譲渡の通知の請求 assignment, request	

for notice of	III.-5:120
代理商 commercial agency	IV.E.-3:301～302
担保 security	IV.G.-2:103
引渡しの受領 delivery, taking of	IV.A.-5:201
物品の賃貸借 lease of goods	IV.B.-4:104
保管契約 storage	IV.C.-5:106
保守管理契約 processing	IV.C.-4:106
履行の強制 enforcement of performance	原 17, 26, 44
履行を強制する権利 specific performance	III.-3:101; III.-3:302
損害賠償 damages	III.-3:303
物品の賃貸借 lease of goods	IV.B.-6:101
利息 interest	序 29; III.-2:110; III.-7:401; 定
貸付契約 loan contract	IV.F.-1:101; IV.F.-1:104
元本組入れ addition to capital	III.-3:709; IV.F.-1:104
参照金利 reference rate	III.-3:710
支払の遅延 late payment of money	III.-3:708～711
商事契約 commercial contracts	III.-3:710
消滅時効期間 prescription period	III.-7:401; III.-7:502
短期貸出金利 short-term lending rate	III.-3:708
不公正条項 unfair terms	III.-3:711
利率 interest rate	III.-3:708; III.-3:710
利率の一方的変更 rate, unilateral change	II.-9:410
利得 enrichment	VII.-3:101; →不当利得
役務 service	VII.-4:101
価格 price	VII.-5:102
果実 fruits	VII.-5:104
価値 value	VII.-4:107; VII.-5:101～103
間接代理 indirect representation	VII.-4:102
帰因 attribution	VII.-4:101～107
強制 coercion	VII.-2:103
強迫 threats	VII.-2:103
金銭的価値 monetary value	VII.-5:102
契約 contract	VII.-2:101
権限によらない財産の使用 use of asset without authority	VII.-4:105～106
現実化しなかった期待 expectation, not realised	VII.-2:101

原物で返還することができない non-transferable　VII.-5:102
原物で返還することができる transferable　VII.-5:101
債権者でない者への履行 non-creditor, performance to　VII.-4:103〜104
財産 asset　VII.-4:101; VII.-4:105〜106
裁判所の命令 court order　VII.-2:101
詐欺 fraud　VII.-2:103
実現しなかった目的 purpose, not achieved　VII.-2:101
出費の節約 saving　VII.-5:102〜104
種類 type　VII.-4:107
使用 use of　VII.-5:104
正当性 justified　VII.-2:102〜103
善意 good faith　VII.-4:103; VII.-5:101; VII.-6:101〜102
対価にあたる利益 counter-benefit　原 35
第三者に対する債務の履行 obligation to third person, performance of　VII.-2:102
第三者への善意の移転 transfer to third person in good faith　VII.-4:103
代償物 substitute　VII.-6:101
同意 consent　VII.-2:101; VII.-5:102
不公正なつけ込み unfair exploitation　VII.-2:103
不当性 unjustified　VII.-2:101
返還 reversal　VII.-1:101; VII.-5:101〜104; VII.-7:102
法規定 rule of law　VII.-2:101
法律行為 juridical act　VII.-2:101
無能力 incapacity　VII.-2:103
免責 discharge from liability　VII.-4:101; VII.-4:104
利得の消滅 disenrichment　VII.-4:103; VII.-6:101
利得の返還 return of the benefit　原 35
利得消滅の抗弁 disenrichment, defence of　原 35, 50; VII.-6:101; →利得
　善意 good faith　VII.-6:101〜102
　贈与契約の撤回 donation contract, revocation of　IV.H.-4:201
留置権 withhold, right to
　宿泊事業者 hotel-keeper　IV.C.-5:110
　受託者 trustee　X.-9:107

流通証券／有価証券 negotiable instruments　序 38; I.-1:101; IV.A.-1:101; IX.-2:304; IX.-7:205
　裏書保証 aval　IV.G.-1:102
　化体される権利を目的とする担保権 security right in the right embodied　IX.-3:202
　贈与 donation　IV.H.-1:103
　担保の換価 realisation of security　IX.-7:214
　担保のための裏書 security endorsement　IV.G.-1:102
流通性のある権原証券 negotiable documents of title　IX.-2:304; IX.-7:206
　物品を目的とする担保権 security right in the goods　IX.-3:202
旅行小切手 traveller's cheques　II.-9:410
旅行保険証書 travel insurance policies II.-5:201
連帯 solidarity　序 12, 16, 18〜19
　責任 liability　→連帯責任
連帯債権 solidary right　III.-4:202〜203; III.-4:206〜207; 定
連帯債権者 solidary creditors　原 41; III.-4:206; →連帯債権
連帯債務 solidary obligation　III.-4:102; 定
　債務の混同 merger of debts　III.-4:108
　消滅時効 prescription　III.-4:111
　相殺 set-off　III.-4:108
　判決の影響 judgment, effect of　III.-4:110
　免除 release　III.-4:109
　履行 performance　III.-4:108
連帯債務者 solidary debtors　原 41; III.-4:106; →連帯責任
　求償 recourse　III.-4:107; III.-4:110〜111
　抗弁 defences　III.-4:112
　内部負担割合 apportionment　III.-4:106
　連帯責任の内部負担割合 share of liability　III.-4:106
連帯責任 solidary liability　III.-4:103; III.-4:105; →連帯債務者
　受託者 trustees　X.-7:401
　新債務者の追加 addition of new debtors　III.-5:202; III.-5:208
　損害 damage　VI.-6:105
　担保提供者 security providers　IV.G.-1:105; IV.G.-2:105; IV.G.-2:108; IX.-7:108
連帯の信託 solidary trust　X.-1:204

労働 labour, contributing	VIII.-5:201	録画 video recordings	II.-5:201
労働組合 trade union	VI.-7:104	【わ　行】	
労働争議 industrial dispute	VI.-7:104		
ローマ法 Roman law	原 4	和解 settlement	III.-4:109
録音 audio recordings	II.-5:201		

原語索引

【A】

abandonment 放棄　　　　VI.-3:208; VIII.-1:101
ability to pay 支払能力　　　　III.-5:112
acceptance 受領
　　early performance 期限前の履行　　III.-2:103
acceptance 承諾　　　　序51; II.-4:204〜211
　　assent to an offer, definite 申込みに対する確定的な同意　　II.-4:208
　　commercial agency 代理商　　IV.E.-3:308
　　conditional 条件付の　　II.-4:208
　　conduct 行為　　II.-4:204〜205
　　fixed time 定められた期間　II.-4:202; II.-4:206
　　inactivity 不作為　　II.-4:204
　　late 遅延　　II.-4:207
　　modified 変更　　II.-4:208
　　personal security 人的担保　　IV.G.-1:103
　　silence 沈黙　　II.-4:204
　　statement 表示　　II.-4:204
　　time limit 期間　　II.-4:206
　　unilateral undertaking 一方的約束　　II.-1:103
accessories 付属品　　　　IV.A.-2:301〜302;
　　　　　　　　　　　　　　IV.B.-3:102〜103
accessories 付属物　　　　IX.-1:201; 定
　　security rights 担保権　IX.-2:305; IX.-3:105
　　transferability 譲渡性　　VIII.-1:301
accommodation 客室　　　　IV.C.-5:110
accommodation 宿泊　　　　II.-5:201
account 口座　　　　→ accounting
　　current account 当座勘定　　IV.G.-1:101;
　　　　　　　　　　　　　　　　IV.G.-1:106
accountability for damage 損害についての責任　VI.-1:101; VI.-2:101; VI.-3:101〜104;
　　　　　　　　VI.-3:201〜208; VI.-5:102
　　abandonment 放棄　　VI.-3:208
　　alternative causes 択一的原因　　VI.-4:103
　　animals, damage caused by 動物によって生じた損害　　VI.-3:203; VI.-3:208
　　children, damage caused by 子どもが生じさせた損害　　VI.-3:104
　　contributory fault 被害者の過失　　VI.-5:102
　　emissions 放出　　VI.-3:206

　　employees, damages caused by 被用者が生じさせた損害　VI.-3:201; VI.-5:102
　　immovable, unsafe state 不動産の安全性の欠如　　VI.-3:202
　　intention 故意　　VI.-3:101
　　minors 年少者　　VI.-3:103
　　motor vehicles 自動車　　VI.-3:205
　　negligence 過失　　VI.-3:102
　　parental care 監護　　VI.-3:104
　　parents 父母　　VI.-3:104
　　producer of a product 製造物の製造者　　　　　　　　　　　　　　　　VI.-3:204
　　representatives 代表者　VI.-3:201; VI.-5:102
　　source of danger 危険源　VI.-3:207; VI.-4:101
　　substances, dangerous 危険な物質　VI.-3:206
　　supervised persons 被監督者　　VI.-3:104
accountant, independent 独立の帳簿
　　　　　　　　　　　　IV.E.-3:204; IV.E.-3:311
accounting 会計
　　commercial agency 代理商　　IV.E.-3:204;
　　　　　　　　　　　　　　　　IV.E.-3:311
　　principal 事業主　　IV.E.-3:311
accrual 持分の増加　　　　VIII.-1:101
acknowledgement of receipt 受領の通知
　　　　　　　　　　　　　　II.-3:202
ACQP　　　　→ Acquis Principles
acquis communautaire アキ・コミュノテール
　　　　　　序 24, 59, 63, 68〜69; 原 10, 46
Acquis Principles アキ原則（ACQP）　序57
acquisition, representation for 取得のための代理　　VIII.-2:302
acquisition finance device 購入資金信用担保
　　　　　　　　　　　　　　IX.-1:201; 定
　　registration 登記　　IX.-3:107
　　superpriority 最優先順位　IX.-4:102; IX.-4:105
acquisition of ownership 所有権の取得
　　　　序 2, 37, 43, 53; 原 14, 36; VIII.-1:101
　　cultural objects 文化財　　VIII.-4:102
　　continuous possession 占有の継続　　原 37;
　　　　　　VIII.-4:101〜103; VIII.-4:201〜206
　　extrajudicial enforcement 裁判外の担保権実行　　VIII.-1:101

444　索　引

free of limited proprietary rights 制限物権の負担のない	VIII.-3:102	counter-option of third party 相手方の選択権	III.-5:402
free from a prior security right 優先する担保権の負担の伴わない	原 53	death 死亡	IV.D.-7:103
		expenses incurred 負担した費用	IV.D.-2:103; IV.D.-3:402; IV.D.-7:103
good faith acquisition 善意取得	原 37, 53; VIII.-3:101〜102	fundamental non-performance 重大な不履行	IV.D.-1:105
incapacity 無能力	VIII.-4:201	insolvency 倒産	序 29; III.-5:401〜402; IV.D.-3:403
act of assignment 債権の譲渡行為	III.-5:102; III.-5:104; III.-5:112; III.-5:114; III.-5:118; 定; → assignment	instruction 指示	IV.D.-1:102
		mandate 委任	IV.D.-1:102
formation 方式	III.-5:110	mandate contract 委任契約	IV.D.-1:101
gratuitous 無償の譲渡行為	III.-5:110	obligations 義務	IV.D.-3:101〜103; IV.D.-3:401〜403
security purpose 担保目的	III.-5:110	skill and care, obligation of 技能及び注意に関する義務	IV.D.-3:103
successive 複数の譲渡行為	III.-5:114		
validity 有効性	III.-5:110	standards, professional 専門的な基準	IV.D.-3:103
acting at own risk 自己の危険に基づく行為	VI.-5:101	subcontracting 復委任	IV.D.-3:302
acknowledgement 承認	III.-7:401	aggrieved party 被害者	序 51
actio pauliana パウリアーナ訴権	原 4	agreement 合意	序 45; II.-1:101; II.-1:103; II.-9:101; → contract
Action Plan on a More Coherent European Contract Law より整合性のあるヨーロッパ契約法に関する行動計画	序 1, 59	express 明示の	II.-9:101
		failure to reach an agreement 合意に達しないこと	II.-3:301
Way Forward 進むべき道	序 61	intention of reaching an agreement 合意する意図	II.-3:301
addition of new debtors 新債務者の追加	III.-5:201〜202; III.-5:208	negotiations 交渉	II.-3:301
consent 債権者の承諾	III.-5:203	proprietary effect 物権的効果	VIII.-1:104
effects 効果	III.-5:209	sufficient 十分な	II.-4:101; II.-4:103
rejection of right conferred 取得した権利の拒絶	III.-5:203	tacit 黙示の	II.-9:101
		termination by 合意による解消	III.-1:108
solidary liability 連帯責任 III.-5:202; III.-5:208		variation by 合意による変更	III.-1:108
advanced electronic signature 高度電子署名	I-1:107; 定	air 空気	VI.-2:209
		aircraft 航空機	VIII.-1:201; 定「物品」
advantage, undue 不当なつけ込み	原 49, 53	alienation 譲渡	原 14, 61
advertisement 広告	II.-4:201; II.-9:102	representation for alienation 譲渡のための代理	VIII.-2:302
advertising campaigns 広告キャンペーン	IV.E.-4:205; IV.E.-4:207; IV.E.-5:202	ambiguous terms 不明確条項	原 46; II.-8:103
advertising materials 広告資材	IV.E.-5:204	animal 動物	VIII.-1:201; 定「物品」; → fauna
advice 助言	IV.C.-1:101; IV.E.-4:203	abandonment 放棄	VI.-3:208
incorrect 誤った	VI.-2:207	damage caused by 動物によって生じた損害	VI.-3:203; VI.-3:208
adviser 助言者	IV.C.-7:103; → information provider	damaged 損傷された	VI.-6:101
agent 受任者	序 30; IV.D.-1:101; 定	keeper 保有者	VI.-3:203; VI.-3:208; 定
acting beyond mandate 委任の範囲外の行為	IV.D.-3:201〜202		
authorisation 権限の付与	IV.D.-1:102		

原語索引 445

source of danger 危険源　　　　　　VI.-6:301
application, intended field of 適用範囲 I.-1:101;
　　　　　　　　　　　→ coverage of DCFR
application, uniformity of 適用の統一性 I.-1:102
appropriation 充当　　　　　IX.-5:207; IX.-7:105;
　　　　　　　　　　　　　　　　　　IX.-7:207
appurtenances, transferability 付属物の
　譲渡性　　　　　　　　　　　　　　VIII.-1:301
arbitral award, right established by 仲裁
　判断により確定した権利　　　　　　III.-7:202
arbitral tribunal 仲裁廷　　　　　　定「裁判所」
arbitration proceedings 仲裁手続　　II.-9:410;
　　　　　　　　　　　　III.-7:302; VIII.-4:203
arms' length, dealing at 独立した取引　原11
assets 財産　　　　　　　　　　　序26; 原30; 定
　alteration, unilateral 一方的な変更　II.-9:410
　conformity 適合性　　　　　　　　II.-9:410
　decrease 減少　　　　　　　　　　VII.-5:103
　encumbrance 担保目的物　　　　IX.-2:105;
　　　　　　　　　　　　→ assets, encumbered
　enrichment 利得　　　　VII.-4:101; VII.-5:101
　good faith acquisition 善意取得　　原37, 53
　importation 輸入　　　　IX.-3:108; IX.-4:106
　increase 増加　　　　　　VII.-3:101; VII.-7:102
　information 情報　　　II.-3:101〜103; II.-3:106
　movables　　　　　　　　　→ movable assets
　non-conformity 不適合　　　　　　III.-3:107
　security rights 担保権　　　　　　原37, 53
　transferability 譲渡性　　　　　　IX.-2:102
　use of 使用　　　　　　　VII.-3:101; VII.-7:102
assets, encumbered 担保目的財産　　IX.-2:105;
　　　　　　　　　　　　　　　　　IX.-5:201〜205
　access to 担保目的財産への接近　IX.-7:203
　appropriation 充当　　　　IX.-7:105; IX.-7:207;
　　　　　　　　　　　　　　　　　　IX.-7:216
　auction, private 私競売　　　　　　IX.-7:211
　auction, public 公競売　　　　　　IX.-7:211
　civil fruits 法定果実　　　　　　　IX.-5:208
　disposition 処分　　　　　　　IX.-5:204〜205
　enforcement notice 実行通知　IX.-7:207〜210
　financial assets 金融資産　　　　　IX.-5:207
　immobilisation 占有移転禁止　　　IX.-7:202
　industrial material 工業材料　　　IX.-5:203
　inspection 点検　　　　　　　　　IX.-5:201
　insurance 保険　　　　　IX.-5:201; IX.-7:202

inventory 棚卸資産　　　　　　　　IX.-5:204
notice possession, right to take 通知（占有
　を取得する権利）　　　　IX.-7:201; IX.-7:203
preservation 保存　　　　　IX.-5:201; IX.-5:206;
　　　　　　　　　　　　　　　　　　IX.-7:202
price, commercially reasonable 商取引上の
　合理的な価格　　　　　　　　　　IX.-7:212
proceeds, account for 価値変形物についての
　清算　　　　　　　　　　　　　　IX.-6:105
proceeds, distribution of 換価金の配当
　　　　　　　　　　　　　　　　　IX.-7:215
realisation 換価　　　　　　　IX.-7:207〜216
sale 売却　　　　　　　　　　IX.-7:211〜213
transfer of ownership 所有権の譲渡
　　　　　　　　　　　　　　　　　IX.-5:303
up-keep 維持　　　IX.-5:201; IX.-5:206; IX.-7:202
use 使用　　　　IX.-5:202〜203; IX.-5:205〜206
assignability 譲渡性　　　　　III.-5:104〜105;
　　　　　　　　　　　　　　　　III.-5:107〜109
prohibition, contractual 契約による譲渡
　禁止　　　　　　　　　　　序29, 79; III.-5:108
assignee 譲受人　　III.-5:102; III.-5:104; III.-5:113;
　　　　　　　　　　　　　　　定「債権の譲渡」
assignment 債権譲渡　　序29, 34, 53; 原46, 55;
　III.-5:101; III.-5:104; III.-5:114; III.-5:118〜119; 定
　accessory right 従属的な権利　　III.-5:105;
　　　　　　　　　　　　　　　　　III.-5:115
　act of　　　　　　　　　　　　→ act of assignment
　avoidance, subsequent 取消し　序29; III.-5:118
　consent 承諾　　　　III.-5:104; III.-5:108〜109
　defences 抗弁　　　　　III.-5:112; III.-5:116
　discharge of debtor 債務者の免除　III.-5:116;
　　　　　　　　　　　　III.-5:119; III.-5:121〜122
　effects 効果　　　　　　　　　III.-5:113〜118
　entitlement to assign 債権の移転を求める
　　権利の授与　III.-5:104; III.-5:111〜112;
　　　　　　　　　　　　　　　　　III.-5:118
　existence of right assigned 譲渡された債権
　　の存在　　　　　　　III.-5:104; III.-5:112
　future right 将来債権　　III.-5:106; III.-5:114
　independent personal security 独立的人的
　　担保　　　　　　　　　　　　　IV.G.-3:108
　invalidity, initial 無効　　　　序29; III.-5:118
　lease of goods 物品の賃貸借　　IV.B.-7:102
　monetary obligation 金銭債務　　III.-5:107

non-monetary obligation 非金銭債務			III.-5:107; III.-5:117
notice of 通知			III.-5:104; III.-5:119〜120
part of a right 一部譲渡			III.-5:102; III.-5:107
performance to person who is not the creditor 債権者でない者に対する履行			III.-5:119
place of performance 履行場所			III.-5:117
priority 優先関係			III.-5:112; III.-5:121
primary right 主たる債権			III.-5:115
proceeds of performance 給付された利益			序29; III.-5:122
proceeds, transfer of 利益の移転			III.-5:112
prohibition, contractual 契約による譲渡禁止			序29, 79; III.-5:108; III.-5:116
proof, adequate 適切な証明			III.-5:120
protection of debtor 債務者の保護			III.-5:119〜120
reparation, right to 損害賠償請求権			VI.-6:106
restriction 譲渡制限			III.-5:108; III.-5:116
revocation 贈与の撤回			序29; III.-5:118
rights personal to the creditor 債権者の一身専属権			III.-5:109
rights, transfer of 権利の移転			III.-5:112; III.-5:115
security purpose 担保目的			III.-5:103; III.-5:110; IX.-1:102
security rights, supporting 従属的な担保権			III.-5:115
set-off 相殺			III.-5:112; III.-5:116
successive purported assignments 複数の債権譲渡			III.-5:121
termination 解消			序29; III.-5:118
trust 信託			III.-5:103
undertakings by assignor 譲渡人による保証			III.-5:112
unspecified right 不特定の債権			III.-5:106
withdrawal 撤回			序29; III.-5:118
assignor 譲渡人			III.-5:102; III.-5:113; 定「債権の譲渡」
assistance 経営支援			IV.E.-4:203
auction 競売			II.-5:201
private auction 私競売			IX.-7:211
public auction 公競売			IX.-7:211
audio recordings 録音			II.-5:201
authentication 真正性の証明			I.-1:107; 定「電子署名」; 定「自署」
authentication 本人認証			IX.-3:304
authorisation 権限の授与			序51; II.-6:102〜103; IV.D.-1:101〜102; 定
ending 終了			II.-6:112
express 明示の			II.-6:103
implied 黙示の			II.-6:103
restriction 制限			II.-6:112
authority 権限			II.-6:102〜104; 定
acting without 権限なしにした行為			II.-6:102; II.-6:107
delegation 復代理			II.-6:104
to dispose 財産処分			II.-7:102
grant 付与			II.-6:104
incidental acts 付随的な行為			II.-6:104
lack of 欠缺			II.-6:107
representative 代理			II.-6:102〜104; II.-6:106; II.-6:112
automated commercial premises 自動化された営業施設			II.-5:201
automatic vending machine 自動販売機			II.-5:201
aval 手形保証			IV.G.-1:102
avoidance 取消し			原10, 19; II.-7:212; 定
assignment, retroactive effect on 債権譲渡に対する遡及効			序29; III.-5:118
coercion 強制			II.-7:206
confirmation of the contract 契約の追認			II.-7:211
damages 損害賠償			II.-7:214
donation 贈与			IV.H.-2:103
effects 効果			II.-7:212; II.-7:303
fraud 詐欺			II.-7:205
mistake 錯誤			II.-7:201〜203
notice of 通知			II.-7:209〜211
ownership of property 財産の所有権			II.-7:303
partial 一部取消し			II.-7:213
principal 本人			II-6:109
remedies 救済手段			II.-7:214〜216
retroactive proprietary effect 物権の遡及効			VIII.-2:202
rights to avoid 取消権			定「権利／権限」
threats 強迫			II.-7:206
unfair exploitation 不公正なつけ込み			

【B】

	II.-7:207
baggage insurance policies 手荷物保険証書	II.-5:201
banknotes 紙幣	VIII.-1:101
bargaining power 交渉力	原 3, 10
barter 交換	IV.A.-1:101; IV.A.-1:203; 定「交換契約」
supply of goods 物品の供給	定「供給／提供」
battle of forms 書式の戦い	II.-4:209
beneficiary 受益者	X.-1:203; 定
ascertainability 確定可能性	X.-4:103
class of persons 集団	X.-4:103
collaboration in trustee's non-performance 受託者の不履行への協力	X.-7:402
compensation 損害賠償	X.-7:202
consent to non-performance 不履行に対する同意	X.-7:301
eligibility for benefit 受益資格	X.-1:206; X.-4:104; X.-6:104; X.-9:203
exclusive benefit 排他的利益	X.-9:105; X.-9:109
forfeiture of right to benefit 受益権の喪失	X.-7:402
liability to trust creditors 信託債権者に対する責任	X.-10:203
rejection of right to benefit/eligibility for benefit 受益権又は受益資格の拒絶	X.-2:302
right to benefit 受益権	X.-1:206; X.-4:104; X.-6:104; X.-9:203
right to performance 履行を求める権利	X.-1:205
several beneficiaries 複数の受益者	X.-9:104
terminate, right to 終了させる権利	X.-9:104; X.-9:106
transfer of right to benefit 受益権の譲渡	X.-9:301
variation of trust terms 信託行為の定めの変更	X.-9:201
benefits 利益	VIII.-2:201; X.-1:206
equalisation of 損益相殺	VI.-6:103
fruits received from 利益から生じた果実	III.-3:510
gratuitous 無償	X.-1:301
improvements 改良	III.-3:513
not transferable 原物で返還することができない利益	III.-3:510; III.-3:512
restitution 原状回復	III.-3:510〜514
return due 返還するべき時	III.-3:514
transferable 原物で返還することができる利益	III.-3:510; III.-3:512
use of 使用	III.-3:513
value 価値	III.-3:510; III.-3:512; III.-3:514
value, recompense for reduction in 価値減少に対する償金	III.-3:512; III.-3:514
benevolent intervention in another's affairs 事務管理	序 18, 36, 43, 54; 原 12〜13, 30, 49〜50; V.-1:103; VIII.-5:101; 定
another person's duty 他人の義務	V.-1:102
breach of duty 義務違反	V.-2:102
damage 損害	V.-2:102; VI.-5:202
duties during intervention 事務管理が継続している間の義務	V.-2:101
intervener	→ intervener
intervention to benefit another 他人のためにする事務管理	V.-1:101
necessary expenses 必要費	原 49
overriding public interest 優越する公共の利益	V.-1:102
principal	→ principal
reparation 賠償	V.-2:102
unsolicited goods/services 注文していない物品／役務	II.-3:401
beverages 飲料品	II.-5:201; IV.C.-5:110
bills of exchange 為替手形	I.-1:101
binding comfort letter 拘束力のある支援状	IV.G.-1:102; IV.G.-2:101
subsidiary liability 補充的責任	IV.G.-2:106
binding effect 拘束力	序 28; 原 44; II.-1:101; II.-1:103; → binding force
binding force 拘束力	原 20, 35; → binding effect
blameworthiness 非難可能性	原 50
bonds 債券／社債	IX.-1:201; IX.-2:303; IX.-3:203
bonus shares 特別配当株	IX.-2:302
Books of the DCFR DCFR の編	序 43〜46
borrower 借主	IV.F.-1:101; IV.F.-1:103〜106
taking up of the loan 貸付の受領	IV.F.-1:103

brackets, square 角括弧　　　　　　序 79
breach of confidence 秘匿される情報の伝達
　　　　　　　　　　　　　　　Ⅵ.-2:205
breach of contract 契約違反
　inducement of a contract party 契約当事者
　　の契約違反の誘発　　　　　　　原 4
breeder 飼育者　　　　　　　定「製造者」
brokers ブローカー　　　　　　　　序 30
building 建物　　　Ⅳ.C.-3:101; → immovables
bulk 集合物　　　　　　　　　　Ⅷ.-2:305
　delivery out of the bulk 集合物からの引渡し
　　　　　　　　　　　Ⅷ.-1:101; Ⅷ.-2:306
　identified 特定　　　 Ⅷ.-2:101; Ⅷ.-2:305
　quantity in excess 量の超過　　Ⅷ.-2:305
　specified quantity 特定の量　　Ⅷ.-2:305
　undivided share 持分権　　　　Ⅸ.-1:201
burden of proof 証明責任
　consumer 消費者　　 Ⅱ.-3:104; Ⅱ.-9:410
　consumer goods guarantee 消費者物品保証
　　　　　　　　　　　　　　　Ⅳ.A.-6:107
　discrimination 差別　　　　　Ⅱ.-2:105
　information duties 情報提供義務
　　　　　　　　　　　　　　Ⅱ.-3:103〜104
burdens incurred 負担の発生　　Ⅲ.-3:701;
　　　　　　　Ⅵ.-2:101; Ⅵ.-2:209; Ⅵ.-3:206
business 事業　　　　　　　　　Ⅵ.-3:206
　impairment, unlawful 違法な妨害　Ⅵ.-2:208
　place of 営業所　　　　　　　Ⅲ.-2:101
business 事業者　　　　　　Ⅰ.-1:105; 定
　address 住所　 Ⅱ.-3:103; Ⅱ.-3:106; Ⅱ.-3:108
　donation 贈与　　Ⅳ.H.-2:102; Ⅳ.H.-3:102
　identity 識別情報　Ⅱ.-3:103; Ⅱ.-3:106; Ⅱ.-3:108
　information duties 情報提供義務
　　　　　　　　　　　　　　Ⅱ.-3:101〜109
　name 名称　　　　　　　　　Ⅱ.-3:108
　marketing 宣伝・勧誘　　　　Ⅱ.-3:102
　representative in the consumer's state 消費
　　者の居所地に置かれた代表者　Ⅱ.-3:108
　statements, pre-contractual 契約締結前
　　の表示　　　　　　　　　　Ⅱ.-9:102
　supervisory authority 所轄監督機関 Ⅱ.-3:108
　VAT identification number 付加価値税の識
　　別番号　　　　　　　　　　Ⅱ.-3:108
business 取引
　ordinary course of 通常の取引　Ⅲ.-2:108

business-to-business contracts 事業者間契約
　　　　　　　　　　　原 8〜10; Ⅱ.-3:101
　confirmation of contract 契約の確認 Ⅱ.-4:210
　lack of conformity 不適合　　Ⅳ.A.-4:302
　limitation of liability 責任制限　Ⅳ.C.-4:108
　unfairness 不公正　　Ⅱ.-9:405; Ⅳ.C.-4:108
business-to-consumer contracts 事業者と消費
　者との間の契約　　　→ consumer contracts
　unfair terms 不公正条項　　Ⅱ.-9:402〜403
business method 事業方法　　Ⅳ.E.-4:303〜304;
　　　　　　　　　　　　　定「フランチャイズ」
buyer 買主　　　Ⅳ.A.-1:202; 定「売買契約」
　barter 交換　　　　　　　　Ⅳ.A.-1:203
　damages 損害賠償　　　　　Ⅳ.A.-4:202
　delivery, taking　　　　　→ taking delivery
　documents 書類　Ⅳ.A.-3:101; Ⅳ.A.-3:104
　obligations 債務　　　　Ⅳ.A.-3:101〜102
　payment of the price 代金の支払 Ⅳ.A.-3:101
　specification of the goods 物品の指定
　　　　　　　　　　　　　　Ⅳ.A.-3:102
　taking delivery 引渡しの受領　Ⅳ.A.-3:101;
　　　　　　　　　　　　　Ⅳ.A.-3:104〜105

【C】

capacity　　　　　　　　　→ legal capacity
capital 元本
　addition of interest 利息の組入れ　Ⅲ.-3:709;
　　　　　　　　　　　　　　　Ⅳ.F.-1:104
capital 資本
　free movement of capital 資本の自由な移動
　　　　　　　　　　　　　　　　序 22
care 注意　　Ⅳ.C.-2:105; Ⅵ.-3:102; Ⅵ.-5:401;
　　　　　　　　　　　　　→ standard of care
　reasonably careful person 合理的な注意深さ
　　を備えた者　　　　　　Ⅵ.-3:102〜103
carriage 運送　Ⅳ.A.-2:201〜202; Ⅳ.A.-2:204;
　　　　　　　　　　　　　　　Ⅳ.A.-5:202
　delivery of the goods 物品の引渡し Ⅷ.-2:104
case law 判例法　　　　　　　　　序 63
cash settlements 差金決済　　　Ⅸ.-1:201
catalogue カタログ　　　　　　Ⅱ.-4:201
catering 給食　　　　　　　　　Ⅱ.-5:201
causa 原因　　　　　　　　　　　原 56
causation 因果関係　　　　　　Ⅵ.-4:101
　alternative causes 択一的原因　Ⅵ.-4:103

collaboration 複数人の関与	VI.-4:102
death 死亡	VI.-4:101
personal injury 人身侵害	VI.-4:101
certainty	→ legal certainty
change of circumstances 事情変更	序 52; 原 17, 21〜22; III.-1:110
donation contracts 贈与契約	IV.H.-4:203
service contracts 役務提供契約	原 22; IV.C.-2:109
change of parties 当事者の変更	序 29
charges 負担	VIII.-2:201
chat チャット	II.-3:104
chemicals 化学製品	VI.-3:206
cheques 小切手	I-1:101
method of payment 支払の方法	III.-2:108
children 子ども	原 52; → minors; → person under 7; → person under 14; → person under 18
circumstances, change of	→ change of circumstances
CISG 国際物品売買契約に関する国際連合条約	序 25, 63
civil procedure 民事手続	序 38
claim 請求	序 53; 定
claimant 請求者	定
clauses 条項	序 53
cleaning 清掃	IV.C.-4:101
client 依頼者	IV.C.-1:101
design 設計契約	IV.C.-6:101
directions 指図	IV.C.-2:107
competence 能力	IV.C.-7:108
co-operation 協力	IV.C.-4:102
duty to warn, pre-contractual 契約締結前の警告義務	IV.C.-2:102
information, contract for the provision of 情報提供契約	IV.C.-7:101; IV.C.-7:108
knowledge 知識	IV.C.-7:108
processing 保守管理契約	IV.C.-4:101〜102
storage 保管契約	IV.C.-5:101
client 顧客	
solvency 支払能力	IV.E.-3:203
co-creditors 複数の債権者	III.-4:203
co-debtorship for security purposes 担保のための共同債務	IV.G.-1:101〜102; IV.G.-1:104; 定
coercion 強制	原 42; II.-7:206

damages 損害賠償	II.-7:214
disadvantage 損失	VII.-2:103
remedies 救済手段	II.-7:215〜216
third persons 第三者	II.-7:208
coins 硬貨	VIII.-1:101
collaboration 複数人の関与	VI.-4:102
collaborator, criminal 共犯者	原 48; VI.-5:103
collection 取立て	IX.-7:207
collective investment undertakings 集団投資事業	IX.-1:201
combination of goods 物品の付合	原 15, 36, 53; VIII.-5:101; VIII.-5:203
agreement 合意	VIII.-5:101
component parts 構成部分	VIII.-5:203
encumbered goods 担保目的財産	IX.-2:307
principal part 主たる部分	VIII.-5:203
retention of ownership 所有権留保	VIII.-5:101; IX.-2:308
subordinate parts 従たる部分	VIII.-5:203
comfort letter	→ binding comfort letter
comments on the DCFR コメント〔条文解説〕	序 3, 25, 75
commercial agency 代理商関係	序 54; IV.E.-1:101; IV.E.-3:101; 定; → commercial agent
accounting 会計	IV.E.-3:204; IV.E.-3:311
acceptance of negotiated contracts 交渉した契約の承諾	IV.E.-3:308
commission 代理報酬	IV.E.-3:301〜306; IV.E.-3:310
compensation 塡補	IV.E.-2:401
conclusion of contracts 契約の締結	IV.E.-3:201; IV.E.-3:203
confidentiality 秘密保持義務	IV.E.-2:203
co-operation 協力	IV.E.-2:201
damages 損害賠償	IV.E.-2:302〜303; IV.E.-2:305; IV.E.-2:401
definite period 期間の定めのある契約	IV.E.-2:301
del credere clause 代金支払保証条項	IV.E.-3:313
del credere commission 代金支払保証に対する報酬	IV.E.-3:313
goodwill, indemnity for のれんの補償	IV.E.-2:305; IV.E.-3:312
indefinite period 期間の定めのない契約	

competition, law of

	IV.E.-2:302〜303
indemnity 補償	IV.E.-2:305; IV.E.-2:401
information during performance 契約関係が継続している間の情報提供義務	IV.E.-2:202; IV.E.-3:203; IV.E.-3:307〜308
information duty, pre-contractual 契約締結前の情報提供義務	IV.E.-2:101
instructions 指図	IV.E.-3:202
materials 材料	IV.E.-2:306
negotiation of contracts 契約の交渉	IV.E.-3:201; IV.E.-3:203
non-performance 不履行	IV.E.-2:304
non-performance of negotiated contracts 交渉した契約における不履行	IV.E.-3:308
number of contracts 契約の数	IV.E.-3:306
payment 支払	IV.E.-3:304
period of notice 通知の期間	IV.E.-2:302〜303
rejection of negotiated contracts 交渉した契約の拒絶	IV.E.-3:308
remuneration 報酬	IV.E.-2:401; IV.E.-3:306
retention, right of 留置権	IV.E.-2:401
spare parts 取替部品	IV.E.-2:306
stock 在庫	IV.E.-2:306
termination 解消	IV.E.-2:301〜304
terms of the contract, document on request 契約条項／文書の交付請求権	IV.E.-2:402
volume of contracts, decreased 契約量の減少	IV.E.-3:309
withhold, right to 履行停止権	IV.E.-3:301〜302
commercial agent 代理商	IV.E.-3:101; → commercial agency
accounting 会計	IV.E.-3:204
commission, entitlement to 代理報酬請求権	IV.E.-3:301
independence 独立性	IV.E.-3:202
inform, obligation to 情報提供義務	IV.E.-3:203
obligations 債務	IV.E.-3:201〜204
successive agents 連続する代理商	IV.E.-3:303
commercial contracts 商事契約	序 29; III.-3:710
commercial practice, good	→ good commercial practice
commingling 混和	原 15, 36, 53; VIII.-1:101;

	VIII.-5:101; VIII.-5:202
agreement 合意	VIII.-5:101
division of co-ownership 共有物の分割	VIII.-1:101; VIII.-5:202
encumbered goods 担保権に服する物品	IX.-2:309
retention of ownership 所有権留保	VIII.-5:101; IX.-2:309
security rights 担保権	IX.-3:106
commission 代理報酬	IV.E.-3:301〜305
extinction 消滅	IV.E.-3:305
payment 支払	IV.E.-3:304
commitments 約束	II.-9:410
Common Frame of Reference 共通参照枠 (CFR)	序 1, 6, 39, 59〜60, 74, 78, 80
coverage 適用範囲	序 65〜70
optional instrument 任意に選択することができる法律文書	序 80
communication 伝達／通信	
commercial 商業目的	II.-3:102
direct and immediate communication 直接かつ即時の通信	II.-3:104
distance 隔地者間	II.-3:104; III.-3:108
distance 通信	II.-5:201
inaccuracy 誤り	II.-7:202
language 言語	II.-9:109
late acceptance 遅延した承諾	II.-4:207
real time distance communication 隔離者間のリアルタイム通信	II.-3:104
Community law EU 法	序 25; 原 7
companies 会社	I-1:101
company law 会社法	序 38; VIII.-1:101
company shares 株式	VIII.-1:101
security rights 担保権	IX.-2:302
compensation 金銭賠償	原 32; VI.-6:101; VI.-6:201〜204; 定
depreciation of value 減価分	VI.-6:101
disproportionate liability 不均衡な責任	VI.-6:202
election 選択	VI.-6:201
lump sum 一時金	VI.-6:203
periodical payment 定期金	VI.-6:203
repair, cost of 修補費用	VI.-6:101
competition 競争	原 59
competition, law of 競争法	原 5;

原語索引 451

complaint handling

　　　　　　　　　　　→ unfair competition
complaint handling 苦情処理　　　　II.-3:102
complex contracts 複雑な契約　　　原 9, 20
computation of time 期間の計算　序 27; I.-1:110
　action, specified 特定の行為　　　I.-1:110
　days, period expresses in 日によって示され
　　た期間　　　　　　　　　　　I.-1:110
　document reaching the addressee 名宛人へ
　　の文書の到達時　　　　　　　I.-1:110
　event, specified 特定の事件　　　I.-1:110
　hours, period expressed in 時間によって示
　　された期間　　　　　　　　　I.-1:110
　month 月　　　　　　　　　　　I.-1:110
　months, period expressed in 月によって示
　　された期間　　　　　　　　　I.-1:110
　public holidays 公休日　　　　　I.-1:110
　Saturday 土曜日　　　　　　　　I.-1:110
　Sunday 日曜日　　　　　　　　　I.-1:110
　time, specified 特定の時点　　　I.-1:110
　two days or more 2日以上の期間　I.-1:110
　weeks, period expressed in 週によって示さ
　　れた期間　　　　　　　　　　I.-1:110
　working days 営業日　　　　　　I.-1:110
　years, period expressed in 年によって示さ
　　れた期間　　　　　　　　　　I.-1:110
computer software　　　　　　　→ software
conditional rights/obligations 条件付き債権
　　債務　　　　　　　　　　　　　序 45
condition 条件　　　　　　　定; 定「条項」
　fulfilment solely on intention of business 成
　　就が事業者の意思のみに係る条件 II.-9:410
　resolutive 解除条件　III.-1:106; 定; 定「条件」
　suspensive 停止条件　III.-1:106; 定; 定「条件」
conduct 行為　序 65; II.-4:102; II.-4:105; II.-8:102;
　　　　　　定; 定「信義誠実及び取引の公正」
　acceptance by 承諾　　　　II.-4:204～205
　acting at own risk 自己の危険に基づく行為
　　　　　　　　　　　　　　　　　VI.-5:101
　damage, accountability of 損害について
　　の責任　　　　　　　　　　　VI.-3:101
　dishonest conduct 不誠実な行為 原 40, 42, 48
　intention to be legally bound 法的に拘束さ
　　れる意思　　　　　　　　　　II.-4:302
　misrepresentation 不実表示　　　II.-7:205
　negligence 過失　　　　　　　　VI.-3:102

　unlawful conduct 違法な行為　原 40, 42, 48
　unreasonable conduct 不合理な行為
　　　　　　　　　　　　　　　原 40, 42, 48
confidence 秘匿される情報　　　　VI.-2:205
confidentiality 秘密保持　　　　　II.-3:302;
　　　　　　　　　　　　　　定「秘密の情報」
　breach 違反　　　　　II.-3:302; VI.-2:205
　commercial agency 代理商　　　IV.E.-2:203
　court order 裁判所の命令　　　　II.-3:302
　distributorship ディストリビューター関係
　　　　　　　　　　　　　　　　IV.E.-2:203
　franchise フランチャイズ　　　IV.E.-2:203
confirmation of the contract 契約の確認 II.-4:210
confirmation of the contract 契約の追認 II.-7:211
conflict of interest 利益相反
　mandate 委任　　　　　　IV.D.-5:101～102
　representation 代理　　　　　　II.-6:109
　trustee 受託者　　　　　　　　　X.-5:103
conformity 適合性
　construction 建築契約　　　　　IV.C.-3:104
　consumer contract 消費者契約　II.-9:410;
　　　　　　　　　　　　　　　　IV.B.-3:105
　design 設計契約　　　　　　　　IV.C.-6:104
　donation contract 贈与契約　IV.H.-3:101～103
　lease of goods 物品の賃貸借　IV.B.-3:102～105;
　　　　　　　　　　　　IV.B.-4:101; IV.B.-4:103
　sale of goods 物品の売買　　IV.A.-2:301～309;
　　　　　　　　　　　　　　　　　IV.A.-4:201
　storage 保管契約　　　　　　　IV.C.-5:105
　structure 建造物　　　　　　　　IV.C.-3:104
　time for establishing 基準時　　　IV.A.-2:308
consent 同意　　　　　　　　　　　VI.-5:101
　disadvantage 損失　　　　　　　VII.-2:101
　informed 十分な情報に基づく　　IV.C.-8:108
　revocation 撤回　　　　　　　　IV.C.-8:108
　treatment 治療　　　　　　　　IV.C.-8:108
consideration 約因　　　　　　　　　原 56
consignment 委託販売　　IX.-1:104; IX.-2:308;
　　　　　　　　　　　　IX.-5:303; IX.-7:301
constitutional law 憲法　　　I.-1:102; VI.-7:101
construction services 建築契約　　　原 22
construction work 建築工事　　　IV.C.-4:101
construction, contract for 建築契約　IV.C.-1:101;
　　　　　　　　IV.C.-3:101; 定; → service contracts
　acceptance 承認　　　　　　IV.C.-3:105～106

consumer contract for lease

components 部品	*IV.C.-3:102*
conformity 適合性	*IV.C.-3:104*
co-operation 協力	*IV.C.-3:102*
damage to structure, prevention of 建造物に対する損害の予防	*IV.C.-3:103*
destruction of structure 建造物の滅失	*IV.C.-3:108*
directions of the client 依頼者による指図	*IV.C.-3:104*
inspection 検査	*IV.C.-3:105*
materials 材料	*IV.C.-3:102; IV.C.-3:105*
price, payment of 報酬の支払	*IV.C.-3:107*
risks 危険	*IV.C.-3:108*
structure 建造物	*IV.C.-3:103～108*
structure, handing over 建造物の引渡し	*IV.C.-3:106; IV.C.-3:108*
supervision 監督	*IV.C.-3:105*
tools 道具	*IV.C.-3:102; IV.C.-3:105*
withhold, right to 履行停止権	*IV.C.-3:107*

constructor 施工者　　*IV.C.-3:101;* 定「建築契約」

consultations 診察	*IV.C.-8:109*
future 将来の	*IV.C.-8:109*
consultations 相談	*IV.C.-8:102*

consumer 消費者　序 *28, 63;* 原 *46; I.-1:105;* 定; → *consumer contracts*

average consumer 標準的な消費者	*II.-3:102*
burden of proof 証明責任	*II.-9:410*
death 死亡	*II.-9:410*
disadvantage, significant 著しく不利な状況	*II.-3:103; II.-3:108～109*
disadvantage, significant 重大な不利益	*II.-9:403*
evidence 証拠	*II.-9:410*
failure to respond 応答しないこと	*II.-3:401*
information 情報	*II.-3:102*
lack of information 情報の欠如	原 *59*
legal action, exclusion/restriction of right to take 法的措置を講じる権利の排除又は制限	*II.-9:410*
mandate 委任	*IV.D.-5:101*
personal injury 負傷	*II.-9:410*
personal security 人的担保	*IV.G.-4:101～107*
remedies, exclusion/restriction of right to exercise 救済手段を行使する権利の排除又は制限	*II.-9:410*
withdrawal, right of 撤回権	*II.-5:106*

consumer acquis 消費者アキ　序 *61～62, 68, 72*

consumer contract 消費者契約　序 *40;* 原 *8, 10;* → *consumer*

acknowledgement of receipt 受領の通知	*II.-3:202*
derogation to the detriment of the consumer 消費者に不利な排除	原 *46*
conformity 適合性	*II.-9:410*
damages 損害賠償	*II.-9:410*
distance, conclusion at a 隔地者間での締結	*II.-3:106; II.-5:201*
duration, fixed 期間の定めのある	*II.-9:410*
duration, indeterminate 期間の定めのない	*II.-9:410*
guarantee 保証	*II.-9:410;* → *consumer goods guarantee*
information duties 情報提供義務	*II.-3:102～104; II.-3:109*
input errors 入力の誤り	*II.-3:201*
interpretation 解釈	*II.-9:410*
non-performance 不履行	*III.-3:108*
price 価格	*II.-9:410*
remedies 救済手段	*II.-9:410*
set-off 相殺	*II.-9:410*
standard terms 約款	原 *9*
statements, pre-contractual 契約締結前の表示	*II.-9:102*
termination 解消	*II.-9:410*
terms not individually negotiated 個別に交渉されなかった条項	*II.-1:110*
timeshare contract タイムシェアリング契約	*II.-5:202*
unfair contract terms 不公正契約条項	*II.-9:403; II.-9:407～410*
withdrawal, right of 撤回権	*II.-5:201; II.-9:410*

consumer contract for lease 消費者賃貸借契約　*IV.B.-1:102; IV.B.-2:103; IV.B.-6:102*

conformity of the goods 物品の適合性	*IV.B.-3:105*
installation of the goods, incorrect 不適切な取付け	*IV.B.-3:105*
lack of conformity 不適合	*IV.B.-1:103*
liability, reduction of 責任の軽減	*IV.B.-6:102*

原語索引　453

consumer contract for sale

limitation of liablity 責任の制限　IV.B.-1:104
remedies 救済手段　　　　　IV.B.-1:104
consumer contract for sale 消費者売買契約
　　　　IV.A.-1:204; IV.A.-2:304; IV.A.-4:101;
　　　　　　　　　　　　　IV.A.-4:301; 定
　carriage of the goods 物品の運送　IV.A.-2:202
　conformity of the goods 物品の適合性
　　IV.A.-2:304; IV.A.-2:308〜309; IV.A.-4:201
　excess quantity 数量超過　　IV.A.-3:105
　guarantee　　→ consumer goods guarantee
　installation of the goods, incorrect 物品の不
　　適切な取付け　　　　　　IV.A.-2:304;
　　　　　　　　　　　　IV.A.-2:307〜308
　lack of conformity 不適合　　IV.A.-4:101;
　　　　　　　　　　　　　　IV.A.-4:201
　passing of risk 危険の移転　　IV.A.-5:103
　termination 解消　　　　　　IV.A.-4:201
consumer credit 消費者信用　序 76; IX.-3:107;
　　　　　　　　　　　　　　　　→ credit
consumer Directives 消費者関連指令
　　　　　　　　　　　　　　　　序 61, 69
consumer goods guarantee 消費者物品保証
　　　　　　　　II.-9:410; IV.A.-6:101〜108
　binding nature 拘束力　　　　IV.A.-6:102
　burden of proof 証明責任　　　IV.A.-6:107
　costs 費用　　　　　　　　　IV.A.-6:104
　exclusion of liability 責任の排除　IV.A.-6:106
　guarantee document 保証書　　IV.A.-6:101;
　　　　　　　　　　　　　IV.A.-6:103〜104
　guarantee period 保証期間　　IV.A.-6:104;
　　　　　　　　　　　　　　IV.A.-6:108
　limitation of liability 責任の制限　IV.A.-6:106
　specific parts of the goods 物品の特定の
　　部分　　　　　　　　　　IV.A.-6:105
consumer law 消費者法　　　　　　　序 67
consumer protection 消費者保護　序 12, 61, 63;
　　　　　　　　　　　原 9, 20, 46, 53, 59
　good faith 信義誠実　　　　　　　序 72
Consumer Sales Directive 消費者売買指令　序 61
consumer security provider 消費者である担
　　保提供者　　原 53, 55; IV.G.-4:101〜107;
　　　　　　　　　　　　　　　IX.-2:107
　enforcement notice 実行通知　　IX.-7:107;
　　　　　　　　　　　　　　　IX.-7:207
consumption, everyday 日常の消費　II.-5:201

continuous possession 占有の継続　原 37, 53;
　　　　　　　　　　　　　　VIII.-4:101
　acknowledgement of the owner's rights to
　　the goods 物品に対する所有者の権利の承認
　　　　　　　　　　　　　　VIII.-4:205
　acquisition of ownership 所有権の取得
　　　　　　　　　　　　VIII.-4:301〜302
　arbitration proceedings 仲裁手続　VIII.-4:203
　cultural objects 文化財　　　　VIII.-4:102
　impediment beyond owner's control 所有者
　　の支配を超える障害　　　　VIII.-4:202
　incapacity 無能力　　　　　　VIII.-4:201
　involuntary loss of possession 意思に基づか
　　ない占有の喪失　　　　　　VIII.-4:103
　judicial proceedings 裁判手続　VIII.-4:203
　negotiations 交渉　　　　　　VIII.-4:204
　period required 必要な期間　VIII.-4:101〜102;
　　　　　　　　　　　　　VIII.-4:201〜206
　predecessor in possession 前占有者 VIII.-4:206
　successor in good faith 善意の承継人
　　　　　　　　　　　　　　VIII.-4:206
contra proferentem rule 条項提供者に不利な
　　解釈の準則　　　　　　序 28; II.-8:103
contract 契約　　　　　序 28, 44〜45, 50, 67;
　　　　　　　　　I.-1:101; II.-1:101; 定
　adaptation 改訂　　　　　原 28; II.-7:203
　apparent contract 外形上の契約　　II.-9:201
　apparent meaning 外見上の意味　　II.-8:201
　between businesses
　　　　　　　→ businessto-to-business contracts
　bilateral 双方向の　　　　　　　II.-1:101
　conclusion 締結　　II.-3:201; II.-4:101; II.-4:205;
　　　　　　　　II.-4:211; → formation of contract
　contents 内容　　　　　　　　　　序 34
　favouring the contract 契約の尊重　　原 17
　fixed duration 期間の定めのある契約
　　　　　　　　　　　　　　　　II.-9:410
　fundamental principles, infringement 基本原
　　則に対する違反　　　　　　II.-7:301
　gratuitous contracts 無償契約　　　III.-3:511
　illegality 違法／不法な契約 原 4〜5; VII.-6:103
　impossibility, initial 原始的不能　　II.-7:102
　indeterminate duration 期間の定めのない
　　契約　　　　　　　　原 20; II.-9:410
　ineffective 無効である／効力を有しない　定

intention 意思　　　　　　　　Ⅱ.-4:101〜102
interpretation 解釈　　Ⅱ.-4:104; Ⅱ.-8:101〜107
invalidity 無効　　　　Ⅱ.-7:101〜102; Ⅱ.-7:212;
　　　　　　　　　　　　　　　定「無効(Invalid)」
　linked contracts 結合契約　　　　Ⅱ.-5:106
　mandatory rules, infringement of 強行法規
　　に対する違反　　　　　　　　　Ⅱ.-7:302
　merger clause 完結条項　　　　　 Ⅱ.-4:104
　mixed contracts 混合契約　序 53; Ⅱ.-1:107
　modification 改訂　　　　　　　　Ⅱ.-7:303
　multilateral 多方向の　　　　　　Ⅱ.-1:101
　negotiations 交渉　　　　　　　　　　序 13
　nullity 無効　　　　　Ⅱ.-7:301; Ⅱ.-7:303〜304
　obligatory force 拘束力　　　　　　　原 17
　partial ineffectiveness 一部無効　 Ⅱ.-1:108
　partial invalidity 一部無効　　　　Ⅱ.-1:108
　pre-contractual statements 契約締結前
　　の表示　　　　　　　　　　　　Ⅱ.-9:102
　prolongation, tacit 黙示の延長　　Ⅲ.-1:111
　prospective 委任目的契約　　　　ⅣD.-1:102;
　　　　　　　　　　　　　→ mandate contract
　specific contracts 各種の契約　序 35, 40, 43, 53;
　　　　　　　　　　　　　　　　　 Ⅱ.-3:106
　terms 条項　Ⅱ.-3:103; Ⅱ.-3:106; Ⅱ.-9:101〜108
　unfair terms 不公正条項　　　Ⅱ.-9:401〜410
　voidable contracts 取り消すことのできる
　　契約　　　　　　　　　　　　　原 42, 55
contract document 契約書　　Ⅱ.-4:104; Ⅱ.-4:210
　language versions 異なる言語の版　Ⅱ.-8:107
　not individually negotiated terms 個別に交
　　渉されなかった条項　　　　　　Ⅱ.-9:103
contract law 契約法　　　　　　　　序 13, 40
　European Contract Law ヨーロッパ契約法
　　　　　　　　　　　　　　　　　　　序 1
　general contract law 一般契約法　序 69; 原 7
contract for sale　　　　　　　　→ sale of goods
contract terms 契約条項
　ambiguous terms 不明確条項　原 46; Ⅱ.-8:103
　agreement, sufficient 十分な合意　 Ⅱ.-4:103
　alteration, unilateral 一方的な変更　Ⅱ.-9:410
　determination 決定　　　　　　　 Ⅱ.-9:107
　determination by third person 第三者に
　　よる決定　　　　　　　　　　 Ⅱ.-9:106
　determination, unilateral 一方による決定
　　　　　　　　　　　　　　　　　Ⅱ.-9:105

textual form 文書形式　　　　Ⅱ.-3:105〜106
contractual freedom　　　　→ freedom of contract
contractual loyalty 契約上の誠実　　序 13; 原 17
contractual obligation 契約上の債務　　序 45〜
　　　　　　　　　　46, 69, 74; Ⅰ-1:101; Ⅲ.-1:101; 定;
　　　　→ non-performance of contractual obligations
　information 情報　　　　　　　　Ⅱ.-3:103
　transfer without consent 同意を得ない移転
　　　　　　　　　　　　　　　　　Ⅱ.-9:410
contractual rights 契約上の権利　序 74; Ⅰ.-1:101;
　　　　　　　　　　　　　　　　　Ⅲ.-1:101
　information 情報　　　　　　　　Ⅱ.-3:103
　transfer without consent 同意を得ない移転
　　　　　　　　　　　　　　　　　Ⅱ.-9:410
contractual relationship 契約関係　 序 50〜51,
　　　　　　　　　　　　　　　67; 原 28; 定
　duration, indeterminate 期間の定めのない
　　　　　　　　　　　　　　　　　Ⅱ.-9:410
　termination 解消　　　　 Ⅱ.-4:105; Ⅱ.-9:410;
　　　　　　　　　　　　　Ⅲ.-3:501; Ⅲ.-3:506
　termination by agreement 合意による解消
　　　　　　　　　　　　　　　　　Ⅲ.-1:108
　termination by notice 通知による解消
　　　　　　　　　　　　　　　　　Ⅲ.-1:109
　transfer of contractual position 契約上の地
　　位の移転　　　　　　　　Ⅲ.-5:301〜302
　variation by agreement 合意による変更
　　　　　　　　　　　　　　　　　Ⅲ.-1:108
　variation by notice 通知による変更　Ⅲ.-1:109
contractual security 契約の安全　　　序 13, 15;
　　　　　　　　　　　　　　　　原 17〜29
contributory fault 被害者の過失　　　　原 51;
　　　　　　　　　　　　　　　　　Ⅵ.-5:102
control, event beyond 制御の不可能な事象
　　　　　　　　　　　　　　　　　Ⅵ.-5:302
conveyances, fraudulent 詐害的譲渡　　　原 4
conveyances of land 土地の譲渡　　　　原 55
cooling off period クーリング・オフ期間　原 20
co-operation 協力　　　　　　序 13; 原 17, 22, 24;
　　　　　　　　Ⅲ.-1:104; Ⅲ.-1:106; ⅣC.-2:103
　commercial agency 代理商　　　 ⅣE.-2:201
　construction contract 建築契約　　ⅣC.-3:102
　distributorship ディストリビューター関係
　　　　　　　　　　　　　　　　ⅣE.-2:201
　franchise フランチャイズ　　　　ⅣE.-2:201;

co-ownership

	IV.E.-4:103
mandate 委任	*IV.D.-2:101*
processing 保守管理契約	*IV.C.-4:102*
co-ownership 共有	*VIII.-1:203; VIII.-5:202;* 定
division 分割	*VIII.-1:101; VIII.-5:202*
corporeal movables 有体動産	
transfer of ownership 所有権の譲渡	序 29
costs 費用	*VIII.-2:201;* 定
performance 履行費用	*III.-2:113*
counter-performance 反対履行	*III.-1:109;* 定
separate parts, obligations to be performed in 分割履行債務	*III.-3:506*
court 裁判所	*X.-1:101;* 定
court order 裁判所の命令	*VII.-2:101*
court proceedings 裁判手続	*VI.-7:103*
coverage of DCFR	
→ Draft Common Frame of Reference	
credit 信用	原 *61; II.-5:106; IV.F.-1:101〜102;* → *consumer credit*
purpose 目的	*IV.F.-1:105*
creditor 債権者	序 *51, 65; III.-1:102;* 定
entitlement to assign 債権の移転を求める権利の授与	*III.-5:111*
plurality of creditors 複数の債権者	*III.-4:201〜207*
secured creditor 担保権者	*IX.-5:401*
criminal law 刑事法	序 *18;* 原 *5*
criminal offence, damage caused to collaborator 刑法上の罪（共犯者に生じた損害）	*VI.-5:103*
cross-payment 相互の支払	原 *55;* → *set-off*
cultural diversity 文化的多様性	序 *12, 16, 19*
cultural objects 文化財	*VIII.-4:102*
cure 追完	序 *53;* 原 *28; III.-3:201〜205*
allowing opportunity to cure 追完機会の付与	*III.-3:204*
damages 損害賠償	*III.-3:204*
currency 通貨	*III.-2:109;* 定「価格／代金」; → *money*
damages 損害賠償	*III.-3:713*
foreign 外国通貨	*II.-9:410; III.-6:104*
set-off 相殺	*III.-6:104*
current account 当座預金／当座勘定	*IV.F.-1:101; IV.G.-1:101; IV.G.-1:106*

【D】

damage 損害	序 *65;* 原 *34; VI.-1:101; VI.-2:101;* 定
accountability 責任	*VI.-1:101; VI.-3:101〜104; VI.-3:201〜208*
authority conferred by law 法律上認められた権限	*VI.-5:201*
benefits, equalisation of 損益相殺	*VI.-6:103*
benevolent intervention 事務管理	*VI.-5:202*
causation 因果関係	*VI.-4:101*
contributory fault 被害者の過失	*VI.-5:102*
consent to the damage suffered 損害に対する同意	原 *51*
danger, imminent 差し迫った危険	*VI.-5:202*
defences 抗弁	*VI.-5:101〜103; VI.-5:201〜203*
impending 差し迫った損害	*VI.-1:102*
injury 侵害	*VI.-2:101*
intention 故意	*VI.-3:101*
legally relevant 法的に重要な損害	*VI.-2:101; VI.-2:201〜211*
liability	→ *liability*
loss 損失	*VI.-2:101*
minors 年少者	*VI.-3:103*
necessity 緊急避難	*VI.-5:202*
negligence 過失	*VI.-3:102*
prevention of damage 損害の予防	原 *33*
prevention of damage 損害の差止め	*VI.-1:102; VI.-2:101*
property damage 財産の損傷	*VI.-2:206*
public policy 公序	*VI.-5:103*
reparation 損害賠償	*VI.-1:101; VI.-2:101*
self-defence 正当防衛	*VI.-5:202*
solidary liability 連帯責任	*III.-4:103*
source of the damage 損害発生源	原 *51*
trivial 些細な	*VI.-6:102*
damage 損傷	*II.-5:105*
damage caused to another 他人に生じた損害	序 *36;* → *non-contractual liability arising out of damage caused to another*
damages 損害賠償	原 *27; III.-3:303;* 定
currency 通貨	*III.-3:713*
disproportionately high amount 不相当に高額の	*II.-9:410*
gain 利益	*III.-3:702*

general measure 一般的算定基準　*III.-3:702*
information duties, breach 情報提供義務の
　違反　*II.-3:501*
invalidity of contracts 契約の無効　*II.-7:304*
late payment 支払の遅延　*III.-3:708*
loss 損害　*III.-3:701〜702*
non-performance 不履行　*III.-3:101; III.-3:204;*
　III.-3:302; III.-3:701〜702
price difference 契約価格と時価の差　*III.-3:707*
reinstatement of damaged interest 侵害され
　た利益の回復　*VI.-6:201*
remedies, cumulation of 救済手段の重畳
　　　　III.-3:102
specific performance, excluded 履行を強制す
　る権利の排除　*III.-3:303*
substitute transaction 代替取引　*III.-3:706*
databases データベース　*IV.A.-1:101; IV.H.-1:103*
death 死亡　*VI.-3:104; VI.-3:202〜206; VI.-4:101*
　agent 受任者　*IV.D.-7:103*
　causation 因果関係　*VI.-4:101*
　consumer 消費者　*II.-9:410*
　creditor 債権者　*III.-7:306*
　debtor 債務者　*III.-7:306*
　donor 贈与者　*IV.H.-1:105*
　loss suffered by third persons 第三者に生じ
　　た損失　*VI.-2:202; VI.-5:501*
　mandate relationship, termination 委任関係
　　の終了　*IV.D.-6:103; IV.D.-7:102〜103*
　principal 本人　*IV.D.-6:103; IV.D.-7:102*
　trust auxiliary 信託補助人　*X.-8:601*
　trustee 受託者　*X.-1:202; X.-8:504*
debtor 債務者　序 *51; III.-1:102; IV.G.-1:101;* 定
　addition　→ *addition of new debtors*
　capacity 能力　*IV.G.-2:103*
　plurality of debtors 複数の債務者
　　　　III.-4:101〜112
　substitution　→ *substitution of new debtors*
declaration of ownership 所有権の確認
　　　　VIII.-6:101
default 債務不履行　*IX.-7:101*
default rules 任意法規　原 *2, 22, 28, 57*
defence 抗弁　　　　　　　　　　　　定
　acting at own risk 自己の危険に基づく行為
　　　　VI.-5:101
　consent 同意　*VI.-5:101*

disenrichment 利得の消滅　*VII.-6:101*
event beyond control 制御の不可能な事象
　　　　VI.-5:302
definitions 定義　序 *9, 23, 33, 59〜60, 69;*
　I.-1:108; 定
del credere clause 代金支払保証条項　*IV.E.-3:313*
del credere commission 代金支払保証に対す
　る報酬　*IV.E.-3:313*
del credere guarantee 代金支払保証　*IV.E.-3:313*
delay 遅延　*III.-1:102; III.-3:503*
　alternative obligations, choice between
　　選択的債務の選択　*III.-2:105*
　damages 損害賠償　*III.-3:708*
　interest 利息　*III.-3:708〜709*
delegate 復代理人　*II.-6:104*
delict 不法行為　序 *48, 69*
delivery 引渡し　原 *53; II.-3:102; IV.A.-2:101〜*
　203; IV.A.-3:104; VIII.-2:104; 定
　early 期限前　*IV.A.-2:203; IV.A.-3:105*
　equivalents 引渡しに相当する事実
　　　　VIII.-1:101; VIII.-2:105
　excess quantity 数量超過　*II.-3:401;*
　　　　IV.A.-3:105
　partial 一部の引渡し　*IV.A.-4:303*
　place 場所　*IV.A.-2:202*
　time 時期　*IV.A.-2:202*
delivery charges 配送料　*II.-3:107*
de minimis rule 些事原則　*VI.-6:102*
democratic society 民主主義社会　*VI.-5:203*
dependent personal security 付従的人的担保
　　　　III.-5:207; IV.G.-1:101; IV.G.-2:101;
　　　　定; → *personal security*
　ancillary obligations 従たる債務　*IV.G.-2:104;*
　　　　IV.G.-2:107
　binding comfort letter 拘束力のある支援状
　　　　IV.G.-2:101; IV.G.-2:106
　consumer security provider 消費者である
　　担保提供者　*IV.G.-4:105*
　creditor's rights, reduction 債権者の権利
　　の縮減　*IV.G.-2:110*
　defences 抗弁　*IV.G.-2:103*
　dependence 付従性　*IV.G.-2:102*
　enforcement proceedings 執行手続　*IV.G.-2:104*
　legal proceedings 裁判手続　*IV.G.-2:104*
　notification 通知　*IV.G.-2:107; IV.G.-2:112*

part performance 一部弁済　　　　IV.G.-2:113
relief by debtor 債務者による救済　IV.G.-2:111
request for information 情報提供の要求
　　　　　　　　　　　　　　　　IV.G.-2:112
rights after performance 履行した担保提
　供者の権利　　　　　　　　　　IV.G.-2:113
subsidiary liability 補充的責任　　IV.G.-2:106
time limit 行使期間の制限　IV.G.-2:108〜109
deposits payable 保証金の支払　　　 II.-3:107
design, contract for 設計契約　　　IV.C.-1:101;
　　　　IV.C.-6:101; 定; → services, contract for
　acceptance 受領　　　　　　　　IV.C.-6:105
　business-to-business contracts 事業者間の
　　契約　　　　　　　　　　　　IV.C.-6:107
　conformity 適合性　　　　　　　 IV.C.-6:104
　copies of documents 書類の副本 　IV.C.-6:106
　designer　　　　　　　　　　　 → designer
　documents, handing over of 書類の交付
　　　　　　　　　　　　　　　　IV.C.-6:106
　documents, storage of 書類の保管 IV.C.-6:106
　handing over 引渡し　　　　　　 IV.C.-6:105
　liability, limitation of 責任制限 　IV.C.-6:107
　non-conformity 不適合　　　IV.C.-6:104〜105
　notification 通知　　　　　　　　IV.C.-6:105
　records 記録　　　　　　　　　　IV.C.-6:106
　services 役務提供　　　　　　　 IV.C.-6:101
　user 設計使用者　　　　　　IV.C.-6:103〜104
designer 設計者　　　　　　　　　IV.C.-6:101;
　　　　　　　　　　　　→ design, contract for
　care 注意　　　　　　　　　　　IV.C.-6:103
　duty to warn, pre-contractual 契約締結前の
　　警告義務　　　　　　　　　　IV.C.-6:102
　skill 技能　　　　　　　　　　　IV.C.-6:103
designs 設計　　　　　　　　　　IV.A.-2:306
destruction 滅失　　　　　　　　　II.-5:105
digital デジタル信号　　　　　　　 I.-1:107
dignity, right to 尊厳に対する権利　　原7, 32;
　　　　II.-2:102; VI.-2:203; 定「権利／権限」
diligence, professional 職業上の注意　II.-3:102
direct possession 直接占有　　　　VIII.-1:205;
　　　　　　　　　　　　　定「直接の物理的支配」
directions 指図　　　　IV.C.-2:103; IV.C.-2:107;
　　　　　　　　　　　　　　　　IV.D.-1:102
　construction contracts 建築契約　IV.C.-3:104
　failure to give 指図を与えないとき IV.D.-4:103

mandate contracts 委任契約
　　　　　　　　　IV.D.-1:101〜102; IV.D.-2:101;
　　　　　　　　　 IV.D.-4:101〜104; IV.D.-4:201
　request for 指図の要求　　　　　IV.D.-4:102;
　　　　　　　　　　　　　　　　IV.D.-4:104
Directive on Unfair Terms in Consumer
　Contracts 消費者契約における不公正
　条項に関する指令　　　　　　　　　序 72
Directives 指令　　　　　　　序 61, 67, 69, 72
　implementation 国内法化　　　　　　序 64
　terminology 用語　　　　　　　　　 序 64
disadvantage 損失　　　　VII.-1:101; VII.-3:102;
　　　　　　　　　　　　　　　　VII.-6:101
　consent 同意　　　　　　　　　　VII.-2:101
　indirect representation 間接代理　　VII.-4:102
　type 種類　　　　　　　　　　　 VII.-4:107
　value 価値　　　　　　　　　　　VII.-4:107
discrimination 差別　　原1, 7, 32, 41; II.-2:102;
　　　　　　　　　　　定; → non-discrimination
　burden of proof 証明責任　　　　　 II.-2:105
　harassment ハラスメント　　　　 　II.-2:102
　instruction to discriminate 差別を教唆する
　　こと　　　　　　　　　　　　　 II.-2:102
　remedies 救済手段　　　　　　　　 II.-2:104
　unequal treatment, justified 正当化される
　　不平等な取扱い　　　　　　　　 II.-2:103
disenrichment, defence of 利得消滅の抗弁
　　　　　　　原35, 50; VII.-6:101; → enrichment
　donation contract, revocation of 贈与契約の
　　撤回　　　　　　　　　　　　 IV.H.-4:201
　good faith 善意　　　　　　VII.-6:101〜102
display of goods 物品の陳列　　　　II.-4:201
dispossession 侵奪　　　　　　　 VIII.-6:201
distance contracts 隔地者間契約　　　　 序62;
　　　　　　　　　　　　 II.-3:103; II.-3:106
　non-performance 不履行　　　　　III.-3:108
　time of performance 履行期　　　　III.-2:102
distance contracts 通信販売　　　　　　原 20
distribution contract ディストリビューター契約
　　　　　　　　序54; IV.E.-1:101; IV.E.-5:101; 定
　advertising materials 広告資材　　 IV.E.-5:204
　compensation 填補　　　　　　　IV.E.-2:401
　confidentiality 秘密保持義務　　　IV.E.-2:203
　co-operation 協力　　　　　　　 IV.E.-2:201
　damages 損害賠償　　　　　IV.E.-2:302〜303;

donation, contract for

	IV.E.-2:305; IV.E.-2:401
definite period 期間の定めのある契約	
	IV.E.-2:301
exclusive 排他的	*IV.E.-5:101; IV.E.-5:203;*
	IV.E.-5:301〜306
exclusive purchasing contract 排他的購	
入契約	*IV.E.-5:101*
goodwill, indemnity for のれんの補償	
	IV.E.-2:305
indemnity 補償	*IV.E.-2:305; IV.E.-2:401*
indefinite period 期間の定めのない契約	
	IV.E.-2:302〜303
information during performance 契約関係	
が継続している間の情報提供義務	
	IV.E.-2:202; IV.E.-5:202
information, pre-contractual 契約締結前の	
情報提供義務	*IV.E.-2:101*
inspection 調査	*IV.E.-5:305*
instruction 指図	*IV.E.-5:304*
intellectual property rights 知的財産権	
	IV.E.-5:302
materials 材料	*IV.E.-2:306*
non-performance 不履行	*IV.E.-2:304*
period of notice 通知の期間	*IV.E.-2:302〜303*
products, reputation 商品の評判	*IV.E.-5:205;*
	IV.E.-5:306
remuneration 報酬	*IV.E.-2:401*
requirements, decreased 需要の低下	
	IV.E.-5:303
retention, right of 留置権	*IV.E.-2:401*
selective 選択的	*IV.E.-5:101; IV.E.-5:301〜306*
supplier サプライヤー	*IV.E.-5:101*
supply capacity, decreased 供給能力の低下	
	IV.E.-5:203
spare parts 取替部品	*IV.E.-2:306*
stock 在庫	*IV.E.-2:306*
termination 解消	*IV.E.-2:301〜304*
terms of the contract, document on request	
契約条項／文書の交付請求権	*IV.E.-2:402*
distributor ディストリビューター	*IV.E.-5:101;*
	→ *distribution contract*
obligations 債務	*IV.E.-5:301〜306*
distributorship ディストリビューター関係	
	定; → *distribution contract*
divided obligation 分割債務	*III.-4:102;* 定

liability 責任	*III.-4:104*
divided right 分割債権	*III.-4:202〜204;* 定
apportionment 持分割合	*III.-4:204*
dividends 配当	*IX.-2:302*
documents 証券	
equivalents to delivery 引渡しに相当する事	
実	*VIII.-1:101; VIII.-2:105*
documents 書類	*IV.A.-2:101; IV.A.-2:201;*
	IV.C.-6:106
doing 作為	*III.-1:102*
dominant position 支配的地位	原 1; *II.-8:103*
donation, contract for 贈与契約	序 2, 18;
	原 55; *III.-5:110; IV.H.-1:101;*
	IV.H.-2:101〜104; X.-2:401; 定
avoidance 取消し	*IV.H.-2:103*
by business 事業者による	*IV.H.-2:102;*
	IV.H.-3:102
change of circumstances 事情変更	*IV.H.-4:203*
conformity of the goods 物品の適合性	
	IV.H.-3:101〜103; IV.H.-3:202
damages 損害賠償	*IV.H.-3:204〜205*
data データ	*IV.H.-1:103*
databases データベース	*IV.H.-1:103*
delay 遅延	*IV.H.-3:206*
electricity 電気	*IV.H.-1:103*
electronic signature 電子署名	*IV.H.-2:101*
enforcement of performance 履行の強制	
	IV.H.-3:202
form 方式	*IV.H.-2:101〜102*
future goods 将来の物品	*IV.H.-1:102*
goods 物品	*IV.H.-1:102; IV.H.-3:102*
goods to be manufactured 製造が行われる	
物品	*IV.H.-1:102*
gratuitousness 無償	*IV.H.-1:101;*
	IV.H.-1:201〜202; IV.H.-3:102
immediate delivery 即時の引渡し	*IV.H.-2:102;*
	IV.H.-3:102
immediate donation 現実贈与	*IV.H.-1:104*
immovable property 不動産	*IV.H.-1:103*
immovable property rights 不動産に関する	
権利	*IV.H.-1:103*
impediment 障害	*IV.H.-3:204*
impoverishment of the donor 贈与者の貧窮	
	IV.H.-4:202
incorporeal property 無体財産	*IV.H.-1:103*

industrial property rights 工業所有権
　　　　　　　　　　　　　　　IV.H.-1:103
information, contracts conferring rights in
　情報に関する権利を与える契約　IV.H.-1:103
ingratitude of the donee 受贈者の忘恩行為
　　　　　　　　　　　　　　　IV.H.-4:201
intellectual property rights 知的財産権
　　　　　　　　　　　　　　　IV.H.-1:103
intention to benefit 利益を与える意図
　　　　　　　　IV.H.-1:101; IV.H.-1:202〜203
investment securities 投資証券　IV.H.-1:103
irrevocability 撤回不可　　　　　IV.H.-4:101
mistake 錯誤　　　　　　　　　　IV.H.-2:103
money 金銭　　　　IV.H.-1:103; IV.H.-3:206
negotiable instruments 流通証券　IV.H.-1:103
public statement 公衆に対する表示 IV.H.-2:102
remedies 救済手段　IV.H.-3:201; IV.H.-3:401
restitution 原状回復　　　　　　 IV.H.-3:203
revocation 撤回　　　　　　IV.H.-4:101〜104;
　　　　　　　　　　　　　 IV.H.-4:201〜203
shares 株式　　　　　　　　　　　IV.H.-1:103
software ソフトウェア　　　　　 IV.H.-1:103
stocks 株式　　　　　　　　　　　IV.H.-1:103
termination 解消　　　　　　　　IV.H.-3:203
third party rights／claims 第三者の権利
　／請求　　　　　　　　　　　　 IV.H.-3:103
time limits 期間制限　IV.H.-4:104; IV.H.-4:201
transfer of ownership 所有権の移転
　　　　　　　　　 IV.H.-1:101; IV.H.-1:104;
　　　　　　　　　 IV.H.-3:101; IV.H.-3:301
transferable rights 移転可能な権利 IV.H.-1:103
unfair exploitation 不公正なつけ込み
　　　　　　　　　　　　　　　 IV.H.-2:104
donee 受贈者　　　　　　　　　　IV.H.-1:101
　ingratitude 忘恩行為　　　　　 IV.H.-4:201
　obligations 債務　　　　　　　 IV.H.-3:301
　predeceasing the donor 贈与者より先に
　　死亡すること　　　　　　　　IV.H.-1:105
donor 贈与者　　　　　　　　　　IV.H.-1:101
　death 死亡　　　　　　　　　　IV.H.-1:105
　impoverishment 困窮　　　　　 IV.H.-4:202
　obligations 債務　　　　 IV.H.-3:101〜103
doorstep, contracts negotiated at the 訪問販売
　　　　　　　　　　　　　　　　　　原 20
double mandate 双方委任 II.-6:109; IV.D.-5:102

Draft Common Frame of Reference 共通参照
　枠草案（DCFR）　　　　序 1, 6, 74〜77
　coverage 適用範囲　序 34〜40, 66, 73; I-1:101
　general rules 一般規定　　　　　 I.-1:102
　special rules 特別規定　　　　　 I.-1:102
durable medium 持続性のある媒体　I.-1:106;
　　　　　　　　　　　　　　 II.-3:106; 定
duress 強迫　　　　　　　　　　　 原 6, 8
duty 義務　　　　　　　　　　　序 51; 定
　breach 義務違反　　　　　　　 定「義務」
　information 情報提供　　　II.-3:101〜109
　pre-contractual 契約締結前の　II.-3:101〜105
duty to co-operate　　　　　　　→ co-operation

【E】

e-commerce 電子商取引　　　　　　　序 67
economic loss 財産的損害／経済的損失　原 32,
　　60; III.-3:701; VI.-2:101; 定「損害／損失」
　burdens incurred 負担の発生　　 III.-3:701;
　　　　　　　　　　　　　　　　 VI.-2:101
　income 収入　　　　　III.-3:701; VI.-2:101
　injury as such 侵害それ自体　　　VI.-6:204
　profit 利益　　　　　 III.-3:701; VI.-2:101
　value of property, reduction in 財産価値
　　の減少　　　　　　 III.-3:701; VI.-2:101
economic welfare 経済的厚生　　序 12, 16, 20;
　　　　　　　　　 原 58〜59, 61; → welfare
effectiveness of security rights 担保権の効力
　　　　　　　　　　　　　　 IX.-3:101〜104
　control 管理　　 IX.-3:102〜103; IX.-3:204
　method, change of 方法の変更　　 IX.-3:104
　possession 占有　　　　　　IX.-3:102〜103;
　　　　　　　　　　　　　 IX.-3:201〜203
　registration 登記　　　　　IX.-3:102〜103;
　　　　　　　　　　　　　 IX.-3:301〜333;
　　→ European register of proprietary security
efficiency 効率性　　　　　　序 12, 15〜16, 22;
　　　　　　　　　 原 1〜3, 14〜15, 40, 54〜62
　public purposes 公的な目的　　　 原 58〜61
electrical 電気　　　　　　　　　　 I.-1:107
electricity 電気　　　 IV.A.-1:101; VI.-3:206;
　　　　　　　　　　　　　　　　 VIII.-1:101
　donation 贈与　　　　　　　　　IV.H.-1:103
　product 製造物　　　　　　　　　VI.-3:204
electromagnetic 電磁気　　　　　　 I.-1:107

electronic 電子的　　　　　　　Ⅰ.-1:107; 定
electronic mail 電子メール　　　　Ⅱ.-3:104
electronic means 電子的手段　Ⅱ.-3:104〜105;
　　　　　　　　　　　　　　　　　Ⅱ.-9:103
　acknowledgement of receipt 受領の通知
　　　　　　　　　　　　　　　　　Ⅱ.-3:202
　input errors 入力の誤り　Ⅱ.-3:105; Ⅱ.-3:201;
　　　　　　　　　　　　　　　　　Ⅱ.-7:201
electronic signature 電子署名　　　Ⅰ.-1:107;
　　　　　　　　　　　　　Ⅳ.H.-2:101; 定
　advanced electronic signature 高度電子署名
　　　　　　　　　　　　　　Ⅰ.-1:107; 定
emergency 緊急性　　原 30, 49; Ⅳ.C.-8:107〜108
emissions 放出　　　　　　　Ⅵ.-3:206〜207
employees 被用者　　　　　　　　Ⅵ.-7:104
　possession-agent 占有機関　　　Ⅷ.-1:208
employers 使用者　　　　　　　　Ⅵ.-7:104
employers' associations 使用者団体　Ⅵ.-7:104
employment 雇用　　　　　　序 38; Ⅰ.-1:101
　damage caused in the course of employment
　雇用の過程で生じた損害　　　原 51; Ⅵ.-3:201
encumbrance 担保　　　　　　　Ⅸ.-2:301;
　　　　　　　　　　　　→ assets, encumbered
　termination of security right 担保権の消滅
　　　　　　　　　　　　　　　　　Ⅸ.-6:104
endorsement　　　　　→ security endorsement
enforcement 強制　　　Ⅲ.-7:203; Ⅲ.-7:306
　method of payment 支払の方法　Ⅲ.-2:108
　performance 履行　　　　Ⅲ.-3:301〜303
　specific performance 履行の強制　Ⅲ.-3:302;
　　　　　　　　　　　　　　　Ⅳ.B.-6:101
enforcement 執行　　　　　　序 38; Ⅰ.-1:101
　proceedings, cost 手続費用　　　Ⅳ.G.-2:104
enforcement 実行
　court assistance 裁判所の支援　　Ⅸ.-7:104
　damages 損害賠償　　　　　　　Ⅸ.-7:104
　enforcement notice 実行通知　　Ⅸ.-7:107
　extrajudicial enforcement 裁判外の担保権
　　実行　　　　　　　Ⅷ.-1:101; Ⅸ.-7:103
　security rights 担保権　　　　　Ⅸ.-7:103
enforcement of performance 履行の強制
　　　　　　　　　　　　　　原 17, 26, 44
enrichment 利得　　　　　　　　Ⅶ.-3:101;
　　　　　　　　　　　→ unjustified enrichment
　asset 財産　　　Ⅶ.-4:101; Ⅶ.-4:105〜106

attribution 帰因　　　　　　Ⅶ.-4:101〜107
counter-benefit 対価にあたる利益　　　原 35
coercion 強制　　　　　　　　　　Ⅶ.-2:103
consent 同意　　　　　　Ⅶ.-2:101; Ⅶ.-5:102
contract 契約　　　　　　　　　　Ⅶ.-2:101
court order 裁判所の命令　　　　　Ⅶ.-2:101
discharge from liability 免責　　　Ⅶ.-4:101;
　　　　　　　　　　　　　　　　Ⅶ.-4:104
disenrichment 利得の消滅　　　　Ⅶ.-4:103;
　　　　　　　　　　　　　　　　Ⅶ.-6:101
fruits 果実　　　　　　　　　　　Ⅶ.-5:104
good faith 善意　　　　　Ⅶ.-4:103; Ⅶ.-5:101;
　　　　　　　　　　　　　　Ⅶ.-6:101〜102
expectation, not realised 現実化しなかった
　期待　　　　　　　　　　　　　Ⅶ.-2:101
fraud 詐欺　　　　　　　　　　　Ⅶ.-2:103
incapacity 無能力　　　　　　　　Ⅶ.-2:103
indirect representation 間接代理　　Ⅶ.-4:102
juridical act 法律行為　　　　　　Ⅶ.-2:101
justified 正当性　　　　　　Ⅶ.-2:102〜103
monetary value 金銭的価値　　　　Ⅶ.-5:102
non-creditor, performance to 債権者でない
　者への履行　　　　　　　　Ⅶ.-4:103〜104
non-transferable 原物で返還することが
　できない　　　　　　　　　　　Ⅶ.-5:102
obligation to third person, performance of
　第三者に対する債務の履行　　　　Ⅶ.-2:102
price 価格　　　　　　　　　　　Ⅶ.-5:102
purpose, not achieved 実現しなかった目的
　　　　　　　　　　　　　　　　Ⅶ.-2:101
return of the benefit 利得の返還　　　　原 35
reversal 返還　　　　Ⅶ.-1:101; Ⅶ.-5:101〜104;
　　　　　　　　　　　　　　　　Ⅶ.-7:102
rule of law 法規定　　　　　　　　Ⅶ.-2:101
saving 出費の節約　　　　　　Ⅶ.-5:102〜104
service 役務　　　　　　　　　　Ⅶ.-4:101
substitute 代償物　　　　　　　　Ⅶ.-6:101
threats 強迫　　　　　　　　　　Ⅶ.-2:103
transfer to third person in good faith 第
　三者への善意の移転　　　　　　Ⅶ.-4:103
transferable 原物で返還することができる
　　　　　　　　　　　　　　　　Ⅶ.-5:101
type 種類　　　　　　　　　　　Ⅶ.-4:107
unfair exploitation 不公正なつけ込み
　　　　　　　　　　　　　　　　Ⅶ.-2:103

environmental impairment

unjustified 不当性	VII.-2:101
use of 使用	VII.-5:104
use of asset without authority 権限によらない財産の使用	VII.-4:105〜106
value 価値	VII.-4:107; VII.-5:101〜103
environmental impairment 環境侵害	VI.-2:209
equal bargaining power	→ bargaining power
equal treatment 平等な取扱い	原 1, 41
unequal treatment, justified 正当化される不平等な取扱い	II.-2:103
equivalent, supply of 同等のものの供給	II.-9:410
established practice 確立した慣習	序 63
estate agents 不動産業者	序 30
ethnic origin 民族的出身	原 7; II.-2:101; 定「差別」
European Contract Law ヨーロッパ契約法	序 1; → Action plan on a More Coherent European Contract Law
European Economic Area ヨーロッパ経済圏	VI.-3:204
European legislation ヨーロッパの立法	序 64, 69, 71
European Private Law ヨーロッパ私法	序 57, 70
European register of proprietary security ヨーロッパ物的担保登記簿	IX.-3:301〜333
access 閲覧	IX.-3:317
advance filing 先行的な登記	IX.-3:305
agent of the creditor 債権者の代理人	IX.-3:314
amendments of entries 登記の変更	IX.-3:304; IX.-3:311; IX.-3:313; IX.-3:315〜316
assets, encumbered 担保目的財産	IX.-3:310; IX.-3:319
authentication 本人認証	IX.-3:304
certification of entry 登記事項証明書の発行	IX.-3:313
contested entries 異議を申し立てられた登記	IX.-3:316
costs 手数料	IX.-3:317
costs 費用	IX.-3:332
declaration of consent 同意の意思表示／同意の記載	IX.-3:304; IX.-3:309〜310; IX.-3:314
declaration of transfer 移転の申請	IX.-3:329; IX.-3:331
deletion of entries 登記の抹消	IX.-3:304; IX.-3:315〜316; IX.-3:327
duration of entries 登記の存続期間	IX.-3:325
electronic register 電子的登記簿	IX.-3:302; IX.-3:324
entries 登記	IX.-3:305〜314
entries, additional content 登記の付加的内容	IX.-3:307〜308; IX.-3:314
entries, minimum content 登記の最小限の内容	IX.-3:306; IX.-3:308
expiry of entries 登記の失効	IX.-3:325
filing entries 登記の作成	IX.-3:304
information 情報	IX.-3:319〜324
language 言語	IX.-3:310; IX.-3:319〜320
online register オンライン登記簿	IX.-3:302
registration office 登記所	IX.-3:316
renewal of entries 登記の更新	IX.-3:326
requests for information 情報提供の要求	IX.-3:319; IX.-3:324
retention of ownership devices 所有権留保	IX.-3:303
search 検索	IX.-3:318
security provider 担保提供者	IX.-3:310
security rights 担保権	IX.-3:303
security rights before register started to operate 登記簿が運用を開始する以前の担保権	IX.-3:333
textual form 文書形式	IX.-3:324
transfer of security rights 担保権の移転	IX.-328〜329
transfer of encumbered assets 担保目的財産の移転	IX.-3:330〜331
translations 翻訳	IX.-3:310
Europeanisation of private law 私法のヨーロッパ化	序 8
event beyond control 制御の不可能な事象	VI.-5:302
evidence 証拠	II.-9:410
examinations 検査	IV.C.-8:109
excess quantity 数量超過	II.-3:401
exclusive distribution contract 排他的ディストリビューター契約	IV.E.-5:101; IV.E.-5:301〜306; → distribution contract
exclusive purchasing contract 排他的購入契約	IV.E.-5:101; IV.E.-5:203;

	→ *distribution contract*	financial products 金融商品	*II.-9:410*;
execution, attempted 強制執行の申立て			*IV.C.-1:102*
	III.-7:402	financial services 金融サービス	序 *61*; *II.-9:410*;
execution creditor 執行債権者	*IX.-4:107*		*IV.C.-1:102*
expectations, reasonable 合理的な期待		alteration, unilateral 一方的な変更	*II.-9:410*
	原 *17, 19, 25, 35, 37*	rate of interest, right to change 利息の利率	
expenditure 支出	*VII.-5:103*; *VIII.-7:104*	を変更する権利	*II.-9:410*
expenses 費用	*III.-2:110*; 定「費用」	withdrawal, right of 撤回権	*II.-5:201*
agent 受任者	*IV.D.-2:103*; *IV.D.-7:103*	finding 遺失物拾得	*VIII.-1:101*
expert knowledge 専門的知識 *IV.C.-7:103～104*		fitness for purpose 目的適合性	*IV.A.-2:302*;
exploitation, unfair	→ *unfair exploitation*		*IV.A.-2:307*
exposure プライバシーの侵害	原 *32*	flexibility 柔軟性	原 *22*
expropriation 収用	*VIII.-1:101*	flora 植物相	*VI.-2:209*
externalities 外部者	原 *3*	food 食事	*IV.C.-5:110*
extinction 消滅	*III.-2:114*	food 食料品	*II.-5:201*
		foreseeability 予見可能性	*II.-1:105*; *III.-3:703*

【F】

		forfeiture 喪失	*X.-7:402*
fair dealing 取引の公正	序 *13, 27～28*;	forfeiture 没収	*VIII.-1:101*
原 *22～23, 25*; → *good faith and fair dealing*		form 方式	序 *28*; 原 *55*; *II.-1:106*
fairness 公正性	序 *13*; 原 *36, 50～51*	modification of contracts 契約の変更	*II.-4:105*
fairness test 公正性の基準	原 *11*	termination of contractual relationships	
family relationships 家族関係	序 *38*; *I.-1:101*	契約から生じる関係の解消	*II.-4:105*
fatal injury 生命侵害	*III.-3:105*; *VI.-2:202*;	formalities	→ *form*
	VI.-5:401	formation of contract 契約の成立	序 *34*; 原 *19*;
fault 過失			*II.-4:101*
contributory 被害者の	*VI.-5:102*	agreement, sufficient 十分な合意	*II.-4:101*;
insubstantial 軽微な	*VI.-5:102*		*II.-4:103*
fauna 動物相	*VI.-2:209*	electronic means 電子的手段	*II.-3:105*;
faveur pour le contract 契約の尊重	原 *17, 28*		*II.-3:201～202*
favouring the contract 契約の尊重	原 *17, 28*	legal relationship, binding 拘束力のある	
financial assets 金融資産	*IX.-1:201*; *IX.-2:309*;	法律関係	*II.-4:101～102*
	IX.-3:204; 定	formulae 製法	*IV.A.-2:306*
appropriation 弁済への充当	*IX.-5:207*	franchise フランチャイズ	序 *54*; *IV.E.-1:101*;
commingling 混和	*IX.-3:106*		*IV.E.-4:101*; 定
disposition 処分	*IX.-5:207*	accounting books 会計帳簿	*IV.E.-4:304*
intermediated financial assets 間接保有		advertising campaigns 広告キャンペーン	
金融資産	*IX.-3:204*		*IV.E.-4:205*; *IV.E.-4:207*
satisfaction of secured right 被担保債権		advice 助言	*IV.E.-4:203*
の満足	*IX.-5:207*	assistance 経営支援	*IV.E.-4:203*
use 使用	*IX.-5:207*	business method 事業方法	*IV.E.-4:101*;
financial instruments 金融商品	*II.-9:410*;		*IV.E.-4:303～304*
	III.-5:101; *IX.-1:201*; 定	commercial sector 業界	*IV.E.-4:102*
registration 登記	*IX.-3:301*	compensation 塡補	*IV.E.-2:401*
financial leasing ファイナンス・リース		confidentiality 秘密保持義務	*IV.E.-2:203*
	IX.-1:103～104	co-operation 協力	*IV.E.-2:201*; *IV.E.-4:103*

damages 損害賠償	IV.E.-2:302～303; IV.E.-2:305; IV.E.-2:401; IV.E.-4:102
definite period 期間の定めのある契約	IV.E.-2:301
fees フィー	IV.E.-4:102; IV.E.-4:301
goodwill, indemnity for のれんの補償	IV.E.-2:305
guidance 指導	IV.E.-4:203
indefinite period 期間の定めのない契約	IV.E.-2:302～303
indemnity 補償	IV.E.-2:305; IV.E.-2:401
information during performance 契約関係が継続している間の情報提供義務	IV.E.-2:202; IV.E.-4:205; IV.E.-4:302
information, pre-contractual 契約締結前の情報提供義務	IV.E.-2:101; IV.E.-4:102
inspection of franchisee's premises フランチャイジーの施設の調査	IV.E.-4:304
instructions 指図	IV.E.-4:303～304
intellectual property rights 知的財産権	IV.E.-4:101～102; IV.E.-4:201; IV.E.-4:302
know-how ノウハウ	IV.E.-4:101～102; IV.E.-4:202; 定「フランチャイズ」
market conditions 市場の状況	IV.E.-4:102; IV.E.-4:205
materials 材料	IV.E.-2:306
method 方法	IV.E.-4:102
network	→ franchise network
non-performance 不履行	IV.E.-2:304
period of notice 通知の期間	IV.E.-2:302～303
periodical payments 定期的な支払	IV.E.-4:102; IV.E.-4:301
pre-contractual information 契約締結前の情報提供義務	IV.E.-4:102
remuneration 報酬	IV.E.-2:401
retention, right of 留置権	IV.E.-2:401
royalties ロイヤルティ	IV.E.-4:102; IV.E.-4:301
spare parts 取替部品	IV.E.-2:306
stock 在庫	IV.E.-2:306
supply capacity, decreased 供給能力の低下	IV.E.-4:206
supply of products 商品の供給	IV.E.-4:204
termination 解消	IV.E.-2:301～304
terms of the contract, document on request 契約条項／文書の交付請求権	IV.E.-2:402
trademark 商標	IV.E.-4:101
trade name 商号	IV.E.-4:101
training courses 研修課程	IV.E.-4:203

franchise business フランチャイズ・ビジネス	IV.E.-4:101; IV.E.-4:201; IV.E.-4:303; 定「フランチャイズ」
franchise network フランチャイズ・ネットワーク	IV.E.-4:101～102; IV.E.-4:205; IV.E.-4:207; IV.E.-4:303
commercial results 業績	IV.E.-4:205
reputation 評判	IV.E.-4:207; IV.E.-4:303
franchisee フランチャイジー	IV.E.-4:101; → Franchise
obligations 債務	IV.E.-4:301～304
franchisor フランチャイザー	IV.E.-4:101; → Franchise
obligations 債務	IV.E.-4:201～207
fraud 詐欺	序 72; 原 6, 8, 42, 49; II.-7:101; II.-7:205
damages 損害賠償	II.-7:214
disadvantage 損失	VII.-2:103
good faith and fair dealing 信義誠実及び取引の公正	II.-7:205
misrepresentation 不実表示	II.-7:205
non-disclosure 不開示	II.-7:205
remedies 救済手段	II.-7:215～216
third persons 第三者	II.-7:208
free movement of capital 資本の自由な移動	序 22
free movement of goods 物の自由な移動	序 22
free movement of persons 人の自由な移動	序 22
free movement of services 役務の自由な移動	序 22
freedom 自由	序 12, 15～16, 22; 原 1～15, 56, 62
freedom of contract 契約自由	序 13; 原 1～11, 42～43, 59
freedom to negotiate 交渉の自由	II.-3:301
freedom of the person 人の自由	原 32
fruits 果実	IV.H.-3:101; VIII.-2:201; 定「価値変形物」
civil fruits 法定果実	IX.-5:208
legal fruits 法定果実	III.-3:510
natural fruits 天然果実	III.-3:510

restitution 原状回復	III.-3:510
security rights 担保権	IX.-2:306; IX.-4:104～105
transferability 譲渡性	VIII.-1:301
unjustified enrichment 不当利得	VII.-5:104

fund 基金　　　　IX.-1:201; IX.-2:309; IX.-3:106
fundamental freedoms 基本的自由　　序 17; I.-1:102
fundamental non-performance 重大な不履行
　　原 41, 55; III.-2:105; III.-3:203; III.-3:502; III.-3:504～505; IV.C.-6:105; IV.D.-1:105; IV.E.-2:305; 定
fundamental principles 基本原則
　　序 11, 14～15, 59
　　infringement 違反　　II.-7:101; II.-7:301; VII.-6:103
funeral expenses 葬儀費用　VI.-2:202; X.-2:402

【G】

gain 利益　　　　　　　　　　III.-3:702
gaming 賭博　　　　　　　　　II.-5:201
gases 気体　VI.-3:206; VIII.-1:201; 定「物品」; 定「無体の」
gender 性別　　　　　　　　　原 7
　　gender neutrality (terminology) 性差に中立的な用語　　　序 48
gift 贈与　　定「供給」; →donation, contract for
global security 包括根担保／包括的担保
　　IV.G.-1:101; IV.G.-2:102; IV.G.-2:104; IV.G.-2:107; IV.G.-4:105; 定
　　coverage 担保される範囲　　IX.-2:401
good commercial practice 健全な商慣行
　　原 8; II.-3:101; II.-9:405; III.-3:711
good faith 信義誠実　　序 13, 27～28, 72; 原 17, 23, 42
　　inconsistent behaviour 矛盾行為　原 25; I.-1:103
good faith 善意／信義誠実に適った信頼
　　原 53; 定
　　enriched person 利得者　　VII.-4:103; VII.-5:101～102; VII.-6:101～102
good faith acquisition 善意取得　　原 37; VIII.-3:101～102
　　cultural objects 文化財　　VIII.-3:101; VIII.-4:102

limited proprietary rights 制限物権	VIII.-3:102
prior security rights 優先する担保権	IX.-2:108～109; IX.-6:102
proprietary security, loss of 物的担保の喪失	IX.-6:102
security rights 担保権　原 37; IX.-2:108～109;	IX.-3:321～322
stolen goods 盗品	VIII.-3:101; IX.-2:108

good faith and fair dealing 信義誠実及び取引の公正　　原 42; I.-1:102; II.-1:103; III.-1:106; 定
　　authorisation, principal's 本人による権限の授与　　II.-6:103
　　exclusion of liability 責任の免除　VI.-5:401
　　fraud 詐欺　　II.-7:205
　　implied terms 付加される条項　II.-9:101
　　information, disclosure of 情報開示　II.-7:205
　　interpretation of contracts 契約の解釈
　　　　II.-8:102
　　invalidity of contracts/juridical acts 契約／法律行為の無効　　II.-1:106
　　mistake 錯誤　　II.-7:201
　　negotiations 交渉　　原 42; II.-3:301
　　non-conformity 不適合　　III.-3:203
　　remedies, exclusion of 救済手段の排除
　　　　II.-7:215
　　remedies, restriction of 救済手段の制限
　　　　II.-7:215
　　restriction of liability 責任の制限　VI.-5:401
　　standard of conduct 行為基準　I.-1:103
　　unfair exploitation 不公正なつけ込み
　　　　II.-7:207
　　unfair terms 不公正条項　　II.-9:403～406
goods 物品　　序 2; IV.A.-1:201; VIII.-1:201; 定
　　acceptance 受領　　III.-3:710
　　accessories 付属品　　IV.A.-2:301～302; IV.B.-3:102～103
　　alteration, unilateral 一方的な変更　II.-9:410
　　availability 使用可能性　　IV.B.-3:101; IV.B.-5:103; IV.B.-5:109
　　carriage 運送　IV.A.-2:204; IV.A.-4:301; IV.A.-5:202
　　combination of goods 付合　　原 15, 53
　　commingling of goods 混和　　原 15, 53

goods and services

conformity 適合性	II.-9:410; III.-3:710; IV.A.-2:301〜309; IV.B.-3:102〜105
corporeal movables 有体動産	序 26
damage 損傷	IV.A.-5:101
delivery 引渡し	IV.A.-2:201〜204; IV.A.-3:102; IV.A.-4:303
description 種類	IV.A.-2:301; IV.B.-3:102〜104
donation 贈与	IV.H-1:102; IV.H.-3:102
examination 検査	IV.A.-4:301
fitness for purpose 目的適合性	IV.A.-2:302; IV.A.-2:307; IV.A.-4:302; IV.B.-3:103〜104
free movement of goods 物の自由な移動	序 22
improvements 改良	IV.B.-5:106
information 情報	II.-3:101〜103; II.-3:106
installation instructions 取付説明書	IV.A.-2:301〜302; IV.B.-3:102〜103
instructions 説明書	IV.A.-2:301〜302; IV.B.-3:102〜103
lease	→ lease of goods
life-span, estimated 想定される耐用期間	IV.A.-6:104
loss 滅失	IV.A.-5:101
maintenance 保存	IV.B.-5:105〜106
manufacture 製造	IV.A.-1:102
marketing 宣伝・勧誘	II.-3:102
non-conformity 不適合	III.-3:107
not yet existing 存在しない物品	IV.A.-1:201
packaging 包装	IV.A.-2:301〜302; IV.A.-2:307; IV.B.-3:102〜103
performance capabilities 性能	IV.A.-2:302〜303; IV.B.-3:103
placed at buyer's disposal 買主の処分に委ねられた物品	IV.A.-5:201
production 加工	原 53
production 生産	IV.A.-1:102
products 商品	IV.E.-1:101
quality 品質	IV.A.-2:301〜303; IV.A.-2:307; IV.B.-3:102〜104
quantity 数量	IV.A.-2:301; IV.B.-3:102; IV.B.-3:104
recovery 回復	VIII.-6:102; VIII.-6:203; VIII.-7:101〜104
registration 登記	VIII.-1:102
repair 修理	IV.B.-5:105
return 返還	IV.B.-3:106; IV.B.-6:101
sale 売買	定「売買契約」; → sale of goods
specification 指定	IV.A.-3:102; IV.B.-4:104
statement by third persons 第三者による表示	IV.A.-2:303
stock of 在庫	II.-4:201
supply 供給	定「供給／提供」
third party rights 第三者の権利	IV.A.-2:305〜307; IV.A.-4:302
transfer of ownership 所有権の移転	IV.A.-1:202; IV.A.-2:101
transferability 譲渡性	VIII.-1:301; VIII.-2:101
transit, goods sold in 運送中に売却された物品	IV.A.-5:203
unfair contract terms 不公正契約条項	II.-9:410
unsolicited 注文していない	II.-3:401
verification 検査	III.-3:710
weight 重量	IV.A.-3:103
withdrawal period 撤回期間	II.-5:103
goods and services 物品及び役務	序 26
goodwill のれん	IV.E.-2:305; IV.E.-3:312; 定「財産(Assets)」
Green Paper on the Review of the Consumer Acquis 消費者アキの見直しについてのグリーン・ペーパー	序 61〜62, 68
gross negligence	→ negligence
grossly excessive demands 著しく過大な請求	原 44, 50, 60
grower 栽培者	定「製造者」
guarantee 保証	序 51; II.-9:410; → consumer goods guarantee
guarantee insurance 担保保険	IV.G.-1:102
guidance 指導	IV.E.-4:203

【H】

handwritten signature 自署	I.-1:107; 定
harassment ハラスメント	II.-2:102; 定
health 健康	原 32
heat 熱	VI.-3:206
heir 相続人	X.-1:203
hire-purchase 買取選択権付賃貸借	
retention of ownership device 所有権留保	IX.-1:103〜104; IX.-2:308; IX.-5:303; IX.-7:301

independent personal security

horizontal instrument 水平的な手段　序 61〜63
hospital 病院　IV.C.-8:111
hotel-keeper, liability 宿泊事業者の責任
　　　　　　　　　　　　　　IV.C.-5:110
　storage contract, separate 個別の保管契約
　　　　　　　　　　　　　　IV.C.-5:110
　withhold, right to 留置権　IV.C.-5:110
hovercraft ホバークラフト　VIII.-1:201;
　　　　　　　　　　　　　　定「物品」
human dignity　→ dignity, right to
human rights 人権　序 12, 16〜17; 原 33; I-1:102

【I】

illegality 違法性／不法性　原 4〜5; VI.-5:401;
　　　　　　　　　　　　　　VII.-6:103
immovable property 不動産　序 38; I.-1:101;
　　　　　　　　　　　　　　定; → immovables
　construction 建築請負　II.-5:201
　donation 贈与　IV.H.-1:103
　loan contracts 貸付契約　IV.F.-1:101
　rental 賃借権　II.-5:201
　sale 販売　II.-5:201
　separation 分離　VIII.-1:101
　timeshare contract タイムシェアリング契約
　　　　　　　　　　　　　　II.-5:202
immovable property security rights 不動産
　上の担保権　I-1:101
immovable structures　→ immovables
immovables 不動産　IV.C.-3:101; IV.C.-5:101
　abandonment 放棄　VI.-3:208
　accessories 付属物　IX.-3:105
　construction 建築契約　IV.C.-3:101
　control, independent 独立の管理　VI.-3:202
　design 設計契約　IV.C.-6:101
　loss 損失　VI.-2:206
　processing 保守管理契約　IV.C.-4:101
　product 製造物　VI.-3:204
　proprietary security 物的担保　IV.G.-1:101;
　　　　　　　　　　　　　　IX.-3:105
　storage 保管契約　IV.C.-5:101
　unsafe state 安全性の欠如　VI.-3:202
impediment 障害　III.-3:104
　beyond creditor's control 債権者の支配を
　　超えた障害　III.-7:303
　donation contract 贈与契約　IV.H.-3:204

notice of 通知　III.-3:104
permanent 永続的な障害　III.-3:104
prescription period 消滅時効期間　III.-7:303
psychological impediment 心理的な障害
　　　　　　　　　　　　　　III.-7:303
temporary 一時的な障害　III.-3:104
implied terms 黙示的条項　序 52; II-9:101
importation of encumbered assets 担保目的
　財産の輸入　IX.-3:108; IX.-4:106
impossibility 不能　原 27
impossibility, initial 原始的不能　II.-7:102
improvements 改良　III.-3:513
imputation of performance 弁済の充当
　　　　　　　　　　　III.-2:110; III.-6:106
inactivity 不作為　II.-4:204
incapacity 無能力　III.-7:305
　disadvantage 損失　VII.-2:103
　principal 本人　IV.D.-6:105
income 収入　III.-3:701; VI.-2:101
　encumbrance 担保権の設定　IX.-2:107
inconsistent behavior 矛盾行為　原 17, 25;
　　　　　　　　　　　　　　I-1:103
incorporeal property 無体財産　IV.A.-1:101
　donation 贈与　IV.H.-1:103
incorporeal things 無体物
　construction 建築契約　IV.C.-3:101
　design 設計契約　IV.C.-6:101
　storage 保管契約　IV.C.-5:101
　transportation 運送契約　IV.C.-5:101
incorrect information, provision of 不正確な
　情報の提供　序 72
incorrect installation 不適切な取付け
　　　　IV.A.-2:304; IV.A.-2:307〜308; IV.B.-3:105
indemnify 免責　序 65;
　　　　　　　　定「損害を塡補する／免責を得させる」
independent personal security 独立的人
　的担保　IV.G.-1:101; IV.G.-3:101〜109;
　　　　　　　　　　　　　　定; → personal security
　assignment 譲渡　IV.G.-3:108
　benefits, security provider's right to reclaim
　　担保提供者の利益の返還請求権　IV.G.-3:106
　consumer security provider 消費者である
　　担保提供者　IV.G.-4:105
　defences 抗弁　IV.G.-3:103
　demand, abusive 濫用的な請求　IV.G.-3:105

原語索引　467

demand for performance 履行の請求
　　　　　　　　　　　　IV.G.-3:103
demand, fraudulent 詐欺的な請求
　　　　　　　　　　　　IV.G.-3:105〜106
demand, manifestly abusive 明らかに濫用
　　的な請求　　　　　　IV.G.-3:105〜106
first demand 請求即払　　IV.G.-3:104;
　　　　　　　　　　　　IV.G.-3:108
notification 通知　　　　　IV.G.-3:102
proceeds of security 担保の代償物 IV.G.-3:108
rights after performance 履行をした担保
　　提供者の権利　　　　　IV.G.-3:109
time limit 行使の期間制限　IV.G.-3:107
transfer 移転　　　　　　　IV.G.-3:108
index 指数
　price-indexation clauses 価格変動条項
　　　　　　　　　　　　II.-9:410
　stock exchange index 株式取引指数 II.-9:410
indirect possession 間接占有 VIII.-1:205;
　　　　　　　　　　　定「間接の物理的支配」
indirect representation 間接代理　序29;
　　　　IV.D.-1:102; IV.D.-3:403; IV.D.-4:102
　transfer of ownership 所有権の譲渡
　　　　　　　　　　　　VIII.-2:302
　unjustified enrichment 不当利得　VII.-4:102
individually negotiated terms 個別に交渉さ
　　れた条項　II.-1:110; 定「個別に交渉された」
　burden of proof 証明責任　II.-1:110
　merger clause 完結条項　II.-4:104
individuals 個人　　　　　　　原57
industrial dispute 労働争議　　VI.-7:104
industrial material 工業材料　IX.-5:203
industrial property rights 工業所有権
　　IV.A.-1:101; IV.A.-2:305〜307; IV.A.-4:302
　donation 贈与　　　　　　IV.H.-1:103
inequality of bargaining power 交渉力の
　　不均衡　　　　　　　　　原3, 10
informality 方式要件　　　　　原55
information 情報　　　　　　　原8〜9
　clarity 明確性　　　　　　II.-3:106
　commercial agency 代理商　IV.E.-2:202
　confidential information 秘匿される情報
　　　　　　　　II.-3:302; IV.E.-2:203; VI.-2:205
　decision, subsequent 情報に基づく意思決定
　　　　　　　　　　　　VI.-2:207

description 記述　　　　　　IV.C.-7:105
disclosure 開示　　　　　　IV.C.-8:109
distributorship ディストリビューター関係
　　　　　　　　　　　　IV.E.-2:202
duties　　　　　　　→ Information duties
　factual 事実に関する　　　IV.C.-7:105
　form 方式　　　　　　　　II.-3:106
　franchise フランチャイズ　IV.E.-2:202
　incorrect 誤った II.-7:204; VI.-2:204; VI.-2:207
　language 言語　　　　　　II.-3:102
　non-disclosure, fraudulent 詐欺的な不開示
　　　　　　　　　　　　II.-7:205
　quality 質　　　　　　　　IV.C.-7:105
　quantity 量　　　　　　　　IV.C.-7:105
　supply of goods/services 物品／役務の供給
　　　　　　　　　　　　II.-3:101
information, contract for the provision of
　　情報提供契約　　IV.C.-1:101; IV.C.-7:101;
　　　　　　　　　→ services, contract for
　advice 助言　　　　　　　IV.C.-7:101
　causation 因果関係　　　　IV.C.-7:109
　client 依頼者　　IV.C.-7:101; IV.C.-7:108
　conflict of interest 利益相反　IV.C.-7:107
　conformity 適合性　　　　IV.C.-7:105
　data, preliminary 予備データ　IV.C.-7:102
　decision, alternative 他の決定　IV.C.-7:109
　decision, subsequent 情報に基づく決定
　　　　　　　　　IV.C.-7:104; IV.C.-7:109
　expert knowledge 専門的知識
　　　　　　　　　　　IV.C.-7:103〜104
　factual information 事実に関する情報
　　　　　　　　　　　　IV.C.-7:105
　gratuitous 無償　　　　　　IV.H.-1:103
　provider　　　　　　→ information provider
　recommendation 提案 IV.C.-7:104; IV.C.-7:107
　records 記録　　　　　　　IV.C.-7:106
information duties 情報提供義務　　序28;
　　　　原8, 59; II.-3:101〜109; IV.E.-2:101
　breach 違反　II.-3:104〜105; II.-3:109; II.-3:501
　burden of proof 証明責任　II.-3:103〜104
　clarity of information 情報の明確性 II.-3:106
　damages 損害賠償　　　　II.-3:501
　form of information 情報の方式　II.-3:106
　pre-contractual 契約締結前の　序62〜63;
　　　　　　原19; II.-3:101; II.-3:109; II.-7:201

remedies 救済手段	II.-3:109		IV.A.-2:301〜302; IV.A.-2:307; IV.B.-3:102〜103
specific 特別な	II.-3:103	instructions 教唆	
withdrawal 撤回	序 62〜63	to discriminate 差別	II.-2:102
withdrawal period 撤回期間	II.-3:109	instructions 指図／指示	
information provider 情報提供者	IV.C.-7:101	commercial agency 代理商	IV.E.-3:202
care 注意	IV.C.-7:104	exclusive distribution contract 排他的ディストリビューター契約	IV.E.-5:304
conflict of interest 利益相反	IV.C.-7:107	franchise フランチャイズ	IV.E.-4:303〜304
expert knowledge 専門的知識	IV.C.-7:103〜104	mandate 委任	IV.D.-1:101
obligations 義務	IV.C.-7:102〜104	selective distribution contract 選択的ディストリビューター契約	IV.E.-5:304
skill 技能	IV.C.-7:104		
injury 侵害	原 34; VI.-2:101	instructions 説明書	
body 身体	VI.-2:201	lease of goods 物品の賃貸借	IV.B.-3:102〜103
compensation 金銭賠償	VI.-6:204	sale of goods 物品の売買	IV.A.-2:302
fatal	→ fatal injuriy	insurance 保険	序 61; IV.C.-1:102; IV.G.-1:102
health 健康	VI.-2:201	assets, encumbered 担保目的財産	IX.-5:201
mental health 精神的健康	VI.-2:201	baggage insurance policies 手荷物保険証書	II.-5:201
personal	→ personal injury	carriage of goods 物品の運送	IV.A.-2:204
input errors 入力の誤り	II.-3:105; II.-3:201; II.-7:201	guarantee insurance 担保保険	IV.G.-1:102
		Principles of European Insurance Contract Law ヨーロッパ保険契約法原則	序 58
insolvency 倒産		short-term insurance policies 短期間の保険証書	II.-5:201
agent 受任者	序 29; III.-5:401〜402		
set-off 相殺	III.-6:101	travel insurance policies 旅行保険証書	II.-5:201
insolvency administrator of security provider 担保提供者の倒産管財人	IX.-3:101	intangibles 無体財産	IX.-1:201; IX.-3:102; 定
insolvency law 倒産処理法	原 4	intellectual property rights 知的財産権	IV.A.-2:305〜307
insolvency proceeding 倒産処理手続	IV.G.-2:102; 定	distributorship ディストリビューター関係	IV.E.-5:302
performance to non-creditor, ratification 債権者でない者への履行の追認	VII.-4:104	donation 贈与	IV.H.-1:103
inspection 検査／調査	II.-5:105	franchise フランチャイズ	IV.E.-4:101〜102; IV.E.-4:201; IV.E.-4:302
assets, encumbered 担保目的財産	IX.-5:201	sale 売買	IV.A.-1:101
exclusive distribution contract 排他的ディストリビューター契約	IV.E.-5:305	intention 意思	II.-4:102; II.-4:301〜302
franchise フランチャイズ	IV.E.-4:304	intention 故意	原 51; II.-1:105
lease of goods 物品の賃貸借	IV.B.-5:108	damage 損害	VI.-3:101
processing 保守管理契約	IV.C.-4:104	interest 利息	序 29; III.-2:110; III.-7:401; 定
selective distribution contract 選択的ディストリビューター契約	IV.E.-5:305	addition to capital 元本組入れ	III.-3:709; IV.F.-1:104
installation 設備	VI.-3:206	commercial contracts 商事契約	III.-3:710
abandonment 放棄	VI.-3:208	interest rate 利率	III.-3:708; III.-3:710
operator 管理者	VI.-3:206	late payment of money 支払の遅延	
standards of control, statutory 管理についての法律上の基準	VI.-3:206		
installation instructions 取付説明書			

		III.-3:708〜711
loan contract 貸付契約		IV.F.-1:101;
		IV.F.-1:104
prescription period 消滅時効期間		III.-7:401;
		III.-7:502
rate, unilateral change 利率の一方的変更		
		II.-9:410
reference rate 参照金利		III.-3:710
short-term lending rate 短期貸出金利		
		III.-3:708
unfair terms 不公正条項		III.-3:711
intermediaries 仲介者		VII.-4:102
internal market 域内市場		序 12, 16, 19,
		21, 40, 61
internet related chat インターネット上のチャット		
		II.-3:104
interpretation 解釈		序 34; 原 17, 28; I.-1:102
against dominant party 支配的当事者に		
不利な		序 30; II.-8:103
against supplier of term 条項提供者に		
不利な		II.-8:103
conduct of the parties 当事者の行為		II.-8:102
contract as a whole 契約全体		II.-8:105
contracts 契約		II.-8:101〜107
good faith and fair dealing 信義誠実及び		
取引の公正		II.-8:102
intention of the parties 当事者の意思		II.-8:101
juridical acts 法律行為		II.-8:201〜202
nature of the contract 契約の性質		II.-8:102
negotiated terms 交渉された条項		II.-8:104
negotiations, preliminary 契約準備段階に		
おける交渉		II.-8:102
purpose of the contract 契約の目的		II.-8:102
records 記録		IV.C.-8:109
usages 慣習		II.-8:102
intervener 管理者		V.-1:101;
→ benevolent intervention in another's affairs		
authority 権限		V.-3:106
care, reasonable 合理的な注意		V.-2:101
duties 義務		V.-2:101〜103
indemnification 免責		V.-3:101; V.-3:104〜105
liability 責任		V.-2:102
reasonable ground for acting 行為の合理的		
な理由		V.-1:101
reimbursement 償還		V.-3:101; V.-3:104〜105

remuneration 報酬		V.-3:102; V.-3:104
reparation for loss 損失の賠償		V.-3:103〜104
representative 代理人		V.-3:106
interviews, preliminary 予診での問診		
		IV.C.-8:109
invalidity 無効		原 17; II.-7:101; II.-7:212;
		定「無効(Invalid)」
invalidity, initial 無効		
assignment 債権譲渡		序 29; III.-5:118
transfer of ownership 所有権の譲渡		
		VIII.-2:202
inventory 棚卸資産		IX.-5:204
investment activities 投資活動		IV.D.-1:101
investment security 投資証券		III.-5:101;
		IV.A.-1:101
donation 贈与		IV.H.-1:103
investment services 投資サービス		IV.D.-1:101
item, defective 欠陥のある物		序 29
replacement 代替品の引渡し		III.-3:205

【J】

joint obligation 共同債務		III.-4:102; 定
money claimed for non-performance 不履行		
に対する金銭支払請求		III.-4:105
joint right 共同債権		III.-4:202〜203;
		III.-4:205; 定
juridical act 法律行為		序 28, 34, 44〜45, 51;
		I.-1:101; II.-1:101; 定
bilateral 双方向の		II.-1:101
express 明示的		II.-1:101
gratuitous 無償		X.-1:301
illegality 不法性		VII.-6:103
implied 黙示的		II.-1:101
intention 意思		II.-4:301〜302
interpretation 解釈		II.-8:201〜202
invalidity 無効		II.-7:101; 定「無効(Invalid)」
multilateral 多方向の		II.-1:101
notice 通知		I.-1:109
partial ineffectiveness 一部無効		II.-1:108
partial invalidity 一部無効		II.-1:108
unilateral 一方向の		II.-1:101
validity 有効性		定「有効」
voidability 取消可能		
		定「取り消すことができる」
void 無効		定「無効」

jurisdiction clauses 管轄条項　　　II.-9:409
justice 正義　　　序 12, 15〜17, 22;
　　　　　　　原 1, 3, 12〜13, 40〜53, 62
　　protective justice 保護的正義　　原 40

【K】

keeper 保有者　　　　　　　　　定
　　animal 動物　　　　　　　VI.-3:203
　　motor vehicle 自動車　原 51; VI.-3:205
　　substance 物質　　　　　　VI.-3:206
know-how ノウハウ　　IV.E.-4:101〜102;
　　　　　　　IV.E.-4:202; 定「フランチャイズ」
knowledge 知識／知見
　　expert 専門的　　　　　　IV.C.-7:103
　　scientific 科学的　　　　　VI.-3:204
　　technical 技術的　　　　　VI.-3:204
knowledge 認識／悪意　　　　　II.-1:105
　　imputed 認識等の帰責　　　II.-1:105
　　invalidity of contracts/juridical acts 契約／
　　　法律行為の無効　　　　　II.-1:106
　　lack of conformity 不適合　IV.A.-4:304

【L】

labour, contributing 労働　　　　VIII.-5:201
lack of conformity 不適合　　IV.A.-4:101;
　　　　　　　IV.A.-4:201〜202; IV.B.-4:101
land 土地　　　　　　　　　　定「不動産」
land register 土地登記簿　　　　IX.-3:105
landlord 家主　　　　　　　　　　原 18
language 言語／言葉　序 12, 16, 19; II.-9:109
　　clear and comprehensible 明確で分かり
　　　やすい　　　　　　　　　II.-5:104
　　consumer goods guarantee document
　　　消費者物品保証書　　　　IV.A.-6:103
　　contract, conclusion of 契約の締結　II.-3:105
　　DCFR DCFR　　　　　　　　序 47〜48
　　information 情報　II.-3:102; II.-3:106; II.-5:104
　　linguistic discrepancies 言語間の齟齬
　　　　　　　　　　　　　　　II.-8:107
　　plain and intelligible 平明で分かりやすい
　　　　　　II.-3:106; II.-9:402; II.-9:406; IV.A.-6:103
lease of goods 物品の賃貸借　　序 54; 原 46;
　　　　　　　　　IV.B.-1:101; 定「賃貸借」
　　acceptance of goods 物品の受領　IV.B.-5:103
　　availability of the goods 物品の使用可能性
　　　　　　　　　　　　　　　IV.B.-1:101
　　conformity of the goods 物品の適合性
　　　　IV.B.-3:101〜105; IV.B.-4:101; IV.B.-4:103
　　consumer contract 消費者契約　IV.B.-1:102;
　　　　　IV.B.-2:103; IV.B.-3:105; IV.B.-6:102
　　control of the goods 物品の支配　IV.B.-2:101;
　　　　　　　　　　IV.B.-5:103; IV.B.-6:101
　　damages 損害賠償　　　IV.B.-6:101〜102
　　financing purpose 融資目的　　IV.B.-1:101
　　future rent 将来の賃料　　　　IV.B.-6:101
　　goods 物品　　IV.B.-5:103〜109; → goods
　　improvement of goods 物品の改良　IV.B.-5:106
　　inspections 検査　　　　　　　IV.B.-5:108
　　insurance 保険　　　　　　　IV.B.-6:102
　　lack of conformity 不適合　　　IV.B.-4:101
　　lessor　　　　　　　　→ lessee; → lessor
　　maintenance of goods 物品の保存
　　　　　　　　　　　　　IV.B.-5:105〜106
　　ownership, change in 所有者の変更
　　　　　　　　　　　　　　　IV.B.-7:101
　　period　　　　　　　　　　→ lease period
　　repair of goods 物品の修理　　IV.B.-5:105;
　　　　　　　　　　　　　　　IV.B.-5:108
　　rent 賃料　　　　　　IV.B.-1:101; → rent
　　rent reduction 賃料の減額　　　IV.B.-4:102
　　return of the goods 物品の返還
　　　　　　IV.B.-3:106; IV.B.-5:109; IV.B.-6:101
　　specific performance 履行を強制する権利
　　　　　　　　　　　　　　　IV.B.-6:101
　　sublease 転貸借　　　　　　　IV.B.-7:103
　　supply of goods selected by lessee 賃借
　　　人より指定された物品の供給　IV.B.-4:104
　　termination 解消　　　　　　　IV.B.-4:104
　　withhold performance 履行の停止　IV.B.-4:104
lease period 賃貸借期間　　IV.B.-2:101〜102;
　　　　　　　　　　　　　　　IV.B.-4:103
　　definite 期間の定めのある　IV.B.-2:102〜103
　　indefinite 期間の定めのない　IV.B.-2:102
　　notice of termination 解消の通知　IV.B.-2:102
　　obligation to pay rent 賃料支払債務
　　　　　　　　　　　　　　　IV.B.-5:101
　　prolongation, tacit 黙示の延長　IV.B.-2:103
leasing 賃貸借　　　　　　　　　　序 68
leasing リース　　　　IX.-1:103〜104; IX.-2:308;
　　　　　　　　　　　IX.-5:303; IX.-7:301

re-leasing 再リース	IX.-7:301	exclusion 免除	VI.-5:401
legacy 遺産	X.-2:403	good faith and fair dealing 信義誠実及び取引の公正	VI.-5:401
legal capacity 法的能力	序 38; 原 52; I.-1:101; II.-7:101	increase 増大	VII.-5:103
legal certainty 法的安定性	序 12; 原 22, 36, 53; I.-1:102	indemnified persons 塡補を受ける権利を有する者	VI.-7:105
legal culture 法文化	原 62	limitation	→ limitation of liability
legal entity 法人	IV.G.-2:103; IV.G.-2:113	non-contractual 契約外の	VI.-1:101
legal person 法人	原 3, 16; VI.-1:103; 定「人」	public law functions 公法上の職務	VI.-7:103
business 事業者	I.-1:105	reduction on equitable grounds 公平の見地からの軽減	原 1
representative 代表者	VI.-3:201	restriction 制限	VI.-5:401
trustee 受託者	X.-8:301	solidary 連帯	VI.-6:105
legal relationship 法律関係	II.-4:101; 定「義務」	trade union 労働組合	VI.-7:104
binding 拘束力	II.-4:101〜102	liberté contractuelle 契約の自由	序 13, 15
invalidity 無効	定「無効(Invalid)」	liberty, right to 自由に対する権利	VI.-2:203; 定「権利／権限」
legal security 法の安全	原 1; → security (underlying principle)	light 光	VI.-3:206
leisure services 余暇の役務	II.-5:201	limitation of liability 責任制限	
lender 貸主	IV.F.-1:101〜102	consumer goods guarantee 消費者物品保証	IV.A.-6:106
lesion 莫大損害	原 44	design 設計契約	IV.C.-6:107
lessee 賃借人	IV.B.-1:101; → lease of goods	processing 保守管理契約	IV.C.-4:108
assignment of rights to performance 履行請求権の譲渡	IV.B.-7:102	storage 保管契約	IV.C.-5:109
consumer 消費者	IV.B.-1:102〜104	limited proprietary rights 制限物権	VIII.-1:204; IX.-1:102; 定
handling of the goods 物品の取扱い	IV.B.-5:104	good faith acquisition 善意取得	VIII.-3:102
inform, obligation to 通知義務	IV.B.-5:107	priority 優先順位	IX.-4:101
obligations 債務	IV.B.-5:101〜109	limited-right-possessor 他主占有者	VIII.-1:207; 定
option to become owner of the goods 買取選択権	IV.B.-1:101	linguistic diversity 言語的多様性	序 12, 16, 19
supply contract 供給契約	IV.B.-4:104	liquids 液体	VI.-3:206; VIII.-1:201; 定「物品」; 定「無体の」
lessor 賃貸人	IV.B.-1:101; → lease of goods	literal meaning 字義	II.-8:101
business 事業者	IV.B.-1:102	living expenses 生活費	IX.-2:107
financing party 融資をする当事者	IV.B.-1:101	loan contract 貸付契約	序 2; IV.F.-1:101; 定
obligations 債務	IV.B.-3:101〜106	borrower 借主	IV.F.-1:101; IV.F.-1:103
ownership 所有権	IV.B.-7:101	early repayment 繰上返済	IV.F.-1:106
substitution 交替	IV.B.-7:101	interest 利息	IV.F.-1:101; IV.F.-1:104
letter, late acceptance 遅延した承諾を記載した書簡	II.-4:207	lender 貸主	IV.F.-1:101〜102
liability 責任		monetary loan 金銭貸付	IV.F.-1:101; IV.F.-1:103; 定
court proceedings 裁判手続	VI.-7:103	overdraft 当座貸越	IV.F.-1:101
decrease 減少	VII.-3:101	remuneration 対価	IV.F.-1:101; IV.F.-1:104
employees 被用者	VI.-7:104	taking up of the loan 貸付の受領	IV.F.-1:103
employers 使用者	VI.-7:104		
employers' associations 使用者団体	VI.-7:104		

termination 解消	IV.F.-1:106
loan period 貸付期間	IV.F.-1:101
long-term contracts 長期間にわたる契約	原 9, 22
loss 損害／損失	序 65; 原 34; II.-5:105; VI.-2:101; 定
advice, incorrect 誤った助言	VI.-2:207
attributable to creditor 債権者に帰すべき損害	III.-3:704
breach of confidence 秘匿される情報の伝達	VI.-2:205
business, unlawful impairment of 事業の違法な妨害	VI.-2:208
consequential 侵害により生じた損失	VI.-2:201; VI.-3:202〜206
dignity, infringement of 尊厳の侵害	VI.-2:203
economic	→ economic loss
environmental impairment 環境侵害	VI.-2:209
foreseeability 予見可能性	III.-3:703
future loss 将来の損害	III.-3:701
incorrect information, reliance on 誤った情報への信頼	II.-7:204; VI.-2:207
liberty, infringement of 自由の侵害	VI.-2:203
misrepresentation, fraudulent 詐欺的不実表示	VI.-2:210
non-economic	→ non-economic loss
non-performance 不履行	III.-3:701
non-performance of obligation by third person, inducement of 第三者の債務不履行の誘発	VI.-2:211
personal injury 人身侵害	VI.-2:201
possession, infringement of lawful 適法な占有の侵害	VI.-2:206
preventing damage 損害の回避	VI.-6:302
privacy, infringement of プライバシーの侵害	VI.-2:203
property damage 財産の損傷	VI.-2:206; VI.-3:202〜206
property, infringement of 財産の侵害	VI.-2:206
reduction by creditor 債権者による軽減	原 42; II.-3:501; III.-3:705
third persons 第三者	VI.-2:202; VI.-3:202〜206; VI.-5:501
unfair competition 不正な競争	VI.-2:208
loss of ownership 所有権の喪失	序 2, 37, 43, 53; 原 14, 36; VIII.-1:101
extrajudicial enforcement 裁判外の担保権実行	VIII.-1:101
lottery 富くじ	II.-5:201
loyalty 誠実	序 15, 18; 原 17
loyauté 誠実	序 13
loyauté contractuelle 契約上の誠実	序 13

【M】

magazines 雑誌	II.-5:201
magnetic 磁気	I.-1:107
maintenance 保守	IV.C.-4:101
maintenance 扶養	VI.-2:202
maker 作成者	定「製造者」
mandate 委任	IV.D.-1:102; 定; → mandate contract
change, significant 重大な変更	IV.D.-4:201
irrevocable 撤回することができない委任	IV.D.-1:105; IV.D.-6:101〜102
mandate contract 委任契約	序 30, 54; IV.D.-1:101〜102; IV.E.-1:201
accounting 説明	IV.D.-3:402
agent	→ agent
authorisation 権限の付与	IV.D.-1:101〜102
changes 変更	IV.D.-4:101; IV.D.-4:201; IV.D.-6:105
conflict of interest 利益相反	IV.D.-5:101〜102
co-operation 協力	IV.D.-2:101
damages 損害賠償	IV.D.-4:201
direct representation 直接代理	IV.D.-1:102; IV.D.-4:102〜103; 定「直接代理のための委任」
directions 指図	IV.D.-1:101〜102; IV.D.-2:101; IV.D.-4:101〜104
directions, request for 指図の要求	IV.D.-4:102; IV.D.-4:104
double mandate 双方委任	IV.D.-5:102
duration 存続期間	IV.D.-1:103
exclusivity 排他性	IV.D.-3:301
expenses incurred by agent 受任者の負担した費用	IV.D.-2:103; IV.D.-3:402; IV.D.-7:103
fixed period 特定の期間	IV.D.-1:103
gratuitous 無償	IV.D.-1:101; IV.D.-2:103; IV.D.-6:104
indefinite period 不特定の期間	IV.D.-1:103;

IV.D.-6:102; IV.D.-6:104
indirect representation 間接代理　　序 29;
　　IV.D.-1:102; IV.D.-3:403; IV.D.-4:102～103;
　　　　定「間接代理のための委任」
information 情報　　　　IV.D.-2:101;
　　　　　　　　　　　　IV.D.-3:401～403
instruction 指示　　　　IV.D.-1:101～102
mandate relationship 委任関係　IV.D.-1:101
money received 受領した金銭　IV.D.-3:402
money spent 消費した金銭　IV.D.-3:402
non-performance, fundamental 重大な不履行
　　　　　　　　　　　　　　IV.D.-1:105
personal performance 自己執行　IV.D.-3:302
price 報酬　　IV.D.-1:101; IV.D.-2:102～103
price, adjustment 報酬の調整
　　　　　　　IV.D.-4:103～104; IV.D.-4:201
principal　　　　　　　　　→ principal
progress of performance 履行の進捗
　　　　　　　　　　　　IV.D.-3:401～402
prospective contract 委任目的契約
　　IV.D.-1:102; IV.D.-2:102; IV.D.-3:301;
　　IV.D.-3:401～403; IV.D.-7:101
ratification 追認　　II.-6:111; IV.D.-3:202
remedies 救済手段　　　　　IV.D.-4:103
revocation 撤回　IV.D.-1:102; IV.D.-1:104～
　　　　　　　　　　105; IV.D.-6:101
self-contracting 自己契約　　IV.D.-5:101
subcontracting 復委任　　　IV.D.-3:302
task, particular 特定の事務　IV.D.-1:103;
　　　　　　　　　　　　　　IV.D.-6:102
termination　　　　→ mandate relationship
third party 第三者　IV.D.-1:102; IV.D.-3:403
warn, duty to 警告義務　　　IV.D.-4:101
withhold, right to 履行の停止　IV.D.-4:103
mandate relationship 委任関係　IV.D.-1:101;
　　IV.D.-7:103～104; → mandate contract
　　damages 損害賠償　　　　IV.D.-6:101
　　termination 解消　IV.D.-1:105; IV.D.-2:103;
　　IV.D.-3:402; IV.D.-6:101～105; IV.D.-7:101～103
　　termination 終了　　　　IV.D.-1:104
　　termination for extraordinary and serious
　　　reason 特別かつ重大な理由による解消
　　　　　　　IV.D.-6:103; IV.D.-6:105
　　termination by successors of the principal
　　　本人の相続人による解消　IV.D.-6:103

mandatory rules 強行法規　原 2～3, 11; II.-1:102
　　illegality 不法性　　　　　VII.-6:103
　　infringement 違反　II.-7:101; II.-7:302
　　trusts 信託　　　　　　　X.-1:303
　　unfair terms 不公正条項　　II.-9:401
manufacturer 製作者　VI.-3:204;定「製造者」
market conditions 市場の状況　IV.E.-3:203;
　　　　　　　　　　　　　　IV.E.-4:102
market efficiency 市場の効率性　原 58～60
market failure 市場の失敗　　　　原 59
marketing 宣伝・勧誘　　原 46; II.-3:102;
　　　　　　　　　　II.-9:102; IV.E.-1:101
mass 集積物　VIII.-2:305; VIII.-5:202; IX.-2:309
materials 材料　　IV.C.-2:104; IV.C.-3:102;
　　　　　　　　　IV.C.-4:102; IV.E.-2:306
materials 試料　　　　　　IV.C.-8:103
matrimonial relationships 婚姻関係　I-1:101
media メディア　　　　　　VI.-5:203
mediation 調停　　　　序 29; III.-7:302
medical treatment 医療契約　　　原 46;
　　　　　　　　→ treatment, contract for
medicines 医薬品　　　　　IV.C.-8:103
mental health 精神的健康　　　VI.-2:201
mental incompetence 精神的な能力の欠如
　　　　　　　　　　　　　　VI.-5:301
mentally incompetent persons 精神的な能力
　　が不十分な者　　　　　　　　原 52
merger clause 完結条項　　II.-4:104; 定
merger of debts 債務の混同　III.-6:201; 定
　　solidary obligation 連帯債務　III.-4:108
micro-credits 少額信用　　　　IX.-1:105
microorganisms 微生物　　　　VI.-3:206
mind, state of 心理状態　　　　II.-1:105
minors, damage caused by 年少者が生じさせ
　　た損害　　　　　　　　VI.-3:103～104
minimum intervention 最小限の介入　原 11
misrepresentation 不実表示　II.-7:205; → fraud
　　conduct 行為　　　　　　　II.-7:205
　　fraudulent 詐欺　　II.-7:205; VI.-2:210;
　　　　　　　　　定「詐欺的な不実表示」
　　loss 損失　　　　　　　　VI.-2:210
　　words 言葉　　　　　　　II.-7:205
mistake 錯誤　　　　序 72; 原 6, 8, 19, 49;
　　　　　　　　　　　II.-7:101; II.-7:201
　　adaptation of contract 契約の改訂　II.-7:203

avoidance 取消し		II.-7:201
both parties 当事者双方の		II.-7:201; II.-7:203
damages 損害賠償		II.-7:214
donation 贈与		IV.H.-2:103
good faith and fair dealing 信義誠実及び取引の公正		II.-7:201
inaccuracy in communication 表示／伝達における誤り		II.-7:202
inexcusable 宥恕されない		II.-7:201
performance of the contract 契約の履行		II.-7:203
remedies 救済手段	II.-3:109; II.-3:201; II.-7:215～216	
risk of リスク		II.-7:201
service contracts 役務提供契約		IV.C.-2:102
third persons 第三者		II.-7:208
mixed contracts 混合契約		序 53; II.-1:107
primary category 推定契約類型		II.-107
mixture 混合物		VIII.-2:305; VIII.-5:202; IX.-2:309; X.-3:203
model ひな形		IV.A.-2:302; IV.B.-3:103
model rules モデル準則		序 9, 24, 41～42, 55～56, 59～60
development 継続形成		I-1:102
interpretation 解釈		I-1:102
modification of contracts 契約の改訂		原 20; II.-7:303
form 方式		II.-4:105
monetary loan 金銭貸付		IV.F.-1:101; IV.F.-1:103; 定
monetary obligation 金銭債務		III.-3:301
assignment 債権譲渡		III.-5:107; III.-5:117
ratification 追認		VII.-4:104
money 金銭	III.-2:108; III.-2:112; III.-3:301; III.-3:510; IV.C.-5:101; → currency	
depositing 預託		III.-2:112
donation 贈与		IV.H.-1:103
not accepted 受領されない場合		III.-2:112
reimbursement 返還		III.-2:102
money market instruments 短期金融市場証券		IX.-1:201
money orders, international 国際為替		II.-9:410
month 月		I.-1:110
motor vehicle 自動車		原 51; VI.-3:205; 定
damage caused by 自動車によって生じた損害	VI.-3:205; VI.-3:208; VI.-5:102	
trailer トレーラー		VI.-3:205
movable assets 動産		序 2, 43, 53
security rights 担保権		IX.-1:101～102
movable property 動産		序 37, 40, 68
movables 動産		VIII.-1:201; 定
construction 建築契約		IV.C.-3:101
design 設計契約		IV.C.-6:101
product 製造物		VI.-3:204
storage 保管契約		IV.C.-5:101
transportation 運送		IV.C.-5:101

【N】

national law 国内法		序 25, 63, 73
constitutional law 憲法		VI.-7:101
damage, accountability for 損害についての責任		VI.-3:207
non-economic loss, quantification 非経済的損失の算定		VI.-6:203
notation of security rights 担保権の記録		IX.-3:301; IX.-3:312
personal injury, quantification 人身侵害の算定		VI.-6:203
registration of ownership 所有権の登記		VIII.-1:102; VIII.-2:103
registration of security rights 担保権の登記		XI.-2:108; IX.-3:301; IX.-3:312
statutory provisions 法律上の規定		VI.-7:102
national notes in the DCFR DCFR の国別のノート〔比較法的資料〕		序 71, 73, 75
natural person 自然人		序 38; 原 3,16; I-1:101; VI.-1:103; 定「人」
business 事業者		I-1:105
consumer 消費者		I-1:105
legal capacity 法的能力		I-1:101
mental condition 精神的な状態		IV.C.-8:101
physical condition 身体的な状態		IV.C.-8:101
status 地位		I-1:101
necessity 緊急避難		VI.-5:202
negligence 過失		序 65; 原 50～52; VI.-3:102; 定
gross 重大な過失	III.-3:105; III.-3:703; IV.C.-4:108; IV.C.-5:110; VI.-6:107; IV.C.-6:205; X.-6:205; 定「重大な過失」	
standard of care 注意の水準		VI.-3:102
negotiable documents of title 流通性のある		

権原証券　　　　　　　IX.-2:304; IX.-7:206
security right in the goods 物品を目的と
　する担保権　　　　　　　　　IX.-3:202
negotiable instruments 流通証券／有価証券
　序 38; I.-1:101; IV.A.-1:101; IX.-2:304; IX.-7:205
　aval 裏書保証　　　　　　　IV.G.-1:102
　donation 贈与　　　　　　　IV.H.-1:103
　realisation of security 担保の換価　IX.-7:214
　security endorsement 担保のための裏書
　　　　　　　　　　　　　　IV.G.-1:102
　security right in the right embodied 化体さ
　　れる権利を目的とする担保権　IX.-3:202
negotiations 交渉　　序 13; 原 42; II.-3:301
　breaking off 破棄　　　　　　II.-3:301
　duty to negotiate in good faith 信義誠実に
　　従って交渉する義務　　　　II.-3:301
　freedom to negotiate 交渉の自由　II.-3:301
　good faith and fair dealing 信義誠実及び取
　　引の公正　　　　　　　　　II.-3:301
　intention of reaching an agreement 合意
　　する意図　　　　　　　　　II.-3:301
　prescription period, postponement 消滅
　　時効期間の満了の延期　　　III.-7:304
negotiorum gestio
　→ benevolent intervention in another's affairs
network ネットワーク
　franchise フランチャイズ　　IV.E.-4:207;
　　　　　　　　　　　　　　IV.E.-4:303
net weight 正味重量　　　　　IV.A.-3:103
newspapers 新聞　　　　　　　II.-5:201
noise 騒音　　　　　　　　　　VI.-3:206
non-conforming performance 適合しない履行
　　　　　　　　　　　　　　　　原 28
non-conformity 不適合　序 53; III.-3:201〜205
　cure 追完　　　　　　　　III.-3:202〜205
　design 設計　　　　　　IV.C.-6:104〜105
　knowledge 悪意　　　　　　　III.-3:203
　notice 通知　　　　　III.-3:107; IV.A.-4:302
　price reduction 代金減額　　　III.-3:601
　replacement 代替品の引渡し　III.-3:205
　service contract 役務提供契約　IV.C.-2:110
non-contractual liability 契約外責任　原 31〜33;
　　　　　　　　　　　　　　VIII.-5:101
　inducement to breach the contract 契約
　　違反の誘発　　　　　　　　　原 4

non-contractual liability arising out of damage
　caused to another 他人に生じた損害に
　基づく契約外責任　　　　序 17〜18, 43, 54,
　　69; 原 4, 12〜13, 30, 31, 45, 51; VI.-1:101
non-contractual obligations 契約外の義務
　　　　　　　　　序 13, 36, 46, 74; 原 12〜13,
　　　　　　　　　　30〜35, 47〜52; I.-1:101
non-contractual rights 契約外の権利　　序 74;
　　　　　　　　　　　　　　　I.-1:101
non-disclosure of information 情報の不開示
　　　　　　　　　　　　II.-7:205; IV.C.-8:107
　fraudulent 詐欺的な　　　　　II.-7:205
non-discrimination 差別禁止　　序 17; II.-2:101;
　　　　　　　　　　III.-1:105; → discrimination
　ethnic origin 民族的出身　　原 7; II.-2:101
　racial origin 人種　　　　　原 7; II.-2:101
　sex 性別　　　　　　　　　　II.-2:101
non-economic loss 非財産的損害／非経済的損失
　　　　　　　　　原 32; III.-3:701; VI.-2:101;
　　　　　　　　　VI.-2:202; 定「損害／損失」
　assignment of right to reparation for
　　賠償請求権の譲渡　　　　　VI.-6:106
　injury as such 侵害それ自体　VI.-6:204
　pain 肉体的苦痛　　　　III.-3:701; VI.-2:101
　quality of life, impairment of 生活の質の低下
　　　　　　　　　　　　III.-3:701; VI.-2:101
　quantification 算定　　　　　VI.-6:203
　suffering 精神的苦痛　　III.-3:701; VI.-2:101
non-monetary obligation 非金銭債務　III.-3:302
　assignment 債権譲渡　　III.-5:107; III.-5:117
　ratification 追認　　　　　　　VII.-4:104
non-performance 不履行　序 29; 原 17, 20, 27, 60;
　　　III.-1:102; 定; → payment for non-performance
　additional period of time for performance
　　履行のための付加期間　III.-3:103; III.-3:503
　anticipated 履行期前の不履行　原 61; III.-3:401;
　　　　　　　　　　　　　　　III.-3:504
　caused by creditor 債権者が引き起こした
　　不履行　　　　　　　　　　III.-3:101
　damages 損害賠償　　　III.-3:204; III.-3:302;
　　　　　　　　　　　　　III.-3:701〜702
　excused 免責　　　　　III.-3:101; III.-3:104;
　　　　　　　　　　　　　III.-3:701; III.-3:708
　fundamental 重大な不履行　原 41, 55; II.-2:105;
　　　　　　　III.-3:203; III.-3:502; III.-3:504〜505;

offer

	IV.C.-6:105; IV.D.-1:105; IV.E.-2:305; 定
grossly negligent 重大な過失	*III.-3:703*
impediment beyond the debtor's control 債務者の支配を超えた障害	*原 44; III.-3:104*
intentional 故意	*III.-3:703*
non-performance caused by the claimant 請求者が引き起こした不履行	*原 45; III.-3:101*
notice 通知	*III.-3:106*
reckless 無謀な行為	*III.-3:703*
remedies 救済手段	*III.-3:101; III.-3:105*
remedies, alternative 選択的な救済手段	*II.-7:216*
remedies, cumulation of 救済手段の重畳	*III.-3:102*
stipulated payment 予定賠償金	*III.-3:302; III.-3:509; III.-3:712*
non-possessory security 非占有担保	*原 15, 55; IX.-2:103*
non-repeat players 反復取引をしない者	*原 46*
not doing 不作為	*III.-1:102*
notes in the DCFR ノート〔比較法的資料〕	*序 3, 25, 71, 73, 75*
notice 通知	*I.-1:109;* 定
additional period of time for performance 履行のための付加期間	*III.-3:103; III.-3:503*
agent 代理人	*I.-1:109*
avoidance 取消し	*II.-7:209〜211*
business/consumer relations 事業者と消費者の関係	*I.-1:109*
delivery to addressee 名宛人への配達	*I.-1:109*
electronic means, transmission by 電子的方法	*I.-1:109*
non-performance 不履行に関する通知	*III.-3:106*
reasonable 合理的な通知	*原 42*
reaching the addressee 名宛人への到達	*I.-1:109*
revocation 撤回	*I.-1:109*
set-off 相殺の通知	*III.-6:105〜106*
termination by 通知による解除	*III.-1:109*
unilateral juridical act 単独行為	*II.-4:301*
variation by 通知による変更	*III.-1:109*
notices of termination 解消の通知	*序 51*
notification of security provider 担保提供者への通知	*IV.G.-2:107*
nullity 無効	*II.-7:301; II.-7:303〜304*
ownership of property 財産の所有権	*II.-7:303*

【O】

obligation 債務	*序 44, 50〜51; III.-1:101;* 定
alternative obligations 選択的な債務	*III.-2:105*
change of circumstances 事情変更	*III.-1:110*
conditional 条件付きの債務	*III.-1:106*
continuing 継続的債務	*III.-7:203*
contractual 契約上の債務	*III.-3:501*
divided 分割債務	*III.-4:102〜104;* 定「分割債務」
divisible 可分債務	*III.-3:506*
extinction 消滅	*III.-2:114*
indivisible 不可分債務	*III.-3:506*
joint 共同債務	*III.-4:102〜103; III.-4:105;* 定「共同債務」
merger of debts 混同	*III.-6:201*
monetary 金銭債務	*III.-2:101; III.-2:109〜110; III.-2:113; III.-3:301*
non-discrimination 差別の禁止	*III.-1:105*
non-monetary 非金銭債務	*III.-3:302*
non-performance 不履行	*III.-1:102; III.-3:101*
performance 履行	*III.-1:102; III.-2:101〜114*
reciprocal 牽連関係	*III.-1:102; III.-2:103〜104; III.-3:301; III.-3:401; III.-3:510; III.-3:601; VIII.-6:102;* 定
secured 被担保債務	*IV.G.-1:101*
separate parts 分割履行債務	*III.-3:506*
solidary 連帯債務	*III.-4:102〜103*
termination by agreement 合意による解消	*III.-1:108*
termination by notice 通知による解消	*III.-1:109*
terms 債務の内容	*III.-1:102*
time-limited 期限付きの債務	*序 45; III.-1:107*
variation by agreement 合意による変更	*III.-1:108*
variation by notice 通知による変更	*III.-1:109*
obligations, law of 債務法	*序 40*
occupation 先占	*VIII.-1:101*
offer 申込み	*序 51; II.-4:201*
acceptance, modified 変更を加えた承諾	

原語索引 **477**

offer

            II.-4:208
 additional terms 追加的な条項 *II.-4:208*
 different terms 異なる条項 *II.-4:208*
 fixed time for acceptance 一定の承諾期間
            II.-4:202
 irrevocable 撤回不可 *II.-4:202*
 public, offer made to the 公衆に対する申込み
         II.-4:201〜202
 rejection 拒絶 *II.-4:203; II.-4:208*
 revocation 撤回 *II.-4:202*
offer 申し出
 rejection 拒絶 *III.-2:103*
off-premises contracts 店舗外契約 *序 62*
operator 管理者 *VI.-3:206*
optical 光 *I.-1:107*
optional instrument 任意に選択することが
 できる法律文書 *序 59*
other party 他方当事者 *序 51*
overdraft facility 当座貸越 *IV.F.-1:101;* 定
 termination 解消 *IV.F.-1:106*
overriding principles 最優先の原則 *序 14, 16, 22*
owner 所有者 *VIII.-1:202*
 premises 不動産 *原 51*
 remedies 救済手段 *VIII.-6:401*
 right to obtain/recover possession 占有を
  取得／回復する権利 *原 38*
owner-possessor 自主占有者 *VIII.-1:206;* 定
 acquisition of ownership 所有権の取得
       VIII.-4:101; VIII.-4:103
ownership 所有権 *序 2, 37; VIII.-1:202;*
       IX.-1:201; 定
 acquisition 取得 *序 2, 37, 43, 53;*
  原 14, 36〜37; → acquisition of ownership;
      → good faith acquisition
 immovable property 不動産 *I.-1:101*
 lease of goods 物品の賃貸借 *IV.B.-7:101*
 loss 喪失 *序 2, 37, 43, 53; 原 14, 36;*
       → loss of ownership
 passing of ownership 所有権の移転 *原 15, 53;*
  VIII.-2:101; → transfer of ownership
 protection 保護 *VIII.-1:101; VIII.-6:101〜102*

【P】

pacta sunt servanda 約束は守られるべし *原 20*
pain 肉体的苦痛 *III.-3:701; VI.-2:101*

paper 紙 *I.-1:106*
parental care 監護 *VI.-3:104*
parents 父母 *VI.-3:104*
part payment 一部弁済 *III.-7:401*
party autonomy 当事者自治 *序 28; 原 2, 14〜15;*
    II.-1:102; → freedom of contract
passing of ownership 所有権の移転 *原 15, 53;*
         VIII.-2:101
passing of risk 危険の移転 *IV.A.-5:101;*
         VIII.-2:201
 carriage of goods 物品の運送 *IV.A.-5:202;*
 consumer contract for sale 消費者売買契約
         IV.A.-5:103
 goods placed at buyer's disposal 買主の処分
  に委ねられた物品 *IV.A.-5:201*
 goods sold in transit 運送中に売却された
  物品 *IV.A.-5:203*
 time 時期 *IV.A.-5:102*
patient 患者 *原 46; IV.C.-8:101*
 consent 同意 *IV.C.-8:108〜109*
 free choice regarding treatment 治療に
  関する自由な選択 *IV.C.-8:105*
 health condition 健康状態 *IV.C.-8:102;*
         IV.C.-8:105
 information 情報 *IV.C.-8:105〜108*
 not contracting party 契約当事者でない者
         IV.C.-8:101
payment 支払 *II.-3:102; II.-9:410; III.-2:108;*
    III.-3:510; → right to payment
 ability to pay 支払能力 *III.-5:112*
 commission 代理報酬 *IV.E.-3:304*
 currency 通貨 *III.-2:109*
 formalities 方式 *III.-2:113*
 interest 利息 *III.-7:401*
 method 方法 *III.-2:108*
 part payment 一部弁済 *III.-7:401*
 place 履行場所 *III.-2:101*
 rent 賃料 *IV.B.-5:102*
 storage 保管 *IV.C.-5:106*
 time 弁済期／履行期 *III.-2:102; IV.F.-1:101*
 withdrawal, right of 撤回権 *II.-5:105*
payment for non-performance 不履行に対す
 る賠償額の予定
 grossly excessive 過大 *原 44*
payment schedule 支払の予定 *II.-3:107*

payphone, public 公共の通話サービス	II.-5:201
PECL → Principles of European Contract Law	
PEL → Principles of European Law	
penalty clauses 違約罰条項	原 60
pensions, future 将来の年金	IX.-2:107
performance 履行／弁済	序 51; II.-3:102; III.-1:101〜102; 定; → right to performance
additional period 付加期間	III.-3:103; III.-3:503
assurance of due performance 履行に対する担保	III.-3:505
conforming 適合した履行	III.-3:511
continuous 継続的履行	III.-1:109; III.-1:111
costs 費用	III.-1:110; III.-2:113
current price 時価	III.-3:707
delayed 遅延した履行	III.-1:102
doing 作為	III.-1:102
early performance 期限前の履行	III.-2:103
enforcement 強制	原 17, 26; III.-3:301〜303
entrusted to another person 他人への委託	III.-2:106
expensive 多額の費用がかかる履行	III.-3:302
extinctive effect 債務の消滅	III.-2:114
formalities 履行の方式	III.-2:113
impossible 履行の不可能	III.-3:302
imputation 弁済の充当	III.-2:110
intervals, regular 履行の間隔	III.-1:109
late 履行の遅延	III.-3:508
methods, alternative 選択的な履行方法	III.-2:105
non-conforming 不適合	III.-3:201〜205; III.-3:508; III.-3:511
not doing 不作為	III.-1:102
order of performance 履行の順序	原 41; III.-2:104
part performance 一部弁済	IV.G.-2:113
periodic 定期的履行	III.-1:109; III.-1:111
personal 一身専属権	III.-5:109
personal 一身専属的な性質	III.-3:302
personal 債務者自身による履行	III.-2:107
place 履行場所	III.-2:101; III.-5:117
prescription, effect of 消滅時効の効果	III.-7:501
repeated 定期的履行	III.-1:109; III.-1:111
simultaneous 同時履行	III.-2:104
solidary obligation 連帯債務	III.-4:108
standards of 標準的	II.-3:101
third person 第三者による履行	III.-2:106〜107
time 履行期	III.-2:102〜103
unlawful 違法な	III.-3:302
unreasonably burdensome 不合理な負担	III.-3:302
unwanted performance 望まれていない履行	原 61
withhold, right to 履行停止権	III.-3:204; III.-3:401
period of notice 期間を定めた通知	原 20
periodicals 定期刊行物	II.-5:201
person 人	原 32; 定; → legal person; → natural person
free movement of persons 人の自由な移動	序 22
incapacity 無能力	III.-7:305; IV.D.-6:105; VII.-2:103
reputation 名誉	VI.-2:203
supervised 監督に服する	VI.-3:104
person under 7, damage caused by 7歳未満の者が生じさせた損害	VI.-3:103〜104
person under 14, damage caused by 14歳未満の者が生じさせた損害	VI.-3:104
person under 18, damage caused by 18歳未満の者が生じさせた損害	VI.-3:103〜104
personal injury 人身侵害	原 32, 51; II.-9:410; VI.-2:201〜202; VI.-3:202〜206
causation 因果関係	VI.-4:101
defences 抗弁	VI.-5:501
exclusion of liability 責任の免除	III.-3:105; VI.-5:401
fatal injury 生命侵害	III.-3:105; VI.-2:202; VI.-5:401
mental health 精神的健康	VI.-2:201
non-economic loss 非経済的損失	VI.-2:202
quantification 算定	VI.-6:203
restriction of liability 責任の制限	III.-3:105; VI.-5:401
third persons, loss suffered by 第三者に生じた損失	VI.-2:202
personal security 人的担保	IV.G.-1:102
acceptance 承諾	IV.G.-1:103
consumer security provider 消費者である担	

保提供者　　　　　　　　　　IV.G.-4:101〜107
dependent 付従的人的担保　IV.G.-1:101〜102;
　　　　　　　　IV.G.-2:101〜113; IV.G.-4:105
global 包括根担保　　IV.G.-1:101; IV.G.-2:104;
　　　　　　　　　　　　　　　　　IV.G.-4:105
independent 独立的人的担保　　　IV.G.-1:101〜
　　　　　　　102; IV.G.-3:101〜109; IV.G.-4:105
information, annual 毎年の情報提供
　　　　　　　　　　　　　　　　　IV.G.-4:106
maximum risk 最大リスク　　　　IV.G.-1:106
time limit 期間制限　　　　　　　IV.G.-4:107
unilateral undertaking 一方的約束
　　　　　　　　　　　　　　　　　IV.G.-1:103
unlimited 極度額の定めのない　　IV.G.-1:106;
　　　　　　　　　　　　　　　　　IV.G.-4:105
personal security contracts 人的担保契約
　　　　　　　　　　　　　　　序 54, 61; 原 46
non-professional providers 非事業者
　　　　　　　　　　　原 46; IV.G.-4:101〜107
withdrawal, right of 撤回権　　　　II.-5:201
personality rights 人格権　　　　　原 30, 32;
　　　　　　　　　　　　　　　定「権利／権限」
physical integrity 身体の完全性　　　　原 32
physical control 物理的支配　　VIII.-2:105; 定;
　　　　　　　　　　　　　　　　→ possession
place of business 営業所　　　　　　III.-2:101
　change 変更　　　　　　　　　　III.-2:101
pledge 質権　　　　　　　　　　　IX.-1:102
plurality of creditors 複数の債権者　序 34, 52;
　　　　　　　　　　　　　　　　　　　原 41
plurality of debtors 複数の債務者　　序 34, 52;
　　　　　　　　　　　　　　　　　　　原 41
possession 占有　　　原 14, 34, 36; VI.-2:206;
　　　　　　　　　　　　　　　VIII.-1:205; 定
　addition of parts 付加　　　　　VIII.-7:104
　benefits from the goods 物品からの利益
　　　　　　　　　　　　　　　　VIII.-7:103
　better possession 優越する占有　　　原 39;
　　　　　　　　　　　　　VIII.-6:301〜302
　continuous possession 占有の継続　原 37, 53;
　　　　　　　　VIII.-4:101〜103; VIII.-4:301〜302
　direct physical control 直接の物理的支配
　　　　　　　　　　　　　VIII.-1:205〜208; 定
　dispossession 侵奪　　　　VIII.-6:201〜202
　equivalent of delivery 引渡しに相当する事実

　　　　　　　　　　　　　　　　VIII.-2:105
　expenditure 費用　　　　　　　　VIII.-7:104
　fruits 果実　　　　　　　　　　　VIII.-7:103
　indirect physical control 間接の物理的支配
　　　　　　　　　　　　　VIII.-1:205〜207; 定
　interference, unlawful 違法／不法な妨害
　　　　　　　　　　　　原 38; VIII.-6:201〜202
　protection 保護　　　　原 39; VIII.-6:201〜204
　recovery of goods 物品の回復　　VIII.-6:203;
　　　　　　　　　　　　　　VIII.-7:101〜104
　reparation 賠償　　　　　　　　　VIII.-6:401
　retention 留置　VIII.-7:104; IX.-2:114; IX.-4:102
　self-help 自力救済　　　　　　　　VIII.-6:202
　use of the goods 物品の使用　　　VIII.-7:103
　possession-agent 占有機関　　VIII.-1:208; 定
possessory security right 占有担保権
　　　　　　　　　　　　IX.-1:201; IX.-2:103; 定
practice, established 確立した慣習　　　序 63
practices 慣行　　　　　　　II.-1:104; II.-4:205
　good commercial practice 健全な商慣行
　　　　　　　　　　　　　　　　　II.-3:101
　language 言語　　　　　　　　　II.-9:109
　price 対価　　　　　　　　　　　II.-9:104
　quality 品質　　　　　　　　　　II.-9:108
　terms of contract 契約条項　　　II.-9:101
pre-contractual duties 契約締結前の義務　原 46
pre-contractual statements 契約締結前の表示
　　　　　　　　　　　　　　　　　　序 52
pre-contractual information 契約締結前の情
　報提供義務　　　　　　　　序 69, 72; 原 19
predictability 予見可能性　　　　　　　序 12
premises 不動産　　　　　　　　　　　原 51
prescription 消滅時効　　序 29, 34; 原 1, 29, 61;
　　　　　　　　　　　　　　　　III.-7:101; 定
　arbitral award, right established by 仲裁判
　　断によって確定した権利　III.-7:202〜203
　effects 効果　　　　　　　　III.-7:501〜503
　judgment, right established by 判決によって
　　確定した権利　III.-7:202〜203; III.-7:401
　modification by agreement 合意による修正
　　　　　　　　　　　　　　　　　III.-7:601
　part payment 一部弁済　　　　　III.-7:401
　payment of interest 利息の支払　III.-7:401
　period　　　　　　　　→ prescription period
　security rights 担保権　　III.-7:401; IX.-6:103

set-off 相殺	III.-7:503
solidary obligation 連帯債務	III.-4:111
trusts 信託	X.-7:302
prescription period 消滅時効期間	III.-7:101; → *prescription*
acknowledgement of the right 権利の承認	III.-7:401
ancillary rights 従たる権利	III.-7:502
attempted execution 強制執行の申立て	III.-7:402
commencement 起算点	III.-7:203
continuing obligation 継続的債務	III.-7:203
deceased's estate 相続財産	III.-7:306
expiry 満了	III.-7:501〜503
expiry, postponement of 満了の延期	III.-7:304〜307
extension 伸長	III.-7:301〜307
general 一般の	III.-7:201; III.-7:203; III.-7:401
impediment beyond creditor's control 債権者の支配を超えた障害	III.-7:303
incapacity, person subject to 無能力者	III.-7:305
judicial proceedings 裁判手続	III.-7:302
legal proceedings, right established by 法的手続によって確定した権利	III.-7:202〜203; III.-7:401
lengthening 合意による延長	III.-7:601
maximum length 上限	III.-7:307
negotiations 交渉	III.-7:304
reduction 合意による短縮	III.-7:601
renewal 更新	III.-7:401〜402
res judicata 既判力	III.-7:302
suspension 進行の停止	III.-7:301〜303; III.-7:307
presumption 推定	定
prevention of damage 損害の差止め	VI.-1:102〜103; VI.-6:301〜302
prevention of damage 損害の予防	原 33
price 価格／対価／代金／報酬	定「価格／代金」
adequacy 相当性	原 44; II.-9:406
adjustment 調整	IV.D.-4:103〜104; IV.D.-4:201
advertisement 広告	II.-4:201
calculation basis 計算の基礎	II.-3:107
catalogue カタログ	II.-4:201
commercially reasonable 商取引上合理的な	IX.-7:212
construction contract 建築契約	IV.C.-3:107
current 時価	III.-3:707
determination 決定	II.-9:104〜107; II.-9:410
determination by third person 第三者による決定	II.-9:106
determination, unilateral 一方による決定	II.-9:105
display of goods 物品の陳列	II.-4:201
fluctuations 相場変動	II.-5:201; II.-9:410
increase 増額	II.-9:410
information 情報	II.-3:102〜103; II.-3:106〜107
payment schedule 支払の予定	II.-3:107
practices 慣行	II.-9:104
recommended 推奨される価格	IV.E.-4:205
reduction	→ *price reduction*
services 役務	IV.C.-2:101
stated prices 所定の価格	II.-4:201
usages 慣習	II.-9:104
price reduction 代金減額	原 27; III.-3:601
damages 損害賠償	III.-3:601
price-indexation clauses 価格変動条項	II.-9:410
principal 事業主	
accounting 会計	IV.E.-3:311
commercial agency 代理商	IV.E.-3:101; IV.E.-3:301〜313
inform, obligation to 情報提供義務	IV.E.-3:307〜308
instructions 指図	IV.E.-3:202
warn, duty to 警告義務	IV.E.-3:309
principal 本人	序 30; II.-6:101〜112; IV.D.-1:101
authorisation 権限の授与	II.-6:103
avoidance 取消し	II.-6:109
benevolent intervention in another's affairs 事務管理	V.-1:101
co-operation 協力	IV.D.-2:101
death 死亡	IV.D.-6:103; IV.D.-6:105; IV.D.-7:102
directions 指図	IV.D.-4:101〜104
incapacity 無能力	IV.D.-6:105
legal position in relation to third party 第三者との関係における法的地位	II.-6:105

mandate contract 委任契約	IV.D.-1:101; IV.D.-7:102		IV.C.-1:101; IV.C.-4:101; 定
obligations 義務	IV.D.-2:101〜103	client	→ client
unidentified 誰であるかが示されない本人	II.-6:108	components 部品	IV.C.-4:102
wishes 意思	IV.D.-3:201	control, return of 支配の返還	IV.C.-4:105; IV.C.-4:107

Principes directeurs du droit européen du contrat ヨーロッパ契約法の指導的原則（『指導的原則』） 序 2, 13〜14; 原 1, 3〜4, 17〜18, 21, 23〜26, 28, 42

- co-operation 協力　　　　　　　IV.C.-4:102
- damage, prevention of 損害の防止　IV.C.-4:103
- destruction of thing processed 保守管理の目的物の滅失　　　　　　IV.C.-4:107
- inspection 検査　　　　　　　　IV.C.-4:104
- limitation of liability 責任制限　IV.C.-4:108
- materials 材料　　　　　　　　　IV.C.-4:102
- ownership of thing processed 保守管理の目的物の所有権　　　　　IV.C.-4:105
- price, payment of 報酬の支払　IV.C.-4:106〜107
- processor　　　　　　　　　　→ Processor
- return of thing processed 保守管理の目的物の返還　　　IV.C.-4:105; IV.C.-4:107
- risks 危険　　　　　　　　　　　IV.C.-4:107
- supervision 監督　　　　　　　　IV.C.-4:104
- termination 解消　　　　　　　　IV.C.-4:107
- tools 道具　　　　　　　　　　　IV.C.-4:102
- withhold, right to 履行停止権　　IV.C.-4:106

principles 原理／原則　　　　序 9〜11, 60, 62
- fundamental principles 基本的原理　序 11, 14
- overriding principles 最優先の原則　序 14, 16, 22
- underlying principles 基底的原理　序 14〜15, 22; 原 1〜62; I.-1:102

Principles of European Contract Law ヨーロッパ契約法原則（PECL）　　　序 8, 10, 34, 44, 49〜53

Principles of European Insurance Contract Law ヨーロッパ保険契約法原則　　序 58

Principles of European Law ヨーロッパ法原則（PEL）　　　　　　　　　序 54

priority of security rights 担保権の優先順位　IX.-2:109; IX.-3:310; IX.-3:321; IX.-4:101〜108
- continuation 継続　　　　　　　IX.-4:103
- security right and limited proprietary rights 担保権と制限物権　　　　IX.-4:101
- several security rights 複数の担保権　IX.-4:101
- superpriority 最優先順位　　　　IX.-4:102
- transfer of secured right 被担保債権の譲渡　IX.-5:301〜302

privacy, right to プライバシーの権利　VI.-2:203; 定「権利／権限」

private law 私法　　　　　　　　序 18〜19, 40
procedure 手続　　　　　　　　　　I.-1:101
proceeds 価値変形物　　　　　　IX.-1:201; 定
- security rights 担保権　　IX.-2:306; IX.-4:104〜105

proceeds 換価金
- distribution 配当　　　　　　　IX.-7:215

proceeds of proceeds 価値変形物からの価値変形物　IX.-1:201; 定「価値変形物」

processing, contract for 保守管理契約

processor 保守管理者　　　　　　IV.C.-4:101
producer 加工者
- acquisition of ownership 所有権の取得　VIII.-5:201

producer 製造者　　　　原 51; VI.-3:204; 定
production 加工　　原 15, 36, 53; VIII.-5:101
- agreement 合意　　　　　　　VIII.-5:101
- encumbered goods 担保目的財産　IX.-2:307
- retention of ownership 所有権留保　VIII.-5:101; IX.-2:308

products 加工物　　　　　　　　　IX.-2:308
products 商品　　　　　　　　　IV.E.-1:101
- distinctiveness 特性　　　　　IV.E.-5:304
- goods 物品　　　　　　　　　IV.E.-1:101
- reputation 評判　IV.E.-5:205; IV.E.-5:304; IV.E.-5:306
- semi-finished 半完成品　　　　IX.-5:203
- services 役務　　　　　　　　IV.E.-1:101

products 製造物　　　　　　　　　VI.-3:204
- circulation, put into 流通に置く　VI.-3:204
- components 部品　　　　　　　VI.-3:204
- defective 欠陥　　　　VI.-3:204; VI.-3:207

quality

import 輸入	VI.-3:204
safety 安全性	VI.-3:204
supplier 供給者	VI.-3:204
profession 職業	VI.-3:206
profession 専門家	VI.-2:207〜208
profit 利益	III.-3:701
profit 収益	VI.-2:101
prolongation, tacit	→ tacit prolongation
promises 約束	序 28
unilateral 一方的	序 51
promissory notes 約束手形	I.-1:101
property 財産	序 65; 原 36, 53; I.-1:101; III.-2:111; 定 定「財産（Assets）」
corporeal 有体財産	III.-2:111; IV.G.-1:101; 定「有体の」
damage	→ property damage
delivery 引渡し	III.-2:111
destruction 破壊	VI.-2:206; VIII.-1:202
disposal 処分	VIII.-1:202
enjoy 享受	VIII.-1:202
exercise 権利行使	VI.-2:206
immovable 不動産	IV.A.-1:101; IV.G.-1:101
incorporeal 無体財産	IV.A.-1:101; IV.G.-1:101; 定「無体の」
infringement 侵害	VI.-2:206
loss 損失	VI.-2:206
modification 変更	VIII.-1:202
movable 動産	IV.G.-1:101
not accepted 受領されない財産	III.-2:111
preservation 保存	III.-2:111
proceeds of sale 売却代金	III.-2:111
proprietary security 物的担保	IV.G.-1:101
protection 保護	III.-2:111
recovery 回復	VIII.-1:202
return 返還	III.-2:111
unjustified enrichment 不当利得	VII.-7:101
use of 使用／利用	VI.-2:206; VIII.-1:202
value, reduction in 価値の減少	III.-3:701; VI.-2:101
property damage 財産の損傷	VI.-2:206; VI.-3:202〜206
property law 財産法	序 13, 37, 40, 54; 原 14, 36, 53; I.-1:101
remedies 救済手段	原 38
property law 物権法	IX.-2:112

proposal 申入れ	II.-4:201
proprietary rights 物権	原 14
limited proprietary rights 制限物権	VIII.-1:204
proprietary security 物的担保／担保物権	序 2, 36〜37, 43, 53; 原 15, 36, 53, 61; IV.G.-1:101; IV.G.-1:105; VIII.-5:101; IX.-1:101; 定; → security rights
agreement 合意	VIII.-5:101
combination of goods 物品の付合	VIII.-5:203〜204
contract for 物的担保のための契約	IX.-1:201; 定「物的担保のための契約」
default 債務不履行	定「債務不履行」
enforcement 実行	原 53
good faith acquisition 善意取得	IX.-6:102
maximum risk 最大リスク	IV.G.-1:106
non-possessory proprietary security 非占有担保	原 55
prior security rights 優先する担保権	原 37, 53
priority 優先順位	原 53; VIII.-5:204
production of goods 物品の加工	VIII.-5:201; VIII.-5:204
registration 登記	原 36, 55; IX.-3:301〜333; → European register of proprietary security
termination 消滅	IX.-6:101
protection, need of 保護の必要	序 12
consumers 消費者	序 12; → consumer protection
protection order 保護命令	VIII.-6:101; VIII.-6:204; VIII.-6:302
protection of ownership	→ ownership
protection of possession	→ possession
public holiday 公休日	I.-1:110; 定
public interest 公共の利益	VI.-5:203
public law 公法	序 18; I.-1:101
liability 責任	VI.-7:103
unjustified enrichment 不当利得	VII.-7:103
public policy 公序	原 3, 5, 48; VI.-2:101; VI.-5:103
public register 公的な登記簿	VIII.-1:102
public statement 公衆に対する表示	IV.H.-2:102
pure economic loss	→ economic loss

【Q】

quality 品質	II.-9:108; IV.A.-2:301〜303

standards of 標準的　　　　　　　Ⅱ.-3:101
quality of life 生活の質　　Ⅲ.-3:701; Ⅵ.-2:101
quantity, excess 数量超過　　　　Ⅱ.-3:401

【R】

race 人種　　　　　原 7; Ⅱ.-2:101; 定「差別」
radiation 放射作用　　　　　　　Ⅵ.-3:206
raiser 飼育者　　　　　　　　定「製造者」
ratification 追認　　　　Ⅱ.-6:107; Ⅱ.-6:111;
　　　　　　　　　　Ⅳ.D.-3:202; 定「追認」
　intervener's acts 介在者の行為　Ⅶ.-4:106
　mandate, acting beyond 委任の範囲外の
　　行為　　　　　　　　　　　Ⅳ.D.-3:202
　performance to non-creditor 債権者でない
　　者への履行　　　　　　　　　Ⅶ.-4:104
rationality 合理性　　　　　　　　　　序 12
raw material 原材料　　　Ⅵ.-3:204; Ⅸ.-5:203;
　　　　　　　　　　　　　　　定「製造者」
real time distance communication 隔地者間
　のリアルタイム通信　　　　　　Ⅱ.-3:104
realisation 換価　　　　　　Ⅸ.-7:207〜216;
　　　　　　　　　　→ assets, encumbered
　appropriation 充当　　Ⅸ.-7:207; Ⅸ.-7:216
　collection 取立て　　　　　　　Ⅸ.-7:207
　notice 通知　　　　　　　　Ⅸ.-7:208〜210
　private auction 私競売　　　　　Ⅸ.-7:207
　proceeds, distribution of 換価金の配当
　　　　　　　　　　　　　　　　Ⅸ.-7:215
　public auction 公競売　　　　　Ⅸ.-7:207
　sale, private 私的売却　　　　　Ⅸ.-7:207
reasonableness 合理性　　　　原 22; Ⅰ.-1:104;
　　　　　　　　　　　　　　　定「合理的」
reasonably careful person 合理的な注意深さ
　を備えた者　　　　　　　　　　　原 51
receipt, acknowledgement of 受領の通知
　　　　　　　　　　　　　　　　Ⅱ.-3:202
receiver 財産保全管理人　　　　　Ⅹ.-7:103
recipient 受益者　　　　　　　　Ⅲ.-3:510
reciprocal obligations 牽連関係にある債務
　　　　　　　原 41; 定「牽連関係」; → obligation
recklessness 無謀な行為　　　　Ⅲ.-3:703; 定
recommendation 提案　　　　　　Ⅳ.C.-7:104
　conflict of interest 利益相反　　Ⅳ.C.-7:107
records 記録
　consultations 診察　　　　　　Ⅳ.C.-8:109

design 設計契約　　　　　　　　Ⅳ.C.-6:106
examinations 検査　　　　　　　Ⅳ.C.-8:109
information, contract for the provision of
　情報提供契約　　　　　　　　Ⅳ.C.-7:106
interpretation 見方　　　　　　Ⅳ.C.-8:109
interviews, preliminary 予診での問診
　　　　　　　　　　　　　　Ⅳ.C.-8:109
treatment 治療　　　　　　　　Ⅳ.C.-8:109
redemption 受戻し　　　　　　　Ⅸ.-7:106
redress procedures 返還の手続　　Ⅱ.-3:103
reduction of price 代金の減額　　　　　原 27
registration 登記　　Ⅷ.-1:102; Ⅸ.-3:301〜333;
　→ European register of proprietary security
　proprietary security rights 物的担保権
　　　　　　　　　　　　　　　　原 36, 55
　security rights 担保権　　　　　Ⅸ.-3:102
reinstatement of damaged interest 侵害
　された利益の回復　　　Ⅵ.-6:101; Ⅵ.-6:201
relationship, contractual
　　　　　　　　　　→ contractual relationship
relationship, legal　　　　　→ legal relationship
release 免除　　　　　　　　Ⅲ.-4:109; Ⅲ.-4:207
reliance, reasonable 合理的な信頼　　　序 12;
　　　　　　原 17, 19, 25, 35, 37; Ⅰ.-1:103; Ⅱ.-8:101
　incorrect information 不正確な情報　Ⅱ.-7:204
remedies 救済手段　　　　　原 17; Ⅱ.-9:410
　actual performance 現実の履行　　　原 26
　compensation 金銭賠償　　　Ⅵ.-6:201〜204
　cumulation 重畳　　　　　　　　Ⅲ.-3:102
　damages 損害賠償　　　　　　　　　原 27
　discrimination 差別　　　　　　　Ⅱ.-2:104
　exclusion 免責条項　　Ⅱ.-9:410; Ⅲ.-3:105
　limitation 制限　　　　　　　　Ⅱ.-9:410
　non-performance 不履行　　　　　Ⅲ.-3:101
　overlapping 競合　　　　　　　　Ⅱ.-7:216
　prevention 差止め　　　　　Ⅵ.-6:301〜302
　reduction of price 代金の減額　　　　原 27
　reparation 損害賠償　　　　　　Ⅵ.-6:101
　restriction 責任制限条項　　　　Ⅲ.-3:105
　termination 解消　　　　　　　　　原 27
　withholding of performance 履行の停止 原 27
remuneration 報酬
　commercial agency 代理商　　　Ⅳ.E.-3:306
　intervener 管理者　　　　Ⅴ.-3:102; Ⅴ.-3:104
　reasonable 合理的　　　　　　　Ⅴ.-3:102

rent 賃料　　　IV.B.-1:101; IV.B.-2:103; IV.B.-3:104;
　　　　　　　　IV.B.-5:101～102; IV.B.-5:104;
　　　　　　　　定; → lease of goods
　　future rent 将来の賃料　　　IV.B.-6:101
　　reduction 減額　　　　　　　IV.B.-4:102
　　withhold, right to 履行停止権　IV.B.-4:104
repair 修理　　　IV.B.-5:105; IV.B.-5:108;
　　　　　　　　IV.C.-4:101; VI.-6:101
reparation 損害賠償　　原 13, 51; VI.-6:101; 定
　　assignment 債権譲渡　　　　VI.-6:106
　　compensation 金銭賠償　VI.-6:101; VI.-6:201
　　contributory fault 被害者の過失　VI.-5:102
　　de minimis rule 些事原則　　　VI.-6:102
　　intervener 管理者　　　V.-3:103～104
　　plurality of persons 複数の被害者　VI.-6:104
　　prevention 差止め　　　VI.-6:301～302
　　recovery 返還　　　　　　　VI.-6:101
　　solidary liability 連帯責任　　VI.-6:105
replacement 代替品の引渡し　　　III.-3:205
representation 代理　　　　　　　序 52
　　for acquisition 取得のための代理　VIII.-2:302
　　for alienation 譲渡のための代理　VIII.-2:302
　　conflict of interest 利益相反　　II.-6:109
　　damages 損害賠償　　　　　　II.-6:107
　　direct representation 直接代理　IV.D.-1:102;
　　　　　　　　　　　　　　　IV.D.-4:102
　　external relationships 外部関係　II.-6:101
　　indirect representation 間接代理　序 29;
　　　　IV.D.-1:102; IV.D.-3:403; IV.D.-4:102
　　internal relationship 内部関係　II.-6:101
　　principal, unidentified 本人が誰であるかが
　　　　示されない場合　　　　　　II.-6:108
　　ratification 追認　　　II.-6:107; II.-6:111
　　third party 第三者　II.-6:102; II.-6:105～109;
　　　　　　　　　　　　　II.-6:111～112
representative 代理人／代表者　II.-6:101～102;
　　　　　　　　　　　　　II.-6:105; 定
　　accountability for damage caused by 生じさ
　　　　せた損害についての責任　　VI.-3:201
　　acting in own name 自己の名でする行為
　　　　　　　　　　　　　　　II.-6:106
　　authorisation 権限の授与　II.-6:102～103;
　　　　　　　　　　　　　　　II.-6:112
　　authority 権限　　II.-6:102～104; II.-6:112
　　double mandate 双方委任　　　II.-6:109

intervener 管理者　　　　　　　V.-3:106
self-contracting 自己契約　　　　II.-6:109
several representatives 複数の代理人　II.-6:110
requirement 要件　　　　　　　　定
res judicata 既判力　　　III.-7:302; VIII.-4:203
resale 買戻し　　　　　　　　　IX.-1:102
resale 再売却　　　　　　　　　IX.-7:301
rescission 取消し　　　　　　　　序 48
residence, habitual 常居所　　　　III.-2:101
　　change 変更　　　　　　　　III.-2:101
resolutive condition 解除条件　　II.-1:106;
　　　　　　　　　　　　定「解除条件」
responsibility for damage caused 生じた損害
　　についての責任　　　　　　　原 51
restitution 原状回復　　序 73; III.-1:106～108;
　　　　　　　　　　　　　　III.-3:104
　　benefits 利益　　　　　　　III.-3:510
　　conforming performance 適合した履行
　　　　　　　　　　　　　　III.-3:511
　　gratuitous contracts 無償契約　III.-3:511;
　　　　　　　　　　　　　　IV.H.-3:203
　　withdrawal 撤回　　　　　　II.-5:105
retention of ownership device 所有権留保
　　原 36; VIII.-2:307; IX.-1:101; IX.-1:103;
　　　　　　　　　　　IX.-2:201; 定
　　combination 付合　　VIII.-5:101; IX.-2:308
　　commingling 混和　　VIII.-5:101; IX.-2:308
　　default 債務不履行　　　　　IX.-7:301
　　enforcement 実行　　　　　　IX.-7:103
　　European register ヨーロッパ登記簿　IX.-3:303
　　good faith acquisition 善意取得　IX.-3:101
　　good faith acquisition of supplied asset
　　　　供給された財産の善意取得　IX.-6:102
　　immobilisation 占有移転禁止　　IX.-7:302
　　possession, right to take 占有を取得する
　　　　権利　　　　　　　　　　IX.-7:302
　　preservation 保存　　　　　　IX.-7:302
　　production 加工　　　VIII.-5:101; IX.-2:308
　　rights to acquire 所有権取得権　VIII.-1:204
　　security purposes 担保目的　　VIII.-1:103
　　termination 消滅　　　　　　IX.-6:101
　　termination of contractual relationship 契約
　　　　関係の解消　　　　　　　IX.-7:301
retroactive proprietary effect 物権的遡及効
　　　　　　　　　　　　VIII.-2:201～203

原語索引　485

revocation 撤回 定
　assignment, retroactive effect on 債権譲渡に対する遡及効　序 29; III.-5:118
　mandate 委任　IV.D.-1:104〜105
　notice 通知　IV.D.-1:105
　offer 申込み　II.-4:202
　transfer of ownership 所有権の譲渡　VIII.-2:202
reward 対価　IV.H.-1:201〜202
reward 報酬　X.-1:301
right 権利／権限 定
right to dispose 財産処分の権利　II.-7:102
right to payment 金銭債権　IX.-1:201; IX.-6:104; → financial assets
　encumbrance 担保　IX.-2:301; IX.-7:204
　realisation of security 担保の換価　IX.-7:214
right to performance 履行請求権／債権
　序 51, 53; 原 17, 27; III.-1:101; → performance
　ancillary 従たる権利　III.-7:502
　assignability 譲渡性　原 55; III.-5:104〜109
　assignment, effect of 債権譲渡の効果　III.-5:115
　communal 共同債権　III.-4:203
　conditional 条件付きの債権　III.-1:106
　divided 分割債権　III.-4:202〜204
　joint 共同債権　III.-4:202; 定「共同債権」
　non-discrimination 差別禁止　III.-1:105
　sale 売買　IV.A.-1:101
　security rights 担保権　IX.-2:104
　set-off 相殺　III.-6:101
　solidary 連帯債権　III.-4:202〜203; III.-4:206〜207
　termination by agreement 合意による解消　III.-1:108
　termination by notice 通知による解消　III.-1:109
　terms 内容　III.-1:102
　time-limited 期限付きの債権　序 45; III.-1:107
　transferability 譲渡性　IX.-2:104
　unascertained 確定していない債権　III.-6:103
　variation by agreement 合意による変更　III.-1:108
　variation by notice 通知による変更　III.-1:109
right to withdrawal　→ withdrawal, right to
risk, passing of　→ passing of risk
risks 危険／リスク　→ acting at own risk

knowingly accepting risks 知りつつ受け入れた危険　原 51
own creation of risks 自身の創出したリスク　原 40
responsibility for the creation of risks リスク発生による責任　序 12
Roman law ローマ法　原 4
rule of law 法規定　VII.-2:101

【S】

salary, future 将来の給料　IX.-2:107
sale, contract for 売買契約　定; → sale of goods
sale of goods 物品の売買　序 54, 68; 原 46; IV.A.-1:101〜102; IV.A.-1:202
　carriage of the goods 物品の運送　IV.A.-2:201; IV.A.-2:204
　consumer contract 消費者契約　IV.A.-1:204; IV.A.-2:202; IV.A.-2:304; IV.A.-4:301; IV.A.-5:103
　damages 損害賠償　IV.A.-2:203
　delivery of goods 物品の引渡し　IV.A.-2:101; IV.A.-2:201〜204
　documents representing the goods 物品を表章する書類　IV.A.-2:101; IV.A.-2:202; IV.A.-3:104
　documents, transfer of 書類の移転　IV.A.-2:101; IV.A.-2:202〜203
　excess quantity, delivery of 数量超過の引渡し　II.-3:401; IV.A.-3:105
　insurance 保険　IV.A.-2:204
　passing of ownership 所有権の移転　原 53; VIII.-2:101
　passing of risk 危険の移転　IV.A.-5:101〜103; IV.A.-5:201〜203
　retention of ownership device 所有権留保　IX.-1:103〜104; IX.-2:201; IX.-2:308; IX.-5:303
sale and lease-back 借戻特約付売買　IX.-1:102
sale and resale 買戻特約付売買　IX.-1:102
sample 見本　IV.A.-2:302; IV.B.-3:103
Saturday 土曜日　I-1:110
saving 出費の節約　VII.-5:103
secured creditor 担保権者　原 53; IX.-1:201
secured obligation 被担保債務　IV.G.-1:101
sécurité contractuelle 契約の安全　序 13, 15

security rights

security 担保
  ancillary rights 付属的な権利　　IX.-2:401
  contractual interest 約定利息　　IV.G.-2:104;
      IX.-2:401
  coverage 担保の範囲　IV.G.-2:104; IX.-2:401
  creditor's conduct 債権者の行為　IV.G.-2:110
  damages 損害賠償　　IV.G.-2:104; IX.-2:401
  debtor 債務者　　　　　　　　IV.G.-1:101
  default interest 遅延利息　　　IX.-2:401
  enforcement proceedings, cost 執行手続
    費用　　　　IV.G.-2:104; IX.-2:401
  extra-judicial recovery 裁判外の回収
      IX.-2:401
  form 方式　　　　　　　　　　IV.G.-4:104
  global 包括根担保　　　　　　IV.G.-1:101;
    → global security
  independence 独立的人的担保　IV.G.-3:101
  interest 利息　　　　　　　　IV.G.-2:104
  legal proceedings, cost 裁判手続費用
      IV.G.-2:104; IX.-2:401
  maximum amount 極度額　　　IX.-2:401
  notification by creditor 債権者による通知
      IV.G.-2:107
  notification by security provider 担保提供
    者による通知　　　　　IV.G.-2:112
  penalty 違約金　　　　　　　　IX.-2:401
  personal　　　　　　→ personal security
  prescription period, renewal 消滅時効期間
    の更新　　　　　　　　　III.-7:401
  provision of 提供　　　　　　IV.C.-1:102
  proprietary　　　　→ proprietary security
  relief by debtor 債務者による救済　IV.G.-2:111
  security provider　　　　→ security provider
  time limit 行使期間の制限　　IV.G.-2:108
  withhold, right to 履行停止権　IV.G.-2:103
security 有価証券
  investment securities 投資証券　IV.A.-1:101
  storage 保管　　　　　　　　　IV.C.-5:101
  transferable 有価証券　　　　　II.-9:410
security（underlying principle）安全（基底的原理）
    序 12, 15〜18, 22; 原 1, 12, 16〜39, 62
  contractual security 契約の安全　原 17〜29
security assignment 担保のための債権譲渡
      IX.-1:102
security over movable property 動産担保　序 68

security endorsement 担保のための裏書
      IV.G.-1:102
security provider 担保提供者　　　　原 53;
      IV.G.-1:101; IX.-1:201
  consumer security provider 消費者である
    担保提供者　　原 53, 55; IV.G.-4:101〜107;
      IX.-2:107; IX.-7:107
  defences 抗弁　　　　　　　　IV.G.-2:103
  information, right to 情報提供を求める権利
      IX.-5:401
  insolvency administrator 倒産管財人　IX.-3:101
  notification by creditor 債権者による通知
      IV.G.-2:107
  recourse against debtor 債務者に対する
    求償　　　　　IV.G.-1:107; IX.-7:109
  recourse, internal 内部求償　　IV.G.-1:106
  redemption, right of 受戻権　　IX.-7:106
  reimbursement 求償権　　　　IV.G.-2:113
  several security providers 複数の担保
    提供者　　　　　　IV.G.-1:106〜1:107
  solidary liability 連帯責任　　　IV.G.-1:105;
      IV.G.-2:105; IX.-7:108
  subsidiary liability 補充的責任　　IV.G.-2:106;
      IV.G.-2:108; IV.G.-4:105
  third party security provider 第三者である
    担保提供者　　　　　　　　IX.-6:106
security rights 担保権　　VIII.-1:204; IX.-1:101;
    → proprietary security rights
  accessories 付属物　　　　　　IX.-2:305
  agreement 合意　　　　　　　IX.-5:101
  cash 現金　　　　　　　　　　IX.-2:111
  conditional rights 条件付権利　　IX.-2:104
  creation 設定　　　　　　　　IX.-2:101〜103
  creation, delayed 遅延した設定　IX.-2:110
  default 債務不履行　IX.-7:101〜102; IX.-7:105
  documents to bearer 持参人払証書　IX.-2:111
  effectiveness 効力　　　　　IX.-3:101〜104;
      IX.-5:301〜303
  encumbered assets　　→ assets, encumbered
  enforcement 実行　　　原 53; IX.-7:101〜107
  enforcement, extra-judicial 裁判外の実行
      IX.-7:103; IX.-7:201; IX.-7:207〜216
  enforcement, judicial 裁判上の実行　IX.-7:103;
      IX.-7:217
  enforcement notice 実行通知　　IX.-7:107

原語索引　487

European register ヨーロッパ登記簿	IX.-3:303
fruits 果実	IX.-2:306
future assets 将来の財産	IX.-2:104; IX.-5:303
future rights 将来の被担保債権	IX.-2:104
generic assets 種類物である財産	IX.-2:104
good faith acquisition 善意取得	原 37; IX.-2:108〜109; IX.-3:321〜322; IX.-4:101
granting 供与	IX.-2:101; IX.-2:105〜112
movable assets 動産	IX.-1:102; 定「動産担保権」
negotiable documents of title 流通性のある権原証券	IX.-2:304
negotiable instruments 有価証券	IX.-2:111; IX.-2:304
possession, right to take 占有を取得する権利	IX.-7:201; IX.-7:203
predefault agreement 債務不履行前の合意	IX.-7:105
prescription 消滅時効	IX.-6:103
priority 優先順位	IX.-3:310; IX.-4:101〜108; IX.-7:101
proceeds 価値変形物	IX.-2:306
ranking 順位	IX.-4:101; IX.-4:108
registration 登記	IX.-3:102
retaining 保持	IX.-2:101
retention 留置権	IX.-2:101
retention 留保	IX.-2:113
retention of possession 留置権	VIII.-7:104; IX.-2:114; IX.-4:102
substitution of new debtors 新債務者への交替	III.-5:205; III.-5:207
superpriority 最優先順位	IX.-4:102
termination 消滅	IX.-6:101〜106
transfer 移転	IX.-328〜329
transfer of encumbered assets 担保目的財産の譲渡	IX.-3:330〜331; IX.-5:303
transfer of secured right 被担保債権の譲渡	IX.-5:301〜302
untransferable asset 譲渡性のない財産	IX.-2:104
security transfer of ownership of corporeal assets 担保のための有体財産の所有権の譲渡	IX.-1:102
selective distribution contract 選択的ディストリビューター契約	IV.E.-5:101; IV.E.-5:301〜306; → distribution contract
self-contracting 自己契約	II.-6:109; IV.D.-5:101
consumer 消費者	IV.D.-5:101
self-defence 正当防衛	VI.-5:202
self-help 自力救済	VIII.-6:202
seller 売主	IV.A.-1:202
barter 交換	IV.A.-1:203
conformity of goods 物品の適合性	IV.A.-2:101; IV.A.-4:304
non-business 事業者でない売主	IV.A.-4:202
obligations 債務	IV.A.-2:101
transfer of ownership 所有権の移転	IV.A.-2:101
specification of the goods 物品の指定	IV.A.-3:102
semi-finished products 半完成品	IX.-5:203
service provider 役務提供者	IV.C.-1:101
business 事業者	IV.C.-2:101; IV.C.-2:105
care 注意	IV.C.-2:105
duty to warn 警告義務	IV.C.-2:102; IV.C.-2:108
expenditure 支出	VII.-5:103
skill 技能	IV.C.-2:105
standards, professional 専門的な基準	IV.C.-2:105
services 役務	序 54, 61, 68; → services, contracts for
acceptance 受領	III.-3:710
accommodation 宿泊	II.-5:201
alteration, unilateral 一方的な変更	II.-9:410
capacity 能力	II.-4:201
catering 給食	II.-5:201
conformity 適合性	II.-9:410
free movement of services 役務の自由な移動	序 22
information 情報	II.-3:101〜103; II.-3:106
leisure 余暇	II.-5:201
marketing 宣伝・勧誘	II.-3:102
non-conformity 不適合	III.-3:107
products 商品	IV.E.-1:101
solicited 求められた役務	IV.C.-5:110
transport 運送	II.-5:201
unsolicited 注文していない役務	II.-3:401
unwanted services 望まない役務	原 13
verification 検査	III.-3:710
services, contract for 役務提供契約	IV.C.-1:101;

	IV.C.-1:103; IV.D.-1:101; 定; → services
change of circumstances 事情変更	IV.C.-2:109
client	→ client
construction services 建築契約	原 22
co-operation 協力	原 22; IV.C.-2:103
damages 損害賠償	IV.C.-2:103
damage, prevention of 損害の防止	IV.C.-2:105
design, carrying out 設計の実現	IV.C.-6:101
directions by the client 依頼者による指図	
	原 22; IV.C.-2:103; IV.C.-2:107
duties to warn, pre-contractual 契約締結前	
の警告義務	IV.C.-2:102; IV.C.-2:107〜109
information 情報	II.-3:101; IV.C.-2:103
licences ライセンス	IV.C.-2:103
long-term contracts 長期間にわたる契約	原 22
marketing 宣伝・勧誘	II.-3:102
materials 材料	IV.C.-2:104
non-conformity, anticipated 予期される不適合	
	IV.C.-2:110
ownership, transfer of 所有権の移転	
	IV.C.-2:106
permits 許可	IV.C.-2:103
price 報酬	II.-4:201; IV.C.-1:101; IV.C.-2:101;
	IV.C.-2:105; IV.C.-2:109
processing 保守管理契約	IV.C.-4:101
result 結果	IV.C.-2:106〜108; IV.C.-2:110
risk 危険	IV.C.-2:102; IV.C.-2:105
service provider	→ service provider
subcontractors 下請人	IV.C.-2:104
supply 履行	IV.C.-2:103
termination 解消	IV.C.-2:111
time 時間	IV.C.-2:105
time, adjustment of 期限の変更	IV.C.-2:103;
	IV.C.-2:110
tools 道具	IV.C.-2:104
unfair contract terms 不公正契約条項	
	II.-9:410
variation 変更	原 22; IV.C.-2:102;
	IV.C.-2:107; IV.C.-2:109
warnings of impending changes 事情の変更	
が差し迫っていることの警告	原 22
withdrawal, rights of 撤回権	II.-5:201
withhold performance 履行の停止	IV.C.-2:103
set-off 相殺	序 29, 34; 原 55; III.-6:101〜102;
	III.-6:106〜107; IV.G.-2:103; 定

assignment 債権譲渡	III.-5.116
consumer contract 消費者契約	II.-9:410
exclusion 相殺権の排除	III.-6:108
foreign currency 外国通貨	III.-6:104
notice 通知	原 55; III.-6:105〜106
prescription, effect of 消滅時効の効果	
	III.-7:503
solidary obligation 連帯債務	III.-4:108
substitution of new debtors 新債務者への	
交替	III.-5:205; III.-5:207
two or more obligations 複数の債務	III.-6:106
two or more rights 複数の債権	III.-6:106
unascertained rights 確定していない債権	
	III.-6:103
settlement 紛争解決	III.-1:108; III.-3:509
settlement 和解	III.-4:109
sex 性別	II.-2:101; 定「差別」
share 株式	IV.A.-1:101
donation 贈与	IV.H.-1:103
share certificates 株券	IX.-1:201; IX.-2:302
ships 船舶	VIII.-1:201; 定「物品」
signatory 署名者	I-1:107
signature 署名	I-1:107; 定
advanced electronic signature 高度電子署名	
	I-1:107; 定
electronic signature 電子署名	I-1:107;
	IV.H.-2:101; 定
handwritten signature 自署	I-1:107; 定
silence 沈黙	II.-4:204
simulation 仮装行為	II.-9:201
skill 技能	IV.C.-2:105
agent 受任者	IV.D.-3:103
small businesses 小規模事業者	原 10, 46, 57
social responsibility 社会的責任	序 12, 16, 18
social welfare law 社会福祉法	序 18
soft law ソフト・ロー	序 24
software ソフトウェア	II.-5:201; IV.A.-1:101
donation 贈与	IV.H.-1:103
supply by electronic means 電子的手段によ	
る提供	II.-5:201
soil 固体	定「無体の」
soil 土壌	VI.-2:209
solidarity 連帯	序 12, 16, 18〜19
liability	→ solidary liability
solidary creditors 連帯債権者	原 41; III.-4:206;

→ *solidary right*
solidary debtors 連帯債務者　原 41; III.-4:106;
　　　　　　　　　　　　→ *solidary liability*
　apportionment 内部負担割合　III.-4:106
solidary debtors 連帯債務者
　defences 抗弁　III.-4:112
　recourse 求償　III.-4:107; III.-4:110〜111
　share of liability 連帯責任の内部負担割合
　　　　　　　　　　　　　　　III.-4:106
solidary liability 連帯責任　III.-4:103; III.-4:105;
　　　　　　　　　　　　→ *solidary debtors*
　addition of new debtors 新債務者の追加
　　　　　　　　　　　III.-5:202; III.-5:208
　damage 損害　VI.-6:105
　security providers 担保提供者　IV.G.-1:105;
　　　　　　　　　IV.G.-2:105; IV.G.-2:108; IX.-7:108
　trustees 受託者　X.-7:401
solidary obligation 連帯債務　III.-4:102; 定
　judgment, effect of 判決の影響　III.-4:110
　merger of debts 債務の混同　III.-4:108
　performance 履行　III.-4:108
　prescription 消滅時効　III.-4:111
　release 免除　III.-4:109
　set-off 相殺　III.-4:108
solidary right 連帯債権　III.-4:202〜203;
　　　　　　　　　　　III.-4:206〜207; 定
solidary trust 連帯の信託　X.-1:204
source of the damage 損害発生源　原 51
source of danger 危険源　VI.-3:207; VI.-4:101
　animal 動物　VI.-6:301
space objects 宇宙で利用される物体
　　　　　　　　　　　VIII.-1:201; 定「物品」
spare parts 取替部品　IV.E.-2:306
specific contracts 各種の契約　序 35, 40, 43,
　　　　　　　　　　　　　53; II.-3:106
specific performance 履行を強制する権利
　　　　　　　　　　　III.-3:101; III.-3:302
　damages 損害賠償　III.-3:303
　lease of goods 物品の賃貸借　IV.B.-6:101
stability 安定性　原 62
stand-by letter of credit スタンドバイ信用状
　　　　　　　　　IV.G.-1:102; IV.G.-3:101;
　　　　　　　　→ *independent personal security*
standard of care 注意の水準　原 52; IV.G.-2:110;
　　　　　　　　　　　　　　　VI.-3:102

standard contract terms 約款　序 59;
　　　　　　　　　　　　　原 9〜10, 46
　conflicting 抵触　II.-4:209
　transparency 透明性　II.-9:402
standard form contract 約款　原 9〜10
standard terms 約款　II.-1:109〜110; 定
　　　　　　　　　　　→ *standard contract terms*
state of mind 心理状態　II.-1:105
statements 表示　II.-1:101; II.-4:102; II.-4:105
　acceptance 承諾　II.-4:204
　inaccuracy 誤り　II.-7:202
　intention to be legally bound 法的に拘束
　　　　される意思　II.-4:302
　pre-contractual 契約締結前の表示　II.-9:102
　public statement 公衆に対する表示
　　　　　　　　　　　　　　　IV.H.-2:102
status 地位　序 38; I.-1:101
status quo 現状　原 31, 39, 53
statutory provisions 法律上の規定　VI.-7:102
stipulated payment for non-performance 不
　履行に対する賠償額の予定　原 60; III.-3:712
stipulations in favour of third parties 第三者
　のためにする契約　序 53; 原 4
stock exchange index 株式取引指数　II.-9:410
stock exchange quotation 株式取引相場
　　　　　　　　　　　　　　　II.-9:410
stock of goods 在庫　II.-4:201; IV.E.-2:306
　exhaustion 在庫切れ　II.-4:201
stocks 株式　IV.A.-1:101
　donation 贈与　IV.H.-1:103
storage, contract for 保管契約　IV.C.-1:101;
　　　　　　　　　　　　　IV.C.-5:101; 定
　client　　　　　　　　　　　→ *client*
　conformity 適合性　IV.C.-5:105
　destruction of thing stored 保管物の滅失
　　　　　　　　　　　　　　　IV.C.-5:108
　fruit, handing over 果実の引渡し　IV.C.-5:104
　limitation of liability 責任制限　IV.C.-5:109
　obligation to inform, post-storage 保管終
　　　了後の情報提供義務　IV.C.-5:107
　ownership of thing stored 保管物の所有権
　　　　　　　　　　　IV.C.-5:104〜105
　place 場所　IV.C.-5:102
　price, payment of 報酬の支払　IV.C.-5:106;
　　　　　　　　　　　　　　　IV.C.-5:108

protection of thing stored 保管物の保護
　　　　　　　　　　　　　　　　　IV.C.-5:103
remains of thing stored 保管物の残部
　　　　　　　　　　　　　　　　　IV.C.-5:108
return of thing stored 保管物の返還
　　　　　　　IV.C.-5:104〜106; IV.C.-5:108
risks 危険　　　　　　　　　　　IV.C.-5:108
sale of thing stored 保管物の売却 IV.C.-5:104
storer　　　　　　　　　　　　→ storer
subcontracting 下請人　　　　　IV.C.-5:102
use of thing stored 保管物の使用 IV.C.-5:103
withhold, right to 履行停止権　　IV.C.-5:106
storer 保管者　　　　　　　　　IV.C.-5:101
　hotel-keeper 宿泊事業者　　　IV.C.-5:101;
　　　　　　　　　　　　　　　　　IV.C.-5:110
structure　　　　　　→ construction contract
subcontracting 下請　IV.C.-2:104; IV.C.-5:102
subcontracting 復委任　　　　　IV.D.-3:302
sublease 転貸借　　　　　　　　IV.B.-7:103
subrogation 代位　　　　　　VIII.-1:101; 定
substance 物質　　　　　　VI.-3:206〜207
　abandonment 放棄　　　　　　VI.-3:208
　keeper 保有者　　　　　　　VI.-3:206; 定
　standards of control, statutory 管理について
　　の法律上の基準　　　　　　　VI.-3:206
substitution of new debtors 新債務者への交替
　　　　　　　III.-5:201〜202; 定「債務者の交替」
　complete substitution 完全な交替
　　　　　III.-5:202〜205; 定「債務者の完全な交替」
　consent 債権者の承諾　　　　　III.-5:203
　defences, effects on 抗弁に関する効果
　　　　　　　　　　　　III.-5:205; III.-5:207
　discharge of original debtor 旧債務者の
　　免責　　　　　III.-5:202; III.-5:204〜205
　incomplete substitution 不完全な交替
　　　　　　　　III.-5:202〜203; III.-5:206〜207;
　　　　　　　　　　　定「債務者の不完全な交替」
　security rights, effects on 担保権に関する
　　効果　　　　　　　III.-5:205; III.-5:207
　set-off, effects on 相殺に関する効果 III.-5:205;
　　　　　　　　　　　　　　　　　III.-5:207
succession law 相続法　序 38; 原 55; I.-1:101;
　　　　　　　　　　　　　　　　　VIII.-1:101
successor 承継人　　　　　X.-1:203; X.-2:402
suffering 精神的苦痛　　　III.-3:701; VI.-2:101

Sunday 日曜日　　　　　　　　　　I.-1:110
superpriority 最優先順位　IX.-2:307; IX.-4:102
supervised persons, damage caused by 被監
　督者が生じさせた損害　　　　　VI.-3:104
supervision 監督
　construction 建築契約　　　　IV.C.-3:105
　processing 保守管理契約　　　IV.C.-4:104
supplement of the parties' agreement 当事者
　の合意の補充　　　　　　　　　　原 28
supplier 供給者　　　　　　　　IX.-2:308
supplier サプライヤー　　　　IV.E.-5:101;
　　　　　　　　　　→ distribution contract
　obligations 債務　　　　IV.E.-5:201〜205
supplier of term 条項提供者　　　II.-8:103
supply 供給　　　　IV.B.-4:104; IV.E.-4:204;
　　　　　　　　　　　　　　　定「供給／提供」
　equivalent 同等のもの　　　　II.-9:410
　information, disclosure of 情報の開示 II.-3:101
　stated prices 所定の価格　　　II.-4:201
　unsolicited goods/services 注文していない
　　物品／役務　　　　　　　　II.-3:401
survivorship 共有者の死亡による持分の増加
　　　　　　　　　　　　　　　VIII.-1:101
suspensive condition 停止条件　III.-1:106;
　　　　　　　　　　　　　　　定「停止条件」

【T】

tacit prolongation 黙示の延長　　序 29〜30;
　　　　　　　　　　　　　　　III.-1:111; 定
　lease period 賃貸借期間　　　IV.B.-2:103
tangible durable medium 有形かつ持続性の
　ある媒体　　　　　　　　　　I.-1:106
tangible object 有体物　　　　　VI.-6:101
tax law 税法　　　　　　　　　　　序 18
taxes 税　　　　　　　　　　　II.-3:107
technical drawings 図面　　　　IV.A.-2:306
telecommunication operators 通信事業者
　　　　　　　　　　　　　　　II.-5:201
telephone 電話　　　　　　　　II.-3:104
tenant 賃借人　　　　　　　　　　原 18
tender, new and conforming 適合した新たな
　履行の提供　　　　　　　　　III.-3:202
termination 解消　　序 51, 53; 原 20, 27, 44;
　　　II.-9:410; III.-3:501; III.-3:509; VII.-7:101; 定
　agreement 合意　　　　　　　III.-1:108

termination

- anticipated non-performance 履行期前の不履行　原 61; III.-3:401; III.-3:504; III.-3:508
- assignment, retroactive effect on 債権譲渡に対する遡及効　序 29; III.-5:118
- assurance of due performance, inadequate 履行に対する相当の担保の不提供　III.-3:505; III.-3:508
- change of circumstances 事情変更　III.-1:110
- contractual obligations 契約上の債務　III.-3:501〜505
- contractual relationships 契約関係　III.-3:501
- delay in performance 履行の遅延　III.-3:503
- divisible obligations 可分債務　III.-3:506
- donation 贈与　IV.H.-3:203
- effects 効果　III.-3:509
- extraordinary and serious reason 特別かつ重大な理由　IV.D.-6:103; IV.D.-6:105
- fundamental non-performance 重大な不履行　原 41, 55; III.-3:502; III.-3:504〜505
- indivisible obligations 不可分債務　III.-3:506
- loss of right to terminate 解消権の喪失　III.-3:508
- mandate relationship 委任関係　IV.D.-6:101〜105; IV.D.-7:101〜103
- notice 通知　原 20; III.-1:109; III.-3:503; III.-3:507〜508
- notices of termination 解消の通知　序 51
- restitution of benefits 利益の返還　III.-3:510〜514
- separate parts, obligations to be performed in 分割履行債務　III.-3:506
- substitute transaction 代替取引　III.-3:706

termination 終了

- mandate relationship 委任関係　IV.D.-1:104

terminology of the DCFR DCFR の用語　序 50, 65

terms 条項　序 53; 定「条項」

- additional 追加的な条項　II.-4:208; II.-4:210
- contract 契約　II.-9:101
- different 異なる条項　II.-4:208; II.-4:210
- implied 黙示的条項　II.-9:101
- interpretation 解釈　II.-8:103〜106
- negotiated 交渉された条項　II.-8:104
- not individually negotiated 個別に交渉されなかった条項　II.-1:110; II.-8:103;

II.-9:103; II.-9:402〜403; 定
- standard terms 約款　II.-1:109
- statements, pre-contractual 契約締結前の表示　II.-9:102
- unfair　→ unfair contract terms

terms 内容

- obligation 債務の内容　III.-1:102
- right 権利の内容　III.-1:102

testaments 遺言　原 55

- variation of trust terms 信託行為の定めの変更　X.-9:201

testing 試験　II.-5:105

textual form 文書形式　I.-1:106; 定

- assignment, notice of 債権譲渡の通知　III.-5:120
- confirmation of a contract 契約の確認　II.-4:210
- contract terms 契約条項　II.-3:105〜106; II.-9:103
- right to withdraw 撤回権　II.-5:104
- security, contract of 担保契約　IV.G.-4:104

third parties 第三者　序 53; 原 17〜18; II.-6:101〜102

- identity 識別情報　IV.D.-3:403

third party claims 第三者の請求　序 30; IV.A.-2:305

third party rights 第三者の権利　序 30; 原 4, 56; II.-9:301〜303; IV.A.-2:305

- benefits 利益　II.-9:301〜303
- defences 抗弁　II.-9:302
- performance 履行　II.-9:302
- rejection of benefit 利益の拒絶　II.-9:303
- remedies 救済手段　II.-9:302
- revocation of benefit 利益の撤回　II.-9:303

third persons 第三者

- loss 損失　VI.-2:202; VI.-5:501
- performance by 第三者による履行　III.-2:107
- security rights, effectiveness as against 担保権の第三者に対する効力　IX.-3:101〜108; IX.-3:201〜204

threats 強迫　原 42; II.-7:101; II.-7:206

- damages 損害賠償　II.-7:214
- disadvantage 損失　VII.-2:103
- remedies 救済手段　II.-7:215〜216
- third persons 第三者　II.-7:208

time
 computation   → *computation of time*
 performance   → *time of performance*
time of performance 履行期   序 29; III.-2:102
time-limited rights/obligations 期限付きの
 権利義務   序 45; III.-1:107
timeshare contract タイムシェアリング契約
         原 11, 20; II.-5:202
 advance payment 前払   II.-5:202
 withdrawal, right of 撤回権   II.-5:202
tools 道具 IV.C.-2:104; IV.C.-3:102; IV.C.-3:105;
       IV.C.-4:102; IV.C.-4:104
tort 不法行為   序 48, 69
trade 取引   VI.-2:207〜208; VI.-3:206
trademark 商標 VI.-3:204; 定「フランチャイズ」
trade name 商号 II.-3:108; 定「フランチャイズ」
trade union 労働組合   VI.-7:104
traffic accident 交通事故 VI.-3:205; VI.-5:102
trailer トレーラー   VI.-3:205
training courses 研修課程   IV.E.-4:203
transfer of contractual position 契約上の地位
 の移転   III.-5:302; 定
transfer of goods 物品の譲渡   原 15, 55;
          VIII.-2:101
 transferability 譲渡性   VIII.-1:301
transfer of ownership 所有権の譲渡／移転
   IV.A.-1:202; IV.A.-2:101; VIII.-2:101〜102
 avoidance, effect of 取消しの効果 II.-7:212;
         VIII.-2:202
 avoided contract/juridical act 取り消され
  た契約／法律行為   VIII.-6:102
 barter 交換   IV.A.-1:203
 chain of transactions 取引の連鎖 VIII.-2:303
 donation 贈与   IV.H.-1:101; IV.H.-3:101
 effects 効果   VIII.-2:201〜203
 immediate 現実贈与   IV.H.-1:104
 indirect representation 間接代理 VIII.-2:302
 initial invalidity 無効   VIII.-2:202
 invalid contract/juridical act 無効な契約
  ／法律行為   VIII.-6:102
 lease of goods 物品の賃貸借   IV.B.-1:101
 multiple transfers 多重譲渡   VIII.-2:301
 ratification 追認   VIII.-2:102
 recovery of goods 物品の回復   VIII.-6:102
 resolutive condition 解除条件   VIII.-2:203;

          VIII.-6:102
 security purposes 担保目的   VIII.-1:103;
          IX.-1:102
 service contract 役務提供契約 IV.C.-2:106
 suspensive condition 停止条件 VIII.-2:203
 transferee 譲受人   VIII.-3:101
 transferor 譲渡人   VIII.-3:101
 trust 信託   VIII.-1:103
 unilateral undertaking 一方的約束 IV.H.-1:104
 unsolicited goods 注文していない物品
          II.-2:304
transit, goods sold in 運送中に売却された
 物品   IV.A.-5:203
transparency 透明性   II.-9:402; II.-9:407
transport, contracts for 運送契約 II.-5:201;
       IV.C.-1:102; IV.C.-5:101
travel insurance policies 旅行保険証書 II.-5:201
traveller's cheques 旅行小切手   II.-9:410
treating like alike 同じものを同じに扱う
         原 40〜41, 53
treatment, contract for 医療契約   原 46;
    IV.C.-1:101; IV.C.-8:101; 定;
       → *services, contract for*
 alternatives 別の治療方法 IV.C.-8:105〜106
 assessment, preliminary 予診 IV.C.-8:102
 choice 選択   IV.C.-8:105
 consent of patient 患者の同意 IV.C.-8:108
 consultation 相談   IV.C.-8:102
 disclosure of information 情報の開示
          IV.C.-8:109
 emergency 緊急性   IV.C.-8:107〜108
 examination 検査   IV.C.-8:102
 experimental 実験的治療   IV.C.-8:106
 future 将来の治療   IV.C.-8:109
 inform, obligation to 情報提供義務
      IV.C.-7:101; IV.C.-8:105〜108
 installations 医療設備   IV.C.-8:103
 instruments 医療機器   IV.C.-8:103
 interview of the patient 問診   IV.C.-8:102
 materials 試料   IV.C.-8:103
 medicines 医薬品   IV.C.-8:103
 mental condition of a person 人の精神的
  な状態   IV.C.-8:101
 non-disclosure of information 情報の不開示
          IV.C.-8:107

non-performance 不履行　　　　IV.C.-8:110
physical condition of a person 人の身体的
　な状態　　　　　　　　　　　IV.C.-8:101
premises 医療施設　　　　　　IV.C.-8:103
professional practice 医療実務　IV.C.-8:103
proposed 提案される治療　　　IV.C.-8:105
records, adequate 適切な記録　IV.C.-8:109
revocation of consent 同意の撤回 IV.C.-8:108
risks リスク　　　　　　IV.C.-8:105〜106
skill and care, obligation of 技能及び注意に
　関する義務　　　　IV.C.-8:104; IV.C.-8:109
termination 解消　　　　　　IV.C.-8:110
unnecessary 不必要な治療　　IV.C.-8:106;
　　　　　　　　　　　　　　IV.C.-8:108
withhold performance 履行停止　IV.C.-8:110
treatment provider 医療従事者　IV.C.-8:101
　identity 特定　　　　　　　IV.C.-8:111
　skill and care, obligation of 技能及び注意
　　に関する義務　　　　　　IV.C.-8:104
treatment-providing organisations 医療機関
　　　　　　　　　　　　　　IV.C.-8:111
trust 信託　　　　序 2, 37, 43; 原 15; X.-1:101; 定
　avoidance 取消し　　　　　X.-4:201〜202
　assignment 譲渡　　　　　　　III.-5:103
　bad faith acquirers, liability 悪意の取得者の
　　責任　　　　　　　　　　　　　X.-10:401
　charitable purposes 慈善目的　　　原 15
　commercial purposes 商業目的　　原 15
　confirmation, implied 黙示の追認　X.-4:201
　constitution 成立　　X.-1:101; X.-2:101〜103
　court order 裁判所の命令　　　　X.-1:101
　declaration of intention to constitute a trust
　　信託を設定する意思表示　　　X.-2:101;
　　　　　　　　　X.-2:201〜205; X.-6:106
　documents　　　　　　　→ trust documents
　donation 贈与　　　　　　　　　X.-2:401
　donees, liability 受贈者の責任　　X.-10:401
　effects 効果　　　　　　　　　　X.-1:202
　enactment 法令　　　　　　　　X.-1:101
　familial purposes 家族目的　　　　原 15
　gratuitous 無償　　X.-1:301; X.-9:101; X.-9:103
　intention to create a trust, declaration of
　　信託を設定する意思表示　　　X.-3:103
　joint 合手的共有　　　　　　　　X.-1:204
　legacy 遺産　　　　　　　　　　X.-2:403

merger of right/obligation 権利と義務の混
　同　　　　　　　　　X.-9:101; X.-9:109
notice 通知　　　　　　　　　　X.-1:302
paying a debt, purpose of 債務支払目的
　　　　　　　　　　　　　　　X.-4:105
prescription 消滅時効　　　　　　X.-7:302
proprietary rights 物権　　　　　VIII.-1:204
public benefit purposes 公益目的　　X.-1:201;
　X.-1:205; X.-5:101; X.-6:202; X.-7:103; X.-9:204
public officer/body 公務員又は公的団体
　　　　　　　　　　　X.-1:205; X.-7:103
security purposes 担保目的　　　IX.-1:101;
　　　　　　　　　　　　　　　X.-1:102
solidary 連帯　　　　　　　　　　X.-1:204
specific performance 履行の強制　X.-7:101
succession law 相続法　　　　　　X.-2:402
termination 終了　　　　　　　X.-9:101〜109
termination by trustee 受託者による終了
　　　　　　　　　　　　　　　X.-9:108
third parties dealing with trustees
　受託者と取引を行う第三者　　X.-10:502
unenforceable purposes 強制することが
　できない信託目的　　　　　　X.-4:203
variation 変更　　　　　　　X.-9:201〜204
trust 信頼
unfair exploitation 不公正なつけ込み
　　　　　　　　　　　　　　　IV.H.-2:104
trust accounts 信託帳簿　　　　　X.-5:208;
　　　　　　　　　　　　　X.-6:105〜106
trust assets 信託財産に属する財産
　　　　　　　　　　　　　　X.-3:101〜102
　acquisition 取得　　　　X.-6:108; X.-6:203
　disposals 処分　　　　　X.-6:104; X.-6:107
　insurance 保険　　　　　　　　X.-6:103
　mixing with other assets 他の財産との混和
　　　　　　　　　　　　　　　X.-3:203
　physical control 物理的支配　　　X.-5:205
　proceeds 収益　　　　　　　　　X.-6:104
　safeguard 保護　　　　　　　　X.-6:103
　storage 保管　　　　　　　　　X.-6:103
　transfer of title 権原の譲渡　　　X.-5:204
　use 利用　　　　　　　　　　　X.-6:108
trust auxiliary 信託補助人　X.-1:203; X.-6:301
　appointment of trustees 受託者の選任
　　　　　　　　X.-8:102; X.-8:202; X.-8:301

death 死亡　　　　　　　　　　X.-8:601
dissolution 解散　　　　　　　　X.-8:601
removal of trustees 受託者の解任　X.-8:401
self-appointment 自らの受託者への選任
　　　　　　　　　　　　　　　X.-8:202
trust creditors 信託債権者　X.-6:108; X.-10:101;
　　　　　　　　　　　　　X.-10:201〜203
trust debtors 信託債権者　　　　X.-10:301
　discharge 免責　　　　　　　X.-10:303
trust debts 信託債務　　X.-6:104; X.-6:108;
　X.-6:201; X.-8:501; X.-10:101〜102; X.-10:201
　withhold, right to 留置権　　　X.-9:107
trust documents 信託に関する書類　X.-6:106;
　　　　　　　　　　　X.-8:503; X.-10:502
　copying 謄写　　　　　　　　X.-6:106
　inspection 閲覧　　　　　　　X.-6:106
　legal adviser, opinions of 法的助言者の意見
　　　　　　　　　　　　　　　X.-6:106
　storage 保管　　　　　　　　X.-5:205
trust fund 信託財産　X.-1:201; X.-3:101; X.-6:104
　accounts 計算　　　　　　　　X.-7:103
　additions 追加　　　　　　　　X.-3:201
　administration 管理　　X.-6:101; X.-7:103;
　　　　　　　　　　　　　　　X.-8:203
　ascertainability 特定可能性　　X.-3:103
　disposal 処分　X.-6:101; X.-6:107; X.-7:103
　disposal, incomplete 処分し尽くされなかっ
　　た場合　　　　　　　　　　X.-4:102
　exclusive benefit 排他的利益　X.-9:105
　exhaustion 費消　　　　　　　X.-3:204
　inquiries 調査　　　　　　　　X.-7:103
　investments 投資　X.-5:207; X.-6:103; X.-6:107
　loss 喪失　　　　　　　　　　X.-3:204
　receiver 財産保全管理人　　　X.-7:103
　reinstatement 復旧　　　　　X.-7:201〜202
　segregation 分別　　　X.-3:103; X.-6:103
　subtractions 逸出　　　　　　X.-3:202
　testamentary disposition 遺言によってした
　　処分　　　　　　　　　　　X.-8:504
　transfer to trustee 受託者への譲渡　X.-2:102
　use 利用　　　　　　　　　　X.-6:109
trust terms 信託行為の定め　　　X.-1:201;
　　　　　　　　　　　　　X.-4:101〜103
　administrative trust terms 管理に関する信
　　託行為の定め　　　　　　　X.-9:202

avoidance 取消し　　　　　　X.-4:201〜202
interpretation 解釈　　　　　　X.-4:101
variation 変更　　　　　　　X.-9:201〜204
trustee 受託者　　　　　　序 36; X.-1:203; 定
　acquisitions, unauthorised 容認されない取得
　　　　　　　　　　　　　　　X.-6:203
　additional trustees 追加された受託者
　　　　　　　　　　　　　X.-8:202〜203
　appointment 選任　　X.-8:101; X.-8:201〜203;
　　　　　　　　　　　　　　　X.-8:501
　authorisation of agent 代理人の選任　X.-5:203
　beneficiary 受益者　　　　　　X.-6:202
　care 注意　　　　　　X.-6:101〜102; X.-7:201
　change 変更　　X.-8:101〜102; X.-8:501〜504
　compensation of beneficiary 受益者に対する
　　損害賠償　　　　　　　　　X.-7:202
　conflict of interest 利益相反　　X.-5:103;
　　　　　　　　　　　　　　　X.-8:402
　continuing trustee 継続受託者　　X.-8:101;
　　　　　　　　　X.-8:202; X.-8:301; X.-8:401
　co-operation 協力　　　　　　X.-8:501
　co-trustees, obligations regarding 共同受託
　　者に関する義務　　　　　　X.-6:110
　corporate 法人受託者　　　　　X.-8:504
　death 死亡　　　　　　X.-1:202; X.-8:504
　decision-making 決定　X.-5:101〜102; X.-5:203
　defences 抗弁　　　　　　　　X.-7:301
　delegation 委託　　　　　　　X.-5:206
　disagreement 不一致　　　　　X.-8:402
　discharge 免責　　　　　　　X.-9:102
　discretions 裁量権　　X.-5:101〜102; X.-7:101
　dissolution 解散　　　　　　　X.-8:504
　divesting of trust assets 信託財産に属する
　　財産に対する権原の喪失　　X.-8:502
　enrichment, unauthorised 容認されない利得
　　　　　　　　　　　　　　　X.-7:203
　expenditure 費用　X.-6:201; X.-6:203; X.-6:205
　fairness 公正　　　　　　　X.-6:101〜102
　good faith 信義誠実　　　　X.-6:101〜102
　inability 能力の欠如　　　　X.-8:401〜402
　indemnification 免責　X.-6:201; X.-6:203〜205
　inform, obligation to 通知義務　X.-6:104
　insurance against liability 責任に対する保険
　　　　　　　　　　　　　　　X.-6:205
　invest, obligation to 投資義務　X.-6:107

judicial review 裁判所による審査　X.-7:102
liability 責任　　　　X.-6:205; X.-7:201〜203;
　　　　　　X.-7:401; X.-9:102; X.-10:201
mandate 委任　　　　　　　　　X.-5:203
maximum number 最大人数　　　X.-8:201
minimum number 最少人数　　　X.-5:202
minutes of meetings 会議の議事録　X.-6:106
non-contractual liability arising out of
　damage caused to another 他人に与えた
　損害についての契約外の責任　X.-10:501
non-performance of obligations 義務の不履行
　X.-8:402; X.-8:501; X.-8:504; X.-10:501〜502
obligations 義務　　　　　X.-6:101〜110
personal patrimony 固有財産　　X.-3:203
personal performance 自己執行　X.-5:203
plurality of trustees 複数の受託者　X.-1:204;
　　　　X.-1:302; X.-3:201〜202; X.-5:102;
　　　X.-5:203; X.-6:110; X.-7:401; X.-9:109
powers 権限　　　　　　　X.-5:201〜208
recourse of former trustee 支弁を受ける前
　受託者の権利　　　　　　　　X.-8:501
refusal of trust 信託の拒絶　　　X.-2:301
reimbursement 償還　X.-6:201; X.-6:203〜205
removal 解任　　　　X.-8:101; X.-8:401〜402;
　　　　　　　　　　　　　　　X.-8:501
remuneration 報酬　X.-6:102; X.-6:202〜203
resignation 辞任　　 X.-8:101; X.-8:301〜302;
　　　　　　　　　　　　　　　X.-8:501
rights 権利　　　　　　　　X.-6:201〜205
set-off 相殺　　　　　　　　　　X.-10:302
skill 技能　　　　　X.-6:101〜102; X.-7:201
solidary liability 連帯責任　X.-7:401; X.-10:501
special trustees 特別受託者　　　X.-8:301
substitute trustee 後任の受託者　X.-8:101;
　　　　　　　　　　　　X.-8:202〜203
termination of the trust 信託の終了　X.-9:108
testamentary disposition 遺言によってした
　処分　　　　　　　　　　　　X.-8:504
unsuitability 不適任　　　　X.-8:401〜402
vesting of trust assets 信託財産に属する財
　産に対する権原の取得　　　　X.-8:502
withhold, right to 留置権　　　　X.-9:107
truster 委託者　　　　　　　X.-1:203; 定
　declaration of intention to constitute a
　　trust　　　　　　　　　　→ trust

　liability to trust creditors 信託債権者に対
　　する責任　　　　　　　　　X.-10:203
　terminate, right to 終了させる権利　X.-9:101;
　　　　　　　　　　　　X.-9:103; X.-9:106
　variation of trust terms 信託行為の定めの
　　変更　　　　　　　　　　　X.-9:201

【U】

UN Convention on Contracts for the
　International Sale of Goods 国際物品売買
　契約に関する国際連合条約（CISG）
　　　　　　　　　　　　　　　序 25, 63
underlying principles 基底的原理
　　　　　　　序 14〜15, 22; 原 1〜62; I.-1:102
under taking　　　　　→ unilateral undertaking
unfair　　　　　　　　　　　　→ unfairness
unfair competition 不正な競争　　 VI.-2:208;
　　　　　　　　　　→ competition, law of
unfair contract terms 不公正な契約条項
　　　　　　　　原 10, 44, 46; II.-9:401〜411
　business-to-business contracts 事業者間契約
　　　　　　　　　　　　　　　II.-9:405
　business-to-consumer contracts 事業者と消費
　　者との間の契約　　　　　　II.-9:403;
　　　　　　　　　　　　II.-9:407〜410
　effects 効力　　　　　　　　　II.-9:408
　jurisdiction clauses, exclusive 専属管轄条項
　　　　　　　　　　　　　　　II.-9:409
　maintenance of the contract 契約の存続
　　　　　　　　　　　　　　　II.-9:408
　non-business parties, contracts between
　　非事業者間契約　　　　　　II.-9:404
　presumption of unfairness 不公正性の推定
　　　　　　　　　　　　　　　II.-9:410
unfair exploitation 不公正なつけ込み　原 6, 8,
　　　　　　　　　　43; II.-7:101; II.-7:207
　adaptation of contract 契約の改訂　II.-7:207
　damages 損害賠償　　　　　　II.-7:214
　disadvantage 損失　　　　　　 VII.-2:103
　donation 贈与　　　　　　　 IV.H.-2:104
　good faith and fair dealing 信義誠実及び
　　取引の公正　　　　　　　　II.-7:207
　remedies 救済手段　　　　II.-7:215〜216
　third persons 第三者　　　　　II.-7:208
unfair terms　　　　　→ unfair contract terms

unfairness 不公正　　序 79; 原 44; II.-9:403～410
　exclusion 排除　　　　　　　　II.-9:406
　main subject matter of the contract 契約の
　　主たる内容　　　　　　　　II.-9:406
　price, adequacy 対価の相当性　II.-9:406
Unidroit Principles of International Commercial
　Contracts ユニドロワ国際商事契約原則　序 25
uniformity of application 適用の統一性　I.-1:102
unilateral juridical act 単独行為　　II.-1:101;
　　　　　　　　　　　II.-4:301; → juridical act
　certainty, sufficient 十分な確定性　II.-4:301
　change of circumstances 事情変更　III.-1:110
　intention to be legally bound 法的に拘束さ
　　れる意思　　　　　　　II.-4:301～302
　interpretation 解釈　　　　　　II.-8:201
　notice 通知　　　　　　　　　II.-4:301
　rejection 拒絶　　　　　　　　II.-4:303
unilateral promise 一方的約束　　　　序 51
unilateral undertaking 一方的約束　　序 28;
　　　　　　　　原 56; II.-1:103; IV.G.-1:103
　transfer of ownership 所有権の移転
　　　　　　　　　　　　　　IV.H.-1:104
universal succession 包括承継　　VIII.-1:101
unjustified enrichment 不当利得　序 36, 43, 53
　　　　　　　　～54, 69; 原 12～13, 30, 35, 48～49;
　　　　　　　　　　　VII.-1:101; 定; → enrichment
　avoidance, effects of 取消しの効果　II.-7:212;
　　　　　　　　　　　　　　　II.-7:303
　concurrent obligations 債務の競合 VII.-7:102
　disadvantage 損失　　　VII.-1:101; VII.-3:102
　good faith 善意　　　　　　　　　　原 48
　goods, unsolicited 注文していない物品
　　　　　　　　　　　　　　　II.-3:401
　illegality 不法性　　　　　　　VII.-6:103
　non-innocent use of another's assets 他人の
　　財産の悪意の使用　　原 35, 48; VII.-5:102
　non-transferable benefits, received without
　　consent 原物で返還することができない
　　利益の同意なき受領　　　　　　　原 13
　nullity, effect of 無効の効果　　　II.-7:303
　private law rules 私法上の規定　　VII.-7:101
　reversal 返還　　VII.-1:101; VII.-5:101～104;
　　　　　　　　　　　　　　　VII.-7:102
　services, unsolicited 注文していない役務
　　　　　　　　　　　　　　　II.-3:401

use of asset 財産の使用　　　　　VII.-7:102
unsolicited goods 注文していない物品　原 53
unwanted conduct 望まれない行為　II.-2:102
unwanted services 望まない役務　　　原 13
usages 慣習　　　　　　　II.-1:104; II.-4:205
　contract terms 契約条項　　　　II.-9:101
　interpretation of contract 契約の解釈 II.-8:102
　language 言語　　　　　　　　II.-9:109
　price 対価　　　　　　　　　　II.-9:104
　quality 品質　　　　　　　　　II.-9:108

【V】

validity 有効性　　　　　　序 34; 定「有効」
value 価値
　benefits 利益　　　　　　III.-3:512; III.-3:514
　depreciation of 減価分　　　　　VI.-6:101
　diminished 減少　　　　　　　III.-1:110
　disadvantage 損失　　　　　　VII.-4:107
　enrichment 利得　　VII.-4:107; VII.-5:101～103
　property 財産　　　　　III.-3:701; VI.-2:101
variation 変更　　　　　　　　　　原 44
　agreement 合意　　　　　　　　III.-1:108
　change of circumstances 事情変更 III.-1:110
　notice 通知　　　　　　　　　III.-1:109
　service contracts 役務提供契約　　原 22
VAT identification number 付加価値税の識
　別番号　　　　　　　　　　　II.-3:108
vehicles 車両　　　　VI.-3:205; 定「保有者」;
　　　　　　　　　　　　　　→ motor vehicles
　abandonment 放棄　　　　　　VI.-3:208
venire contra factum proprium 自らの行為に
　反する態度をとることはできない　原 25;
　　　　　　　　　　　　　　　I.-1:103
vessels 船舶　　　　　　VIII.-1:201; 定「物品」
vibrations 振動　　　　　　　　VI.-3:206
video recordings 録画　　　　　　II.-5:201
visitor 訪問者　　　　　　　　　　原 18
voice over internet protocol インターネット
　プロトコルによる音声通話　　II.-3:104
void 無効　　　　　　　　　　　原 30; 定
voidable contracts 取消可能な契約　原 42, 55;
　　　　　　　　　　定「取り消すことができる」
vulnerable, protection of the 弱者保護 原 46, 52

【W】

water 水　　　　　　　　　　VI.-2:209
Way Forward　　　→ Action plan on a More
　　　　　Coherent European Contract Law
weak, protection of the 弱者の保護
　　　　　　　　　　　原 1, 6, 11, 40, 59
welfare 厚生／福祉　　　序 16, 19〜20; 原 1;
　　　　　　　　　　　→ economic welfare
wills 遺言　　　　　　　　序 38; I.-1:101
wireless 無線　　　　　　　　　　I.-1:107
withdrawal 撤回　　　　　　　　II.-5:105
　diminution in the value 価値の減少　II.-5:105
　payment, return of 支払の返還　　　II.-5:105
　restitution 原状回復　　　　　　　II.-5:105
withdrawal, right of 撤回権　　　序 73; 原 46;
　　　　II.-5:101〜106; II.-5:201; II.-9:410;
　　　　VII.-7:101; 定「撤回（Withdraw）」
　adequate information 適切な情報提供
　　　　　　II.-3:103; II.-3:106; II.-5:104
　assignment, retroactive effect on 債権
　　　譲渡に対する遡及効　序 29; III.-5:118
　business premises, contracts negotiated
　　　away from 営業所以外の場所で交渉され
　　　た契約　　　　　　　　　　　II.-5:201
　consumer 消費者　　　　　原 20; II.-3:109;
　　　　　　　　　II.-5:105〜106; II.-5:201
　exercise 行使　　　　　　　　II.-5:102〜104
　information duties 情報提供義務　　　序 62;
　　　　　　II.-3:102〜103; II.-3:105〜106
　liability 責任　　　　　　　　　　II.-5:105
　linked contracts 結合契約　　　　　II.-5:106
　notice 通知　　　　II.-5:102〜103; II.-5:105

real time distance communication 隔地者間
　のリアルタイム通信　　　　　　II.-3:104
restitution 原状回復　　　　　　　II.-5:105
returning the subject matter of the contract
　契約の目的物の返還　　　　　　II.-5:102
transfer of ownership 所有権の移転
　　　　　　　　　　　　　　VIII.-2:202
withdrawal period 撤回期間　　　II.-3:109;
　　　　　　　　　　　　　II.-5:103〜104
withhold, right to 履行停止権　　原 27, 41, 61;
　　　III.-3:401; VIII.-2:201; 定「履行の停止」
　assignment, request for notice of 債権譲渡の
　　　通知の請求　　　　　　　　III.-5:120
　commercial agency 代理商　　IV.E.-3:301〜302
　construction 建築契約　　　　　IV.C.-3:107
　delivery, taking of 引渡しの受領　IV.A.-5:201
　lease of goods 物品の賃貸借　　　IV.B.-4:104
　mandate 委任　　　　　　　　　IV.D.-4:103
　processing 保守管理契約　　　　　IV.C.-4:106
　security 担保　　　　　　　　　　IV.G.-2:103
　service contract 役務提供契約　　IV.C.-2:103
　storage 保管契約　　　　　　　　IV.C.-5:106
　treatment 医療契約　　　　　　　IV.C.-8:110
withhold, right to 留置権
　hotel-keeper 宿泊事業者　　　　　IV.C.-5:110
　trustee 受託者　　　　　　　　　　X.-9:107
working days 営業日　　　　　　I.-1:110; 定
writing 書面　　　　原 55; I.-1:106; II.-1:106;
　　　　　　　　　　　　　定「書面による」

【Y】

young persons under 18 18 歳未満の若年者
　　　　　　　　　　原 52; → persons under 18

■ 監訳者

窪田　充見	Atsumi KUBOTA	神戸大学大学院法学研究科教授
潮見　佳男	Yoshio SHIOMI	京都大学大学院法学研究科教授
中田　邦博	Kunihiro NAKATA	龍谷大学大学院法務研究科教授
松岡　久和	Hisakazu MATSUOKA	京都大学大学院法学研究科教授
山本　敬三	Keizo YAMAMOTO	京都大学大学院法学研究科教授
吉永　一行	Kazuyuki YOSHINAGA	京都産業大学法学部准教授

■ 翻訳者・索引作成者

石田　剛	Takeshi ISHIDA	大阪大学大学院高等司法研究科教授
一木　孝之	Takayuki ICHIKI	國學院大學法学部教授
上野　達也	Tatsuya UENO	京都産業大学法学部准教授
占部　洋之	Hiroyuki URABE	関西大学大学院法務研究科教授
荻野　奈緒	Nao OGINO	同志社大学法学部准教授
梶山　玉香	Tamaka KAJIYAMA	同志社大学法学部教授
鹿野菜穂子	Naoko KANO	慶應義塾大学大学院法務研究科教授
カライスコス・アントニオス	Antonios KARAISKOS	立正大学法学部専任講師
木村　仁	Hitoshi KIMURA	関西学院大学法学部教授
栗田　昌裕	Masahiro KURITA	龍谷大学法学部准教授
桑岡　和久	Kazuhisa KUWAOKA	甲南大学法学部教授
小塚荘一郎	Souichirou KOZUKA	学習院大学法学部教授
小山　泰史	Yasushi KOYAMA	上智大学法学部教授
齋藤　由起	Yuki SAITO	大阪大学大学院高等司法研究科准教授
坂口　甲	Kou SAKAGUCHI	大阪市立大学大学院法学研究科准教授
住田　英穂	Hideho SUMITA	甲南大学法学部教授
高嶌　英弘	Hidehiro TAKASHIMA	京都産業大学大学院法務研究科教授
武田　直大	Naohiro TAKEDA	大阪大学大学院法学研究科准教授
田中　洋	Hiroshi TANAKA	神戸大学大学院法学研究科准教授
谷本　圭子	Keiko TANIMOTO	立命館大学法学部教授
寺川　永	Yo TERAKAWA	関西大学法学部准教授
長野　史寛	Fumihiro NAGANO	京都大学大学院法学研究科准教授
野田　和裕	Kazuhiro NODA	広島大学大学院法務研究科教授
野々村和喜	Kazuyoshi NONOMURA	同志社大学法学部准教授
馬場　圭太	Keita BABA	関西大学法学部教授
舩越　優子	Yuko FUNAKOSHI	京都女子大学法学部准教授
古谷　貴之	Takayuki FURUTANI	京都産業大学法学部助教
松井　和彦	Kazuhiko MATSUI	大阪大学大学院高等司法研究科准教授
松尾　健一	Kenichi MATSUO	大阪大学大学院法学研究科准教授
森山　浩江	Hiroe MORIYAMA	大阪市立大学大学院法学研究科教授
山本　周平	Shuhei YAMAMOTO	北海道大学大学院法学研究科准教授
吉政　知広	Tomohiro YOSHIMASA	名古屋大学大学院法学研究科准教授
若林　三奈	Mina WAKABAYASHI	龍谷大学法学部教授
和田　勝行	Katsuyuki WADA	京都大学大学院法学研究科准教授

■編者

クリスティアン・フォン・バール	Christian von Bar	Professor of law, Osnabrück University
エリック・クライブ	Eric Clive	Emeritus Professor of Law, University of Edinburgh
ハンス・シュルテ−ネルケ	Hans Schulte-Nölke	Professor of law, Osnabrück University
ヒュー・ビール	Hugh Beale	Professor of Law, University of Warwick
ジョニー・ヘレ	Johnny Herre	Judge at the Swedish Supreme Court, former Professor of Law, Stockholm University
ジェローム・ユエ	Jérôme Huet	Professor of Law, Panthéon Assas University（Paris 2）
マティアス・シュトルメ	Matthias Storme	Professor of Law, University of Leuven
シュテファン・スワン	Stephen Swann	Senior Lecturer in Law, Osnabrück University
ポール・バルール	Paul Varul	Professor of Law, University of Tartu
アンナ・ヴェネツィアーノ	Anna Veneziano	Professor of Law, University of Teramo, deputy secretary-general of UNIDROIT
フリデリイク・ツォル	Fryderyk Zoll	Professor of Law, Jagiellonian University and Osnabrück University

Horitsu Bunka Sha

ヨーロッパ私法の原則・定義・モデル準則
――共通参照枠草案（DCFR）

2013年11月5日　初版第1刷発行

編　者　クリスティアン・フォン・バール／エリック・クライブ
　　　　ハンス・シュルテ−ネルケ／ヒュー・ビール
　　　　ジョニー・ヘレ／ジェローム・ユエ
　　　　マティアス・シュトルメ／シュテファン・スワン
　　　　ポール・バルール／アンナ・ヴェネツィアーノ
　　　　フリデリイク・ツォル

監訳者　窪田充見・潮見佳男・中田邦博
　　　　松岡久和・山本敬三・吉永一行

発行者　田靡純子

発行所　株式会社　法律文化社
　　　　〒603-8051　京都市北区上賀茂岩ヶ垣内町71
　　　　電話 075(791)7131　FAX 075(721)8400　http://www.hou-bun.com/

＊乱丁など不良本がありましたら、ご連絡ください。お取り替えいたします。

印刷：中村印刷㈱／製本：㈱藤沢製本
ISBN978-4-589-03541-7

© 2013 A.Kubota, Y.Shiomi, K.Nakata, H.Matsuoka, K.Yamamoto, K.Yoshinaga Printed in Japan

JCOPY　＜(社)出版者著作権管理機構　委託出版物＞

本書の無断複写は著作権法上での例外を除き禁じられています。複写される場合は、そのつど事前に、(社)出版者著作権管理機構（電話 03-3513-6969、FAX 03-3513-6979、e-mail: info@jcopy.or.jp）の許諾を得てください。

潮見佳男・中田邦博・松岡久和 編
概説 国際物品売買条約　●3800円
基本事項から全体像まで把握できるように工夫した概説書。2009年8月に日本で発効の本条約は債権法改正にも影響を与えるとされ，日本法との関連を意識して丁寧に解説。実務家や国際私法・民法を学ぶ学生にも有用。

オーレ・ランドー，エリック・クライフ，アンドレ・プリュム，ラインハルト・ツィンマーマン編／潮見佳男・中田邦博・松岡久和 監訳
ヨーロッパ契約法原則 III　●6500円
ヨーロッパ統一契約法制定へ向けて試みられた統一法モデル「ヨーロッパ契約法原則III」の条文と註解の翻訳。EU域内の一般契約法の調和のために枠組みを提示する。「ヨーロッパ契約法委員会」による本原則はIIIで完結。（※I・IIは現在品切れ）

ハイン・ケッツ著／潮見佳男・中田邦博・松岡久和 訳
ヨーロッパ契約法 I　●12000円
『比較法概論』の巨匠ケッツがヨーロッパ諸国の契約法準則の異同を論じ，これまで誰も成し遂げられなかったヨーロッパ共通契約法の析出を指向した初めての試み。各国契約法の制度・運用，および日本の契約法をより深く理解するための基本文献。

ハイン・ケッツ，ゲルハルト・ヴァーグナー著／吉村良一・中田邦博 監訳
ドイツ不法行為法　●7800円
ドイツ不法行為法学の最高峰を極める学者が執筆した不法行為法の概説書。豊富な判例の引用と，多面的な比較法的検討を行い，法と経済の手法を用いて不法行為法の課題と方向性を的確に描き出す。

松川正毅・金山直樹・横山美夏・森山浩江・香川 崇 編
判例にみるフランス民法の軌跡　●8000円
フランス民法の歴史と動向を示す代表的な判例を選び，解説を付したうえで法典の条文順に配列し，全体像を示す。日本語でフランスにおける民法学の一端を垣間見ることができる貴重な書。

――― 法律文化社 ―――
表示価格には消費税は含まれておりません